UTB 2392

Eine Arbeitsgemeinschaft der Verlage

Beltz Verlag Weinheim und Basel
Böhlau Verlag Köln · Weimar · Wien
Wilhelm Fink Verlag München
A. Francke Verlag Tübingen und Basel
Paul Haupt Verlag Bern · Stuttgart · Wien
Verlag Leske + Budrich Opladen
Lucius & Lucius Verlagsgesellschaft Stuttgart
Mohr Siebeck Tübingen
C. F. Müller Verlag Heidelberg
Ernst Reinhardt Verlag München und Basel
Ferdinand Schöningh Verlag Paderborn · München · Wien · Zürich
Eugen Ulmer Verlag Stuttgart
UVK Verlagsgesellschaft Konstanz
Vandenhoeck & Ruprecht Göttingen
WUV Facultas · Wien

*Meinen Hörern, Schülern und Freunden
in viereinhalb Jahrzehnten
in Dankbarkeit*

So wir aber im Licht wandeln, wie er im Licht ist
so haben wir Gemeinschaft untereinander . . .

1. Johannes Brief 1,7a

Otto Kaiser

Der Gott des Alten Testaments
Wesen und Wirken

Theologie des Alten Testaments
Teil 3
Jahwes Gerechtigkeit

Vandenhoeck & Ruprecht in Göttingen

Bibliografische Information Der Deutschen Bibliothek

Die Deutsche Bibliothek verzeichnet diese Publikation in der Deutschen
Nationalbibliographie; detaillierte bibliografische Daten sind im Internet
über <http://dnb.ddb.de> abrufbar.

ISBN 3-8252-2392-2
ISBN 3-525-03240-4

Das Werk einschließlich aller seiner Teile ist urheberrechtlich geschützt.
Jede Verwertung außerhalb der engen Grenzen des Urheberrechtsgesetzes
ist ohne Zustimmung des Verlages unzulässig und strafbar. Das gilt insbesondere
für Vervielfältigungen, Übersetzungen, Mikroverfilmungen und die Einspeicherung
und Verarbeitung in elektronischen Systemen.

© 2003 Vandenhoeck & Ruprecht in Göttingen
Printed in Germany
Einbandgestaltung: Atelier Reichert, Stuttgart
Satz: Satzspiegel, Nörten-Hardenberg
Druck und Bindung: Hubert & Co., Göttingen

ISBN 3-8252-2392-2 **(UTB-Bestellnummer)**

Inhalt

Grundlegung

§ 1 Der Bund Jahwes 11

1. Bundesschlußberichte und Bundesverheißungen im Alten Testament 11
2. Terminologische Klärungen 12
3. Die drei Arten der Verpflichtung 13
4. Die Sinaibünde und der Moabbund 15
5. Das Deuteronomium und die vorderasiatischen Vasallenverträge .. 23
6. Die Priesterliche Bundestheologie 25
   6.1. Die priesterlichen Bundesschlußerzählungen als Legitimation der Erkennungszeichen der Zugehörigkeit zum Judentum in einer heidnischen Umwelt 25
   6.2. Die Berit mit Abraham: ein unzerstörbarer Gnadenbund (Gen 17,1–21) 26
   6.3. Die Vermittlung zwischen dem priesterlichen Gnaden- und dem deuteronomistischen Entscheidungsbund in Ex 31,12–17 und Lev 26, (36–39) 40–45 28
7. Der Neue Bund 31

§ 2 Das Recht Jahwes 39

1. Gott, die Götter, die Könige und das Recht 39
2. Die judäische Rechtsorganisation und das Fehlen königlicher Rechtsbücher 43
3. Warum werden die Gesetze im Pentateuch Jahwe zugeschrieben? .. 46
4. Der Dekalog als Inbegriff des göttlichen Rechts- und Gemeinschaftswillens 48
5. Der Dekalog als sekundäre Komposition 49
   Exkurs: Unterschiede der Zählung und markante Differenzen der Dekalogfassungen Ex 20 und Dtn 5 51
6. Der Dekalog als Sinneinheit 53
7. Das Ethos des Dekalogs oder: Gottes Wille zur Gemeinschaft mit Israel und in Israel 54

§ 3 Von des Menschen Verantwortung, Sünde und Tod 61

1. Das alttestamentliche und das paulinische Verständnis von Sünde und Tod 61
2. Die Nachwirkungen von Gen 2–3 in der Hebräischen und in der Griechischen Bibel 61
3. Die Verantwortlichkeit des sterblichen Menschen für sein Tun nach Jesus Sirach 64
4. Die Erzählung vom Sündenfall als Auskunft über das Wesen und Schicksal des Menschen 66
5. Das klassische Verständnis der Sünde im Alten Testament 71
6. Das objektive Verschuldungsprinzip und die persönliche Haftung .. 73
7. Die Vertiefung des Sündenbewußtseins in der Spätzeit des Alten Testaments 76

Durch Gericht zum Heil

§ 4 Jahwes Gericht an Israel 82

1. Das heilsgeschichtliche Programm der Prophetenbücher 82
2. Die Botschaft des Zwölfprophetenbuchs 83
3. Das Jesajabuch als Kompendium der jüdischen Eschatologie 85
    3.1. Der Aufbau des Großjesajabuches 85
    3.2. Die Deuterojesajanische Sammlung 86
    3.3. Die Tritojesajanische Sammlung 87
4. Die Ausgestaltung der jesajanischen Prophetie in der Manassezeit .. 89
5. Das Glaubenswort in Jes 7,9 und seine Nachgeschichte 92
6. Weissagung und Erfüllung in der protojesajanischen Sammlung ... 94
7. Von der Klage über die Katastrophe zum Schuldaufweis 96
8. Der Schuldaufweis in Jes 1–5 101
9. Rückblick 105

§ 5 Jahwes Gericht an Israel und den Völkern 108

1. Das Problem des dreigliedrigen eschatologischen Schemas der Großen Propheten 108
2. Nebukadnezar – der von Jahwe für siebzig Jahre eingesetzte Herr der Erde 108
3. Nebukadnezars Herrschaft über die Völker und die Fremdvölkersprüche des dtr Jeremiabuches 112
4. Die paradigmatischen Feinde Israels 117

5. Die drei Zeithorizonte der Fremdvölkersprüche in Jes 13–23 120
6. Der Fall Babels und seines Königs als Symbol der Weltmacht im
   Weltgericht 125

Das Heil Jahwes

§ 6 Die Rettung des Zion im Völkersturm 133

1. Die Heilsbotschaft der Prophetenbücher und die Mythe vom
   Völkersturm 133
2. Das vorexilische Thronbesteigungsfest als Mutter der
   Völkerkampfmythe............................. 134
3. Die Historisierung der Meeresmythe: Der Völkersturm gegen
   Jerusalem................................... 138
4. Assurs Vernichtung als Paradigma der Vergeblichkeit des letzten
   Völkersturms gegen den Zion 140
5. Die Zerschlagung des Völkersturms und das Gericht an den
   Frevlern in Zion nach Jes 33...................... 142
6. Der Völkersturm als Auftakt der Rache für die Verschuldung der
   Völker am Fall Jerusalems........................ 144
7. Vorspiel und Kommen des Heils in Sach 14 147

§ 7 Jahwe ward König auf Zion 152

1. Jahwes Thronfahrt zum Zion nach seinem Sieg über die Völker ... 152
2. Die Völkerwallfahrt zum Zion..................... 156
3. Das zukünftige Los der Völker als Diener Israels 159
4. Die Völker als Glieder des einen Gottesvolkes 162
5. Das Leiden des Gerechten um der Sünde der Vielen willen 165
6. Die Klage über den Durchbohrten in Sach 12,9–13,1 168

§ 8 Der Gesalbte Jahwes 173

1. Jesu Hoheitstitel und ihr alttestamentlicher Hintergrund 173
2. Die judäische Königstheologie im Spiegel der Krönungsriten und
   ihre Bedeutung für die Messiaserwartung 175
3. Serubbabel und die Hoffnung auf die Wiederherstellung des
   Königtums Davids 181
4. Der König der Heilszeit als Gestalter der neuen Weltordnung 188
   4.1. Drei wirkungsmächtige messianische Texte in Jes 1–39 189

4.2. Der Sproß Jahwes: Jer 23 und 33 198
4.3. Der gute Hirte aus Davids Geschlecht in Ez 34 201
4.4. Die messianische Weissagung Mich 5,1–3 in ihrem Kontext . . 202
4.5. Der demütige Messias Sach 9,9–10 206
5. Der Messias in Ps 2 und 110 207
6. Israel als Miterbe der Davidverheißung 211
7. Ein Gebet der Frommen um die Entsendung des Messias am
   Vorabend der Zeitenwende: Psalm Salomos 17 214
8. Bezeugt Ps 22 einen leidenden Messias? 219
9. Der einem Menschensohn Gleiche in Dan 7 223

Die Gerechtigkeit Jahwes

§ 9 Kollektive Schuld und individuelle Verantwortung 232

1. Kollektive Schuld und individuelle Verantwortung? 232
2. Jahwes Zorn und Jahwes Gerechtigkeit 233
3. Jahwe, der gerechte Richter: Ps 7 236
4. Die Deutung des Exilsgeschicks als Folge der Schuld der Väter . . . 242
5. Der Einspruch gegen die Solidarhaftung vor Jahwe oder das
   Prinzip der individuellen Vergeltung: Ez 18 245
6. Ein nachträglicher Versuch, das kollektive Gericht über Jerusalem
   als ein selektives zu deuten: Ez 9 250
7. Das Warten der Frommen auf das Gericht an den Frevlern: Ps 94 . . 252

§ 10 Das gesegnete Leben der Frommen und das verfluchte der
   Frevler 258

1. Gottes Gerechtigkeit als Schlüssel für das Schicksal Israels und
   des Einzelnen 258
2. Die prophetische Botschaft von der Heilsverzögerung durch die
   Gottlosen und dem Scheidungsgericht 259
3. Die Lehre der Gerechten 264
4. Ps 37 als Summe der Lehre der Frommen 265

§ 11 Der Fall Hiob oder das Problem des unschuldigen Leidens . . 269

1. Das Hiobbuch, seine Entstehung und seine Tendenzen 269
2. Der Einspruch des Hiobdichters gegen die Lehre der Väter.
   Die erste Ausgabe der Hiobdichtung 271

3. Die Verteidigung der Lehre der Väter in den Elihureden.
   Die zweite Ausgabe der Hiobdichtung 279
4. Gottes in der Schöpfung offenbare Majestät und verborgene
   Weisheit. Die dritte Ausgabe des Hiobbuches 282
5. Die Bestreitung der Möglichkeit des Menschen, vor Gott rein
   zu sein. Die vierte Ausgabe des Hiobbuches durch den
   Niedrigkeitsbearbeiter 285
6. Die Angleichung Hiobs an die Lehre der Väter. Die fünfte
   Ausgabe des Hiobbuches durch den Gerechtigkeitsbearbeiter 287

§ 12 Zweifel und neue Gewißheit: Kohelet und Ben Sira 290

1. Gelingendes Leben als Gabe des verborgenen und offenbaren
   Gottes: Kohelet 290
2. Die Frage nach dem bleibenden Gewinn des Lebens 291
3. Der relative Vorteil der Weisheit und das Rätsel der zufallenden
   Zeit 292
4. Das vergängliche Glück als Gabe Gottes 294
5. Ben Siras Glaube an Gottes Gerechtigkeit 298
6. Ben Siras fünf Argumente für den Glauben an Gottes Gerechtigkeit . 300
7. Der alte und der neue Glaube über Tod und ewiges Leben im
   Buch Sirach 304

§ 13 Der Ausblick auf das Jüngste Gericht und ewige Leben . . 308

1. Die Auferstehung der Toten und das Jüngste Gericht in der
   Hebräischen Bibel 308
2. Das Bekenntnis zur Unzerstörbarkeit der Gottesbeziehung in
   Ps 73,23–26 309
3. Die Erwartung des Jüngsten Gerichts und die Hoffnung der
   Gerechten auf das ewige Leben im 1. Henochbuch 313
4. Die Botschaft von Dan 12,1–3 316
5. Das Bekenntnis zu Gottes Barmherzigkeit und Gerechtigkeit
   in den Psalmen Salomos 317
6. Die Theologie der Unsterblichkeit in der Weisheit Salomos 320
   Exkurs: Reinkarnation und Gericht bei Philo 333
7. Rückblick und Ausblick 337

§ 14 Der eine Gott und die Götter der Welt 343

1. Polytheismus und Monotheismus 343
2. Der Polytheismus als Voraussetzung der Vorstellung von der
   Einzigartigkeit eines Gottes 349

3. Die Einheit im Widerstreit 351
   3.1. Das altmesopotamische Pantheon 351
   3.2. Das ugaritische Pantheon 354
   3.3. Baal als Paradigma für die Einzigartigkeit eines Gottes 358
4. Die Einzigartigkeit Jahwes in den Psalmen 360
5. Vom einzigen Gott Israels zum einzigen Gott aller Völker 370
6. Der deuterojesajanische Weissagungserweis der alleinigen Gottheit Jahwes 376
7. Die Götzenpolemik als Ausdruck der Gewißheit des Jahwe-Glaubens 384

§ 15 Das Alte Testament als Existenzauslegung 393

1. Die neuzeitliche Krise des Gottesglaubens und die Sonderstellung des Menschen im Reich des Lebens 393
2. Die alttestamentliche Heilsgeschichte als Mythos von der Erwählung und der Verantwortung Israels und des Menschen und das Problem der Rede von Gott 395
3. Die Selbsterschließung Gottes in der Ortlosigkeit der Existenz und das Gottvertrauen 400
4. Die ethische Forderung, das Böse, die Sünde und Gottes Vergeben   403
5. Das Gottvertrauen als der Grund der Hoffnung und der Mut zum Sein 410
6. Die alttestamentliche Binnenethik und die Entdeckung des Mitmenschen 414
7. Israels Erwählung und Bund – oder: von der Kontingenz der Selbsterschließung Gottes 417

Nachwort 425

Stellenregister für die Bände 1–3 in Auswahl
erstellt von Pastor i.R. Heinrich Niemeyer 429

Grundlegung

§ 1 Der Bund Jahwes

1. *Bundesschlußberichte und Bundesverheißungen im Alten Testament.*[1] Wo von Israel als dem Volke Jahwes die Rede ist, stellt sich fast zwangsläufig die Vorstellung ein, daß die Sonderstellung Israels unter den Völkern darauf beruht, daß es das Bundesvolk Jahwes ist.[2] Aber bekanntlich gibt es im Pentateuch als der grundlegenden Urkunde für dieses Konzept nicht nur einen, sondern mehrere Bundesschlußberichte. Wird über die göttliche Stiftung des Noahbundes nur in Gen 9 berichtet, so gibt es über Jahwes Verheißungsbund mit Abraham zwei Versionen, eine in Gen 15 und eine in Gen 17. Weiterhin gibt es nach Ex 24,3–8 und 34,10–27 zwei Bundesschlüsse am Sinai; denn weil der erste Bund durch die Anbetung des Goldenen Kalbes gebrochen war, schloß Jahwe dort einen weiteren Bund mit ihm. Und schließlich gibt sich das Deuteronomium in seiner vorliegenden Gestalt als die nachträglich verschriftete Fassung einer langen Rede aus, die Mose anläßlich eines erneuten Bundesschlusses mit Israel vor dem Einzug in das gelobte Land noch jenseits des Jordans im Lande Moab bei Schittim[3] gehalten hat. Dazu kommt noch die eigenartige Erzählung vom Landtag zu Sichem in Jos 24, in welcher der gleichnamige Held das Volk vor die Entscheidung stellt, Jahwe oder den Göttern jenseits des Stromes zu dienen, um dann einen Bund für das Volk „zu schneiden"

---

[1] Die unterschiedlichen Lösungsmodelle zur Erklärung der Genese des Pentateuchs, des Deuteronomiums und des Deuteronomistischen Geschichtswerkes können hier nicht einmal ansatzweise vorgestellt werden, vgl. dazu den Forschungsbericht von Otto Kaiser, The Pentateuch and the Deuteronomistic History, in: Andrew D. H. Mayes, ed., Text in Context, Oxford: Oxford University Press 2000, S. 289–322 bzw. ders., Pentateuch und Deuteronomistisches Geschichtswerk, in: ders., Studien zur Literaturgeschichte des Alten Testaments, FzB 90, Würzburg: Echter 2000, S. 70–133 und weiterhin z. B. Wolfgang Oswald, Israel am Gottesberg, OBO 159, 1998, Reinhard G. Kratz, Die Komposition der erzählenden Bücher des Alten Testaments, UTB 2157, 2000, S. 99–225, Christoph Levin, Das Alte Testament, München: C. H. Beck 2001, S. 27–85 und als Zusammenfassung seiner vorausgehenden Studien Eckart Otto, Die Tora des Mose, Ber. Sitz. Joachim Junius-Gesellschaft 19, 2001/2, 2001.

[2] Vgl. dazu auch Norbert Lohfink, Der Begriff „Bund" in der biblischen Theologie, in: ders. und Erich Zenger, Der Gott Israels und die Völker, SBS 154, 1994, S. 19–36.

[3] Vgl. dazu Klaus Bieberstein, NEB III, Sp. 480.

(Jos 24,25).⁴ Doch über diesem Reichtum dürfen wir das Jeremiabuch nicht vergessen, das neben der Verheißung eines ewigen Bundes mit David und mit den Leviten in Jer 33,15–18 mit den Anhängen V. 19–22 und V. 23–26⁵. vor allem die religionsgeschichtlich überaus wirkungsmächtige Verheißung des Neuen Bundes in Jer 31,31–34 enthält. Wer auch nur eine oberflächliche Ahnung von den Textbefunden und den gegenwärtigen Versuchen besitzt, die Entstehung der vorderen Sinaiperikope in Ex 19–24 (32–34), des Deuteronomiums und des Jeremiabuches zu erklären, versteht, daß wir die genetischen Fragen nur im Sinne der Gewinnung einer relativen Chronologie aufgreifen können.

2. *Terminologische Klärungen.* Das biblische Wort für Bund lautet בְּרִית (*běrît*) und ist mit dem akkadischen Wort *bīrītu(m)* „Band, Fessel" verwandt. Es bezeichnet, wie wir alsbald hören werden, drei unterschiedliche Arten der eidlichen Bindung: Für die Rede von ihrer Schließung, Einhaltung und Auflösung gab es relativ feste Wendungen, von denen wenigstens die wichtigsten vorgestellt seien. Der Vertragsabschluß wird zumal mit den beiden formelhaften Wendungen „den Bund schneiden" (כָּרַת בְּרִית / *kārat běrît*) bezeichnet.⁶ Die drastische Formel geht auf eine mit dem Vertragsabschluß verbundene Rite zurück, in der ein oder mehrere Tiere in der Mitte zerteilt und so rechts und links hingelegt wurden, daß in der Mitte ein Platz für den Durchzug des oder der Vertragspartner verblieb (Gen 15,9–10.17), die sich auf diese Weise für den Fall ihres Eidbruches selbst verfluchten (Jer 34,18).⁷ Damit ist bereits festgestellt, daß der Vertragsabschluß mittels eines Eides⁸ oder überhaupt in der Form eines Eides erfolgte. Außerdem war er mit einem Opfer⁹ und zumindest nach Ex 24 auch mit Blutmanipulationen verbunden (Ex 24,4–8).

In der priesterschriftlichen und nachpriesterschriftlichen Sprache wird dagegen der hohen Abstraktion ihrer als Selbstbindungen Gottes ausgelegten Bundesschlüsse gemäß die Formel „den Bund aufrichten" (הֵקִים

---

⁴ Vgl. dazu Lothar Perlitt, Bundestheologie im Alten Testament, WMANT 36,1969, S. 239–279 und Ernest W. Nicholson, God and His People, 1986, S. 151–163, der den Text mit Recht eher als exilisch denn als vorexilisch beurteilt; vgl. auch Volkmar Fritz, Das Buch Josua, HAT I/7, Tübingen: J. C. B. Mohr (Paul Siebeck) 1994, S. 235–239, der die Grundschrift DtrH zuweist.

⁵ Vgl. dazu unten, S. 200–201.

⁶ Vgl. z. B. Gen 15,18; 21,27; 31,44; Ex 34,27; Lev 26,45; Dtn 5,2; 28,69; 29,24; 1. Sam 18,3; 23,18; 2. Kön 11,4; 23,3.

⁷ Zum realen Anlaß von Jer 34,8–22 vgl. noch immer Bernhard Duhm, Das Buch Jeremia, KHC XI, Tübingen und Freiburg: J. C. B. Mohr (Paul Siebeck) 1901, S. 279–280.

⁸ Vgl. z. B. 2. Kön 11,4; Ez 17,16; Gen 21,23–24; 26,28; 31,53 und Dtn 29,11.

⁹ Vgl. z. B. Gen 31,54; Ex 24,4–5 und Ps 50,5.

בְּרִית / hēqîm běrît) verwendet.[10] Neutral kann es auch heißen, daß jemand in den Bund eintritt (בּוֹא בְּרִית / bô' běrît bzw. עָבַר בְּרִית / 'ābar běrît) bzw. ihm beitritt (עָמַד בַּבְּרִית / 'āmad babběrît).[11] Das Halten des Vertrages wird mit den Formeln „den Bund bewahren" (שָׁמַר בְּרִית / šāmar běrît)[12] bzw. „den Bund halten" oder „bewahren" (הֵקִים בְּרִית / hēqîm běrît) bzw. unter Verwendung eines an die assyrische Bezeichnung für den Eid adû/adê als (נָצַר עֵדוּת / nāṣar 'ēdût)[13] ausgesagt. Von Gott heißt es in diesem Fall gern, daß er „des Bundes gedachte", um dann entsprechend seinen Zusagen zu handeln (זָכַר בְּרִית / zākar běrît).[14] Auf den Vertragsbruch beziehen sich vor allem die Formeln „den Bund brechen" (הֵפֵר בְּרִית / hēpēr běrît)[15] „den Bund übertreten" ('ābar běrît),[16] „den Bund verlassen" ('āzab běrît).[17] Für die christliche Bundestheologie sollte es sich von größter Bedeutung erweisen, daß die Septuaginta die für einen Vertragsabschluß im Griechischen typische Formel *spondas poiein* (Trankopfer darbringen)[18] aus einsichtigen theologischen Gründen vermied und statt dessen mit *diathēkēn diatithestai* (eine Verfügung erlassen) übersetzte.[19] Hatte die Vetus Latina *běrît* mit dem gleichsinnigen *testamentum* übersetzt, so wählte Hieronymus statt dessen *foedus* (Vertrag) oder *pactum* (Vereinbarung) und begründete damit die Rede von der Bundestheologie. Der Sache am nächsten kommen wir, wenn wir das hebräische Wort zunächst neutral mit „Verpflichtung" wiedergeben.

3. *Die drei Arten der Verpflichtung*. Wählen wir diese Übersetzung, so erschließt sich uns die Typologie der unterschiedlichen, im Alten Testament belegten vertraglichen Beziehungen am einfachsten.[20] Sie besaßen

---

[10] Vgl. z. B. Gen 9,9; 17,7; Ex 6,4; Lev 26,9 und Ez 16,60.

[11] Vgl. z. B. Jer 34,10; Ez 16,8; 2. Chr 15,12 bzw. Dtn 29,11; 1 QS I,16 bzw. 2. Kön 23,3.

[12] Vgl. z. B. Gen 17,10; Ex 19,5; 31,16 und 2. Kön 23,3.

[13] Vgl. z. B. Dtn 8,18; Lev 26,9 bzw. Ps 119,22.

[14] Vgl. z. B. Gen 9,15; Ex 2,24; Ez 16,60 und Ps 105,8.

[15] Vgl. z. B. Gen 17,14; Lev 26,44; Dtn 31,16;1. Kön 15, 19; Jes 33,8; Jer 11,10; Ez 17,16 und Sach 11,10.

[16] Vgl. z. B. Jos 7,11, Ri 2,20; Hos 6,7 und 8,1.

[17] Vgl. z. B. Dtn 29.24; 1. Kön 19,10 und Jer 22,9.

[18] Vgl. Hdt I.21 und dazu Martin P. Nilsson, Geschichte der griechischen Religion I: Die Religion Griechenlands bis auf die griechische Weltherrschaft, HAW V. 2/1, 2. Aufl. München: C. H. Beck 1965, S. 139–142.

[19] Zur christlichen Rede vom Alten und Neuen Testament vgl. GAT I, S. 42 und S. 45.

[20] Vgl. dazu Joachim Begrich, Berit, ZAW 60, 1944, S. 1–11 = ders., Ges. Studien zum A.T., hg. v. Walther Zimmerli, ThB 21, München: Christian Kaiser 1964, S. 55–66.

entweder den Charakter einer freiwillig einem anderen gegenüber eingegangenen Bindung oder Selbstverpflichtung. So schenkte zum Beispiel Josua den Gibeoniten das Leben (Jos 9,15) und boten die Einwohner von Jabesch Gilead dem Ammoniterkönig Nachasch die Unterwerfung an (1. Sam 11,1–2). Oder es handelte sich bei ihnen um eine anderen auferlegte Verpflichtung. So verlangte König Joasch bei seiner Revolution gegen Atalja von seinen Soldaten für sich und seine Söhne einen Treueeid (2. Kön 11,4). Einen solchen mußte König Zedekia dem babylonischen Großkönig Nebukadnezar leisten (Ez 17,13–14). Das große Beispiel für derartige Verträge bietet die von dem neuassyrischen König Asarhaddon seinen Vasallen auferlegte *adê*, die uns noch weiter unten beschäftigen wird.[21] Und schließlich gab es auch den Parteienvertrag, die zweiseitige Abmachung unter Gleichgestellten wie zum Beispiel der Brunnen-Nutzungsvertrag zwischen Abraham und König Abimelek von Gerar (Gen 21,22–32), der Grenzvertrag zwischen Jakob und Laban (Gen 31,44–54) und der Nichtangriffspakt zwischen Asa von Juda und Ben-Hadad von Aram-Damaskus (1. Kön 15,18–20).

Nachdem wir uns die drei Arten an politischen Beispielen verdeutlicht haben, sehen wir zu, wie sich die alttestamentlichen Gottesbünde in diese Typologie einordnen lassen. Da Gott den Menschen schlechthin überlegen ist, dominieren naturgemäß die Selbst- und Fremdverpflichtungen Gottes. So sind die Verheißungs- oder Gnadenzusagen wie der Noahbund in Gen 9, der Abrahambund in Gen 17, der David- und Levibund in Jer 33,14–15 (16–26)[22]. und selbstverständlich auch der Neue Bund in Jer 31,31–34 freie Selbstbindungen Gottes.[23] Die Annahme, daß dieser Vertragstyp auf königliche Bestallungs- und Geschenkurkunden zurückgeht, legt sich nahe, bleibt aber zu überprüfen.[24] Daß solche auch von den Königen von Israel und Juda erlassen worden sind, läßt sich nicht belegen, aber mit einigem Recht annehmen.[25] Den Charakter der Verpflichtung eines Anderen besitzen dagegen die drei von Mose vermittelten Bünde am Sinai in Ex 24 und 34 und der Moabbund im Deuteronomium.[26] Ihre Herkunft liegt bei den altorientalischen Vasallenverträgen. Zumindest der

---

[21] Vgl. dazu unten, S. 21–22.
[22] Vgl. zu ihm unten, S. 200–201.
[23] Zu der dem Abrahambund innewohnenden Verpflichtung vgl. unten, S. 27–28.
[24] Dazu wären z. B. die von L. Kataja und R. Whiting, Grants, Decrees and Gifts of the Neoassyrian Period, SAA 12, Helsinki: Helsinki University Press 1995 vorgelegten neuassyrischen Dokumente zu vergleichen.
[25] Es wäre zu prüfen, ob diese Gattung nicht hinter den prophetischen Berufungsberichten steht.
[26] Vgl. Dtn 30.

Form nach spiegeln die sogenannten Bundesworte in Dtn 26,17–19 dagegen eine zweiseitige Verpflichtung nach dem Vorbild eines Parteienvertrags,[27] für den die Beispiele bis zu den Hethitern zurückgehen.[28]
4. Die Sinaibünde und der Moabbund. Der überlieferten Erzählung gemäß liegen dem Bundesschluß am Sinai in Ex 24,3–8 der Dekalog in Ex 20 und das Bundesbuch in Ex 20,22–23,33 zugrunde. Seine Erneuerung nach dem Bundesbruch in Gestalt der Anbetung des Goldenen Kalbes (Ex 32,1–8) erfolgt dann in Ex 34,10–26 auf der Basis von Zitaten vornehmlich aus dem Bundesbuch.[29] In einer dem ersten Sinaibund vergleichbaren Weise gelten im Deuteronomium der Dekalog in Dtn 5 und die in Dtn 12–26* enthaltenen Kult-, Rechts- und Sozialbestimmungen[30] als die eigentlichen Bundesdokumente. Dabei wird die der Vertragstreue zukommende, über Leben und Tod entscheidende Bedeutung ebenso durch die Segensverheißungen und Fluchandrohungen in Dtn 28 unterstrichen, wie durch die Schlußreden in Dtn 29–30*. Sie stellen das Volk übereinstimmend vor die Alternative, dem Bund treu zu bleiben und Gottes Segen und Rettung zu erfahren oder den Bund zu brechen und zugrunde zu gehen.

So unterschiedlich die Ansichten über die Entstehung der Sinaiperikope im einzelnen sind, so konvergieren sie doch in der Einsicht, daß der Dekalog erst nachträglich in Ex 20,1–17 eingefügt worden ist.[31] Doch in der Frage, ob die Fassung in Ex 20 oder in Dtn 5 die ursprüngliche ist, bestehen grundsätzliche Meinungsverschiedenheiten.[32] In Dtn 5,2 und 4 läßt der Deuteronomist Mose auf die Sinaierzählung zurückverweisen

---

[27] Vgl. dazu unten, S. 21–22.

[28] Vgl. Dennis J. McCarthy, Treaty and Covenant, 2nd ed., AnBib 21A, 1978, S. 37–50.

[29] Vgl. dazu unten, S. 19 sowie Erik Aurelius, Der Fürbitter Israels, CB.OT 27,1988, S. 119–121 und Josef Schreiner, Kein anderer Gott! Bemerkungen zu Ex 34,11–26, in: Ingo Kottsieper u. a., Hg., FS Otto Kaiser, 1994, S. 199–213; anders z. B. Frank Crüsemann, Die Tora, 1992, S. 138–170; zur Funktion der Erzählung im Kontext vgl. Walter Groß, Zukunft für Israel, SBS 176, 1998, S. 20–26.

[30] Zur Erweiterung des dtn Gesetzes um c. 19–25, in denen sich keine Anspielungen mehr auf das Zentralisationsgesetz finden und der mit dieser Erweiterung verbundenen dekalogischen Strukturierung vgl. Georg Braulik, Die Abfolge der Gesetze in Deuteronomium 12–26 und der Dekalog, in: Norbert Lohfink, Hg., Das Deuteronomium. Entstehung, Gestalt und Botschaft, BEThL 68, Leuven: Peeters 1985, S. 252–272 = ders. Studien zur Theologie des Deuteronomiums, SBAB 2, Stuttgart: Katholisches Bibelwerk 1988, S. 231–256 und weiterhin ders., Die dekalogische Redaktion der deuteronomischen Gesetze, in: ders., Hg., Bundesdokument, HBS 4, 1995, S. 1–26.

[31] Vgl. dazu auch unten, S. 31.

[32] Vgl. dazu unten S. 49 mit Anm. 34 und 35.

und in V. 22 bezeichnet er den V. 6–21 mitgeteilten Dekalog ausdrücklich als eine Wiederholung seiner direkten Kundgabe an das Volk durch Jahwe am Sinai/Horeb. Beides spricht zusammengenommen für die Annahme, daß die Dekalogfassung in Dtn 5 eine Bearbeitung des Dekalogs in Ex 20 darstellt.[33] Die Ausgestaltung des Sabbatgebotes in Ex 20,10–11 in Rückgriff auf den Abschluß der priesterlichen Schöpfungserzählung in Gen 2,1–3 zeigt, daß seine vorliegende Fassung und vermutlich auch seine Einfügung an seinen jetzigen Ort jünger als die Priesterschrift ist und mithin vermutlich bereits in das 5. Jh. v. Chr. fällt. Weiterhin setzt der Bericht über den Bundesschluß in Ex 24,3–8 voraus, daß das Bundesbuch in Ex 20,22–23,19 Mose zunächst nur mündlich offenbart worden war.[34] Dem entspricht auch Dtn 5,25–27. Daher dürfte Dtn 5* älter als die Vertragserzählung Ex 19,3–8 und 24,3–8 sein. Daß das deuteronomische Gesetz in Dtn 12–26* eine Neuausgabe des Bundesbuches unter dem Leitgedanken der Kultzentralisation darstellt, seine jetzige Gestalt aber mehreren redaktionellen Bearbeitungen verdankt, läßt sich mehr oder weniger als *opinio communis* bezeichnen. Welche konkreten redaktionellen Schritte zu seiner Endgestalt geführt haben, ist dagegen weiterhin umstritten.[35] In seiner Endgestalt stellt es jedenfalls ein umfassendes Pro-

---

[33] Vgl. dazu Oswald, Israel am Gottesberg, OBO 159, S. 151–152.

[34] Zu der dadurch verursachten Störung der Grunderzählung, in der die Aufzeichnung erst nach ihrer Verkündigung durch Gott selbst in den vierzig Tagen und Nächten erfolgte, vgl. Oswald, S. 155–156.

[35] Georg Braulik, Deuteronomium 1–16,17, NEB, Würzburg: Echter 1986, S. 11–14, ders., in: E. Zenger, Einleitung, 3. Aufl., 1998, S. 132–135 nimmt eine dreiphasige, von der Zeit Hiskias über die nach 587 bis ins Exil reichende Entstehung an. Die erste 12,2–16,17* mit dem Privilegrecht Jahwes; die zweite 16,18–18,26* und die dritte 19–25 mit dem Zivilrecht. R. G. Kratz, Komposition, 2000, S. 118–138 (vgl. die Tabelle S. 138) sucht dagegen den Grundbestand in 6,4–5; 12,13–21,9 + 26,1–16. – Nach E. Otto, Tora des Mose, 2001, S. 29–48, wäre das aus dem Treueeid zu Jahwe Dtn 13,2–10* + 28,20–44* bestehende Urdeuteronomium zu Jahwe aus der Josiazeit im 6. Jh. (vgl. dazu ders., Deuteronomium, BZAW 284, 1999, S. 15–90) durch den Hauptredaktor DtrD durch die Erweiterung um Dtn 5–25* zu einem umfassenden Entwurf der Lebensordnung für das exilierte Israel geworden. Ihn hätte dann erst der spätexilische DtrL, der dtr Landnahmeredaktor, durch die Vorschaltung von Dtn 1–3 und die Zufügung von Dtn 29–30* zur Bundesschlußerzählung ausgestaltet. Für die vorexilische Entstehung des Deuteronomiums hat F. Crüsemann, Tora, 1992, S. 242–248 plädiert. Für das Bundesbuch einschließlich Schlußrede schlägt er S. 233–234 die Zeit nach 701 vor. Als Quellpunkt für die Lokalisierung des Gottesrechts am Sinai betrachtet er die Erzählung vom Goldenen Kalb und Bundesschluß in Ex 32–34, während er die Ausgestaltung von Ex 19–24 dtr Redaktion zuschreibt, S. 73–75. R. G. Kratz,

gramm für die Neuordnung des religiösen, konstitutionellen und zivilrechtlichen Lebens für das Israel nach dem Verlust seiner politischen Freiheit im Jahre 587 dar, die durch die Art ihrer Ausgestaltung als Bundesschlußurkunde den Anspruch erhebt, Israel für alle Zeiten zu binden.

Über die mit dem Abschluß des Bundes verbundenen Zeremonien erteilen uns zusammenhängend nur Gen 15, 9–21 (vgl. Jer 34,18–19) und Ex 24,3–8 Auskunft. Nach dieser konstruierten theologischen Erzählung aus dem 5. Jh. wäre der Bundesschluß am Sinai so erfolgt: Dort hätte Jahwe Mose seine Satzungen und Rechtssätze mitgeteilt (Ex 20,22). Als Mose zu dem am Fuß des Berges lagernden Volk zurückgekehrt war und ihm die göttliche Botschaft übermittelt hatte, hätte das Volk umgehend seine Bereitschaft versichert, ihr gemäß zu handeln, und darauf hätte Mose die Worte Jahwes sogleich aufgeschrieben, um sie dann bei der am nächsten Tage vollzogenen rituellen Verpflichtung des Volkes zu verlesen. Zur Vorbereitung der Zeremonie gehört dagegen die Errichtung des Altars und der zwölf Malsteine, welche die zwölf Stämme Israels als Eidgenossen repräsentieren.[36] Sie selbst besteht aus den von Jungmännern dargebrachten Ganz- und Heilsopfern, von denen die ersten ganz der Gottheit geweiht sind, während die zweiten dem Gemeinschaftsmahl der Eidgenossen mit Jahwe dienen. Gerahmt von einer Blutbesprengung durch Mose vollzieht sich dann die eigentliche Verpflichtung des Volkes (Ex 24,5–8):[37]

3 Und Mose kam und berichtete dem Volk alle Worte Jahwes und alle Rechtsverordnungen, und da antwortete das ganze Volk mit einer Stimme, und sie sagten: „Alle Worte, die Jahwe geredet hat, wollen wir tun." 4 Da schrieb Mose alle Worte Jahwes auf und machte sich früh am Morgen auf und baute einen Altar unterhalb des Berges und zwölf Steinmale gemäß den zwölf Stämmen Israels. 5 Dann beauftragte er junge Männer unter den Israeliten, und sie brachten Ganzopfer dar und schlachteten Stiere als Heilsopfer für Jahwe. 6 Und Mose nahm die Hälfte des Blutes und tat es in Schalen, und die (andere) Hälfte des Blutes sprengte er auf den Altar. 7 Und er nahm das Buch des Bundes

---

Komposition, UTB 2157, S. 118–138, bes. S. 135–138 datiert das den Grundbestand von Dtn 6,4–26,16 enthaltende Urdeuteronomium in frühexilische Zeit. Es wäre weiterhin um wesentliche Bestandteile wie 20–25* erweitert. Eine in sich geschlossene redaktionsgeschichtliche Rekonstruktion für die Entstehung von Ex 19–24 hat W. Oswald, Israel am Sinai, OBO 159, 1998 vorgelegt. Zu seinen Ergebnissen vgl. die Tabelle S. 256–262. Nach ihm stammt die das Bundesbuch einschließende Grunderzählung erst aus frühexilischer Zeit, S. 125–135. Sie enthält: 19,2b.3a.10.11a.14.15a.1–17.18hβ.19b; 20,18b.21b.22a.24a–26; 21,2–23,9; 24,1,2* und 18.

[36] Vgl. auch Jos 4,4–10.
[37] Vgl. dazu auch Groß, Zukunft, S. 14–16.

und verlas es vor den Ohren des Volkes, und sie sagten: „Alles, was Jahwe geredet hat, wollen wir tun!" 8 Da nahm Mose das Blut und sprengte es auf das Volk und sagte: „Das ist das Blut des Bundes, den Jahwe mit euch geschlossen hat über allen diesen Worten."

Der spätdtr Text korrespondiert mit dem Adlerwort in Ex 19,4–8,[38] in dem Jahwe Mose zu sich auf den Berg ruft, um ihn dort zu beauftragen, das Volk in seinem Namen zum Gehorsam gegen seinen Bund zu ermahnen und ihm zu eröffnen, daß es ein heiliges Priestertum und ein heiliges Volk sein solle, Worte, die das Volk in V. 8a fast mit derselben Verpflichtungserklärung wie in 24,3b und 7b beantwortet. Die Verteilung des Blutes zwischen dem Altar und dem Volk dient dem rituellen Vollzug des Bundesschlusses, wobei der Altar die Gottheit repräsentiert. Daher dürfte die Vermutung, daß die Besprengung des Volkes in loser Form die Priesterweihe imitiere, weniger wahrscheinlich sein. Denn bei ihr wurden das rechte Ohr, der rechte Daumen und die rechte große Zehe mit Blut bestrichen und erst dann das restliche Blut gegen den Altar gesprengt (Lev 8,24).[39] Unterstellt man dagegen, daß die doppelte Blutmanipulation den Bundesschluß vollzieht und Israel auf Leben und Tod zum Gehorsam gegen den im Bundesbuch offenbaren Willen seines Gottes verpflichtet, erklärt sich auch das Mose in den Mund gelegte Deutewort, daß es sich bei dem auf das Volk gesprengten Blut um das Blut des Bundes handelt, den Jahwe (damit!) mit dem Volk geschlossen hat. Daß dieser Satz im Kelchwort des letzten Mahles Jesu antithetisch aufgenommen und abgewandelt ist und dadurch zum Ursprung der Rede vom Sinaibund als dem Alten und dem Christusbund als dem Neuen geworden ist, sei hier wenigstens angemerkt.[40] Das schließt nicht aus, sondern ein, daß die Rite gleichzeitig daran erinnert, daß dieser Bund ein Bund auf Tod und Leben ist (vgl. Dtn 30,19–20).[41]

---

[38] Vgl. dazu Oswald, Israel, 1998, S. 57–59, S. 154–167 und Ludwig Schmidt, Israel und das Gesetz. Ex 19,3b–8 und 24,3–8 als literarischer und theologischer Rahmen für das Bundesbuch, ZAW 113, 2001, S. 169–185. Während Oswald annimmt, daß die Grunderzählung in Ex 19–20 + 24 der Einführung des Bundesbuches diente, plädiert Schmidt dafür, daß es erst der für 18,3b–8 und 24,3–8 verantwortliche Redaktor in die Sinaiperikope eingefügt habe. Zeitlich datieren beide die Ergänzungsschicht in der Perserzeit.

[39] Vgl. dazu E. W. Nicholson, God and His People, 1986, S. 172–174.

[40] Vgl. 1. Kor 11,25; Mk 14,23–24; Mt 26,27–28; Lk 22,20 und dazu Joachim Jeremias, Die Abendmahlsworte Jesu, 3. Aufl., Göttingen: Vandenhoeck & Ruprecht 1960, S. 210–229 mit Jürgen Becker, Jesus von Nazaret, Berlin. New York: Walter de Gruyter 1995, S. 418–421.

[41] Vgl. dazu Groß, Zukunft, 1998, S. 16–19.

§ 1 Der Bund Jahwes

Die Erzählung von dem erneuten Bundesschluß in Ex 34,10–28 ist durch die vom Abfall Israels zum Goldenen Kalb in Ex 32,1–6.15a.19– 20*.30– 34* provoziert worden.[42] Diese Geschichte bietet nachträglich ein Modell für die „Sünde Jerobeams" in 1. Kön 12,26–30.[43] Demgemäß verschiebt Jahwe in Ex 32,31–34* die Strafe aufgrund der Fürbitte Moses' bis zu der von ihm dafür ersehenen Stunde und d. h. bis zur Zerstörung des Nordreiches im Jahre 722 (2. Kön 17,1–6.21–23a).[44] An die Fortschreibungserzählung von Moses erfolgreicher Bitte um Jahwes Geleit auf dem weiteren Zug des Volkes in 33,12–17[45] schließt sich die tertiäre nachdtr Erzählung vom Bundesschluß in Ex 34,10–28 an, durch den der vorausgehende Bundesbruch aufgehoben wird. Inzwischen ist das Ansehen Moses als des Mittlers zwischen Gott und Volk derart gestiegen, daß ihm der Erzähler in V. 27 durch Jahwe den Befehl erteilen läßt, die in den V. 12–26 enthaltenen kultrechtlichen, der Aufrechterhaltung der ungestörten Beziehung Jahwes zu seinem Volk dienenden Bestimmungen aufzuschreiben, weil er auf ihrer Grundlage mit ihm seinen Bund schließe. Daß dieser Bund auch Israel gilt, hat erst eine auf den Ausgleich mit Ex 24,3–8 bedachte Hand nachgetragen.[46] In 24,4 hatte Mose die Worte selbst aufgeschrieben und den Bundesschluß am nächsten Tage nach der Verlesung des „Bundesbuches" und der Selbstverpflichtung des Volkes zwischen Jahwe und ihm vollzogen. In bewußter Abwandlung dieses Berichts läßt der Erzähler von Ex 34,10–27 Jahwe Mose die Verschriftung der ihm offenbarten Worte ausdrücklich befehlen und dann den Bund mit ihm allein schließen,[47] als sei Mose dafür verantwortlich, daß das Volk sich an die ihm offenbarten Bundesworte hielte (34,27):

Da sagte Jahwe zu Mose: Schreibe dir diese Worte auf, denn aufgrund dieser Worte schließe ich meinen Bund mit dir [und den Bund mit Israel].

---

[42] Zur literarkritischen Begründung der Abgrenzung der Grunderzählung vgl. Aurelius, Fürbitter, 1988, S. 60–68.

[43] Vgl. Aurelius, Fürbitter, S. 75–76.

[44] Vgl. dazu auch Ernst Würthwein, Die Bücher der Könige. 1. Kön. 17–2. Kön 25, ATD 11/2, Göttingen: Vandenhoeck & Ruprecht 1984, S. 391–395 und zur Rolle des Motivs der „Sünde Jerobeams" im Königsbuch Jörg Debus, Die Sünde Jerobeams, FRLANT 93, Göttingen: Vandenhoeck & Ruprecht 1967, S. 93–109.

[45] Vgl. dazu Friedhelm Hartenstein, Das Angesichts Gottes in Exodus 32–34, in: Matthias Köckert/Erhard Blum, Hg., Gottes Volk am Sinai. Untersuchungen zu Ex 32–34 und Dtn 9–10, Gütersloh: Christian Kaiser. Gütersloher Verlagshaus 2001, S. 157–183, bes. S. 168–171.

[46] Vgl. dazu Martin Noth, Das zweite Buch Mose. Exodus, ATD 5, Göttingen: Vandenhoeck & Ruprecht 1959 (ND), S. 219.

[47] Vgl. dazu Aurelius, Fürbitter, S. 108.

Andererseits ist dieser Bund ein reiner Gnadenbund, freilich einer Gnade, die dem Sünder die Strafe nicht erspart. So gibt es (blicken wir auf die Verhältnisbestimmung zwischen dem Sinaibund und dem Väterbund in Lev 26,40–45 voraus)[48] gleichsam innerhalb der Einklammerung des Sinaibundes durch den Väterbund hier auch noch eine Einklammerung des Sinaibundes selbst, den Jahwe trotz des Bundesbruchs durch sein Volk erneuert, ohne ihm sein Geleit zu entziehen (Ex 34,10–11), ohne ihm aber auch seine Strafe zu erlassen. Gewiß ist dieser Gott langmütig, aber seine sich im Verzicht auf sofortige Bestrafung ausdrückende Langmut darf nicht mit einem Strafverzicht verwechselt werden (Sir 5,4–7).

Die Ausgestaltung des Deuteronomiums zu einem Bundesschlußbericht ist ebenfalls erst nachträglich erfolgt und trotz der kräftigen, in den Kapiteln 5*, 28 und 29–30 gesetzten Akzente einigermaßen abstrakt geblieben. Die in 26,17–19 eingefügten Bundesworte setzen einen Bundesschluß voraus, der im Vorhergehenden nicht berichtet ist. Im Gegensatz dazu beansprucht der Grundtext der Schlußrede, zu der jedenfalls 29,1–14 und 30,15–20[49] gehören, Teil des in Gang befindlichen Vollzuges zu sein. Diese Deutungen lassen die Absicht erkennen, die hinter der Fiktion einer göttlichen Willenskundgebung vom Vorabend der Landnahme steht: Die hier erfolgte Verpflichtung und der hier erhobene Ruf, sich zwischen Gehorsam und einem glücklichen Leben im Lande oder dem Ungehorsam und der schließlichen Zerstreuung unter die Völker zu entscheiden, richtet sich in Wahrheit an das exilisch-nachexilische Israel, das seine Freiheit verloren hat und zu großen Teilen unter die Völker versprengt ist. So heißt es schon einigermaßen rätselhaft in Dtn 5,2–3:

2 *Jahwe, unser Gott, hat einen Bund mit uns am Horeb*[50] *geschlossen. 3 Er hat ihn nicht mit unseren Vätern geschlossen, sondern mit uns, den Lebenden, die wir heute alle hier sind.*

---

[48] Vgl. dazu unten, S. 30–31.

[49] Zur dtr Bundesredaktion vgl. Timo Veijola, Bundestheologische Redaktion im Deuteronomium, in: ders., Hg., Das Deuteronomium und seine Querbeziehungen, SESJ 62, Helsinki/Göttingen: Finnisch Exegetische Gesellschaft Helsinki/Vandenhoeck & Ruprecht 1996, S. 242–276 = ders., Moses Erben, BWANT 149, 2000, S. 153–175 und zu Dtn 29–30 jetzt auch Eckart Otto, Das Deuteronomium im Pentateuch, FAT 30, 2000, S. 138–155.

[50] Zu dieser dtr Bezeichnung des Sinai vgl. Lothar Perlitt, Sinai und Horeb, in: Herbert Donner u. a., Hg., Beiträge zur alttestamentlichen Theologie. FS Walther Zimmerli, Göttingen: Vandenhoeck & Ruprecht 1977, S. 302–322 = ders., Deuteronomium-Studien, FAT 8, Tübingen: J. C. B. Mohr (Paul Siebeck) 1994, S. 32–49.

§ 1 Der Bund Jahwes 21

Deutlicher wird das Gemeinte, wenn wir uns Dtn 29,9–14 zuwenden:

> 9 *Ihr steht heute alle vor Jahwe, eurem Gott, eure Stammeshäupter, eure Ältesten und eure Amtsleute, alle Männer Israels,* 10 *eure Kleinkinder und eure Frauen und dein Gast, der sich mitten in deinem Lager befindet, von deinen Holzhauern bis zu deinen Wasserschöpfern,* 11 *um in den Bund Jahwes, deines Gottes, einzutreten und in seine Eidgemeinschaft, die Jahwe, dein Gott, heute mit dir schließt,* 12 *um dich heute zu seinem Volk zu bestellen und er dein Gott sei gemäß dem, was er zu dir geredet, und dem, was er deinen Vätern geschworen hat, dem Abraham, Isaak und Jakob.* 13 *Doch nicht mit euch allein schließe ich diesen Bund und diese Eidgenossenschaft,* 14 *sondern zum einen mit dem, der heute hier bei uns vor Jahwe, unserem Gott, steht, und mit dem, der heute nicht hier bei uns ist.*[51]

Das verschriftete Gesetz bildet mithin die Brücke zwischen der Mosezeit und der jeweiligen Gegenwart und stellt so das Israel aller Zeiten und an allen Orten in die Entscheidung zwischen Tod und Leben, wie es Dtn 30,19–20 im abschließenden Zeugenaufruf unterstreicht, in dem statt der Götter Himmel und Erde als Zeugen fungieren:

> 19 *Ich rufe heute gegen euch den Himmel und die Erde als Zeugen auf: Leben und Tod habe ich dir vorgelegt, Segen und Fluch,*[52] *damit du das Leben wählst, auf daß du am Leben bleibst, du und deine Nachkommenschaft,* 20 *indem du Jahwe, deinen Gott, liebst, auf seine Stimme hörst und ihm anhängst, denn davon hängt dein Leben ab und die Dauer deiner Tage, so daß du in dem Land bleibst, das Jahwe, dein Gott, deinen Vätern Abraham, Isaak und Jakob zu geben geschworen hat.*

Aber diese Israel auferlegte Verpflichtung konnte in den sogenannten „Bundesworten" Dtn 26,17–19 formal den Charakter einer wechselseitigen Bindung annehmen.[53] Der Sache nach bleiben die Menschen in ihrem Gottesverhältnis jedoch stets unter Gott (Dtn 26,17–19):

---

[51] Zur Diskussion über die Einheit des Textes vgl. Dietrich Knapp, Deuteronomium 4. Literarische Analyse und theologische Interpretation, GThA 35, Göttingen: Vandenhoeck & Ruprecht 1987, S. 141–146, der die Stil- und Motivmischung auf seinen späten Charakter zurückführt, und zur weiteren Diskussion Groß, Zukunft, S. 40–43.
[52] Vgl. Dtn 28.
[53] Zum sekundären Charakter der hier vorliegenden Ausgestaltung der Bundesformel vgl. Nobert Lohfink, Dt 26,17–19 und die „Bundesformel", ZKTh 91, 1969, S. 540–547 = ders., Studien zum Deuteronomium und zur deuteronomistischen Literatur I, SBAB 8, Stuttgart: Katholisches Bibelwerk 1990, S. 243–252 und zu weiteren Belegen Rudolf Smend, Bundesformel, ThSt(B) 101, 1970 = ders., Mitte, BevTh 99, 1986, S. 33–34.

17 *Jahwe gegenüber hast du heute erklärt, daß er dein Gott sein solle und du auf seinen Wegen wandeln und seine Satzungen und Gebote und Rechte bewahren und auf seine Stimme hören wollest.* 18 *Und Jahwe hat sich heute dir gegenüber verpflichtet,*[54] *daß du sein Eigentumsvolk sein sollst, wie er es dir zugesagt hat, und daß du alle seine Gebote bewahren sollst,* 19 *und daß er dich zum höchsten über alle Völker, die er geschaffen hat, stellen will, zum Lob und zum Ruhm und zum Schmuck, so daß du ein heiliges Volk für Jahwe, deinen Gott sein wirst, wie er es dir zugesagt hat.*

Halten wir fest: Die hier skizzierte dtr und nachdtr Bundestheologie war die Antwort auf die Lage des Judentums nach dem katastrophalen Ende des davidischen Reiches. Ihrer Bedeutung gemäß beschäftigte sie die frühjüdischen Theologen von der Mitte des 6. Jhs bis weit in die Perserzeit hinein. Trotz aller weiteren Ausgestaltungen und Kompromisse, wie sie die Zusammenfügung der Priesterschrift mit der dtr überformten heilsgeschichtlichen Überlieferung erforderlich machte, blieb sie nach dem Zeugnis des Jesus Sirach bis in das 2. Jh. v. Chr. hinein aktuell. Bei dem ungefähr zwischen 195 und 180 v. Chr. in Jerusalem wirkenden Weisheitslehrer wird der dtr Entscheidungsruf im Gefolge der fortgeschrittenen Individualisierung der Gesetzestheologie, wie sie z. B. auch Ps 1 bezeugt, auf den Einzelnen bezogen. So heißt es in der begründeten Zurückweisung der skeptisch-libertinistischen These in Sir 15,11–20, daß der Sünder unverantwortlich für seine Taten sei, weil seine Sünde von Gott komme, in V. 14–17:[55]

14 *Als Gott am Anfang den Menschen schuf,*
   da gab er ihn in die Hand seines Triebes.
15 *Wenn es dir gefällt, so hältst du das Gebot,*
   und Treue ist es, nach seinem Wohlgefallen zu handeln.

---

[54] Zur Schwierigkeit des Verses vgl. Rudolf Smend, Die Bundesformel, ThSt(B) 68, 1963, S. 7–10, bes. S. 8 = ders., Die Mitte des Alten Testaments. Ges. Studien 1, BevTh 99, 1986, S. 14–16, bes. S. 15–16 und Eduard Nielsen, Deuteronomium, HAT I/6, Tübingen: J. C. B. Mohr (Paul Siebeck) 1995, S. 242.

[55] Vgl. dazu ausführlich Ursel Wicke-Reuter, Göttliche Providenz und menschliche Verantwortung bei Ben Sira und in der Frühen Stoa, BZAW 298, Berlin. New York: Walter de Gruyter 2000, S. 111–142. Zu den Bundesschlußberichten in Esr 9–10 und Neh 9–10 vgl. Klaus Baltzer, Das Bundesformular, WMANT 4, 1960, S. 51–57, R. G. Kratz, Komposition, S. 87–90, zu Esr 9–10 Christiane Karrer, Ringen um die Verfassung Judas, BZAW 308, Berlin. New York: Walter de Gruyter 2001, S. 243–251 und zu Neh 10 Antonius H. J. Gunneweg, Nehemia, KAT XIX/2, Gütersloh: Gütersloher Verlagshaus Gerd Mohn 1987, S. 130–139; zum Nachleben der Bundestradition in den Qumrantexten (1QS I,18–II,18 bzw. 1QS III,13–IV,26. V–IX) sowie in der Damaskusschrift Baltzer, S. 58–59 bzw. S. 105–127 und dazu Hartmut Stegemann, Die Essener, Qumran, Johannes der Täufer und Jesus, 5. Aufl.,Herder Spektrum 4128, Freiburg i. Br. u. a.: Herder 1996, S. 152–167.

16 Vor dir liegen Feuer und Wasser,
    was du begehrst, danach strecke aus deine Hand.
17 Vor dem Menschen liegen Leben und Tod,
    was ihm gefällt, das wird ihm gegeben.

5. *Das Deuteronomium und die vorderasiatischen Vasallenverträge.* Angesichts der lebhaften Diskussion über die Beziehung des Deuteronomiums zu den vorderasiatischen und zumal neuassyrischen Vasallenverträgen sind dazu auch im vorliegenden Zusammenhang einige Bemerkungen am Platz. Es kann als unbestreitbar gelten, daß das Deuteronomium nach Aufbau und Inhalt durch die vorderasiatischen Vasallenverträge und zumal durch den von dem assyrischen König Asarhaddon (680–669) seinen Vasallen abverlangten Treueid zugunsten des Kronprinzen Assurbanipal beeinflußt worden ist.[56] Diese These gilt unabhängig davon, ob man Eckart Ottos These zustimmt, daß Dtn 13,2–20 zusammen mit Dtn 28* eine wörtliche Übersetzung der einschlägigen Bestimmungen der *adê* Asarhaddons sei und als Treueid für Jahwe das Urdeuteronomium darstellt.[57] Unbestreitbar ist es ebenfalls, daß Dtn 13,2–20 eine ganze Reihe von Motiven mit der *adê* Asarhaddons, aber auch mit anderen altorientalischen Vasallenverträgen

---

[56] Vgl. dazu G. von Rad, Das formgeschichtliche Problem des Hexateuch, BWANT IV/26, 1938, S. 23–30 = ders., Ges. Studien, ThB 8, München: Christian Kaiser 1958, S. 33–40 und Lothar Perlitt, Bundestheologie, WMANT 36,1969, S. 279–284 und jetzt vor allem Eckart Otto, Das Deuteronomium, BZAW 284, 1999, S. 1–90. – Zu den assyrischen und babylonischen Verträgen und Loyalitätseiden vgl. John A. Bringman, Political Covenants, Treaties and Loyalty Oaths in Babylonia and between Assyria and Babylonia, in: Luciano Canfora, ed., I trattati nel mondo antico, Saggi di Storia Antica 2, Roma: „L'Erma" di Bretschneider 1990, S. 81–111; zu den einschlägigen vorderasiatischen Quellen und zu einer umfassenden Bibliographie Dennis J. McCarthy, Treaty and Covenant, AnBib 21 A, 1978, S. 27–152 und S. 309–342, dazu die Formanalyse von Simo Parpola in: ders. und Kazuko Watanabe, Neo-Assyrian Treaties and Loyalty Oaths, SAA II, Helsinki: Helsinki University Press 1988, S. XXXV–XLIII, samt dem Abschnitt „Treaties as Instruments of Neo-Assyrian Imperialism", S. XV–XXV und die Wiedergabe der Vertragstexte in Umschrift und Übersetzung auf S. 1–79; eine Auswahl der wichtigsten assyrischen, aramäischen, ugaritischen und hethitischen Vertragstexte in deutscher Übersetzung bieten Rykle Borger, Manfried Dietrich, Otto Rössler und Elmar von Schuler, Staatsverträge, TUAT I/2, Gütersloh: Gütersloher Verlagshaus Gerd Mohn 1982.

[57] Vgl. Eckart Otto, Das Deuteronomium, BZAW 284, 1999, S. 32–90 und dagegen Timo Veijola, Wahrheit und Intoleranz nach Deuteronomium 13, ZThK 92, 1995, S. 287–314 = ders., Moses Erben, BWANT 149, S. 109–130 und R. G. Kratz, Komposition, UTB 2157, 2000, S. 118–130 mit der Tabelle S. 138.

gemeinsam hat.⁵⁸ Nach Hans Ulrich Steymans nötigt schon die Abfolge der Motive in den Fluchandrohungen in Dtn 28,20–44* zu der Annahme, daß der Verfasser der biblischen Sequenz entweder die assyrische *adê* oder spätestens die Nebukadnezars mit König Zedekia kannte (vgl. 2. Kön 24,17).⁵⁹ Mithin ist der Schluß unausweichlich, daß die dtr Bundestheologie von den altorientalischen Verträgen und (wie es angesichts des über hundert Jahre währenden assyrischen Vasallenstatus Judas von vornherein anzunehmen ist) zumal von den assyrischen Vasallenverträgen abhängig ist.

Die Einleitungsreden in Dtn 4–11 sind (wie oben bereits bemerkt wurde) eine grandiose Variation über das die Alleinverehrung Jahwes verlangende Erste als das Hauptgebot.⁶⁰ So wie das Erste Gebot dem Dekalog trotz seiner formgeschichtlichen Uneinheitlichkeit⁶¹ den Charakter eines von Jahwe Israel abverlangten Loyalitätseides gibt, läßt sich diese Feststellung dank der Vorschaltung des Dekalogs in Dtn 5 und der anderen Vorreden auch auf das Deuteronomische Rechtsbuch als Ganzes ausdehnen: Abgesehen von seinen geschichtlichen Ein- und Ausleitungen in Dtn 1–3 und 31–34 läßt es sich als ein Loyalitätseid verstehen, der Israel von seinem Gott auferlegt ist. Der Unterschied zu den altorientalischen Vasallenverträgen und den biblischen Verpflichtungen besteht darin, daß der Gegenstand der biblischen Texte auch unterhalb des Hauptgebotes nicht politischer, sondern religiöser, sakralrechtlicher und ethischer Natur ist. So geht es in diesem Treueeid zu Jahwe um die heilschaffende Gemeinschaft Israels mit seinem Gott und untereinander als einer brüderlichen Rechtsgemeinschaft.⁶²

---

⁵⁸ Vgl. dazu schon Moshe Weinfeld, Deuteronomy and the Deuteronomistic School, 1972, S. 91–100 und weiterhin Paul E. Dion, The Suppression of Alien Religious Propaganda in Israel During the Late Monarchical Era, in: Baruch Halpern und Deborah W. Hobson, ed., Law and Ideology in Monarchic Israel, JSOT.S 124, Sheffield: Sheffield University Press 1991, S. 199–204.

⁵⁹ Vgl. Hans-Ulrich Steymans, Eine assyrische Vorlage für Deuteronomium 28,20–44, in: G. Braulik, Hg., Bundesdokument, HBS 4, 1995, S. 119–142, bes. S. 122–141, ders., Deuteronomium 28 und die *adê* zur Thronfolge Asarhaddons, OBO 145, 1995, S. 143–149, S. 300–312 und S. 377–383 und zur Sache schon Moshe Weinfeld, Deuteronomy and the Deuteronomistic School, 1972, S. 116–129.

⁶⁰ Vgl. dazu auch Juha Pakkala, Intolerant Monolatry in the Deuteronomistic History, SESJ 76, Helsinki/Göttingen: The Finnish Exegetical Society in Helsinki/Vandenhoeck & Ruprecht 1999, S. 64–71.

⁶¹ Vgl. dazu unten S. 49–51.

⁶² Vgl. dazu unten S. 54–59.

6. *Die Priesterliche Bundestheologie.* *6.1. Die priesterlichen Bundesschlußerzählungen als Legitimation der Erkennungszeichen der Zugehörigkeit zum Judentum in einer heidnischen Umwelt.* Die Priesterschrift berichtet in ihrer ursprünglichen Form von zwei Bundesschlüssen, dem die Zeit nach der Flut eröffnenden Noah- und den die Geschichte Jahwes mit Israel eröffnenden und bestimmenden Abrahambund. Beide sind in ihr leitendes Interesse an der Heilsgeschichte als Kultstiftungsgeschichte einbezogen.[63] Ihr Ziel liegt in der Gegenwart Gottes inmitten seines Volkes in seinem Heiligtum (vgl. Ex 29,43–46). Dem die Fluterzählung abschließenden und die geschichtliche Weltzeit einleitenden Bericht über die Stiftung des *Noahbundes* in Gen 9,8–16 ist in den V. 1–7 ein Mehrungssegen für Noahs Söhne (V. 1 und 7) vorangestellt. Er rahmt die V. 2–6, in denen Gott der Menschheit nach der Flut anders als in Gen 1,29 die Gewalt über das Leben der Tiere bei gleichzeitigem Verbot des Blutgenusses zuerkennt und nur das Leben des Menschen um seiner Gottebenbildlichkeit willen sanktioniert. Der Bundesbericht in 9,8–17 enthält die göttliche Zusage, daß er das Leben auf der Erde nicht noch einmal durch eine Flut vernichten wird. Als Erinnerungszeichen an diesen „ewigen Bund" läßt der Erzähler Gott seinen Bogen (d. h.: den Regenbogen) in die Wolken hängen, so daß er sich bei seinem Anblick an diese Bundeszusage erinnert.[64] Damit ist die Gefahr des Einbruchs des Chaos in die Schöpfung für immer gebannt und die im dritten Tagewerk der Schöpfung hergestellte Weltordnung für dauernd gesichert.[65] So wie das Verbot des Blutgenusses ein Erkennungszeichen der Zugehörigkeit zum Gottesvolk im fremden Land ist, sind es auch die Beschneidung als Zeichen der Zugehörigkeit zum Abrahambund in Gen 17 und der Sabbat, von dessen ausdrücklicher irdischer Stiftung ein nachpriesterlicher Zusatz Ex 31,12–17 in der Form einer Gottesrede handelt.[66] Doch ehe wir uns diesem Text zuwenden, müssen wir das Grunddokument der priesterlichen Bundestheologie in Gestalt von Gen 17 etwas genauer betrachten.

---

[63] Vgl. dazu GAT II, S. 39–45 und R.G. Kratz, Komposition, S. 233–247.

[64] Vgl. dazu auch Erich Zenger, Gottes Bogen in den Wolken. Untersuchungen zu Komposition und Theologie in der priesterlichen Urgeschichte, SBS 112, Stuttgart: Katholisches Bibelwerk 1983, S. 124–131.

[65] Vgl. dazu auch Ernst Würthwein, Chaos und Schöpfung im mythischen Denken und in der Urgeschichte, in: Erich Dinkler, Hg., Zeit und Geschichte. FS Rudolf Bultmann, Tübingen: J. C. B. Mohr (Paul Siebeck) 1964, S. 128–146 = ders., Wort und Existenz. Studien zum Alten Testament, Göttingen: Vandenhoeck & Ruprecht 1970, S. 28–38.

[66] Zur literarischen Eigenart vgl. W. Groß, Zukunft, 1998, S. 71.

6.2. Die Berit mit Abraham: ein unzerstörbarer Gnadenbund (Gen 17,1–21). In der Tat mußten seine heilvollen Zusagen in dem Maße an Gewicht gewinnen, in dem sich das Exilsgeschick in Gestalt von Fremdherrschaft und Zerstreuung unter die Völker in die Länge zog. Der Bericht vom Abrahambund in Gen 17 war als Trost und Selbstvergewisserung für das unter den Folgen der Vernichtung des judäischen Reiches leidende Gottesvolk gedacht. Ihm wird zugesagt, daß sein Charakter als Volk Jahwes durch keine geschichtliche Tragödie und durch kein eigenes Versagen aufgelöst werden kann. Seine gerade angedeutete Nachwirkung zeigt, in welchem Ausmaß diese Absicht seinem priesterlichen Verfasser gelungen ist.

Die Erzählung gliedert sich in die fünf Teile Gen 17,1–6.7–8.9–14.15–21 und 22–27. In den V. 1–6 errichtet der dem Patriarchen Abram erscheinende und sich ihm als El Schaddaj[67] vorstellende Jahwe eine Berit mit ihm, der zur Folge er ihn zu einer Menge von Völkern und Königen zu machen verspricht. Daher soll der Ahnherr nicht mehr Abram, sondern Abraham heißen:

1 *Und es geschah, als Abram neunundneunzig Jahre alt war, da erschien Jahwe Abram und sagte zu ihm: „Ich bin El Schaddaj. Wandle vor mir und sei untadelig.*[68] *2 Ich will nämlich meinen Bund zwischen mir und zwischen dir setzen*[69] *und dich überaus vermehren."* 3 *Da fiel Abram auf sein Angesicht, Gott aber redete mit ihm so: „Mein Bund mit dir, den ich (stifte), ist, daß du zum Vater einer Menge an Völkern wirst. 5 Dein Name soll nicht länger Abram heißen, sondern dein Name soll Abraham sein,*[70] *denn ich setze dich (hiermit) als Vater einer Menge an Völkern. 6 Und ich will dich überaus fruchtbar machen und dich zu Völkern werden lassen, und von dir sollen Könige abstammen."*

Diese Berit wird in den V. 7–8 um eine *bĕrît 'ôlām*, eine für unabsehbare Zeiten gültige Selbstverpflichtung Gottes ergänzt, nach der er für immer der Gott Abrahams und seiner Nachkommen zu sein verspricht und ihnen das Land Kanaan als ewigen Besitz übereignet:

7 *Ich will meinen Bund zwischen mir und zwischen dir und zwischen deiner Nachkommenschaft nach dir gemäß ihren Geschlechterfolgen als einen ewigen Bund aufrichten, dein und deiner Nachkommenschaft nach dir Gott zu sein 8 und will dir und deinem Samen nach dir das Land deiner Fremdlingschaft geben, das ganze Land Kanaan zu ewigem Besitz, und ich will ihr Gott sein.*

---

[67] Zu diesem Gottesnamen vgl. GAT II, S. 69–71.
[68] Vgl. Gen 5,24 und 6,9b sowie Dtn 18,13. Ich bin mir nicht sicher, ob V. 1bβ nicht erst einer ausgleichenden Nachinterpretation angehört.
[69] Wörtlich: „geben".
[70] Vgl. dazu GAT II, S. 41–42 Anm.

§ 1 Der Bund Jahwes   27

Das Zeichen der Bundeszugehörigkeit aber soll nach den V. 9–14 darin bestehen, daß Abraham und alle männlichen Glieder seines Hauses ihre Vorhaut beschneiden und künftig jeder neugeborene Knabe, er gehöre zu Abrahams Nachkommen oder sei ein im Hause geborener oder gekaufter Sklave, am achten Tag beschnitten wird.[71] Wer sich weigert, sich durch dieses Zeichen dem Bund einzugliedern, soll ausgerottet werden, weil er damit den Bund gebrochen hat (V. 14). Mithin kann Israel als Ganzes oder in einzelnen seiner Glieder den Gottesbund sehr wohl brechen. Aber das ändert nichts daran, daß der Bund von Gott her gesehen für alle Zeiten gültig bleibt. So enthält der Abrahambund eine wechselseitige, aber keineswegs gleichwertige Verpflichtung:[72] Die heilvollen Zusagen Gottes für Israel gelten unbedingt, der einzelne Israelit verliert im Fall seiner Verweigerung, das Bundeszeichen der Beschneidung an sich zu vollziehen, seine Zugehörigkeit zu Israel, ohne daß dadurch der Bund mit dem Volk aufgehoben oder der Erneuerung bedürftig ist, wie im Fall des Sinaibundes. Nachdem Gott entschwunden ist (V. 22), erweist Abraham sogleich seine Unsträflichkeit, indem er sich, seinen halbbürtigen Sohn Ismael und alle in seinem Hause geborenen oder gekauften Sklaven beschneidet (V. 23–27).

In den zwischen der Einsetzung des Bundeszeichens und dem Ausführungsbericht stehenden V. 15–21 geht es um die wichtige Frage, wer der Erbe der Abraham-Berit sein wird. Dieses Privileg soll seinem Sohn Isaak vorbehalten bleiben, den ihm seine Frau Sarah trotz beider hohem Alter dank Gottes Intervention gebären soll.[73] Aufgrund eines ihr geltenden Mehrungssegens soll sie zur Stammutter von Völkern und Königen von Nationen werden (V. 15–17). Dagegen wird sein halbbürtiger Sohn Ismael aus der Bundeslinie ausgeschieden. Doch auch ihn will Gott gemäß Abrahams Wunsch, daß Ismael in Gottes Blickfeld leben möge (V. 18), segnen und überaus fruchtbar machen, so daß zwölf Fürsten von ihm abstammen und er selbst zu einem großen Volk (wie der Leser weiß: dem Volk der Araber werden soll (V. 20).[74] Doch es bleibt dabei, daß die Selbstverpflichtung Gottes, sein ewiger Bund, nur Isaak und seinen Nachkommen gilt (V. 19). Und zum Zeichen, daß Gott seine Bundeszusage Isaak gegenüber halten will, soll Sarah ihn im darauf folgenden Jahr gebären (V. 21).

---

[71] Zur Beschneidung vgl. auch den einschlägigen Artikel von Walter Kornfeld, in: Neues Bibel Lexikon, hg. Manfred Görg und Bernhard Lang, I/2, Zürich: Benzinger 1989, Sp. 176–179.

[72] Vgl. dazu Crüsemann, Tora, S. 342.

[73] Zu ihrer Umbenennung aus Saraj in Sarah vgl. GAT II, S. 41 mit Anm. 66.

[74] Vgl. Gen 25,12–16.

Der Priester hat die drastische Formel „einen Bund schneiden", die der Deuteronomist z. B. in Dtn 5,2; 7,2; 29,13 beibehalten hat, durch die abstraktere Rede vom „Errichten eines Bundes" (*heqîm berît*) ersetzt.[75] So ist er wesentlich zurückhaltender als der vermutlich bereits nachdtr Theologe, der in Gen 15,7–18(21) zum Zeichen der Endgültigkeit der Verleihung des Landes Kanaan an Abraham einen rauchenden Tannur (einen aus einem Tonrund bestehenden Backofen)[76] und eine brennende Fackel in Stellvertretung Jahwes durch die Gasse zwischen den zerlegten Tieren fahren läßt. Beim Priester bleibt dagegen die Gotteserscheinung auf die Mitteilung ihres Anfangs in V. 1b und ihres Endes in V. 22b begrenzt. Über das Wie der Erscheinung und das Wohin der Auffahrt Gottes verliert er kein Wort, so daß der Leser den Eindruck gewinnt, Gottes Gegenwart beschränke sich auf sein Wort. Trotzdem dürfte Gen 15 mit seinem weiten Ausblick über die künftige Heilsgeschichte eher jünger denn älter als Gen 17 sein.[77] Wenn der spätere Theologe zwar die Mehrungsverheißung in V. 1–6 in V. 18 mit der Landverheißung als dem eigentlichen Inhalt des Bundesschlusses verkoppelt, aber die vom Priester dazwischen gestellte Bundesformel übergangen hat, so sollte das vermutlich einem Konflikt mit der Konzeption des Sinai-Horebbundes vorbeugen. Das Treueversprechen Gottes in Gen 17 ist als solches unabhängig von allem menschlichen Verhalten: Einzelne Israeliten können den Bund brechen, indem sie sich durch die Verweigerung der Beschneidung aus ihm ausgliedern. Aber das ändert nichts an der Unverbrüchlichkeit der Berit von Gottes Seite. Seine Zusage, daß er für immer der Gott Abrahams und seiner Nachkommen sein werde, wird dadurch nicht aufgehoben (vgl. V. 7). Der Priester hat damit mehr ausgesagt, als ihm vermutlich bewußt war. Er hat am Beispiel Israels die prinzipielle Unzerstörbarkeit des Gottesverhältnisses entdeckt. Sie gilt für alle Menschen, weil Gott der beständige Grund von Welt und Existenz ist. Der Gottesbeziehung kann sich der Mensch nicht entziehen, auch wenn er sie verleugnet und dadurch subjektiv in die Gottesferne gerät und ihre Folgen tragen muß.

6.3. *Die Vermittlung zwischen dem priesterlichen Gnaden- und dem deuteronomistischen Entscheidungsbund in Ex 31,12–17 und Lev 26,(36–39)40–45*. Erst als die Priesterschrift mit den vorpriesterlichen Traditionen und dem Deuteronomistischen Geschichtswerk redaktionell zu einer einzigen Darstellung verbunden war, stellte sich den Schriftgelehrten die

---

[75] Vgl. dazu oben, S. 12–19.
[76] Vgl. dazu Mechthild Kellermann, in: Kurt Galling, Hg., Biblisches Reallexikon, 2. Aufl., HAT I/1, Tübingen: J. C. B.Mohr (Paul Siebeck) 1977, S. 30b–32b.
[77] Vgl. dazu John Ha, Genesis 15, BZAW 181,1989, S. 91–103.

Frage, wie sich der Gnadenbund von Gen 17 mit dem Sinai/Horeb- und dem Moabbund verträgt. Zu den Zeugen für diese Auseinandersetzung gehören die vordere Einfügung des Sabbatgebotes in Ex 31,12–17[78] und der Anhang an die konditionellen Heils- und Unheilsankündigungen am Ende des Heiligkeitsgesetzes in Lev 26,(36–39)40–45. Dabei setzt Ex 31,12–17 die Verschränkung der priesterlichen Sinaiperikope mit den zu Bundesschlußerzählungen ausgestalteten Kapiteln Ex 19–24 und 32–34 bereits voraus. Das Heiligkeitsgesetz aber verdankt seinen besonderen Charakter der Verbindung dtn-dtr und priesterlicher Traditionen.[79]

Ex 31,12–17 schließt sich unmittelbar an den Bericht von der Bestellung sachkundiger Handwerker für die Herstellung der Stiftshütte, ihrer Gerätschaften und die Kleidung der Priester in 31,1–16 an. Die Einfügung an dieser Stelle empfahl sich aus sachlichen Gründen, weil das Sabbatgebot in Ex 35,1–3 durch die Einschaltung der Erzählung vom Abfall zum Goldenen Kalb und dem neuen Bundesschluß in Ex 32–34 den Bericht von der Bestellung der Handwerker zu weit von dem in 35,1–3 stehenden Sabbatgebot getrennt hatte, das an der Spitze des Ausführungsberichts der in den c. 25–31 getroffenen Anordnungen über den Bau des Heiligtums und seines Inventars in den 35–40 steht. Seine Vorwegnahme in 31,12–17 führt mit dem Sabbat auch das letzte der drei Erkennungszeichen des Juden in einer heidnischen Umwelt auf eine göttliche Stiftung zurück: Der Verzicht auf Blutgenuß, die Beschneidung[80] aller Knaben und das Halten des Sabbats stehen damit gleichrangig nebeneinander. Wer den Sabbat nicht hält, fällt damit ebenso aus dem Gottesbund mit Israel heraus wie der Unbeschnittene. Aber der hier tätige Schriftgelehrte benutzte die sich ihm mit dieser Einschaltung bietende Gelegenheit gleichzeitig dazu, das Verhältnis zwischen dem Sinaibund und dem Väterbund zu bestimmen, indem er sie mit den V. 16 und 17 so beschloß:

> 16 *Und die Israeliten sollen den Sabbat beobachten, indem sie ihn in ihren Geschlechterfolgen als einen ewigen Bund halten.* 17 *Ein ewiges Zeichen soll er zwischen mir und zwischen den Israeliten sein; denn sechs Tage (lang) hat Jahwe Himmel und die Erde gemacht, aber am siebten Tage hörte er auf und erholte sich.*

---

[78] Die kürzere und offensichtlich ältere Fassung des Sabbatgebots steht in Ex 35,1–3.

[79] Vgl. dazu Eckart Otto, Das Heiligkeitsgesetz Leviticus 17–26 in der Pentateuchredaktion, in: Peter Mommer und Winfried Thiel, Hg., Altes Testament. Forschung und Wirkung. FS Henning Graf Reventlow, Frankfurt am Main u. a.: Peter Lang 1994, S. 65–80.

[80] Vgl. zu ihr Walter Kornfeld, NBL I, Sp. 276–279.

Indem der Schriftgelehrte Gott den Sabbat zum Zeichen zwischen sich und Israel bestimmen und ihm für alle Zeiten als ewige Verpflichtung, als „ewigen Bund" auferlegen läßt (V. 16), erhält der Sinaibund eine eigentümliche Stellung zwischen dem Abraham- und dem hier erlassenen Sabbatbund.[81] Das bedingte, von der Treue Israels abhängige Bundesverhältnis von Ex 20–24 wird nun vor der Erzählung von Bundesbruch und erneutem Bundesschluß in Ex 32–34 in den Horizont des unbedingt und für alle Zeiten geltenden Gnadenbundes gerückt, ohne daß die Frage geklärt wird, wie sich beide zueinander verhalten.

Die genaue Verhältnisbestimmung zwischen dem Sinaibund und dem Väterbund nimmt erst der Zusatz zu der Heils-Unheilsankündigung am Ende des Heiligkeitsgesetzes in Lev 26,(36–39)40–45 vor, der literarisch ebenfalls ein Spätling ist:[82] Nach ihm wird sich der Rest der aus dem Lande unter die Heiden vertriebenen Juden in der Fremde demütigen und seine Strafe abtragen, während das Land seine Sabbate nachholt.[83] Jahwe aber wird an seinem mit Jakob,[84] Isaak[85] und Abraham geschlossenen Bund festhalten (V. 42–45):

> 42 *Dann werde ich an meinen Bund mit Jakob denken und auch an meinen Bund mit Isaak und auch an meinen Bund mit Abraham werde ich gedenken und an das Land werde ich gedenken. 43 Aber das Land muß von ihnen verlassen werden und seine Ruhezeit ersetzt bekommen, indem es ohne sie wüste liegt. Sie aber werden ihre Schuld bezahlen, weil sie meine Rechte verworfen und in ihrem Sinn meine Satzungen verabscheut haben. 44 Auch wenn sie bereits im Lande ihrer Feinde sind, habe ich sie nicht verworfen und verabscheue ich sie nicht, so daß ich sie vernichtete und den Bund mit ihnen nicht bräche, denn ich bin Jahwe, ihr Gott. 45 Sondern ich gedenke zu ihrem Besten an meinen Bund mit den Vorfahren, die ich aus dem Lande Ägypten heraus führte vor den Augen der Völker, um ihr Gott zu sein, ich bin Jahwe.*

Die Zusagen des Väterbundes gelten für immer. Einzelne oder gar ganze Generationen mögen ihn brechen, aber deshalb bleiben Gottes Zusagen an Abraham trotzdem bestehen, so daß er wie für die aus Ägypten befreiten Vorfahren auch der Gott der in der Fremde lebenden Juden bleibt (der sie, so dürfen wir ergänzen, nach der Beendigung der Sabbatruhe des Landes, V. 42,[86] in Treue zu dem ewigen Bund, den er mit Abraham und

---

[81] Vgl. dazu Groß, Zukunft, S. 75–84.
[82] Vgl. dazu und zum folgenden Groß, Zukunft, S. 85–103.
[83] Vgl. Lev 25,1–7, vgl. auch Jer 25,11–12; 2. Chr 36,21.
[84] Vgl. den Mehrungssegen und die Landzusage Gen 35,9–15 mit der Umbenennung Jakobs in Israel und den Reisesegen Isaaks für Jakob in 28,1–4.
[85] Isaak ist durch Gen 17,19–21 als Erbe des Abrahambundes ausgewiesen.
[86] Vgl. Jer 25,11.

seinen Nachkommen errichtet hat, in das Land der Väter zurückführen wird). Den unter die Völker versprengten Juden, die von den Bundesflüchen wegen ihrer eigenen Schuld und der Väter betroffen und mithin am Sinaibund gescheitert sind (vgl. 26,11–35 mit V. 40), verbleibt die Gewißheit, daß ihr zurückliegender Ungehorsam Gottes ewigen Bund mit Israel nicht ins Wanken zu bringen vermochte. Freilich ist auch der Sinaibund nicht aufgehoben: Wer sich an ihm versündigt, muß die Folgen tragen und wie die unter den Völkern Verstreuten seine Schuld bekennen und abbüßen.

7. Der Neue Bund. In Dtn 30,1–5 läßt ein später Deuteronomist Mose über die Bedingungen Auskunft geben, unter denen Jahwe die unter die Völker Zerstreuten sammeln und heimführen wird:

1 Wenn sich alle diese Worte an dir erfüllt haben werden, der Segen und der Fluch, die ich dir vorgelegt habe, und du es dir unter allen Völkern, unter die dich Jahwe, dein Gott, verstoßen hat, zu Herzen nimmst 2 und du samt deinen Kindern mit deinem ganzen Herzen und deiner ganzen Seele zu Jahwe, deinem Gott, umkehrst und auf seine Stimme hörst gemäß allem, was ich dir heute gebiete, 3 dann wird Jahwe, dein Gott, sich deiner erbarmen und dich wiederum sammeln aus allen Völkern, unter die dich Jahwe, dein Gott, zerstreut hat. 4 Und wenn du bis an das Ende des Himmels zerstreut bist, so wird dich Jahwe, dein Gott, sammeln und von dort holen 5 und Jahwe, dein Gott, wird dich in das Land bringen, das deine Väter besessen haben, so daß du es besitzt, und er wird es dir wohl gehen lassen und dich mehr als deine Väter mehren.[87]

Damit ist eigentlich gesagt, was zu sagen ist, um so überraschender ist die Fortsetzung in den V. 6–10, denn der Leser weiß nicht recht, ob sie als eine nachträgliche Erläuterung des Vorausgehenden zu verstehen sind oder sich auf ein Handeln Gottes an Israel nach der Rückkehr in das Land beziehen:

6 Und Jahwe, dein Gott, wird dein Herz beschneiden und das Herz deiner Nachkommen, so daß du Jahwe, deinen Gott, mit deinem ganzen Herzen und deiner ganzen Seele um deines Lebens willen liebst. 7 Und Jahwe, dein Gott, wird alle diese (in c. 28,15 ff. enthaltenen) Flüche auf deine Feinde und deine Hasser legen, die dich verfolgen. 8 Und du wirst wieder auf die Stimme Jahwes hören und alle seine Gebote befolgen, die ich dir heute befehle. *9 Und Jahwe, dein Gott, wird dir Überfluß geben bei allem Tun deiner Hände, an der Frucht deines Leibes und an der Frucht deines Viehs und an der Frucht deines Landes, denn Jahwe wird sich wieder über dich freuen, gleichwie er sich über deine Väter gefreut hat, 10 wenn du auf die Stimme Jahwes, deines Gottes, hören wirst, um seine Gebote und seine Satzungen zu halten,* [das in dem Buch dieser

---

[87] Zur Diskussion vgl. Groß, Zukunft, 1998, S. 40 und weiterhin Otto, Deuteronomium im Pentateuch, FAT 30, 2000, S. 155.

Weisung aufgezeichnet ist][88] *wenn du mit deinem ganzen Herzen und deiner ganzen Seele zu Jahwe, deinem Gott, umkehren wirst.*

In V. 6 wird die Antwort Israels auf das Handeln Jahwes an ihm in Gestalt seiner Liebe, aus der heraus es seine Gebote mit voller Hingabe hält,[89] nicht auf seinen eigenen Entschluß, sondern darauf zurückgeführt, daß Jahwe selbst ihm ein gehorsames Herz gibt. Wer in Israel unbeschnitten an seiner Vorhaut ist, ist ungehorsam gegen das von allem Männlichen in Israel verlangte Bundeszeichen.[90] Wer unbeschnittenen Herzens ist, ist ungehorsam gegen die Tora. Aus diesem verstockten Zustand[91] kann es nach der Überzeugung des Verfassers dieser Verse nur Jahwe selbst herausholen, indem er einen Wandel von Israels Selbstverständnis[92] und damit dessen freiwilligen und vollkommenen Gehorsam gegen seine Gebote bewirkt. In der Folge soll sich das Schicksal Israels und der Völker spiegelbildlich wandeln: Leidet Israel aufgrund seines Ungehorsams gegen das Gesetz unter den Folgen der darauf stehenden Flüche (Dtn 28,15–68), so soll künftig die Völker dasselbe Schicksal erleiden, während es selbst in den Genuß der Segensverheißungen kommen und zum ersten unter den Völkern würde (vgl. Dtn 28,1–13, bes. V. 7 und 11). So möchte man schließen, daß sich Israel bereits wieder im Lande befindet. Doch andererseits machen V. 1–2 die Sammlung und Heimführung der Zerstreuten von Israels Umkehr abhängig, so daß beide noch ausstehen. Nimmt man die V. 6–8 mit Thomas Krüger als nachträgliche Einfügung heraus,[93] so ergibt sich ein problemloser Zusammenhang zwischen V. 1–5 und 9–10: Wenn Israel sich bekehrt hat, wird Jahwe es wieder reichlich segnen. Vermutlich hat sich ein später Deuteronomist die Frage vorgelegt, was geschehen muß, damit Israel in seinem künftigen Glück seinen Gott nicht erneut vergißt und zur Strafe dafür noch einmal unter die Völker zerstreut wird. Er hat sie in Abwandlung der in Dtn 10,16 an die Israeliten

---

[88] Die anachronistische Glosse (vgl. 31,8) gibt sich durch den Widerspruch zu V. 8b (vgl. V. 2b) als solche zu erkennen.

[89] Vgl. Dtn 6,4–5; 10,12; 11,1 und dazu Kaiser, GAT II, S. 54–63.

[90] Vgl. dazu oben, S. 27–28.

[91] Vgl. dazu auch GAT I, S. 179–180.

[92] Zur Vorstellung vom Herzen als dem Zentrum des Fühlens und Denkens vgl. Kaiser, GAT II, S. 297–300.

[93] Vgl. dazu Thomas Krüger, Das menschliche Herz und die Weisung Gottes, in: Reinhard G. Kratz und ders., Hg., Rezeption und Auslegung im Alten Testament und seinem Umfeld. FS Odil Hannes Steck, OBO 153, Freiburg/Schweiz/Göttingen: Universitätsverlag Freiburg/Schweiz/Vandenhoeck & Ruprecht 1997, S. 65–92, bes. S. 80, zur Diskussion W. Groß, Zukunft, 1998, S. 41–44 und jetzt auch E. Otto, Das Deuteronomium im Pentateuch, FAT 20, 2000, S. 153–155.

gerichtete Forderung, ihre Herzen zu beschneiden, damit beantwortet, daß Jahwe selbst Israels Herz beschneiden und damit seinen vollkommenen Gehorsam und sein fortdauerndes Glück bewirken wird.

Wie sehr derartige Überlegungen die Späten beschäftigt haben, zeigt auch die in das Heilswort Ez 11,14–21 in V. 19–20 eingefügte und in Ez 36,23b–32 in den V. 25–26 wieder aufgenommene und abgewandelte Verheißung vom neuen Herzen bzw. vom neuen Herzen und neuen Geist, die sachlich ihre Entsprechung in der des Neuen Bundes in Jer 31,31–34 besitzt. So heißt es in Ez 11,19–20:

> 19 *Ich werde ihnen ein anderes*[94] *Herz verleihen und einen neuen Geist in* ihre[95] *Brust legen und das steinerne Herz aus ihrem Leib entfernen und ihnen ein fleischernes Herz geben, 20 damit sie meinen Satzungen gemäß wandeln und meine Rechte halten und ihnen gemäß handeln, so daß sie zu meinem Volk und ich zu ihrem Gott werde.*

Dem für diese Einfügung verantwortlichen Schriftgelehrten ist es gewiß, daß Israel eines neuen Denkens bedarf, wenn es nach seiner Rückführung in das ihm erneut übereignete Land der Väter nicht in die alten Fehler verfallen und damit den Zorn Gottes erregen soll. Wenn der Heimführung ein dauerndes heilvolles Leben folgen soll, bedarf es des vollkommenen und unwandelbaren Gehorsams des Volkes. Der aber setzt einen fundamentalen Sinneswandel voraus, den nur Gott selbst bewirken kann, in dem er der Gedankenlosigkeit Israels ein Ende macht und ihm statt seines stumpfen Herzens ein neues lebendig empfindendes oder in unsere Sprache übersetzt: eine neues Selbstverständnis verleiht, aus dem heraus es nicht anders denken und handeln kann, als es die Satzungen und Rechtssätze seines Gottes verlangen.[96]

Der hier verhandelte Gedanke, daß das Heil auch nach der Rückführung der Zerstreuten in das Land ihrer Väter durch Jahwe nur andauern kann, wenn Gott selbst ihre Gesinnung tiefgreifend ändert, begegnet noch einmal in der Fortschreibung zu dem Heilswort Ez 36,16–23bα mittels der V. 23bβ–32. Nachdem Jahwe zuvor angekündigt hatte, daß er die Zerstreuten aus allen Ländern um der Heiligkeit seines Namens willen in

---

[94] Im masoretischen Text liegt eine Verlesung von Resch und Dalet vor, vgl. BHS z.St.

[95] Das Suffix der 2. plur. masc. beruht auf einer Angleichung an 36,26.

[96] Vgl. dazu Christoph Levin, Die Verheißung des neuen Bundes, FRLANT 137, 1985, S. 205–209 und Karl-Friedrich Pohlmann, Der Prophet Hesekiel/Ezechiel I: Kapitel 1–19, ATD 22/1, Göttingen: Vandenhoeck & Ruprecht 1996, S. 168, der in Ez 11,17–21 mehrere Hände erkennt und V. 19 mit Levin, S. 211 für eine Einfügung und Wiederaufnahme von Ez 36,26 hält.

ihr angestammtes Land bringen werde (V. 16–23b*), läßt der Schriftgelehrte ihn zunächst in V. 25 die Reinigung von der ihnen anhaftenden und durch die Kontamination mit Götzen verursachten Unreinheit mittels einer Lustration, einer Besprengung mit reinem Wasser verheißen. Dann aber folgt in den V. 26 und 27 das über 11,19–20 hinausgehende Versprechen:

> 26 *Ich werde euch ein neues Herz verleihen*[97] *und einen neuen Geist in eure Brust legen*[98] *und werde das steinerne Herz aus eurem Leib*[99] *entfernen und euch ein fleischernes Herz geben.* 27 *Und meinen Geist werde ich in eure Brust legen und veranlassen, daß ihr meinen Satzungen gemäß wandelt und meine Rechte beachtet und (danach) handelt.*

Wiederum geht es um die Ersetzung einer trägen und gefühllosen gegen eine (mit unseren Worten gesagt) lebendige, ihre Verantwortung gegen Gott und den Nächsten wahrnehmende Gesinnung. Aber diesem Wandel muß nach der Überzeugung des Schriftgelehrten zumindest eine symbolischen Reinigung von der Befleckung durch den Kontakt mit Götzendienern oder gar eigenem Götzendienst vorausgehen. Dann erst kann die Verwandlung des Denkens mittels der Verleihung des Geistes Gottes erfolgen. Die hier als nötig betrachtete Abfolge von Reinigung und Geistverleihung hat möglicherweise ebenso die jüdische Proselytentaufe wie die an die Praxis Johannes des Täufers anknüpfende Taufpraxis der Urchristen beeinflußt.[100] Wie in Ez 11,19–20 ist die Geistverleihung auch in 36,26 und 27 in zwei Akte zerlegt, obwohl es sachlich eine Einheit bildet, nämlich in den der Verwandlung der Denkungsart und der Verleihung des göttlichen Geistes. Der neue Geist wird das Denken und Handeln Israels verändern, der aber ist kein anderer als der Geist Gottes selbst. Er wird bewirken, daß es künftig seinen Satzungen und Rechten gemäß lebt. Erst die Teilhabe an Gottes Geist ermöglicht den vollkommenen Gehorsam, der aber ist die Bedingung für den Anbruch der Heilszeit, die sich in der Fruchtbarkeit des Korns und der Bäume erweist, so daß keiner mehr hungert (V. 29).[101]

---

[97] Wörtlich: „geben".
[98] Wörtlich: „geben".
[99] Wörtlich: „Fleische".
[100] Vgl. dazu Otto Betz, Die Proselytentaufe der Qumransekte und die Taufe im Neuen Testament, RdQ 1, 1958/59, S. 213–243 = ders., Jesus, der Herr der Kirche, WUNT 52, Tübingen: J. C. B. Mohr (Paul Siebeck) 1990, S. 21–48 sowie Robert Goldenberg, Art. Proselyten/Proselytentaufe, TRE XXVII, 1997, S. 523–524 und Friedleo Lentzen-Deis, Art. Taufe bzw. Taufe Jesu, NBL III, 2001, Sp. 791–794.
[101] Vgl. dazu Chr. Levin, Verheißung, S. 209–214 und K.-F. Pohlmann, Der Pro-

Wenden wir uns abschließend dem Heilswort vom Neuen Bund in Jer 31,31–34 zu,[102] so kennen wir bereits seine Voraussetzung in Gestalt des Zweifels an der Fähigkeit Israels zur vollkommenen Umkehr und daher auch seine metaphorische Sprache:

> 31 *Fürwahr, es werden Tage kommen – ist Jahwes Spruch –, da werde ich mit dem Haus Israel und mit dem Haus Juda einen neuen Bund schließen, 32 nicht wie den Bund, den ich mit ihren Vätern geschlossen habe, zu der Zeit als ich sie an ihrer Hand ergriff, um sie aus dem Land Ägypten heraus zu führen, weil sie meinen Bund gebrochen haben, obwohl ich Herr über sie war, – ist Jahwes Spruch. 33 Denn das ist der Bund, den ich mit dem Haus Israel nach diesen Tagen schließen werde – ist Jahwes Spruch: Ich werde*[103] *meine Weisung in ihre Brust legen und sie auf ihr Herz schreiben und werde zu ihrem Gott und sie zu meinem Volk werden. 34 Dann werden sie nicht mehr einer den anderen und jeder seinen Bruder belehren: „Erkennt Jahwe!" Denn sie alle werden mich erkennen vom Kleinsten bis zum Größten – ist Jahwes Spruch. Denn ich werde ihre Schuld vergeben und nicht mehr an ihre Sünde denken.*

Auch der hier das Wort ergreifende späte Schriftprophet glaubt nicht mehr daran, daß Israel zur vollkommenen Umkehr in der Lage ist und so den von Jahwe mit ihren Vätern nach dem Auszug aus Ägypten geschlossenen Bund erfüllen kann. Soll Israel wahrhaft das Volk werden, das den Geboten seines Gottes gemäß lebt, so muß Gott selbst die Voraussetzung dafür schaffen und Israels Gesinnung verändern. Und daher sagt Jahwe in V. 33, daß der neue Bund darin bestehen wird, daß er seine Weisung (im Text: *tôrātî*) in die Brust der Israeliten geben und auf ihre Herzen schreiben werde, damit er ihr Gott und sie sein Volk würden.[104] Der neue Bund wird mithin nicht länger auf der Grundlage einer Verschriftung des Gotteswillens beruhen, sondern in der Gabe der vollkommenen Gotteserkenntnis bestehen, welche die Beschenkten der Notwendigkeit jeder Belehrung über die Gebote ihres Gottes enthebt

---

phet Hesekiel/Ezechiel II: Kapitel 20–48, ATD 22/2, Göttingen: Vandenhoeck & Ruprecht 2001, S. 482–498, bes. S. 487–489. Zur Vorstellung vom Geist Gottes im Alten Testament und in den Qumranschriften auch O. Kaiser, GAT II, S. 207–208.

[102] Vgl. dazu Levin, S. 55–72 und S. 197–200 und besonders Groß, Zukunft, S. 134–152.

[103] Lies ein Perfect cons., vgl. BHS und z. B. William McKane, Jeremiah II: Commentary on Jeremiah XXVI–LI, ICC, Edinburgh: T & T Clark 1996, S. 820 z.St.

[104] Zur Aufnahme der Bundesformel vgl. auch Rudolf Smend, Bundesformel, ThSt(B) 101, 1970 = ders., Mitte, 1986, S. 12–13.

(V. 34).[105] In seinen Kontext gesetzt, erweist sich auch dieses Heilswort als das dritte Glied in der Kette von 30,1–3 und 31,27–30: Der neue Bund ist der letzte Schritt der verheißenen Wiederherstellung Israels: Sie beginnt mit der Heimführung der Befreiten durch Jahwe (30,1–3). Ihr folgt die von ihm bewirkte Vermehrung des Volkes, so daß die Zeit vorüber ist, in der die Kinder die Schuld ihrer Väter tragen müssen (31,27–30), und sie gipfelt in der Verwandlung der Herzen durch Jahwe als der Bedingung vollkommener Gerechtigkeit (31,31–34).[106] Dabei ist die Antithese von V. 34 zu den katechetischen Forderungen von Dtn 6,6–9 auffällig: An die Stelle des auf die Türpfosten geschrieben *Schema Jisrael* tritt die unmittelbare, von Gott selbst bewirkte Gotteserkenntnis in Israel und Juda in Gestalt seiner Tora (V. 34a). Doch so neu dies alles klingt, so handelt es sich doch bei dieser Weisung inhaltlich um keine andere als die alte, Israel am Sinai/Horeb und im Lande Moab gegebene und zumal um ihre Summe, den Dekalog.[107] Die in V. 34b angekündigte Vergebung vollzieht sich durch die Verleihung der vollkommenen Gotteserkenntnis, die ihrerseits mit der seiner verinnerlichten Weisung als dem Grund des vollkommenen Gehorsams identisch ist. Der in diesem Heilswort seiner Hoffnung auf die Vollendung des Gotteshandelns an Israel Ausdruck gebende Schriftprophet war kein Zeitgenosse Jeremias, sondern ein Schriftgelehrter, der mit dem Deuteronomium lebte und es weiterdachte.[108] So weit kommt der Literarhistoriker. Das Geheimnis der Hoffnung aber ist und bleibt zugleich das Geheimnis des Glaubenden, der als der Endliche sein Gottvertrauen als Anteil am Geist Gottes und zugleich als Angeld auf seine Vollendung versteht (2. Kor 1,22), die ihrerseits die Aufhebung der Schranken der Endlichkeit voraussetzt. Denn Jesus Sirach hat richtig erkannt, daß es beim Menschen in dieser Welt keine Vollkommenheit geben kann, weil er nicht unsterblich ist (Sir 17,30).

---

[105] Zur urchristlichen Rezeption der Vorstellung vgl. Peter J. Grabe, Der neue Bund in der frühchristlichen Literatur, FzB 96, Würzburg: Echter 2001.

[106] Konrad Schmid, Buchgestalten des Jeremiabuches, WMANT 72, 1996, S. 66–74.

[107] Vgl. z. B. McKane, Jeremiah II, ICC, S. 820 und Schmid, S. 68.

[108] Zur dtr Einordnung vgl. z. B. Siegfried Herrmann, Die prophetischen Heilserwartungen im Alten Testament, BWANT 85, 1965, S. 179–185; Ernest Nicholson, Preaching to the Exiles, 1970, S. 82–84; Winfried Thiel, Die deuteronomistische Redaktion von Jeremia 26–45, WMANT 52, 1981, S. 23–27. Christoph Levin, Verheißung, S. 55–60 rechnet mit einer komplizierten Vorgeschichte und beurteilt das Heilswort als spätalttestamentliche Ausgestaltung eines frühexilischen Orakels. Konrad Schmid, Buchgestalten, S. 74–85 kommt bei seiner textgenetischen Untersuchung zu dem Ergebnis, daß Ez 36,26–27 älter als Jer 31,31–34 ist und unser Text nur noch eine dtr Fassade besitzt. Zur zurückliegenden Diskussion bis zu Bernhard Duhm vgl. auch McKane, ICC, 1996, S. 817–827.

§ 1 Der Bund Jahwes 37

Literatur

Überblick: Preuß, Theologie I, S. 71–87; *Schreiner,* Theologie, S. 21–23 und passim; *W. H. Schmidt,* Glaube⁸, S. 60–77.161–166.

Ausgewählte Aufsätze, Monographien und Sammelwerke: Aurelius, Erik, Der Fürbitter Israels. Eine Studie zum Mosebild im Alten Testament, CB.OT 27, Stockholm: Almquist & Wiksell 1988; *Baltzer, Klaus,* Das Bundesformular, WMANT 4, Neukirchen Kreis Moers: Neukirchener Verlag 1960; *Begrich, Joachim,* Berit. Ein Beitrag zur Erfassung einer alttestamentlichen Denkform, ZAW 60, 1944, S. 1–11 = ders., Ges. Studien zum Alten Testament, hg. v. Walther Zimerli, ThB 21, München: Christian Kaiser 1964, S. 55–66; *Braulik, Georg,* Die Abfolge der Gesetze in Dtn 12–26 und der Dekalog, in: Lohfink, Norbert, Hg., Das Deuteronomium, BEThL 68, 1985, S. 252–272 = ders., Studien zu Theologie des Deuteronomiums, SBAB 2, Stuttgart: Katholisches Bibelwerk 1988, S. 231–256;. *ders.,* Die dekalogische Redaktion der deuteronomischen Gesetze in Abhängigkeit von Lev 19 am Beispiel von Deuteronomium 22,1.12; 24,10–22 und 23,13–16, in: *ders.,* Bundesdokument und Gesetz. Studien zum Deuteronomium, HBS 4, Freiburg i. Br. u. a.: Herder 1995, S. 1–26; *Crüsemann, Frank,* Die Tora. Theologie und Sozialgeschichte des alttestamentlichen Gesetzes, München: Christian Kaiser 1992; *Groß, Walter,* Zukunft für Israel. Alttestamentliche Bundeskonzepte und die aktuelle Debatte um den Neuen Bund, SBS 176, Stuttgart: Katholisches Bibelwerk 1998; *Ha, John,* Genesis 15. A Theological Compendium of Pentateuchal History, BZAW 181, Berlin. New York: Walter de Gruyter 1989; *Hossfeld, Frank-Lothar,* Der Dekalog. Seine späten Fassungen, die originale Komposition und seine Vorstufen, OBO 45, Freiburg/Schweiz/Göttingen: Universitätsverlag Freiburg/Schweiz/Vandenhoeck & Ruprecht 1982; *Kraetzschmar, Richard,* Die Bundesvorstellung im Alten Testament in ihrer geschichtlichen Entwicklung, Marburg: N.G. Elwert 1896; *Kratz, Reinhard G.,* Die Komposition der erzählenden Bücher des Alten Testaments. Grundwissen der Bibelkritik, UTB 2157, Göttingen: Vandenhoeck & Ruprecht 2000; *Kutsch, Ernst,* Verheißung und Gesetz. Untersuchungen zum sogenannten „Bund" im Alten Testament, BZAW 131, Berlin. New York: Walter de Gruyter 1973; *Levin, Christoph,* Die Verheißung des neuen Bundes in ihrem theologiegeschichtlichen Zusammenhang ausgelegt, FRLANT 137, Göttingen: Vandenhoeck & Ruprecht 1985; *ders.,* Das Alte Testament, München: C.H. Beck 2001; *Lohfink, Norbert,* Studien zum Deuteronomium und zur deuteronomistischen Literatur I, SBAB 8, Katholisches Bibelwerk 1990; *McCarthy, Dennis J.,* Treaty and Covenant, 2nd ed., AnBib 21 A, Rome: Biblical Institute 1978; *Nicholson, Ernest W.,* God and His People. Covenant and Theology in the Old Testament, Oxford: Clarendon Press 1986; *Oswald, Wolfgang,* Israel am Gottesberg. Eine Untersuchung zur Literargeschichte der vorderen Sinaiperikope Ex 19–24 und deren historischer Hintergrund, OBO 159, Freiburg/Schweiz/Göttingen: Universitätsverlag Freiburg/Schweiz/Vandenhoeck & Ruprecht 1998; *Otto, Eckart,* Das Deuteronomium. Politische Theologie und Rechtsreform und Israel und Assur, BZAW 284, Berlin. New York: Walter de Gruyter 1999; *ders.,* Das Deuteronomium im Pentateuch und Hexateuch. Studien zur Literaturgeschichte von Pentateuch und Hexateuch im Lichte des Deuteronomiumsrahmens, FAT 30, Tübingen: Mohr/Siebeck 2000; *ders.,* Die Tora des Mose. Die Geschichte der literarischen Vermittlung von Recht, Religion und Politik durch die Mosegestalt, Berichte der Sitzungen der Joachim Jungius-Gesellschaft der Wissenschaften 19, 2001/2, Hamburg/Göttingen: Joachim Jungius Gesellschaft/Vandenhoeck & Ruprecht 2001; *Perlitt, Lothar,* Bundestheologie im Alten Testament, WMANT 36, Neukirchen-Vluyn: Neukirchener Verlag 1969; *Rad, Gerhard von*, Das formgeschichtliche Problem des Hexateuch, BWANT IV/26, Stuttgart: W. Kohlhammer 1938 = ders., Ges. Studien zum Alten Testament, ThB 8, München: Christian Kaiser 1958; S. 9–86; *Schmid, Konrad,* Buchgestalten des Jeremiabuches. Untersuchungen zur Redaktions- und Rezeptionsgeschichte von Jer 30–33 im Kontext des Buches, WMANT 72, Neukirchen-Vluyn: Neukirchener Verlag 1996; *Schreiner, Josef,* Kein anderer Gott! Bemerkungen zu Ex 34,11–26, in: *Kottsieper, Ingo* u. a., Hg. „Wer ist wie du, Herr, unter den Göttern?". Studien zur Religionsgeschichte und Theologie des Alten Testaments. FS Otto Kaiser, Göttingen: Vandenhoeck & Ruprecht 1994, S. 199–213; *Smend, Rudolf*; Die Bundesformel, ThSt(B) 68, Zürich: EVZ-Verlag 1963 = ders., Mitte des Alten Testaments. Ges. Studien 1, BevTh 99, München: Christian Kaiser 1986, S. 11–39; *Steymans, Hans-Ulrich,* Deuteronomium 28 und die *adê* zur Thronfolge Asarhaddaons. Segen und Fluch im Alten Orient und in Israel, OBO 145, Freiburg/Schweiz/Göttingen: Universitätsverlag Freiburg/Schweiz/Vandenhoeck & Ruprecht 1995; *ders.,* Eine assyrische Vorlage für Deuteronomium 28,20–44, in: *Braulik, Georg,* Bundesdokument, HBS 4, 1995, S. 119–142; *Thiel, Winfried,* Die deuteronomistische Redaktion des Buches Jeremia 26–45, WMANT 52, Neukirchen-Vluyn: Neukirchener Verlag 1981; *Veijola, Timo,* Moses Erben. Studien zum Dekalog, zum Deuteronomismus und zum Schriftgelehrtentum, BWANT 149, Stuttgart u. a.: W. Kohlhammer 2000; *Weinfeld, Moshe,* Deuteronomy and the Deuteronomistic School, Oxford: Clarendon Press 1972; *Zenger, Erich,* Die Sinaitheophanie. Untersuchungen zum jahwistischen und elohistischen Geschichtswerk, FzB 3, Würzburg: Echter 1973; *ders.,* Gottes Bogen in den Wolken. Untersuchungen zu Komposition und Theologie der priesterlichen Urgeschichte, SBS 112, Stuttgart: Katholisches Bibelwerk 1992; *ders.*, Hg., Einleitung in das Alte Testament, 3. Aufl., Stuttgart u. a.: W. Kohlhammer 1999.

§ 2 Das Recht Jahwes

1. *Gott, die Götter, die Könige und das Recht.* Dem Bibelleser ist die Vorstellung, daß Gott selbst seinen Willen in Gestalt von Rechtsreihen wie dem Dekalog in Ex 20,2–17 par Dtn 5,7–18 und Rechtsbüchern wie dem Bundesbuch in Ex 20,22–23,33 und dem Deuteronomium, dem „Zweitgebot" in Dtn 4–30* offenbart hat, so selbstverständlich, daß er das religions- und geistesgeschichtlich Ungewöhnliche dieses Befundes kaum empfindet. Wir brauchen jedoch nur einen Blick in Israels Umwelt zu werfen, um sogleich zu erkennen, daß das Normale darin besteht, daß der König im Namen und Auftrag der Gottheit Recht setzt und als letzte Instanz über Recht und Gerechtigkeit entscheidet. Beide sind nebenbei nicht das Gleiche, denn beim Recht oder dem Urteilsspruch (*mišpāṭ*) handelt es sich um das, was nach Herkommen oder Satzung sichert, daß jedem das Seine zuteil wird. Bei der Gerechtigkeit (*ṣædæq*) bzw. dem konkreten Gerechtigkeitserweis (*ṣĕdāqâ*) handelt es sich dagegen um ein solidarisches Verhalten, welches das gesetzte Recht einschließt, aber unter Umständen auch transzendiert. So heißt es in Ps 72,1–2:[1]

> 1 *Jahwe, deine Rechtsentscheide gib dem König*
> *und deine Gerechtigkeitserweise dem Königssohn.*
> 2 *Er richte dein Volk in Gerechtigkeit*
> *und deine Armen im Gericht.*

Der Fürbitte für den König in Ps 72 entspricht sachlich Psalm 101, bei dem es sich entweder tatsächlich um das Gebet eines Königs nach seiner Thronbesteigung oder um eine entsprechende Rollendichtung für den Heilskönig der Endzeit handelt. So wie es in Spr 16,12–13 heißt:

> 12 *Ein Greuel für Könige ist das Tun von Frevel,*
> *denn durch Gerechtigkeit steht fest der Thron.*
> 13 *Ein Wohlgefallen für Könige sind gerechte Lippen,*
> *und wer Gerades[2] redet, den liebt man.*

Noch näher an Ps 72,2 führt Spr 29,14 heran:[3]

---

[1] Zur Aufnahme assyrischer Motive in Ps 72 vgl. Martin Arneth, „Sonne der Gerechtigkeit". Studien zur Solarisierung der Jahwe-Religion im Lichte von Psalm 72, ZAR.B 1, 2000, bes. S. 57–108 und dazu kritisch Erich Zenger, in: Frank-Lothar Hossfeld und ders., Psalm 51–100, HThK.AT, Freiburg i. Br.: Herder 2000, S. 308–309.

[2] Siehe BHS.

[3] Zur Bedeutung des Königs für das Recht vgl. auch Jutta Hausmann, Studien zum Menschenbild der älteren Weisheit, FAT 7, Tübingen: J. C. B. Mohr (Paul Siebeck) 1995, S. 133–136.

*Ein König, der in Treue die Geringen richtet,
sein Thron wird für immer bestehen.*

Diesen Grundsätzen gemäß bekennt sich der König in Ps 101 öffentlich vor Gott dazu, sich mit aufrechten Männern zu umgeben, Hochmütige und Verleumder von sich fern zu halten und täglich das Land und vor allem Jerusalem von Frevlern zu reinigen:[4]

1 *Treu und Recht will ich besingen,
für dich, Jahwe, will ich spielen:*
2 *Ich will auf den Wandel der Frommen achten,
wann kommst du zu mir?
Ich will wandeln in der Unschuld meines Herzens
inmitten meines Hauses.*
3 *Ich lege vor meine Augen
keine nichtsnutzige Sache.
Verkehrtes Tun hasse ich,
es hafte mir nicht an!*
4 *Ein verkehrtes Herz weiche von mir,
Böses will ich nicht kennen.*
5 *Wer heimlich seinen Nächsten verleugnet,
den bringe ich zum Schweigen.
Wer stolzen Auges und hochmütigen Herzens,
den ertrage ich nicht.*
6 *Meine Augen achten auf die Treuen im Lande,
daß sie bei mir wohnen.
Wer auf dem Weg der Frommen wandelt,
der soll mir dienen.*
7 *Nicht soll inmitten meines Hauses wohnen,
wer Trug verübt.
Wer Lüge redet, soll nicht stehen
vor meinen Augen.*
8 *Morgen für Morgen vernichte ich
alle Frevler des Landes,
Um auszurotten aus Jahwes Stadt
alle Übeltäter.*

So gehörte das Verständnis des Königs als Garanten der Gerechtigkeit und damit eines heilvollen Lebens im Lande jedenfalls zur Königsideo-

---

[4] So Erich Zenger, Die Nacht wird leuchten wie der Tag. Psalmauslegungen, Akzente, Freiburg i. Br. u. a.: Herder, 1997, S. 168–171; eine nur in den V. 2a.3–7 vorliegende Grundschicht im Sinne einer königlichen Deklaration seiner Personalpolitik sucht Klaus Seybold, Die Psalmen, HAT I/15, Tübingen: J. C. B. Mohr (Paul Siebeck) 1996, S. 195–205; zur Problematik der Annahme der vorexilischen Entstehung des Psalms vgl. Oswald Loretz, Die Psalmen II, AOAT 207/2, Kevelaer/Neukirchen-Vluyn: Butzon & Bercker/Neukirchener Verlag 1979, S. 81.

logie der späten Königszeit.[5] Sie stand damit keineswegs isoliert in der damaligen Welt da. So war es zum Beispiel die Aufgabe des ägyptischen Königs, die seit der Urzeit von den Mächten des Chaos bedrohte Ma`at, die „Gerechtigkeit", aufrecht zu erhalten. Dabei hatte er einerseits den Sonnengott in den kritischen Stunden des Sonnenauf- und des Sonnenuntergangs, in denen der Gott von der Apophisschlange bedroht war, durch Gebete und Kulthandlungen zu unterstützen. Andererseits hatte er in den beiden Ländern, und das heißt: in Ober- und Unterägypten für soziale Gerechtigkeit zu sorgen.[6] So heißt es in einem ägyptischen Thronbesteigungslied:[7]

> *Freue dich, du ganzes Land!*
> *Die gute Zeit ist gekommen.*
> *Ein Herr – er lebe, sei heil und gesund!*
> *ist erschienen in allen Ländern.*
> *Ma`at ist an ihren Platz zurückgekehrt.*
> *Ihr Gerechten, alle kommt und schaut:*
> *Ma`at hat das Unrecht bezwungen!*
> *Die Bösen sind auf das Gesicht gefallen,*
> *die Habgierigen sind allesamt verachtet.*

Hier wird die Thronbesteigung als Heilswende im Sinne einer Rückkehr zu dem anfänglichen Segenszustand verstanden. Indem der König seinen gebührenden Platz einnimmt, garantiert er, daß die Welt in ihren der Ma`at gemäßen Zustand zurückgekehrt ist. So bedarf der Kosmos des Staates, aber der Staat auch des Kosmos, indem das der Ma`at widerstreitende Böse unter den Menschen wieder unter Kontrolle gebracht wird.

Stellen wir nun dem zur Thronbesteigung eines judäischen Königs gedichteten Lied einige Zeilen aus der Thronbesteigungshymne für den assyrischen Großkönig Assurbanipal (668–626) an die Seite, so zeigt sich, wie verwandt das in Psalm 72 seinen Ausdruck findende Verständnis des

---

[5] Vgl. dazu auch Rainer Kessler, Staat und Gesellschaft im vorexilischen Juda, VT.S 47, 1992, S. 209–212.

[6] Vgl. dazu Henri Frankfort, Kingship and the Gods, 1948 (ND), S. 51–52 und S. 277–278 sowie ausführlich Jan Assmann, Ma'at. Gerechtigkeit und Unsterblichkeit im Alten Ägypten, 1990, S. 174–199 und S. 218–222; ders., Tod und Jenseits im Alten Ägypten, München: C. H. Beck 2001, S. 491–496, bzw. knapp Klaus Koch, Geschichte der ägyptischen Religion, Stuttgart: W. Kohlhammer 1993, S. 68–71 und John Baines, Ancient Egyptian Kingship: Official Forms, Rhetoric, Context, in: John Day, ed., King and Messiah, JSOT.S 270, 1998, S. 16–53, bes. S. 41–46.

[7] Assmann, S. 221.

Königs als Rechtswahrer im göttlichen Auftrag dem assyrischen gewesen ist. Denn in ihm heißt es:[8]

> 1 *Möge Schamasch, der König des Himmels und der Erde,*
> *dich zum Hirtenamt über die vier Weltgegenden erheben.*
> 2 *Möge Assur, der dir das Zepter gab, deine Tage und Jahre verlängern.*
> ...
> 8 *Möge Beredsamkeit, Verständnis, Wahrheit und Gerechtigkeit ihm*
> *[als Ga]be gegeben werden.*
> ...
> 12 *Möge der Geringere reden und der [Größere] hören!*
> 13 *Möge der Größere reden und der [Geringere] hören!*
> 14 *Mögen Eintracht und Friede [in Assyri]en aufgerichtet werden!*

Der assyrische König empfängt sein Amt nicht von Menschen, sondern von dem Sonnengott, der, weil er alles sieht, über Recht und Gerechtigkeit wacht. Er soll den König als guten Hirten einsetzen, Assur, der Gott der Hauptstadt und des Reiches, die beide seinen Namen tragen, soll ihm langes Leben geben. Auch in Ps 72,5 wird das für den neuen König erbeten:

> *Lang möge er leben*[9] *vor der Sonne –*
> *und vor dem Mond von Geschlecht zu Geschlecht.*[10]

Aber hier ist es natürlich Jahwe, der diese Bitte erhören soll, der die Aufgabe des Reichsgottes mit der des Wächters über das Recht vereinigt. Die Rolle des Königs als Beschützer der Schwachen und ihrer klassischen Repräsentanten der Witwen und Weisen gehört zu den allgemein nordwestsemitischen Traditionen. So wird die Regierungsfähigkeit des Königs Keret in dem gleichnamigen ugaritischen Epos daran gemessen, ob er in der Lage ist, Rechtsschutz und Hilfspflicht zugunsten der Witwen und anderer *personae miserae* wahrzunehmen. Denn bei seiner Erkran-

---

[8] Zitiert nach der englischen Übersetzung von Alasdair Livingston, Court Poetry and Literary Miscellanea, SAA III, Helsinki: Helsinki University Press 1989 Nr. 11 (VAT 13831), S. 26; vgl. dazu auch Martin Arneth, „Sonne der Gerechtigkeit," S. 57–78. Zur Rolle der mesopotamischen Könige als Wahrer des Rechts vgl. M.-J. Seux, Art. Königtum. B, RLA VI, 1980–1983, S. 140b–173a, bes. § 78–84, S. 162b–165a, bzw. knapp A. Leo Oppenheim, Ancient Mesopotamia. Portrait of a Dead Civilization, Chicago & London: Chicago University Press 1964 (ND), S. 102–103.

[9] Lies mit G, vgl. BHS.

[10] Zu möglichen, sich hier spiegelnden assyrischen Einflüssen in Gestalt einer Solarisierung Jahwes vgl. M. Arneth, Sonne, S. 110–117.

kung fordert ihn sein Sohn Jaṣṣubu/Jaṣṣib mit folgenden Worten zum Rücktritt auf (KTU 1.16.VI.46–50):[11]

> *Du richtest nicht den Rechtsfall der Witwe,*
> *du entscheidest nicht den Rechtsbescheid des Traurigen,*
> *du vertreibst nicht die Unterdrücker der Armen!*
> *Vor dir gibst du den Weisen nicht zu essen*
> *und hinter deinem Rücken nicht der Witwe.*

Und im Aqhat-Epos heißt es in KTU 1.17.V.6–8 vom König Danel, der offenbar nur über ein kleines Stadtkönigtum herrscht:

> *Er erhob sich, setzte sich am Eingang des Stadttores,*
> *inmitten der Mächtigen auf der Tenne.*
> *Er richtete den Rechtsfall der Witwe,*
> *er entschied den Entscheid für die Waise.*

2. *Die judäische Rechtsorganisation und das Fehlen königlicher Rechtsbücher.* Anders als aus den Großreichen der Hethiter, Sumerer und ihrer Nachfolger, der Babylonier und Assyrer, besitzen wir leider keine von den Königen von Juda erlassenen Gesetzbücher. Das liegt vermutlich weniger an einer Unzuverlässigkeit der Überlieferung als daran, daß Juda im wesentlichen mittels eines komplexen Systems von Loyalitäten zwischen dem König, seinem Hofe und den Vornehmen im Lande regiert wurde und offenbar vor dem 8. Jh. keinen durchorganisierten staatlichen Verwaltungsapparat besaß.[12] Auch wenn man feststellt, daß die den Rechtsmißbrauch durch die *śārîm*, die Beamten, anklagenden Texte wie Jes 1,10–17 und Jer 5,23–25 entweder überhaupt als retrospektiver Schuldaufweis zu deuten sind oder ihr vermutlich zeitgenössischer Kern wie in Mich 3,1–3 in einen derartigen Kontext eingebettet ist,[13] könnten sie einen Reflex auf entsprechende Übergriffe in der späten Königszeit enthalten. Es fällt allerdings auf, daß in allen einschlägigen Texten Angriffe auf den König fehlen. Vermutlich findet das seine Erklärung darin, daß sie entweder wie Jes 1,10–17 bereits nachexilische Zustände im Auge haben oder die Übergriffe auf der Ebene der lokalen Beamtenschaft stattfanden, deren fortlaufende Kontrolle für den König angesichts der damaligen Kommunikationsmittel

---

[11] Vgl. zum Folgenden Jehad Aboud, Die Rolle des Königs und seiner Familie nach den Texten aus Ugarit, FAR 27, 1994, S. 111–113.

[12] Vgl. dazu Hermann M. Niemann, Herrschaft, FAT 6, 1993, S. 41–56. und zur Herrschafts- und Verwaltungsstruktur Judas als einer partizipatorischen Monarchie grundsätzlich Rainer Kessler, Staat und Gesellschaft, VT.S 47, 1992, S. 154–207 und bes. S. 202–207.

[13] Vgl. dazu Rainer Kessler, Micha, HThKAT, Freiburg i. Brg. u. a.: Herder 2000, S. 144–145.

mit zunehmender Entfernung immer schwieriger gewesen sein dürfte. Trotzdem wurde ihm deswegen seine Verantwortung für die Durchsetzung des Rechts im Lande vor Gott nicht abgenommen.[14] Wie sich im Einzelnen die herkömmliche Gerichtsbarkeit der Ältesten im Tor[15] zur königlichen Verwaltungsgerichtsbarkeit verhielt, läßt sich nur schwer rekonstruieren.[16] So läßt es sich auch nicht entscheiden, ob sich hinter der Erzählung vom salomonischen Urteil in 1. Kön 3,16–28 eine zutreffende Erinnerung an eine Funktion des Königs als oberste Appellationsinstanz verbirgt oder nicht. Immerhin könnte es gemäß seines göttlichen Auftrags, über Recht und Gerechtigkeit im Lande zu wachen, ein derartiges königliches Obergericht gegeben haben. Im Zusammenhang der Erzählung von Absaloms Vorbereitungen für den Aufstand gegen seinen Vater David ist in 2. Sam 15,2–3 von Männern die Rede, die von auswärts nach Jerusalem kamen, um beim König ihr Recht zu suchen. Doch ob man daraus auf ein königliches Obergericht oder lediglich auf die königliche Zuständigkeit für einen Fall der Verwaltungsgerichtsbarkeit zurückschließen darf, bleibt wiederum dunkel.[17] Anderseits belegt diese Erzählung, daß das königliche Gericht anders als noch im ugaritischen Aqat-Epos vom Beginn des letzten Drittels des 2. Jts. nicht im Stadtor als der Stätte des Ortsgerichts, sondern vermutlich im Palast tagte.

Für die Verfassung und Verbreitung eines königlichen Rechtsbuches zur Bereitstellung der unterschiedlichsten Paradigmata für die praktische Lösung von Rechtsfällen bestand im Königreich Juda offenbar zunächst kein Bedarf. Die von den Ältesten wahrgenommene Rechtsprechung im Tor folgte vielmehr dem Gewohnheitsrecht, wie es mündlich überliefert und allenfalls in der Form von Rechtsreihen verschriftet war. Wenn es zutrifft, daß die in mehreren Etappen erfolgte Komposition und Verschriftung des Bundesbuches vermutlich in der Zeit der assyrischen Vasallität Judas und

---

[14] Daß auch Jer 21,11–12 mit seinem Appell an das Haus Davids, morgens Gericht zu halten und die Beraubten aus der Hand des Frevlers zu befreien, lediglich als Überschrift von den Herausgebern der Königssprüche in Jer 21,11–23,8 zu bewerten ist, hat Hans-Jürgen Hermisson, Die „Königsspruch" Sammlung im Jeremiabuch, in: Erhard Blum, Hg., FS Rolf Rendtorff, 1990, S. 277–299 = ders., Studien zu Prophetie und Weisheit, hg. Jörg Barthel u. a., FAT 23, Tübingen: Mohr Siebeck 1998, S. 37–58, hier S. 39–40 gezeigt.

[15] Vgl. dazu Eckart Otto, Zivile Funktionen des Stadttores in Palästina und Mesopotamien, in: Manfred Görg, Hg., FS Herbert Donner, ÄAT 30, 1995, S. 188–197, bes. S. 195–196.

[16] Vgl. dazu Herbert Niehr, Rechtsprechung in Israel, SBS 130, 1987, S. 82–86.

[17] Vgl. dazu Niehr, S. 75–76, der Belege wie 2. Kön 8,1–6 und Jer 26,1–19 auf die Verwaltungsgerichtsbarkeit des Königs bezieht.

d. h. zwischen dem letzten Drittel des 8. und des 7. Jhs einsetzte,[18] so gab es damals bei den *śārîm*, den mit der königlichen Gerichtsbarkeit im Bereich des Palastes und der königlichen Krongüter und der Schulung der Beamten beauftragten Rechtskundigen einen ersten Bedarf für eine solche Rechtsparadigmatik. Denn um eine solche handelt es sich bei den Rechtsbüchern im Gegensatz zu den modernen Gesetzbüchern. Gesetzbücher schreiben bindend vor, wie in bestimmten Fällen zu verfahren ist, Rechtsbücher stellen analoge Lösungen bereit, aufgrund derer der Richter in seiner Weisheit das konkrete Urteil finden kann. Sie dienen der Rechtsschulung, aber nicht der Rechtsprechung.[19] So tasteten sie das Gewohnheitsrecht nicht an, sondern stellten seine Lösungen in Auswahl vor. Die Theologisierung des Rechts aber besaß ihren Ausgangs- und weiteren Anknüpfungspunkt darin, daß Jahwe als der Beschützer der Geringen galt, die selbst nicht rechtsfähig und deren Rechte daher besonders bedroht waren. Das aber waren die landlosen kleinen Leute, die Witwen und unmündigen Waisen und die Gastbürger, unter denen wir uns in der Königszeit zugereiste Israeliten aus anderen Orten und Sippenverbänden vorzustellen haben, vgl. Ex 21,20–23(24). Entsprechend heißt es in der *Ägyptisierenden Lehre* Spr 22,17–24,22 (die jedenfalls aus der vorexilischen Epoche und aus einer Zeit vor dem Niedergang des Königtums stammt)[20] in 22,22–23:

> *Beraube den Geringen nicht, weil er gering ist,*
> *und unterdrücke nicht den Armen im Tor;*
> *Denn Jahwe wird ihren Rechtsstreit führen*
> *und ihren Räubern das Leben rauben.*[21]

Die Theologisierung des Rechts setzte damit ein, daß den Rechtssätzen des Bundesbuches in Ex 22,21–26 eine Reihe von Schutzbestimmungen

---

[18] Vgl. dazu Frank Crüsemann, Tora, 1992, S. 195, Reinhold G. Kratz, Komposition, 2000, S. 146–147 und knapp, in Zusammenfassung vorausgehender Studien Eckart Otto, RGG 4. Aufl. I, Sp. 1876–77, bei unterschiedlicher Abgrenzung der Urausgabe auf 21,1–22,16(19) durch Crüsemann und Kratz bzw. auf 20,24–22,26* durch Otto.

[19] Vgl. dazu Eckart Otto, Rechtsgeschichte der Redaktionen im Kodex Ešnunna und im „Bundesbuch", OBO 85, Freiburg/Schweiz/Göttingen: Universitätsverlag Freiburg/Schweiz/Vandenhoeck & Ruprecht 1989, S. 181–182 und Norbert Lohfink, Gesetz, Gerechtigkeit und Erbarmen im Alten Testament und im Alten Orient, Euntes docete 52, 1999, S. 251–265, bes. 253–254.

[20] Vgl. Diethard Römheld, Wege der Weisheit. Die Lehren Amenemopes und Proverbien 22,17–24,22, BZAW 184, Berlin. New York: Walter de Gruyter 1989, S. 184.

[21] Zur lexikalischen Schwierigkeit vgl. Otto Plöger, Sprüche Salomos. Proverbia, BK.AT XVII, Neukirchen-Vluyn: Neukirchener Verlag 1984, S. 263 z.St.

zugunsten der *personae miserae* angefügt wurde, in denen Jahwe im Fall ihrer Nichtbeachtung die Erhörung der Notschreie der Mißhandelten ankündigt. So läßt der Bearbeiter ihn in dem Schutzgesetz für die *gērîm*, die im Ort ansässigen Fremden, in 22,20aα.22 daran erinnern, daß er im Fall ihrer Bedrängung ihr Schreien hören würde.[22] Dasselbe läßt er ihn in 22,26b für den Fall erklären, daß ein gepfändeter Mantel seinem Besitzer nicht vor Sonnenuntergang zurückgegeben würde. Mit diesen Zusagen entspricht Jahwe seiner Aufgabe als Beschützer der Armen und Rechtlosen. Damit war der Ansatzpunkt dafür gegeben, nach dem Ausfall des Königtums alle weiteren Rechtsordnungen seiner Autorität zu unterstellen.[23] Den Anlaß für die Bereitstellung eines derartigen, in seinem Armenrecht religiös begründeten Rechtsbuches könnten durch die Zuwanderung größerer Kontingente von Bewohnern des ehemaligen Nordreiches ausgelöste Rechtskonflikte gebildet haben, die eine Vereinheitlichung der Rechtsprechung als wünschenswert erscheinen ließen. Ob man aus der Bearbeitung, die Jahwe selbst das Wort zur Rechtsbelehrung erteilen läßt, auf priesterliche Autoren zurückschließen muß, oder ob sie nicht vielmehr in Kreisen der Verwaltungsbeamten zu suchen sind, ist eine offene Frage, deren Beantwortung nichts daran ändert, daß damit der entscheidende Schritt auf dem Wege getan war, ein Rechtsbuch der direkten Autorität Jahwes zu unterstellen.

3. *Warum werden die Gesetze im Pentateuch Jahwe zugeschrieben?*
Die Verbindung der Rechtsbücher mit den Göttern ergibt sich bei den Sumerern und Akkadern aus der göttlichen Berufung ihrer Könige als Rechtsschützer zumal der Schwachen. Am deutlichsten findet das in dem Codex des altbabylonischen Königs Hammurapi seinen Ausdruck, der nach der mittleren Chronologie von 1793–1750 v. Chr. regierte. Dieses Rechtsbuch besaß ein so hohes Ansehen, daß es noch in der Zeit des

---

[22] V. 21, der das Verbot, die Witwen und Waisen zu bedrängen, untersagt, ist vermutlich ein dtr Zusatz.

[23] Bei grundlegender Gemeinsamkeit darin, daß den Kern des Bundesbuches die in c. 21–22 enthaltenden kasuistischen Rechtssätze bilden, werden die theologisierenden Zusätze der Du-Schicht in 22,20–26 in der Forschung in unterschiedlichen Bau- bzw. Ausbauphasen des Buches angesetzt, doch scheinen sich alle darin einig zu sein, daß diese Zusätze bereits vordtn eingefügt worden sind; vgl. dazu Eckart Otto, Wandel der Rechtsbegründungen, SB 3, 1988, S. 40–42, der 22,20aα.22.24a. 25.26 dem für die Komposition von Ex 21,2–22,26* verantwortlichen Redaktor zuschreibt, und weiterhin Ludger Schwienhorst-Schönberger, Bundesbuch, BZAW 188, 1990, S. 346–359; Yuichi Oisumi, Kompositionsgeschichte des Bundesbuches, OBO 105, 1991, S. 219–220 und wohl auch R. G. Kratz, Komposition, 2000, S. 146–147.

§ 2 Das Recht Jahwes 47

neuassyrischen Reiches kopiert wurde. Es zeichnet sich gegenüber anderen Rechtsbüchern durch einen besonders langen Prolog und Epilog aus. Da es hier nur auf das Grundsätzliche, nämlich die göttliche Erwählung des Königs als des Rechtspflegers, ankommt, reicht es aus, lediglich die einschlägigen Sätze zu zitieren. Im *Prolog* stellt er sich als der von den Lenkern der Geschicke, dem Gott des fernen Himmels Anu und dem göttlichen Herrn des Himmels und der Erde Enlil, erwählte Hirte der Menschen vor,[24] dessen besondere Aufgabe darin besteht, *Gerechtigkeit im Lande sichtbar zu machen, den Bösen und Schlimmen zu vernichten, den Schwachen vom Starken nicht schädigen zu lassen, dem Sonnengott gleich den Schwarzköpfigen*[25] *aufzugehen und das Land zu erleuchten.* Als der von Enlil berufene Hirte erklärt er, von Marduk, dem jugendlichen Sonnen- und Reichsgott von Babel, dazu beauftragt zu sein, die Menschen zu lenken und dem Lande Sitte angedeihen zu lassen. Demgemäß habe er Recht und Gerechtigkeit in den Mund des Landes gelegt und Sorge für das Wohlergehen der Menschen getragen und daher dem Lande die nachfolgenden Gesetze gegeben.[26] Im Verlauf des ausführlichen Epiloges nennt er in XLVII, 19–78 als Zweck der Aufzeichnung auf einer Stele betont den Schutz der Schwachen. Dabei verweist die Erwähnung der Festigkeit des babylonischen Marduk-Tempels auf die kosmische Verankerung der königlichen Herrschaft:[27]

> *Damit der Starke den Schwachen nicht schädigt, um der Waise und Witwe zu ihrem Recht zu verhelfen, habe ich in Babel, der Stadt, deren Haupt Anu und Enlil erhoben haben, in Esagil*[28] *dem Tempel, dessen Grundfesten wie Himmel und Erde fest sind, um dem Lande Recht zu schaffen, um die Entscheidung(en) des Landes zu fällen, um den Geschädigten Recht zu verschaffen, meine überaus wertvollen Worte auf (m)eine Stele geschrieben und vor meiner Statue (namens) „König der Gerechtigkeit" aufgestellt.*

Fragen wir uns nun, warum die biblischen Rechtsreihen wie der Dekalog und Rechtsbücher wie das Bundesbuch, das Deuteronomium und das Heiligkeitsgesetz Jahwe zugeschrieben werden, so lautet die dreifache Ant-

---

[24] Vgl. dazu Ilse Seibert, Hirt, Herde, König. Zur Herausbildung des Königtums in Mesopotamien, SSA 53, Berlin: Akademie Verlag 1969, S. 7–10.
[25] D. h.: den Menschen.
[26] Vgl. CH I,1–53 und V,14–25, Übersetzung bei Rykle Borger, TUAT I/1, Gütersloh: Gütersloher Verlagshaus Gerd Mohn 1982, S. 40 und S. 44.
[27] Vgl. zu ihr Stefan M. Maul, Im Fadenkreuz von Raum und Zeit. Zum Verhältnis von Weltbild und Herrschaftskonzeption im Alten Orient, HdJB 42, 1998, S. 27–41, bes. S. 32–41.
[28] Dem Haupttempel Marduks.

wort so: 1.) galt Gott als der oberste Garant des Rechts, der daher alle Verstöße gegen es ahndete; 2.) gab es zu der Zeit ihrer Verschriftung bzw. Aufnahme in die biblische Stiftungsgeschichte keine Könige mehr, die das Recht dafür hätten in Anspruch nehmen können, und 3.) verlangten die Entwürfe für eine Neuordnung des jüdischen religiösen und sozialen Lebens eine Legitimation, die angesichts des Verlustes der Eigenstaatlichkeit und des Fehlens der Könige nur Jahwe geben konnte. Ohne eine bindende Rechtsparadigmatik und eine eindeutige Rechtsorganisation lassen sich in einer differenzierten Gesellschaft die aufbrechenden sozialen Konflikte nicht lösen. Andererseits verlangten nun aber auch die religiösen Grundnormen in Gestalt des sogenannten Privilegrechtes Jahwes, das seine Ansprüche gegenüber seinem Volk sicherte, der Verschriftung, ein Prozeß, der sich nebenbei auch in Griechenland seit dem 7. Jh. v. Chr. beobachten läßt und im 5. und 4. Jh. zu der Vorstellung von den großen, von dem delphischen Apoll legitimierten Gesetzgebern der Vorzeit führte, von denen allein Solon im vollen Licht der Geschichte steht.[29] Und so können wir abschließend sagen: Weil Gott Recht liebt (Ps 37,28), haben ihn die Priester und Schreiber des exilisch-nachexilischen Zeitalters auch zur Quelle des Rechts erklärt.

4. *Der Dekalog als Inbegriff des göttlichen Rechts- und Gemeinschaftswillens.*[30] Den Inbegriff des göttlichen Rechtswillens stellt – das wußte früher in Europa jedes Kind – der Dekalog dar. Darum ist er in einem nachträglichen redaktionellen Akt dem Bundesbuch in Ex 20,22–23,33 einigermaßen unverbunden und dem Deuteronomium im Rahmen der Einleitungsreden in Dtn 5,6–21 viel organischer vorangestellt worden. Zwei Urteile von Lothar Perlitt haben sich durchgesetzt. Das erste besagt, daß der ursprüngliche Ort des Dekalogs nicht der Sinai, sondern der Umkreis der deuteronomischen Theologie ist.[31] Das andere erklärt, daß er sekundär in Ex 20,1–17 in die Sinaiperikope eingefügt ist; denn „Ex 20,18 schließt an 19,19 an – unabhängig zunächst davon, warum und seit wann das so ist. 20,2–17 schließt nicht an 19,19 an, denn da antwortet Gott nicht mit Geboten, sondern mit Donner. 20,2–17 schließt aber auch nicht an 19,25 an, denn da ist Mose schon wieder bei den Seinen. 20,18 ff.

---

[29] Vgl. dazu Karl-Joachim Hölkeskamp, Schiedsrichter, Hist. E 131, 1999, S. 262–285 bzw. meine Anzeige ZAR 6, 2000, S. 358–361.

[30] Eine alle wesentlichen Beiträge bis 1992 berücksichtigende Bibliographie bis 1992 bietet Werner H. Schmidt, Mitarb. Holger Delkurt und Axel Graupner, Die Zehn Gebote im Rahmen der alttestamentlichen Ethik, EdF 281, 1993, S. 151–172, Überblicke Lothar Perlitt, Art. Dekalog I: Altes Testament, TRE VIII, 1981, S. 408–413 und Frank-Lothar Hossfeld, Art. Dekalog, NEB I, 1991, Sp. 400–405.

[31] Bundestheologie, WMANT 36, 1969, S. 98.

hat andere Interessen und läßt mit keiner Silbe erkennen, daß Jahwe ... eben Letztgültiges proklamiert hat."[32] Das dritte Urteil, daß die Einbettung des Dekalogs in Dtn 5 den Kontext der Sinaitheophanie voraussetzt und seine Einfügung in Ex 20 und Dtn 5 gleichzeitig erfolgt ist,[33] hat sich dagegen nicht allgemein durchgesetzt. Sie hat im Anschluß an die von Frank-Lothar Hossfeld vertretene Hypothese, daß die Fassung in Dtn 5 gegenüber der in Ex 20 die ursprüngliche darstellt,[34] zu einer bis heute anhaltenden Kontroverse geführt,[35] auf die einzugehen wir uns in diesem Zusammenhang ersparen können. Für unsere Zwecke reicht es aus festzuhalten, daß der Dekalog als Summe des göttlichen Rechtswillens gedacht und als solcher bis heute wahrgenommen worden ist.

5. *Der Dekalog als sekundäre Komposition.*[36] Jeder, der auch nur eine oberflächliche Ahnung von der Formgeschichte hat, bemerkt, daß der Dekalog zwar eine kunstvoll gefügte, aber trotzdem keine ursprüngliche Einheit darstellt, obwohl sich sämtliche Gebote an das mit Israel identische Du wenden. Als erstes fällt auf, daß er in Ex 20,2 (par Dtn 5,6) als Gottesrede einsetzt, aber nur bis einschließlich V. 6 (par Dtn 5,10) durchhält, um dann von V. 7–12 (par Dtn 5,11–16) und d. h. vom Verbot des Mißbrauchs des göttlichen Namens über das Sabbat- bis zum Elterngebot in 3. Person von Jahwe zu reden. Dann aber ist von ihm überhaupt nicht mehr die Rede. Während die vorangehenden Gebote eine theologische Begründung besitzen, folgen nun „nackte Verbote", unter denen sich die Kurzreihe V. 13–15 mit dem Verbot des Mordes, des Ehebruchs und des Diebstahls als eine kleine Einheit *sui generis* heraushebt. Sie besitzt mit einer unterschiedlichen Abfolge in Jer 7,9; Hos 4,2 und Hiob 24,14–15

---

[32] S. 91 Anm. 2. – Daß die Einfügung sozusagen am einzig möglichen Ort erfolgt ist, wenn nicht die ganze auf das Bundesbuch zulaufende Theophanie-Erzählung umgeschrieben werden sollte, hat Wolfgang Oswald, Israel am Gottesberg, OBO 159, 1998, S. 150–151 gezeigt.

[33] Perlitt, S. 98–99.

[34] F.-L. Hossfeld, Dekalog, OBO 45, 1982, S. 283–284.; ders., Zum synoptischen Vergleich der Dekalogfassungen, in: ders., Hg., Vom Sinai zum Horeb. Stationen alttestamentlicher Glaubensgeschichte. FS Erich Zenger, Würzburg: Echter 1989, S. 73–118.

[35] Vgl. z. B. Christoph Levin, Der Dekalog am Sinai, VT 35, 1985, S. 165–191; Axel Graupner, Zum Verhältnis der beiden Dekalogfassungen Ex 20 und Dtn 5. Ein Gespräch mit Frank-Lothar Hossfeld, ZAW 99, 1987, S. 308–329; William Johnstone, The Decalogue and the Redaction of the Sinai Pericope in Exodus, ZAW 100, 1988, S. 361–385 und Reinhard G. Kratz, Der Dekalog im Exodusbuch, VT 44, 1994, S. 205–238; Wolfgang Oswald, Israel, OBO 159, 1998, S. 99–101 und 150–154; Eckart Otto, Deuteronomium, BZAW 284, 1999, S. 223–238.

[36] Vgl. dazu auch GAT I, S. 309–312.

ihre Parallelen. Das in V. 16 folgende Verbot, ein falsches (gerichtliches) Zeugnis gegen den Nächsten abzulegen, schließt sich formal an diese knappen Prohibitive an (vgl. Dtn 5,17–20).[37] Handelt es sich bei den Verboten, anderen Göttern und ihren Bildern zu dienen, den Gottesnamen nicht zu mißbrauchen und den Sabbat zu halten um Regeln, die man wegen ihrer Absicht, die Alleinverehrung Jahwes in angemessener Weise zu sichern, als das Privilegrecht Jahwes bezeichnet,[38] so rückt mit dem Gebot der Elternehrung der zwischenmenschliche Bereich ins Blickfeld. Auch hier fällt die Unterschiedlichkeit von Formen und Inhalten auf: Das Elterngebot ist als einziges positiv gehalten und als einziges begründet. Die vier folgenden Prohibitive sind klare apodiktische Rechtssätze, die ohne jegliche Diskussion ein unbedingtes Verbot aussprechen. Der Sache nach sind sie wie die vorausgehenden Regeln justiziabel, d. h.: Wer sie übertritt, kann deshalb gerichtlich belangt und unter Umständen mit dem Tode bestraft werden.[39] Dann aber folgt in Ex 20,17 ein nicht gerichtlich verfolgbares Verbot, nach dem Besitz des Nächsten zu trachten. Es ist in Dtn 5,21 aus gleich zu erläuternden Gründen auf zwei Prohibitivsätze aufgeteilt. Das ändert jedoch nichts an der Tatsache, daß man Gelüste zwar verbieten, aber nicht strafrechtlich verfolgen kann: Das Recht geht an dieser Stelle in die Ethik über. Ein ähnlicher Übergang zeichnet sich bereits in den Geboten des Bundesbuches, den einem Feind gehörenden Ochsen oder Esel, der sich verlaufen hat, zu seinem Besitzer zurückzubringen, oder, wenn ein ihm gehörender Esel unter seiner Last zusammenbricht, ihn nicht liegen zu lassen, sondern das eigene Vorhaben aufzugeben und dem Tier statt dessen Hilfe zu leisten (Ex 23,4–5).

Formgeschichtlich sind die meisten Sätze aufgrund ihrer sachlichen Verallgemeinerung als Spätlinge anzusehen, die auf ältere, konkrete Einzelfallregelungen zurückgreifen.[40] So dürfte das Hauptgebot auf das Verbot, anderen Göttern als Jahwe zu opfern, in Ex 22,19 zurückgehen. Hinter dem Verbot des Namensmißbrauches steht vermutlich das Verbot aus

---

[37] Zu den Redeformen des Rechts vgl. Otto Kaiser, Einleitung, 5. Aufl. 1984, S. 65–71 bzw. ders., Grundriß der Einleitung I, Gütersloh: Gütersloher Verlagshaus 1992, S. 77–80.
[38] Zur weiteren sachlichen Information vgl. Friedrich Horst, Das Privilegrecht Jahwes, FRLANT 45,1930 = ders., Gottes Recht, ThB 12, 1961, S. 17–154.
[39] Zur Korrespondenz zwischen apodiktischen Prohibitiven und Todesrechtssätzen vgl. Hermann Schulz, Das Todesrecht im Alten Testament, BZAW 114, 1969, S. 40–72 mit der Zusammenfassung S. 71–72.
[40] Vgl. dazu die ausführlichen Nachweise und Erörterungen zu den einzelnen Geboten bei Werner H. Schmidt und Mitarb., Zehn Gebote, EdF 281, 1993, S. 39–144.

Lev 19,12, bei dem Namen Jahwes nicht falsch zu schwören. Das Gebot der Elternehrung verallgemeinert die Todesrechtssätze in Ex 22,15 und 17, Vater und Mutter nicht zu schlagen oder sie zu verfluchen. Auch das folgende Verbot des Mordens und des Menschenraubes besitzt in den Todesrechtssätzen Ex 21,12 und 15 seine Entsprechungen. Für das Verbot des Ehebruchs liegt wiederum in Lev 20,10 ein Todesrechtssatz vor. Hinter dem 9. (8.) Gebot stehen die Prohibitive in Ex 23,1–3, die falsche Nachrede, die Ablegung falschen Zeugnisses vor Gericht, Rechtsbeugung aus Anbiederung an die Menge oder Furcht vor ihr und Begünstigung verbieten,[41] während das 10. (9./10) Gebot die Bestimmungen zur Sicherung des Eigentums in 21,33–22,14 auf hohem Niveau abstrahieren. Dieser Befund rechtfertigt die Annahme, daß die eigentliche Quelle für den Dekalog im Bundesbuch und in einer Todesrechtssatzreihe zu suchen ist, die teils in das Bundesbuch[42] und teils in das Heiligkeitsgesetz[43] eingegangen ist. Dieses Ergebnis berechtigt zu dem Rückschluß, daß der Dekalog für seinen jetzigen Kontext geschaffen worden ist.[44]

Exkurs

Unterschiede der Zählung und markante Differenzen der Dekalogfassungen Ex 20 und Dtn 5.[45] Wir erwähnten bereits, daß das in Ex 20,17 einheitliche Verbot des Begehrens nach fremdem Eigentum in Dtn 5,18 in zwei zerlegt ist. Wenn dabei das Trachten nach der Frau eines Anderen von dem nach der sonstigen beweglichen Habe abgetrennt wird, zeichnet sich darin vermutlich eine neue Stellung der Frau als Trägerin eigener Rechte ab.[46] Die Ursache dafür liegt in der Tatsache, daß das Verbot, frem-

---

[41] Vgl. dazu auch Ex 23,2–3; Dtn 16,19–20 und Lev 19,15.

[42] Den Weg vom Recht zum Ethos im Bundesbuch zeichnet Eckart Otto, Ethik, ThW 3/2, 1994, S. 18–116 nach. Da das biblische Talionsgesetz in Ex 21,23–25 besonderen Mißverständnissen ausgesetzt ist, sei auf den Nachweis seiner Funktion zur Verhinderung ausufernder Vergeltungshandlungen im Intergentalrecht (vgl. Gen 4,23–24) durch Volker Wagner, Rechtssätze in gebundener Sprache und Rechtssatzreihen im israelitischen Recht, BZAW 127, Berlin. New York 1972, S. 3–15 und Otto, Ethik, S. 73–81 hingewiesen.

[43] Vgl. zu ihm auch GAT II, S. 120–123 und dazu auch vgl. Otto, S. 237–263.

[44] Vgl. dazu auch R. G. Kratz, Dekalog, VT 44, 1994, S. 224–231.

[45] Vgl. dazu ausführlich F.-L. Hossfeld, Dekalog, OBO 45, 1982, S. 21–162, der bei ihm im Dienst des Nachweises der Priorität der Fassung in Dtn 5 dient, aber in seiner Bestandsaufnahme erschöpfend ist.

[46] Zur rechtlichen Stellung der Frauen in der Perserzeit vgl. Christine Roy Yoder,

den Göttern zu dienen, und das Verbot, kein Bild oder Abbild herzustellen, in Ex 20,3 und 4 in V. 5a in einem beide betreffenden Verehrungsverbot zusammengefaßt und beiden in V. 5b–6 eine gemeinsame Begründung gegeben wird. Das Fremdgötter- und das Bilderverbot sind also stilistisch in der Tat zu einer Einheit zusammengeschlossen. Demgemäß machte die Erreichung der Zehnzahl, die sich ebenso aus didaktischen wie aus symbolischen Gründen empfahl,[47] die Zerlegung des Begehrlichkeitsverbotes in zwei erforderlich. In Ex 20 werden die beiden Verbote, anderen Göttern zu dienen und Götterbilder herzustellen, als selbständige gezählt. Daraus ergibt sich der Unterschied der Zählungen.

Den vier ersten Geboten in Ex 20 entsprechen drei in Dtn 5. Im Anschluß an die beiden Tafeln, die Mose auf dem Sinai aus Gottes Hand empfängt und bei seinem Herabsteigen vom Berge angesichts des Abfalls zum Goldenen Kalb zerschlägt (vgl. Ex 32,15–19 mit 34,1–4.27–28),[48] pflegt man in der Tradition die privilegrechtlichen Bestimmungen der 1. und die sozialrechtlichen der 2. Tafel zuzuweisen. Zur ersten Tafel rechnen also nach der sich an Ex 20 haltenden Standartzählung vier und zur zweiten sechs Gebote.

Inhaltlich unterscheiden sich beide Fassungen vor allem darin, daß das *Sabbatgebot* in Ex 20,11 und Dtn 5,15 verschieden erweitert wird: In Ex 20,11 wird es schöpfungstheologisch mit einem Rückverweis auf Gottes Ruhen am siebten Tage und damit auf Gen 2,1–3 *begründet*. In Dtn 5,15 wird es dagegen *paränetisch* mit der Aufforderung versehen, an diesem Tage an das Sklavendasein in Ägypten und die Herausführung durch Jahwe zu gedenken. Dadurch wird die Befolgung der Ausdehnung des Arbeitsverbotes auf alles, was zum Hausstand gehört oder sich als Gastbürger in den Orten aufhält, gleichsam zu einem Akt der Solidarität mit den Kindern, den Sklaven, den Fremden und den Arbeitstieren. Sachlich bezieht sich Dtn 5,15 auf die Eröffnung der Reihe, in der sich Jahwe mit einer erweiterten Selbstvorstellung als der Gott bekennt, der Israel aus Ägypten herausgeführt hat. Auch die einzige Verheißung, die einem Gebot der 2. Tafel in

---

Wisdom as a Woman of Substance. A Socioeconomic Reading of Proverbs 1–9 and 31:10–31, BZAW 304, Berlin. New York:Walter de Gruyter 2001, S. 39–72 mit der Zusammenfassung S. 71–72.

[47] Bekanntlich hat der Mensch zehn Finger, so daß er die zehn Gebote an ihnen abzählen kann. Außerdem gehört die 10 wie die 7 und die 12 zu den heiligen Zahlen, die ein vollendetes Ganzes bezeichnen.

[48] Vgl. dazu auch Christoph Dohmen, Was stand auf den Tafeln vom Sinai und was auf denen vom Horeb? Zur Geschichte eines Offenbarungsrequisits, in: Frank-Lothar Hossfeld, Hg., Vom Sinai zum Horeb, 1989, S. 9–50.

Gestalt der Begründung des *Elterngebots* in Ex 20,12b par Dtn 5,16b gegeben ist, ist heilsgeschichtlicher Art. Sie besteht in Ex 20,12b aus einer Kombination der dtn langes Leben verheißenden mit der Landgabe-Formel, zwischen die in Dtn 5,16b die Wohlformel eingefügt ist.[49]

6. *Der Dekalog als Sinneinheit.* Obwohl es sich beim Dekalog um eine sekundäre Komposition handelt, besitzt er einen klaren Aufbau, den zu erkennen für sein Verständnis unerläßlich ist.[50] Denn erst so wird deutlich, daß die Selbstvorstellung Jahwes in V. 2, mit der er seinen Anspruch auf die anschließend geforderte Alleinverehrung begründet, mehr als eine bloße Einleitung ist, sondern alle weiteren Gebote in ihrem Licht gelesen und mithin als konkrete Auslegungen des Ersten Gebots verstanden werden sollen. Den Vorrang des Ersten Gebotes bringt zunächst die Inclusion des Fremdgötter- und Bilderverbotes in V. 3 und 4[51] durch V. 2 und V. 5–6 zum Ausdruck. Dabei nimmt V. 5bα die Selbstvorstellung aus V. 2a auf, um sie in 5bβ und 6 durch die Heimsuchungs- und die Gnadenformel abzuschließen. Die Eifersucht Jahwes bezieht sich auf die Einhaltung des 1. Gebots, daher sucht er seine Übertretung bis in die Generation der Urenkel heim.[52] Die Gnadenzusage aber verspricht denen, die ihn lieben und seine Gebote halten, die göttliche Treue (*hæsæd*) für unübersehbare Geschlechterfolgen. Damit ist das Erste zureichend als das Hauptgebot (Norbert Lohfink)[53] gekennzeichnet und sein Zusammenhang mit den nachfolgenden Geboten gesichert. In ähnlicher Weise wird das 3. Gebot, das den Schwur eines Meineides und jeden sonstigen, vor allem magischen Mißbrauch des Gottesnamens untersagt,[54] durch die Androhung, daß Jah-

---

[49] Zur Lebensformel vgl. Dtn 4,26; 5,30; 6,2; 11,9; 25,15; 30,18, zu verwandten Landgabeformeln z. B. Dtn 4,3.21; 9,6; 11,31; 19,2; 32,52 und bes. 21,1, zur Wohlformel Dtn 5,29; 6,3.18; 12,25.28 und 22,7b.

[50] Vgl. dazu ausführlich R. G. Kratz, Dekalog, VT 44, 1994, S. 206–214.

[51] Zu seinen Unterschieden in den beiden Dekalogfassungen vgl. Christoph Dohmen, Bilderverbot, BBB 62, 1987, S. 213–215, zu seiner Geschichte im Alten Testament S. 236–277 und zu seiner grundsätzlichen Bedeutung GAT II, S. 172–180.

[52] Will man das nicht lediglich als generelle, sondern als gezielte Aussage verstehen, so könnte die Komposition des Dekalogs in der 4. Generation nach der Katastrophe von 587 und also gegen Ende des 6., Anfang des 5. Jhs erfolgt sein.

[53] Die Bezeichnung geht auf Norbert Lohfink, Das Hauptgebot, AnBib 20, Rom: Pontificio Instituto Biblico 1963, S. 9 und S. 98 zurück.

[54] Vgl. dazu W. H. Schmidt und Mitarb., Zehn Gebote, EdF 281, S. 78–85 und Anthony Phillips, Criminal Law, 1970, S. 53–60, der den Dekalog in Verkennung seines didaktischen Sinnes als Kriminalgesetz versteht und daher die Bedeutung zu einseitig auf die magischen Praktiken einengt, weil im Fall des Meineides die Strafe in der Selbstverfluchung gelegen habe.

we seine Übertretung nicht ungerächt lassen wird, mit den beiden vorausgehenden verbunden. Die deuteronomische Fassung des folgenden Sabbatgebots schließt mit ihrer Deutung, daß der Sabbat der Erinnerung an Israels Sklavendasein in Ägypten und seine Befreiung durch Jahwe dienen soll, das Gebot (wie oben bereits festgestellt) deutlich an die Selbstvorstellung Jahwes in V. 2 an. Die Gebote der 2. Tafel stehen der Sache nach alle unter der Verheißung, die verbatim nur und bedacht dem Gebot der Elternehrung gegeben ist. Damit wird die fundamentale Bedeutung des Eltern-Kindverhältnisses als der Keimzelle aller menschlichen Gemeinschaft hervorgehoben. Aber von der Gnadenformel in V. 6 her stehen auch die folgenden fünf (bzw. sechs) Gebote unter der Verheißung, daß ihre Befolgung langes (mit Wohl verbundenes) Leben in dem Land zur Folge hat, das Jahwe seinem Volk geben will. Hier wird bereits deutlich, daß der Dekalog für seinen Kontext geschaffen ist.[55] Denn nur hier ist der Verweis auf die künftige Landgabe sinnvoll. So bildet das Elterngebot die Mittelachse der ganzen Komposition und stellt damit auf der Erzählungsebene den heilsgeschichtlichen Zusammenhang zwischen dem Gott, der Israel aus Ägypten heraus geführt hat, und dem Gott, der ihm in der Folge sein Land geben wird, her. Auf der Ebene der Erzählung wird Israel am Vorabend der Landnahme vor die Entscheidung gestellt, ob es im Lande Kanaan unter Gottes Segen oder Gottes Fluch stehen, glücklich im Lande leben oder aus dem Lande vertrieben werden will. Von der jedenfalls exilischen, wenn nicht frühnachexilischen Zeitstellung des Erzählers her wird das gegenwärtige und zukünftige Israel, solange es in der Gola und in der Diaspora, in der Verbannung und der Zerstreuung lebt, vor die Entscheidung gestellt, ob Jahwe es in das Land zurückführen oder es selbst inmitten der Völker zugrunde gehen soll. In der Folge galt dieser Entscheidungsruf aber auch jedem Einzelnen, der wissen sollte, daß es nicht nur um die Zukunft des Volkes, sondern auch um sein eigenes zeitliches Wohl und Heil und schließlich ewiges Gericht geht (Ps 1).

7. *Das Ethos des Dekalogs oder: Gottes Wille zur Gemeinschaft mit Israel und in Israel.* Die Vorordnung des 1. als des Hauptgebots macht deutlich, daß der Dekalog ein *theonomes Ethos* vertritt. In seinen Schatten treten daher auch das auf konkretere Verdikte zurückgreifende Elterngebot und die für ein friedliches und gedeihliches Zusammenleben eintretenden weiteren fünf (bzw. sechs) Gebote. Damit bereitet der Dekalog die spätere jüdische Nebeneinanderstellung des Gebotes der *Gottesliebe* aus Dtn 6,4–5 und der *Nächstenlie*be in Lev 19,18[56] (vgl. Mk 12,30–31 par)

---

[55] Vgl. dazu auch oben, S. 51.
[56] Vgl. zu ihm umfassend Hans-Peter Mathys, Liebe deinen Nächsten, OBO 71,

§ 2 Das Recht Jahwes

vor: Beide werden sachlich dadurch zusammengehalten, daß weder das eine noch das andere Gebot ein bloßes Gefühl, sondern tatkräftigen Gehorsam und eben solchen Beistand verlangt.[57] Insofern legen die Verbote, einen anderen zu ermorden, seine Ehe nicht zu zerstören und ihm seine Freiheit nicht zu rauben (wenn man das Diebstahlsverbot in seinem ursprünglichen Sinn auf Menschenraub zwecks Menschenhandel bezieht)[58] und seinen Rechtsanspruch nicht durch falsche Zeugenaussagen zu vernichten noch nach seinem Eigentum zu trachten, das Gebot der Nächstenliebe konkret aus, noch ehe es als solches formuliert war: Wer Gott fürchtet, anerkennt den Anderen als den Anderen seiner selbst und zerstört weder sein Leben noch seine intimsten Beziehungen, noch beraubt er ihn seiner Freiheit, noch seines Rechtes noch seines Eigentums, ja, er tut das nicht einmal in Gedanken, weil Begehren zum Nehmen antreibt. So garantiert die 2. Tafel den Vorrang der Eltern als der irdischen Geber des Lebens und der Familie als der Basis der Gemeinschaft. Und weiterhin postuliert sie sozusagen die Grundrechte des Menschen auf Leben, Intimbeziehung, Freiheit, Recht und Eigentum, indem sie allen die Pflicht auferlegt, diese Rechte im Interesse des eigenen Wohl und Heils zu respektieren und nicht einmal in Gedanken zu verletzen, weil das Begehren ein gefährlicher Verführer ist.[59]

Wer von *Menschenrechten* spricht, sollte also zugleich von *Menschenpflichten* reden, damit er sich des reziproken Verhältnisses zwischen Ich

---

1986, bes. S. 68–70, wo er nachweist, daß das Gebot kontextuell die Feindesliebe einschließt.

[57] Vgl. dazu auch Immanuel Kant, Grundlegung zur Metaphysik der Sitten, hg. Karl Vorländer, PhB 41, 1906 (ND 1965), S. 17 (AA IV, S. 399); ders, Kritik der praktischen Vernunft (B 1788), hg. Karl Vorländer, PhB 38, 9. Aufl. 1929 (ND 1963), S. 96–98 (B S. 146–150) bes, S. 97 (B S. 148): „... Liebe zu Gott als Neigung (pathologische Liebe) ist unmöglich; denn er ist kein Gegenstand der Sinne. Ebendieselbe gegen Menschen ist zwar möglich, kann aber nicht geboten werden; denn es steht in keines Menschen Vermögen, jemanden bloß auf Befehl zu lieben. Also ist es bloß die *praktische Liebe*, die in jenem Kern aller Gesetze verstanden wird. Gott lieben heißt in dieser Bedeutung: seine Gebote *gerne* tun,; den Nächsten lieben heißt: alle Pflicht gegen ihn *gerne* ausüben."

[58] Vgl. dazu A. Phillips, Criminal Law, 1970, S. 130–141. Vermutlich ist es jedoch an seinem jetzigen Ort bereits verallgemeinert oder zumindest verallgemeinerungsfähig, vgl. dazu auch W. H. Schmidt und Mitarb., Gebote, 1993, S. 122–124.

[59] Vgl. dazu auch Markus Witte, Vom Wesen der alttestamentlichen Ethik, in: ders., Hg., Religionskultur – zur Beziehung von Religion und Kultur in der Gesellschaft, Würzburg: Religion & Kultur Verlag 2001, S. 139–162, bes. S. 147–155.

und Du und der Tatsache bewußt ist, daß es im Gelingen oder Mißlingen dieses Verhältnisses zugleich um die Qualität der Gottesbeziehung, seiner huldvollen Nähe oder seiner abweisenden Ferne geht. *Man kann diesen Gott nicht seinen Gott sein lassen, ohne gleichzeitig den Anderen als den Anderen seiner selbst anzunehmen.* Jeder ist ein Ich und jedes Ich steht als Geschöpf Gottes in unmittelbarer Beziehung zu ihm.Und also stehen prinzipiell alle Menschen vor Gott nebeneinander, obgleich das Heiligkeitsgesetz[60] und (dank einer von ihm beeinflußten Redaktion) auch das Deuteronomium einen Unterschied zwischen dem Mitjuden als dem Bruder und dem Fremden machen.[61]

Die Eidgenossen des Gottesbundes bilden eine Bruderschaft, die ihnen andere Maßstäbe als die üblichen Rechte und das übliche Geschäftsgebaren auferlegt.[62] Hat sich ein Israelit bei einem anderen verschuldet, so darf der Geber des Darlehens von ihm als einem Bruder keine Zinsen nehmen (Lev 25,35–38). Daß ein Israelit einen Israeliten, ein Jude einen Juden und mithin einen Bruder zum Schuldsklaven hat, ist unstatthaft, weil Jahwe sich Israel aus dem ägyptischen Sklavenhaus geholt hat und daher *alle* Israeliten *seine* Sklaven sind (Lev 25,42).[63] Hat sich ein Israelit bei einem anderen überschuldet, so darf ihn der Schuldner daher nicht als Schuldsklaven behandeln, sondern soll ihn bis zu dem alle fünfzig Jahre stattfindenden Jobel- oder Erlaßjahr seine Schuld wie ei-

---

[60] Zu seiner Ethik vgl. auch GAT II, S. 120–123.

[61] Vgl. dazu Lothar Perlitt, „Ein einzig Volk von Brüdern". Zur deuteronomischen Herkunft der biblischen Bezeichnung „Bruder" (1981) in: ders., Deuteronomium – Studien, FAT 8, Tübingen: J. C. B. Mohr (Paul Siebeck) 1994, S. 50–73 und weiterhin Georg Braulik, Die Redaktion der deuteronomischen Gesetze, ihre Abhängigkeit von Leviticus 19 am Beispiel von Deuteronomium 22,1–12; 24,10–22 und 25,13–16, in: ders., Hg., Bundesdokument und Gesetz, Studien zum Deuteronomium, HBS 4, 1995, S. 1–20. – Zum Zusammenhang zwischen Solidarität und Segen in den sogenannten Humanitätsgesetzen des Deuteronomiums vgl. Frank Crüsemann, Tora, S. 262–264.

[62] Vgl. auch die paulinische Maxime Gal 6, 10: „Laßt uns nun, solange wir Zeit haben, jedermann Gutes tun, besonders aber unseren Glaubensgenossen."

[63] Zum Verhältnis von Lev 25,39–43.47–55 zu den Vorlagen Ex 21,2–6.7–11 und Dtn 15,12–18 vgl. Gregory C. Chirichigno, Debt-Slavery in Israel and in the Ancient Near East, JSOT.S 141, 1993, S. 344–357, zu verwandten Rechtsinstitutionen in der griechisch-römischen Welt Leonhard Schuhmacher, Sklaverei in der Antike, 2001, S. 25–34; zum Verhältnis von Recht und Ethik im Deuteronomium Eckart Otto, Ethik, ThW 3/2, 1994, S. 180–208 und zur Forschungsgeschichte auch ders., Forschungsgeschichte der Entwürfe einer Ethik des Alten Testaments, VF 36, 1991, S. 3–37.

§ 2 Das Recht Jahwes

nen Beisassen und Tagelöhner abverdienen lassen (Lev 25,39–42). Im Verkehr mit einem Nichtisraeliten gelten dagegen die normalen Geschäftsbedingungen.

Trotzdem wird die Einhaltung des Gebots der Nächstenliebe unter Rückverweis auf Israels Aufenthalt in Ägypten in Lev 19,34 ausdrücklich auch auf den Fremden ausgedehnt. Er soll wie ein Einheimischer im Lande leben und die gleiche Hilfsbereitschaft wie ein Volksgenosse erfahren. Das Gebot der Nächstenliebe in Lev 19,18b knüpft unmittelbar an das Verbot an, sich an einem Volksgenossen zu rächen oder sich ihm gegenüber nachtragend zu verhalten. Es schließt daher de facto die Feindesliebe ein.[64] Den Höhepunkt der alttestamentlichen Ethik stellt freilich der sogenannte Reinigungseid Hiobs in c. 31 dar.[65] In ihm bekennt der Dulder unter Androhung der Selbstverfluchung für den Fall, daß seine Aussagen falsch sind, daß er sich vor Ehebruch gehütet, dem Bedürftigen, der Witwe und Waise geholfen, den Nackten bekleidet, die Gestirne nicht angebetet, Gold nicht zum Grund seines Vertrauens in die Zukunft gemacht, sich über das Unglück seines Feindes nicht gefreut, den Fremden nicht von der Tür gewiesen und den Freunden auch dann die Treue gehalten habe, wenn die Menge vor der Tür anderer Meinung war. Besonders aber mag es uns anrühren, daß er angesichts der Mitgeschöpflichkeit seiner Sklaven ihren eigenen Rechtsanspruch anerkannt und sie damit als Menschen statt als Sachen behandelt hat (Hiob 31,13–15):[66]

> *Hätte ich das Recht meines Sklaven verachtet*
> *und meiner Magd in beider Rechtsstreit gegen mich -*
> *Was könnte ich tun, wenn Gott sich erhöbe,*
> *und wenn er nachforschte, was antworten ihm?*
> *Hat nicht mein Schöpfer (auch) ihn im Mutterleibe geschaffen*
> *und Einer uns im Mutterschoß bereitet*[67]*?*

---

[64] Vgl. dazu oben, S. 54 Anm. 56.

[65] Bernhard Duhm, Hiob, KHC XVI, Leipzig und Tübingen: J. C. B. Mohr (Paul Siebeck) 1897, S. 145, aufgenommen von Rudolf Smend, Art. Ethik III: Altes Testament, TRE X, 1982, S. 428.

[66] Vgl. dazu auch Peter Doll, Menschenschöpfung und Weltschöpfung in der alttestamentlichen Weisheit, SBS 117, Stuttgart: Katholisches Bibelwerk 1985, S. 29.

[67] Mit BL 403 ist statt des Suffixpronomens der 3. Singular der 1. Plural und also ein *wajjĕkōnænnû* oder das Hif. mit entsprechendem Suffix und also ein *wajjĕkōnænnû* zu lesen.

Weiter ist die alttestamentliche Ethik im Blick auf die Sklaverei nicht gelangt. Daß mancher christliche Sklavenhalter nicht einmal diesen Standpunkt erreicht und das Christentum als Ganzes sich erst unter dem Einfluß der Verkündung der Menschenrechte zur Abschaffung der Sklaverei entschlossen hat, sei wenigstens angemerkt. In den Augen des Apostels Paulus blieb für eine solche Sozialreform angesichts der Erwartung der vor der Tür stehenden Wiederkunft Christi letztlich kein Raum, so daß er es bei dem Rat beließ, jeder möge in dem Stand bleiben, in dem er zum Heil berufen wurde. Allerdings solle der Sklave, wenn er es vermöge, seine Freilassung erwirken, weil er im Herrn ein Freigelassener des Herrn sei, jeder Christ aber ein Knecht Christi. Denn so wie der Jude gemäß Lev 25,42 dank der Befreiung Israels aus dem ägyptischen Sklavenhaus ein Sklave seines Gottes ist, sollte sich nun jeder Christ als Sklave Christi verstehen (1. Kor 7,21–24).[68] Der Geist der Bruderliebe, der nach dem Philemonbrief das Verhältnis zwischen Sklaven und Herrn bestimmen sollte, ist (vielleicht noch bemäntelt durch die These des Aristoteles, daß der Unterschied von Sklaven und Herren natürlicher Art sei)[69] zumal in der Frühen Neuzeit und bis tief in das 19. Jahrhundert hinein

---

[68] Vgl. dazu die Art. Sklaverei I: Altes Testament und II: Neues Testament von Walter Dietrich und Christoph Kähler, TRE XXXI, 2000, S. 367–377.

[69] Vgl. Aristot.Pol. 1254a 13–17: „Wer von Natur nicht sein, sondern eines anderen, aber ein Mensch ist, der ist ein Sklave von Natur. Eines anderen aber ist ein Mensch, der, wenn auch Mensch, ein Besitzstück ist. Ein Besitzstück aber ist ein tätiges und getrennt für sich bestehendes Werkzeug." Übers. Eugen Rolfes, Aristoteles Schriften in sechs Bänden 4, Hamburg: Felix Meiner 1995, S. 8. Doch um ein einseitiges Bild des Stagiriten zu vermeiden, sei an Eth.Nic. VIII. 1161b 3–8 erinnert, wo Aristoteles erklärt, daß es mit dem Sklaven, sofern er Sklave und mithin ein Werkzeug sei, keine Freundschaft geben könne, wohl aber, sofern er ein Mensch sei. Franz Dirlmeier, Die Nikomachische Ethik, Aristoteles Werke in deutscher Übersetzung, hg. Ernst Grumach VI, Berlin/Darmstadt: Akademie Verlag/Wissenschaftliche Buchgesellschaft 1956, S. 528–529 deutet die Stelle zunächst so, daß Aristoteles in ihr an die Nutzfreundschaft des Sklaven zu seinem Herrn denke. Er entscheidet sich aber angesichts des anschließenden schwierigen Passus 1161b 6–9 dafür, daß der Sklave im Fall seiner Freilassung in einen Rechtszustand versetzt würde, der ihn der Freundschaft mit Seinesgleichen fähig machte. Der Sklave wäre nach Aristoteles' Ansicht, wollte man sich dieser Deutung anschließen, als Mensch ein potentieller Freund. Er selbst belegt durch sein bei Diog. Laert. V. 11–16 überliefertes Testament, daß er den Menschen in seinen Sklaven entdeckt hat. Denn er verfügte, daß seine älteren Sklaven nach seinem Tode sogleich und die Jungen, wenn sie herangewachsen wären und sich als würdig erwiesen hätten, freizulassen seien. Ihren Verkauf hat er grundsätzlich untersagt. So verband ihn mit seinen Sklaven offenbar mehr als eine Nutzfreundschaft.

einer gewissenlosen Besitzgier gewichen, die erst die Berufung auf die Gleichheit aller Menschen vor Gott in ihre Schranken gewiesen hat. Doch ist die dadurch eingeleitete Abschaffung der Sklaverei und Annahme von Menschen anderer Hautfarbe als Schwestern und Brüder noch immer nicht auf der ganzen Erde an ihr Ziel gelangt.[70]

Literatur

Überblick: Preuß, Theologie I, S. 89–106; *Schreiner,* Theologie, S. 99–131; *W. H. Schmidt,* Glaube. 8. Aufl., S. 98–143.

Ausgewählte Aufsätze, Monographien und Sammelwerke: Aboud, Jehad, Die Rolle des Königs und seiner Familie nach den Texten von Ugarit, FAR 27, Münster: Ugarit-Verlag 1994; *Assmann, Jan,* Ma'at. Gerechtigkeit und Unsterblichkeit im Alten Ägypten, München: C.H. Beck 1990; *Chirichigno, Greogory C.,* Debt-Slavery in Israel and in the Ancient Near East, JSOT.S 141, Scheffield: Sheffield University Press 1993; *Crüsemann, Frank,* Die Tora. Theologie und Sozialgeschichte des Alten Testaments, München: Christian Kaiser 1992; *Day, John,* ed., King and Messiah in Israel and the Ancient Near East, JSOT.S 270, Sheffield: Sheffield University Press 1998; *Dohmen, Christoph,* Das Bilderverbot. Seine Entstehung und seine Entwicklung im Alten Testament, 2. Aufl., BBB 62, Frankfurt am Main: Athenäum 1987; *Frankfort, Henry,* Kingship and the Gods. A Study of Ancient Near Eastern Religions as the Integration of Society and Nature, Chicago: Chicago University Press 1948 (ND); *Hempel, Johannes,* Das Ethos des Alten Testaments, 2. Aufl., BZAW 67, Berlin: Alfred Töpelmann 1964; *Hermisson, Hans-Jürgen,* Die „Königspruch" Sammlung in Jer 21,11–23,8, in: Blum, Erhard, Hg., Die hebräische Bibel und ihre zweifache Nachgeschichte. FS Rolf Rendtorff, Neukirchen-Vluyn: Neukirchener Verlag 1990, S. 37–55 = ders., Studien zur Prophetie und Weisheit, hg. *Barthel, Jörg* u. a., FAT 23, Tübingen: Mohr Siebeck 1998, S. 277–299; *Hölkeskamp, Karl-Joachim,* Schiedsrichter, Gesetzgeber und Gesetzgebung im archaischen Griechenland, Hist.E 131, Stuttgart: Franz Steiner 1999; *Horst, Friedrich,* Das Privilegrecht Jahwes. Rechtsgeschichtliche Untersuchungen zum Deuteronomium, FRLANT 45, Göttingen: Vandenhoeck & Ruprecht = ders., Gottes Recht. Studien zum Recht im Alten Testament, hg. v. Hans Walter Wolff, ThB 12, München: Christian Kaiser 1969, S. 40–154; *Hossfeld, Frank-Lothar,* Der Dekalog, OBO 45, Freiburg/Schweiz/Göttingen: Universitätsverlag Freiburg/Schweiz/Vandenhoeck & Ruprecht 1982; *Kessler, Rainer,* Staat und Gesellschaft im vorexilischen Juda. Vom 8. Jahrhundert bis zum Exil, VT.S 47, Leiden u. a.: E. J. Brill 1992; *Kratz, Reinhard G.,* Der Dekalog im Exodusbuch, VT 44, 1994, S. 205–238; ders., Die Komposition der erzählenden Bücher des Alten Testaments, UTB 2157, Göttingen: Vandenhoeck & Ruprecht 2000; *Mathys,*

---

[70] Vgl. dazu David Turley, Art. Sklaverei VI: Reformation und Neuzeit. Ethische Bewertung, TRE XXXI, 2000, S. 383–393.

Hans-Peter, Liebe deinen Nächsten wie dich selbst. Untersuchungen zum alttestamentlichen Gebot der Nächstenliebe (Lev 19,18), OBO 71, Freiburg/Schweiz/Göttingen: Universitätsverlag Freiburg/Schweiz/Vandenhoeck & Ruprecht 1986; *Niehr, Herbert*, Rechtsprechung in Israel. Untersuchungen zur Geschichte der Gerichtsorganisation im Alten Testament, SBS 130, Stuttgart: Katholisches Bibelwerk 1987; *Niemann, Hermann Michael*, Herrschaft, Königtum und Staat. Skizzen zur soziokulturellen Entwicklung im monarchischen Juda, FAT 6, Tübingen: J. C. B. Mohr (Paul Siebeck) 1993; *Oisumi, Yuichi*, Kompositionsgeschichte des Bundesbuches, OBO 105, Freiburg/Schweiz/Göttingen: Universitätsverlag Freiburg/Schweiz/Vandenhoeck & Ruprecht 1991; *Oswald, Wolfgang,* Israel am Gottesberg. Eine Untersuchung zur Literargeschichte der vorderen Sinaiperikope Ex 19–24 und deren historischem Hintergrund, OBO 159, Freiburg/Schweiz/Göttingen: Universitätsverlag Freiburg/Schweiz/Vandenhoeck & Ruprecht 1998; *Otto, Eckart*, Wandel der Rechtsbegründungen in der Gesellschaftsgeschichte des antiken Israel. Eine Rechtsgeschichte des „Bundesbuches" Ex XX 22–XXIII 13, SB 3, Leiden u. a.: E. J. Brill 1988; *ders.*, Theologische Ethik des Alten Testaments, ThW 3/2, Stuttgart u. a.: W. Kohlhammer 1994; *ders.*, Zivile Funktion des Stadttores in Palästina und Mesopotamien, in: *Görg, Manfred*, Hg., Meilenstein. FS Herbert Donner, ÄAT 30, Wiesbaden: Otto Harrassowitz 1995, S. 188–197; *ders.*, Das Deuteronomium, BZAW 284, 1999; *Philipp, Anthony*, Ancient Israel's Criminal Law. A New Approach to the Decalogue, Oxford: Basil Blackwell 1970; *Perlitt, Lothar*, Bundestheologie im Alten Testament, WMANT 36, Neukirchen-Vluyn: Neukirchener Verlag 1969; *Schmidt, Werner H.*, Mitarb. *Holger Delkurt* und *Axel Graupner*, Die Zehn Gebote im Rahmen der alttestamentlichen Ethik, EdF 281, Darmstadt: Wissenschaftliche Buchgesellschaft 1993; *Schuhmacher, Leonhard,* Sklaverei in der Antike. Alltag und Schicksal der Unfreien, München. C. H. Beck 2001; *Schulz, Hermann*, Das Todesrecht im Alten Testament, BZAW 114, Berlin: Alfred Töpelmann 1969; *Schwienhorst-Schönberger, Ludger*, Das Bundesbuch (Ex 20,22–23,33), BZAW 188, Berlin. New York: Walter de Gruyter 1990.

§ 3 Von des Menschen Verantwortung, Sünde und Tod

1. *Das alttestamentliche und das paulinische Verständnis von Sünde und Tod.* Aus dem in den beiden vorausgehenden Paragraphen Gesagten geht hervor, daß Israel für sein Tun und Lassen vor Gott verantwortlich ist und das Alte Testament noch keine Lehre von der Erbsünde kannte, wie sie die Späteren aus der Erzählung vom Paradies und Sündenfall in Gen 2,4b–3,24 abgeleitet haben.[1] So erklärt der Apostel Paulus in Röm 5,12–19 im Rahmen seiner typologischen Gegenüberstellung des Urmenschen Adam mit seinem Gegenbild Jesus Christus, daß so, wie durch Adam die Sünde und der Tod zu allen Menschen gekommen seien, nun durch Jesus Christus zu allen Menschen die zum Leben führende Gabe der Gerechtigkeit gekommen sei.[2] Daher pflegt man in der christlichen Dogmatik vom *peccatum originale*, von der Ursünde zu sprechen, die es den Menschen als Menschen unmöglich mache, ein sündloses Leben zu führen. Der Mensch will von Natur aus unbedingt sich selbst. Und darin besteht, die Existenz Gottes vorausgesetzt, seine Sünde.[3] Die deutsche Übersetzung mit „Erbsünde" hat die damit gemeinte Sache seit dem 18. und 19. Jahrhundert unter dem Einfluß biologischen Denkens mißdeutet. In der Folge wurde die christliche Rede vom Menschen als Sünder als ein entbehrliches Überbleibsel spätantiken und mittelalterlichen Denkens beurteilt.[4]

2. *Die Nachwirkungen von Gen 2–3 in der Hebräischen und in der Griechischen Bibel.* In der Hebräischen Bibel hat die Erzählung vom Pa-

---

[1] Vgl. zur klassischen protestantischen Lehrentwicklung vgl. Heinrich Schmid, Die Dogmatik der evangelisch- lutherischen Kirche. Dargestellt und aus den Quellen belegt, 11. Aufl. hg. v. Horst Georg Pöhlmann, Gütersloh: Gütersloher Verlagshaus Gerd Mohn 1990, S. 160–163 und zur Sache Wolfhart Pannenberg, Anthropologie in theologischer Perspektive, Göttingen: Vandenhoeck & Ruprecht 1983, S. 116–135.

[2] Vgl. dazu Rudolf Bultmann, Theologie des Neuen Testaments, 8. Aufl. hg. v. Otto Merk, UTB 630, Tübingen: J. C. B. Mohr (Paul Siebeck) 1984, S. 251–254 und zum paulinischen Verständnis von Sünde und Gnade auch Jürgen Becker, Paulus. Der Apostel der Völker, UTB 2014, Tübingen: Mohr Siebeck 1998, S. 409–447.

[3] Vgl. dazu auch Georg Wilhelm Friedrich Hegel, Vorlesungen über die Philosophie der Religion III: Die vollendete Religion, hg. Walter Jaeschke, G. W. F. Hegel Vorlesungen 5, Hamburg: Felix Meiner 1984, (Hegels MS 82b/83a), S. 30 = PhB 461, Hamburg: Felix Meiner 1995, S. 30; Vorlesung von 1824 (Nachschrift Karl Gustav von Griesheim, S. 225–230), Vorl. 5, S. 135–137 = PhB 461, S. 135–137.

[4] Vgl. dazu umfassend Wolfhart Pannenberg, Systematische Theologie II, Göttingen: Vandenhoeck & Ruprecht 1991, S. 266–303.

radies und Sündenfall keine Spuren hinterlassen.⁵ Erst in der zu den deuterokanonischen oder apokryphen Schriften gerechneten Weisheit des Jesus Sirach (auch als Ben Sira bezeichnet)⁶ findet sich das erste biblische Echo auf sie. Innerhalb seiner Lehre über das einträchtige Zusammenleben von Mann und Frau als Glück und das Gegenteil als schwerstes Unglück in Sir 25,1–26,27 heißt es in 25,24:

> *Von einer Frau stammt der Anfang der Sünde,*
> *und um ihretwillen sterben wir alle.*

Aber von diesem Mythologem macht er (wie wir alsbald sehen werden) bei seinen Lehren über die Verantwortlichkeit des Menschen und über die Unentrinnbarkeit des Todes keinerlei Gebrauch.⁷ Eine weitere Anspielung auf die Sündenfallerzählung findet sich in der sog. Weisheit Salomos,⁸ einer griechisch verfaßten Lehrschrift eines vermutlich in Alexandria wirkenden jüdischen Lehrers aus frühaugusteischer Zeit, die als jüngste in die Griechische Bibel aufgenommen ist. Hier heißt es in Weish 1,12–15:⁹

12 *Trachtet nicht nach dem Tod auf dem Irrweg eures Lebens,*
   und bewirkt nicht das Verderben durch die Werke eurer Hände.
13 *Denn Gott hat den Tod nicht geschaffen*
   noch freut er sich am Verderben der Lebenden.
14 *Denn er hat das All zum Sein erschaffen,*
   und heilbringend sind die Geschöpfe der Welt.
   Es gibt unter ihnen kein verderbliches Gift,
   noch auf Erden eine Herrschaft der Unterwelt.
15 *Denn die Gerechtigkeit ist unsterblich.*

---

⁵ Ez 28,2–10 spiegelt eine andere Mythe von dem auf dem Gottesberg wohnenden Urmenschen und seinem Fall; vgl. dazu die Rekonstruktion des Grundtextes von Walther Zimmerli, Ezechiel, BK XIII/2, Neukirchen-Vluyn: Neukirchener Verlag 1969, S. 677–684 und dazu Geo Widengren, Early Hebrew Myths and Their Interpretation, in: Samuel Henry Hooke, ed., Myth, Ritual, and Kingship, Oxford: Clarendon Press 1958, S. 149–203, bes. S. 165–169 und zum Verhältnis zwischen Gen 2–3 und Ez 28 Markus Witte, Urgeschichte, BZAW 265, S. 241–244.

⁶ Vgl. zu ihm auch GAT I, S. 284–292 und zur Grundinformation über die Weisheit des Jesus Sirach Kaiser, Apokryphen, 2001, S. 79–90.

⁷ Vgl. auch John J. Collins, Jewish Wisdom in the Hellenistic Age, Edinburgh: T&T Clark 1998, S. 80–81.

⁸ Vgl. zu ihr auch GAT I, S. 292–298 und zur Grundinformation über die Weisheit Salomos Kaiser, Apokryphen, 2001, S. 91–106.

⁹ Vgl. dazu auch Otto Kaiser, Die Ersten und die Letzten Dinge, NZSTh 36, 1994, S. 75–91, bes. S. 83–86 = ders., Gottes und der Menschen Weisheit, BZAW 261, Berlin. New York 1998, S. 1–17, bes. S. 9–12.

§ 3 Von des Menschen Verantwortung, Sünde und Tod   63

Die Tatsache, daß trotzdem alle Menschen sterben müssen, erklärt der Weise in 2,23–24 so:

> 23 *Gott hat die Menschen zur Unvergänglichkeit erschaffen und ihn zum Ebenbild seines eigenen Wesens gemacht.*
> 24 *Durch den Neid des Verleumders aber kam der Tod in die Welt, ihn erfahren, die seines Teils sind.*

Wer diese Verse hört oder liest, vermutet sogleich, daß hinter V. 24 eine Überlieferung steht, in welcher der Satan aus göttlicher Kränkung die Urmutter durch eine Schlange dazu anreizte, die Hand nach der verbotenen Frucht vom Baum der Erkenntnis auszustrecken.[10] Diese Erklärung der biblischen Mythe vom Sündenfall findet sich in der *Vita Adae et Evae*, dem Leben Adams und Evas, der lateinischen Parallele der griechischen Mose-Apokalypse, einer Schrift, die vermutlich zwischen dem ausgehenden 1. Jh. v. und dem fortgeschrittenen 1. Jh. n. Chr. entstanden ist.[11] Hier erklärt der Satan Adam in c. 12–16, daß er von Gott um seinetwillen aus seiner Gegenwart verstoßen worden sei, weil er sich samt anderer Engel als älteres Geschöpf geweigert habe, der Aufforderung des Erzengels Michael zu folgen und den nach Gottes Ebenbild erschaffenen Adam zu verehren. Daher habe er sein Weib verführt, um sich so an Adam zu rächen.[12] Der Verfasser der Weisheit Salomos verwendete dieses Motiv, um seinen aus Gen 1,26 gezogenen Schluß zu untermauern, daß der Mensch zur Unvergänglichkeit bestimmt war, weil er nach dem Bilde des unvergänglichen Gottes erschaffen worden ist. Also mußte der Tod durch ein anderes, zu Gott im Gegensatz stehendes überirdisches Wesen erschaffen worden sein, wofür sich dann die Mythe vom Satan als einem gefallenen Engel und seiner Eifersucht auf den Menschen empfahl.[13] Damit öffnet sich uns ein Fenster zu der als Midrasch, „Untersuchung", bezeichneten Schriftauslegung, die sich im Zusammenhang mit dem fortschreitenden Abschluß der Sammlung Heiliger Schriften in der jüdisch-hellenistischen Synagoge entwickelte, aus deren Mitte auch der Apostel Paulus hervor-

---

[10] Vgl. dazu unten, S. 68.

[11] Vgl. dazu die Diskussion bei Otto Merk und Martin Meiser, Das Leben Adams und Evas, JSHRZ II/5, Gütersloh: Gütersloher Verlagshaus 1998, S. 764–769.

[12] Vgl. ebd., S. 795–798.

[13] Fragt man sich, warum die Nachwirkung von Gen 2–3 im Judentum mit solcher Verzögerung eingesetzt hat, muß man sich daran erinnern, daß der Platz der Sündenfallgeschichte bis zur Zeitenwende *de facto* durch die Tradition von den gefallenen Engeln als den Verführern der Menschen besetzt war (vgl. z. B. 1. Hen 7–8). So hat sie sich erst nach ihrer Verbindung mit der Mythe vom Engelfall als Erklärung für den Ursprung der Sünde durchgesetzt.

gegangen ist. In rabbinischer Zeit wurde der Midrasch dann zu einer eigenen Literaturgattung.[14]

3. *Die Verantwortlichkeit des sterblichen Menschen für sein Tun nach Jesus Sirach.* Kehren wir noch einmal zu Jesus Sirach zurück, so begegnen wir bei ihm einem Gedankengut, das auch in einer veränderten Umwelt und teilweise unter Verwendung ihrer Denkmittel nüchtern und allen Spekulationen abgeneigt die biblischen Grundanschauungen vertrat. Für ihn ist der Tod kraft göttlicher Bestimmung ein Grundfaktum des menschlichen Lebens wie des irdischen Lebens überhaupt (Sir 17,1–2):[15]

> 1 *Der Herr erschuf den Menschen aus Erde*
> *und läßt ihn wieder zu ihr zurückkehren.*
> 2 *Er gab ihm gezählte Tage und befristete Zeit,*
> *aber er machte ihn zum Herrscher über alles auf ihr.*

Da es sich mithin bei dem Tod um eine für alles Leben gültige göttliche Ordnung in einer durch ihre Gegensätze bestimmten Schöpfung[16] handelt, wäre es töricht, sich gegen ihn aufzulehnen (Sir 41,3–4):

> 3 *Zittere nicht vor dem Tod, der dir bestimmt;*
> *gedenke, daß die vor dir und die nach dir dich begleiten.*
> *Dies ist das Teil*[17] *von Gott für alles Fleisch, –*
> 4 *was willst du dich des Höchsten Weisung*[18] *widersetzen?*
> *Ob (einer) tausend Jahre, hundert oder zehn (gelebt),*
> *in der Unterwelt gibt es keinen Einspruch des Lebens.*[19]

Was aber des Menschen Verantwortlichkeit vor Gott betrifft, so ist sein sittliches Unterscheidungsvermögen keineswegs die Folge des Sündenfalls, sondern eine ihm von Gott am Anfang verliehene Gabe; denn so setzt er seine kleine in 17,1 begonnene Anthropologie in 17,6–7 fort:[20]

---

[14] Vgl. dazu Günter Stemberger (Hermann L. Strack), Einleitung in Talmud und Midrasch, 6. Aufl., München: C.H. Beck 1982, S. 222–223.

[15] Vgl. dazu Ursel Wicke-Reuter, Providenz, BZAW 298, 2000, S. 154–157 und Otto Kaiser, Das Verständnis des Todes bei Ben Sira, NZSTh 43, 2001, S. 175–192.

[16] Vgl. Sir 36(33),14–15.

[17] *ḥēlæq.*

[18] *tôrat 'æljôn.*

[19] Wären wir nicht sterblich, so bedürften wir Menschen einander nicht, sondern wären wie die Engel. Wir warten auf Liebe und erweisen uns Liebe, weil wir so bei dem Anderen als dem Anderen unserer selbst Bergung vor den aus der scheinbaren Grundlosigkeit unseres Daseins aufsteigenden Ängsten suchen; vgl. dazu Otto Kaiser, Vom dunklen Grund der Freiheit, NZSTh 20, 1978, S. 163–174, bes. S. 169–173 = ders., Der Mensch unter dem Schicksal, BZAW 161, Berlin. New York: Walter de Gruyter 1985, S. 244–255, bes. S. 250–254.

[20] Vgl. dazu auch Ursel Wicke-Reuter, Providenz, S. 158–160.

§ 3 Von des Menschen Verantwortung, Sünde und Tod

6   *Entscheidungsvermögen und Zunge und Augen*
    und Ohren und ein verständiges Herz gab er ihnen.
7   *Mit Weisheit und Einsicht erfüllte er sie*
    und zeigte ihnen, was gut und was böse.

Damit stimmt seine Zurückweisung der ebenso skeptischen wie libertinistischen Ansicht in 15,11–17 überein, in der er die Verantwortlichkeit des Menschen wiederum in seiner Geschöpflichkeit und speziell in seinem Trieb (*jēṣær*) als dem zum Entschluß führenden Organ verankert,[21] um den Skeptiker dann unter deutlichem Rückgriff auf Dtn 30,19 daran zu erinnern, daß mit seiner Entscheidung für oder gegen den Gehorsam gegen Gottes Gebot zugleich die Würfel über sein künftiges Schicksal fallen (Sir 15,11–17):

11   *Sage nicht: „Von Gott stammt meine Sünde!"*
     Denn was er haßt, hat er nicht geschaffen.
12   *Sage nicht: „Er ließ mich straucheln!"*
     Denn er bedarf der Übeltäter nicht.
13   *Böses und Greuel haßt der Herr,*
     er läßt's nicht erleiden die, die ihn fürchten.
14   *Als er am Anfang den Menschen erschuf,*
     da gab er ihn in die Gewalt seines Triebes.
15   *Wenn es dir gefällt, kannst du das Gebot halten,*
     und Treue ist es, nach seinem Gefallen zu handeln.
16   *Vor dem Menschen liegen Feuer und Wasser,*
     was dir gefällt, danach strecke aus deine Hand.
17   *Vor dem Menschen liegen Leben und Tod,*
     was ihm gefällt, das wird ihm gegeben.

Doch so, wie Gott nach Ps 103,8–18 in seiner Güte und Barmherzigkeit denen, die ihn fürchten und seinen Bund halten, ihre Sünden vergibt, weil er weiß, wie vergänglich die Menschen sind,[22] verhält er sich ihnen gegenüber auch nach Jesus Sirach 18,8–14:[23] Er läßt ihnen im Wissen um die im Vergleich mit nur einem einzigen Tag der Ewigkeit zu einem Nichts zusammenschrumpfenden Kürze ihres Lebens in seiner Langmut und Barmherzigkeit Zeit zur Umkehr, indem er sie nicht sofort ihren Taten gemäß heimsucht, sondern sie in seiner Leidensschule zur Einsicht zu bringen sucht (Sir 18,13–14):[24]

---

[21] Vgl. dazu Wicke-Reuter, S. 111–122.
[22] Vgl. auch GAT II, S. 282.
[23] Vgl. Ps 8,4–9; 144,3–4 und Hiob 15,14–16 und dazu GAT II, S. 279–280 und Otto Kaiser, Der Mensch als Geschöpf Gottes. Aspekte der Anthropologie Ben Siras, in: Renate Egger-Wenzel und Ingrid Krammer, Hg., Der Einzelne und seine Gemeinschaft bei Ben Sira, BZAW 270, 1998, S. 1–22, bes. S. 3–5 und 8–10.
[24] Vgl. dazu Wicke-Reuter, Providenz, S. 179–181.

13 *Das Erbarmen des Menschen gilt seinem Nächsten,
    das Erbarmen des Herrn aber allem Fleisch.
    Er überführt und züchtigt und belehrt
    und führt sie wie ein Hirt seine Herde zurück.*[25]
14 *Er erbarmt sich derer, die Zucht annehmen
    und eifrig seine Satzungen befolgen.*

Ein Weiser fragt bei einem Urphänomen wie dem Tode nicht nach Gründen, sondern danach, wie der Mensch am besten mit ihm umgeht. Die doppelte Antwort darauf aber lautet, sich in das Unvermeidliche der göttlichen Ordnung zu schicken und das kurze Leben zu genießen, das ihm Gott gegeben hat, indem er sich und seinen Freunden mit seinen Mitteln Freude macht (Sir 14,11–19).[26] Von Gott her gesehen bildet die Nichtigkeit der Lebenszeit des Menschen, die bestenfalls 100 Jahre erreicht (Sir 18,9a), den Anlaß für seine Nachsicht mit den Sündern und seine ihr entspringende Leidenspädagogik,[27] die dazu dient, sie auf den Weg zum Gehorsam gegen seine Gebote zurückzuführen. An dieser Grundgleichung, daß der Gehorsam gegen Gottes Willen und ein heilvolles Leben einander entsprechen,[28] konnte und wollte auch Ben Sira nichts ändern. Doch alle an den Gehorsam gerichteten göttlichen Appelle wären sinnlos, wenn der Mensch für seine Taten nicht verantwortlich wäre. Das aber im Horizont der dtn-dtr Entscheidungsethik vertreten und ausdrücklich begründet zu haben, bleibt das besondere Verdienst des Siraziden.

4. *Die Erzählung vom Sündenfall als Auskunft über Wesen und Schicksal des Menschen.* Wenden wir uns nun der Erzählung von Paradies und Sündenfall in Gen 2,4b–3,24 zu,[29] so müssen wir zunächst ein paar Worte über ihr vermutliches Alter und ihre Entstehung sagen. Sie gehört in den Zusammenhang der nichtpriesterlichen, herkömmlich als jahwistisch bezeichneten Urgeschichte. Literarisch gesehen ist sie mit einer älteren Erzählung von der Erschaffung des Urmenschen, der Tiere und seiner Frau, wie sie in Gen 2,5–15* + 19–24* + 3,20.23 vorliegt,[30] durch den Bericht

---

[25] Vgl. Ps 23.
[26] Vgl. dazu auch Otto Kaiser, Carpe diem und Memento mori bei Ben Sira, in: Manfried Dietrich/Oswald Loretz, Hg., dubsar anta-mem. Studien zur Altorientalistik. FS Willem H.Ph. Römer, AOAT 253, Münster: Ugarit Verlag 1998, S. 185–204.
[27] Vgl. dazu auch GAT I, S. 278–279.
[28] Vgl. GAT II, S. 17–18.
[29] Vgl. zu ihr auch GAT II, S. 218–219.
[30] Vgl. dazu die Rekonstruktion der Grunderzählung und der Redaktionen bei Christoph Levin, Jahwist, FRLANT 157, 1993, S. 82–96 (Grunderzählung ohne Jahwenamen: 2,5aα_1.7aα_1.β.8 *.19aα*β.20aα_1*.21. 22a*.; 3,20.21a; 4,1abα) und

vom Erlaß der Gartenordnung in 2,16–18 verschränkt.[31] Dabei erweist eine genauere Untersuchung, daß das traditionsgeschichtlich vermutlich ältere Motiv des Lebensbaumes erst nachträglich in 2,9 (vgl. die Gartenordnung, in der er sonst unverzeihlich fehlen würde) und in 3,22 eingefügt ist.[32] Es ist vermutlich älter, weil es seine religionsgeschichtlichen Parallelen besitzt,[33] während ein Baum, dessen Früchte Erkenntnis verleihen, singulär ist. Da der eigentliche Fall des Urmenschenpaares auf einer Gebotsübertretung beruht, auf welche die Strafe folgt, wird die Erzählung neuerdings mit Recht nachdtn eingeordnet.[34]

Wenn die Alten Mythen vom Anfang erzählten, betrieben sie damit keine naive Historiographie, sondern gaben damit ihrer Grundüberzeugung Ausdruck, daß alles Gegenwärtige sein Wesen in der Urzeit erhalten hat. Die Erzählung in Gen 2,4b–3,24 erweist sich schon darin als eine sekundäre Komposition, weil sie der Begründung ganz unterschiedlicher Verhältnisse dient. Doch werden ihre Motive durch einen großen ätiologischen Spannungsbogen, der in 2,7 einsetzt und in 3,19 endet, zusammengehalten: Der aus Erde genommene Mensch muß am Ende zur Erde zurückkehren. In dieser alten anthropogonischen Grunderzählung wird aber gleichzeitig das Verhältnis des Mannes zu den Tieren als allenfalls stummen Gehilfen und zu seiner Frau als der ihm gemäßen Ergänzung erklärt: Erst als der Mann mit den Tieren nichts anzufangen wußte (2,18–20), entnahm Gott ihm im Tiefschlaf eine Rippe und formte daraus die von dem Erwachenden im Brautjubel erkannte Gefährtin (2,21–24).

Markus Witte, Urgeschichte, S. 155–158, Grunderzählung: Gen 2,[4b].5–7a. 9a*.20a*.21–22; 3,20.23*), zu anderen Versuchen vgl. Witte, S. 155 Anm. 21.

[31] Zum Umfang dieser Bearbeitung vgl. Witte, ebd. und zu ihrer Einheitlichkeit S. 158–166.

[32] Vgl. dazu schon Karl Budde, Die Biblische Urgeschichte (Gen 1–12,5) untersucht, Gießen: J. Ricker'sche Buchhandlung 1883, S. 47 und weiterhin z. B. Hartmut Gese, Der bewachte Lebensbaum und die Heroen: zwei mythologische Ergänzungen zur Urgeschichte der Quelle J, in: ders. und Hans Peter Rüger, Hg., Wort und Geschichte. FS Karl Elliger, AOAT 18, Kevelaer/Neukirchen-Vluyn: Butzon & Berker/Neukirchener Verlag 1973, S. 77–85 = ders., Vom Sinai zum Zion, BevTh 64, München: Christian Kaiser 1974, S. 99–112; Levin, Der Jahwist, FRLANT 157, 1993, S. 92 und Witte, S. 79–85.

[33] Vgl. dazu Silvia Schroer, Art. Lebensbaum, NEB II, 1995, Sp. 602–603.

[34] Vgl. in diesem Sinne Eckart Otto, Die Paradieserzählung Gen 2–3, in: Anja A. Diesel u. a., Hg., „Jedes Ding hat seine Zeit ..." Studien zur israelitischen und altorientalischen Weisheit. FS Diethelm Michel, BZAW 265, Berlin, New York: Walter de Gruyter 1996, S. 167–192 und Markus Witte, Urgeschichte, S. 298–302. Zum tempeltheologischen und zugleich eschatologischen Interesse der Einfügung des Abschnitts über die vier Paradiesströme vgl. ebd., S. 263–275.

Aus dem Motiv des Essens von der Frucht des Lebensbaumes[35] hat der Weise, dem wir den Ausbau der alten Erzählung zur Sündenfallgeschichte verdanken, einen Baum der Erkenntnis gemacht, von dessen verbotener Frucht zu essen gemäß Gottes dem Manne erteilten Verbot den Tod zur Folge hätte (2,16–17).[36] Die Schlange aber fragt die Frau mit geheucheltem Erstaunen nach dem göttlichen Verbot, um sie dann darüber aufzuklären, daß der Genuß der verbotenen Frucht mitnichten den Tod zur Folge hat, sondern dem Essenden eine gottgleiche Urteilskraft verleiht (3,1–5). Damit wird das fürsorgliche Verbot als Folge eines Götterneides erklärt, der den Menschen das eigene Wissen vorenthalten will. Diesem *eritis sicut deus scientes bonum et malum*, diesem „Ihr werdet sein wie Gott, wissend um Gut und Böse" (3,5) vermochte die durch den sinnlichen und den intellektuellen Reiz der Frucht angezogene Frau nicht zu widerstehen, so daß sie die Frucht brach, von ihr aß und auch ihren Mann davon überzeugte, dasselbe zu tun. Der erste Erfolg der damit gewonnenen Urteilsfähigkeit ist beider Erkenntnis, daß sie nackt sind, so daß sie sich voreinander schämten und sich ihr Geschlecht verhüllende Schurze aus Feigenblättern machten (V. 7).[37] Die zweite Folge aber war das schlechte Gewissen, das sie veranlaßte, sich hinter den Bäumen zu verstecken, als sie Gott in der Abendkühle durch den Garten wandeln hörten (V. 8). So erweisen sich die Nacktheit des Menschen und das bei ihm durch eine objektivierende Betrachtung durch einen Anderen ausgelöste Empfinden der Scham und Schuld eigentümlich miteinander verbunden. Der in seiner Nacktheit und seiner Geschlechtlichkeit zum Objekt eines Anderen gewordene Mensch schämt sich seiner selbst in einem dunklen Schuldgefühl vor dem Fremden, der seine Individualität als solche in Frage stellt. Die Erkenntnis des Menschen beginnt, indem er seiner selbst als eines Ich angesichts eines Anderen inne wird. Sie gibt ihm die Fähigkeit, sich in seiner Besonderheit dem Blick des Anderen zu entziehen, indem er sich verkleidet oder sich vor ihm versteckt. Vor Gott (so läßt uns die Geschichte wissen) kann sich der Mensch allerdings nicht verbergen (vgl. Ps 139,1–12).[38] Von Gott ins Verhör genommen, versucht der Mensch

---

[35] Vgl. dazu auch die von der Rekonstruktion der Grunderzählung durch Markus Witte abweichende von Christoph Levin, Jahwist, FRLANT 157, 1993, S. 86.

[36] Das Gebot setzt voraus, was in der Erzählung erst die Folge seiner Übertretung ist: die menschliche Urteilsfähigkeit und damit die Wahlfreiheit; vgl. dazu auch Ernst-Joachim Waschke, Untersuchungen zum Menschenbild der Urgeschichte, ThA 43, 1984, S. 79.

[37] Ein Brauch, den neuzeitliche Prüderie zur Verdeckung der Scham auf Bildern und Statuen mit nicht immer überzeugendem Erfolg nachgeahmt hat.

[38] Vgl. GAT II, S. 146–151.

freilich seine Schuld von sich auf andere abzuwälzen. So schiebt der Mann die Schuld auf die Frau, die ihm Gott zur Seite gestellt hat, und klagt damit geradezu Gott selbst an. Die Frau aber verweist auf die Schlange, die sie verführt hat (Gen 3,9–13).

Die Geschichte endet mit einer Reihe von Schicksalsworten für die drei, die sich schuldig gemacht haben, die Schlange, die Frau und den Mann. Das der Schlange in V. 14–15 zugedachte sucht einerseits ihre eigentümliche Gestalt zu erklären, die sie zwingt, „auf dem Bauche zu kriechen und Staub zu essen" ihr Leben lang. Andererseits sucht es die ewige Feindschaft zwischen ihr und der Frau bzw. beider Nachkommen als Folge ihrer anfänglichen Schuld zu deuten.[39] Das „Er wird dir nach dem Kopf zielen und du wirst ihm in die Ferse stechen" ist von dem Erzähler nicht als verschlüsselter Hinweis auf einen leidenden Erlöser gemeint und war für ihn daher kein Protevangelium, sondern sollte das alltägliche Verhältnis zwischen Schlangen und Menschen als Folge der Urschuld der ersten Schlange in Gestalt ihrer Verführung der Urmutter begründen. Das Frauenleben aber wird nun dazu bestimmt, trotz aller Beschwerden nicht vom Manne zu lassen, sondern mit Schmerzen Kind um Kind zu gebären (V. 16). Um der Schuld des Mannes willen aber wird der Acker verflucht, so daß er Disteln und Dornsträucher trägt und der Mann im Schweiße seines Angesichts sein Brot essen muß, bis er zu der Erde zurückkehrt, von der er genommen ist (vgl. 3,17–19 mit 2,7). So spiegelt sich in diesen Schicksalsworten eine bäuerliche Welt, in der die Menschen seit ihrer Vertreibung aus dem Paradies ihr Leben fristen müssen (V. 23). Sie ist für den Mann von harter Feldarbeit geprägt, die ihm durch Disteln und Dornkräuter erschwert wird, in denen sich eine Viper verbergen mag, die ihm den Tod bringt, falls er sie nicht rechtzeitig abschüttelt oder ihren Kopf zertritt. Indessen plagt die immer erneut schwangere Frau sich mit den Kindern ab, und beide erhebt nur ihr gemeinsamer Schlaf über den grauen Alltag.

Die Einfügung des Lebensbaumes in 2,9 und 3,22 aber hebt hervor, daß der Mensch durch seine Schuld auch die Möglichkeit des ewigen Lebens verloren hat, die ihm der Genuß der Frucht von diesem Baum hätte verleihen können. Dabei anerkennt Gott in 3,22 ausdrücklich, daß die Menschen das ihnen von der Schlange versprochene Urteilsvermögen erlangt hätten und ihm darin gleich geworden seien. In der Voraussage, daß die Menschen in Folge des Genusses der Frucht nicht sterben würden, aber hat sie sich geirrt, weil das göttliche Verbot nicht die natürliche Folge des Essens von der Frucht des Baumes, sondern die von ihm verhängte

---

[39] Die messianische Deutung beruht auf einer christlichen Relecture, die in dem Vers eine Weissagung auf Jesu Tod am Kreuz als Opfer des Satans und Sieger über ihn erkennt.

Strafe dafür im Auge hatte. Es ist die Endlichkeit, die uns Menschen die Frage nach Gottes Wirklichkeit stellen läßt, auf die es keine rationale Antwort gibt, sondern die nur das Gottvertrauen löst, indem es uns von der Not des Fragens befreit.

Blicken wir zurück, so erfahren wir weder, wie die Sünde noch wie der Tod in die Welt gekommen ist, denn da beide Urphänomene sind, lassen sie sich nicht erklären. Den Tod erfaßt nur, wer ihn stirbt. Bis dahin ist er der große Unbekannte, der immer hinter dem Vorhang des Lebens steht. Und der Ursprung der allen Menschen gemeinsamen Sünde läßt sich nicht erklären, sondern nur als Vollzug beschreiben. Das aber hat der Weise getan: Denn wir erfahren aus seiner Geschichte, daß die Sünde ihre Kraft aus dem Mißtrauen gegen Gott schöpft; seine Forderungen dienten nur der Begrenzung der Möglichkeiten des Menschen. Indem er sich zu seinem eigenen Gott zu machen sucht, fällt er aus der Gemeinschaft mit Gott als dem Urgrund seines Lebens heraus. In seinem Willen, sich unbedingt als er selbst zu behaupten, schiebt der Mensch, wenn er schuldig wird, die Verantwortung von sich auf Andere, auf die Umstände und zuletzt auf den Gott, den er in seiner Lebenspraxis verleugnet. Weil alles, was endlich ist, endet, wird der Tod für ihn zum Grund der Angst, aus der Welt zu fallen und nicht mehr er selbst zu sein. Von ihr könnte ihn nur die Gemeinschaft mit Gott befreien, auf die sich die biblische Erzählung vom Anfang zu bewegt. Israel erfährt sie nach seiner Ursprungsmythe in seiner Volkwerdung gemäß der den Vätern gegebenen Verheißung, seiner Befreiung aus dem ägyptischen Sklavenhaus und vor allem in seiner Verpflichtung am Sinai. Aus der Übergabe an seinen Gott als den einzigen, der es unbedingt angeht, soll es die Freiheit gewinnen, den Anderen ihr Recht zu lassen und den bedürftigen Brüdern der Eidgenossenschaft helfend zur Seite zu treten, und das in Gesundheit und in einem fruchtbaren Lande (Dtn 28,1–14). Doch vergessen wir nicht: Vom ersten Menschen reden, heißt von dem Menschen überhaupt reden. Fragen wir unter diesem Gesichtspunkt, was der Mensch ist, so entspricht die Antwort dem, wie die Confessio Augustana in ihrem Artikel 2 *De peccato originale* (Von der Erbsünde) das Wesen des natürlichen Menschen bestimmt: Er ist ohne Gottesfurcht, ohne Vertrauen in Gott und begehrlich (*sine metu Dei, sine fiducia erga Deum et cum concupiscentia*). Oder um es mit dem am Anfang und am Ende der Fluterzählung stehenden göttlichen Urteil zusammenzufassen: „Alles Sinnen und Trachten seines Herzens ist nur böse den ganzen Tag." (Gen 6,5b) bzw. dem so eigentümlich in seinem Kontext stehenden: „Der Mensch ist böse von Jugend an" (Gen 8,21aβ).[40] Das aber zeigt sich auch darin, daß

---

[40] Vgl. dazu auch Ernst-Joachim Waschke, Untersuchungen, ThA 43, 1984, S. 120–123.

er, wenn ihn die Folgen seines Tuns einholen, nicht für es einsteht, sondern es auf den Anderen, auf Gott oder die Verhältnisse schiebt. In dieser Beziehung erscheint der johanneische Christus in der Stunde seiner Verhaftung im Garten jenseits des Kidrontales als der Antitypos: Statt sich hinter seinen Jüngern zu verstecken, stellt er sich vor sie und sagt zu den Häschern: „Suchet ihr mich, so laßt diese gehen" (Joh 18,8).[41]

5. *Das klassische Verständnis der Sünde im Alten Testament*. Das genuin alttestamentliche Sündenverständnis war jedoch von solchen Einsichten weit entfernt und verstand die Sünde in der Regel punktuell. Redete es von Sünde und Schuld, so bezeichnete es einzelne Taten oder Tatzusammenhänge mit ihren oft tödlichen Folgen als Normabweichungen, ohne dabei auf einen speziellen Habitus des Sünders zurückzugreifen.[42] Es ist gleichzeitig objektiv an der Tat und nicht an der Absicht des Täters orientiert.

Zur Bezeichnung der Sünde stehen im Hebräischen die drei Wurzeln חמא, עוה und פשע zur Verfügung. Dabei bedeuten die Verben חָמָא (*ḥāṭā'*) fehlen, Hif. etwas verfehlen, עָוָה (*'āwâ*) krümmen, Pi. etwas verdrehen, und פָּשַׁע (*pāšâ*) ein Verbrechen begehen und dadurch die Rechte anderer verletzen. Entsprechend bezeichnen die von der Wurzel חמא[43] besonders reichlich abgeleiteten Nomina הַחַטָּא (*ḥaṭṭā'*), חַטָּאת (*ḥaṭṭ't*), הַחַטָּאָה (*ḥaṭṭā'â*) bzw. חֲטָאָה (*ḥăṭṭā'â*) und חֵטְא (*ḥēṭ'*) die Verfehlung/die Sünde. Die beiden vorletzten Worte können ebenso die Sünde wie das Sündopfer bezeichnen, welches die Opfertora im Fall einer unbewußten Verfehlung vorschrieb.[44] Das Wort חַטָּא (*ḥaṭṭā'*) wird teils als Adjektiv „sündig", teils als Substantiv „Sünder" benutzt.[45] Als Adjektiv ist es z. B. in Num 32,14 gebraucht, wo Moses die Israeliten als eine Brut von sündigen Männern (אֲנָשִׁים הַחַטָּאִים / *'ănāšîm ḥaṭṭā'îm*) bezeichnet. In Ps 1,1 erscheinen dagegen die הַחַטָּאִים (*ḥaṭṭā'îm*), die Sünder, neben den רְשָׁעִים (*rĕšā'îm*), den Frevlern oder Gottlosen. Überwiegt bei der Wortgruppe der theologische Sprachgebrauch, so fehlt doch der alltägliche nicht. So erklärt Frau Weisheit z. B. in Spr 8,35:

---

[41] Zur Rationalität der Mythe von Gen 2–3 vgl. Kurt Hübner, Glaube und Denken. Dimensionen der Wirklichkeit, Tübingen: Mohr Siebeck 2001, S. 60–79.

[42] Vgl. aber Jer 13,23 und dazu unten, S. 19

[43] Vgl. dazu den einschlägigen Artikel von Klaus Koch, ThWAT II, 1977, Sp. 857–870.

[44] Vgl. zu den Formen und Inhalten Rolf Knierim, Die Hauptbegriffe der Sünde, 1965, S. 55–112.

[45] Ebenso verhält es sich mit dem Wort חֲטָא*.

> *Wer mich verfehlt* (חֹטְאִי־), *schadet sich selbst,*
> *alle, die mich hassen, lieben den Tod.*

In Ri 20,16 heißt es, daß siebenhundert Linkshänder in der Lage waren, einen Stein so gut zu schleudern, daß sie kein Haar verfehlten (יַחֲטִא). Doch in Gen 20,6 läßt der Erzähler Gott dem König von Gerar, Abimelech, der sich die von Abraham als seine Schwester ausgegebene Sara in seinen Palast geholt hatte, im Traum davon unterrichten, daß er seine Unschuld kennt und ihn daher davor bewahrt hat, sich an ihm zu versündigen (מֵחֲטוֹ־לִ). Dasselbe läßt sich bei den Nomina beobachten: Einerseits können sie ein Vergehen gegen Menschen und andererseits eine Sünde gegen Gott bezeichnen. So lassen in der Josefsgeschichte z. B. seine Brüder Josef nach dem Tod Jakobs aus Furcht vor seiner etwaigen Vergeltung für den Verkauf in die Sklaverei ausrichten (Gen 50,17): „Ach, vergib doch das Verbrechen (*pæša‘*) deiner Brüder und ihr Vergehen (*ḥaṭṭāʾtām*), denn böse war, was dir angetan wurde ..." Josef aber hatte den ihm von Potifars Weib angetragenen Beischlaf mit den Worten abgelehnt (Gen 39,9b): „Wie sollte ich dieses große Übel (הָרָעָה הַגְּדוֹלָה / *hārāʾâ haggĕdôlâ*) tun und mich wider Gott versündigen (*ḥāṭāʾtî*). 47 Denn der Ehebruch galt in Israel wie in seiner Umwelt als die הַחֲטָאָה גְדֹלָה (*ḥaṭṭāʾâ gĕdôlâ*), die „große Sünde" (vgl. Gen 20,9), auf der die Todesstrafe stand (Lev 20, 10). In Israel konnte aber auch der Abfall von Jahwe zum Dienst am goldenen Kalb, die „Sünde Jerobeams" als eine derartige Sünde bezeichnet werden (Ex 32,21.30; 2. Kön 17,21).[46] In der Opfertora des Buches Leviticus ist die חַטָּאת (*ḥaṭṭāʾt*) die übliche Bezeichnung für das Sündopfer, das im Falle eines versehentlichen Vergehens zur Entsündigung dargebracht werden sollte (Lev 4). Nur in Ps 40,7 wird es als חֲטָאָה (*ḥaṭṭāʾâ*) neben dem Brandopfer, dem Schlacht- oder Mahlopfer und dem Speisopfer (der מִנְחָה / *minḥâ*) erwähnt.[47]

Das gewichtige, ebenso die Schuld wie die Strafe bezeichnende Wort עָוֹן (*ʿāwôn*) bezeichnet seiner Ableitung von dem Verb עָוָה (*ʿāwâ*) gemäß eine Handlung als verkehrt: Sie ist eine „krumme Sache".[48] Oft läßt sich kaum unterscheiden, ob das Nomen das schuldhafte Vergehen oder die Schuldfolge bzw. die Strafe bezeichnet. Wenn Jahwe in Ex 20,5 erklärt, daß er die Schuld der Väter an den Kindern bis ins dritte und vierte Glied heimsuche, so handelt es sich dabei um die Verschuldung der Väter durch

---

[46] Vgl. zu ihr auch oben, S. 77–78.

[47] Vg. zu ihr Rolf Rendtorff, Studien zur Geschichte des Opfers im alten Israel, WMANT 24, Neukirchen-Vluyn: Neukirchener Verlag 1967, S. 133–149.

[48] Vgl. dazu Knierim, S. 237–256 und Klaus Koch, ThWAT V, 1986, Sp. 1160–1177.

ihren Ungehorsam gegen seine Gebote und zumal das Hauptgebot. Die Schuldfolgen sollen die Kinder, Enkel und Urenkel tragen. Wenn der Beter dagegen in Ps 31,11 beklagt, daß sein Leben im Kummer vergehe und seine Jahre unter Seufzen, weil seine Kraft an seiner Schuld (*'āwôn*) gestrauchelt sei, so kann man darüber streiten, ob er dabei an seine Schuld oder deren Folgen denkt. Was wir säuberlich zu trennen suchen, gehörte für den Hebräer zusammen. Als die dritte Bezeichnung für die Sünde und das Sündigen erscheinen das Nomen פֶּשַׁע (*pæša'*) und das entsprechende Verb פָּשַׁע (*pāša'*). Von ihnen besitzt das Verb die Bedeutung „einen Rechtsbruch begehen", während das Nomen einen Rechtsbruch oder ein Verbrechen bezeichnet.[49] Als solches kann es sich auf konkrete Delikte gegen Eigentum und Person eines Anderen beziehen wie z. B. in den Bestimmungen über die Verletzung fremden Eigentums im Bundesbuch in Ex 22,8 und in der Anklage wegen Verbrechen gegen die Menschlichkeit durch Jahwe in den Kopfzeilen der Strophen des Völkergedichts Am 1,3–2,16*.

Doch nachdem diese Differenzierungen vorgenommen sind, gilt es abschließend festzustellen, daß letztlich alle hier genannten Begriffe synonym als Bezeichnungen für die Sünde gegen Gott gebraucht werden konnten.[50] Sie alle sagen an, daß die so bezeichneten Taten oder Täter von einer Norm abweichen, sei es von einer religiösen oder einer sozialen. Es ist der Treuebruch gegen Gott, der sich in einer direkt oder indirekt gegen ihn gerichteten Handlung vollzieht, wobei es sich im zweiten Fall um eine Handlung gegen das Recht des Nächsten handelt, der unter seinem Schutz steht.[51]

6. *Das objektive Verschuldungsprinzip und die persönliche Haftung.* Anders als in der Neuzeit war das Schuldverständnis nicht subjektiv, sondern objektiv. Denn es wurde (abgesehen von der Differenzierung zwischen absichtlichem Mord- und unbeabsichtigtem Totschlag)[52] nicht an der Absicht des Handelnden, sondern an dem Ergebnis seines Handelns gemessen. Als deutlichstes Beispiel dafür bietet sich die oben bereits erwähnte elohistische Variante der Erzählung von der Gefährdung der Ahnfrau in Gen 20 an:[53] Obwohl sich der König Abimelech von Gerar im guten Glau-

---

[49] Vgl. dazu den einschlägigen Artikel von Horst Seebass, ThWAT VI, 1989, Sp. 791–810.

[50] Zu den unterschiedlichen Kontexten, in dem die drei Begriffe im Alten Testament gebraucht werden, vgl. Knierim, passim, wobei anzumerken ist, daß seine traditionsgeschichtlichen Ableitungen einer Kontrolle im Licht der redaktionsgeschichtlichen Untersuchungen der zurückliegenden Jahrzehnte bedürfen.

[51] Vgl. dazu oben, S. 45.

[52] Vgl. Ex 21,12–13 mit Dtn 19,1–8.

[53] Zur literarischen Vorgeschichte von Gen 20 vgl. auch Irmtraud Fischer, Die

ben befand, als er Abrahams Frau Sara, die jener als seine Schwester ausgegeben hatte, in seinen Palast holen ließ, erschien Gott dem König im Traum, um ihm zu eröffnen, daß er des Todes sei, weil er die Frau eines anderen genommen habe (vgl. Gen 20,3 mit Lev 20,10). Auch wenn der König sie dank göttlicher Lenkung nicht berührt hatte und Gott bekannt war, daß er unwissend gehandelt hatte, bedurfte es weiterhin der Fürbitte Abrahams, um die von Gott über das ganze Haus Abimelechs verhängte Sterilität wieder aufzuheben (V. 7–17). Der moderne Grundsatz, daß Unkenntnis der Gesetze nicht vor Strafe schützt, aber seine Absicht bei der Festsetzung der Strafe zu berücksichtigen ist, galt hier in der erweiterten Form, daß die Unkenntnis den Täter nicht vor Strafe schützt, weil allein seine Tat zählt. Eben deshalb mußte jeder, der unbewußt ein Gebot übertreten hatte, ein Schuldopfer darbringen (Lev 4,2–3).[54]

Andererseits galt der für den modernen Rechtsstaat selbstverständliche Grundsatz, daß es für die Taten eines Einzelnen keine Sippenhaft geben darf, sondern jeder für seine eigene Schuld sterben soll, auch schon für den jüngsten Teil des Deuteronomiums (Dtn 24,16).[55] Das sich darin abzeichnende Verständnis des Einzelnen, der sich jetzt primär als er selbst und erst sekundär als Glied in einer Kette der Generationen versteht, hat auch zu dem Postulat der individuellen Gerechtigkeit Gottes geführt, wie es sich in dem Dialog zwischen Gott und Abraham über die Berechtigung der von Jahwe geplanten Vernichtung einer ganzen Stadt mit allen ihren Einwohnern in Gen 18,22b–32 und in der Jahwe in Ez 18,4–20 in den Mund gelegten Erklärung spiegelt, daß nur der sterben soll, der gesündigt hat, der Sohn aber nicht die Schuld (*'āwôn*) des Vaters tragen soll. Beide Texte sind nachexilisch und spiegeln das Vordringen der Vorstellung von Gott als Richter über Israel und über die Völker.[56] In Gen 18 handelt Abraham die Bedingung für die Verschonung von Sodom im Gespräch mit Gott von fünfzig auf zehn Gerechte herunter. Doch die Tatsache, daß Jahwe selbst im Fall der Zehn die Verschonung garantiert, dann aber

---

Erzeltern Israels, BZAW 222, Berlin. New York: Walter de Gruyter 1994, S. 137–170, bes. S. 157–170.

[54] Vgl. dazu Rendtorff, Studien zur Geschichte des Opfers, S. 199–234.

[55] Vgl. dazu S. 248 Anm. 53.

[56] Vgl. dazu auch unten, S. 232–256 und zur Sache Herbert Niehr, Herrschen und Richten, FzB 54, 1986. Das Werk legt eine sorgfältige Dokumentation der Befunde in der Umwelt und im Alten Testament vor. bedarf aber bei seinen zeitlichen Zuordnungen der Überprüfung im Lichte der Forschung der beiden letzten Jahrzehnte. Der Benutzer sollte daher Niehrs einschlägigen Artikel ThWAT VIII, 1995, Sp. 408–428 zu Rate ziehen und im zweifelsfall die literargeschichtliche Einordnung der Belege überprüfen.

aufbricht, um das Strafgericht einzuleiten, soll den Leser oder Hörer davon überzeugen, daß Jahwes Gerichte gerecht sind und es in der Welt um die Gerechtigkeit der Menschen nicht ideal bestellt ist. Der Gott, den Abraham in V. 25 als Richter der ganzen Erde angesprochen hat,[57] verdirbt tatsächlich die Gerechten nicht mit den Gottlosen. Aber die Kategorien der Gerechtigkeit und des Frevels, des צֶדֶק (sædæq) und der רִשְׁעָה (riš'â), spielen in der dtn-dtr Theologie nur eine untergeordnete Rolle, weil ihrem Bundeskonzept die Verpflichtung des Vasallen entspricht, der ihr entweder gehorcht oder nicht gehorcht. Die Antithese vom Gerechten, dem צַדִּיק (ṣaddîq), und dem Schuldigen oder Frevler, dem רָשָׁע (rāšā') hat eine doppelte Wurzel. Denn sie ist einerseits Bestandteil der Königsideologie, nach der es zu den Pflichten des Königs gehört, die einen zu beschützen und die anderen zu bestrafen,[58] und stammt andererseits aus dem Sippenethos und seiner Anwendung im Ortsgericht der Ältesten im Tor.[59]

Von der einen Wurzel werden die Lieder vom Königtum Jahwes und aus der anderen die Sprüche und Lehren der Weisen,[60] die Psalmen der Frommen[61] und die entsprechenden redaktionellen Fortschreibungen der Prophetenbücher gespeist.[62] Trotzdem verdient es eine besondere Hervorhebung, daß Israel in den Zeiten seiner tiefsten politischen Machtlosigkeit sich seines Gottes so sicher war, daß es nicht von der Hoffnung ließ, daß er es als sein erwähltes Volk an die Spitze der Völker stellen, Jerusalem zum Mittelpunkt der Erde machen und selbst als Richter über alle Völker seine verborgene Macht offenbaren würde.[63]

---

[57] Vgl. Ps 94,2; 96,13 und 99,4.

[58] Vgl. dazu oben, S. 39–40 und unten, S. 190–194.

[59] Vgl. dazu oben, S. 44 und Herbert Niehr, Rechtsprechung in Israel, SBS 130, 1987, S. 63–66 und zu den nachexilischen Verhältnissen S. 101–117.

[60] Vgl. dazu Otto Kaiser, Einfache Sittlichkeit und theonome Ethik in der alttestamentlichen Weisheit, NZSTh 39, 1997, S. 115–139 = ders., Gottes und der Menschen Weisheit, BZAW 261, Berlin. New York; Walter de Gruyter 1998, S. 18–42.

[61] Vgl. dazu Christoph Levin, Das Gebetbuch der Gerechten, ZThK 90, 1993, S. 355–381 und Urmas Nõmmik, Die Gerechtigkeitsbearbeitungen in den Psalmen, UF 31, 1999, S. 443–535.

[62] Vgl. dazu Klaus Koenen, Heil den Gerechten, BZAW 229, 1994, der einen umfassenden Überblick zu den Gerechtigkeitsbearbeitungen der Prophetenbücher gibt; vgl. seine Datierungen auch mit denen von z. B. Odil-Hannes Steck, Der Abschluß der Prophetie im Alten Testament, BThSt 17, Neukirchen-Vluyn: Neukirchener Verlag 1991 und im Blick auf Jes 1–39 zumal mit denen von Uwe Becker, Jesaja – von der Botschaft zum Buch, FRLANT 178, Göttingen: Vandenhoeck & Ruprecht 1997.

[63] Vgl. dazu ausführlich unten, S. 152–165.

7. *Die Vertiefung des Sündenbewußtseins in der Spätzeit des Alten Testaments.* Angesichts der Vorherrschaft der dtr Entscheidungsethik im nachexilischen Judentum und der Rolle, welche die Tora spätestens seit dem Beginn des 4. Jhs. in ihm spielte, ist es nicht verwunderlich, daß das Sündenverständnis überwiegend punktuell war und sich an den einzelnen, prinzipiell als vermeidbar geltenden Gebotsübertretungen orientierte. Wir haben oben beobachtet, daß das Ausbleiben des angekündigten Heils einen unmittelbaren göttlichen Eingriff in die Denkungsart Israels zu erfordern schien, um seinen vollkommenen Gehorsam zu gewährleisten und damit die Bedingung für seine Erlösung zu erfüllen.[64] Doch so, wie sich in dem Rechtsgrundsatz der ausschließlich persönlichen Haftung des Einzelnen für seine Missetaten ein Wandel des Selbstverständnisses spiegelt, in dem der Einzelne sich gegenüber seiner Sippe als selbständiges Subjekt wußte, blieb (wie wir ebenfalls bereits beobachtet haben) diese Individualisierung auch nicht ohne Rückwirkung auf das Verständnis der Sünde.[65]

Das führte in der Spätzeit des Alten Testaments zu einer Selbsterforschung, die sich in der Niedrigkeitstheologie beobachten läßt, die sich in der entsprechenden Bearbeitung des Hiobdialoges, in Ps 51 und weiterhin zumal in den Gebeten des Unterweisers und des Lehrers der Gerechtigkeit in der essenischen Gemeinde niedergeschlagen hat.[66] Die entsprechende entsprechende Einfügung in die erste Rede des Elifas, des ältesten der drei Freunde Hiobs, läßt ihn bestreiten, daß ein Mensch wegen der ihm anhaftenden Erdhaftigkeit überhaupt vor Gott gerecht zu sein vermag (Hiob 4,12–21):

12 *Ein Wort stahl sich zu mir,*
mein Ohr vernahm von ihm allein ein Flüstern.
13 *In Grübeleien und Nachtgesichten,*
als Tiefschlaf auf die Menschen fiel,
14 *Traf mich ein Schrecken und ein Zittern,*
ein Beben schreckte meine Glieder auf.
15 *Ein Wehen huschte über meine Wangen,*
mir sträubte sich das Haar am Leib:
16 *Es stand – ich konnt' es nicht genau erkennen –*
vor mir ein Schemen,
ich hört' ein leises Säuseln nur:
17 *„Kann ein Mensch vor Gott gerecht sein*
oder ein Mann vor seinem Schöpfer rein?"

---

[64] Vgl. dazu oben, S. 31–36.
[65] Vgl. dazu oben, S. 74.
[66] Vgl. dazu Markus Witte, Vom Leiden zur Lehre, BZAW 230, 1994, S. 194–205.

> 18 Sieh, seinen Dienern traut er nicht,
> bei seinen Boten schließt er Irrtum ein.
> 19 Um wieviel mehr bei Lehmbehausten,
> deren Bau auf Staub gegründet,
> die schneller man als Motten quetscht,
> 20 Die zwischen Morgen und Abend zerschlagen,
> die unbeachtet für immer vergehn.
> 21 Ist erst ihr Zeltpflock ausgerissen,
> so sterben sie im Unverstand.[67].

In dem Bußpsalm Ps 51,3 ruft der Beter Gott um die gnädige Tilgung seiner Sünde an.[68] Er versichert ihm weiterhin, daß seine Sünde (פֶּשַׁע) und Schuld (חַטָּאת) ihm stets bewußt seien und er sich allein an ihm vergangen habe, so daß Gott gerechtfertigt sei, wenn er ihn richte (V. 5–6):

> 5 Ja, ich weiß um meine Sünde[69],
> und meine Schuld steht stets vor mir.
> 6 An dir allein habe ich gefehlt
> und was böse in deinen Augen getan,
> Damit du recht behältst in deiner Sache
> und rein in deinem Richten bleibst.

Damit ist das Sündenbewußtsein ganz auf das Verhältnis zu Gott konzentriert, ohne daß der Beter auch nur einen einzigen Hinweis auf etwaige soziale Verfehlungen gibt.[70] Dann aber verweist er in V. 7 darauf, daß er in Sünde (עָוֹן) geboren und in Sünde (חֵטְא) von seiner Mutter empfangen ist:

> Siehe, in Schuld wurde ich gekreißt,
> und in Sünde empfing mich meine Mutter.

So versteht der Beter seine Sünde nicht mehr als eine Folge einzelner Taten, sondern seine Taten als Folge seiner Sündhaftigkeit. Das erinnert an Jer 13,23, wo es in einer prophetischen, an die Jerusalemer gerichteten Scheltrede heißt:

> Kann ein Nubier seine Haut ändern
> oder ein Leopard seine Flecken?

---

[67] Vgl. dazu ausführlich unten, S. 285–286.
[68] Lies in V. 1b und 5a mit G den Singular, vgl. V. 5b.
[69] Siehe BHS.
[70] Vgl. dazu Klaus Seybold, Die Psalmen, HAT I/15, Tübingen: J. C. B. Mohr (Paul Siebeck) 1996, S. 212; zur literarischen Eigenart des ganzen Liedes Erich Zenger, in: Frank-Lothar Hossfeld und ders., Psalm 51–100, HThK.AT, Freiburg u. a.: Herder 2000, S. 44–49 und zum hermeneutischen Problem Seizo Sekine, Transcendency and Symbols in the Old Testament, BZAW 275, 1999, S. 157–214.

> *So* (wenig) *könnt ihr Gutes tun,*
> *die ihr* (nur) *Böses lerntet.*

Doch während es sich hier darum handelt, daß das Sündigen zu einem Habitus, zu einer alles weitere Handeln bestimmenden Eigenschaft werden kann,[71] setzt der Beter in Ps 51 voraus, daß er sein Leben den sündigen Akten seiner Eltern verdankt, so daß er gleichsam von Natur ein Sünder ist, der gar nicht anders kann, als seinerseits zu sündigen, es sei denn, daß ihm Gott Anteil an seinem eigenen heiligen Geist gibt.[72] Doch seiner Verantwortung weiß sich der Beter trotzdem nicht enthoben. Ist er auch davon überzeugt, daß seine eigene Schuld Glied in der seiner Eltern und mithin eines Geschlechts von Sündern ist, so bekennt er doch in V. 6, daß er sich allein an Gott versündigt hat. Die gegen ihn erhobenen Vorwürfe der Menschen greifen zu kurz. Ihnen gegenüber hat er sich nichts vorzuwerfen, aber vor Gott erkennt er sich als Sünder, der auf Gottes Barmherzigkeit (V. 3) und einen neuen Geist angewiesen ist (V. 12–14). Trotzdem weiß er sich vor Gott verantwortlich: Gottes an den Menschen gerichtete Forderung wird auch durch sein Sünder-Sein nicht aufgehoben; denn er besitzt grundsätzlich das Vermögen, zwischen Gut und Böse zu unterscheiden.[73] Da er sich aus eigenem Vermögen aus diesem Widerspruch nicht befreien kann, erbittet er von Gott, ihm ein reines Herz und einen beständigen Geist, einen lauteren Denken und einen beständigen Willen zu verleihen (V. 12–14):[74]

> 12 *Schaffe in mir, Gott, ein reines Herz,*
> *und gib in meine Brust einen neuen, beständigen Geist.*
> 13 *Verwirf mich nicht von deinem Angesicht,*
> *und entziehe mir nicht deinen heiligen Geist.*
> 14 *Erfreue mich wieder mit deiner Hilfe,*
> *und ein williger Geist stehe mir bei.*

Wir erinnern uns sogleich an die Verheißungen eines neuen Herzens und eines neues Geistes in Ez 11,19 und 36,26.[75]: Was dort dem Volk verheißen wurde, erbittet nun der Beter des 51. Psalms für sich. Der Einfluß der Niedrigkeitstheologie erweist sich auch im vorausgehenden 50. Psalm. Der Beter bzw. Dichter dieses Liedes ist davon überzeugt, daß Gott das

---

[71] Vgl. dazu Bernhard Duhm, Das Buch Jeremia, KHC XI, Tübingen und Leipzig: J. C. B. Mohr (Paul Siebeck) 1901, S. 125–126.
[72] Vgl. dazu auch GAT II, S. 207–208.
[73] Vgl. dazu Sir 15,11–20, aber auch Röm 7,14–26.
[74] Vgl Röm 8,12–17 und dazu James D.G. Dunn, Romans 1–8, WBC 38A, Waco/Texas: Word Books 1988, S. 446–464, bes. S. 457–464.
[75] Vgl. dazu oben, S. 33–34.

Gebet des Demütigen den Opfern der Stolzen vorzieht. Daher begründet er seine Bitte in V. 17, Gott möge seinen Mund zur Verkündigung seines Ruhmes öffnen, in den folgenden Versen mit dem Bekenntnis, daß Gott nicht Gefallen an Opfern, sondern an einem „zerbrochenen" und d. h.: demütigen Geist habe (Ps 51,18–19):

> 18 *Denn ein Mahlopfer gefällt dir nicht*
> *– ich wollte es geben – ein Brandopfer, du willst es nicht.*
> 19 *Gottes Mahlopfer sind ein zerbrochener Geist,*
> *ein zerbrochenes und zerschlagenes Herz,*
> *wird Gott nicht verachten*[76].

Dem Wissen um die Unzulänglichkeit des Menschen in seiner endlichen Begrenztheit und seiner sich daraus ergebenden Abhängigkeit von Gottes Barmherzigkeit hat auch der Jesus Sirach in Sir 17,26–32 Ausdruck gegeben.[77] Seine Mahnrede beabsichtigt, seine Schüler davon zu überzeugen, daß ihr Heil in der Umkehr zu Gott als Abwendung vom Unrecht besteht. Daher versichert er ihnen nicht nur, daß Gott sie dann aus dem Dunkel ihres gefährdeten Lebens in ein glückliches, heilvolles Leben im Licht führen werde (vgl. Tob 14,10). Denn da Gott weiß, daß nicht die Toten, sondern nur die Lebenden ihn loben,[78] liegt es nicht in seinem Interesse, daß die Menschen wegen ihrer Sünden vorzeitig sterben. Darum vergibt er den Menschen in seiner großen Barmherzigkeit gern ihre Sünden, wenn sie zu ihm umkehren. Denn er weiß, daß das Leben des Menschen kurz ist und er in seiner Begrenztheit nicht vollkommen zu sein vermag. Daher gleicht er der Sonne, die auch nicht alle Tage leuchtet, sondern sich zwischendurch verfinstert, und fällt als ein Wesen aus Fleisch und Blut immer wieder der Sünde anheim. Von Gott, dem Herrn des Himmels, her gesehen sind die Menschen nur Staub und Asche (Ps 103,14). Doch gerade daher ist er bereit, ihnen zu vergeben (Sir 17,26–32):[79]

> 26 *Wende Dich zum Höchsten und lasse ab von Unrecht,*
> *denn er selbst wird dich aus Finsternis zum Lichte führen.*
> 27 *Den Höchsten, wer könnte ihn in der Unterwelt loben*
> *statt derer, die ihm lebend Lobpreis bringen?*

---

[76] Lies mit G statt der 2. die 3. sing., vgl. BHS.
[77] Vgl. auch Ex 34,6–7 und GAT II, S. 60–62 und weiterhin unten, S. 290–304.
[78] Vgl. Ps 6,6; 30,10; 88, 11 und 115.17.
[79] Vgl. dazu Markus Witte, Leiden, S. 196–197 und die Auslegungen von Patrick W. Skehan und Alexander A. Di Lella, The Wisdom of Ben Sira, AncB 39, New York: Doubleday 1987, S. 284–285 und Georg Sauer, Ben Sira, ATD. Apok. 1, Göttingen: Vandenhoeck & Ruprecht 2000, S. 145 und zur Sache auch oben, S. 31–32 zu Dtn 30,6–8.

28 Bei dem Toten, der nicht mehr ist, endet der Lobgesang;
    (doch) wer lebt und gesund ist, lobt den Herrn.
29 Wie groß ist des Herrn Erbarmen
    und die Vergebung für die, die sich ihm zuwenden.
30 Denn es kann keine Vollkommenheit bei Menschen geben,
    weil kein einziger Mensch unsterblich ist.
31 Was ist leuchtender als die Sonne? Doch es kann verblassen.
    So sinnt auch auf Böses Fleisch und Blut.
32 Die Macht des hohen Himmels mustert Gott,
    (vor ihm) sind alle Menschen Staub[80] und Asche.

Zum Abschluß sei als Beleg für die essenische Niedrigkeitstheologie der Schluß des Gebetes des „Unterweisers" zitiert (1 QS XI,20–22):[81]

Wer kann deine Herrlichkeit erfassen? Und was, wahrlich, ist es, das Menschenkind, unter deinen wunderbaren Werken? Und der vom Weib Geborene, was soll er vor dir erwidern? Er, seine Form ist aus Staub, und Speise des Gewürms ist seine Wohnung. Und er ist nur ein Ausfluß[82], geformter Lehm, und nach dem Staub steht sein Begehren. Was soll der Lehm erwidern und das von der Hand (Gottes) Geformte, und deinen Ratschluß, wie soll er ihn verstehen?[83]

Literatur

Überblick: Preuß, Theologie II, S. 182–198; *Schreiner,* Theologie, S. 245–263; *W. H. Schmidt,* Glaube [8], S. 417–427.

Monographien und Sammelwerke: Budde, Karl, Die biblische Paradiesesgeschichte erklärt, BZAW 60, Gießen: Alfred Töpelmann 1932; *Egger-Wenzel,* Renate und *Krammer, Ingrid,* Hg., Der Einzelne und seines Gemeinschaft bei Ben Sira, BZAW 270; Berlin. New York: Walter der Gruyter 1998; *Fahlgren, K.H., ṣĕdā kā,* nahestehende und entgegengesetzte Begriffe, Diss. Uppsala 1932; *Knierim, Rolf,* Die Hauptbegriffe für Sünde im Alten Testament, Gütersloh: Gütersloher Verlagshaus Gerd Mohn 1965; *Koenen, Klaus,* Heil den Gerechten – Unheil den Sündern. Ein

---

[80] Lies mit S.

[81] Übersetzung Eduard Lohse, Die Texte aus Qumran. Hebräisch-Deutsch, 4. Aufl., Darmstadt: Wissenschaftliche Buchgesellschaft 1986, S. 43.

[82] Ergänzt nach James H. Charlesworth, Rule of the Community and Related Documents, The Dead Sea Scrolls I, Tübingen/Louisville: J. C. B. Mohr (Paul Siebeck)/Westminster John Knox Press 1994, S. 50–51.

[83] Zu der im Hintergrund stehenden Vorstellung von den Kindern des Lichts und den Kindern der Finsternis und dem Verhältnis zwischen Prädestination und Verantwortung und ihrer vermutlich voressenischen Herkunft vgl. Hartmut Stegemann, Die Essener, Qumran, Johannes der Täufer und Jesus, 5. Aufl., Herder Spektrum 4128, Freiburg i. Br. u. a.: Herder 1996, S. 154–156.

Beitrag zur Theologie der Prophetenbücher, BZAW 229, Berlin. New York: Walter de Gruyter 1994; *Levin, Christoph,* Der Jahwist, FRLANT 157, Göttingen: Vandenhoeck & Ruprecht 1993; *Miller, Patrick D.*, Sin and Judgment in the Prophets. A Stylistic and Theological Analysis, SBL.MS 27, Chico, CA: Scholars Press 1982; *Niehr, Herbert*, Herrschen und Richten. Die Wurzel šph im Alten Orient und im Alten Testament, FzB 54, Würzburg: Echter 1986; *ders.*, Rechtsprechung in Israel, SBS 130, Stuttgart: Katholisches Bibelwerk 1987; *Sekine, Seizo*, Transcendency and Symbols in the Old Testament. A Genealogy of the Hermeneutical Experiences, trl. from the Japanese by Judy Wakabayashi, BZAW 275, Berlin. New York: Walter de Gruyter 1999; *Torn, Karel van der*, Sin and Sanction in Israel and Mesopotamia. A comparative study, SSN 22, Assen/Maastricht: Van Gorcum 1985; *Wicke-Reuter, Ursel*, Göttliche Providenz und menschliche Verantwortung bei Ben Sira und in der Frühen Stoa, BZAW 298, Berlin. New York: Walter de Gruyter 2000; *Waschke, Ernst-Joachim*, Untersuchungen zum Menschenbild der Urgeschichte, ThA 43, Berlin: Evangelische Verlagsanstalt 1984; *Witte, Markus,* Vom Leiden zur Lehre. Der dritte Redegang (Hiob 21–27) und die Redaktionsgeschichte des Hiobbuches, BZAW 230, Berlin. New York: Walter de Gruyter 1994; *ders., Die biblische Urgeschichte*. Redaktions- und theologiegeschichtliche Beobachtungen zu Genesis 1,1–11,26, BZAW 265, Berlin. New York. Walter de Gruyter 1998.

Durch Gericht zum Heil

§ 4 Jahwes Gericht an Israel

1. *Das heilsgeschichtliche Programm der Prophetenbücher.* Bekanntlich verbirgt sich hinter dem Aufbau der drei großen Prophetenbücher, die der Autorität der Propheten Jesaja, Jeremia und Hesekiel oder Ezechiel unterstellt sind, ein theologisches Programm.[1] Denn mit ihrer Abfolge von Worten gegen das eigene Volk, gegen Fremdvölker und Heilsworten für Israel enthalten sie die Botschaft, daß Jahwe sein Volk durch das Gericht an ihm selbst über das an den Völkern zum Heil führen werde. Man spricht daher bei diesen drei Büchern von einem dreigliedrigen eschatologischen Schema. Daneben gibt es ein kleinräumigeres zweites, nach dem auf eine Reihe von Unheilsworten ein Heilswort folgt. Es prägt den Lesern oder Hörern gleichsam in einer Kurzform die summa aus den Prophetenbüchern ein, daß Gott sein Volk durch das Gericht zum Heil führt.

Das dreigliedrige Schema ist am deutlichsten im Ezechielbuch zu erkennen, wo auf die ausführliche Berufungserzählung in den c. 1–3 zunächst in den c. 4–24 die Gerichtsworte gegen das Gottesvolk Israel und zumal Jerusalem folgen. An sie schließen sich in den c. 25–32 die Fremdvölkersprüche an. C. 33 verbindet beide Blöcke als ein Scharnier mit den Heilsworten in 34–39 (40–48). Mit seinem Rückgriff auf das Motiv des Wächteramtes des Propheten in c. 3 entsteht so eine große, die c. 4–32 umfassende *inclusio*. Die Heilsworte werden nur in c. 35 durch ein Edomwort unterbrochen. Dann folgt in den c. 40–48 die Vision vom neuen Tempel und heiligen Land, die ihrerseits mit der Tempelvision der c. 8–11 korrespondiert. Das dreigliedrige Schema liegt auch der Protojesajanischen Sammlung Jes 1–39 und letztlich auch dem Großjesajabuch mit seinen 66 Kapiteln zugrunde, auch wenn zumal in den c. 1–12 und 28–35 häufiger das Zweierschema begegnet. Im hebräischen Jeremiabuch ist das Dreierschema dagegen nach dem Zeugnis der Griechischen Bibel, welche die ursprüngliche Gliederung bewahrt hat, durch die nachträgliche Umstellung der ursprünglich zwischen 25,1–13 und 25,14–38 (MT) stehenden Fremdvölkersprüche als c. 46–51 im Interesse der Mittelpunktsstellung des Heilsbüchleins Jer 30–31 und des sachlichen Zusammenhangs mit den c. (26)27–29 aufgegeben worden.[2]

---

[1] Vgl. dazu auch GAT I, S. 232–236.

[2] Vgl. dazu Kaiser, Grundriß II, 1994, S. 67–68 und die Übersicht über die unterschiedliche Textfolge des hebräischen und des griechischen Jeremiabuches bei Siegfried Herrmann, TRE XVI, 1987, S. 581.

Schon diese Kompositionsschemata geben zu erkennen, daß das exilisch-nachexilische Israel der eigentliche Adressat der überlieferten Prophetenbücher ist. Es sollte durch den in den Gerichtsreden geführten Schuldaufweis davon überzeugt werden, daß der Untergang des Nordreiches Israel im Jahr 722 v. Chr. und zumal des Südreiches Juda im Jahr 587 v. Chr. nicht die Folge der Macht- oder Interesselosigkeit Jahwes an dem Geschick seines Volkes, sondern der Schuld der eigenen Väter gewesen ist. Gleichzeitig mahnte es an, anders als die Väter Jahwe unbedingte Treue zu bewahren und seinem Willen, daß Recht und Gerechtigkeit auf Erden geschähen, mit ihren Taten zu gehorchen, wenn anders kein weiteres Zornesgericht über sie oder ihre Kinder hereinbrechen sollte. Die erfüllten Unheilsworte gegen das eigene Volk und gegen die Fremdvölker[3] hielten ihm die Macht ihres Gottes vor Augen, mit dem nicht zu spaßen war und auf dessen Heilsworte es bauen konnte.

2. *Die Botschaft des Zwölfprophetenbuchs.* Selbstverständlich finden sich die drei dem Schema entsprechenden Themen in unterschiedlicher Weise auch im *Zwölfprophetenbuch.* In seinen älteren Teilen steht der Schuldaufweis im Vordergrund, ohne daß es an Heilsworten und teilweise auch Fremdvölkersprüchen mangelt. Die Bücher Hosea und Amos führen den Schuldaufweis für das Nordreich und die Bücher Micha, Zefanja und weiterhin auch Sacharja für das Südreich.[4] Doch man braucht nur an die Völkersprüche des Amosbuches (1,2–2,16),[5] die gegen Ninive gerichteten

---

[3] Vgl. dazu differenzierter unten S. 108–130.

[4] Zu der Möglichkeit, daß dem Schuldaufweis für den als Tyrannen bezeichneten Weltherrscher in Hab 2,6–14* eine Reihe von Anklagen gegen Mißstände in Juda zugrundeliegen, vgl. Jörg Jeremias, Kultprophetie, WMANT 35, 1970, S. 57–89; Eckart Otto, Die Stellung der Wehe-Worte in der Verkündigung des Propheten Habakuk, ZAW 89, 1977, S. 73–107; vgl. ders., Art. Habakuk/Habakukbuch, TRE XIV, 1985, S. 300–306, bes. S. 301–302 und Klaus Seybold, Nahum, Habakuk, Zephanja, ZBK.AT 24/2,, Zürich: Theologischer Verlag Zürich 1991, S. 69–70. Auch im Nahumbuch liegen in 1,11.14 und möglicherweise auch in 2,2–3 zwei ursprünglich gegen Juda gerichtete Drohworte vor; vgl. dazu Seybold, S. 23–24, der diese Möglichkeit nur im Blick auf 1,11.14 und Walter Dietrich, Art. Nahum/Nahumbuch, TRE XXIII, 1994, S. 737–742, bes. S. 738, der sie für beide Texte in Betracht zieht.

[5] Vgl. zu ihnen John Barton, Amos' Oracles against the Nations, SOSt.MS 6, 1980 und zur weiteren Diskussion Volkmar Fritz, Die Fremdvölkersprüche des Amos, VT 37, 1987, S. 26–38; Gerhard Pfeiffer, Die Fremdvölkersprüche des Amos – spätere *vaticinia ex eventu*?, VT 38, 1998, S. 230–233 und Jörg Jeremias, Zur Entstehung der Völkersprüche im Amosbuch, in: ders., Hosea und Amos, FAT 13, 1996, S. 172–182.

Worte des Nahumbuches oder an die Edomorakel des Obadja- und des Maleachibuches zu denken (Ob 1–18; Mal 1,2–5), um dessen inne zu werden, daß dem Zwölfprophetenbuch gegen fremde Völker gerichtete Orakel nicht fehlen.

Andererseits bezeugen Texte wie die vom Liebeswerben Jahwes um die Umkehr Efraims im Hoseabuch (Hos 11,1–11 und 14,2–9), von der wieder errichteten Hütte Davids in Am 9,11–15 und von der Völkerwallfahrt zum Zion in Mich 4,1–5 auch in diesem Buch den Heilswillen Gottes. Schließlich sei daran erinnert, daß das Büchlein Haggai ausschließlich und die protosacharjanische Komposition Sach 1–8 überwiegend Heilsworte enthalten. Diese stehen im Zusammenhang mit dem Wiederaufbau des Tempels und damit verbundenen messianischen Hoffnungen auf den von den Persern eingesetzten Statthalter Serubbabel, einem direkten Nachkommen der Könige von Juda, und den ersten Hohenpriester des Zweiten Tempels Josua, den Sohn des Jozadak (Hag 1–2; Sach 1–6*). Weiterhin handelt Sach 5 von den Konflikten, die sich aus den konkurrierenden Besitzansprüchen der Rückwanderer und der im Lande Verbliebenen ergaben, während die c. 7–8 bereits um die Frage nach den Gründen der Verzögerung des Anbruchs der Heilszeit kreisen.

In den letzten sechs Kapiteln des Sacharjabuches begegnen uns sowohl ein Fremdvölkerspruch (Sach 9,1–8) als weiterhin auch Heils- und Gerichtsworte in dramatischem Wechsel. Sie münden schließlich in c. 14 in die Weissagung der göttlichen Rettung des bereits von den Völkern eroberten Jerusalem durch das Eingreifen Gottes und seiner Engel und einer knappen Skizzierung der Folgen der damit erfolgten Heilswende für das Gottesvolk und die Heidenvölker. Vermutlich ist diese ganze Kapitelfolge zwischen der späten Perser- und der frühen Diadochenzeit entstanden.

Vom Völkersturm gegen den Zion und seiner Zerschlagung durch Jahwe im Tale Josafat handelt das Joelbuch (vgl. Joel 4,9–12). Ähnliche Erwartungen scheint auch das rätselhafte Habakukbüchlein zu vertreten, das trotz seiner vermutlich sekundären Historisierung in Hab 1,6 eher der Alexanderzeit als den beiden letzten Jahrzehnten des judäischen Reiches angehört.[6] Das Maleachibüchlein endet mit einem knappen Ausblick auf das Flammengericht, das alle Gottesverächter wie Stroh verbrennt und allen, die Jahwes Namen fürchten, ein Leben in Gerechtigkeit und Heil beschert (Mal 3,13–21). Doch am Schluß des Maleachi- und damit des

---

[6] Vgl. dazu Kaiser, Grundriß II, 1994, S. 138–142 und bes. Antonius H.J. Gunneweg, Habakuk und das Problem des leidenden *ṣdjq*, ZAW 98, 1986, S. 400–415, aber auch Klaus Seybold, ZBK.AT 24,/2, Zürich 1991, S. 48–49, der das Buch um 550 v. Chr. datiert.

ganzen Zwölfprophetenbuches stehen die Mahnung, der Tora des Mose zu gedenken, und die Verheißung Gottes, vor dem großen und schrecklichen Tage Jahwes (Am 5,18–20; Zef 1,14–18) den Propheten Elia zu senden, damit er den Streit zwischen den Generationen über die rechte Weise, Gott zu gehorchen, schlichte, damit das ganze Volk Israel im Endgericht bestehe (Mal 3,22–24). So führt das Buch seine Leser durch die Geschichte Israels vom Vorabend der Assyrerzeit bis in das erste Drittel des 3. Jhs. v. Chr. und bezeugt in immer neuer Weise die seit dem Exil das Geschichtsdenken Israels bestimmende Grundüberzeugung, daß Jahwe sein Volk durch seine Gerichte zum Heil führt.

3. *Das Jesajabuch als Kompendium der jüdischen Eschatologie.* Da wir in diesem Zusammenhang nicht sämtliche Prophetenbücher analysieren können, wollen wir uns wenigstens einen etwas genaueren Überblick über den Aufbau des Jesajabuches im Ganzen und anschließend in feinerer Einstellung über die Komposition von Jes 1–12 verschaffen. Diese Beschränkung findet darin ihre Berechtigung, daß das Jesajabuch als das Buch von der schuldhaften Vergangenheit und der heilvollen Zukunft Zions im Mittelpunkt des Interesses der Gemeinde des Zweiten Tempels stand. Ausweislich der in den Höhlen von Qumran gefundenen Handschriften ist es in der Spätzeit des Zweiten Tempels in Juda wie kein anderes Prophetenbuch gelesen worden. Diese Sonderstellung spiegelt sich auch in seinem exzeptionellen Umfang von 66 Kapiteln. Sie verdanken sich der Tatsache, daß die Verzögerung des Anbruchs des geweissagten Heils einerseits nach immer neuen Erklärungen verlangte, andererseits aber auch zu neuen Ausgestaltungen der Heilserwartungen führte, wie sich beide durch die sich wandelnde innere und äußere Situation des auf den Zion als die irdische Gottesstadt und den Tempel als den kultischen Mittelpunkt hin zentrierten Judentums ergaben. Dadurch ist das Jesajabuch gleichsam zu einem Handbuch der jüdischen Eschatologie geworden, so daß es weithin ausreicht, die einschlägigen Zeugnisse der anderen Prophetenbücher nur ergänzend zu berücksichtigen.

3.1. *Der Aufbau des Großjesajabuches.* Es gehört für die Theologen zum anerkannten Grundwissen, daß sich das Jesajabuch in die drei großen Traditionsblöcke der Proto- (Jes 1–39), Deutero- (Jes 40–55) und Tritojesajanischen Sammlung (56–66) gliedert. Dabei läßt sich auch für die Protojesajanische Sammlung zumal aus gehöriger Distanz das dreigliedrige eschatologische Schema als übergreifendes Kompositionsprinzip erkennen.[7] Sie verdankt diesen Aufbau jedoch in viel stärkerem Maße sekundären redaktionellen Eingriffen als das dtr Jeremia und das Eze

---

[7] Vgl. dazu oben, S. 82.

chielbuch. Der in den c. 1–12 zu beobachtende Wechsel zwischen Unheils- und Heilsworten kehrt auch in schöner Regelmäßigkeit in den c. 28–32 und 33–35 wieder, während er in den c. 13–23 fast ganz in den Hintergrund tritt. Statt dessen erreichen die von c. 13 her auf das Weltgericht bezogenen Fremdvölkerworte ihr Ziel in der sogenannten Jesajaapokalypse Jes 24–27, nach deren Botschaft das Weltgericht zugleich ein Scheidungsgericht ist, in dessen Verlauf die Frommen gerettet werden und an dessen Ende das universale Heil Gottes steht.[8]

3.2. *Die Deuterojesajanische Sammlung.* In der Deuterojesajanischen Sammlung (Jes 40–55) dominieren dagegen vom ersten bis zum letzten Kapitel die Heilsworte.[9] In den c. 41–46 (49) stehen die Befreiung der Gola und der Wiederaufbau Jerusalems und der Städte Judas durch den von Jahwe in 45,1 als seinen Gesalbten bezeichneten Perserkönig Kyros II. im Mittelpunkt.[10] 40,9–11 und 52,7–10 bilden mit ihrer Botschaft von dem Einzug Jahwes als König in Zion an der Spitze der Heimkehrer aus der Zerstreuung eine *inclusio*. Dabei wird die ganze Heilsbotschaft von der Gewißheit getragen, daß Jahwe, der Gott Israels, der einzige Gott ist (44,6–8).[11] Andererseits wird in den c. 49–54 die Auseinandersetzung mit skeptischen Stimmen expliziter als in den Anfangskapiteln geführt.[12] In

---

[8] Vgl. dazu Reinhard Scholl, Die Elenden in Gottes Thornrat, BZAW 274, 2000, S. 285–288.

[9] Zu den Problemen des Buches und seiner Theologie vgl. Kurt Kiesow, Exodustexte, OBO 24, 1979; Hans-Jürgen Hermisson, Studien, FAT 23, 1998, S. 117–174; Reinhard G. Kratz, Kyros im Deuterojesaja-Buch, FAT 1, 1991, S. 148–229; Jürgen van Oorschot, Babel, BZAW 206, 1993, bes. S. 319–324; Kaiser, Grundriß II, 1994, S. 49–60, die in Aufnahme des Ansatzes von Karl Elliger, Deuterojesaja in seinem Verhältnis zu Tritojesaja, BWANT 63, Stuttgart: W. Kohlhammer 1933 die dtjes Sammlung als eine literarisch mehrschichtige Größe betrachten. Dagegen betont H.G.M. Williamson, The Book Called Israiah, 1994, erneut ihre Einheit: Für ihn ist Deuterojesaja der Prophet, der nach dem Gericht die gleichsam versiegelte Botschaft Protojesajas öffnet und durch seine Heilsbotschaft fortsetzt, vgl. S. 240–244, vgl. auch Ronald E. Clements, Beyond Tradition-History: Deutero-Isaianic Developments of First Isaiah's Themes, JSOT 31, 1985, S. 95–113 = ders., Old Testament Prophecy, 1996, S. 78–92. Schließlich hat Klaus Baltzer, Deuterojesaja, KAT X/2, Gütersloh: Gütersloher Verlagshaus 1999, die Komposition als einen dramatischen Gesamtentwurf zu lesen versucht.

[10] Vgl. zu ihm Klaas R. Veenhof, Geschichte des Alten Orients bis zur Zeit Alexanders des Großen, Göttingen: Vandenhoeck & Ruprecht 2001, S. 288–291.

[11] Vgl. dazu unten, S. 376–384.

[12] Vgl. z. B. 48,1–11.16–19.22 und den abschließenden Aufruf in 55,6–16, Jahwe zu suchen, solange er zu finden ist. Der hier vorliegende Verweis auf die Wirkmächtigkeit des Jahwewortes besitzt in 40,6–9 eine Parallele. Beide wenden sich

ihnen findet auch das in 42,1–4 stehende erste Lied vom Knecht Jahwes in 49,1–6; 50,4–9 und 52,13–53,12 seine Fortsetzung. Der Knecht selbst nimmt in den Liedern unterschiedliche Züge an. Während im ersten die königlichen dominieren und das zweite (sekundär?) messianische Züge trägt, stellt das dritte in 50,4–9(11) den Knecht als einen um seiner Sendung willen Leidenden vor, der in 52,13–53,12 seine Rehabilitierung erfährt, weil er stellvertretend für die Sünden der Vielen litt. Ob der Knecht in allen Liedern im Sinne einer Idealbiographie derselbe ist und unter ihm Israel oder gar Mose zu verstehen ist, oder ob im ersten von Kyros, im zweiten von Israel (und dem Messias) und im dritten und vierten von einem anonymen Propheten oder wiederum Israel die Rede ist, gehört zu den Fragen, in denen sich auch nach einer anderthalb Jahrhunderte währenden Diskussion keine einstimmige Meinung abzeichnet.[13] Schließlich rahmen 40,1–11 und 55,1–13 als Prolog und Epilog die ganze Sammlung. Sie versichern, daß Jerusalems Schuld bezahlt ist, Jahwes Rückkehr zum Zion nahe bevorsteht und es keinen Grund gibt, an der Verläßlichkeit seines Wortes zu zweifeln (vgl. 40,6–8 mit 55,10–11). Dem auf seine Erlösung wartenden Israel kündigt Jahwe in 55,1–6 seinen ewigen Gnadenbund als Erneuerung des Bundes mit David an (vgl. 2. Sam 7,12–15 und Ps 89,27–35), an dessen Stelle es ferne Völker auffordern wird, zum Zion zu kommen (vgl. 55,5 mit 2,2–4).

3.3. *Die Tritojesajanische Sammlung.* Der Aufbau der Tritojesajanischen Sammlung (Jes 56–66) ist durchsichtig:[14] Um die tritojesajanische

---

gegen die Skepsis angesichts des Ausbleibens der großen, in der Sammlung verkündeten Heilswende.

[13] Vgl. dazu den Forschungsbericht von Herbert Haag, Der Gottesknecht bei Deuterojesaja, EdF 233, Darmstadt: Wissenschaftliche Buchgesellschaft 1985 und weiterhin z. B. Hermisson, Studien, 175–266; van Oorschot, Babel, S. 178–196; Kratz, Kyros, S. 128–147; Kaiser, Grundriß II, S. 57–59; H. G. M. Williamson, Variations on a Theme. King, Messiah and Servant in the Book Isaiah, Carlisle, Cumberland/UK: Paternoster Press 1998, S. 112–166, Klaus Baltzer, KAT X/2, 1999, S. 44–47 und speziell zum vierten Lied Bernd Janowski/Peter Stuhlmacher, Hg., Der leidende Gottesknecht, FAT 14, Tübingen: J. C. B. Mohr (Paul Siebeck) 1996; vgl. zu diesem Lied auch unten, S. 165–168.

[14] Zu den Problemen des Buches und seiner Theologie vgl. Jacques Vermeylen, Du Prophète Isaïe à l' Apocalyptique II, EtB, Paris: J. Gabalda 1978, S. 450–517; Odil Hannes Steck, Studien zu Tritojesaja, BZAW 203, 1991; Klaus Koenen, Ethik und Eschatologie, WMANT 62, 1990; ders., Heil den Gerechten, BZAW 229, 1994, S. 79–88, das Referat bei Kaiser, Grundriß II, 1994, S. 60–66; weiterhin Wolfgang Lau, Schriftgelehrte Prophetie in Jes 56–66, BZAW 225, 1994, zumal die Zusammenfassung S. 316–325, die Analysen von Leszek Ruszkowski, Volk und Gemeinde, FRLANT 191, 2001 und immer noch Claus Westermann, Das

Kernbotschaft in den c. 60–62 lagert sich ein Ring von Gerichtsworten in c. 56–59 und (angelehnt an ein Volksklagelied in c. 63,7–64,11) weiteren Gottesworten, die das endgültige Scheidungsgericht zwischen den Gottlosen und den Gerechten ankündigen (c. 65–66). Zwischen der zentralen Heilsbotschaft und dem Klagelied steht in 63,1–6 ein Orakel, in dem der aus Edom kommende Gott bekannt gibt, daß er sein Gericht an den Völkern vollzogen hat. Die Rahmenkapitel illustrieren gleichsam das Motto in 57,21 (vgl. 48,22), daß es für die Gottlosen keinen Anteil am Heil gibt, wohl aber für die frommen Proselyten und Eunuchen (56,3–8) sowie natürlich für alle, die im Lande nach Gerechtigkeit streben. Selbst aus der Mitte der „Entronnenen", der Heiden, die dem Völkergericht entkommen und zu Boten der Herrlichkeit Jahwes bei den Völkern geworden sind, will er sich Priester und Leviten erwählen (66,21).[15] – Die der deuterojesajanischen Zionsbotschaft in Sprache und Gedankenwelt nahestehende tritojesajanische Heilsbotschaft der c. 60–62* entwirft ein glanzvolles Bild von der Zukunft der Gottesstadt als dem Mittelpunkt der Völkerwelt, die hier mit ihren Königen zusammenströmt, um Tag und Nacht ihre Schätze als Gaben darzubringen, die es erlauben, den Tempel herrlicher denn je zuvor auszuschmücken. Gott selbst werde ihr ewiges Licht und Heil seines priesterlichen Volkes ewiges Teil sein. Fremde werden die Mauern der Stadt bauen, die nur noch dekorativen Zwecken dienen, weil es keine Bosheit mehr im Lande gibt und das sich gewaltig vermehrende Israel nur noch aus Gerechten besteht. Dann werden die Völker keine Gelegenheit haben, sich gegen den Zion zusammenzurotten. Statt dessen werden Fremde ihr Vieh weiden und Ausländer ihre Äcker und Gärten bestellen. Und schon läßt Jahwe seinen Ruf in alle Lande ergehen, daß er mit den Befreiten zum Zion zurückkehren und sich die einschlägigen Verheißungen erfüllen werden (62,10–12).[16] Kapitel 65 nimmt diese Botschaft auf und fügt ihr weitere Züge hinzu: Während die Götzendiener dem Schwert Jahwes verfallen (V. 1–12), sind seine Knechte dazu erkoren, unter einem neuen Himmel und auf einer neuen Erde in ungetrübter Gottesgemeinschaft und uneingeschränktem Heil zu leben. Jung stirbt auf ihr, wer mit hundert Jahren stirbt. (65,17–24). Und wer vor die Tore der Stadt geht, braucht sich nicht mehr zu ängstigen, dort von reißenden Tieren angefallen zu werden, weil der urzeitliche Friede in diese Welt zurückgekehrt ist (65,25, vgl. 11,6–9). Die

---

Buch Jesaja. Kapitel 40–66, 4. Aufl., ATD 19, Göttingen: Vandenhoeck & Ruprecht 1981, S. 236–340.
[15] Durch die sekundäre Einfügung der Liste in V. 20a (von „Jahwe" bis „auf Dromedaren") und von V. 20b ist die Beziehung von V. 21 verunklärt; vgl. Koenen, Ethik, S. 208–209.
[16] Vgl. Jes 40,7–11; 52,7–10 sowie 35,10 mit 51,11.

Leichen der Frevler aber und aller, die sich durch die Teilnahme an fremden Kulten versündigt haben, sollen nach dem Scheidungsgericht den Lebenden zum Schauspiel ewig von Würmern zerfressen und im Feuer verbrannt werden (66,24; vgl. 1. Hen 27).

4. *Die Ausgestaltung der jesajanischen Prophetie in der Manassezeit.* Wenden wir uns Jes 1–12 zu, so erweist sich die sogenannte Denkschrift des Propheten Jesaja aus der Zeit des Syrisch-Efraimitischen Krieges (734–732) in 6,1–8,18* als ihr Mittelpunkt. Ursprünglich markierte sie dagegen den Anfang des Jesajabuches. Ihr liegt die Botschaft des geschichtlichen Jesaja in Gestalt seines Berufungsberichts in c. 6* und der Ankündigung kommenden Unheils in c. 8* vermutlich in der Form vor, die ihr die Generation seiner „Schüler" in der Zeit des judäischen Königs Manasse (696–642) gegeben hat.[17] Diese Bearbeiter haben die Verwüstung Judas durch das Heer des assyrischen Königs Sanherib und die im letzten Augenblick erfolgte Kapitulation Hiskias im Jahre 701 v. Chr., die Jerusalem vor der Zerstörung bewahrte, als das betrachtet, was sie historisch gewesen ist, nämlich als eine Niederlage. Den Grund für sie suchten sie in der Mißachtung des Gottes, in dessen Dienst Jesaja seine Unheilsbotschaft ausgerichtet hatte. Sie waren mithin davon überzeugt, daß Jahwe nicht sein Volk, sondern „dieses Volk" (vgl. 6,9 mit 8,6) seinen Gott verlassen hatte. Unter dem Einfluß der Inschriften des assyrischen Königs Asarhaddon (681–669) schilderten sie das von Jesaja angekündigte und inzwischen eingetroffene Unheil in 8,5–8 als eine Überflutung des Landes.[18] Wie wir den Orakeln in den c. 28–31* entnehmen können, hatte sich König Hiskia im Vertrauen auf ägyptische Hilfe zur Aufkündigung seines Vasallenverhältnisses gegenüber Sanherib entschlossen. Als sich diese als trügerisch erwiesen hatte, mußte er 701 kapitulieren. Über die Tributzahlungen, die er Sanherib zu entrichten hatte, machen 2. Kön 18,13–16 und der Bericht des assyrischen Königs unterschiedliche, doch einander ergänzende Angaben.[19] Jahwe selbst (so lautet nun die auf diese

---

[17] Dazu gehören in c. 6 jedenfalls nicht die V. 10 und 12–13. Die Ausgestaltung der Berufungserzählung zu einer Beauftragung zur Verstockung in V. 10 wird von Jörg Barthel, Prophetenwort, FAT 19, 1997, S. 78 mit guten Gründen ebenso wie S. 76–78 die V. 12–13 als sekundäres Interpretament beurteilt. Geht man davon aus, daß V. 9 der retrospektiven Bearbeitung der Manassezeit angehört, läßt sich diese Sicht vertreten; vgl. dazu künftig Friedhelm Hartenstein. Relative Einigkeit dürfte heute darüber bestehen, daß die V. 12–13 eine mehrstufige Fortschreibung darstellen; vgl. dazu Barthel, S. 76–78.

[18] Vgl. dazu den Nachweis unten, S. 91 Anm. 29.

[19] Vgl. dazu seine Bearbeitung durch Rykle Borger, TUAT I/4, 1984, S. 388–390 und zu weiteren einschlägigen Inschriften des Königs S. 390–391.

Ereignisse zurückblickende Auskunft in Jes 6*) habe seinen schützenden כָּבוֹד (*kabôd*), seinen machtvollen Glanz, von seiner Stadt zurückgezogen und das Land dem Schreckensglanz Assurs ausgeliefert, der das Land überflutete (8,6–8.).[20] Der Prophet aber hätte seine Botschaft versiegelt und sich und seinen dank seines Namens ein lebendiges Vorzeichen des Kommenden darstellenden Sohn[21] der Bewährung durch den Gott unterstellt, der auf dem Zion wohnt (8,18).

Ob und in welchem Umfang die mit Schuldaufweisen begründeten Unheilsorakel in 28,14–18* und in 30,8–17* auf den Propheten oder ganz oder teilweise auf jüngere Bearbeitungen zurückgehen, ist umstritten.[22] Wegen der in 28,14–18* vorliegenden Flutmetaphorik, die in 8,6–8 wiederkehrt und der Ausgestaltung der Denkschrift in der Manassezeit angehören dürfte,[23] läßt sich auch für den Grundbestand dieses Orakels dieselbe Entstehungszeit annehmen. Es knüpft an das Wort gegen die Spötter in 28,7b-11(13) an, das in seiner spiegelbildlichen Gerichtsankündigung in V. 11 sicher auf den künftigen Einfall des assyrischen Heeres in Juda anspielt. Das Orakel (28,14–18*) lautet:[24]

> 14 *Hört das Wort Jahwes,*
> *ihr Spötter,*
> *Ihr Sprüchemacher dieses Volkes*
> *in Jerusalem:*
> 15 *Ja, ihr sagt: Wir schlossen*
> *einen Bund mit dem Tod,*
> *Und mit der Unterwelt*
> *machten wir einen Pakt.*

---

[20] Vgl. dazu auch Friedhelm Hartenstein, Die Unzugänglichkeit Gottes im Heiligtum, WMANT 75, 1997, S. 109–223. Zu meinem Bedauern habe ich diese Studie in GAT II, S. 106 Anm. 6 übersehen. Will man nicht davon ausgehen, daß die Bearbeitung in der Manassezeit die Konturen der älteren Erzählung so verwischt hat, daß eine Ermittlung der Grundform nicht mehr möglich ist, könnte man diese allenfalls auf die V. 1–4.8 und 11 beschränken.

[21] Vgl. 8,3 „Man eilt zur Beute, raubt bald"; der Plural in 8,18 berücksichtigt nachträglich den in dem sekundären c. 7 in V. 3 erwähnten Sohn Schear-Jaschub, „Nur ein Rest ist es, der zurückkehrt".

[22] Vgl. dazu z. B. Uwe Becker, Jesaja, FRLANT 178, S. 230–233 und S. 250–257, der beide als sekundär beurteilt, und Barthel, der nach S. 312–317 in 28,14–18 und nach S. 406–411 in 30,12–14 und 15–17 zwei vorgegebene Jesajaworte vermutet, für welche die V. 9–11 als nachträglicher Vorspann komponiert worden seien.

[23] Vgl. dazu künftig Friedhelm Hartenstein.

[24] Sekundäre Erweiterungen sind in eckige Klammern gesetzt.

> *Wenn die strömende Geißel²⁵ kommt,*
> *wird sie uns nicht erreichen,*
> *[Denn wir haben Lüge zu unserer Zuflucht gemacht*
> *und uns hinter Trug versteckt.]*
> 16 *Darum spricht so*
> *der Herr Jahwe:*
> *Siehe ich bin es, der auf Zion einen Grundstein gelegt,²⁶*
> *einen Bochan-Stein,²⁷*
> *Einen kostbaren Gründungseckstein,*
> *einen Stein, der bleibt und nicht wankt.²⁸*
> 17 *[Und ich werde Recht zum Lot*
> *und Gerechtigkeit zur Wage machen.*
> *Doch Hagel wird die Lügenzuflucht zerschlagen*
> *und Wasser das Versteck wegreißen.]*
> 18 *Hinfällig wird euer Bund mit dem Tod,*
> *euer Pakt mit der Unterwelt hat keinen Bestand.*
> *Wenn die strömende Geißel kommt,*
> *werdet ihr von ihr erdrückt.*

Fragt man sich, was unter dem Bund mit dem Tode und unter der Flut zu verstehen ist, so läßt sich die zweite Frage schneller beantworten als die erste. Denn gemäß 8,5–8 dürfte mit ihr auch hier der Einfall des assyrischen Heeres gemeint sein.²⁹ Die auf einen Bund mit dem Tod gerichtete Anklage dürfte sich kaum auf eine rituelle Feiung gegen den Tod beziehen. Es dürfte sich vielmehr um eine metaphorische, das Ergebnis im Auge habende Bezeichnung für den mit Ägypten geschlossenen Vertrag handeln, dessen Folgen sich für die Judäer und Jerusalemer als tödlich erweisen sollten. Anklage und Urteil dürften mithin aus der Retrospektive der Manassezeit heraus formuliert sein, in der Juda einerseits pünktlich seinen Vasallenpflichten nachkam und andererseits ungestört im Frieden seines Glaubens leben konnte. Die eingeklagte Alternative hätte also da-

---

²⁵ Zur Bedeutung von *šôṭ* vgl. Hartmut Gese, Die strömende Geißel des Hadad und Jesaja 28,15 und 18, in: Ernst Kutsch, Hg., Archäologie und Altes Testament. FS Kurt Galling, Tübingen: J. C. B. Mohr (Paul Siebeck) 1970, S. 127–134. Die Geißel ist primär die Peitsche, durch deren Knallen der Wettergott seine Blitze erzeugte. Die strömende Geißel ist mithin ein durch ein schweres Gewitter ausgelöster Sturzregen, der eine reißende Flut erzeugt.

²⁶ Lies mit G das Partizip.

²⁷ HAL 115a s.v. identifiziert ihn mit einem feinkörnigen Schiefergneis.

²⁸ Zur Begründung dieser Übersetzung vgl. künftig Friedhelm Hartenstein.

²⁹ Vgl. die Inschrift Asarhaddons auf dem Ninive-Prisma A II,68–69 bei Borger, TUAT I/4, 1984, S. 395: „Sidon, welches inmitten des Meeres liegt, wälzte ich wie eine Sintflut nieder." Ich verdanke den Hinweis Friedhelm Hartenstein, der auch diesen Text in einem übergreifenden Zusammenhang untersucht.

rin bestanden, sich auf den Gott zu verlassen, der dank seiner Gegenwart auf dem Zion für sein Volk eine sicherere Zuflucht in den Stürmen der Zeit als die kraftlose Hilfe der Ägypter gewesen wäre.

5. *Das Glaubenswort in Jes 7,9 und seine Nachgeschichte.* Dieses Verständnis der prophetischen Botschaft spiegelt sich noch in der vermutlich erst im Laufe des 6. Jh.s zwischen die c. 6* und 8* eingeschalteten Erzählung von der Begegnung Jesajas mit König Ahas (736–729 oder 726) in Jes 7,1–17*.[30] Begleitet von seinem Sohn Schear Jaschub („Nur ein Rest kehrt zurück!"), dessen Name auf den über das Schicksal des Hauses David entscheidenden Charakter der Begegnung zwischen Jesaja und Ahas verweist,[31] sucht der Prophet den König auf, der angesichts der erwarteten Belagerung durch die miteinander verbündeten Könige Rezin (Razun) von Damaskus und Pekach von Israel, dem Sohn des Remalja, die Wasserversorgung Jerusalems inspiziert. Der König verschloß sich der ihm übermittelten Aufforderung Jahwes, furchtlos und gelassen das Ende der beiden Gegner abzuwarten (V. 4):

> *Hüte dich und verhalte dich still. Fürchte dich nicht: und dein Herz soll nicht verzagen vor diesen beiden rauchenden Brandstummeln, vor der Zornesglut Rezins und Arams und dem Sohn des Remalja.*

Der Erzähler läßt Jesaja seine an den König und das davidische Haus gerichtete Botschaft in V. 9 mit der bedingten Unheilsankündigung bekräftigen:

> *Glaubet ihr nicht, so bleibet ihr nicht!*

Die Begegnung zwischen dem Propheten und seinem König war die Stunde, in der die Entscheidung über das Reich Davids fiel: Mit ihrer Verweigerung des von ihnen verlangten Gottvertrauens und der sich daraus ergebenden Bündnispolitik haben die Davididen das Ende ihres Reiches selbst verschuldet. Das alles ist aus der Retrospektive auf die Ereignisse des Syrisch-Aramäischen Krieges als eines Teils der antiassyrischen Aufstandspolitik der Jahre 735–732 und zugleich auf die der Jahre 588 und 587 gesagt:[32] Denn in der Tat verwandelte Tiglatpilesar das Reich von Damaskus in eine assyrische Provinz und überließ dem Mörder des Kö-

---

[30] Zu den Problemen der Erzählung vgl. umfassend Jürgen Werlitz, Studien zur literarkritischen Methode, BZAW 204, 1992; zu den V. 10–17* auch unten, S. 196–198

[31] Vgl. dazu auch Jutta Hausmann, Israels Rest, BWANT 124, 1987, S. 145–147.

[32] Vgl. dagegen aber Christopher R. Seitz, Zion's Final Destiny, 1991, S. 124.

§ 4 Jahwes Gericht an Israel 93

nigs Pekach Hosea, dem Sohn Elas, dem letzten König von Israel, ein auf das Samarische Gebirge begrenztes Reich.[33]

Als Jesaja 7 geschrieben wurde, erschien die Kapitulation Hiskias im Licht der Katastrophe des Jahres 587 bereits als eine Rettungstat Jahwes: König Hiskia hatte anders als sein Vater und anders als seine letzten Nachfolger auf Jahwe und die Worte seines Propheten vertraut. Deshalb hatte Jahwe Jerusalem auf wunderbare Weise durch seinen Engel errettet, der das gewaltige assyrische Heer in einer einzigen Nacht hinweg raffte (2. Kön 19,35 par Jes 37,36).[34] In diesem Licht wurde Ahas nicht nur zum Antitypos seines Sohnes und Nachfolgers Hiskia, sondern auch zum Prototyp der letzten Könige von Juda, die sich wiederum statt auf Jahwe auf ägyptische Hilfe verlassen und dadurch Thron und Reich und im Fall des letzten Königs Zedekia auch das Leben verspielt hatten (vgl. 2. Kön 24–25 und Jer 52). Im Licht der Zerstörung Jerusalems erschien den Nachgeborenen die Verschonung der Stadt als göttliche Rettung. Im Lichte der bedingten, an das Haus Davids gerichteten Unheilsansage *Glaubet ihr nicht, so bleibet ihr nicht!* in Jes 7,9 verklagte sie noch einmal die Glaubenslosigkeit der letzten Könige aus Davids Geschlecht und forderte zugleich die nach 587 lebenden Zeitgenossen auf, das Heil künftig statt von Revolten und dem Beistand fremder Mächte von ihres Gottes Hilfe zu erwarten und die Wahrheit der Verheißung zu erfahren und zu „bleiben".

Der Vorwurf, durch eine die eigenen Kräfte überschätzende Politik Juda ins Verderben gerissen zu haben, kehrt in Jes 30,15–16 im Zusammenhang mit den Worten gegen die auf ägyptische Hilfe vertrauende Politik Judas in den Jahren 703–701 wieder. In ihm fanden auch die Überlebenden des Untergangs des Reiches im Sommer 587 die Antwort auf die Frage nach dem Warum der großen Katastrophe:[35]

> 15 *Denn so hatte unser Herr Jahwe,*
> *der Heilige Israels gesagt:*

---

[33] Vgl. Tiglatpilesars kleinere Inschrift Nr. 1,4–7.15–18; TUAT I/4, S. 373–774 und ND 4301 + usw. Rs. 3–4.9–10, ebd., S. 377.

[34] Zu allen Problemen, die mit 2. Kön 18–19 par Jes 36–37 und der späteren Ausdeutung in 2. Chr 32,1–23 zusammenhängen, vgl. umfassend Francolino J. Gonçalves, L'expédition de Sennachérib, EtB. NS 7, 1986, weiterhin Christof Hardmeier, Prophetie im Streit vor dem Untergang Judas, BZAW 187, 1990, S. 87–173 und Eberhard Ruprecht, Die ursprüngliche Komposition der Hiskia-Jesaja-Erzählungen und ihre Umstrukturierung durch den Verfasser des deuteronomistischen Geschichtswerkes, ZThK 87, 1990, S. 33–66.

[35] Zur literarischen Einordnung vgl. Uwe Becker, Jesaja, FRLANT 178, 1997, S. 255–256 und zum retrospektiven Charakter auch Jörg Barthel, Prophetenwort, FAT 19, 1997, S. 422–427.

> *„In Rückkehr zur Ruhe*
> *liegt euer Heil,*
> *Im Stillhalten und Vertrauen*
> *eure Stärke!"*
> *Aber ihr habt anders entschieden*
> 16 *und sagtet: „Nein!*
> *Denn wir wollen auf Rossen fliehen!"*
> *Daher sollt ihr fliehen!*
> *„Und wollen auf Schnellen reiten!"*
> *Daher werden eure Verfolger schnell sein!*

Hätte sich das kleine, auf den judäischen Bergen liegende Königreich geduldig und mit Gottvertrauen in sein Los als Vasall erst des assyrischen und dann des babylonischen Königs geschickt, so hätte es eines Tages unversehrt dank seines Gottes Beistand seine Freiheit zurückgewonnen. Oder um es im Anschluß an Jes 7,9 zu sagen: Hätte es geglaubt, so wäre es geblieben. Den Überlebenden aber gilt erneut das „Glaubet ihr nicht, so bleibet ihr nicht!"[36]

Der Chronist hat Jes 7,9 aufgenommen und in seiner Erzählung König Josafat in seinem Bittgottesdienst vor dem Ausrücken zur Schlacht gegen die Ammoniter und Moabiter in den Mund gelegt (2. Chr 20,20):

> *„Glaubt an Jahwe, euren Gott, so werdet ihr bleiben, und glaubt an die Worte seiner Propheten, so werdet ihr gerettet!"*

Der Chronist machte so aus der bedingten Unheilsankündigung ein bedingtes Heilswort. Da seine Darstellung der Regierung Josafats sein großes Paradigma dafür ist, daß Jahwe den Königen aus Davids Haus stets hilft, wenn sie auf ihn vertrauen, und sie stets bestraft, wenn sie ihm die Treue brechen, liegt in diesem Leitvers zugleich das Prinzip seiner Deutung der ganzen Geschichte Israels.[37]

6. *Weissagung und Erfüllung in der protojesajanischen Sammlung.* Die Botschaft von 2. Chr 20,20 findet in der Redaktionsschicht ihre sachliche Entsprechung, die jetzt die drei Teile der protojesajanischen Sammlung zusammenschließt. Sie verbindet die Jesajaworte in 14,28–32*(?);

---

[36] Vgl. weiterhin Hans-Christoph Schmitt, Redaktion des Pentateuchs im Geiste der Prophetie. Beobachtungen zur „Glaubens"-Thematik in der Endredaktion des Pentateuchs, VT 32, 1982, S. 170.189 = ders., Theologie in Prophetie und Pentateuch, BZAW 310, 2001, S. 220–237.

[37] Zur chronistischen Deutung Josafats vgl. H. G. M. Williamson, 1 and 2 Chronicles, NCBC, Grand Rapids/London: William N. Eerdmans/Marshall, Morgan & Scott 1982, S. 278–280 und zum atl. Glaubensverständnis Otto Kaiser, Art.,Glaube II: Altes Testament, RGG 4. Aufl. III, 2000, Sp. 944–947.

17,1–3*; 18,1–2 (vgl. c. 20) und 28–31,*[38] die durch die Einfügung der Fremdvölkerorakel der c. 13–23* auseinandergerissen sind, durch eine Kette von Drohworten gegen Assur, die in 10,5–12* einsetzt und in 36–37(38) ihre Erfüllung findet. Diese Orakel werden durch den Weheruf gegen den König von Assur in 10,5–12(19)* eröffnet, der ihm die Vernichtung voraussagt. Weil er sich selbst überhoben und dabei verkannt hat, daß er bei seinem Zug gegen Juda lediglich ein Werkzeug in der Hand Jahwes zur Züchtigung seines Volkes ist, werde Gott ihn heimsuchen, wenn er seine Aufgabe getan hätte. Dieses Wehewort wird in 14,24–25a(27) als seiner ursprünglichen Fortsetzung aufgenommen[39] und dann über 30,27– 31 und 31,4–9 seinem Ziel in Gestalt des Berichts von der Vernichtung des assyrischen Heeres in Jes 36–37 entgegengeführt. In ihrem Kontext unterstreichen diese Orakel jedoch nicht nur die Vertrauenswürdigkeit der gegen Juda gerichteten Unheilsworte, sondern auch die der Heilsworte des Buches.[40] Denn in Jes 36–37 finden ja nicht nur die Assurworte, sondern auch die Voraussagen in 17,12–14 und 29,1–8 ihre Erfüllung,[41] daß Jerusalem zwar in größte Not geraten, aber dennoch plötzlich errettet würde. Andererseits rückt aber auch die Weissagung von Jes 6,11 von der Verwüstung des Landes durch c. 39 mit seiner Weissagung des Propheten, daß die Schätze Jerusalems nach Babel gebracht und die königlichen Prinzen dort Hofdienste würden leisten müssen, in ein neues Licht, weil sie sich nun auf die Verwüstung des judäischen Reiches in den Jahren 588 und 587 bezieht. Der sich so für den Leser ergebende doppelte Zusammenhang zwischen Weissagung und Erfüllung verleiht jedoch auch den Heilsworten ihre Glaubwürdigkeit, die den Juden die

---

[38] Vgl. dazu die unterschiedliche Beantwortung der Frage, ob diese Texte ganz, teilweise oder gar nicht auf den Propheten Jesaja zurückgehen, bei Barthel, Prophetenwort, der sie für die Grundtexte im Bereich der c. 28–31 bejaht; ähnlich Kaiser, Grundriß II, 1994, S. 39–42 (der aber im Blick auf die Weheworte in c. 5 unter dem Eindruck der Argumente von Uwe Becker wieder zu seiner in ATD 17, 5. Aufl. vertretenen Beurteilung als einer nachjesajanischen Komposition zurückgekehrt ist und auch im Blick auf 10,1–4 dazu gelernt hat) und weiterhin Becker, S. 223–263, der sie für sekundär erklärt.

[39] Zur Rede vom Plan Jahwes in V. 26 und zur Datierung der ganzen Einheit vgl. Wolfgang Werner, Studien zur alttestamentlichen Vorstellung vom Plan Jahwes, BZAW 173, Berlin. New York: Walter de Gruyter 1988, S. 33–36 und zum vermutlich sekundären Charakter der V. 25b–27 Uwe Becker, Jesaja, FRLANT 178, 1997, S. 210–211.

[40] Vgl. dazu Becker, S. 200–222, und Barthel, S. 263–270 bei unterschiedlichen zeitlichen Einordnungen in den Redaktionsprozeß.

[41] Zur Schichtung der Perikope in ein Gerichtswort und seine Umdeutung in ein Heilswort von der Rettung der belagerten Stadt im Völkersturm vgl. unten, S. 141–142.

Wiederherstellung der davidischen Monarchie und ewigen Frieden verheißen.[42] Die zeitlich begrenzte Botschaft, daß Judas Weg im letzten Drittel des 8. Jhs. durch Gericht zum Heil führte, wird nun aufgenommen und auf das Schicksal Judas nach 587 bezogen: Ist das vorausgesagte Unheil eingetroffen, werden sich auch die Heilsworte erfüllen.

Im Schatten dieser erfüllten Weissagungen steht nun aber auch Jes 35 als die Brücke, welche die Proto- und die Deuterojesajanischen Sammlung miteinander verbindet. Es nimmt mit seiner Botschaft von dem baldigen Kommen Jahwes als des Rächers in V. 4 die Botschaft von c. 34 auf und weist in V. 10 mit seinem Zitat von Jes 51,11 auf die deuterojesajanische Sammlung voraus, welche die Heimkehr Jahwes zum Zion an der Spitze seines befreiten Volkes zum Ziel hat (Jes 40,9–11; 52,7–10).[43]

Später haben auch die Fremdvölkersprüche der c. 13–23* in der sogenannten „Jesajaapokalypse" der c. 24–27 ein neues Ziel bekommen. Das Weltgericht über die Völker, das nach Jes 13 mit einem Gericht an Babel einsetzt und Jerusalem nach 22,1–14[44] nicht verschont, bewirkt zugleich die Erlösung der Frommen und den Anbruch der Königsherrschaft Jahwes über alle kosmischen und irdischen Gewalten. Jahwe wird dann alle Völker zu seinem Krönungsmahle in einem neuen Jerusalem einladen, Tod und Leid wird es nicht mehr geben (Jes 24,21–23 und 25,6–8), und die Toten werden auferstehen (Jes 26,19). So führt auch das Weltgericht als der große Erweis der Macht des Gottes Israels vor allen Völkern und Gewalten Israel und alle Menschen, die dem Gericht entkommen sind, zum Heil.[45]

7. *Von der Klage über die Katastrophe zum Schuldaufweis*. Nach dem Ausblick auf den der ganzen Weltgeschichte Sinn und Ziel gebenden Höhepunkt der Botschaft des Jesajabuches dürfte es einigermaßen ernüchternd wirken, wenn wir erst noch einmal auf die Leiden zu sprechen kommen, welche die Bevölkerung in Jerusalem während und nach der Belagerung durch Nebukadnezar II. 588/87 zu erdulden hatte, und uns dann dem Schuldaufweis in Jes 1–5 zuwenden.

Über das, was sich 587 in Jerusalem während der Belagerung und nach der Eroberung abgespielt hat, besitzen wie keine authentischen Zeugnisse. Wir können es nur aus den dtr überformten Erzählungen des Jeremiabuches, den Berichten in 2. Kön 25 und Jer 52 und den sich in das Ge-

---

[42] Vgl. z. B. Jes 9,1–6; 11,1–5.6–9; 16,1–5 und 32,1–5.

[43] Vgl. dazu einerseits Odil Hannes Steck, Bereitete Heimkehr, SBS 121, 1985, bes. die Zusammenfassung S. 101–103, und andererseits Christopher R. Seitz, Zion's Final Destiny, 1991, bes. die Zusammenfassung S. 196–202.

[44] Endgestalt!

[45] Vgl. dazu unten, S. 164–165.

§ 4 Jahwes Gericht an Israel

schehen zurückversetzenden Rollendichtungen der Klagelieder rekonstruieren. Es sind die Klagelieder, die uns ahnen lassen, daß der Weg von der Fassungslosigkeit angesichts der übergroßen Leiden über die Annahme ihrer Deutung, daß Jerusalem den Zorn seines Gottes durch seine eigene Schuld herausgefordert hatte, zu der sich daraus ergebenden Bitte um Vergebung seine Zeit brauchte. Das ist im Leben der Völker nicht anders als im Leben des Einzelnen. Die ersten Reaktionen auf die grauenvollen und erniedrigenden Erfahrungen während der Belagerung wie während und nach der Eroberung Jerusalems dürften zunächst fassungsloser Schmerz und eine abgrundtiefe Ratlosigkeit gewesen sein, daß Jahwe seinem dem Volk zum Schutz gegebenen Gesalbten (Klgl 4,20) nicht beigestanden noch seine Stadt errettet hat, wie es die Propheten in seinem Namen verheißen hatten (vgl. Klgl 2,14; Jer 7,4; 28,2-4 und 29,15.21-31). Statt dessen hatte er den in seinem Namen regierenden König, sein Volk und seine Stadt in ein Elend sondergleichen gestoßen. Schon als in Jerusalem Nachricht auf Nachricht vom unaufhaltsamen Vormarsch des babylonischen Heeres gegen das judäische Bergland eintraf, dürfte sich in Jerusalem die bange Frage erhoben haben, wie das Ganze enden würde. Ein Echo dieses Erschreckens meint man noch in Prophetenworten wie Jer 4,19-21 und 6,1 zu vernehmen.[46] Aber offensichtlich setzte man die Hoffnung auch weiterhin auf den Gott, der auf dem Zion wohnt, so daß nach der Katastrophe die Fassungslosigkeit über das unnennbare Leid, das Jerusalem und Juda getroffen hatte, um so größer war. Panik und Entsetzen kommen zuerst. Dann stellt sich als nächstes die vorwurfsvolle Frage ein, warum Gott solche Greuel zuläßt. Um die Gegenfrage zu hören, ob die Betroffenen ihr schweres Schicksal selbst verschuldet haben, bedarf es der stilleren Stunde, wenn sich der erste Schmerz gelegt hat und die Bereitschaft zu einer gelasseneren Betrachtung zurückgekehrt ist.

Die sogenannten Klagelieder Jeremias zeichnen im Rückblick den Weg von dem Entsetzen über den Fall der Stadt und seine Folgen zur Anerkenntnis der dafür verantwortlichen eigenen Schuld und der verhaltenen Bitte an Jahwe nach, sich des Elends seiner Stadt zu erinnern. Die Farben entnehmen sie aus ihrer Kenntnis der Leiden, die sich üblicher Weise während einer längeren Belagerung und nach der Eroberung einer Stadt einzustellen pflegen:[47] Verhungernde Kinder, die ihre Mütter um

---

[46] Vgl. dazu auch Karl-Friedrich Pohlmann, Die Ferne Gottes, BZAW 179, 1989, S. 143-192 und zum vermutlich ältesten Text des Ezechielbuches in Gestalt der Allegorie von dem Zedernwipfel und dem undankbaren Weinstock ders., Das Buch Hesekiel (Ezechiel). Kapitel 1-19, ATD 21/1, Göttingen: Vandenhoeck & Ruprecht 1996, S. 235-250.

[47] Vgl. dazu ausführlich O. Kaiser, Klagelieder, in: H.-P. Müller; ders.und J. A.

Brot und Wein anflehen (2,12); Mütter, die in letzter Verzweiflung die eigenen Kinder schlachten und essen (2,20; 4,10), Leichen von Verhungerten und Erschlagene jeden Alters und Geschlechts auf den Gassen (2,21); ein geschändeter und geplünderter Tempel (2,7); der König und seine Berater gefangen (2,9; 4,20); die Propheten verstummt (2,9); die Priester und Ältesten verhungert (1,19); die Überlebenden unter ihnen so verachtet, daß sie das von den Siegern besetzte Tor meiden, die Stätte, an der sie einst zu Gericht saßen (5,12b.14). Frauen und Jungfrauen wurden geschändet (5,11), königliche Beamte aufgeknüpft (5,12a), junge Burschen zur Zwangsarbeit verpflichtet (5,13), die unzerstörten Häuser von Fremden in Besitz genommen (5,2b). Das Bestellen der Felder und Einbringen der Ernte war wegen marodierender, aus der Steppe kommender Banden mit Lebensgefahr verbunden (5,9). Und selbst für Wasser und Feuerholz mußte man eine Abgabe entrichten (5,4). Wer weiß, wie oft sich das bis in unsere eigene Zeit hinein wiederholt hat und noch wiederholt? Und doch hat die Klage über solches Leid und Elend in den fünf Liedern ihre kunstvolle Form und damit eine Würde gewonnen, die dazu beiträgt, daß sich besiegte Völker bis in unsere Zeit hinein in ihren Klagen wiederfinden konnten (Klgl 1,1–2):

> 1 *Ach, wie sitzt verlassen*
> *die Stadt, die volkreich war.*
> *Sie ward gleich einer Witwe,*
> *die über Völker gebot.*
> *Die über Gaue herrschte,*
> *verfiel der Fron.*
> 2 *Sie weint und weint des Nachts,*
> *hat Tränen auf den Wangen.*
> *Sie hat keinen Tröster*
> *bei all ihren Freunden.*
> *All ihre Freunde wurden*
> *treulos zu ihren Feinden.*

Die Einsicht, daß Jahwe ihr dieses Leid in seinem Zorn selbst angetan hat, eröffnet das 2. Lied (V. 1):

> *Ach, wie* entehrte[48] *in seinem Zorn*
> *der Herr die Tochter Zion.*
> *Er warf vom Himmel zur Erde*
> *Israels Zier*

Loader, Das Hohelied. Klagelieder. Das Buch Esther, 4. Aufl., ATD 16/2, Göttingen: Vandenhoeck & Ruprecht 1992, S. 91–198, bes. S. 97–111.

[48] Zum Text vgl. Kaiser, ATD 16/2, S. 130 Anm. 1.

*und gedachte nicht seiner Füße Schemel
am Tag seines Zornes.*

Der Gedanke, daß ein Gott seine eigene Stadt in seinem Zorn zerstört, war nicht ohne Beispiel in der Geschichte. Nach dem „Fluch über Akkad" soll Inanna, die Schutzgöttin der Stadt, selbst gegen ihre Stadt ausgezogen sein, nachdem ihr König Naramsin Ekur, den Tempel Enlils in Nippur, zerstört und dadurch dessen Zorn provoziert hatte.[49] Bedeutsamer ist die Erklärung, welche der assyrische König Asarhaddon in seinem Bericht über den Wiederaufbau des Esagila, des Marduk-Tempels in Babel, gibt, den bekanntlich sein Vater Sanherib niedergerissen hatte. Nun aber erklärt der Sohn, Marduk selbst habe in seinem Zorn die Stadt zerstört, indem er sie mit den Wassern des Arahtu-Kanals wie mit der Sintflut überschwemmt und dadurch zu einem einzigen Ruinenfeld gemacht habe.[50] Es war demnach zwar ein großer, aber keineswegs ein unerhörter Schritt von der Voraussage und Deutung eines partiellen Unheils als Folge des Zornes Jahwes zu der Einsicht, ihm auch die totale Zerstörung seiner Stadt und seines Landes zuzuschreiben, wie wir es uns am Beispiel von Klgl 2 paradigmatisch vergegenwärtigt haben und es für die dtr und nachdtr Geschichts- und Prophetentheologie charakteristisch ist.[51] Es dürften ehemalige judäische Hofbeamte gewesen sein, in deren Kreisen sich die Kenntnis der assyrischen Reichstheologie und der damit zusammenhängenden Kriegsideologie über den Untergang des assyrischen und des eigenen Reiches hinaus erhalten hatte, so daß sie in der Lage waren, die Stellung Jahwes gegenüber seinem Volk und den Fremdvölkern neu zu definieren und damit den wesentlichen Grundstein für die Bewältigung der durch den Untergang des davidischen Reiches ausgelösten Glaubenskrise zu legen.[52]

Der Weg von der verständnislosen Frage nach dem Warum der Katastrophe und der Belehrung über die Gründe des göttlichen Zorns zu dem

---

[49] Vgl. Bertil Albrektson, History and the Gods, CB.OT 1, 1967, S. 24–27.
[50] Gebrochenes Prisma Asarhaddons Col 1, ARAB II, S. 245 § 649. Ich verdanke den Hinweis Herrn Dr. Friedhelm Hartenstein.
[51] Vgl. dazu auch GAT I, S. 186–201.
[52] Vgl. dazu z. B. Moshe Weinfeld, Deuteronomy and the Deuteronomic School, Oxford: Clarendon Press 1972, S. 158–171 und zur Abhängigkeit des biblischen Konzeptes des Heiligen Krieges von der Kriegsideologie der zeitgenössischen Großreiche und zumal der Assyrer Manfred Weippert, „Heiliger Krieg" in Israel und Assyrien, ZAW 84, 1972, S. 460–493 = ders., Jahwe und die anderen Götter, FAT 18, Tübingen: Mohr Siebeck 1997, S. 71–97 und Sa-Moon Kang, Divine War in the Old Testament and in the Ancient Near East, BZAW 177, Berlin. New York: Walter de Gruyter 1984.

Bekenntnis der eigenen Schuld ist freilich ein längerer. Das spiegeln auch die Klagelieder wider, in denen erst in dem jüngsten, jetzt in der Mitte der ganzen Sammlung stehenden 3. Lied ein Weiser beispielhaft zeigt, wie ein Mensch in schwerem Leiden vor Gott treten sollte, um dann seine Gemeinschaft zum Bußgebet zu Jahwe aufzurufen (3,39–42):

> 39 *Was beklagt sich ein Mensch, der lebt,*
>   *ein Mann über die Folgen seiner Sünden?*
> 40 *Laßt uns unsere Wege ergründen und erforschen*
>   *und uns zu Jahwe wenden!*
> 41 *Laßt uns die Herzen samt den Händen*
>   *zu Gott im Himmel heben;*
> 42 *Wir haben gesündigt und getrotzt,*
>   *so konntest du nicht vergeben!*

Dann aber erinnert er Gott an das, was er den Seinen im übergroßen Zorn angetan hat (V. 43–54), um ihn dann mit leidenschaftlichen Worten zur Rechtshilfe und zur Vernichtung seiner frevelhaften Gegner aufzufordern (V. 55–66). Hier ist das Leiden der Jerusalemer in den 80er Jahren des 6. Jhs. zum Paradigma der Leiden der Frommen des fortgeschrittenen 4. Jhs. v. Chr. geworden, denen ihre frevelhaften Gegner nachstellen.

Doch das 4. und 5. Lied versetzen seine Leser oder Hörer erneut in das Jerusalem bald nach der Eroberung. Dabei wiederholt das 4. in hyperbolischen Wendungen die Klagen über die Leiden Jerusalems aus dem 1. und 2. Lied. In dem 5. aber meint man unter dem Gewand der hohen Form und theologischen Reflexion noch die authentischen Worte derer zu vernehmen, die ihre Väter im oder nach dem Kriege verloren hatten, Zeugen der Vergewaltigung ihrer Mütter und Schwestern geworden waren und selbst die Erniedrigungen erlitten hatten, welche die Rachsucht der Sieger den Besiegten nicht nur im Altertum aufzuerlegen vermochte. Das Lied bleibt jedoch in seiner jetzigen Gestalt nicht bei der Klage stehen, sondern mündet in ein Gebet, das die von den unheilvollen Erfahrungen ausgehenden Anfechtungen so weit überwunden hat, daß es den ewigen Gott in aller Demut darum anzurufen vermag, sich über die Schuld der Väter hinwegzusetzen (V. 7) und die Seinen nicht in übermäßigem Zorn zu vergessen, sondern die heilvolle Gemeinschaft mit ihnen wiederherzustellen (5,19–22):

> 19 *Du aber, Jahwe, bleibst in Ewigkeit,*
>   *dein Thron Geschlecht um Geschlecht.*
> 20 *Warum willst du uns für immer vergessen,*
>   *uns verlassen für alle Zeit?*
> 21 *Bringe uns, Jahwe, zu dir zurück,*
>   *erneuere wie vormals unsere Tage!*
> 22 *Es sei denn, du hast uns ganz verworfen,*
>   *zürnst uns zu sehr.*

§ 4 Jahwes Gericht an Israel

8. *Der Schuldaufweis in Jes 1–5.* Wird einem Volk seine politische Schuld vorgehalten, so konnte es im Altertum darauf verweisen, daß es auf das Handeln seiner Könige kaum einen Einfluß hatte. Heute wird seine Meinung in einem solchen Umfang manipuliert, daß es sich in der Mehrzahl kaum ein begründetes Urteil über das Handeln seiner Politiker bilden kann, weil ihm dafür teils die Informationen und teils die Kompetenzen fehlen, welche die Lösung komplizierter Situationen erfordert. Es ist daher auf die Zuverlässigkeit seiner Journalisten und die Vertrauenswürdigkeit seiner Politiker angewiesen. Anders verhält es sich mit der sittlichen Verantwortung im Alltag: Diese kann ihm niemand abnehmen und ihrem Anspruch kann sich keiner entziehen. Das deuteronomistische Jeremiabuch hatte sie in den dem Propheten in den Mund gelegten Reden nicht unerwähnt gelassen. Als klassisches Beispiel dafür seien wenigstens einige Sätze aus der Tempelrede Jer 7,1–15 angeführt (V. 3–11):[53]

> 3 *So hat Jahwe Zebaot, der Gott Israels, gesagt: Bessert euren Wandel und eure Taten, dann will ich* bei *euch*[54] *an dieser Stätte wohnen.* 4 *Vertraut nicht bei euch selbst auf die Lügenworte, die besagen: „Dies ist der Tempel Jahwes! Der Tempel Jahwes ist dies!"* 5 *Denn (nur) wenn ihr wirklich euren Wandel und eure Taten bessert, wenn ihr wirklich dem Recht gemäß aneinander handelt,* 6 *Fremdling, Waise und Witwe nicht bedrückt und kein unschuldiges Blut an dieser Stätte vergießt und hinter anderen Göttern nicht hergeht euch zum Schaden,* 7 *dann will ich* bei *euch*[55] *an dieser Stätte wohnen in dem Lande, das ich euren Vätern gegeben habe, von Ewigkeit zu Ewigkeit.* 8 *Doch euer Vertrauen auf Lügenworte ist zwecklos.* 9 *(Herrschen bei euch nicht) Diebstahl, Mord und Ehebruch, Meineid und dem Baal-Räuchern und Göttern, die ihr nicht kennt? –* 10 *Und (dann) kommt ihr und stellt euch vor mich in diesem Haus, das nach meinem Namen genannt ist, und sagt: „Wir sind gerettet!" um weiterhin all diese Greuel zu tun.*[56]11 *Ist denn dieses Haus, über dem mein Name genannt ist, in euren Augen zu einer Räuberhöhle geworden? Auch ich bin nicht blind!*[57]

---

[53] Zur Diskussion vgl. William McKane, Jeremiah I, ICC, 1986, S. 158–169. Als Beispiel für derartige Schuldaufweise im Ezechielbuch vgl. den die ganze Geschichte Israels von der Herausführung aus Ägypten bis zu seiner Zerstreuung unter die Völker reichenden Nachweis in Ez 20 und dazu Karl-Friedrich Pohlmann, Der Prophet Hesekiel/Ezechiel. Kapitel 20–48, ATD 22/2, Göttingen: Vandenhoeck & Ruprecht 2001, S. 299–313.
[54] Siehe BHS.
[55] Siehe BHS.
[56] Siehe BHS.
[57] So trefflich Wilhelm Rudolph, Das Buch Jeremia, 3. Aufl., HAT I/2, Tübingen: J. C. B. Mohr (Paul Siebeck) 1968, S. 50.

Hier wird jede religiöse Zuversicht, die sich nicht auf den Gehorsam gegen das Erste und das Fünfte bis Siebte Gebot des Dekalogs gründet, ein für alle mal als Selbstbetrug entlarvt. Sofern der Schuldaufweis im nachexilischen Jesajabuch sich nicht lediglich mit der religiösen Schuld der Väter beschäftigen, sondern auch die Zeitgenossen treffen wollte, durfte in ihm auch der Aufweis der moralischen nicht fehlen. Daher sind die Anklagen in den dieser Epoche angehörenden Fortschreibungen der c. 1–5 statt auf das religiös-politische, vor allem auf das sittliche Versagen des Volkes ausgerichtet. Eben damit aber haben sie ihre überzeitliche Aktualität für jedermann gewonnen. Der Absicht, der nachexilischen Leserschaft einen Spiegel vorzuhalten, in dem sie ihr eigenes Versagen gegenüber Gott und den Menschen erkennen konnte, verdanken sie es, daß der primäre Buchanfang in c. 6 in nachexilischer Zeit in drei Neuausgaben des Buches nach vorn verlegt und bei der ersten gleichzeitig die Denkschrift durch zwei Schuldaufweise eingeschlossen wurde, einen moralischen in c. 5 und einen geschichtlichen in 9,7–20(10,1–4).[58] Vor sie wurden so das Weinberglied in 5,1–7 als Einleitung zu den gleichzeitig aufgenommenen Weherufen in 5,8–24* und hinter sie das Gedicht von der ausgestreckten Hand Jahwes in 9,7–20 gestellt, das in 10,1–4 ebenfalls durch einen Weheruf abgeschlossen wird. Beide Rahmentexte hatten sich dem Kontext und den den Weherufe eingefügten Ergänzungen gemäß in den Schlägen des Jahres 701 erfüllt, waren aber so offen formuliert, daß sich nicht nur die Zeitgenossen, sondern auch die Späteren angesprochen fühlen konnten. Die Weherufe in 5,8–24a lauten ohne ihre sekundären Begründungen so:[59]

> 8 *Weh denen, die Haus an Haus reihen,*
> *die Feld mit Feld verkoppeln,*
> *Bis der Platz verbraucht ist*
> *und ihr allein im Lande siedelt!*[60]
> 11 *Weh denen, die früh am Morgen*
> *dem Trunk nachjagen,*

---

[58] Vgl. dazu Becker, S. 124–199.
[59] Zur Diskussion vgl. Uwe Becker, Jesaja, S. 127–145. Ich ändere meine ATD 17[5] vertretene Position insofern, als ich 10,1–4 als selbständige Fortschreibung beurteile. 5,24b ist ein Zusatz infolge der offiziellen Anerkennung der Tora als jüdischer Rechts- und Lebensordnung und dürfte, je nach der Ansetzung dieses Vorgangs, frühestens in die 2. Hälfte des 5., wahrscheinlicher aber erst in das 4. Jh. gehören. Die den einzelnen Weherufen folgenden Begründungen dürften teils als historisierende, teils als eschatologisierende Nachinterpretationen zu beurteilen sein.
[60] Auf deutsch: Wehe den Grundstücksspekulanten.

> *die spät beim Abendwind*
> *der Wein erhitzt!*[61]
18 *Weh denen, welche die Schuld mit Rinderseilen herziehen*
 und mit Wagenseilen die Versündigung![62]
20 *Weh denen, die das Schlechte gut*
 und gut das Schlechte nennen,
 Die aus Dunkel Licht
 und Licht aus Dunkel machen,
 Die aus Bitterem Süßes
 und aus Süßem Bitteres machen![63]
21 *Weh denen, die in ihren eignen Augen weise sind*
 und vor sich selbst verständig![64]
22 *Wehe den Helden im Weintrinken*
 und den Männern, die stark sind, den Trunk zu mischen![65]
23 *<Weh denen,> die den Schuldigen für ein Geschenk*
  gerecht sprechen
 und dabei den Gerechten ihr Recht entziehen![66]
24 *Deshalb: wie eine Flamme Stroh verzehrt,*
 und das Heu in der Lohe zusammensackt,
 Soll ihre Wurzel wie Moder sein
 und ihre Blüte wie Staub auffliegen.

Die nächste Buchausgabe setzte mit dem Gedicht vom Tage Jahwes in 2,6–22* und der Ankündigung der Kinderherrschaft als Folge der Katastrophe in 3,1–7 ein. Letztere wurde in 3,8–4,1 durch eine ganze Kette von Fortschreibungen weitergeführt, die das vorausgesagte politische Chaos mit den rechtlosen Zuständen in Jerusalem und der Putzsucht der Luxusweibchen der Oberschicht begründen. Man darf bei der Deutung dieser Weissagung nicht übersehen, daß sie auf die Ankündigung vom Tage Jahwes folgt. Dadurch erhielt ihre zeitliche Einordnung eine gewisse Ambivalenz. Denn einerseits ließ sie sich rückwärts auf die Katastrophen von 701 und 587 beziehen, andererseits aber konnte sie vorwärts als Weissagung dessen verstanden werden, was sich nach dem kommenden Tage Jahwes in Jerusalem abspielen würde. Diese Auslegungsmöglichkeit

---

[61] Auf deutsch: Wehe den Reichen, die ein Luxusleben auf Kosten der Armen führen.

[62] Auf deutsch: Wehe denen, die sich einen Dreck darum kümmern, ob ihre Geschäfte sozialverträglich sind oder nicht.

[63] Auf deutsch: Wehe denen, die das Bestehen jeder sittlichen Verpflichtung leugnen, um ihren Gewinn zu vergrößern.

[64] Auf deutsch: Wehe den Eingebildeten, die sich über alle anderen Menschen erhaben dünken und mit Gott nicht mehr rechnen.

[65] Auf deutsch: Wehe den selbstgerechten Stammtischbrüdern.

[66] Auf deutsch: Wehe denen, die Richter, Beamte und Politiker bestechen.

§ 4 Jahwes Gericht an Israel

wurde nachträglich durch die Einfügung des Heilswortes in 4,2[67] samt seinen Zusätzen in den V. 3–6 unterstrichen. Denn aus V. 3 und 4 geht hervor, daß die Jerusalemer Restgemeinde mit denen identisch ist, die das Läuterungsgericht Jahwes überlebt haben. Dann erst folgt in den V. 5–6 eine knappe Schilderung des göttlichen Schutzes, dessen sich Jerusalem in der Heilszeit für immer erfreuen wird. Auch für die Endzeit gilt, daß der Weg durch Gericht zum Heil führt.

Der dritten Neuausgabe des Jesajabuches verdanken wir die es jetzt eröffnende Einleitung in 1,(1) 2–20. Sie fordert das geschlagene, in und um Jerusalem zusammengedrängte Volk zu der Einsicht auf, daß sein Überleben Gnade ist, es aber trotzdem die von ihm erwartete Gerechtigkeit mangeln läßt und statt dessen vergeblich versucht, Gott mit seinen Opfern zu bestechen. So wird der Rest des Volkes vor die Alternative gestellt, zu gehorchen und im Land zu bleiben oder ungehorsam zu sein und dem Schwert zu verfallen.[68] Das konnte der Leser auf die Situation nach der Kapitulation Jerusalems 701 beziehen, näher freilich lag es, bei der Scheltrede an die eigene zu denken, in der Jerusalem nichts weiter als das bescheidene Zentrum der kleinen persischen Provinz Jehud war. Darin liegt die Kunst des für dieses Vorwort verantwortlichen Herausgebers, daß es ebenso gut in die Zeit Jesajas wie (mit gewissen Abstrichen) in seine eigene paßte (1,7–9):

> 7 *Euer Land – eine Wüste!*
> *Eure Städte – mit Feuer verbrannt!*
> *Euren Acker – vor euren Augen*
> *zehren Fremde ihn auf!*
> 8 *So ist die Tochter Zion übrig*
> *wie ein Laubdach im Weinfeld,*
> *Wie eine Nachhütte im Gurkenfeld,*
> *wie eine Zuflucht im Pferch!*[69]
> 9 *Hätte uns Jahwe Zebaot*
> *nicht einen Rest gelassen,*
> *Wären wir fast wie Sodom geworden,*
> *Gomorra wären wir gleich!*

So gilt es, sich jetzt für Jahwe zu entscheiden oder vollends unterzugehen (1,18–20):

---

[67] V. 2 kündet die Fruchtbarkeit der Heilszeit an, die der „Errettung Israels", der *pĕlêtat* Israels, zu stolzem Schmuck dienen wird. An ihr soll mithin nicht nur Juda, sondern ganz Israel teilhaben; vgl. dazu auch Jutta Hausmann, Israels Rest, BWANT 124, 1987, S. 142–144.

[68] Vgl. dazu Hausmann, S. 140–141

[69] Zur Rekonstruktion vgl. Kaiser, ATD 17, 5. Aufl., 1981, S. 33 Anm. 9.

§ 4 Jahwes Gericht an Israel

18 *"Kommt doch und laßt uns miteinander rechten!"*
   spricht Jahwe.
   "Wenn eure Sünden bunten Stoffen gleichen,
   können sie zugleich weiß sein wie Schnee?
   Wenn sie rot wie Purpurstoff sind,
   können sie zugleich weiß sein wie Wolle?"
19 *"Wenn ihr euch entschließt und gehorcht,*
   sollt ihr das Beste des Landes essen.
20 *Doch wenn ihr euch weigert und widerstrebt,*
   werdet ihr vom Schwert[70] gefressen!"
   Wahrlich, der Mund Jahwes hat es gesagt.

Doch schon in 1,21–26 ertönt die Botschaft von dem der Reinigung des Zion dienenden Gericht,[71] die weiterhin in V. 27 und 28 unter den Grundsatz „Heil den Gerechten, Tod und Verderben den Gottlosen!" gestellt ist, eine Botschaft, die sich in der späten Perserzeit vorbereitet und im 3. Jahrhundert die Herzen der Frommen erfüllt hat.

Wir übergehen die im Geist der späten tritojesajanischen Texte gehaltenen Unheilsworte in 1,29–31, die als Fortschreibungen an 1,21–28 angeschlossen sind und damit den Leser noch einmal an das Halten des Ersten Gebots erinnern, ohne das es weder für Israel als Ganzes noch für den Einzelnen Heil gibt. Dieses aber wird nach der aus Mich 4,1–5 entlehnten und an seinen neuen Kontext adaptierten Weissagung von der Völkerwallfahrt zum Zion in 2,(1)2–5 darin bestehen, daß der Zion zum weithin sichtbaren Weltberg wird,[72] zu dem die Völker ziehen, um hier Jahwes Weisung einzuholen und dann nach dem Umschmieden ihrer Schwerter in Pflüge und Winzermesser in weltweitem Frieden zu leben. So lautet die abschließende Botschaft der c. 1–5, daß auch das kommende Gericht nur ein Vorspiel des Heils ist, an dem freilich nur die teilhaben werden, die vorher gemäß Gottes Willen fromm und rechtschaffen gewesen sind.

9. Rückblick: Blicken wir zurück, so vertreten alle hier vorgestellten Textbereiche die Überzeugung, daß Jahwe sein Volk durch Gericht zum Heil führt. Gleichzeitig zeichnen sich in ihnen die drei großen Themen ab, denen wir uns im folgenden zuwenden müssen: 1.) Jahwes Gericht an den Völkern; 2.) Jahwes Rettung des Zion vor dem Völkersturm und 3.) Jahwes Heil für den Zion.

---

[70] Zum Text vgl. Kaiser, ebd., S. 50 Anm. 5.

[71] Vgl. zu ihr auch Klaus Koenen, Heil den Gerechten, BZAW 229, 1994, S. 89–93.

[72] Vgl. dazu auch Richard J. Clifford, The Cosmic Mountain in Canaan and the Old Testament, HSM 4, Cambridge/Mass.: Harvard University Press 1972, S. 131–160.

Literatur

Überblick: Preuß, Theologie II, S. 87–104; *W. H. Schmidt,* Glaube ⁸, S. 334–340

Ausgewählte Aufsätze, Monographien und Sammelwerke: Albrektson, Bertil, History and the Gods. An Essay on the Idea of Historical Events as Divine Manifestations in the Ancient Near East and in Israel, CB.OT 1, Lund: Gleerup 1967; *Barthel, Jörg,* Prophetenwort und Geschichte. Die Jesajaüberlieferung in Jes 6–8 und 28–31, FAT 19, Tübingen: Mohr Siebeck 1997; *Becker Uwe,* Jesaja – von der Botschaft zum Buch, FRLANT 178, Göttingen: Vandenhoeck & Ruprecht 1996; *Berges, Ulrich,* Das Buch Jesaja. Komposition und Endgestalt, HBS 16, Freiburg i. Br. u. a.: Herder 1998; *Clements, Ronald E.,* Old Testament Prophecy. From Oracles to Canon, Louisville, Kentucky: Westminster John Knox Press 1996; *Gonçalves, Francolino J.,* L'expédition de Sennachérib en Palestine dans la littérature hébraïque ancienne, EtB N.S. 7, Paris: J. Gabalda 1986; *Hardmeier, Christof,* Prophetie im Streit vor dem Untergang. Erzählkommunikative Studien zur Entstehungssituation der Jesaja- und Jeremiaerzählungen in II Reg 18–20 und Jer 37–40, BZAW 187, Berlin. New York: Walter de Gruyter 1990; *Hartenstein, Friedhelm,* Die Unzugänglichkeit Gottes im Heiligtum. Jesaja 6 und der Wohnort JHWHs in der Jerusalemer Kulttradition, WMANT 75, Neukirchen-Vluyn: Neukirchener Verlag 1997; *Hausmann, Jutta,* Israels Rest. Studien zum Selbstverständnis der nachexilischen Gemeinde, BWANT 124, Stuttgart u. a.: W. Kohlhammer 1987; *Hermission, Hans-Jürgen,* Studien zu Prophetie und Weisheit, hg. v. Jörg Barthel u. a., FAT 23, Tübingen: Mohr Siebeck 1998; *Jeremias, Jörg,* Kultprophetie und Gerichtsverkündigung in der späten Königszeit, WMANT 35, Neukirchen-Vluyn: Neukirchener Verlag 1970; *ders.,* Hosea and Amos. Studien zu den Anfängen des Dodekapropheton, FAT 13, Tübingen: J. C. B. Mohr (Paul Siebeck) 1996; *Koenen, Klaus,* Ethik und Eschatologie im Tritojesajabuch. Eine literarkritische und redaktionsgeschichtliche Studie, WMANT 62, Neukirchen-Vluyn: Neukirchener Verlag 1990; *ders.,* Heil den Gerechten- Unheil den Sündern! Ein Beitrag zur Theologie der Prophetenbücher, BZAW 229, Berlin. New York: Walter de Gruyter 1994; *Kratz, Reinhard G.,* Kyros im Deuterojesaja-Buch. Redaktionsgeschichtliche Untersuchungen zu Entstehung und Theologie von Jes 40–55, FAT 1, Tübingen: J. C. B. Mohr (Paul Siebeck) 1991; *Krüger, Thomas,* Geschichtskonzepte im Ezechielbuch, BZAW 180, Berlin. New York: Walter de Gruyter 1989; *Lau, Wolfgang,* Schriftgelehrte Prophetie in Jes 56–66, BZAW 225, Berlin. New York: Walter de Gruyter 1994; *Oorschot, Jürgen van,* Von Babel zum Zion. Eine literarkritische und redaktionsgeschichtliche Untersuchung [zu Jes 40–55], BZAW 206, Berlin. New York: Walter de Gruyter 1993; *Pohlmann, Karl-Friedrich,* Die Ferne Gottes – Studien zum Jeremiabuch, BZAW 179, Berlin. New York: Walter der Gruyter 1989; *ders.,* Ezechielstudien. Zur Frage nach der Redaktionsgeschichte und den ältesten Texten des Buches, BZAW 202, Berlin. New York: Walter de Gruyter 1992; *Ruszkowski, Leszek,* Volk und Gemeinde im Wandel. Untersuchungen zu Jes 56–66, FRLANT 191, Göttingen: Vandenhoeck & Ruprecht 2000; *Schart, Aaron,* Die Entstehung des Zwölfprophetenbuches, BZAW 260, Berlin. New York: Walter de Gruyter 1998; *Schmitt, Hans-Christoph,* Theologie in Prophetie und Pentateuch. Ges. Aufs., hg. v. *Schorn, Ulrike/Büttner, Matthias*, BZAW 310, Berlin. New York: Walter de Gruyter 2001; *Scholl, Reinhard,* Die Elenden in Gottes Thronrat. Stilistisch-kompositorische Untersuchungen zu Jesaja 24–27, BZAW 274, Berlin. New York: Walter der Gruyter 2000; *Seitz, Christopher R.*, Zion's Final Destiny. The Development of the Book of Isaiah. A Reassessment of Isaiah 36–39, Minneapolis: Fortress Press 1991; *Steck, Odil Hannes*, Studien zur Tritojesaja, BZAW 203, Berlin. New York: Walter de Gruyter 1991; *ders.*, Bereitete Heimkehr. Jesaja 35 als redaktionelle Brücke zwischen dem Ersten und dem Zweiten Jesaja, SBS 121, Stuttgart: Katholisches Bibelwerk 1985; *ders.*, Der Abschluß der Prophetie im Alten Testament. Ein Versuch zur Frage der Vorgeschichte des Kanons, BThSt 17, Neukirchen-Vluyn: Neukirchener Verlag 1991; *ders.*, Die Prophetenbücher und ihr theologisches Zeugnis, Tübingen: J.C.B. Mohr (Paul Siebeck) 1996; *Vermeylen, Jacques*, Du Prophète Isaïe à l' Apocalyptique I–II, EtB, Paris: J. Gabalda 1977 und 1978; *Werlitz, Jürgen,* Studien zur literarkritischen Methode. Gericht und Heil in Jesaja 7,1–17 und 29,1–8, BZAW 204, Berlin. New York: Walter de Gruyter 1992.; *Williamson, H. G. M.,* The Book Called Isaiah, Oxford: Clarendon Press 1994; *ders.*, Variations on a Theme. King, Messiah and Servant in the Book of Isaiah, Carlisle/UK: Paternoster Press 1998.

§ 5 Jahwes Gericht an Israel und den Völkern

1. *Das Problem des dreigliedrigen eschatologischen Schemas der Großen Propheten*. In der Regel deutet man das dreigliedrige eschatologische Kompositionsprinzip der drei großen Prophetenbücher im Sinne der Botschaft, daß der Weg Israels nach dem an ihm vollzogenen Gericht über das Gericht an den Völkern zum Heil führt. Das Gericht an den Völkern wäre demgemäß das Mittel der Befreiung Israels von dem Druck seiner Nachbarn und zumal der es knechtenden Großmächte. Es ist jedoch fraglich, ob man diese am Jesajabuch orientierte Deutung verallgemeinern darf. Denn im deuteronomistischen Jeremia- und im Ezechielbuch wird das Gericht Jahwes an den Völkern zwar kompositionell dem an Israel nachgeordnet, sachlich aber neben es gestellt. Fragt man sich, welches Geschichtsbild das ursprünglichere ist, so fällt die Entscheidung zugunsten des zweiten aus, für das die Demonstration der Macht Jahwes über sein eigenes Volk und die Fremdvölker die Garantie dafür darstellt, daß er auch in der Lage ist, sein Volk zu erlösen. Das tritt besonders deutlich im Ezechielbuch hervor, in dem der letzte entscheidende Schlag zur Sicherung des in seinem Lande wohnenden Gottesvolkes erst hinter den Heilsworten in den c. 34–37 in dem eigentümlichen Orakel von dem Einfall des Riesenheeres des Gog aus Magog und seiner Vernichtung auf den Bergen Israels in den c. 38–39 geweissagt wird.

Daher weichen wir im vorliegenden Paragraphen von dem im vorausgehenden erklärten Grundsatz ab, das Jesajabuch als Leitfaden für die Rekonstruktion der israelitischen Eschatologie zu wählen, und setzen statt dessen bei den Völkersprüchen des Jeremiabuches ein. Wir werden weiterhin sehen, wie gerechtfertigt dieses Vorgehen ist, wenn wir feststellen, daß sich in Jes 13–23 (24–27) drei Zeithorizonte überschneiden, nämlich der des 8./7., des 6. und schließlich des späten 3. Jhs. v. Chr., und sich damit immer weitere Ringe um die jesajanische Zionstheologie legen. Dazu kommt, daß wir für die Fremdvölkersprüche Jer 46–49(51) einen Schlüssel in den c. 25; 27–28 und 29 besitzen. Der innere Zusammenhang zwischen diesen Kapiteln erschließt sich uns leichter, wenn wir der Anordnung der Texte im griechischen Jeremiabuch folgen; denn hier bilden Jer 25,1–13(14) und 32,15–38 (G) par 25,15–38 (M) organisch die Ein- und Ausleitung der Fremdvölkersprüche. Haben wir die hier vertretene Völkertheologie erkannt, erschließt sich uns auch die der Parallelsammlung in Ez 25–32 (+ 35) und darüber hinaus auch die aufgrund ihrer Vielschichtigkeit kompliziertere literarische Komposition und theologische Intention von Jes 13–23 (24–27).

2. *Nebukadnezar – der von Jahwe für siebzig Jahre eingesetzte Herr der Erde*. Die Jeremiaerzählungen von den Zeichenhandlungen Jeremias

in c. 27–28, dem Jeremiabrief in c. 29 und die ursprüngliche Einleitungsrede zu den Völkersprüchen in 25,1–13(14) werden durch die Weissagung zusammengehalten, daß Jahwe dem babylonischen König Nebukadnezar II. (604–562) und seinen Nachkommen für siebzig Jahre die Herrschaft über die Völker der Erde verliehen hat und daher jede Auflehnung gegen ihn zum Scheitern verurteilt ist.[1] So begründen die Erzählungen der c. 27–28 den Rat des Propheten in seinem an die Ältesten der Gola[2] gerichteten Brief in c. 29, sich langfristig auf das Bleiben in Babel einzurichten, bis Jahwe sie nach Ablauf der 70 Jahre wieder in ihre Heimat zurückbringen werde (29,10). Gleichzeitig unterstreichen sie, daß die Vernichtung des judäischen Reiches und seiner Nachbarstaaten hätte vermieden werden können, wenn sie den Worten des Propheten Jeremia gehorcht und seine Untergangsdrohung ernst genommen hätten. In ihrer vorliegenden Gestalt kreisen die drei Kapitel gleichzeitig um das Thema der wahren und der falschen Prophetie, um auf diese Weise dem Vorwurf zu begegnen, Jahwe selbst habe seinem Volk erst Heil verheißen und es dann trotzdem im Stich gelassen. Er hatte es ganz im Gegenteil durch Jeremia als seinem wahren Propheten rechtzeitig davor gewarnt, den falschen Propheten Gehör zu schenken.[3]

So läßt der Erzähler Jeremia zuerst in c. 27 den bei dem letzten judäischen König Zedekia (598–587) versammelten Boten der Könige von Edom, Moab, Ammon, Tyros und Sidon mit einem hölzernen Joch auf dem Nacken entgegentreten,[4] um ihnen die ihren Herren geltende Bot-

---

[1] Zur Herkunft und alttestamentlichen Ausgestaltung des Motivs der 70 Jahre vgl. Reinhard G. Kratz, Translatio imperii, WMANT 63, 1987, S. 261–267.

[2] Zu den Zahlen der 598 Deportierten in 2. Kön 24,11–16 und den Angaben über die weitere Deportation in 2. Kön 25,11–12 vgl. die Liste in Jer 52,28–30 und dazu Christopher Seitz, Theology in Conflict, BZAW 176, 1986, S. 180–184.

[3] Vgl. dazu Ivo Meyer, Jeremia und die falschen Propheten, OBO 13, 1977, S. 132–148, bes. S. 134–137 und Hans-Jürgen Hermisson, Kriterien „wahrer" und „falscher" Prophetie im Alten Testament, ZThK 92, 1995, S. 121–139, bes. S. 134–137 = ders., Studien zur Prophetie und Weisheit, FAT 23, 1998, S. 59–76, bes. S. 72–74.

[4] Die Datierung in 27,1 fehlt in G und widerspricht der in 28,1, nach der c. 28 im selben Jahr wie c. 27 spielt. Das 4. Jahr Zedekias wäre das Jahr 594/3, in dem Psammetich II. den ägyptischen Thron bestieg. Ob diese Datierung nun Teil eines künstlichen Systems ist oder nicht, so dürften die Verhandlungen über eine antibabylonische Koalition, wenn sie tatsächlich stattgefunden haben, jedenfalls in der Hoffnung oder mit der Zusage auf ägyptische Hilfe zustande gekommen sein. Da Psammetichs Interessen im Süden und nicht im Norden seines Reiches lagen, würde man eher an den Regierungsantritt des Pharaos Apries/Hofra denken, der 588 den Thron bestieg und sogleich eine Flottenexpedition nach Sidon und Tyros un-

schaft auszurichten, daß Jahwe als der Schöpfer der Erde und aller ihrer Bewohner die Macht habe, die Völker dem zu geben, wem er wolle. Da er nun alle Länder der Herrschaft seines Knechts Nebukadnezar unterstellt habe,[5] müsse sich jedes Volk unter dessen Joch beugen oder aber dem Schwert, dem Hunger und der Seuche zum Opfer fallen (27,1–8).

An dieses Orakel schließen sich drei Nachträge an. Der erste in den V. 9–11 warnt die Könige ausdrücklich davor, den Worten ihrer Propheten und Mantiker zu vertrauen. Denn ihre von der Botschaft Jeremias abweichenden Worte seien Lügen. Fänden sie Gehör, würde das zur Folge haben, daß sie aus ihren Ländern deportiert würden und in der Fremde umkämen. Umgekehrt würde Jahwe jedes Volk, das sich unter das Joch des Königs von Babel beugte, in seinem eigenen Lande verbleiben und es ihm darin wohl ergehen lassen. Diese Warnung hätte Jeremia nach den V. 12–15 auch Zedekia selbst ausgerichtet. Und schließlich hätte er nach den V. 16–22 auch noch die Priester und das ganze Volk davor gewarnt, den Worten der Propheten zu vertrauen, die ihnen die baldige Rückkehr der zusammen mit König Jechonja (Jojachin) nach Babel verschleppten Tempelgeräte weissagten. Es ginge in Wahrheit nicht um deren baldige Rückkehr, sondern darum, ob die noch im Tempel verbliebenen Gerätschaften ebenfalls nach dort verschleppt würden. Die Absicht der drei Nachträge ist deutlich: Der erste hebt die Verantwortung der Nachbarkönige für den Untergang ihrer Reiche hervor, der zweite die Zedekias und der dritte die der Priester und des ganzen Volkes für den Untergang des judäischen Reiches und den Fall Jerusalems. Die Polemik gegen die falschen Propheten dient also nicht nur dem Nachweis ihrer Schuld, sondern zugleich der Schuld der durch ihre Botschaft irregeleiteten Völker und nicht zuletzt der des eigenen Volkes und seiner politischen und geistlichen Elite: Weil sie den Worten der falschen Propheten und nicht Jeremia als dem wahren, von Jahwe gesandten Boten vertraut hätten, hätten sie ihr Unglück selbst verschuldet.

Gleichzeitig bereiten diese drei Szenen auf c. 28 vor, in dem uns Hananja als Beispiel für die falschen Propheten vorgestellt wird. Der Prophet Hananja, Sohn des Ela, wäre im Angesicht der Priester und des ganzen Volkes im Tempel vor Jeremia getreten, um dort im Namen Jahwes zu verkünden, daß Jahwe das Joch Nebukadnezars zerbrechen und die Tem-

---

ternahm und sein Landheer bis Tyros vorstoßen ließ; vgl. Klaas R. Veenhof, Geschichte des Alten Orients bis zur Zeit Alexanders des Großen, 2001, S. 281.

[5] Barnard Gosse, Nabuchodnosor et les évolutions de la rédaction du livre de Jérémie, Science et esprit 47, 1995, S. 177–187 macht S. 183 darauf aufmerksam, daß die Bezeichnung Nebukadnezars durch Jahwe als „mein Knecht" in 27,6; 25,9 und 43,10 keine Entsprechung im griechischen Text besitzt.

§ 5 Jahwes Gericht an Israel und den Völkern 111

pelgeräte samt König Jechonja mit allen, die mit ihm zusammen nach Babel deportiert worden waren, spätestens in zwei Jahren wieder nach Jerusalem bringen werde. Jeremia hätte diese Botschaft mit einem „Amen" als auch ihm willkommen bestätigt, anschließend aber Hananja daran erinnert, daß man die Wahrheit eines Heilspropheten erst am Eintreffen seiner Worte erkenne (28,1–9). Daraufhin hätte Hananja nach der Erzählung der V. 10–11 das Joch von den Schultern Jeremias genommen und es mit den Worten zerbrochen: *So hat Jahwe gesagt: Ebenso werde ich das Joch des Königs von Babel zerbrechen!* Daraufhin hätte sich Jeremia schweigend entfernt. Anschließend wäre er mit der ihm von Jahwe aufgetragenen Botschaft zurückgekehrt, Hananja habe mit seinem Zerbrechen des hölzernen Joches ein eisernes Joch geschaffen, das Jahwe nun auf die Schultern aller Völker lege (28,12–14): An die Stelle einer milden Oberherrschaft des babylonischen Königs über seine getreuen Vasallen (so dürfen wir dieses Orakel auslegen) werde nun die harte über die von ihm besiegten Empörer treten. Weiterhin hätte Jeremia Hananja eröffnet, daß er seine Heilsbotschaft ohne einen Auftrag Jahwes verkündigt habe und daher noch im selben Jahr sterben werde, wie es denn auch zwei Monate später geschehen sei (28,15–17).[6]

Sachlich und kompositorisch sind der Befehl zu der Zeichenhandlung in 27,2[7] und ihre vermeintliche Außerkraftsetzung durch eine Gegenhandlung in 28,10 aufeinander bezogen.[8] Dabei reicht der erzählerische Spannungsbogen von 27,2 bis zu 28,12–14. Dem Befehl in 27,2–3, mit einem hölzernen Joch vor die Königsboten zu treten, dessen Ausführung der Erzähler nicht ausdrücklich berichtet, entspricht das eigenmächtige Zerbrechen des Jochs durch Hananja in 28,1–4 + 10 und die göttliche Reaktion in 28,12–14. Nur die legitime, in Jahwes Auftrag ausgeführte Zeichenhandlung symbolisiert wirkungsmächtig das Kommende, während die eigenmächtig vorgenommene kraftlos bleibt.[9] Die von Jeremia in 28,6–9 vorgetragene Warnung spezialisiert das generelle Unterscheidungskriterium für wahre und falsche Prophetie aus Dtn 18,20–22, das sich eigentlich nur für verschriftete Prophetenworte eignet, auf einen konkreten aktuellen Fall hin. Nach ihr hätten die Propheten seit alters Unheil prophezeit, die Wahrheit einer Heilsbotschaft erkenne man jedoch erst an ihrem Eintreffen. Die sich daraus ergebende Schieflage der Argumenta-

---

[6] Vgl. dazu auch William McKane, Jeremiah II, 1996, S. 725.
[7] Zum Text vgl. McKane, S. 686.
[8] Vgl. dazu auch Georg Fohrer, Die symbolischen Handlungen der Propheten, 2. Aufl., AThANT 54, 1968, S. 40–42.
[9] Vgl. dazu Fohrer, S. 114–118.

tion wird in unserer Erzählung durch das baldige Eintreffen des Unheilswortes über Hananja in V. 15–17 überdeckt. So ist es nicht ausgeschlossen, daß die Verse 6–9 und 15–17 eine nachträgliche Erweiterung im Sinne des dtn Prophetengesetzes darstellen.[10]

Auf die beiden Erzählungen in c. 27–28 folgt in c. 29 die von dem Brief Jeremias an die Ältesten der Gola, der nach Babylonien Deportierten:[11] In ihm übermittelt ihnen der Prophet ein Jahwewort, daß sie auffordert, sich auf einen längeren Aufenthalt in der Fremde einzurichten und dort in ihrem eigenen Interesse für das Beste ihres Gastlandes zu beten und keineswegs auf die falschen Propheten zu hören, die ihnen Lügen in seinem Namen weissagten. Erst wenn sich Babels Zeit in siebzig Jahren erfüllt hätte, würde sie Jahwe nach Jerusalem zurückbringen (29,1–10). Damit ist das entscheidende Stichwort der siebzig Jahre gefallen, das in 27,7b ohne Zeitangabe vorbereitet ist und in der ursprünglichen Einleitung zu den Fremdvölkersprüchen 25,1–13(14) in V. 11 wiederkehrt.[12]

3. *Nebukadnezars Herrschaft über die Völker und die Fremdvölkersprüche des dtr Jeremiabuches.* Daß in dem dtr Jeremiabuch gegen fremde Völker gerichtete Orakel nicht gefehlt haben, ergibt sich bereits aus dem Berufungsbericht in Jer 1,4–10; denn in ihm heißt es in V. 5 und V. 10:[13]

> *Ehe ich dich im Mutterleib bildete, habe ich dich erkannt,*
> *und ehe du aus dem Mutterschoß kamst, habe ich dich geheiligt,*
> *dich zum Propheten für die Völker bestimmt.*

bzw. V. 10:

---

[10] Vgl. zur zurückliegenden Diskussion zusammenfassend W. McKane, S. 724–725.

[11] Vgl. zu ihm Nelson Kilpp, Niederreißen und aufbauen, BThSt 13, 1990, S. 42–67.

[12] Vgl. dazu Ernest W. Nicholson, Preaching to the Exiles, 1970, S. 93–100; Gunther Wanke, Untersuchungen zur sogenannten Baruchschrift, BZAW 122, 1971, S. 36–59; Nelson Kilpp, Niederreißen und aufbauen, BThSt 13, 1990, S. 61–68; zur anschließenden Diskussion der textlichen und sachlichen Probleme des Kapitels und zumal über die V. 9–10 und 15–20, die das Thema der wahren und falschen Prophetie aus c. 27–28 wieder aufgreifen und in den V. 21–23 und 25–32 nicht gerade übermäßig deutlich exemplifizieren, W. McKane, Jeremiah II, S. 735–748 und zur Buchstrukturierung durch die siebzig Jahre Konrad Schmid, Buchgestalten, WMANT 72, 1996, S. 220–229.

[13] Zu den Beziehungen zwischen Jer 1,1–16 und 25,1–14 vgl. Peter C. Craigie, Page H. Kelley und Joel F. Drinkart, Jeremiah 1–25, WBC 26, Waco/Texas: Word Books 1991, S. 364.

> *Siehe, ich habe dich heute verantwortlich gemacht*[14]
> *für Völker und für Königreiche,*
> *um auszureißen und zu vernichten,*
> *einzureißen und zu zerstören,*
> *zu bauen und zu pflanzen.*

Der Text der dtr Einleitungsrede für die Fremdvölkersprüche in 25,1–13(14) ist in seiner hebräischen Fassung stark entstellt, weil in ihr Jahwe- und Prophetenrede unmotiviert wechseln. Auch in seiner griechischen Gestalt ist er nicht ganz unproblematisch, denn möglicherweise hat der Übersetzer ihn lediglich zu glätten versucht. Trotzdem gehen wir von ihm wegen seiner besseren Kohärenz aus. Er lautet in einem auf das Wesentliche konzentrierten, sich an die Bearbeitung von Wolfgang Werner haltenden Auszug:[15]

> 1 *Das Wort, das an Jeremia erging über das ganze Volk von Juda im vierten Jahr Jojakims, des Sohnes Josias, des Königs von Juda ..., 2 das er zum ganzen Volk und zu den Bewohnern Jerusalems sprach. Er sagte: 3 Seit dem dreizehnten Jahr Josias, des Sohnes des Amon, des Königs von Juda, bis zu diesem Tage, dreiundzwanzig Jahre lang, habe ich zu euch gesprochen ... 4 Und ich sandte euch meine Diener, die Propheten, sandte sie früh, aber ihr hörtet nicht..., wenn sie sagten: 5 Kehrt um, jedermann von euch von seinem bösen Weg und seinen bösen Taten, dann werdet ihr in dem Land wohnen, das ich euren Vätern vor alters und für immer gegeben habe. 6 Geht nicht hinter anderen Göttern her, um ihnen zu dienen und um sie zu verehren, damit ihr mich nicht erzürnt durch das Werk eurer Hände und ich euch Schlimmes antun muß. 7 Aber ihr habt nicht gehört. 8 Darum, so spricht der Herr, weil ihr meinen Worten nicht geglaubt habt, 9 seht, daher werde ich ein Volk aus dem Norden nehmen und senden ... und werde es in dieses Land bringen und gegen seine Bewohner und gegen alle Nationen in seinem Umkreis. Und ich werde sie verwüsten und sie der Vernichtung preisgeben, zur Verspottung und ewiger Beschimpfung ... 11 Und das ganze Land wird ... vernichtet und sie sollen Sklaven sein unter allen Völkern ... siebzig Jahre lang. 12 Doch wenn die siebzig Jahre erfüllt sind, werde ich Rache nehmen ... an jenem Volk ... und es ewiger Vernichtung preisgeben. 13 Und ich werde über jenes Land alle Worte bringen, die ich gegen es gesprochen habe, alles, was in diesem Buch geschrieben ist.*

An diese Einleitung schloß sich ursprünglich die Reihe der Fremdvölkersprüche über die Nachbarvölker an, welche die Griechische Bibel denn

---

[14] So ansprechend W. McKane, Jeremiah I, ICC, Edinburgh: T & T Clark 1986, S. 6.

[15] Wolfgang Werner, Das Buch Jeremia. Kapitel 1–25, NSK.AT 19/1, Stuttgart: Katholisches Bibelwerk 1997, S. 209, zur Diskussion vgl. auch Bert Huwyler, Jeremia und die Völker, FAT 20, 1997, S. 381–386.

auch in 25,14–31,44 folgen läßt, um dann in 32,15–38 den Text von 25,15–38 M zu bieten, der dort unmittelbar an 25,1–13(14) anschließt.[16] Nach dieser als Ich-Bericht stilisierten Erzählung sollte Jeremia allen Völkern in Jahwes Auftrag den Zornesbecher reichen. Sie werden in den V. 18–24(25) aufgezählt. An erster Stelle steht natürlich in V. 18 ganz in Übereinstimmung mit 25,1–13 Jerusalem, dessen Untergang zudem in den vorausgehenden Kapiteln hinreichend angekündigt war, so daß es keines weiteren einschlägigen Orakels bedurfte. Weiterhin werden der König von Ägypten, (V. 19–20aα), die Könige der Philisterstädte (V. 20aβb), die von Edom, Moab und Ammon (V. 21), Tyros und Sidon, (V. 22) und die der arabischen Stämme (V. 23–24) genannt. In V. 25 folgen einigermaßen unmotiviert alle Könige in Elam und Medien.[17] Das in V. 26 erwähnte Babel fehlt in dem griechischen Text mit Recht, weil das in 25,9 genannte und nach V. 11 für siebzig Jahre die Herrschaft besitzende Volk kein anderes als das babylonische ist.[18] Dasselbe gilt von dem Damaskusspruch in M par 30,29–33 G, der durch die Liste in 25,15–24 nicht abgedeckt ist und sich an Am 1,3–5 anlehnt. Abgesehen von Ägypten, Damaskus, den arabischen Stämmen und den Philisterstädten werden sämtliche Reiche auch in Jer 27 erwähnt. Ein besonderes Orakel gegen Tyros und Sidon fehlt dagegen in den Fremdvölkersprüchen. Statt dessen wird die Drohung gegen die Philisterstädte in 47,1–7 M par 29,1–7 G mit ihrem Hinweis in V. 4, daß Sidon und Tyros mit ihnen ihre letzten Helfer verlieren würden, als ausreichendes Äquivalent für beider Erwähnung in 27,2 und 25,20 zu betrachten sein. Der in c. 27 angedrohte Untergang dieser Reiche findet in den Völkersprüchen im Lichte ihrer Erfüllung seine Wiederaufnahme. Die zusätzliche Einfügung der Ägyptensprüche in c. 46 erklärt sich aus dem ersten gegen es gerichteten Orakel in 46,1–12, das sich nach V. 1 auf die Niederlage Nechos II. gegen Nebukadnezar II. in der Schlacht bei Karkemisch am Orontes im Jahre 605

---

[16] Nach Huwyler gehörten zur dtr Völkerspruchsammlung die beiden Ägyptenorakel in 46,1–12 und 46,13–24; der Philisterspruch 47,1–7; der Moabspruch 48,1–27.[28]3b–42* (48,29–33 entspricht Jes 16,6–10); der Ammonspruch 49,1–2a.3–5; der Edomspruch 49,7–11. (davon abhängig Ob 1–8) [12–13]14–16; der Damaskusspruch 49,23–27 und der Kedar-Hazorspruch 49,28–33. M. E. lehnt sich der Damaskusspruch an Am 1,3–5 und Jes 10,9 an und ist erst sekundär in die Komposition eingefügt. Dafür spricht auch, daß er in der ezechielischen Reihe keine Entsprechung besitzt. Zur Diskussion vgl. McKane, S. 1231–1237.

[17] Vermutlich handelt es sich hier um einen Nachtrag, der zusammen mit der Einfügung des Elamspruchs erfolgt ist, den G in 25,14–19 und M in 49,34–39 bieten.

[18] Zu der abweichenden Reihenfolge in G vgl. die Tabelle bei Huwyler, Jeremia, FAT 20, 1997, S. 365.

§ 5 Jahwes Gericht an Israel und den Völkern   115

v. Chr. bezieht. Sie hatte zur Folge, daß Syrien und damit auch Juda und seine Nachbarstaaten in babylonische Hände übergingen.[19] So erweist sich Nebukadnezar als der Feind aus dem Norden, dessen Kommen Jahwe dem Propheten schon in der zweiten, seine Berufung abschließenden Vision von dem überkochenden Topf in 1,13–16 angekündigt hatte:[20]

> 13 *Da erging Jahwes Wort zum zweiten Mal an mich: „Was siehst du?" Und ich sagte: „Einen kochenden Topf sehe ich und seine Oberfläche von Norden her!" Da sagte Jahwe zu mir:* 14 *„Von Norden öffnet sich das Unheil über alle Bewohner des Landes.*
>
> 15 *Denn siehe, ich rufe alle Königreiche des Nordens,*
>   *– ist Jahwes Spruch –,*
>   *und sie werden kommen und jeder seinen Thron aufstellen*
>   *Vor den Toren Jerusalems und gegen all seine Mauern ringsum*
>   *und gegen alle Städte Judas.*
> 16 *Und ich werde ihnen mein Urteil verkünden*
>   *wegen all ihrer Bosheit, daß sie mich verließen*
>   *Und anderen Göttern räucherten*
>   *und sich vor ihrem eigenen Machwerk niederwarfen."*

Von diesen Feinden ist denn auch in der Einleitungsrede zu den Völkersprüchen in 25,9 die Rede, nur daß hier, statt von allen Königreichen, von allen Geschlechtern des Nordens die Rede ist.[21] Indem Jahwe Nebukadnezar als ihres Inbegriffs nicht nur Juda, sondern auch seine Nachbarn in die Hand gegeben und ihre Auflehnung als seinem Plan widersprechend ahndete, hat er eine Macht erwiesen, der es zuzutrauen ist, daß sie auch Israels Befreiung bewirken kann, wie sie die Heilsworte ansagen. Denn Juda mußte seine Auflehnung 587,[22] Ammon[23] und Moab fünf Jahre (584/3)[24] und noch einmal ein Jahrzehnt später auch Edom

---

[19] Vgl. A. K. Grayson, Assyrian and Babylonian Chronicles, TCS V, Locust Valley, New York: J. J. Augustin 1975, S. 99: Chronicle concerning the early years of Nebuchadnezzar II (BM 21946[96–4–9,51]) Rect. 1–8 bzw. Riekle Borger, in: TUAT I/4, 1984, S. 402 und dazu Rüdiger Liwak, Der Prophet und die Geschichte, WMANT 121, 1987, S. 218–227 und Huwyler, S. 300–304.

[20] Vgl. dazu Eberhard Ruprecht, Ist die Berufung Jeremias „im Jünglingsalter" und seine „Frühverkündigung" eine theologische Konstruktion der dtr Redaktion des Jeremiabuches?, in: Rainer Albertz u. a., Hg., Schöpfung und Befreiung. FS Claus Westermann, Stuttgart: Calwer Verlag 1989, S. 79–91.

[21] Vgl. dazu auch Rüdiger Liwak, Prophet, S. 218–227 und Huwyler, S. 300–304.

[22] 1 Kön 24,18–25,26; Jer 52,1–30; 2. Chr 36,11–21.

[23] Vgl. auch Ez 21,23–28.33–37.

[24] Vgl. Josephus, Ant. X,181–182 und dazu Ulrich Hübner, Die Ammoniter, ADPV 16, 1992, S. 202–205.

(553/2)²⁵ mit dem Verlust seiner Eigenstaatlichkeit bezahlen. Tyros wurde seiner Souveränität vorübergehend beraubt, und Ägypten mußte sich eines Einfalls der Babylonier in seinem eigenen Lande erwehren.²⁶ Die Erwähnung der arabischen Stämme in 25,23–24 und das gegen das arabische Kedar und Hazor gerichtete Wort in 49,28–33, das sich nach V. 28 auf einen Angriff Nebukadnezars bezieht, finden ihre geschichtliche Deckung in der babylonischen Chronik über die Anfangsjahre des Königs: Nach ihr hat Nebukadnezar in seinem 6. Jahr (604) einen Plünderungszug in die arabische Wüste unternommen.²⁷ Nach derselben Quelle hatte der König bereits in seinem 1. Jahr die Philisterstadt Askalon erobert und zerstört (vgl. Jer 47,7 mit 25,20).²⁸ So erweist sich Jahwe als der Herr aller Völker, der sie, solange es ihm gefällt, in die Hand Nebukadnezars gibt.

Denselben geschichtlichen Horizont besitzen auch *die Fremdvölkersprüche in Ez 25–32*: Sie gelten in c. 25 Ammon, Moab, Edom, in c. 26,1–28,19 Tyros und in dem Nachtrag 28,20–24 Sidon. An sie schließen sich in den c. 29–32 die Ägyptensprüche an. Dabei wird Nebukadnezar von Jahwe in 29,17–20 Ägypten als Ausgleich für seine langwierige Belagerung von Tyros zugesprochen.²⁹ Dem Leser soll sich also auch hier einprägen, daß Jahwe nicht nur der Herr seines Volkes, sondern auch der Fremdvölker ist: In seinen Gerichten sollen sie erfahren, daß er auch ihr Herr ist (Ez 28,22). Denn er hat Nebukadnezar nicht nur gegen Juda und Jerusalem, sondern auch gegen Ägypten aufgeboten (30,25–26).

Allerdings soll Babels Herrschaft über die Völker nur solange wären, wie es Jahwe geplant hat.³⁰ Nur bis dahin ist Babel der Kriegshammer, mit dem Jahwe die Völker zerschlägt (Jer 51,20–23):³¹

---

²⁵ Grayson, S. 105: Chronicle 7 (Nabonid Chronicle BM 35382 [Sp.II 964], I,17 und Hübner, S. 205.

²⁶ Vgl. dazu oben, S. 109 Anm. 4.

²⁷ Grayson, S. 101: Chronicle 5 Vers.9–10.

²⁸ Grayson, S. 100: Chronicle 5 Rect.15–20.

²⁹ Vgl. zu der von 585–573/2 währenden Belagerung von Tyros durch Nebukadnezar Ez 26,7–14; 29,17–21; Jos.Ap.I,143–144; Ant.X,228; Frag.Hist.Jac.789 und zu seiner vorübergehenden Unterstellung unter babylonische Verwaltung Klaas R. Veenhof, Geschichte, S. 282.

³⁰ Die explizite Vorstellung von Jahwes planvollem Handeln in der Geschichte, von seinem „Plan" (עֵצָה / ʻēṣâ), begegnet erst in exilischen und nachexilischen Texten, vgl. z. B.: Jes 46,9–11. Hier ist es der Gott, der vom Anfang bis zum Ende weiß und mitteilt, was geschehen wird, und dessen Plan nicht scheitern kann (V. 10): Und so ist er es, der den „Raubvogel", gemeint ist der Perserkönig Kyros II., als Werkzeug seines Heilshandelns an Israel ruft; vgl. weiterhin z. B. Jes 5,19; 14,26; 30,1; 25,1; Jer 32,19; 49,20; Am 3,7; Mich 4,12 und zur Sache grundsätzlich

> 20 *Du bist mein Hammer, meine Kriegswaffe,*[32]
>   *mit dem ich Völker zerschlage*
>   *und Königreiche verderbe.*
> 21 *Mit dir zerschlage ich Roß und Reiter*
>   *und mit dir zerschlage ich Wagen und Lenker.*
> 22 *Mit dir zerschlage ich Mann und Frau*
>   *[und mit dir zerschlage ich Greis und Knaben]*
>   *und mit dir zerschlage ich Burschen und Mädchen*
> 23 *Mit dir zerschlage ich Hirten und Herde,*
>   *und mit dir zerschlage ich Pflüger und Gespann,*
>   *und mit dir zerschlage ich Statthalter und Vögte.*

4. *Die paradigmatischen Feinde Israels.* Den ostjordanischen Nachbarvölkern wurde in Ez 25 insgesamt vorgeworfen, daß sie den Fall Jerusalems 587 mit Schadenfreude quittiert und seine Wehrlosigkeit eigennützig ausgenutzt hätten.[33] Besonders aber warf man dem verwandten Volk der Edomiter (Gen 25,19–26; 27,39–40) mit zunehmender Heftigkeit den Bruch der Bruderschaft (Am 1,11–12), seine anhaltende Feindschaft und seine Expansionsgelüste gegen Israel vor (Ez 35,5.10). Selbst als die Edomiter wohl Anfang des 5. Jhs. arabischem Druck weichen mußten und in das Südland Judas abgedrängt wurden, milderte sich die Tonlage verständlicherweise keineswegs. Man ließ Jahwe ihre weitere Heimsuchung ankündigen (Jer 49,7–11) und mit ihrer Mitleidlosigkeit gegenüber dem Elend der Judäer nach der Eroberung Jerusalems und ihrer (späteren) Inbesitznahme judäischer Städte begründen (Ob 10–14). In Mal 1,2–5 ließ man ihn Edom gar androhen, alles, was es aufgebaut habe, alsbald wieder zuzerstören.[34] Weiterhin erwartete man, daß die von David unterworfenen

---

Wolfgang Werner, Studien zur alttestamentlichen Vorstellung vom Plan Jahwes, BZAW 173, 1988.

[31] Zum Problem der Babelorakel in Jer 50,1–51,58 vgl. den forschungsgeschichtlichen Rückblick bei Gerald H. Keown, Pamela J. Scalise und Thomas G. Smothers, Jeremiah 26–52, WBC 27, Waco/Texas: Word Books 1995, S. 357–364 und die knappe Stellungnahme von W. McKane, S. 1249–1250, der betont, daß die Gedichte Babel bereits als Symbol für das Schicksal der Mächte behandeln, die ihm als Nachfolger in seiner Herrschaft über Juda folgen sollten.

[32] Siehe BHS.

[33] Vgl. auch die sekundär eingefügte Tyros-Strophe im Völkergedicht des Amosbuches Am 1,9–10.

[34] Zu den Edomsprüchen vgl. umfassend Bert Dicou, Edom, Israel's Brother, JSOT.S 169, 1994, S. 20–114, Claire R. Mathews, Defending Zion, BZAW 236, 1995, bes. S. 69–119; zum Verhältnis zwischen den Juden und Edom im Maleachibuch auch Theodor Lescow, Maleachi, ATh 75, 1993, S. 43–60 und zum historischen Hintergrund Manfred Weippert, Art. Edom und Israel, TRE IX, 1982, S. 291–299, bes. S. 294–296.

Edomiter und die zu seinen Vasallen gewordenen Moabiter und Ammoniter in der Heilszeit ihren Nacken dem wiedervereinigten Gottesvolk beugen (Jes 11,14) und die Moabiter bei der (wieder errichteten) Hütte Davids und das heißt: bei einem auf dem wiedererrichteten Thron Davids sitzenden König Zuflucht erbitten müßten (vgl. Jes 16,3–5 mit Am 9,11). Das zeigt, daß am Ende die hegemonialen Wünsche über das bloße Verlangen nach dem Triumph, die Nachbarn besiegt und gedemütigt zu sehen, siegten.

Daß man im Kreise der Juden nach 587 die *Kuschiten,* die südlich des 1. Nilkataraktes wohnenden Nubier oder Äthiopien der Alten,[35] und die Ägypter wegen ihrer Unzuverlässigkeit als Bundesgenossen im Kampf um die Freiheit in den Aufständen erst gegen die Assyrer und dann gegen die *Babylonier* nicht besonders schätzte (vgl. 2. Kön 18,21 par Jes 36,6) und ihnen daher ebenfalls einen Ausländer als strengen Herren wünschte,[36] ist verständlich. Daß sich schließlich der Haß auf die Babylonier als die Zerstörer des davidischen Reiches konzentrierte,[37] bedarf kaum einer Erklärung. Je länger sich die verheißene Befreiung verzögerte und man unter den Folgen der Eroberung Jerusalems 587 zu leiden hatte, desto stärker empfand man den Verlust. So wurde Babel schließlich zum Symbol der gottverhaßten Weltstadt und der König von Babel zum Inbegriff des hybriden Weltherrschers. Daher sollte es, wenn seine ihm von Gott gesetzte Zeit abgelaufen wäre (Jer 25,14), für das büßen, was es dem Zion angetan hatte. Jahwe rächt alle Schuld auf Erden, auch wenn sie paradox genug nach seinem Plan und in seinem Auftrag verübt wurde (Jer 51,24):

> *Doch ich werde Babel und allen Bewohnern Chaldäas all das Böse vergelten, das sie auf dem Zion vor euren Augen verübt haben, lautet Jahwes Spruch.*

Als Vollstrecker seines Gerichts aber, so heißt es in dem *vaticinium ex eventu,* einer Weissagung aufgrund des Geschichtsverlaufes, werde Jahwe den König der Meder und das heißt: den Perserkönig Kyros II. entbieten (51,11–14):[38]

---

[35] Ihr als 25. Dynastie gezähltes Herrscherhaus regierte von 716–663 über Ägypten.
[36] Vgl. Jes 19,4, und zu den unterschiedlichen historischen Deutungsmöglichkeiten Peter Höffken, Das Buch Jesaja. Kapitel 1–39, NSK.AT 18/1, Stuttgart: Katholisches Bibelwerk 1993, S. 156.
[37] Vgl. Jes 30,1–5; 31,1–3; 18,1–2 (vgl. Jes 20); 36,6; Jer 46,13–17; 46,25–26, dazu William McKane, Jeremiah II, ICC, Edinburgh: T & T Clark 1996, S. 1136, sowie Ez 29,6–7 und 29,10–19 und dazu Karl-Friedrich Pohlmann, Hesekiel/Ezechiel II, ATD 22/2, 2001, S. 413–419.
[38] Vgl. Jes 41,1–4; 45,1–7 und besonders Jes 13*; Jer 50,15.28, und dazu McKane, S. 1304.

§ 5 Jahwes Gericht an Israel und den Völkern

11 *Reinigt die Pfeile, füllt die Köcher,*
    Jahwe erweckte den Geist des Königs der Meder,
    denn sein Sinn steht darauf, Babel zu verderben.
    Denn das ist die Rache Jahwes, die Rache für seinen Tempel.

12 *Gegen die Mauern Babels erhebt das Panier,*
    Verstärkt die Wache, stellt Wächter auf,
    bereitet die Spähtrupps vor,
    denn was Jahwe ersann, das tut er auch
    gemäß seinem Wort gegen Babels Bewohner.

13 *Die du wohnst an vielen Wassern*
    und reich an Schätzen bist,
    es kam dein Ende,
    dein Faden ist abgeschnitten.[39]
14 *Geschworen hat Jahwe Zebaot bei sich selbst:*
    Wahrlich, ich fülle dich an mit Feinden[40] *wie Heuschrecken!*

Dieses Orakel ist offensichtlich von Jes 13 abhängig, in dessen Kern die Zerstörung Babels durch die Meder und d. h. die Perser geweissagt wird, eine Rolle, die in der Deuterojesajanischen Sammlung Kyros als dem Befreier der Gola und Erbauer des Jerusalemer Tempels und der Städte Judas zugeschrieben wird (Jes 44,24–28). Seinen Siegeslauf, dem schließlich auch Babel zum Opfer fallen sollte, habe er als der Gesalbte Jahwes, als der Beauftragte des Gottes Israels, vollbracht, der ihn zum Werkzeug der Befreiung seines Volkes erkoren hatte (Jes 45,1–7[8]). So erklingt in Jes 47 das Spottlied über die verhaßte Feindin, die Jungfrau, Tochter Babel, die sich in ihrer Machtfülle unangreifbar wähnte. Am schrillsten sind die Töne freilich in den Schlußversen des 137. Psalms, der uns die Deportierten weinend an den Wassern Babels vorstellt, wenn sie des Zion gedachten. Hier bricht sich ein ohnmächtiger Haß gegen die Zwingherrin und gegen das verschonte Brudervolk Edom mit den Worten Bahn (V. 7–9):

7 *Gedenke, Jahwe, den Söhnen Edoms des Tages Jerusalems,*
   als sie sagten: „Reißt nieder, reißt nieder bis auf ihren Grund!"
8 *Tochter Babel, Verwüsterin, heil dem, der dir vergilt!*[41]
9 *Wohl dem, der ergreift und zerschmettert*
   deine Kindlein am Felsen!

---

[39] Wörtlich: die Elle des dich Abschneidens.
[40] Siehe BHS.
[41] Siehe BHS.

5. *Die drei Zeithorizonte der Fremdvölkersprüche in Jes 13–23.* Gegenüber der geschichtstheologischen Deutung der vorübergehenden und doch für Israels weitere Geschichte so schicksalhaften Epoche der Vorherrschaft des neubabylonischen Reiches über den Vorderen Orient im Jeremia- und Ezechielbuch liegt in den Fremdvölkersprüchen des Jesajabuches ein komplizierterer Befund vor, der auf seiner über fünf Jahrhunderte umfassenden Entstehungsgeschichte beruht. Daher begegnen wir in den c. 10–23 drei geschichtlichen Blickwinkeln, nämlich 1. dem der Wirksamkeit Jesajas entsprechenden Rettung Jerusalems 701, 2. dem der Zerstörung Jerusalems 587 und 3. und letztens dem des vorgerückten 4. Jhs. v. Chr., in dem sich das Schicksal des Perserreiches erfüllte und Alexander der Große die politische Weltkarte neu gestaltete.

Da ist zum einen die von der Assurbearbeitung ausgezogene Linie, die von 10,5–15* bis zu den Jesajalegenden in c. 36–37 reicht.[42] Auf den Weheruf gegen Assur in 10,5–12(13–15) folgte die Weissagung seiner Vernichtung auf den Bergen Jahwes in 14,24–25a.[43] Anschließend weisen weitere Texte zwischen 14,25* und c. 20 auf den erfolgreichen Vormarsch der Assyrer hin. Es handelt sich bei ihnen um den Philisterspruch 14,28–31*, die Unheilsankündigung gegen Damaskus und Israel in 17,1–3*, den Weheruf gegen die Nubier (Äthiopier) in 18,1–2 und schließlich den Bericht über die Zeichenhandlung Jesajas in c. 20, mit welcher der Prophet drastisch die Vergeblichkeit der Hoffnung der Bewohner der Küstenstädte bezeugt, die sich im Vertrauen auf die Hilfe der Nubier und Ägypter gegen den assyrischen König erhoben hatten.[44] Der Weheruf gegen Efraim in 28,1–4* würde besser hinter 17,1–3* stehen, ist jedoch als Auftakt zum Ecksteinwort in 28,14–18* und zumal den folgenden Weherufen in (29,1–4.6*); 30,1–5 und 31,1–3* eingeordnet, in denen der Prophet das Scheitern der Jerusalemer Bündnispolitik mit den Ägyptern voraussagt. Die überraschende Wende wird bedacht durch die Assursprüche in 30,27–33 und 31,8–9 vorbereitet, die dem assyrischen Heer ein schreckliches Ende vor den Toren Jerusalems voraussagen und nach den Erzählungen in den c. 37–38 tatsächlich in Erfüllung gingen.[45]

Für die beiden letzten Assursprüche möge Jes 30,27–33 als Beispiel dienen. In diesem Orakel wird die Befreiung durch das Eingreifen des Namens Jahwes herbeigeführt, der hier geradezu als eine Hypostase des

---

[42] Vgl. dazu auch Ulrich Berges, Das Buch Jesaja, HBS16, 1998, S. 159–164.

[43] Vgl. dazu auch unten, S. 140.

[44] Vgl. zu ihr Georg Fohrer, Die symbolischen Handlungen der Propheten, 2. Aufl., AThANT 54, S. 33–35 und jetzt auch Uwe Becker, Jesaja, FRLANT 178, 1997, S. 277–278.

[45] Vgl. dazu auch Ulrich Berges, Das Buch Jesaja, 1998, S. 199–204.

§ 5 Jahwes Gericht an Israel und den Völkern 121

Gottes erscheint.⁴⁶ Die Schilderung seines Kommens in V. 27–28a lebt von den klassischen Theophanievorstellungen seines Erscheinens im Gewitter, wie sie z. B. in Ps 18,8–15 in vergleichbarer Weise eingesetzt sind.⁴⁷ Doch die Jerusalemer wissen, daß sein Nahen ihrer Befreiung von dem assyrischen Heer gilt, das ihre Stadt belagert, so daß sie bereits ihre Lobgesänge anstimmen, noch ehe der Arm Jahwes⁴⁸ seinen vernichtenden Schlag gegen die Feinde mittels eines Gewitters von solcher Schwere führt, wie es eben nur sein Erscheinen auszulösen vermag. So wird der Stab, mit dem Assur sein Volk zerschlagen wollte (vgl. 10,5 mit 10,24), durch Jahwe selbst zerbrochen, das riesige Heer vernichtet (vgl. Jes 37,36). Eine entsprechend tief und breit ausgeschaufelte Brandstätte für den gigantischen Leichenbrand steht schon bereit.⁴⁹ Vermutlich dachte der Dichter bei ihr an das Tal Hinnom im Südwesten Jerusalems, in dem sich das Tofet, die Brandstätte für die dem König der Unterwelt dargebrachten Kinderopfer, befunden haben soll.⁵⁰ Es soll nun als Ganzes zur Begräbnisstätte für die toten Assyrer dienen (Jes 30,27–33):⁵¹

> 27 *Siehe, der Name Jahwes kommt aus der Ferne,*
> *brennend sein Zorn, gewaltig seine Erhebung,*
> *Seine Lippen voller Verwünschung,*
> *seine Zunge wie fressendes Feuer,*
> 28 *Sein Atem ein reißender Bach,*
> *der bis zum Halse reicht, –*
> *Um Nationen am Zaum des Unheils zu schwingen*
> *und ein Irrseil an die Backen der Völker zu legen.*⁵²

---

⁴⁶ Vgl. dazu auch GAT II, S. 72–74.

⁴⁷ Vgl. dazu auch Jörg Jeremias, Theophanie, 2. Aufl., WMANT 10, 1977, S. 33–38 und GAT II, S. 132–133 und S. 313.

⁴⁸ Vgl. dazu auch GAT II, S. 314.

⁴⁹ Vgl. auch Ez 39,11–16.

⁵⁰ Vgl. z. B. Dtn 18,10–12; Lev 18,21a; 20,1–5 mit 2. Kön 23,10 und Jer 7, 31 und dazu Otto Kaiser, Den Erstgeborenen meiner Söhne sollst du mir geben. Erwägungen zum Kinderopfer im Alten Testament, in: ders. Hg., Denkender Glaube. FS Carl Heinz Ratschow, Berlin. New York: Walter der Gruyter 1976, S. 24–48, bes. S. 30–45 = ders., Von der Gegenwartsbedeutung des Alten Testaments, hg. Volkmar Fritz u. a., Göttingen: Vandenhoeck & Ruprecht 1984, S. 142–166, bes. S. 148–163; John Day, Molech: A god of human sacrifice in the Old Testament, UCOP 41, 1989, bes. S. 15–28 und S. 46–71 und dazu Hans-Peter Müller, Hebräisch *molæk* und phönizsch *ml(')k(t)*, in: Yitzhak Avishur und Robert Deutsch, eds., Michael. Historical, Epigraphical und Biblical Studies FS Michael Heltzer, Tel Aviv-Jaffa 1999, S. 243–253.

⁵¹ Das Orakel hinterläßt den Eindruck eines Midraschs zu Jes 37,36.

⁵² Lies *wĕlāśûm*

29 *Ihr werdet ein Lied singen*
    wie in der Nacht der Festweihe
    und von Herzen frohlocken wie jene,
    die unter Flöten einherziehn,
    Wenn sie zum Berge Jahwes,
    zum Felsen Israels kommen.
30 *Dann läßt Jahwe seine hehre Stimme erschallen*
    und das Niederfahren seines Armes sehen,
    Mit tobendem Zorn und verzehrender Flamme,
    Prasseln und Wetter und Hagelschlag,
31 *Ja, vor der Stimme Jahwes wird Assur erschrecken,*
    der mit dem Stabe schlägt.

32 *Geschehen wird es: Jeder Hieb des Stocks wird ihn treffen,*
    den Jahwe auf ihn fahren läßt.[53]
    Bei Pauken und Leiern
    und Weihereigen[54] *wird er ihn bekämpfen.*
33 *Denn die Brandstätte*[55] *ist längst bereitet,*
    [Ist sie auch für den König?][56]
    errichtet ist seine Feuerstätte tief und breit,
    Stroh und Holz die Fülle.
    Der Atem Jahwes entzündet sie
    wie ein Schwefelbach.

Als ein erratischer Block steht das Scheltwort gegen Jerusalem und die Jerusalemer in c. 22,1–14* in dieser mit c. 10 einsetzenden Textfolge: Es rügt vermutlich den Jubel in der Stadt angesichts des Abzugs des assyrischen Heeres 701 angesichts der militärischen Niederlage Judas als unangemessen:

1 *Was widerfuhr dir denn, daß ihr alle*
   auf die Dächer gestiegen,
2 *Du von Lärm erfüllte, tosende Stadt,*
   frohlockende Burg?
   Deine Gefallenen fielen nicht durch das Schwert
   und sind nicht im Kampf getötet!

---

[53] Siehe BHS.
[54] Siehe BHS.
[55] Die Übersetzung folgt dem Ableitungsvorschlag von W. Robertson Smith, Die Religion der Semiten. Mit einem Vorwort von Emil Kautzsch und einem Anhang (Lectures on the Religion of the Semites, 2nd ed.,) übers. v. R. Stübe, Tübingen: J. C. B. Mohr (Paul Siebeck) 1899 (ND Darmstadt: Wissenschaftliche Buchgesellschaft 1967), S. 287 Anm. 651, vgl. aber auch Manfred Görg, NBL III, 11, 1997, Sp. 894–895.
[56] Glosse eines Schreibers, der die anderen Tofettexte im Sinn hatte.

§ 5 Jahwes Gericht an Israel und den Völkern 123

> 3 *All' Deine Führer flohen zumal,*
> *wurden ohne Bogen gebunden.*
> 13 *Doch da ist Jubel und Freude,*
> *Rindererschlagen und Schafeschlachten,*
> *Fleischfressen und Weinsaufen:*
> *„Laßt uns essen und trinken,*
> *denn morgen sind wir tot!"*

Das Kapitel hat seinen Platz vermutlich erst nachträglich an seiner jetzigen Stelle erhalten, damit dem Leser der Gesamtkomposition der c. 13–23 deutlich würde, daß auch die Stadt Jerusalem vom Weltgericht betroffen wird. Sehen wir von c. 22 ab, so verkündet diese Interpretationsschicht in der Tat, daß Jerusalems Befreiung die Folge der Vernichtung der Assyrer darstellt, mit denen die jeweiligen Fremdherren zu assoziieren niemandem verwehrt war.

Die zweite Erzählebene von 587 ist in den c. 13–23 lediglich durch zwei Texte vertreten: Bei dem ersten handelt es sich um die exilische Nachinterpretation des Scheltwortes gegen Jerusalem in 22,7–11,[57] die das Orakel auf die Belagerung von 588–587 bezieht und dabei möglicherweise an die Zeit des vorübergehenden Abzugs des babylonischen Heeres angesichts eines ägyptischen Entlastungsangriffs denkt.[58] Dieser Text unterstreicht den Gegensatz zwischen der Vielzahl der Schutzmaßnahmen und dem einen, was Not war, aber versäumt wurde, dem Vertrauen auf Jahwe:

> 7 *Es geschah: Deine erlesenen Täler*
> *waren voller Wagen,*
> *Und Reiter bezogen die Stellung am Tor,*
> 8 *er[59] aber zog deine Decke weg.*
> *Aber du blicktest an jenem Tage*
> *auf die Rüstung des Waldhauses.*
> 9 *Und ihr saht die Risse der Davidstadt,*
> *daß sie zahlreich waren,*
> *Und ihr sammeltet die Wasser des unteren Teichs*
> 10 *und zähltet Jerusalems Häuser.*
> *Und ihr risset die Häuser ab, die Mauer unzugänglich zu machen.*
> 11 *Und ihr machtet ein Becken zwischen den Mauern*
> *für die Wasser des Teiches.*
> *Aber ihr blicktet nicht auf den, der es tat,*
> *und saht nicht auf den, der es längst gebildet.*

---

[57] Vgl. dazu auch unten, S. 124.
[58] Vgl. Jer 37,5–8.
[59] Nämlich: Jahwe.

§ 5 Jahwes Gericht an Israel und den Völkern

Bei dem zweiten Text handelt es sich um das primär auf Jes 29,1–4 begrenzte Arielorakel, das dem von seinen Feinden eingeschlossenen Jerusalem Fall und Zerstörung voraussagt.[60] Es ist durch 14,30.32b und 18,7 als Zwischensignale vorbereitet. Es wurde seinerseits in den V. 5–7(8) im Sinne der Mythe von dem durch Jahwe vereitelten Völkersturm gegen Jerusalem ergänzt.[61] Es lautet in seinem Kern (29,1–4):

1 *Wehe dir, Ariel, Ariel,*[62]
  du Stadt, da David gelagert,
  Fügt nur Jahr zu Jahr!
  Kehren die Feste wieder,
2 *werde ich Ariel bedrängen!*
  Dann gibt es Trauer und Traurigkeit,
  dann wird sie mir zum Ariel,
3 *und ich werde dich ringsum belagern:*
  Ich schließe dich mit Wällen ein
  und errichte wider dich Schanzen!
4 *Dann redest du kauernd am Boden,*
  aus dem Staub klingt gedämpft deine Rede.
  Wie ein Totengeist flüsterst du dann aus der Erde,
  zwitschern dann deine Worte aus dem Staub.

Die dritte zeitliche Perspektive enthalten die Orakel vom nahen Weltgericht, die mit den Babelorakeln in 13,1–14,23 einsetzen. Sie erhalten in 21,1–10 die in einer Vision gewonnene Gewißheit ihrer Erfüllung als Nachricht an Jerusalem als den Dreschplatz, das also ebenfalls noch an die Reihe kommt, wie es die eschatologische Bearbeitung der Scheltrede auf die Jerusalemer in 22,5–6 in Aussicht stellt:

5 *Denn ein Tag des Sturmes, des Sturzes und der Bestürzung*
  kommt von Jahwe Zebaot.
  Im Schautal erschallt Geschrei
  und Hilferuf zum Berg!
6 *Elam ergriff den Köcher –*
  „Auf den Wagen, ihr Männer, ihr Reiter!" –
  und Kir entblößte den Schild!

---

[60] Vgl. dazu Jörg Barthel, Prophetenwort und Geschichte, FAT 19, 1997, S. 349–6 und Uwe Becker, Jesaja, FRLANT 178, 1997, S. 234–238; ferner Wolfgang Werner, Eschatologische Texte in Jesaja 1–39, FzB 46, 1982, S. 178–183; Rudolf Kilian, Jesaja II, NEB, Würzburg: Echter 1994. S. 165–167, die beide den Kern in V. 1–5a.6b suchen, während sich Jürgen Werlitz, Studien zur literarkritischen Methode, BZAW 204, 1992, S. 299–308 für V. 1–4.5bb.6 als Grundtext entscheidet.
[61] Vgl. 17,12–14 und dazu unten, S. 142.
[62] Der Name bedeutet „Gottesherd."

Daß auch diese letzte Heimsuchung den Gerechten und allen Heiden, die dem Tage Jahwes entronnen sind und in ihm den Erweis der Gottheit Jahwes erkannt haben, zum Heile dient, wird die Botschaft der sogenannten Jesaja-Apokalypse der c. 24–27 sein.[63] Doch von seinen beiden zentralen Weissagungen über den Antritt der Königsherrschaft Jahwes über alle Mächte des Himmels und der Erde und seinem alle Völker umfassendes Krönungsmahl soll in späterem Zusammenhang die Rede sein.[64]

6. *Der Fall Babels und seines Königs als Symbole der Weltmacht im Weltgericht.* Im Folgenden belassen wir es daher bei der Besprechung des die Weissagungen vom Weltgericht eröffnenden Textblocks Jes 13,1–14,23. In ihm wird der Fall Babels und der Tod seines Königs als Symbol für das Ende aller irdischen gottfeindlichen Mächte am Tage Jahwes verkündet. Den Hintergrund der Erwartung des Weltgerichts boten vermutlich die Zerstörung des Perserreiches durch Alexander, sein unzeitiger Tod und die fast ein halbes Jahrhundert füllenden Kämpfe seiner Generäle und Leibwächter um das gewaltige Erbe.[65] Die Schilderung des Tages Jahwes in Jes 13*[66] und die ironische Totenklage über den Tod des Weltherrschers in 14,4b–23 gehören zu den kraftvollsten Dichtungen des Alten Testaments, auch wenn die unverhohlene Schadenfreude und Drastik dieses Leichenliedes auf manchen heutigen Leser abstoßend wirken mag.

In Jes 13,4–5 werden wir Zeuge des Anrückens eines gewaltigen Heeres, das Jahwe vom Ende der Welt herangeführt und gerade zum Angriff bereitgestellt hat:

> 4 *Horch! Auf den Bergen*
> *Lärmen einer großen Menge!*
> *Horch! Brausen von Königreichen,*
> *von versammelten Völkern!*
> *Es mustert Jahwe Zebaot*
> *das Heer der Schlacht.*

---

[63] Zur redaktionellen Einfügung des Weltgerichts im Jeremiabuch vgl. Jer 1,14; 25,27–38; 30,23–24; 33,14–26; 45,4–5 und dazu. Konrad Schmid, Buchgestalten, WMANT 72, 1996, S. 305–323, S. 375–376 und das Diagramm 8 S. 435.

[64] Vgl. dazu unten, S. 142.

[65] Vgl. dazu Hans-Joachim Gehrke, Geschichte des Hellenismus, OGG 1 A, München: R. Oldenbourg 1990, S. 4–45 und Odil-Hannes Steck, Der Abschluß der Prophetie, BThSt 17, S. 27.

[66] Zur literarischen Schichtung des Kapitels vgl. Burghard Zapf, Schriftgelehrte Prophetie – Jes 13 und die Komposition des Jesajabuches, FzB 74, 1995, der zwischen der Grundschicht 13,1a.17–22a aus dem 6. Jh. und der Ergänzungsschicht 13,1b.2–16.22b aus dem Ende des 4. Jhs. v. Chr. unterscheidet; vgl. seine Analyse S. 227–239 und die Zusammenfassung S. 319–320.

§ 5 Jahwes Gericht an Israel und den Völkern

Handelt es sich bei diesem Vers auch noch um das Völkerheer, welches der Meder- und das heißt: der Perserkönig 539 v. Chr. gegen Babel anrücken ließ (vgl. V. 17), so wird das Heer in V. 5 mit apokalyptischen Motiven als Vollstrecker eines Weltgerichts gekennzeichnet, das unter Babel nicht mehr allein die konkrete Stadt am Eufrat versteht, sondern in diesen Namen alle Großmächte dieser Erde einschließt:[67]

> 5 *Sie kommen aus fernem Lande,*
> *vom Ende des Himmels,*
> *Jahwe und die Waffen seines Grimms,*
> *die ganze Erde zu verderben.*

Hier steht ein Heer zum Angriff bereit, für das in der Geschichte allenfalls die großen Heere der Perserkönige und des Makedoniers Pate gestanden haben könnten. Aber der bevorstehende Kampf übersteigt nach diesem Gedicht alles, was irdische Heere auszurichten vermögen, denn hier wird nichts weniger als der Tag Jahwes, der große Gerichtstag über die ganze Erde vorbereitet,[68] an dem sich der Himmel verfinstert und alle Sünder auf Erden von dem brennenden Zorn Jahwes vernichtet werden (V. 6–9):[69]

> 6 *Heult! Denn nahe ist Jahwes Tag!*
> *Er kommt mit größter Gewalt.*
> 7 *Daher werden alle Hände erschlaffen,*
> *und die Herzen aller Menschen verzagen.*
> 8 [70]*Krämpfe und Wehen werden sie packen,*
> *wie eine Gebärende werden sie sich winden.*
> *Alle werden einander anstarren*
> *mit flammend roten Gesichtern,*
> 9 *Denn der Tag Jahwes kommt grausam*
> *mit Grimm und Zornesglut,*
> *um die Erde zur Wüste zu machen*
> *und die Sünder von ihr zu vertilgen.*[71]

---

[67] Vgl. dazu auch Bernard Gosse, Isaïe 13,1–14,23, OBO 78, 1988, S. 167, der darauf hinweist, daß in Jes 34 Edom an Babels Stelle tritt; zur kompositorischen Beziehung von Jes 34 auf Jes 63 und zur typologischen Bedeutung der beiden Texte vgl. Claire R. Mathews, Defending Zion, BZAW 236, 1995, S. 157–197 und bes. S. 197.

[68] Vgl. auch Am 5,18–20; Jes 2,12–16(17–21); Zef 1,14–18.

[69] Vgl. Jes 33,14; Mal 3,19.

[70] Das *wĕnibahālû* ist eine erläuternde Glosse.

[71] Vgl. dazu auch den Hinweis von Bernard Gosse, Isaïe 13,1–14,23, S. 166–167, daß die hier vorliegende Schilderung des Tages Jahwes ein Kompendium der mit ihm verbundenen Vorstellungen darstellt.

§ 5 Jahwes Gericht an Israel und den Völkern

In V. 10–12 ergreift der Gott der himmlischen Heerscharen selbst das Wort, um seine Absicht zu erklären, den Frevlern ihre Schuld und den Tyrannen ihren Hochmut heimzuzahlen:

> 10 *„Wenn die Sterne des Himmels und ihre himmlischen Jäger*
> *ihr Licht nicht strahlen lassen,*
> *Die Sonne bei ihrem Aufgang finster ist*
> *und der Mond sein Licht nicht leuchten läßt,*
> 11 *Suche ich auf dem Erdkreis die Bosheit heim*
> *und an den Frevlern ihre Verschuldung,*
> *Mache ich dem Stolz der Frechen ein Ende*
> *und demütige ich der Tyrannen Hochmut.*
> 12 *Kostbarer als Feingold mache ich Menschen*
> *und Männer als Gold aus Ofir."*[72]

Doch ehe wir uns dem Triumphgesang über den Fall des Königs von Babel zuwenden, sei (schon wegen des *Dies irae, dies illa solvet saeclum in favilla Dies irae, dies illa solvet saeclum in favilla* in den großen Totenmessen, in der aktuellen Liturgie des Requiems ist es nicht mehr enthalten)[73] Zef 1,14–16 als die klassische Ankündigung des Tages Jahwes zitiert:[74]

> 14 *Nahe ist der große Tag des Herrn,*
> *er ist nahe und eilt gar sehr!*
> *Des Herren Tag ist schneller als ein Läufer*
> *und rascher als ein Held.*
> 15 *Ein Tag voll Grimm ist jener Tag,*
> *ein Tag voll Drangsal und Bedrückung,*
> *Ein Tag voll Tosen und Getöse,*
> *ein Tag voll Finsternis und Dunkel,*
> *Ein Tag voll Wolken und Nebel,*
> 16 *ein Tag voll Trompeten und Schlachtgeschrei*
> *Wider die befestigten Städte,*
> *wider die hochragenden Zinnen.*

---

[72] Vgl. 1. Kön 9,28; 10,11 und 22,49 und zum Problem der Lokalisierung Ernst Würthwein, Die Bücher der Könige. 1. Könige 1–16, 2. Aufl., ATD 11/1, Göttingen: Vandenhoeck & Ruprecht 1985, S. 118.

[73] Vgl. dazu Rüdiger Bartelmus, Das Requiem und die Hebraica Veritas. Mit einem Anhang: Das liturgische Formular der Totenmesse (Missa pro Defunctis) im Römisch-Katholischen Ritus, sowie dessen biblische und sonstige christlich-jüdische Referenztexte, in ders., Theologische Klangrede, Zürich: 1998, S. 223–242.

[74] Übersetzung Karl Elliger, Die Kleinen Propheten II, ATD 15, 1949 = 5. Aufl. 1982, S. 59; vgl. dazu Ehud Ben Zvi, A Historical-Critical Study of the Book of Zephaniah, BZAW 198, 1991, S. 287–290.

Den zweiten Teil des Babelorakels von Jes 13,1–14,23 bildet die ebenso triumphierende wie ironische Totenklage über das Ende des Königs von Babel als dem Inbegriff der Weltherrscher aller Zeiten und ihrem schließlichen Ende in Jes 14,4b–21. Der Mann, vor dem einst die Reiche erzitterten und der die Könige der Völker gnadenlos binden und abführen ließ, trifft nun in der Unterwelt ein, die ihre Bewohner aus dem ewigen Schlaf aufrüttelt, damit sie das unglaubliche Schauspiel erleben, wie der Mann, der sich Gott gleich wähnte, nun von Würmern zerfressen wird und in die tiefste Tiefe des Totenreiches hinabfährt (V. 9–11):

> 9 *Die Unterwelt drunten tobt dir zu,*
> *deiner Ankunft entgegen,*
> *Stört deinetwegen die „Heiler" auf,*[75]
> *alle Führer der Erde,*
> *Jagt von ihren Thronen auf*
> *alle Könige der Nationen.*
> 10 *Sie alle heben an*
> *und sagen zu dir;*
> *„Auch du bist geworden wie wir,*
> *uns gleich geworden?"*
> 11 *Zur Unterwelt wurde dein Prunken gestürzt,*
> *der Schall deiner Leiern.*
> *Unter dir sind Maden gebreitet,*
> *deine Decke sind Würmer!*

In den V. 12–15 wird sein Sturz von der Höhe der Weltmacht in die tiefste und dunkelste Unterwelt (vgl. Ps 88,7)[76] mit Zügen der Mythe von dem Morgenstern ausgestattet, der sich vermessen auf den Thron des höchsten Gottes, des El Eljon setzen und auf dem fernen Weltberg im Norden als Herr über die Götterversammlung die Geschicke der Welt zu lenken gedachte. Doch wie sein Wagen den Strahlen der Sonne nicht standhielt, so daß er in die Tiefe stürzte,[77] muß nun auch der Mann, vor dem die Erde erzitterte, in die tiefste Tiefe des Totenreiches hinab (V. 12–15):[78]

---

[75] Zu den *rĕpā 'îm* vgl. Oswald Loretz, Ugarit und die Bibel, 1990, S. 128–134.

[76] Vgl. auch Ez 32, 17–32.

[77] Vgl. dazu J.W. McKay, Helel and the Dawn-goddess, VT 20, 1970, S. 451–464; Otto Kaiser, Jesaja. Kapitel 13–39, 3. Aufl., ATD 18, Göttingen: Vandenhoeck & Ruprecht 1983, S. 34–36 und Oswald Loretz, Ugarit und die Bibel, Darmstadt 1990, S. 160–161.

[78] Zu den Unterweltsvorstellungen vgl. Ludwig Wächter, Der Tod im Alten Testament Berlin 1967, S. 48–56 bzw. umfassend Nicholas J. Trompp, Primitive Conceptions of Death and the Nether World in the Old Testament, BibOr 21, 1969 und zum Verhältnis zwischen dem Aufenthalt in der Unterwelt und dem Grab S. 129–140.

§ 5 Jahwes Gericht an Israel und den Völkern

12 *Wie bist du vom Himmel gefallen,*
    Glanzgestirn, Sohn der Morgenröte.
    Wie bist du zu Boden geschmettert,
    du Völkerbezwinger!
13 *Du freilich dachtest in deinem Herzen:*
    „Zum Himmel will ich steigen,
    Hoch über die Sterne Gottes
    meinen Thron errichten,
    Will sitzen auf dem Versammlungsberg
    im äußersten Norden!
14 *Aufsteigen will ich auf Wolkenhöhen,*
    dem Höchsten gleich!"
15 *Ja, in die Unterwelt mußt du hinab,*
    in die unterste Grube!

Die V. 16–21 versetzen uns auf die Erde, wo die Vorübergehenden die auf dem Erdboden liegende Leiche des einstigen Herrn der Welt ebenso mit Verwunderung wie mit Genugtuung betrachten: Denn der Mann, der einst gegen die besiegten Könige kein Erbarmen kannte, hatte kein besseres Los verdient (V. 16–21):

16 *Wer dich sieht, der schaut auf dich,*
    der blickt dich an:
    „Ist das der Mann, der die Erde erbeben,
    der Reiche erzittern ließ,
17 *Der den Erdkreis der Wüste gleich gemacht*
    und seine[79] *Städte zerstörte,*
    Der seine Gefangenen nicht entließ,
    alle Könige der Nationen?"

Ihn nimmt kein Ahnengrab auf, wie es sonst den Königen zuteil wird, und daher darf er auch in der Unterwelt nicht im Kreise seiner Vorfahren ruhen. Seine Söhne aber sollen ausgerottet werden, damit sich aus ihnen kein neuer Welttyrann erhebt (V. 18–21):

18 *Sie alle liegen in Ehren,*
    jeder in seinem Haus.
19 *Aber du bist grablos hingeworfen,*
    wie eine verabscheute Leiche.[80]
    Bedeckt mit Hingerichteten, Schwertdurchbohrten
    wie ein zertretenes Aas.

19bβ *Die hinabgefahren in steinerne Gruft –*
20   *du wirst nicht mit ihnen vereint.*
     Weil du Unheil über dein Land gebracht,

---

[79] Siehe BHS.
[80] Lies *næṣæl*, vgl. Dalman, Lex.276 s.v.

> *dein Volk erschlagen.*
> *In Ewigkeit werde nicht genannt*
> *der Name dieses Verbrechers!*[81]
> 21 *Rüstet die Schlachtbank für seine Söhne*
> *ob der Schuld ihrer Väter,*[82]
> *Damit sie nicht aufstehen, die Welt erobern*
> *und den Erdkreis erfüllen.*[83]

Soll man nach einem bestimmten Prototypen für diese Gestalt suchen und dazu die Reihe der neuassyrischen Könige[84] oder der hellenistischen Könige und Generäle mustern, unter deren Kriegen das Gottesvolk zu leiden hatte? Besser beraten dürfte man sein, wenn man in dieser Gestalt die Summe all seiner Erfahrungen mit den Mächtigen dieser Erde verdichtet findet. So zeugt das Lied für das ihm unausgesprochen zugrunde liegende Vertrauen, daß Jahwe an seinem Tage aller Tyrannei auf Erden ein Ende setzen wird.

Literatur

Überblick: Preuß, Theologie II, S. 305–320; *G. I. Davies*, The Destiny of the Nations in the Book of Isaiah, in: J. Vermeylen, ed., The Book of Isaiah, BEThL 81, 1989, S. 93–120.

Ausgewählte Aufsätze, Monographien und Sammelwerke: Barthel, Jörg, Prophetenwort und Geschichte, FAT 19, 1997; *Bartelmus, Rüdiger,* Theologische Klangrede. Studien zur musikalischen Gestaltung und Vertiefung theologischer Gedanken durch J.S. Bach, G. F. Händel, F. Mendelssohn, J. Brahms und E. Pepping, Zürich: Pano Verlag 1998; *Barton, John,* Amos' Oracles against the Nations, SOTS.MS 6, Cambridge: Cambridge University Press 1980; *Becker Uwe,* Jesaja – von der Botschaft zum Buch, FRLANT 178, 1996; *Ben Zvi, Ehud*, A Historical-Critical Study of the Book of Zephaniah, BZAW 198, Berlin. New York: Walter de Gruyter 1991; *Berges, Ulrich,* Das Buch Jesaja. Komposition und Endgestalt, HBS 16, Freiburg i. Br. u. a.; Herder 1998; *Day, John,* Molech: A god of human sacrifice in the Old Testament, UCOP 41, Cambridge/UK: Cambridge University Press 1989; *Dicou, Bert,* Edom,Israel's Brother and Antagonist. The Role of Edom in Biblical Prophecy and Story, JSOT.S 169, Sheffield: Sheffield University Press 1994; *Gosse, Bernard,* Isaïe 13,1–14,23 dans la tradition littéraire du livre d'Isaïe et dans la tradition des oracles contre les nations, OBO 78, Freiburg/Schweiz/Göt-

---

[81] Siehe BHS und zum literarischen Problem auch Kaiser, ATD 18, S. 27 Anm. 9.
[82] Vgl. aber auch BHS: G MSS und S lesen den sing.
[83] Siehe BHS.
[84] Vgl. dazu den Versuch von Miklós Köszeghy, Hybris und Prophetie: Erwägungen zum Hintergrund von Jes XIV 12–15, VT 44, 1994, S. 549–553.

tingen: Universitätsverlag Freiburg/Schweiz/Vandenhoeck & Ruprecht 1988; *Fechter, Friedrich*, Bewältigung der Katastrophe. Untersuchungen zu ausgewählten Fremdvölkersprüchen im Ezechielbuch, BZAW 208, Berlin. New York: Walter de Gruyter 1992; *Fohrer, Georg*, Die symbolischen Handlungen der Propheten, AThANT 54, 2. Aufl., Zürich. Stuttgart: Zwingli Verlag 1968; *Hermisson, Hans-Jürgen*, Kriterien „wahrer" und „falscher" Prophetie in Jeremia 23,16–22 und Jeremia 28,8–9, ZThK 92, 1995, S. 121–139 = ders., Studien zur Prophetie und Weisheit, hg. Barthel, Jörg u. a., FAT 23, Tübingen: Mohr Siebeck 1998, S. 59–76; *Hübner, Ulrich*, Die Ammoniter. Untersuchungen zur Geschichte, Kultur und Religion eines transjordanischen Volkes, ADPV 16, Wiesbaden: Otto Harrassowitz 1992; *Huwyler, Beat*, Jeremia und die Völker. Untersuchungen zu den Völkersprüchen in Jeremia 46–49, FAT 20, Tübingen: Mohr Siebeck 1997; *Jeremias, Jörg*, Theophanie. Die Geschichte einer Gattung, 2. Aufl., WMANT 10; Neukirchen-Vluyn: Neukirchener Verlag 1977; *Kilpp, Nelson*, Niederreißen und aufbauen. Das Verhältnis von Heilsverkündigung und Unheilsverkündigung bei Jeremia und im Jeremiabuch, BThSt 13, Neukirchen-Vluyn: Neukirchener Verlag 1990; *Kratz, Reinhard G.*, Translatio imperii. Untersuchungen zu den aramäischen Danielerzählungen und ihrem theologiegeschichtlichen Umfeld, WMANT 63, Neukirchen-Vluyn: Neukirchener Verlag 1987; *Krüger, Thomas*, Geschichtskonzepte im Ezechielbuch, BZAW 180, Berlin. New York: Walter de Gruyter 1989; *Lescow, Theodor*, Das Buch Maleachi. Texttheorie – Auslegung – Kanontheorie, ATh 75, Stuttgart: Calwer Verlag 1993; *Liewack, Rüdiger*, Prophet und Geschichte. Eine literar-historische Untersuchung zum Jeremiabuch, BWANT 121, Stuttgart u. a.: W. Kohlhammer 1987; *Mathews, Claire R.*, Defending Zion. Edom's Desolation and Jacob's Restoration (Isaiah 34–35) in Context, BZAW 236:Berlin. New York: Walter de Gruyter 1995;, *Meyer, Ivo*, Jeremia und die falschen Propheten, OBO 13, Freiburg/Schweiz/ Göttingen: Universitätsverlag Freiburg/Schweiz/Vandenhoeck &Ruprecht 1977; *Nicholson, Ernest W.*, Preaching to the Exiles, 1970; *Pohlmann, Karl-Friedrich*, Die Ferne Gottes – Studien zum Jeremiabuch, BZAW 179, 1989; *ders.*, Ezechielstudien, BZAW 202, 1992; *Schmid, Konrad*, Buchgestalten des Jeremiabuches, WMANT 72, Neukirchen-Vluyn: Neukirchener Verlag 1996; *Schmökel, Hartmut*, Jahwe und die Fremdvölker. Der Werdegang einer religiösen Idee, BSTRG 1, Breslau: Maruschke & Berendt 1934; *Seitz, Christopher R.*, Theology in Conflict. Reactions to the Exile in the Book of Jeremiah, BZAW 176, Berlin. New York: Walter de Gruyter 1986; *Stapf, Burghard*, Schriftgelehrte Prophetie – Jes 13 und die Komposition des Jesajabuches. Ein Beitrag zur Erforschung der Redaktionsgeschichte des Jesajabuches, FzB 74, Würzburg: Echter 1995; *Steck, Odil Hannes*, Der Abschluß der Prophetie im Alten Testament. Ein Versuch zur Frage nach der Vorgeschichte des Kanons, BThSt 17, Neukirchen-Vluyn: Neukirchener Verlag 1991; *Tromp, Nicholas J.*, Primitive Conceptions of Death and the Nether World in the Old Testament, BibOr 21, Rome: Pontifical Biblical Institute 1969; *Vermeylen, Jacques*, ed., The Book of Isaiah/Le livre d' Isaïe, BEThL 81, Leuven: Leuven University Press/Peeters 1989; *Wanke, Gunther*, Untersuchungen zur sogenannten Baruchschrift, BZAW 122, Berlin: Walter der Gruyter 1971; *Wächter, Ludwig*, Der Tod im Alten Testament, Berlin: Evangelische Verlagsanstalt 1967; *Werlitz, Jürgen*, Studien zur literarkritischen Methode, BZAW

204, 1992; *Werner, Wolfgang*, Eschatologische Texte in Jesaja 1–39. Messias, Heiliger Rest, Völker, FzB 46, Würzburg: Echter 1982; *ders.*, Studien zur alttestamentlichen Vorstellung vom Plan Jahwes, BZAW 173, Berlin. New York: Walter de Gruyter 1988.

Das Heil Jahwes

§ 6 Die Rettung des Zion im Völkersturm

1. *Die Heilsbotschaft der Prophetenbücher und die Mythe vom Völkersturm.* Die Tatsache, daß die Prophetenbücher des Alten Testaments keine wohlgeordneten dogmatischen Lehrbücher darstellen, ist uns in den beiden vorausgehenden Paragraphen deutlich geworden. Das zeigte sich uns nicht nur daran, daß der grundlegende, dem dreigliedrigen eschatologischen Schema folgende Aufriß in den drei großen Prophetenbücher ganz unterschiedlich ausgestaltet ist, sondern weiterhin darin, daß im zweiten und dritten Teil der protojesajanischen Sammlung das zweigliedrige Schema dominiert und sich darüber hinaus nur einzelne Teile übergreifender Redaktionen nachweisen lassen, die jeweils ein bestimmtes heilsgeschichtliches Konzept vertreten. Auch im Dodekapropheton, im Zwölfprophetenbuch, ist es nur schwer möglich, die hier zusammengeschlossenen Schriften auf einen einzigen konzeptionellen Nenner bringen. Obwohl ihre Anfänge in unterschiedlichen Zeiten liegen und Sach 9-Mal 3 wohl überhaupt nur späte Fortschreibungen enthält, läßt sich zwar auch ihre Heilsbotschaft auf die Formel „Durch Gericht zum Heil" komprimieren. Doch wird man dabei den für sie jeweils typischen Akzentuierungen der Vorstellungen von der Heilswende und ihren Folgen kaum gerecht. Trotzdem können wir sagen, daß für fast sämtliche Prophetenbücher der Zion das geographische und sachliche Zentrum der Heilserwartungen darstellt.

Das zeigt sich auch in ihrer Behandlung des Themas vom Völkersturm: Es ist abgesehen von seiner ezechielischen Variante auf den Zion zentriert. Als solches begegnet es in zwei Ausgestaltungen: In seiner vorherrschenden und am vollständigsten durch Ps 46 belegten Form werden die sich vor den Mauern Jerusalems zusammenrottenden Völker durch Jahwes Eingreifen besiegt, ohne daß sie der Stadt schaden können. In seiner zweiten Fassung, wie sie am klarsten Sach 14,1–5 bezeugt, wiederholt sich gleichsam die Eroberung Jerusalems im Jahr 587 mit all ihren negativen Auswirkungen auf seine Bewohner, nur daß am Ende nicht der völlige Ruin der Stadt, sondern der Triumph Jahwes über die Völker steht.

Der Antritt der Königsherrschaft über die ganze Erde ist das Ziel seines Einzuges in Jerusalem, seine Anerkennung als der einzige Gott das Ziel der Geschichte. Im Ezechielbuch begegnet statt dessen die Erwartung, daß das gewaltige Herr des Gog aus Magog auf den Bergen Israels vernichtet werde (Ez 38–39). Bei dieser Weissagung handelt es sich um eine Neuauflage der Vorstellung vom Feind aus dem Norden vor, der in Israel einfällt, aber diesmal selbst von Jahwe vernichtet werden soll.¹ Sowohl in Ps 46 wie in Ez 38–39 wird als Ziel des Sieges Jahwes die Erkenntnis seiner Macht durch die Völker angegeben (vgl. Ps 46,11 mit Ez 38,23 und 39,21–22). Auch nach Jes 40,5 sollte die Offenbarung des כָּבוֹד (*kābôd*), der Herrlichkeit Jahwes, vor allem Fleisch das Mittel und Ziel seines erlösenden Handelns an Israel sein. Diesen Machterweis aber vollbringt er nach den hier behandelten Texten, indem er die Völker gegen den Zion heranführt, um sie dort mit einem einzigen Schlag zu vernichten.

2. *Das vorexilische Thronbesteigungsfest als Mutter der Völkerkampfmythe*. Der norwegische Alttestamentler Sigmund Mowinckel hat wenige Jahre nach dem Ende des Ersten Weltkrieges die Hypothese aufgestellt, daß die alttestamentliche Eschatologie eine Folge der Historisierung des vorexilischen Neujahrsfestes sei. Die an ihm rituell begangene Thronbesteigung Jahwes als des Königs der ganzen Erde nach seinem Sieg über das aufbegehrende Meer sei nun in exilisch-nachexilischer Zeit in die Endzeit verlegt und dabei das Meer durch die gegen den Zion anbrausenden Völkern ersetzt worden.² Diese Hypothese ist seither fast ununterbrochen diskutiert und ebenso leidenschaftlich bestritten wie verteidigt worden.³ Inzwischen hat die auch auf die Psalmen ausgedehnte redaktionsgeschichtliche Forschung gezeigt, daß die vorexilischen Psalmen in der Regel nur in einer überarbeiteten, den Glaubensgedanken des nachexilischen Zeitalters entsprechenden Gestalt überliefert worden sind. Daher müssen wir, statt uns sogleich der Mythe vom letzten Völkersturm gegen den Zion und seinen Folgen zuzuwenden, die möglichen Belege für ein vorexilisches Thronbesteigungsfest in den Psalmen überprüfen. Dabei wird sich uns in grundsätzlicher Übereinstimmung mit Mowinckel, aber aufgrund einer wesentlich reduzierten und kritischer beurteilten Quellenauswahl folgendes Gesamtbild ergeben: Nachdem Jahwe bei Morgengrauen das gegen die Erde anbrausende Meer besiegt hatte,⁴ zog er in festlicher Prozession, bei

---

¹ Vgl. dazu auch oben, S. 115.

² Vgl. dazu Sigmund Mowinckel, Psalmenstudien II: Das Thronbesteigungsfest Jahwäs und der Ursprung der Eschatologie, SNVAO.HF 1921/6, 1922, S. 226–227 und S. 315–324; vgl. ders., The Psalms in Israel's Worship I, 1962, S. 189–192.

³ Vgl. dazu die Forschungsberichte von John Gray, Biblical Doctrine of the Reign of God, 1979, S. 7–38 und Oswald Loretz, Ugarit-Texte und Thronbesteigungspsalmen, UBL 7, 1988, S. 19–40 und über die Kontroverse zwischen Mowinckel und Hermann Gunkel und ihr Resultat im Lichte der Ugarittexte und der redaktionsgeschichtlichen Psalmenforschung S. 435–504.

⁴ Vgl. dazu Josef Ziegler, Die Gotteshilfe „am Morgen", in: FS Friedrich Nötscher, BBB 1, 1950, S. 281–288 und Bernd Janowski, Rettungsgewißheit und Epiphanie des Heils, WMANT 59, 1989, S. 180–191.

Sonnenaufgang in seinen Tempel ein, um dort den Thron zu besteigen und sich als König über die ganze Erde proklamieren zu lassen.

Bei dieser Begehung handelt es sich um eine Adaptierung und Aktualisierung einer alten nordwestsemitischen Mythe, die uns in dem ugaritischen Text KTU 1.1–1.2 überliefert ist, der von dem siegreichen Kampf des Wetter- und Vegetationsgottes Baal gegen den Meeresgott Jam berichtet.[5] Diese Mythe hat auch auf die babylonische vom Kampf des Sonnengottes Marduk gegen Tiamat, die Verkörperung des Urmeeres, eingewirkt, die uns im babylonischen Schöpfungsepos Enuma elisch IV erhalten ist.[6]

Die Belege für die im Tempel des vorexilischen Jerusalem vorgenommene Rite sind uns nur noch in nachexilischen Bearbeitungen der Psalmen 24; 29; 46; 47 und 93 erhalten.[7] Als Ausgangspunkt wählen wir Ps 47, denn er setzt in V. 6 ganz offensichtlich eine Thronfahrt Jahwes voraus, an deren Ende seine Thronbesteigung und Proklamation zum König der Erde stand. In seiner vorliegenden Form ist der Psalm historisiert und auf Jahwes endzeitlichen Sieg über die Völker bezogen. Doch dürfte der Grundtext noch in den V. 6–7 und 9 erkennbar sein:

---

[5] Vgl. die Übersetzung von Manfried Dietrich/Oswald Loretz, TUAT III/6, 1997, S. 1091–1134 und dazu Arvid S. Kapelrud, Baal in the Ras Shamra Texts, 1952, S. 98–109; Otto Kaiser, Die Mythische Bedeutung des Meeres, 2. Aufl., BZAW 78, Berlin: Alfred Töpelmann 1962, S. 44–77; Werner H. Schmidt, Königtum Gottes in Ugarit und Israel, 2. Aufl., BZAW 80, 1966, S. 10–21, vgl. auch S. 29–54, und jetzt die umfassende Bearbeitung und Kommentierung von Mark S. Smith, The Ugaritic Baal-Cycle I, VT.S 55, 1994.

[6] Vgl. zu ihm Thorkild Jacobsen, The Treasures of Darkness, 1976, S. 165–191 sowie die Bearbeitung von W.G. Lambert, TUAT III/4, 1994, S. 565–602, bes. S. 583–587; zur Diskussion auch Fritz Stolz, Strukturen und Figuren im Kult von Jerusalem, BZAW 118, 1970, S. 29–42 und zum babylonischen Neujahrsfest, dem *akītu*, seinen assyrischen Aufnahmen und Ausprägungen B. Pongratz-Leisten, RLA IX/3–4, 1999, S. 294b–298.

[7] Vgl. dazu John Gray, Biblical Doctrine, S. 39–71 und Oswald Loretz, Ugarit-Texte und Thronbesteigungspsalmen, UBL 7, 1988, S. 471–504, bes. S. 596–604 und ders., Die Rückkehr des Wettergottes und der königlichen Ahnen beim Neujahrsfest in Ugarit und Jerusalem. „Thronbesteigung" im Blick altorientalistischer Argumentationsforschung, in: Manfred Kropp/Andreas Wagner, Hg., „Schnittpunkt" Ugarit, 1999, S. 163–244, zur Rekonstruktion des israelitischen Festes S. 191–203 und zu der des ugaritischen S. 204–213. Daß Dierk Lange, Das kanaanäisch-israelitische Neujahrsfest bei den Hausa, ebd., S. 109–162 zumindest eine erstaunliche Parallele in Gestalt des westafrikanischen Gani-Fest beschrieben hat, sei angemerkt.

> 6 *Herauf zog Jahwe unter Jubelschall,*
>   *Jahwe beim Klange der Hörner.*
> 7 *Singt <unserem Gotte>, singt,*
>   *singt, unserem Könige singt.*
> 9 *König wurde Jahwe über <die Erde>[8],*
>   *Jahwe setzte sich auf seinen[9] Thron.*

Die Annahme, daß Ps 47,6 in der Tat einen feierlichen Einzug Jahwes in den Tempel und seine dort erfolgte Inthronisation und Proklamation als Herrn der Erde bezeugt, wie er im vorexilischen Jerusalem begangen ist, belegt mit größter Wahrscheinlichkeit auch Ps 24, der durch die Vorschaltung der V. 1–6 zu einer perserzeitlichen Tempeleinlaßliturgie ausgestaltet worden ist.[10] In den V. 7–10 werden wir Zeugen eines Dialogs, der von den Anführern der Prozession und den Torwächtern des Tempels geführt wird:[11]

> 7 *„Erhebt, ihr Tore, eure Häupter,*
>   *und erhebt euch, ihr uralten Pforten,*
>   *daß der König der Ehre einziehe."*
> 8 *„Wer ist der König der Ehre?"*
>   *„Jahwe, der Starke, der Held,*
>   *Jahwe der Held der Schlacht!"*
> 9 *„Erhebt, ihr Tore, euere Häupter,*
>   *und erhebt euch[12], ihr uralten Pforten,*
>   *daß der König der Macht einziehe!"*
> 10 *„Wer ist er, der König der Ehre?*

---

[8] Lies der primären Mythe gemäß: *hā'āræṣ*.

[9] Das *qådšô* ist aus kolometrischen Gründen als Nachinterpretation zu streichen.

[10] Vgl. dazu auch Sigurdur Örn Steingrimsson, Tor der Gerechtigkeit. Eine literaturwissenschaftliche Untersuchung der sogenannten Einzugsliturgien im AT: Ps 15; 24,3–5 und Jes 33,14–16, ATSAT 22, St. Ottilien: Eos Verlag 1984, S. 70–93, bes. S. 90–91. Zum Schwanken der Beurteilung von Einheit und Zeitstellung des Psalms vgl. Hermann Spieckermann, Heilsgegenwart. Eine Theologie der Psalmen, FRLANT 148, Göttingen: Vandenhoeck & Ruprecht 1989, S. 196–208, der den Psalm abgesehen von den V. 4b und 6 als ein vorexilisches Kompendium der Tempeltheologie betrachtet, mit Frank-Lothar Hossfeld, in: ders./Erich Zenger, Die Psalmen I, NEB, Würzburg: Echter 1993, S. 156–161, der in V. 7–10 den ältesten Teil sieht, der in einen exilischen Psalm aufgenommen und spät durch V. 6 ergänzt worden ist.

[11] Daß der Dialog in dem Adventslied des ostpreußischen Pfarrers Georg Weissel aus dem Jahr 1623 „Macht hoch die Tür, die Tor macht weit ..." (EGB 1) seine überzeugende christliche Auslegung gefunden hat, sei angemerkt.

[12] Lies wie in 7aβ, vgl. BHS.

§ 6 Die Rettung des Zion im Völkersturm

Jahwe Zebaoth,
er ist der König der Ehre!"

Es ist offensichtlich, daß Jahwe aus einer Schlacht kommt, in dem er dank seines כָּבוֹד, seines strahlend-machtvollen Glanzes, einen entscheidenden Sieg errungen hat. Wenn V. 1b und 2 seinen Herrschaftsanspruch über die Erde und ihre Bewohner damit begründen, daß er die Erde über den Meeren gegründet und über Strömen fest hingestellt hat, so liegt hier eine Umdeutung seines Sieges über das Meer in eine anfängliche Schöpfungstat vor, wie sie den nachexilischen Glaubensgedanken entspricht.[13] Jedenfalls dürfen wir diese Einleitung als ein Zeichen für die Erinnerung daran bewerten, daß Jahwe als Sieger über das Meer in dem Tempel Einlaß begehrte. Diese Deutung entspricht der himmlischen Huldigungsszene in Ps 29,1–3, die ihre Begründung erst in V. 10 erhält, der daher auch zum Grundbestand des ebenfalls sekundär bedeutend erweiterten Liedes gehört:

1 *Gebt Jahwe, ihr Göttersöhne,*
   gebt Jahwe Ehre und Macht.
2 *Gebt Jahwe die Ehre seines Namens,*
   huldigt <ihm>[14] in heiligem Schmuck.
3 *Die Stimme Jahwes ist über den Wassern,* ```[15]
   Jahwes über den großen Wassern.
10 *Jahwe setzte sich über der Flut[16],*
   ```[17] *Jahwe ward König[18] für immer.*

Und ganz ähnlich führt Ps 93\* Jahwes Königtum auf seinen Sieg über das Meer zurück:

1 *König ward Jahwe, Hoheit zog er an,*
   *anzog Jahwe, Stärke umgürtete er,*
   *Ja, fest steht der Erdkreis, er wird nicht wanken.*
3 *Es erhoben Ströme, Jahwe,*
   *es erhoben Ströme ihr Brausen,*
   *es erhoben Ströme ihr Branden:*

---

[13] Vgl. z. B. Hiob 38,8–11; Ps 104,2–9 und 74,12–17.
[14] Füge ein *lô* ein.
[15] V. 3aβ stört den Parallelismus membrorum und gehört zur Nachinterpretation.
[16] Gemeint ist der Himmelsozean, vgl. Joachim Begrich, Mabbûl. Eine exegetisch-lexikalische Studie, ZS 6, 1928, S. 135–153, bes. S. 142–147 = ders., Ges. Studien zum Alten Testament, hg. v. Walther Zimmerli, ThB 21, München: Christian Kaiser 1964, S. 39–54, bes. S. 45–49.
[17] Das *wajjēšœb* am Anfang von V. 10b ist sekundäre Wiederaufnahme aus V. 10a.
[18] Lies statt des Nomens die 3. sing. Perf. des Verbs.
   ```

4   *Mehr als die großen Wasser,*
    stärker als[19] *die Brecher der See,*
    mächtig in der Höhe ist Jahwe.

Die Beantwortung der Frage, ob wir mit diesen Belegen einen eindeutigen Beweis für die festliche Begehung der Thronbesteigung Jahwes im vorexilischen Jerusalem erbracht haben oder nicht, hängt davon ab, ob man zuzugeben bereit ist, daß sich in den hier zitierten Psalmen ein und derselbe rituelle Vorgang in unterschiedlicher Brechung spiegelt. Nach unserer Überzeugung ist diese Annahme einfacher, als die in ihnen enthaltenen Aspekte isoliert voneinander zu betrachten.[20]

3. *Die Historisierung der Meeresmythe: Der Völkersturm gegen Jerusalem.* Daher können wir uns sogleich der zweiten Frage zuwenden, wie es zur Historisierung und Eschatologisierung dieser Mythe mittels der Ersetzung des Meeres und seines Akoluthen, der siebenfach geringelten, als Leviatan benannten Schlange, durch die Völker gekommen ist. Die Versuche, diese Übertragung naturmythologisch zu erklären, darf man heute als gescheitert betrachten. Statt dessen bietet es sich an, sie aus einem Zug der assyrischen Reichs- und Kriegsideologie abzuleiten. Wir brauchen uns nur an das bereits oben erwähnte Mythologem zu erinnern, das Asarhaddons Bericht über seinen Wiederaufbau des Etemen-Anki, des Marduk-Tempels in Babel enthält. Nach ihm hatte der Gott selbst in seinem Zorn den Arahtu-Kanal des Eufrats als eine Sintflut über die Ruinen Babels, des „Gottestores", geleitet, um sie für siebzig Jahre verwüstet liegen zu lassen.[21]

Mesopotamische und genauer gesagt: babylonische Einflüsse spiegelt nun aber auch Ps 46,5, denn seine Rede von den Kanälen der Gottesstadt ist eine Übertragung babylonischer auf Jerusalemer geographische Verhältnisse. Sie wird durch die drei vom Eufrat abgezweigten Haupt- und zwölf Nebenkanäle inspiriert, die Babel durchzogen und ebenso der Wasserversorgung wie als Transportwege dienten.[22] Die Nachricht von der vollständigen Zerstörung Babels durch Sanherib mittels einer Überflutung durch die Wasser des Arahtu-Kanals hat noch im Babelspruch in Jer 51,42 ein Echo gefunden.[23] So ist es immerhin eine nicht unbegründete

---

[19] Zur richtigen Wortabtrennung vgl. BHS.

[20] Mit einer Ladeprozession ist freilich nach der Deponierung dieses Kultobjektes im Allerheiligsten des Tempels nicht mehr zu rechnen, vgl. Eleonore Reuter und Manfred Görg, Art. Lade, NBL II, 9, 1994, Sp. 574–578, bes. Sp. 575.

[21] Vgl. dazu oben, S. 91 mit Anm. 29.

[22] Vgl. dazu Eckhard Unger, Art. Babylon, RLA II, S. 363–339 mit den §§ 9–12.

[23] Vgl. ARAB II, § 642 und 649 und dazu oben, S. 99. Umgekehrt rühmte sich Nabupolassar 1.II,8–13, in: Stefan Langdon, Neubabylonische Königsinschriften,

§ 6 Die Rettung des Zion im Völkersturm

Vermutung, daß die Umdeutung des Sieges Jahwes über das Meer in einen solchen über die vor den Toren Jerusalems versammelten Feinde durch die Vorstellung von den Siegen der neuassyrischen Könige vermittelt ist, deren Heere wie eine Sintflut über die Feinde kamen, eine Vorstellung, die Sanherib veranlaßte, Babel im wörtlichen Sinnen zu überfluten. Rechnen wir mit einer entsprechenden Übertragung auf Jerusalem, so müssen wir dafür die typologische Gegenüberstellung der Rettung Jerusalems 701 vor dem assyrischen und der Zerstörung der Stadt durch das babylonische Heer 587 in Rechnung stellen.[24] Dem Sieg Jahwes in der Urzeit über das Meer, der nun als Anfang seines Schöpfungshandelns gedeutet wurde (vgl. z. B. Ps 74,12–17), entspricht somit die Vorstellung von seinem Sieg in der Endzeit über das Völkerheer, das als Verkörperung der gottfeindlichen Chaosmächte gegen den Zion anbranden und dort seinen Untergang finden würde.[25]

In diesem Sinne können wir Ps 46,2–12 in seiner Endgestalt als ein Kompendium der eschatologisierten Zionstheologie lesen: Die Bewohner Jerusalems können auch im Völkersturm furchtlos bleiben, weil Jahwe Zebaot in ihrer Mitte wohnt. Gegen ihn vermögen weder die chaotischen Kräfte des aufbegehrenden Meeres noch die vor Jerusalems Mauern versammelten Völker etwas. Denn sie werden durch Jahwes Erscheinen kurz vor dem Morgengrauen in solche Panik versetzt,[26] daß sie ihre Waffen fortwerfen und zu fliehen versuchen. Doch in diesem Augenblick fordert sie Jahwe auf, einzuhalten und ihn als den wahren Herrn der Erde anzuerkennen. So ist das Ziel der Rettung des Zions der Erweis der Macht des Gottes Israels als des Herrn aller Völker und seine darauf erfolgende Anerkennung durch die Völker die Voraussetzung für den ewigen Frieden auf dieser Erde.

VAB 4, Leipzig: J.C. Hinrich 1912, S. 61–62, daß er den Arahtu-Kanal wie das Niederströmen (des Regens) vom Himmel und eine vernichtende Flut Mörtel und Asphalt herbeiführen ließ.

[24] Vgl. dazu auch Otto Kaiser, Geschichtliche Erfahrung und eschatologische Erwartung. NZSTh 15, 1973, S. 272–285 = ders., in: Horst Dietrich Preuß, Hg., Eschatologie im Alten Testament, EdF 480, Darmstadt: Wissenschaftliche Buchgesellschaft 1978, S. 444–461 = ders., Von der Gegenwartsbedeutung des Alten Testaments, hg. v. Volkmar Fritz u. a., Göttingen: Vandenhoeck & Ruprecht 1984, S. 167–180.

[25] Zu weiteren Historisierungen und Eschatologisierungen der Mythe vgl. John Day, God's conflict with the sea, UCOP 35, 1985, S. 88–120 bzw. S. 141–178.

[26] Vgl. dazu Bernd Janowski, Rettungsgewißheit, WMANT 59, 1989, S. 185–187.

2 ‚Jahwe'[27] *ist uns Zuflucht und Stärke,*
als Hilfe in Nöten wohl erfunden.
3 *Daher fürchten wir uns nicht, wenn die Erde schwankt,*
wenn die Berge wanken inmitten des Meeres.[28]
4 *Es brausen, es branden seine Wasser,*
es erbeben die Berge bei seinem Schelten[29]
< *Der Herr Zebaot ist mit uns,*
Zuflucht ist uns der Gott Jakobs.>

5 *Ein Strom, seine Kanäle erfreuen die Stadt Gottes,*
die heiligen Wohnungen des Höchsten.
6 *Gott ist ihrer Mitte, sie wankt nicht.*
<*Jahwe*> *hilft ihr beim Nahen des Morgens.*
7 *Es brausen die Völker, es wanken die Reiche,*
erhebt er seine Stimme, schwankt die Erde.
8 *Jahwe Zebaot ist mit uns,*
Zuflucht ist uns der Gott Jakobs.

9 *Geht, seht an die Wunder Jahwes,*
der Zerstörung bewirkt im Lande,``[30].
10b *Der Bogen zerbricht und Spieße zerschlägt,*
der Wagen mit Feuer verbrennt:
11 *„Laßt ab und erkennt, daß ich Jahwe bin,*
der sich erhebt über die Völker, erhebt über die Erde."
12 *Jahwe Zebaot ist mit uns,*
Zuflucht ist uns der Gott Jakobs.

4. *Assurs Vernichtung als Paradigma der Vergeblichkeit des letzten Völkersturms gegen den Zion.* Stellen wir den Assurspruch in Jes 14,24–25a, die Arielprophetie in Jes 29,1–7(8) und das nur in seiner Stellung zwischen dem Assurspruch und dem Arielwort verständliche Völkersturmorakel in Jes 17,12–17 nebeneinander,[31] wird deutlich, wie das Assur vorausgesagte und nach der Erzählung in Jes 36–37 im Jahre 701 erfüllte Schicksal in kontextueller Lesung zum Paradigma für den endzeitlichen

---

[27] Text gemäß der elohistischen Bearbeitung der Ps 42–83: Gott.
[28] Vermutlich liegt hier ein mimierter Genitiv vor; denn sonst fehlt dem *mêmâw* das Beziehungswort.
[29] Vgl. V. 7b, lies *běga'ărtô*.
[30] Bei V. 10a handelt es sich um eine relecture im Sinne der Weltgerichtserwartung.
[31] Zur Rolle der Völker im Jesajabuch vgl. auch Graham I. Davies, The Destiny of the Nations in the Book of Isaiah, in: Jacques Vermeylen, ed., The Book of Isiah/Le Livre di' Isaïe. BEThL 81, Leuven: Leuven University Press/Peeters 1989, S. 92–120.

§ 6 Die Rettung des Zion im Völkersturm   141

Völkersturm wird. In der ursprünglich den Assurspruch in Jes 10,5–11*[32] beschließenden Weissagung in Jes 14,24–25a heißt es:[33]

> 24 *Geschworen hat Jahwe Zebaot: Fürwahr!*
> *Wie ich es mir denke, so wird es geschehen,*
> *und wie ich es plane, so wird es bestehen:*
> 25 *Zerschlagen will ich Assur in meinem Lande*
> *und es auf meinen Bergen zertreten.*
> [*Und weichen wird von ihnen mein Joch,*
> *und seine Last wird von seiner Schulter weichen.*][34]

Dann aber folgt in den V. 26–27 eine nachträgliche Ausweitung auf den eschatologischen Völkersturm aller Völker, den Jahwe geplant hat,[35] um die Macht Assurs auf diese Weise zu brechen:

> 26 *Das ist der Plan, geplant wider die ganze Erde,*
> *und das ist die Hand, ausgestreckt wider alle Völker.*
> 27 *Wenn Jahwe Zebaot geplant hat – wer will es vereiteln?*
> *Und seine ausgestreckte Hand – wer will sie wenden?*

Das Arielwort in Jes 29,1–4.6abα war vermutlich ein (retrospektives?) Drohwort gegen Jerusalem, das der Stadt ihre Einschließung durch ein feindliches Heer und seine Vernichtung durch Jahwe prophezeite: Die Stadt ist ringsum mit Belagerungswällen eingeschlossen, weil Jahwe sie vernichten will.[36] Doch dann hat sie ein Späterer im Sinne der Völkersturm-Mythe in V. 5–7* umgedeutet: Nun geht es nicht mehr um das unausweichliche Ende, sondern um die plötzliche Rettung der Stadt vor dem unzählbar großen Völkerheer:[37]

> 5 *Dann wird wie feiner Staub der Schwarm der Fremden,*
> *wie fliegende Spreu der Schwarm der Tyrannen sein.*
> *Doch dann geschieht es ganz plötzlich:*
> 6 *Du wirst von Jahwe Zebaot heimgesucht*
> *mit Donnern und Beben und lautem Gebrüll,*

---

[32] Zur genaueren Abgrenzung vgl. Becker, Jesaja, FRLANT 178, 1997, S. 200–205.

[33] Mit Uwe Becker, S. 207 handelt es sich bei den V. 26–27 um eine Fortschreibung, die m. E. der Hand des Weltgerichtsredaktors zuzuschreiben ist.

[34] Vgl. Jes 9,3.

[35] Vgl. dazu auch Wolfgang Werner, Studien zur alttestamentlichen Vorstellung vom Plan Jahwes, BZAW 173, 1988, S. 33–36.

[36] Vgl. dazu oben, S. 95.

[37] Vgl. dazu Wolfgang Werner, Eschatologische Texte im Jesajabuch, FzB 46, 1982, S. 178–183 und ihm im wesentlichen folgend Rolf Kilian, Jesaja 13–39, NEB, Würzburg: Echter 1994, S. 165–167; aber auch Uwe Becker, S. 235–239, der nur 29,1–4a zum Grundbestand rechnet.

> *mit Sausen und Brausen und fressender Lohe!*
> 7 *Und wie ein Traum, wie ein Nachtgesicht*
> *wird der Schwarm aller Völker sein, die Ariel bekriegen,*
> *Aller, die es bekriegen und es umschanzen*
> *und es bedrängen.*

Erst im Licht von Jes 14,26–27, den Hinweisen in dem Philisterspruch 14,30a.32b und des Arielorakels in 29,1–7 verstehen wir die Botschaft von Jes 17,12–17 für die der unmittelbare Kontext keinen Schlüssel liefert. Der Leser von 14,26–27 weiß, daß es einen vergeblichen Völkersturm gegen den Zion geben wird. Daß der Zion in ihm für die hier als die Geringen bezeichneten Frommen eine sichere Zuflucht bleiben wird, verhieß bereits der Eintrag in das Orakel vom Einfall des Feindes aus dem Norden in das Philisterland 14,(28)29–32 in V. 30a und 32b. In 29,1–7 wird weiterhin vorausgesagt, daß Jerusalem zwar tödlich bedroht, aber dennoch im letzten Augenblick durch Jahwes Eingreifen errettet wird. So versteht er, daß auch 17,12–14 das unerwartete Scheitern der Angreifer der Gottesstadt voraussagt: Gleichzeitig aber kann der Leser getrost diesem Tage entgegensehen, weil Jahwe seine Stadt an ihm ebenso erretten wird, wie er sie vor dem Heer Saheribs errettet hatte (Jes 37,36). Er erkennt zudem in 17,14 auch das Motiv von der Gotteshilfe im Morgengrauen aus Ps 46,6b wieder (17,12–14):

> 12 *Ha, ein Tosen vieler Völker,*
> *sie tosen wie Meerestosen!*
> 13 *Ein Brausen von Nationen,*
> *wie das Brausen gewaltiger Wasser brausen sie.*
> *Schilt er darein, flieht man fernhin,*
> *wie Spreu der Berge vom Winde gejagt,*
> *wie Distelräder vor dem Sturm.*
> 14 *Zur Abendzeit, siehe da, Schrecken!*
> *Eh' der Morgen naht, ist es vorbei!*[38]
> *Das ist der Anteil derer, die uns ausplündern,*
> *das Los derer, die uns ausrauben wollen,.*
> *und das Los unserer Plünderer.*

5. *Die Zerschlagung des Völkersturms und das Gericht an den Frevlern in Zion nach Jes 33.* In Jes 33 erhält diese Botschaft noch einmal eine neue Ausgestaltung: Denn hier wird die Zerschlagung des Völkerheeres ausdrücklich mit dem Gericht an den Gottlosen und der Rettung der Frommen verbunden. Der Gedanke der Zerschlagung des Völkersturms wird hier also noch einmal im Licht der Aufteilung des Gottesvolkes in

---

[38] Vgl. dazu Josef Ziegler, Die Hilfe Gottes „am Morgen", in: FS Friedrich Nötscher, BBB 1, 1950, S. 281–288.

die Minderheit der Frommen und die Mehrheit der Frevler bedacht, wie sie sich seit der späten Perserzeit angebahnt hat. Die verwickelte, teilweise liturgische Komposition des Kapitels können wir hier nicht demonstrieren. Es reicht im vorliegenden Zusammenhang zunächst aus, die Verse zu zitieren, welche die Vernichtung des Völkerheeres durch Jahwe und das Scheidungsgericht zwischen den Frevlern und den Frommen voraussagen (33,10–16):

> 10 *Jetzt will ich aufstehen, spricht der Herr,*
> *jetzt mich aufrichten, jetzt mich erheben!*
> 11 *Mit Heu geht ihr schwanger, bringt Stroh zur Welt,*
> *ein Feuersturm*[39] *wird euch verzehren!*
> 12 *Dann werden die Völker zu Kalk verbrannt,*
> *wie Dornen im Feuer werden sie lodern!*
> 13 *Ihr Fernen, hört, was ich getan,*
> *und ihr Nahen erkennt meine Stärke!*
> 14 *Die Sünder erbeben in Zion,*
> *Zittern erfaßt die Ruchlosen:*
> *„Wer von uns erträgt das fressende Feuer,*
> *und wer von uns erträgt die ewigen Gluten?"*
> 15 *Wer rechtschaffen wandelt, die Wahrheit spricht,*
> *erpresserischen Gewinn verschmäht,*
> *Wer sich weigert, Geschenke anzunehmen,*
> *wer sein Ohr verstopft, keinen Mordplan zu hören,*
> *Und seine Augen schließt, nichts Böses zu sehen,*
> 16 *der darf die Höhen bewohnen,*
> *Felsburgen* sind *seine Zuflucht,*
> *Brot wird ihm gegeben, seine Wasser versiegen nicht.*

Aus diesen Versen wird deutlich, daß nur die Rechtschaffenen dem Gericht Jahwes am Zion entgehen werden. Die schönste Gabe für die Frommen im befreiten Jerusalem wird sein König Jahwe selbst sein (V. 17 und 20–21):

> 17 *Den König in seiner Schönheit werden deine Augen sehen,*
> *schauen werden sie ein weites Land!*

Erstaunt werde man sich fragen, wo die Feinde geblieben sind, die zur Eroberung der Stadt bereit standen (V. 1–9). Die Antwort wird lauten, daß sie für immer vernichtet sind und sich niemand mehr vor ihnen oder einem erneuten Angriff zu fürchten braucht (V. 18–19), weil Jahwe selbst die Unantastbarkeit des Zion garantiert (V. 20):

> 20 *Sieh auf Zion, die Stadt unserer Feste!*
> *Deine Augen werden Jerusalem sehen,*

---

[39] Vgl. BHS z.St.

> *die sichere Weide, das Zelt, das nicht wandert,*
> *Dessen Pflöcke man niemals mehr ausreißt,*
> *und dessen Stricke nie mehr zerreißen.*

Fortan wird Jahwe sein Volk selbst regieren und es nach seinem Willen leiten und beschützen (V. 22):

> *Denn Jahwe ist unser Richter, Jahwe unser Gesetzgeber,*
> *Jahwe unser König, er selbst wird uns erretten.*

So ist die Vernichtung der Völker vor den Toren und der Gottvergessenen auf dem Zion der Auftakt zu der Heilszeit, in der es keinen Hunger und Durst und keine Furcht vor Feinden mehr geben wird, weil Jahwe sein König ist.[40].

6. *Der Völkersturm als Auftakt der Rache für die Verschuldung der Völker am Fall Jerusalems*. Für das Schicksal der Völker interessiert sich auch Joel 4*: Hier wird der Völkersturm als Auftakt für die Rache Jahwes an ihnen für das gedeutet, was sie seinem Land und Volk 587 angetan hatten.[41] Das Orakel führt uns ganz auf die Ebene der korporativen Schuldzuweisungen und Rachewünsche zurück, wie sie sich im nachexilischen Israel angesichts des Widerspruchs zwischen seinem Erwählungsbewußtsein und seiner kläglichen geschichtlichen Realität im Horizont seines kollektiven Gedächtnisses entwickeln konnten. Bekanntlich enthält Joel 4 in V. 10 die Umkehrung des Friedenswortes aus Mich 4,3b par Jes 2,4b, daß in der Heilszeit alle Schwerter zu Pflugscharen und alle Lanzen zu Winzermessern umgeschmiedet werden sollen.[42] Die Botschaft dieses Verses ist eindeutig: Mögen sich die Völker bis auf den letzten Mann bewaffnen und dazu selbst ihre Pflüge und Lanzen zu Waffen umschmieden, so werden sie dennoch nichts damit ausrichten, weil alle irdischen Aufgebote an Jahwe als dem allein Mächtigen scheitern. Da die

---

[40] Den Zusatz der V. 23–24 können wir im vorliegenden Zusammenhang übergehen; vgl. dazu unten, S. 194–197.

[41] Zum literarischen und sachlichen Zusammenhang zwischen Joel 1–2 und 3–4 und zur Entstehung der c. 3–4 vgl. Otto Plöger, Theokratie und Eschatologie, S. 117–128. Sofern man daran festhält, daß die c. 1 und 2 sich auf eine historische Bedrohung beziehen, findet in den c. 3–4 eine Re-Eschatologisierung des Tages Jahwes statt.

[42] Im Zusammenhang mit der Friedensdekade des Bundes der evangelischen Kirchen der DDR im November 1984 war ein Aufnäher mit dem Wort aus Micha 4 in Umlauf gebracht worden. Sein Bildmotiv entsprach dem dieses Motto darstellenden Denkmal, das die UdSSR bereits 1954 den Vereinten Nationen in New York geschenkt hatte; vgl. Peter Maser, Die Kirchen in der DDR, Berlin 2000, S. 57–60.

Völker einst sein Land unter sich aufgeteilt, seine Knaben gegen Huren und seine Mädchen gegen Wein verschachert haben, sollen sie nun in korporativer Haftung vor den Toren der von ihnen geschändeten Stadt zugrunde gehen (Joel 4,1–3):[43]

> 1 *Denn siehe, in jenen Tagen und zu jener Zeit,*
>   *da ich wende das Schicksal von Juda und Jerusalem,*
> 2 *da werde ich sammeln alle Völker*
>   *und sie ins Tal Josafat führen*
>   *und werde mit ihnen dort rechten*
>   *wegen meines Volkes und Erbteils Israel,*
>   *weil sie es zerstreut unter den Völkern*
>   *und mein Land unter sich geteilt.*
> 3 *Und sie warfen über mein Volk das Los*
>   *und einen Knaben gaben sie für eine Hure*
>   *und verkauften ein Mädchen für Wein und tranken.*

In den V. 9–12 vernehmen wir den durch Ungenannte an alle Völker ergehenden Aufruf, allen Völkern den Befehl zu geben, sich zu rüsten und ausnahmslos in Eilmärschen nach Jerusalem zu marschieren und sich dort in dem auf keiner Karte verzeichneten Tal Josafat zu versammeln, das seinen Namen „Jahwe wird richten" eben deshalb trägt, weil Jahwe dort, wie er selbst erklärt, alle Völker richten will.

> 9 *Verkündet dies unter den Völkern,*
>   *ruft aus den Heiligen Krieg,*
>   *ruft auf die Helden: Heran, herauf*
>   *alle Männer des Kriegs!*
> 10 *Eure Pflugscharen schmiedet zu Schwertern,*
>   *eure Winzermesser zu Lanzen;*
>   *der Schwache sage: „Ich bin ein Held!"*
> 11 *Eilt und kommt, alle Völker ringsum,*
>   *versammelt euch dort;*
>   *dort* wird *Jahwe deine Helden zerschmettern.*[44]
> 12 *Aufbrechen sollen die Völker,*
>   *herauf ins Tal Josafat kommen,*
>   *denn dort will zu Gericht ich sitzen*
>   *über alle Völker im Umkreis.*

Aber die Massen, die von der Hoffnung auf neue Beute getrieben in immer neuen Wellen gegen Jerusalem anrücken, laufen Jahwe direkt in die

---

[43] Übersetzung in Anlehnung an Artur Weiser, Das Buch der zwölf Kleinen Propheten I, ATD 24/1, 8. Aufl., Göttingen. Vandenhoeck & Ruprecht 1985, S. 121–122.

[44] Zum Text vgl. Hans Walter Wolff, Dodekapropheton II: Hosea. Joel, BK XIV/2, Neukirchen: Neukirchen-Vluyn 1969, S. 87–88.

§ 6 Die Rettung des Zion im Völkersturm

Arme: Sein Gerichtstag ist gekommen, an dem sich alle Gestirne verfinstern, wie es Am 5,10 und Jes 13,10 vorausgesagt hatten: Damit wird das Gericht an den Völkern vor den Toren Zions zum eigentlichen Weltgericht. Während Jahwe wie ein Löwe vom Zion her brüllt,[45] bringen seine in V. 13 genannten, aber unbestimmt bleibenden Helfer ihre blutige Ernte ein.[46] Vermutlich haben wir uns unter ihnen das Heer seiner Heiligen, seiner himmlischen Heerscharen vorzustellen.[47] Das Stakkato der Verse vermittelt dem Leser und mehr noch dem Hörer einen Eindruck von der atemlosen Schnelligkeit, in der sich die Schlacht entscheidet (V. 13–17):

> 13 *Greift zu Sichel,*
> *denn reif ist die Ernte.*
> *Kommt, tretet,*
> *denn voll ist die Kelter,*
> *die Kufen laufen über,*
> *denn groß ist ihre*[48] *Bosheit.*
> 14 *Scharen über Scharen*
> *im Tal der Entscheidung,*
> *denn nah ist der Tag Jahwes*
> *im Tal der Entscheidung!*
> 15 *Sonne und Mond verfinstern sich*
> *und die Sterne verlieren ihr Licht.*
> 16 *Jahwe wird aus Jerusalem seine Stimme erheben,*
> *daß Himmel und Erde erbeben.*
> *Aber Jahwe ist für sein Volk eine Zuflucht*
> *und eine Burg für Israels Söhne.*
> 17 *Dann sollt ihr erkennen,*
> *daß ich Jahwe, euer Gott, bin,*
> *der ich auf dem Zion wohne,*
> *meinem heiligen Berg.*
> *Dann wird Jerusalem heilig sein,*
> *und Fremde werden es nicht mehr durchziehen.*[49]

---

[45] Vgl. Am 1,2; Jer 25,30.

[46] Zur Metapher des Erntens und des Keltertretens für den Gerichtstag Jahwes vgl. z. B. Mich 4,12–13 bzw. Jes 63,1–6 und weiterhin Mk 4,26–29; Mt 13,36–43, Offb 14,15.

[47] Vgl. Sach 14,5 und weiterhin 1. Kön 22,19; Sach 14,2; Dan 7,18 und 12,1.

[48] Nämlich: der Völker.

[49] Ähnlich wie in Jes 33 und Sach 14,1–5* endet auch Joel 4 in den V. 18–21 mit einer Reihe von Zusätzen: Der erste in V. 18 enthält eine Heilsbeschreibung der Fruchtbarkeit des Landes, zu der ganz wesentlich eine im Tempel entspringende Quelle beiträgt. V. 19 weissagt Ägypten und Edom die Verwandlung in eine Einöde, wobei Edom seine Frevel an den Judäern vorgeworfen werden. Vermutlich hat der Verfasser dabei den in Ob 10–11 erhobenen Vorwurf im Gedächtnis, daß die Edomiter mit Schadenfreude auf die Eroberung Jerusalems 587 reagiert und

Es ist die brennende Naherwartung des Weltgerichts, es sind die nicht endenden Leiden seines Volkes, die hier dem Schriftgelehrten die Feder führen, dem nur das Eine am Herzen liegt, daß Zion, die heilige Stadt seines Gottes, heilig gehalten werde und sie nie mehr durch fremde Eindringlinge befleckt wird.[50]

7. *Vorspiel und Kommen des Heils in Sach 14.* Eine eigenartige Fassung der Völkerkampfmythe begegnet in Sach 14. Denn hier wird aus der Vernichtung der Jerusalem angreifenden Völker ein mehrstufiges Geschehen. In seiner ersten Phase sollen die gegen Jerusalem anstürmenden Völker die Stadt erobern, ihre Frauen schänden und die Hälfte ihrer Bewohner deportieren. Eine Begründung für das Leiden Jerusalems wird nicht gegeben, sondern lediglich der Ablauf der Ereignisse vorausgesagt. Daher legt sich die Annahme nahe, daß es sich bei dieser Prophetie um ein *vaticinium ex eventu*, eine Weissagung aufgrund eines bereits erfolgten Geschehens handelt.[51] Da die Eroberung Jerusalems 587 inzwischen um Jahrhunderte zurückliegt, muß es sich also um ein jüngeres Ereignis handeln. Als solches kommt vor allem die Besetzung Jerusalems durch Ptolemaios I. Soter im Jahre 301 in Frage, bei der es nicht ganz so friedlich zugegangen zu sein scheint, wie es Josephus Ant. XII.4–6 schildert. Denn Josephus berichtet in Ant. XII.7–10 weiterhin davon, daß der König zahlreiche Gefangene aus der Umgebung Jerusalems und dem jüdischen und samarischen Bergland nach Ägypten deportiert und dort als Militärkolonisten angesiedelt habe. Trifft es zu, daß sich der Apokalyptiker auf diese

---

sich an der Teilung der Beute beteiligt hätten. Die gemeinsame Erwähnung von Ägypten und Edom hat vermutlich eher traditions- als zeitgeschichtliche Gründe. Beide werden im Zusammenhang mit dem Tag Jahwes erwähnt, Ägypten in Ez 30,1–9 und Edom in Jes 34,8–15 (vgl. Ez 35,1–9). Und so prophezeit ihnen auch der Ergänzer den Untergang, damit Juda und Jerusalem tatsächlich für immer in Sicherheit wohnen können, wie es die Anwesenheit Jahwes auf dem Zion garantiert (V. 20.21b); vgl. dazu auch Hans Walter Wolff, BK XIV/1,S.101–102. Der Schreiber, der V. 21a nachgetragen hat, legte ähnlich wie der Verfasser von Jes 33,24 auf die Feststellung Wert, daß Jahwe seinem Volk seine Sünden vergeben habe und es daher mit keinem weiteren Gericht mehr rechnen müsse.

[50] Zu der eigentümlichen Weiterbildung der Völkerkampfmythe im Horizont der Seleukiden- und der Römerherrschaft vgl. J. van der Ploeg, Le rouleau de la guerre. Traduit et annoté avec une introduction, StTDJ 2, Leiden: E. J. Brill 1959, S. 25–30; Schürer-Vermes III/1, 1986, S. 398–406 und J. Durhaime, in: James H. Charlesworth, ed., The Dead Sea Scrolls II, Tübingen/Louisville 1995, S. 80–203 und bes. S. 85–90.

[51] Vgl. Odil Hannes Steck, Der Abschluß der Prophetie im Alten Testament, BThSt 17, 1991, S. 57–58.

§ 6 Die Rettung des Zion im Völkersturm

Ereignisse zurückbezieht, so gibt er damit seinen Adressaten zu erkennen, daß die Heilszeit unmittelbar bevorsteht (Sach 14,1–2):

> 1 *Siehe es kommt ein Tag für Jahwe,*
> *an dem wird, was man in dir erbeutet, in deiner Mitte geteilt.*
> 2 *Ich werde alle Völker versammeln*
> *gegen Jerusalem zum Kampf,*
> *Und die Stadt wird erobert,*
> *und die Häuser werden geplündert*
> *und die Frauen vergewaltigt.*
> *Dann zieht die Hälfte der Stadt in die Verbannung,*
> [aber der Rest des Volkes wird nicht ausgerottet aus ihr].[52]

Der zweiten Akt des Dramas, in dem Jahwe ausziehen und gegen die Völker kämpfen wird, steht aber noch bevor. Auf die Retrospektive folgt nun eine in eigentümlicher Weise unbestimmt bleibende Prophetie. Denn wir erfahren weder, wo der Kampf gegen die an der vorangehenden Eroberung Jerusalems beteiligten Völker stattfinden noch wie er verlaufen wird, sondern es bleibt bei dem allgemeinen Hinweis, daß Jahwe nach seiner bekannten Weise eingreifen und (was bei einem Gott nicht ausdrücklich versichert zu werden braucht) siegen werde (Sach 14,3):

> *Und Jahwe wird ausziehen und gegen jene Völker kämpfen*
> *wie am Tage seines Kämpfens, am Tage der Schlacht.*

Im folgenden dritten Akt wird dann die wunderbare Spaltung des Ölberges und die durch sie verursachte Schließung des hier als „Tal der Berge" bezeichneten Kidrontales (?) zur Vorbereitung für das eigentliche Geschehen, den Einzug des siegreichen Königs Jahwe mit seinem Engelheer in Jerusalem, prophezeit (Sach 14,4–5):

> 4 *Dann werden seine Füße* [an jenem Tage] *auf dem Ölberg stehen,* [der östlich von Jerusalem liegt] *und der Ölberg wird sich in seiner Mitte nach Osten und nach Westen spalten* [zu einem sehr großen Tal] *und eine Hälfte des Berges*[53] *wird nach Norden und eine nach Süden weichen 5 und das Tal der Berge verstopfen* [denn das Tal der Berge stößt an seine Seite] [und ihr werdet fliehen, wie ihr geflohen seid vor dem Erdbeben in den Tagen Ussias, des Königs von Juda]. *Dann wird Jahwe, dein Gott,*[54] *einziehen und alle Heiligen mit ihm.*[55]

---

[52] V. 2b ist mit Karl Elliger, Das Buch der zwölf Kleinen Propheten, ATD 25/2, Göttingen: Vandenhoeck & Ruprecht 1949 (8. Aufl. 1982), S. 177 als Glosse zu beurteilen.

[53] Streiche das suff. der 1. sing.

[54] Lies vermutlich statt des suff. der 1. sing. das der 2. fem. sing., vgl. V. 1.

[55] Zur Glossierung vgl. Elliger, S. 178–180.

§ 6 Die Rettung des Zion im Völkersturm

An der Schilderung der Folgen der Gegenwart Jahwes in Jerusalem in den V. 6–21 haben sich mehrere Hände beteiligt. Im Mittelpunkt steht die Botschaft von V. 9, daß Jahwe König über alle Länder sein und samt seinem Namen einzig sein werde. Damit hat das Schema Dtn 6,4 seine eschatologische, alle Völker der Erde umfassende Erfüllung gefunden.[56] Um diese Mitte gruppieren sich in den V. 6–8* und 10–11*Aussagen, welche die Aufhebung von Sommer und Winter und Tag und Nacht,[57] eine neue Bewässerung des Landes[58] und die bleibende Sicherheit Jerusalems voraussagen: Künftig vollstreckt Jahwe an seiner Stadt auch keinen tödlichen Bann mehr.[59] Spätere Bearbeiter haben die in den V. 10–11a enthaltene Beschreibung Judas[60] an die Weissagung von der Völkerwallfahrt zum Zion in Jes 2,1–5 par Mich 4,1–5 angepaßt, so daß das auf einem hohen Berg gelegene Jerusalem das zu einer einzigen Ebene gewordene Juda überragt (Sach 14,6–11):

> 6 *Und an jenem Tage wird es geschehen und weder Kälte*[61] *noch Frost noch Eis geben. 7 Und es wird ein einziger Tag sein* [er ist Jahwe bekannt] *und nicht mehr Tag und Nacht geben, so daß es zur Abendzeit hell ist. 8 Und an jenem Tage wird es geschehen: Hervortreten werden lebendige Wasser aus Jerusalem und ihre Hälften zum östlichen Meer und zum westlichen Meer (laufen). Im Sommer und im Winter wird es dasein. 9 Und Jahwe wird zum König über die ganze Erde. An jenem Tage wird Jahwe einzig sein und sein Name einzig.* 10 [Das ganze Land wird sich in eine Ebene verwandeln von Geba bis Rimmon im Negeb. Aber Jerusalem wird hoch sein[62] und an seiner Stelle liegen; vom Benjamin-Tor (bis zur Stelle des früheren Tores) bis zum Ecktor und vom Tor[63] Hanael bis zu der Kelter des Königs 11 wird man darin wohnen]. *Und es wird keinen Bann mehr geben, sondern Jerusalem wohnt in Sicherheit.*

Aus den nachfolgenden V. 12–21, die sich mit dem Schicksal der Völker und den sich daraus ergebenden Folgen für Jerusalem beschäftigen, grei-

---

[56] Vgl. Dtn 6,4, dazu auch Otto Kaiser, Der eine Gott und die Götter der Welt, in: Reinhard G. Kratz u. a., Hg., Schriftauslegung in der Schrift. FS Odil Hannes Steck, BZAW 300, Berlin. New York: Walter de Gruyter 2000, S. 335–352, bes. S. 343–344 und unten, S. 370–372.

[57] Vgl. Jes 4,5.

[58] Vgl. Ez 47,1–8; Joel 4,18; vgl. auch Am 9,13.

[59] Vgl. Jes 43,28 und Mal 3,24.

[60] Die gelehrte Beschreibung der Ausdehnung der Stadt ist für den historischen Geographen interessanter als für den Theologen und Bibelleser; vgl. dazu Elliger, S. 183.

[61] Lies statt *'ôr* ein *qôr*, vgl. BHS.

[62] SieheBHS.

[63] Lies *ûmimmigdal*.

fen wir nur die V. 13–14* und 16–17 und 19* als den vermutlichen Ausgangspunkt für die weitere phantasievolle Ausgestaltung heraus:[64] In den V. 13–14* wird die in V. 3 vermißte Mitteilung nachgeholt, wie Jahwe die Völker besiegt: Sie werden sich, durch einen Gottesschrecken verwirrt, wechselseitig umbringen, so daß die Jerusalemer ihre Lager plündern und ihre Schätze in die Stadt schleppen können.[65] Der diesem Gemetzel entronnene Rest der Völker wird dann Jahr um Jahr nach Jerusalem zum Laubhüttenfest[66] pilgern, um Jahwe anzubeten (vgl. Jes 2,1–5 par Mich 4,1–5). Alle, die nicht an dieser Wallfahrt teilnehmen, sollen zur Strafe keinen Regen bekommen (Sach 14,13–19*):

13 An jenem Tage wird es eine große von Jahwe bewirkte Verwirrung unter ihnen (d. h. den Völkern) *geben. Dann werden sie einer den andern packen und sich die Hand des einen gegen die des anderen erheben. 14b Dann wird der Besitz aller Völker ringsum an Gold und Silber und Kleidern in großer Menge eingesammelt. 16 Und es wird geschehen: Alle, die übrig geblieben sind von allen Völkern, die gegen Jerusalem gezogen waren, werden Jahr um Jahr hinaufziehen, um dem König Jahwe Zebaot zu huldigen und das Laubhüttenfest zu feiern. 17 Und es wird geschehen, welches Geschlecht der Erde nicht hinaufzieht nach Jerusalem, um den König Jahwe Zebaot zu huldigen, bei dem wird es keinen Regen geben. 19b Dies wird die Strafe über alle Völker sein, die nicht zum Laubhüttenfest hinauf ziehen.*

Literatur

Überblick: Preuß, Theologie II, S. 52–55; *Schreiner,* Theologie, S. 316–337; *W. H. Schmidt*, Glaube[8], S. 287–301; *Gowan*, Eschatology, S. 4–58.

---

[64] Daß sich fromme Phantasie zusammen mit aufgestautem Haß in Geschmacklosigkeiten verlieren kann, zeigen die V. 12 und 15, die den von Jahwe besiegten Völkern und ihren Tieren ankündigen, daß sie lebend verfaulen werden. V. 20–21a zieht die Konsequenzen für die priesterliche Rolle Jerusalems und Judas angesichts der verheißenen Völkerwallfahrt. V. 21b möchte darüber hinaus sicher stellen, daß dann keine „Kanaanäer" und d. h.: Händler mehr den Tempel betreten dürfen; vgl. Jes 56,7; Mt 21,13; Luk 19,46.
[65] Vgl. auch Jes 60,11–17 und die eigenartige, an moderne Kargo-Kulte erinnernde Erwartung in Jes 33,23, daß die Jerusalemer künftig Schiffe ausrauben werden. Theologisch gewichtiger ist dagegen das in 33,24 enthaltene Heilswort, nach dem es in Jerusalem keine Kranken mehr geben wird, weil den Bewohnern der Stadt Vergebung der Sünden zuteil wird.
[66] Vgl. zu ihm GAT I, S. 321–323.

§ 6 Die Rettung des Zion im Völkersturm 151

Ausgewählte Monographien und Sammelwerke: Barthel, Jörg, Prophetenwort und Geschichte, FAT 19, 1997; *Becker, Uwe,* Jesaja – von der Botschaft zum Buch, FRLANT 178, 1997; *Clifford, Richard J.*, The Cosmic Mountain in Canaan and the Old Testament, HSM 4, Cambridge/Mass.: Harvard University Press 1972; *Day, John,* God's conflict with the dragon and the sea. Echoes of a Canaanite myth in the Old Testament, UCOP 35, Cambridge/UK: Cambridge University Press 1985; *Gray, John,* The Biblical Doctrine of the Reign of God, Edinburgh: T & T Clark 1979; *Hausmann, Jutta,* Israels Rest. Studien zum Selbstverständnis der nachexilischen Gemeinde, BWANT 124, Stuttgart u. a.: W. Kohlhammer 1987; *Hillmann, Reinhard,* Wasser und Berg. Kosmische Verbindungslinien zwischen dem kanaanäischen Wettergott und Jahwe, Diss. Halle (Saale) 1965; *Jacobsen, Thorkild,* The Treasures of Darkness. A History of Mesopotamian Religion, New Haven and London: Yale University Press 1976; *Janowski, Bernd,* Rettungsgewißheit und Epiphanie. Das Motiv der Hilfe Gottes am Morgen im Alten Orient und in Israel I: Alter Orient, WMANT 59, Neukirchen-Vluyn: Neukirchener Verlag 1989; *Kaiser, Otto,* Geschichtliche Erfahrung und eschatologische Erwartung. Ein Beitrag zur Geschichte der alttestamentlichen Eschatologie im Jeresjabuch, NZSTh 15, 1973, S. 272–285; *Kapelrud, Arvid S.*, Baal in the Ras Shamra Texts, Copenhagen: Gad 1952; *Kropp, Manfred/Wagner, Andreas,* Hg., „Schnittpunkt Ugarit", Nordostafrikanisch/Westasiatische Studien 2, Frankfurt am Main u. a.: Peter Lang 1999; *Loretz, Oswald,* Ugarit-Texte und Thronbesteigungspsalmen. Die Metamorphose des Regenspenders Baal-Jahwe, UBL 7, Münster: Ugarit-Verlag 1988; *Lutz, Hanns-Martin,* Jahwe, Jerusalem und die Völker. Zur Vorgeschichte von Sach 12,1–8 und 14,1–5; WMANT 27, Neukirchen-Vluyn 1968; *Moor, Johannes C. de,* New Year with Canaanites and Israelites I: Description; II: The Canaanite Sources, Kamper Cahiers 21–22; Kampen: J.H. Kok N.V. 1972; *Mowinckel, Sigmund,* Psalmenstudien II: Das Thronbesteigungsfest Jahwäs und der Ursprung der Eschatologie, SNVAO.HF 1921/6, Kristiania: Jacob Dybwad 1922; *ders.,* The Psalms in Israel's Worship, transl. R. Ap-Thomas I–II, Oxford: Basil Blackwell 1962; *Plöger, Otto,* Theokratie und Eschatologie, WMANT 2, Neukirchen-Vluyn: Neukirchener Verlag 1959; *Schmidt, Werner H.,* Königtum Gottes in Ugarit und Israel, 2. Aufl., BZAW 80, Berlin: Alfred Töpelmann 1966; *Smith, Mark S.*, The Ugaritic Baal Cycle I: Introduction with Text, Translation & Commentary of KTU I.1–I.2, VT.S 55, Leiden u. a.: E. J. Brill 1994; *Steck, Odil Hannes,* Der Abschluß der Prophetie im Alten Testament, BThSt 17, Neukirchen-Vluyn: Neukirchener Verlag 1991; *Steingrimsson, Sigurdur Örn,* Tor der Gerechtigkeit, ATSAT 22, St. Ottilien: Eos Verlag 1984; *Werner, Wolfgang,* Eschatologische Texte in Jesaja 1–39, FzB 46, 1982; *ders.,* Studien zur alttestamentlichen Vorstellung vom Plan Jahwes, BZAW 173, Berlin. New York: Walter de Gruyter 1988; *Ziegler, Josef,* Die Gotteshilfe „am Morgen", in: Alttestamentliche Studien. FS Friedrich Nötscher, BBB 1, Bonn: Hanstein 1950, S. 281.288.

§ 7 Jahwe ward König auf Zion

1. *Jahwes Thronfahrt zum Zion nach seinem Sieg über die Völker.* Wenden wir uns nun den Folgen des Sieges Jahwes über die Völker zu, so ist es, als gehe nach dunklen Nächten endlich eine strahlende Sonne auf, seien alle Leiden und Ängste vergessen, alle Kriege und Schlachten geschlagen, weil Jahwe zum Zion zurückgekehrt ist und dort seine Königsherrschaft über Israel und die Völker angetreten hat. So verlassen wir die mit sittlichen Mahnungen, Unheilsankündigungen und Ausblicken auf das Heil gefüllten Seiten des Ersten Jesaja und lesen in denen des Zweiten und Dritten weiter. Gleich im ersten Kapitel der Deuterojesajanischen Sammlung werden wir Zeugen der Vorbereitungen für den triumphalen Königszug Jahwes, für den wie für den Perserkönig eine Reichsstraße gerichtet werden muß. Im Himmel selbst verkündet Jahwe, daß die Not seines Volkes ein Ende hat (Jes 40,1–2):

> *„Tröstet, tröstet mein Volk,"*
> *spricht euer Gott.*
> *„Redet zum Herzen Jerusalem*
> *und ruft ihr zu,*
> *daß ihr Frondienst erfüllt,*
> *daß bezahlt ihre Schuld."*
> *Denn sie empfing von Jahwes Hand doppelt*
> *für alle ihre Sünden.*

Und schon vernehmen wir die Stimme eines Himmlischen, der den Befehl zum Bau der Straße für die Heimkehr Jahwes zum Zion anordnet (40,3–5):

> 3 *Eine Stimme ruft:*
> *In der Steppe bereitet*
> *den Weg Jahwes.*
> *Macht eben im Staubland*
> *die Bahn für unseren Gott.*
> 4 *Jedes Tal soll sich heben*
> *und jeder Berg und Hügel sich senken,*
> *damit das Steile zur Ebene*
> *und die Felsen zum Tale werden.*
> 5 *Denn die Herrlichkeit Jahwes soll offenbar werden,*
> *und alles Fleisch soll es sehen zumal!*
> *Denn Jahwes Mund hat gesprochen.*

Und schon ergeht die Aufforderung an die Tochter Zion, die Ankunft ihres Königs zu melden, der mit seinem befreiten und unter die Völker zerstreuten Volk wie ein Hirt mit seiner Herde nach Jerusalem zurückkehrt und auf dem Wege darauf achtet, daß keines seiner Schafe verloren geht (40,9–11):[1]

> 9 *Steige auf einen hohen Berg,*
> *du Freudenbotin Zion,*
> *Erhebe deine Stimme mit Kraft,*
> *du Freudenbotin Jerusalem,*
> *Rufe laut: Fürchtet euch nicht!*
> *Sage den Städten Judas:*
> *Da ist euer Gott!*
> 10 *Seht, mit Macht[2] kommt Jahwe*
> *und sein Arm herrscht für ihn.*
> *Seht, sein Lohn (zieht) mit ihm*
> *und sein Erwerb vor ihm her.*
> 11 *Wie ein Hirte, der seine Herde weidet,[3]*
> *mit seinem Arme sammelt,*
> *Lämmer an seinem Busen trägt,*
> *Säugende geleitet.*

Jahwe hat den ungeduldigen Ruf der Seinen erhört, seine Macht noch einmal wie in den Tagen der Vorzeit beim Zug durch das Meer (Ex 14) zur Rettung der Seinen einzusetzen, so daß sein befreites und zerstreutes Volk jauchzend zum Zion heimkehren kann (Jes 51,9–11):

> 9 *Wache auf, wache auf, bekleide dich mit Macht,*
> *du Arm Jahwes,*
> *Wache auf wie in Tagen der Vorzeit,*
> *uralter Geschlechter!*
> 10 *Warst du es nicht, der Rahab[4] gespalten,*
> *den Drachen durchbohrte,*
> *Der die Tiefen des Meeres zum Weg machte*
> *zum Durchzug für die Befreiten?*

Und so kehren die Juden aus der Zerstreuung jubelnd heim zum Zion (Jes 35,10 par 51,11):

> *Die Erlösten Jahwes kehren zurück*
> *und kommen zum Zion mit Jauchzen.*
> *Ewige Freude ist auf ihren Häuptern,*
> *Wonne und Freude erreicht sie,*
> *Geflohen sind Kummer und Seufzen.*

---

[1] Vgl. dazu auch Regine Hunziker-Rodewald, Hirt und Herde, BWANT 155, 2001, S. 128–139.

[2] Vgl. dazu Karl Elliger, Deuterojesaja I: Jesaja 40,1–45,7, BK XI/1, Neukirchen-Vluyn: Neukirchener Verlag 1978, S. 32.

[3] Zum Problem des Anschlusses von V. 11 an V. 10b vgl. Elliger, S. 32–33.

[4] Vgl. zu diesem, das aufbegehrende Meer verkörpernden Ungeheuer Karel van der Toorn, DDD, Sp. 1292–1297.

Die Freudenbotschaft aus Jes 40,9–11 wird in 52,7–10[5] aufgenommen und dabei unterstrichen, daß Gott sein Königtum dem Sieg über die Völker verdankt:

> 7 *Wie lieblich sind auf den Bergen*
> *die Füße des Freudenboten,*
> *der Heil ausruft, der Glück verkündet,*
> *der Sieg ausruft,*
> *der zu Zion sagt:*
> *König wurde dein Gott!*
> 8 *Horch! Deine Späher erheben die Stimme,*
> *sie jubeln zumal;*
> *denn sie sehen mit eigenen Augen*
> *die Rückkehr Jahwes zum Zion.*
> 9 *Hebt an, jubelt zusammen,*
> *Trümmer Jerusalems,*
> *Denn Jahwe tröstete sein Volk,*
> *löste Jerusalem aus.*
> 10 *Jahwe entblößte seinen heiligen Arm*
> *vor den Augen aller Völker,*
> *und es sahen alle Enden der Erde*
> *den Sieg unseres Gottes.*[6]

Um daran zu erinnern, daß die Psalmen, die im vorausgehenden Kapitel als Zeugen für das vorexilische Thronbesteigungsfest und für die Gewißheit der Gotteshilfe im künftigen Völkersturm angeführt wurden, sämtlich noch einmal von dem Zielpunkt des erwarteten endgültigen Antritts der Königsherrschaft Jahwes her gelesen sein wollen, sei hier Ps 48 zitiert. In ihm wird der Zion mit dem Nordberg Zafon, dem Sitz des Wettergottes Baal Zafon an der nordsyrischen Küste, identifiziert[7] und zugleich als Weltberg gedeutet, der als Thronsitz Gottes der Inbegriff aller Schönheit und seiner Natur nach uneinnehmbar ist:[8]

---

[5] Die Perikope bildete zunächst das Ende der zweiten Ausgabe des Buches.

[6] In seinem jetzigen Kontext soll auch der Einzug Jahwes in den Tempel in Ps 24,6–10 eschatologisch gedeutet werden.

[7] Vgl. zu ihm Herbert Niehr, DDD, Sp. 1746–1750.

[8] Erich Zenger, in: Frank-Lothar Hossfeld und ders., Die Psalmen I, NEB, Würzburg 1993, S. 294–295 beurteilt den Grundpsalm als vorexilisch und die V. 10–12 als eine Erweiterung aus der Zeit des Zweiten Tempels. Daß es sich bei den V. 10–12 um einen jüngeren, den Zusammenhang unterbrechenden Zusatz handelt, ist einsichtig. Seiner These, daß die V. 13–15 an die Könige der Völker gerichtet sind, hat m. E. Theodor Leskow, Worte und Wirkungen des Propheten Micha, ATh 84, 1997, S. 123 mit Recht widersprochen.

§ 7 Jahwe ward König auf Zion

1 *Groß ist Jahwe*
  und hoch gerühmt
  in der Stadt unsres Gottes.
  Sein heiliger Berg
3 *ein Ausbund an Schönheit,*
  die Freude der ganzen Erde,
  Der Berg Zion im äußersten Norden,[9]
  die Stadt des Großkönigs.
4 *Gott ist ihren Palästen*
  als Zuflucht bekannt,
5 *Denn siehe, Könige hatten sich versammelt,*
  sie zogen gemeinsam daher.
6 *Kaum blickten sie hin, so erstaunten sie,*
  erschraken und flüchteten sie.
7 *Zittern ergriff sie dort,*
  Beben wie eine Gebärende,
8 *Wie*[10] *der Ostwind zerbricht*
  die Tarschisch-Schiffe.[11]
9 *Wie wir es gehört,*
  so sahen wir es[12]
  in der Stadt unsres Gottes.
  Gott hat sie gegründet für immer. Sela!
10 Wir gedenken, Gott, deiner Treue
   inmitten deines Tempels.
11 Gleichwie dein Name
   so reicht dein Ruhm
   bis zu den Enden der Erde.
   Heilvoll ist deine Rechte!
12 Freuen soll sich der Berg Zion,
   jubeln sollen die Städte Judas
   ob deiner Gerichte.
13 *Zieht rings um den Zion,*
   zählt seine Türme,
14 *Gebt acht auf seine Mauer,*
   umwandelt seine Paläste!
   Damit ihr erzählen könnt
   einem künftigen Geschlecht,
15 *Daß dies Jahwe ist,*

---

[9] *jarkĕtê ṣāpôn.*
[10] Siehe BHS.
[11] Tarschisch war die letzte den Juden im Westen bekannte Handelsstation. Sie wird in der Regel mit der an der Südwestküste liegenden punischen Hafenstadt Tartessos identifiziert, vgl. dazu Manfred Görg, NBL III, Sp. 785.
[12] Glosse: „in der Stadt Jahwe Zebaots."

§ 7 Jahwe ward König auf Zion

> *unser Gott für*[13] *immer und ewig,*
> *er ist es, der uns leitet."*[14]

2. Die Völkerwallfahrt zum Zion. Mit diesem Sieg ist die Stunde des Sieges des Lichts über die Finsternis gekommen. Der Gottesglanz, der über dem Zion liegt, wird auch den Völkern nicht verborgen bleiben, so daß es sie dorthin zieht (Jes 60,1–3):

> 1 *Mache dich auf, werde licht;*
>   *denn dein Licht ist gekommen*
>   *und die Herrlichkeit Jahwes leuchtet bei dir!*
> 2 *Denn siehe, Dunkel bedeckt die Erde*
>   *und dunkles Gewölk die Nationen,*
>   *Doch bei dir wird Jahwe leuchten*
>   *und seine Herrlichkeit bei dir erscheinen!*
> 3 *Dann gehen die Völker zu deinem Licht*
>   *und Könige zum Glanz deines Lichtes.*

Während die Priester des Zweiten Tempels Jahwe in Gestalt seiner Herrlichkeit, seines כָּבוֹד (*kābôd*), im Allerheiligsten auf geheimnisvolle Weise gegenwärtig wußten,[15] sollte Jahwes Glanz bei seinem triumphalen Einzug in Zion von aller Menschen Augen gesehen werden und weiterhin die Stadt erleuchten (vgl. Jes 40,5; 4,5–6). Vor allem aber ist es der Machterweis Jahwes über die Völker, der alle, die Jahwes Schlag entkämen, veranlassen würde, zum Zion zu ziehen und ihm dort zu huldigen.[16] So soll sich der Wille Jahwes erfüllen, den er den Völkern in einer imaginären Gerichtsszene des Zweiten Jesaja[17] in Jes 45,20a.21–23 eröffnet:[18]

> 20a *Sammelt euch und kommt,*
>   *tretet heran miteinander,*
>   *ihr Entronnenen der Völker.*
> 21 *Tut kund und bringt vor,*
>   *ja, beratet euch miteinander:*

---

[13] Siehe BHS.

[14] Zu den beiden letzten, hier ausgelassenen Worten vgl. Peter C. Craigie, Psalms 1–50, WBC 19, Waco/Texas: Word Books 1983, S. 352 z.St.

[15] Vgl. dazu GAT II, S. 191–198.

[16] Vgl. dazu oben, S. 139.

[17] Vgl. zu ihnen Anton Schoors, I am God Your Saviour, VT.S 24, 1973, S. 181–188 und S. 239–245.

[18] Zur Diskussion über die Abgrenzung der Perikope vgl. Rosario Pius Merendino, Der Erste und der Letzte, VT.S 31, 1981, S. 442–560; Hans-Jürgen Hermisson, Deuterojesaja, BK XI/7–8, Neukirchen-Vluyn: Neukirchener Verlag 1987/1991 S. 51–84 und Jürgen van Oorschot, Von Babel zum Zion, BZAW 206, 1993, S. 38–50; anders Anton Schoors, 1973, S. 233–238. In den V. 24–25 wird die universale Perspektive durch einen Bearbeiter wieder auf Israel eingeschränkt.

> *Wer ließ dies hören vor langem,*
> *tat es vordem kund?*
> *Bin ich es nicht, Jahwe, und keiner sonst,*
> *und es gibt keinen Gott außer mir,*
> *Einen Retter-Gott und Helfer*
> *gibt es nicht außer mir.*
> 22 *Wendet euch zu mir und laßt euch retten,*
> *alle Enden der Erde,*
> *Denn ich bin Gott und keiner sonst!*
> 23 *Bei mir schwöre ich,*
> *aus meinem Mund kommt Wahrheit,*
> *ein Wort, das nicht umkehrt:*
> *Wahrlich, mir wird jedes Knie sich beugen,*
> *wird huldigen[19] jede Zunge.[20]*

An die Stelle des Völkersturms wird daher die Völkerwallfahrt zum Zion treten, denn hier erhalten die Nationen künftig ihre Anweisungen, wie sie sich gegen Gott und gegeneinander zu verhalten haben. Das Jerusalemer Schiedsgericht sorgt zudem für die Beilegung ihrer Konflikte, so daß die Zeit der Kriege für immer vorüber ist. Die vorhandenen Waffen können nutz- und segenbringend in Ackergerät umgeschmiedet werden. Die Zeit des ewigen Friedens unter den Völkern wird kommen, sobald sie im Glauben an den *einen* Gott und im Gehorsam gegen seine Gebote eins sind. Die wahre Religion schürt weder fundamentalistische Ängste noch separatistischen Größenwahn, sondern schließt alle Menschen zu dem einen Gottesvolk auf Erden zusammen (Jes 2,2–5):[21]

> 2 *Und es wird geschehen: In künftigen Tagen*
> *steht fest gegründet der Berg des Hauses Jahwes:*
> *Als Haupt der Berge*
> *und erhabener als die Hügel.*
> *Dann strömen zu ihm alle Völker*
> 3 *und kommen viele Nationen und sagen:*
> *„Kommt, laßt uns zum Berge Jahwes,*
> *zum Hause des Gottes Jakobs ziehen,*
> *Daß er uns unsere Wege lehre*
> *und wir auf seinen Pfaden wandeln!"*
> *Denn vom Zion ergeht die Weisung*
> *und das Wort Jahwes aus Jerusalem.*
> 4 *Dann richtet er zwischen den Völkern*
> *und bescheidet vielen Nationen.*
> *Dann schmieden sie ihre Schwerter zu Pflügen*

---

[19] Wörtlich: (den Treueid) schwören.
[20] Vgl. die Wiederaufnahme im Christushymnus Phil 2,6–11.
[21] Zur Priorität der Michafassung und zur nachexilischen Entstehung des Orakels vgl. Rainer Kessler, Micha, HThKAT, Freiburg i. Br.: Herder 1999, S. 178.

§ 7 Jahwe ward König auf Zion

und ihre Lanzen zu Winzermessern.
Nie mehr erhebt Volk gegen Volk das Schwert
noch lehren sie ferner Kriege zu führen.

Im Kontext des Jesajabuches geht der Heilsbeschreibung in 2,(1)25 die Ankündigung des Läuterungsgerichts in 1,21–26 nebst seinen Nachträgen voraus. In 2,6–11 folgt eine redaktionelle Überleitung zu dem Gedicht vom Tage Jahwes in 2,12–16(21). So ermahnt V. 5 die Leser im Blick darauf, daß es auch für das in Jakob erwählte Gottesvolk kein Heil ohne den Wandel im Licht seines Gottes gibt, zum Vertrauen auf seine gnädige Gegenwart gibt (Ps 27,1; 89,16), die ihnen die Kraft verleiht, seine Gebote zu halten (Ps 119,135):

> 5 *Haus Jakobs,*
> *kommt und laßt uns im Lichte Jahwes wandeln!*[22]

Die kommende Heilszeit vorwegnehmend stimmt die wartende Gemeinde bzw. der sie vertretende Chor der Tempelsänger ein „neues Lied" an, welches den Antritt der Königsherrschaft Jahwes als des einzigen Gottes[23] und Richters der ganzen Erde preist, dessen Kommen der Jubel aller Welt begleitet, und das die die Völker auffordert, ihm im festlichen Zug auf dem Zion die Ehre zu geben (Ps 96):[24]

> 1 *Singt Jahwe ein neues Lied,*
> *singt Jahwe, du ganze Erde.*
> 2 *Singt Jahwe, segnet seinen Namen,*
> *tut kund von Tag zu Tag sein Heil.*
> 3 *Erzählt unter den Völkern seine Ehre,*
> *unter allen Nationen seine Wundertaten.*
> 4 *Denn ein großer König ist Jahwe und hoch gerühmt,*
> *furchtbarer ist er als alle Götter.*
> 5 *Denn alle Götter der Völker sind Nichtse,*
> *aber Jahwe hat die Himmel gemacht.*
> 6 *Pracht und Herrlichkeit sind vor ihm,*
> *Stärke und Prunk in seinem Heiligtum.*
> 7 *Gebt Jahwe, ihr Geschlechter der Nationen,*

---

[22] Zu den Einzelproblemen der Auslegung vgl. Otto Kaiser, Das Buch Jesaja. Kapitel 1–12, ATD 17, 5. Aufl., Göttingen: Vandenhoeck & Ruprecht 1981, S. 60–67 und zur weiteren Diskussion auch Kessler, S. 183–190.
[23] Vgl. die Nachinterpretation von V. 4b durch V. 5 und dazu unten, S. 362–363.
[24] Zum ganzen Lied vgl. auch Jörg Jeremias, Die Königsherrschaft Gottes in den Psalmen, FRLANT 141, 1987, S. 121–131, der ihn S. 131 dahin gehend auslegt, daß für den Dichter die von Deuterojesaja angekündigte Heilswende bereits eingetreten ist und sich anfänglich in der von den Persern geschaffenen neuen Ordnung durchgesetzt hat. Doch scheint mir dieses „Schon" das „Noch nicht" des Gerichts Jahwes über die Völker in den V. 13–14 nicht aufzuwiegen.

§ 7 Jahwe ward König auf Zion   159

> *gebt Jahwe Ehre und Macht.*
> 8 *Gebt Jahwe die Ehre seines Namens,*
> *nehmt eine Gabe und kommt in seine Vorhöfe.*
> 9 *Huldigt Jahwe in heiligem Schmuck,*
> *bebe vor ihm, du ganze Erde.*
> 10 *Sagt den Völkern: Jahwe ward König,*
> *ja, fest steht der Erdkreis, er wird nicht wanken.*
> *Er wird die Völker richten in Gerechtigkeit.*
> 11 *Freuen sollen sich die Himmel und jauchzen die Erde,*
> *erbeben das Meer und was es füllt.*
> 12 *Frohlocken soll das Gefilde und alles, was auf ihm,*
> *auch sollen jubeln alle Bäume des Waldes*
> 13 *Vor Jahwe, denn er kommt``,*[25]
> *daß er richte die Erde.*
> 14 *Richten wird er den Erdkreis in Gerechtigkeit,*
> *und die Nationen in seiner Redlichkeit.*

3. *Das zukünftige Los der Völker als Diener Israels.* Siegreiche Nationen nahmen im Altertum die Niederlage ihrer Feinde in der Regel nicht zum Anlaß philanthropischer Gesten, sondern nutzten die Schwäche der besiegten Völker gnadenlos aus. Als Beispiel sei ein Auszug aus dem Bericht des assyrischen Königs Asarhaddon über seine Niederwerfung des Königs von Sidon Abdi-Milkutti nach dem Prisma A (ARAB II, § 527) zitiert:[26]

> *Abdi-Milkutti, der König von Sidon, der meine Herrschaft nicht fürchtete und dem Wort meiner Lippen nicht gehorchte, der auf das wogende Meer vertraute und das Joch Assurs abgeschüttelt hatte – Sidon, seinen Stützpunkt, welches inmitten des Meeres liegt, walzte ich wie Sintflut nieder, seine Mauer und sein Stadtgebiet riß ich aus und warf ich ins Meer, seinen Standort vernichtete ich. Sein König Abdi-Milkutti floh vor meinen Waffen aufs hohe Meer. Auf Befehl Assurs, meines Herrn, holte ich ihn gleich einem Fisch aus dem Meere heraus und schlug ihm den Kopf ab. Seine Gattin, seine Söhne, seine Töchter, seinen Hofstaat, Gold, Silber, Habe, Besitz, Edelgestein, Gewänder aus buntem Stoff und Leinen, Elefantenhaut, Elfenbein, Ebenholz, Buchsbaumholz, allerhand Schätze seines Palastes schleppte ich in Mengen fort. Seine Untertanen weit und breit ohne Zahl, Rinder, Kleinvieh und Esel führte ich in Mengen fort nach Assyrien.*

Nicht besser erging es nach dem Bericht dem Verbündeten des Abdi-Milkutti, dem König Sanduarri von Kundu und Sissu (ARAB II, § 528):[27]

> *Im Monat Tischri den Kopf des Abdi Milkutti, im Monat Adar den Kopf des Sanduarri – im Verlauf eines einzigen Jahres schlug ich (beide) ab; beim er-*

---

[25] Auslassung der Wiederholung aus metrischen Gründen.
[26] Übersetzung Riekle Borger, TUAT I/4, 1984, S. 395–396.
[27] Ebd., S. 396.

steren zauderte ich nicht, beim letzteren beeilte ich mich. Um die Macht Assurs, meines Herrn, den Leuten zu zeigen, hängte ich sie um den Hals ihrer Großen, und ich zog im Weichbild von Ninive mit Sängern und Harfen umher.

Man braucht sich also weder zu wundern noch sonderlich zu entsetzen, wenn die oben bereits von uns herangezogene Spottklage auf den Tod des Weltherrschers in Jes 14,4–23 in V. 21 die Aufforderung enthält, die Söhne des Tyrannen abzuschlachten:[28].

> *Stellt für seine Söhne die Schlachtbank auf*
> *ob der Schuld ihrer Väter,*
> *Daß sie nicht aufstehen und die Erde besetzen*
> *und den Erdkreis erfüllen.*[29]

Sieht man von der faktischen Bedeutungslosigkeit Judas und seiner Hauptstadt in der damaligen Welt ab, so bleibt es auch im Rahmen des üblichen Umgangs mit den Besiegten, wenn sich Tritojesaja ausmalte, daß zusammen mit den Heimkehrern aus der Diaspora die Schätze der Völker Tag und Nacht durch die offenen Tore Jerusalems gebracht würden, daß Fremde seine Mauern bauen, die Tore bewachen und ihre Könige als Karawanenführer mit den Schätzen ihres Landes durch sie in die Stadt einziehen würden. In Umkehrung des Schicksals der Tochter Zion sollen ihr dann die Nachkommen ihrer einstigen Herren fußfällig huldigen und so ihre Sonderstellung als der Stadt anerkennen, in der Jahwe, der Heilige Israels wohnt. Er ist der Gott, der über die Respektierung seiner Majestät wacht (vgl. z. B. Jes 1,4) und denen beisteht, die auf ihn vertrauen (vgl. z. B. Jes 30,15).[30] Und so lautet die Heilsbeschreibung (Jes 60,4–14*):[31]

> 4 *Hebe deine Augen ringsum auf und sieh:*
> *Sie alle versammeln sich, kommen zu dir.*
> *Deine Söhne kommen aus der Ferne*
> *und deine Töchter trägt man an der Hüfte.*
> 5 *Dann wirst du sehn und strahlen*
> *und es hüpft und wird weit dein Herz;*
> *Denn der Reichtum des Meeres wendet sich dir zu,*
> *und das Vermögen der Völker kommt zu dir.*
> 6 *Eine Menge Kamele wird dich bedecken,*

---

[28] Vgl. dazu oben, S. 125–130.

[29] Zum Text vgl. George Buchanan Gray, Isaiah I–XXVII, ICC; Edinburgh: T & T Clark 1912 (ND 1956), S. 261–262.

[30] Zu Rede vom Heiligen Israels im Jesjabuch vgl. Helmar Ringgren, ThWAT VI, 1989, Sp. 1193–1196.

[31] Grundtext nach den Analysen von Klaus Koenen, Ethik und Eschatologie im Tritojesajabuch, WMANT 62, 1990, S. 137–141.

§ 7 Jahwe ward König auf Zion

> *Dromedare aus Midian*[32] *und Efa,*[33]
> *sie alle kommen aus Saba,*[34]
> *tragen Gold und Weihrauch.*
> 7 *Alle Herden von Kedar*[35] *versammeln sich bei dir,*
> *die Widder von Nebajot*[36] *werden dir dienen.*
> 8 *Wer sind die, die wie Wolken fliegen*
> *und wie Tauben zu ihren Schlägen?*
> 9 *Die Schiffe der Inseln vereinigen sich,*[37]
> *und die Boote von Tarschisch*[38] *an der Spitze,*
> *Um deine Söhne von ferne zu bringen*
> *und ihr Silber und ihr Gold mit ihnen.*
> 10 *Dann bauen die Söhne der Fremde deine Mauern*
> *und ihre Könige werden dir dienen.*
> 11 *Und deine Tore halten sie beständig offen,*
> *sie werden weder Tags noch Nachts geschlossen,*
> *Um zu dir die Habe der Völker zu bringen,*
> *und ihre Könige führen sie an.*[39]
> 13 *Die Pracht des Libanon kommt zu dir,*
> *Wacholder, Zypresse und Ulme zumal.*
> 14 *Und die Söhne derer, die dich bedrückten, gehen zu dir gebeugt,*[40]
> *und werfen sich nieder zu deinen Fußsohlen*[41]
> *und nennen dich „Stadt Jahwes",*
> *„Zion des Heiligen Israels."*

Das Verhältnis zwischen den Juden und den Fremden wird in 61,5–6 dahin gehend bestimmt, daß die Ausländer die Landarbeit für sie tun, während die Juden als die geistliche Herrenschicht (Claus Westermann)[42] sich von dem Ertrag fremder Hände ernähren.[43] Auch dabei handelt es sich um

---

[32] Vgl. zu der südlich von Edom und östlich des Golfes von Aqaba liegenden Landschaft und dem gleichnamigen Stamm Ernst Axel Knauf, NBL II, 1995, Sp. 802–804.
[33] Zu diesem midianitischen Stamm vgl. Manfred Görg, NBL I, 1991, Sp. 472.
[34] Vgl. zu dem südarabischen Land und Volk Walter W. Müller, NBL III, 2001, Sp. 387–388.
[35] Vgl. zu dem nordarabischen Stammesverband Ernst Axel Knauf, NBL II, 1995, Sp. 457–458.
[36] Nordarabischer Stamm.
[37] Siehe BHS.
[38] Vgl. zu diesem sprichwörtlichen Fernziel am Ende der westlichen, damals bekannten Welt Manfred Görg, NBL III, 2001, Sp. 785.
[39] Siehe BHS.
[40] Siehe BHS.
[41] Zur Auslassung vgl. BHS.
[42] Das Buch Jesaja. Kapitel 40–66, 4. Aufl., ATD 19, Göttingen: Vandenhoeck & Ruprecht 1981, S. 294 z.St.
[43] Vgl. aber auch Sach 14,20–21.

eine spiegelbildliche Verkehrung ihres vorhergehenden Zustandes, in dem sie für Fremde Frondienste leisten mußten (Jes 61,5–6):[44]

> 5 *Und Ausländer werden hintreten und euer Kleinvieh weiden,*
> *und die Söhne der Fremde eure Landarbeiter und eure*
> *Winzerknechte sein.*
> 6 *Aber ihr werdet Priester Jahwes gerufen,*
> *Diener unseres Gottes wird zu euch gesagt.*

4. *Die Völker als Glieder des einen Gottesvolkes.* Aber die Prophetenbücher enthalten auch noch eine andere Perspektive für die Zukunft der Völker. Da sind zunächst natürlich die Proselyten zu nennen, die sich freiwillig dem Judentum angeschlossen haben. Ihnen wird in dem wohl bereits aus hellenistischer Zeit stammenden Orakel Jes 56,3–8 zusammen mit den Verschnittenen[45] für den Fall ihrer Bundestreue die Zulassung zum Gebets- und Opferdienst in dem Tempel geweissagt, der seine eigentliche Bestimmung als Bethaus aller Völker erfüllen würde:

> 3 *Der Sohn der Fremde soll nicht sagen,*
> *der sich Jahwe angeschlossen hat:*
> *Abgetrennt hat mich Jahwe gewiß von seinem Volk.*
> *Und der Verschnittene soll nicht sagen:*
> *Siehe ich bin ein vertrocknetes Holz!*
> 4 *Denn so spricht Jahwe:*
> *„Den Verschnittenen, die meine Sabbate halten*
> *und erwählen, woran ich Gefallen habe*
> *und festhalten an meinem Bund,*
> 5 *werde ich in meinem Haus und an meinen Mauern*
> *Denkmal und Namen geben, besser als Söhne und Töchter.*[46]
> *Einen ewigen Namen werde ich ihnen*[47] *geben,*
> *der nicht ausgelöscht wird.*
> 6 *Und die Söhne der Fremde, die sich Jahwe angeschlossen haben,*
> *um ihm zu dienen und den Namen Jahwes zu lieben*
> *und ihm Knechte zu sein –*
> *Jeder, der den Sabbat vor Entweihung bewahrt*
> *und festhält an meinem Bund, –*
> 7 *Die werde ich zu meinem heiligen Berge bringen*
> *und sie in meinem Bethause erfreuen,*
> *Ihre Brandopfer und ihre Schlachtopfer*

---

[44] Vgl. dazu Koenen, Eschatologie, S. 112–115.

[45] Die nach dem Gemeindegesetz Dtn 23,2 nicht in die Gemeinde Jahwe aufgenommen werden sollten.

[46] Zur Vorstellung vom Nachleben im Namen und in den Nachkommen vgl. Johannes Pedersen, Israel. Its Life and Culture I–II, London/Copenhagen: Geoffrey Cumberledge/Branner og Korch 1926 (1954), S. 254–259.

[47] Siehe BHS.

> *werden mir zu Gefallen auf meinem Altar (sein).*[48]
> *Denn mein Haus soll ein Bethaus heißen."*
> 8 *Ausspruch des Herrn Jahwe,*
> *der die Zerstreuten Israels sammelt:*
> *„Ich werde weiter sammeln zu ihm,*
> *zu seinen Versammelten."*

Noch großzügiger freilich hatte der Weise gedacht, der das Zefanjabüchlein vorsichtig revidierte. Auf die Ansage der Sammlung und Vernichtung der Völker und Königreiche durch Jahwe in 3,6–8 folgt in ihr in 3,9a.(11a$\alpha_1\alpha_2$–13 die Verheißung, daß er in diesem auch sein Volk treffenden Gericht ein demütiges Volk übrig lassen wollte. Zwischen beiden steht nun dank eines kleinen Eingriffs in V. 9a in den V. 9–10 die folgende Verheißung:[49]

> 9 *Doch dann wandle ich den Völkern*[50] *eine reine Lippe,*
> *daß sie alle im Namen Jahwes anrufen,*
> *ihm zu dienen Schulter an Schulter.*
> 10 *Von jenseits der Ströme Kuschs*[51] *sind meine Anbeter,*
> *vom Norden*[52] *bringen sie mir Opfergaben.*

Nicht allein der aus der Gemeinde der Demütigen und Niedrigen bestehende und das wahre Israel bildende Rest, sondern auch die Lippen der Völker sollen von Jahwe gereinigt werden, so daß seine Anbeter aus dem fernen Süden und Norden nach Jerusalem kommen, ihm dort ihre Gaben darzubringen. Zu dieser Verheißung gesellt sich die in Jes 19,23–25, die nicht vor dem 3. Jh. v. Chr. entstanden sein kann, weil Ägypten und Assur in ihr Decknamen für die Reiche der Ptolemäer und der Seleukiden sind:

> 23 *An jenem Tage wird es eine Straße von Ägypten nach Assur geben, so daß die Assyrer nach Ägypten und die Ägypter nach Assyrien kommen und die Ägypter werden mit den Assyrern Gottesdienst halten.*[53] 24 *An jenem Tage wird Israel als der Dritte neben Ägypten und Assur stehen – ein Segen inmitten der Erde,* 25 *die Jahwe Zebaot mit den Worten segnet:*[54] *„Gesegnet sei mein Volk Ägypten und das Werk meiner Hände Assur und mein Erbteil Israel".*

---

[48] Vgl. Lev 20,18 und Num 15,14–16.

[49] Vgl. dazu Karl Elliger, Die Kleinen Propheten II, ATD 25, Göttingen: Vandenhoeck & Ruprecht 1949, zit. nach der 8. Aufl. 1982, S. 78–81.

[50] Ursprünglich vermutlich: meinem Volk.

[51] D. h.: Nubiens.

[52] Lies *miṣṣāpôn*.

[53] So ansprechend Hans Wildberger, Jesaja II: Jesaja 13–39, BK X/2, Neukirchen-Vluyn: Neukirchener Verlag 1978, S. 728, vgl. schon G. B. Gray, Isaiah i–XXXIX, ICC 1912 (ND 1956), S. 341.

[54] Lies mit G das Suffix der 3. fem. sing., vgl. z. B. Bernhard Duhm, Das Buch

Israel ein Segen inmitten der Erde, ein Segen für die Völkerwelt? Hier klingt die Abraham in Gen 12,1–3 erteilte Segensverheißung nach: Mit ihrer Erfüllung gelangt die Heilsgeschichte Gottes an ihr Ende:[55]

> 1 *Und Jahwe sagte zu Abram*[56]*:*
>   *Gehe nur aus deinem Lande und aus deiner Verwandtschaft*
>   *und aus deines Vaters Haus, in ein Land, das ich dir zeigen werde.*
> 2 *Ich will dich zu einem großen Volke machen und dich segnen.*
> 3 *Segnen will ich, die dich segnen, und, die dich verwünschen,*
>   *verfluchen*
>   *und dir einen großen Namen verleihen, und du sollst ein Segen sein.*
>   *Und gesegnet werden sollen durch dich alle Geschlechter der Erde.*

Was kommt, so fragt sich der den Geheimnissen Gottes in der Endzeit nachsinnende Prophet, wenn alle himmlischen Mächte und irdischen Gewalten durch den Gott Israels besiegt und gerichtet sind (Jes 24,21–23), und gibt darauf in Jes 25,6–8 die Antwort: Das große Krönungsmahl auf dem Zion, zu dem alle Völker geladen sind.[57] Hier werden die nach orientalischem Geschmack besten, weil fettesten Speisen und edelsten, weil ausgereiften und geseihten Weine gereicht. Die konkreten Züge verdecken, daß sich hier etwas vollzieht, was auf keinem irdischen Berge Platz hat und wozu keine irdischen Vorräte reichen. Der große Vorhang, der die Menschen in dieser von jener Welt trennt, wird aufgezogen, so daß alle (wie es in Jes 33,17 heißt) den König Jahwe in seiner Schönheit schauen und schauen können, ohne zunichte zu werden.[58] Die Grenzen des Raumes weiten sich auf dem Zion ins Unermeßliche, denn sonst fände die ganze Menschheit hier keinen Platz. Und ins Unermeßliche steigert sich auch das Angebot an Speis und Trank. Unerhört die Gottesschau, nach der es nichts mehr zu sehen gibt als IHN. Doch seine Gemeinschaft ist Freude und Leben, so daß die Rede vom Tode sinnlos wird.[59] In seiner Gegenwart versinken die Bewertungen, welche die Menschen dank ihrer begrenzten Erfahrung und Einsicht von einander machten, und damit

---

Jesaja, HK III/1,4. Aufl., Göttingen: Vandenhoeck & Ruprecht 1922, S. 147 und Wildberger, S. 729.
[55] Vgl. dazu GAT II, S. 34–39.
[56] Vgl. GAT II, S. 41.
[57] Vgl. Mk 14,25; Mt 26,29; Lk 22,28–30.
[58] Vgl. Ex 34,20, Gen 32,31; Jes 6,5 und 1. Tim 6,16 und zum Problem der Deutung von V. 7 Peter Welten, Die Vernichtung des Todes und die Königsherrschaft Gottes – eine traditionsgeschichtliche Studie zu Jes 25,6–8; 24,21–23 und Ex 24,9–11, ThZ 38, 1982, S. 129–146, bes. S. 133–134 und Reinhard Scholl, Die Elenden in Gottes Rat, BZAW 274, 2000, S. 92–93.
[59] Daher hat ein kluger Leser V. 8a mit Recht nachgetragen.

§ 7 Jahwe ward König auf Zion

auch die Schmach des kleinen, elenden Volkes, am Tische dessen Gottes nun alle Völker liegen (Jes 25,6–8):

> 6 *Bereiten wird Jahwe Zebaot*
> *für alle Völker auf diesem Berge*
> *ein Mahl von Fettspeisen, ein Mahl von Hefeweinen,*
> *von markigen Fettspeisen, von geseihten Hefeweinen.*
> 7 *Vernichten wird er auf diesem Berge*
> *die Hülle, gehüllt*[60] *über alle Völker,*
> *Die Decke, gedeckt über alle Nationen.*
> 8 Vernichten wird er den Tod für immer.[61]
> *Abwischen wird der Herr Jahwe*
> *die Tränen von allen Gesichtern.*
> *Die Schmach seines Volkes wird er entfernen*
> *von der ganzen Erde.*

5. *Das Leiden des Gerechten um der Sünde der Vielen willen.* Es gibt zwei Texte im Alten Testament, deren Sinn wohl bleibend umstritten sein wird. Bei dem einen handelt es sich um das vierte Gottesknechtslied in Jes 52,13–53,12, bei dem anderen um die Weissagung von der Klage um den Durchbohrten in Sach 12,9–13,1. Handelt es sich in beiden Texten um dieselbe Gestalt? Ist der Gottesknecht in Jes 52,13–53,12 mit einem Unbekannten Märtyrer, einem Vorläufer des Messias, einem Davididen, einem Propheten oder mit Israel gleichzusetzen oder handelt es sich bei ihm um einen auch dem Verfasser unbekannten künftigen Erlöser?[62] Von der Möglichkeit, ihn mit Israel zu identifizieren, abgesehen, kehren dieselben Fragen auch bei dem Orakel von dem Durchbohrten wieder. Sehen wir uns also die Texte der Reihe nach an.

Das vierte Gottesknechtslied gliedert sich in drei Teile, die sich durch ihre unterschiedlichen Sprecher als solche zu erkennen geben. So ist in 52,13–15 Gott, in 53,1–6 eine ihren Irrtum bekennende Gemeinschaft und in 53,7–12 Jahwe zumindest teilweise wieder das redende Subjekt. Das Lied setzt mit der Vorstellung des Ebed durch Jahwe in 52,13–15 ein:

---

[60] Siehe BHS.
[61] Sekundäre Erweiterung.
[62] Vgl. dazu die Forschungsberichte von Christopher R. North, The Suffering Servant in Deutero-Isaiah, 2nd ed., 1956, der auf den S. 6–118 eine Darstellung der Auslegungen von der jüdischen, vorchristlichen Exegese bis Mitte der 50er Jahre des letzten Jahrhunderts bietet, zur Ergänzung Herbert Haag, Der Gottesknecht bei Deuterojesaja, 1985 und die Bibliographie zu Jes 53 von W. Hüllstrung und G. Feine, in: Janowski, Bernd/Stuhlmacher Peter, Hg., Der leidende Gottesknecht, FAT 14, 1996, S. 251–272.

§ 7 Jahwe ward König auf Zion

> 13 Siehe, mein Knecht wird Erfolg haben,
> wird sich erheben und hoch und erhaben sein.
> 14 Gleichwie sich viele vor ihm entsetzten, –
> so unmenschlich entstellt war seine Erscheinung
> und Menschen unähnlich seine Gestalt, –
> 15 So wird er viele Völker besprengen,
> Könige schließen vor ihm ihren Mund;
> Denn sie haben nie Erzähltes gesehen
> und nie Gehörtes nahmen sie wahr:

In 53,1–6 folgt das Bekenntnis der Könige und ihrer Völker, in dem sie erklären, daß sie die Bedeutung des Knechts vollständig verkannt und so den als von Gott verlassen betrachtet haben, der stellvertretend für ihre Sünden gelitten hat:

> 1 Wer glaubte dem, was er gehört,
> und Jahwes Arm, wem ward er offenbar?
> 2 Er wuchs auf wie ein Reis vor uns[63],
> und wie ein Sproß aus dürrem Lande.
> Er fiel uns nicht auf durch Gestalt oder Pracht,
> noch ließ uns sein Anblick nach ihm verlangen.
> 3 Verachtet und von Menschen verlassen,
> ein Mann der Schmerzen, mit Krankheit vertraut;
> wie einer, vor dem man das Antlitz verschleiert,
> verachtet, so daß wir ihn nicht gezählt.
>
> 4 Fürwahr, unsre Krankheit, er hat sie getragen,
> und unsere Schmerzen, er lud sie auf.
> Wir aber hielten ihn für getroffen,
> geschlagen und erniedrigt von Gott.
> 5 Doch er ward durchbohrt ob unsrer Empörung,
> ob unsrer Vergehen ward er zerschlagen.
> Zu unserem Heile ward er gezüchtigt.
> und seine Verwundung hat uns geheilt.
> 6 Wir alle gingen wie Schafe irre,
> wandten uns jeder auf seinen Weg.
> Aber Jahwe ließ ihn treffen
> das Vergehen von uns allen.

Man kann sich darüber streiten, ob 53,7–12 ganz als Jahwerede oder als einen Bericht zu deuten ist, in dem in V. 8 und 11–12 je ein Jahwewort zitiert wird, ohne daß sich dadurch das Verständnis des Textes wesentlich verändert. In diesen Versen wird jedenfalls mit göttlicher Bevollmächtigung festgestellt, daß der Gottesknecht, dem man nicht einmal ein ehrliches Begräbnis zuteil werden ließ, vollständig unschuldig war, um der

---

[63] Siehe BHS.

Verächter Israels willen gelitten hat und daher zahlreiche Nachkommen besitzen und an dem Reichtum derer Anteil haben wird, für die er gelitten hat:

> 7 *Er wurde gepeinigt und wurde gebeugt,*
> *aber er öffnete nicht seinen Mund,*
> *wie ein zur Schlachtung geführtes Schaf,*
> *wie ein Mutterschaf, das vor seinen Scherern verstummt.*
> 8 *Man führte ihn ab aus Haft und Gericht! –*
> *doch wer bedachte schon sein Geschick,*
> *Daß er von der Lebenden Land geschieden,*
> *ob der Sünden derer, denen mein Volk ein Makel war?*
> 9 *Unter Gottlosen gab man ihm sein Grab*
> *und bei Bocksdämonen[64] sein Begräbnis,*
> *Obgleich er kein Unrecht getan,*
> *kein Falsch in seinem Munde war.*

Der Umschwung erfolgt in V. 10: Die Leiden des Knechts wurden von Jahwe angenommen: Dem wie ein Verbrecher Hingerichteten wird ein langes Leben, eine zahlreiche Nachkommenschaft und eine unangefochtene Stellung unter den Großen der Welt zugestanden. Versteht man die Rede von Tod und Begräbnis im Sinne von z. B. Ps 88 als Ausdruck schwerster Leiden, dann bedeutet die Verheißung seines künftigen Lebens und seiner Erfolge nicht weniger, als daß er durch seine Leiden zur Herrlichkeit gelangen wird. In diesem Fall ist das ganze Lied eine Deutung des Schicksals Israels als des Gottesknechtes: Die Leiden seines Exilsgeschicks, die es der Verachtung der Völker preisgaben, werden angesichts seiner ihnen zwar vorausgesagten, aber von ihnen nicht geglaubten Erhöhung bei den Völkern die Einsicht erwecken, daß Jahwe der wahre Gott und Herr aller Völker ist. Daher dienen Israels Leiden zum Heile der Völker, in deren Mitte es künftig dank seiner Mittlerrolle den Vorrang besitzen wird (Jes 53,10–12):[65]

> 10 *Aber Jahwe gefiel es, ihn zu zerschlagen,*
> *Getreulich gab[66] zur Sühne er sein Leben*
> *Er wird Same sehen und lange leben,*
> *und was Jahwe will, wird ihm gelingen.*

---

[64] Lies *śāʻîr;* und vgl. dazu Greg J. Riley, DDD, Sp. 450 und Bernd Janowski, DDD, Sp. 1381–1384.

[65] Vgl. dazu Otto Kaiser, Der königliche Knecht, FRLANT 70, 1959 (1962), S. 84–126 und Hans-Jürgen Hermisson, Das vierte Gottesknechtslied im deuterojesajanischen Kontext, in: Janowski, Bernd/Stuhlmacher, Peter, Hg., Der leidende Gottesknecht, FAT 14, 1996, S. 1–25 = ders., Studien zu Prophetie und Weisheit, FAT 23, 1998, S. 220–240.

[66] Lies: *læʼᵃmæt śām*.

> 11 Statt seiner Mühsal wird er Licht sehen,
> und satt an seiner Erkenntnis werden.
> Recht ``⁶⁷ wird mein Knecht den Vielen schaffen,
> und ihre Vergehen, er wird sie tragen.
> 12 Darum gebe ich ihn an den Vielen teil,
> mit Mächtigen wird er die Beute teilen,
> weil er sein Leben dem Tode preisgab
> und unter Frevler gerechnet wurde.
> Aber er hat die Sünden der Vielen getragen
> und für die Sünder trat er ein.

6. Die Klage über den Durchbohrten Sach 12,9–13,1. Das Orakel über den Durchbohrten in Sach 12,9–13,1 ist nicht weniger rätselhaft als das vierte Gottesknechtslied.. In ihm wird vorausgesetzt, daß die Jerusalemer einen Mann hingerichtet haben, über den nach der Zerschlagung der Völker durch Jahwe das ganze aus der Fremde zurückgekehrte Volk die Totenklage halten würde. Welche Stellung der Durchbohrte in Israel einnahm, warum man ihn getötet hat und warum ihn dann das ganze Volk geordnet nach seinen Sippenverbänden und Geschlechtern auf das Heftigste beklagen wird, bleibt vollständig dunkel. Aus der in 13,1 angefügten Verheißung, daß sich „an jenem Tage" eine Quelle öffnen werde, der Reinigung des Haus Davids und der Jerusalemer von Sünde und Unreinheit dient, kann man lediglich entnehmen, daß sie alle durch die Ermordung des Durchbohrten in Sündenschuld geraten und daher der Sühne bedürftig sind. Der Dunkelheit des Orakels entsprechend gehen seine Deutungen weit auseinander. Sucht man den Schlüssel im Kontext, liegt es nahe, ihn mit dem Hirten aus Sach 13,7–9 zu identifizieren:

> 7 „Schwert, erwache wider meinen Hirten
> und wider den Mann, der mir nahe steht!"
> Ausspruch Jahwe Zebaots.
> „Schlage den Hirten,
> daß sich die Herde zerstreut;
> denn ich will meine Hand gegen die Kleinen wenden."
> 8 Dann soll es im ganzen Lande geschehen,
> daß je Zweidrittel in ihm ausgerottet und umkommen werden
> und ein Drittel in ihm übrig bleiben wird.
> 9 Und ich werde das Drittel durch Feuer gehen lassen
> und sie läutern, wie man das Silber läutert,
> und prüfen, wie man das Gold prüft.
> Es wird mich mit meinem Namen anrufen,
> und ich werde ihm antworten.
> Ich werde sagen: „Es ist mein Volk!"
> Und es wird sagen: „Jahwe ist mein Gott!"

---

[67] Siehe BHS.

Diese Ankündigung sucht offenbar eine nachträgliche Verbindung zwischen dem oft als Hirtenallegorie bezeichneten und seiner Natur nach rein literarischen Bericht von der Beauftragung eines Ungenannten zu zwei Zeichenhandlungen in 11,4–17 und dem Orakel in 14,1–5 herzustellen.[68] Die „Hirtenallegorie" schließt in V. 17 mit der Gerichtsankündigung gegen den treulosen Hirten, während das Orakel in 14,1–5 Jerusalem seine endgültige Rettung durch Jahwe erst nach seiner Eroberung durch die Völker und der Deportation der Hälfte seiner Einwohner prophezeit. Damit ist jedoch noch nicht viel gewonnen, denn zum einen scheint es sich bei der die „Hirtenallegorie" beschließenden Gerichtsankündigung gegen den treulosen Hirten in 11,17 um einen Zusatz zu handeln,[69] der eher einen sein Amt selbstsüchtig wahrnehmenden Hohenpriester als eine messianische Gestalt im Auge hat.[70] Und zum anderen scheint es sich bei 13,7–9 um ein für seinen jetzigen Kontext verfaßtes Orakel zu handeln, das allenfalls anzeigt, wie man 12,10b–13,1 später verstanden hat. Daher ist es unwahrscheinlich, daß es sich bei dem Hirten in 13,7–9 um den treulosen Hirten von 11,17 handelt. Er wird hier vielmehr mit dem unschuldigen Durchbohrten identifiziert, der vor der Befreiung Jerusalems (vgl. 12,1–10a) umgekommen ist. Oder anders ausgedrückt: Der Verfasser von Sach 13,7–9 hat Sach 12,10b–13,1 im Licht von Jes 52,13–53,12 gelesen, ohne sich daran zu stoßen, daß der Durchbohrte nicht von den Völkern, sondern von seinem eigenen Volk umgebracht worden ist. Will man die Sache nicht noch mehr komplizieren als sie schon ist, dürfte es sich bei ihm aus diesem Grunde in 12,10b–13,1 ursprünglich nicht um eine Gestalt des eschatologischen Enddramas, sondern um eine zeitgeschichtliche gehandelt haben.

Hält man nach einer solchen Ausschau, läßt sich auf die von Josephus Ant.XI.297–301 überlieferte Nachricht verweisen, nach welcher der Hohepriester Joannes (Jochanan) seinen Bruder Jesus (Jeschua) im Tempel erschlagen hätte, weil der mit Unterstützung des persischen Generals Bagoses das Amt seines Bruders zu erlangen hoffte.[71] Diese Tat hätte zu einer

---

[68] Vgl. Hanns-Martin Lutz, Jahwe, Jerusalem und die Völker, BWANT 27, Neukirchen-Vluyn: Neukirchener Verlag 1968, S. 212.

[69] Vgl. z. B. Karl Elliger, ATD 25, 1949 (1982), S. 165–166 und Henning Graf Reventlow, Die Propheten Haggai, Sacharja und Maleachi, ATD 25/2, Göttingen: Vandenhoeck & Ruprecht 1993, S. 113.

[70] Vgl. Alfons Deissler, Zwölfpropheten III: Zefanja, Haggai, Sacharja, Maleachi, NEB, Würzburg: Echter 1988, S. 303.

[71] Diese Identifikation hat meines Wissens als erster Otto Plöger, Theokratie und Eschatologie, WMANT 2, 1959, S. 105–106 vorgeschlagen; vgl. auch. Odil Hannes Steck, Der Abschluß der Prophetie im Alten Testament, BThSt 17, 1991, S. 90.

Entweihung des Tempels durch Bagoses geführt, der den Juden überdies eine siebenjährige Bußzahlung auferlegte. Bei dem hier erwähnten Bagoses handelt es sich offenbar um den bei Diodor XVI.47 erwähnten Strategen Artaxerxes III. Ochos (395–338) und bei Jochanan um den durch eine Silbermünze belegten Hohenpriester Jochanan III. Von seinen Söhnen wurde Jaddua Hoherpriester und Manasse Schwiegersohn des Statthalters von Samaria, Sanballat III., der ihm einen Tempel auf dem Garizim zu bauen versprochen hatte.[72] Diese Bluttat bedeutete eine unerhörte Entweihung des Tempels, die nach einer Entsühnung durch das ganze Volk verlangte. So gewinnt auch das am Ende der Weissagung in Sach 13,1 angefügte Wort, daß sich in Jerusalem ein Quell öffnen und das Haus David und die Bürger Jerusalems von Sünde und Unreinheit reinigen wird, eine dem Vorausgehenden entsprechende Bedeutung.[73] Wie immer man sich in dieser Frage entscheidet,[74] so sollte man den Abstand zum vierten Gottesknechtslied nicht übersehen. Denn während der Tod des Gottesknechts sühnende Kraft besitzt, bedarf der Tod des Durchbohrten der Sühne durch das ganze Volk (Sach 12,9–13,1):

---

[72] Vgl. dazu Frank Moore Cross, From Epic to Canon. History and Literature in Ancient Israel, Baltimore/London: John Hopkins University Press 1998, S. 152–157 und zur Diskussion S. 153 Anm. 12.

[73] Vgl. in diesem Sinne Otto Plöger, Theokratie und Eschatologie, WMANT 2, 1959, S. 103–106.

[74] Vgl. aber z. B. Wilhelm Rudolph, Haggai – Sacharja 1–8 – Sacharja 9–14 – Maleachi, KAT XIII/4, Gütersloh: Gütersloher Verlagshaus 1976, S. 223–224, der ihn mit dem Hirten in 13,7 identifiziert, den er mit dem Messias gleichsetzt; ähnlich Henning Graf Reventlow, ATD25/2, 1993, S. 121. Einen anderen Weg schlägt Rex Mason, The Books of Haggai, Zechariah and Malachi, CBC, Cambridge: Cambridge University Press 1977, S. 118–120 ein: Er zieht die lectio difficilior „auf mich" in V. 9 vor und deutet die Rede vom „durchbohren" metaphorisch als ein „sich vergehen an jemandem." Ähnlich auch André Lacoque. in: Samuel Amsler, ders. und René Vuilleumier, Aggée, Zacharie, Malachie, CAT XIc, Neuchatel. Paris: Delachaux et Niestlé 1981, S. 189. Für die Lesart אֵלָיו ('ēlâw), „auf ihn", entschied sich nebenbei schon Heinrich Ewald, Die Propheten des Alten Bundes I, Stuttgart: Adolph Krabbe 1840, S. 393. Er datierte den Text kurz vor der Zerstörung Jerusalems und bezog die Aussage auf von Heiden durchbohrte Märtyrer. Julius Wellhausen, Die Kleinen Propheten (= Studien und Vorarbeiten Heft 5, 1898³) 4. Aufl., Berlin: Walter de Gruyter 1963, S. 50 läßt das „auf mich" in der Übersetzung aus. S. 198–199 datiert er den Vers in die Makkabäerzeit, schließt aber makkabäische Märtyrer aus, weil diese nicht von den Jerusalemern ermordet worden sind: „Merkwürdig, wie solche einzelne ganz konkrete Züge in das übrigens schematische Zukunftsbild eingezeichnet werden. Darauf beruht sowol (sic!) die Phantastik der Eschatologie als auch der Möglichkeit, ihre historischen Grundlagen zu erkennen."

9 Und es wird an jenem Tage geschehen: Aufbieten werde ich, um zu vernichten alle Völker, die gegen Jerusalem kommen. 10 Und ich werde ausgießen auf das Haus Davids und auf die Einwohnerschaft Jerusalems einen lebendigen und erbarmungsvollen Geist, so daß sie auf den[75] blicken, den sie durchbohrt haben und über ihn klagen wie man Klage hält über den Einzigen und bitterlich über ihn klagen,[76] wie man über den Erstgeborenen trauert. 11 An jenem Tage wird die Klage groß sein in Jerusalem wie bei der Klage um Hadad-Rimmon[77] in der Ebene Megiddos. 12 Und das Land wird klagen Geschlecht um Geschlecht für sich, das Geschlecht des Hauses David für sich und ihre Frauen für sich, das Geschlecht des Hauses Natan für sich und ihre Frauen für sich. 13 Das Geschlecht des Hauses Levi für sich und ihre Frauen für sich, das Geschlecht des Hauses Simei[78] für sich und ihre Frauen für sich. 14 Alle übrigen Geschlechter Geschlecht um Geschlecht für sich und ihre Frauen für sich. 13,1 An jenem Tage wird eine Quelle geöffnet für das Haus David und die Einwohner Jerusalems gegen Sünde und Unreinheit.

Blicken wir zurück, so geht es in Sach 12,10b–13,1 um die Entsühnung Jerusalems in der Heilszeit, in Jes 52,12–53,13 aber um das Heil für die Völker der ganzen Welt. Handelt es sich bei seinem Gottesknecht unserer Vermutung gemäß um Israel und nicht um eine uns gänzlich unbekannte Gestalt, so enthält dieses Lied die tiefste und umfassendste Deutung des Weges Israels: Es ist von Gott dazu bestimmt, Heilsmittler für die Völker zu werden.

Literatur:

Überblick: Preuß, Theologie I, S. 173–183; II, S. 19–40; *Schreiner,* Theologie, S. 327–338; *W. H. Schmidt,* Glaube[8], S. 204–212.247–286; *Gowan*, Eschatology, S. 48–58.

Ausgewählte Aufsätze, Monographien und Sammelwerke: Altmann, Peter, Erwählungstheologie und Universalismus im Alten Testament, BZAW 92, Berlin: Alfred Töpelmann 1964; *Buber, Martin*, Das Königtum Gottes, 3. Aufl., Heidelberg: Lambert Schneider 1956; *Camponovo, Odo,* Königtum, Königsherrschaft und Reich Gottes in den Frühjüdischen Schriften, OBO 58: Freiburg/Schweiz/Göttingen: Universitätsverlag Freiburg/Schweiz/Vandenhoeck & Ruprecht 1984; *Gray, John*, The Biblical Doctrine of the Reign of God, 1979; *Groß, Heinrich*, Weltherrschaft als religiöse Idee im Alten Testament, BBB 6, Bonn: Peter Hanstein 1953;

---

[75] Siehe BHS.
[76] Siehe BHS.
[77] Zu der den Tod oder das Verschwinden des Wettergottes Hadad begehenden Klagefeier vgl. Jonas C. Greenfield, DDD, Sp. 722–723.
[78] Siehe BHS.

Haag, Herbert, Der Gottesknecht bei Deuterojesaja, EdF 213, Darmstadt: Wissenschaftliche Buchgesellschaft 1985; *Hermisson, Hans-Jürgen*, Studien zu Prophetie und Weisheit, hg. v. Jörg Barthel u. a., FAT 23, Tübingen: Mohr Siebeck 1998; *Hunziker-Rodewad,Regine*, Hirt und Herde. Ein Beitrag zum alttestamentlichen Gottesverständnis, BWANT 155, Stuttgart u. a.: W. Kohlhammer 2001; *Janowski, Bernd und Stuhlmacher, Peter*, Hg., Der leidende Gottesknecht. Jesaja 53 und seine Wirkungsgeschichte mit einer Bibliographie zu Jes 53, FAT 14, Tübingen: Mohr Siebeck 1996; *Jeremias, Jörg*, Die Königsherrschaft Gottes in den Psalmen, FRLANT 141, Göttingen: Vandenhoeck & Ruprecht 1987; *Kaiser, Otto*, Der königliche Knecht. Eine traditionsgeschichtlich-exegetische Studie über die Ebed-Jahwe-Lieder bei Deuterojesaja, FRLANT 70, Göttingen: Vandenhoeck & Ruprecht 1959 (1962); *Koenen, Klaus*, Ethik und Eschatologie im Tritojesajabuch, WMANT 62, Neukirchen-Vluyn: Neukirchener Verlag 1990; *Leskow, Theodor*, Worte und Wirkungen des Propheten Micha. Ein kompositionskritischer Kommentar, ATh 84, Stuttgart: Calwer Verlag 1997; *Martin-Achard, Robert*, Israël et les nations. La perspective missionnaire de L'Ancien Testament, CTh 42, Neuchatel/Paris: Delachaux & Niestlé 1959; *Merendino, Rosario Pius*, Der Erste und der Letzte. Eine Untersuchung zu Jes 40–48, VT.S 31, Leiden: E. J. Brill 1981; *Oorschot, Jürgen van*, Von Babel zum Zion. Eine literarkritische und redaktionsgeschichtliche Untersuchung, BZAW 206, Berlin. New York 1993; *Plöger, Otto*, Theokratie und Eschatologie, WMANT 2, Neukirchen-Vluyn: Neukirchener Verlag 1959; *Rowley, H. H.*, The Servant of the Lord and other Essays on the Old Testament, 2nd ed., Oxford: Basil Blackwell 1965; *Schmidt, Werner H.*, Das Königtum Gottes in Ugarit und im Alten Testament; BZAW 80, 2. Aufl. 1966; *Scholl, Reinhard*, Die Elenden in Gottes Thronrat. Stilistisch-kompositorische Untersuchungen zu Jesaja 24–27, BZAW 274, Berlin. New York 2000; *Schoors, Antoon*, I am God Your Saviour. A Form-critical Study in the Main Genre in Is XL–LV, VT.S 24, Leiden: E. J. Brill 1973; *Schreiner, Josef*, Sion-Jerusalem. Jahwes Königssitz, StANT 7, München: Kösel 1963; *Steck, Odil Hannes*, Der Abschluß der Prophetie im Alten Testament. Ein Versuch zur Vorgeschichte des Kanons, BThSt 17, Neukirchen-Vluyn: Neukirchener Verlag 1991.

§ 8 Der Gesalbte Jahwes

1. *Jesu Hoheitstitel und ihr alttestamentlicher Hintergrund.* Die Bezeichnung Jesu als Christus und in der Folge die seiner Anhänger als Christen wird längst als Eigenname verstanden. Nur treue Bibelleser wissen, daß das griechische Χριστός (Christós) ihn als den Gesalbten, den מָשִׁיחַ, oder, wie man traditionell zu sagen pflegt, den Messias bezeichnet. Die drei synoptischen Evangelien lassen Jesus seine Jünger, als er auf dem Scheitelpunkt seiner Wanderschaft in dem hoch im Norden gelegenen Caesarea Philippi angekommen war, fragen, für wen ihn die Leute hielten. Die Antwort lautet nach Mk 8,28, daß man ihn für den wiedergekehrten Johannes oder Elias oder für einen der Propheten halte. Doch als er sie fragte, für wen sie ihn hielten, antwortet Petrus: σὺ εἶ ὁ χριστός (Du bist der Gesalbte), Mk 8,29. Lukas setzt hinter das ὁ χριστός noch ein τοῦ θεοῦ, ein „des Gottes", Lk 9,20. Bei Matthäus aber lautet Petri Antwort volltönender (Mt 16,16): σὺ εἶ ὁ χριστὸς ὁ υἱὸς τοῦ θεοῦ τοῦ ζῶντος „Du bist der Gesalbte, der Sohn des lebendigen Gottes." Erinnern wir uns noch an das Verhör Jesu durch den Hohenpriester, das zu seiner Auslieferung an den römischen Landpfleger Pontius Pilatus führte, so haben wir die drei grundlegenden Hoheitstitel Jesu als Messias, Sohn Gottes und Menschensohn beieinander (Mk 14,61–62). Denn als ihn der Hohepriester beschwörend fragte, ob er der Messias, der Sohn des Hochgelobten sei, antwortete er: *Ich bin es!* und fügte hinzu: *Und ihr werdet den Menschensohn sehen sitzend zur Rechten der Kraft und kommend mit den Wolken des Himmels,* und das heißt: sitzend zur Rechten Gottes und kommend mit den Engeln des Himmels.[1]

Daß der Mensch Jesus von Nazareth der Sohn Gottes und damit zugleich der Messias ist, ist die Grundbotschaft des Matthäusevangeliums: Er ist nach Mt 1,23 der verheißene Immanuel, „Gott mit uns!" In 21,5 wird er mit dem von Jahwe aus Ägypten berufenen Sohn von Hos 11,1 identifiziert. Über ihm ertönt nach 3,17 bei der Taufe die himmlische Stimme: „Das ist mein geliebter Sohn, an dem ich Wohlgefallen habe." Als den Sohn Gottes stellt ihn in 4,3 der Satan auf die Probe. Zu ihm als dem Messias und Sohn Gottes bekennt sich Petrus, 16,16. Und schließlich erkennen ihn der Hauptmann und die Grabwächter als den Sohn Gottes, als nach seinem Tode die Erde erbebte (27,54). Als der Sohn Gottes ist

---

[1] Vgl. dazu Ferdinand Hahn, Christologische Hoheitstitel, Göttingen 1995 und weiterhin Gerd Theißen, Die Religion der ersten Christen, 2. Aufl., Gütersloh 2001, S. 71–88 sowie Antje und Michael Labahn, Jesus als Sohn Gottes bei Paulus, in: Paulinische Christologie. Exegetische Beiträge. FS Hans Hübner, Göttingen: Vandenhoeck & Ruprecht 2000, S. 99–120.

§ 8 Der Gesalbte Jahwes

Jesus der Messias, und als der Messias ist er der Sohn Gottes. Aber er erfüllte seine Sendung nicht, indem er Israel von der Fremdherrschaft befreite und ihm die Völker unterwarf, wie man es in seinen Tagen vom Messias erwartete,[2] sondern indem er den Menschen vorlebte, welche befreiende Kraft die Liebe besitzt, die sich in einem unerschütterlichen Gottvertrauen gründet und die Menschen dadurch von der Macht der Sünde als dem Fluch des Selbst-Sein-Wollens und Selbst-Sein-Müssens erlöst. Jesu Rede vom Menschensohn läßt der Evangelist wohl absichtsvoll zwischen der poetischen Bezeichnung des bloßen Menschen und ihrer sich schließlich enthüllenden Bedeutung als des vom Himmel kommenden Richters der Welt spielen.[3]

Wie nicht anders zu erwarten, besitzen diese drei Hoheitsbezeichnungen im Alten Testament ihre Entsprechungen:[4] Der König erfuhr seine Amtseinsetzung durch Salbung. Sie machte ihn zum Gesalbten Jahwes.[5] Als Stellvertreter Jahwes auf Erden wurde er von diesem als sein Sohn legitimiert.[6] Um so auffälliger ist es, daß der Erneuerer des Reiches Davids in den prophetischen Heilsworten niemals als der Gesalbte Jahwes bezeichnet wird. Den Platz des königlichen Gesalbten nimmt inzwischen der gesalbte und mit dem königlichen Diadem geschmückte Hohepriester ein.[7] Erst in der Ende des ersten Drittels des 2. Jhs v. Chr. entstandenen Gemeinde des Neuen Bundes im Lande Damaskus und ihrer Nachfolgerin, der Gemeinschaft (יַחַד (jaḥad) der Essener rechnete man damit, daß es in der Endzeit wieder einen legitimen Gesalbten Aarons und Gesalbten Israels, einen Hohepriester und einen Fürsten (וְנָשִׂיא / nāśî') geben werde. Andererseits erbat man nach dem Ende des hasmonäischen Priesterkönigtums in pharisäischen Kreisen nur noch einen König Israels

---

[2] Vgl. dazu unten, S. 214–219.

[3] Vgl. dazu knapp Eduard Schweizer, Art. Jesus Christus I.10.2.2., TRE XVI, 1987, S. 714, grundlegend immer noch Rudolf Bultmann, Theologie des Neuen Testaments, 8. Aufl. hg. Otto Merk, UTB 630, Tübingen: J. C. B. Mohr (Paul Siebeck) 1984, S. 30–32 und weiterhin z. B. Jürgen Becker, Jesus von Nazaret, 1996, S. 249–267.

[4] Zu den Folgen der historisch-kritischen Auslegung für die Beurteilung der messianischen Weissagungen unter Absehen vom neutestamentlichen Schriftbeweis vgl. Ronald E. Clements, The Messianic Hope in the Old Testament, JSOT 43, 1989, S. 3–19 = ders., Old Testament Prophecy, 1996, S. 49–61 und zum größeren Zusammenhang GAT I, S:47–74.

[5] Vgl. dazu unten, S. 178–180.

[6] Vgl. dazu unten, S. 207–208.

[7] Vgl. dazu Bernard Gosse, Transfert de l'onction et de marques royales au profit du grand prêtre en Ex 25 SS., Henoch 18, 1996, S. 3–8, bes. S. 5.

als den Gesalbten des Herrn (PsSal 17,32; 18,7).[8] Doch kennt auch das Alte Testament bereits einen Himmlischen, der wie eines Menschen Sohn aussieht und vor den Richtstuhl Gottes tritt, um von ihm alle Herrschaft über die Heiligen des Himmels verliehen zu (Dan 7). Wenn wir uns den sogenannten messianischen Weissagungen des Alten Testaments zuwenden, werden wir dreierlei Einsichten gewinnen: Erstens werden wir lernen, daß man von dem Kommen des Königs der Heilszeit vor allem den Anbruch des Reiches der Gerechtigkeit erwartete. Zweitens werden wir erkennen, daß man von ihm in der Regel die Sicherung der Weltherrschaft Israels erhoffte und man ihm daher auch kriegerische Züge beilegen konnte. Und drittens werden wir verstehen, warum der Hohepriester und das Synhedrium in Jesus nicht den zu erkennen vermochten, der da kommen soll, sondern ihn wegen seiner Anziehungskraft auf das Volk dem römischen Statthalter zur Hinrichtung auslieferten und darin dem Rat des Hohenpriesters Kaiphas folgten, daß es besser sei, wenn ein Mensch statt des ganzen Volkes stürbe (Joh 11,50). Jesu Tod ist die Folge des tragischen Konflikts zwischen den Wächtern einer normierten Religion und des befreienden Glaubens an Gottes in seiner Schöpfung und Leitung der Welt waltende Güte.

2. *Die judäische Königstheologie im Spiegel der Krönungsriten und ihre Bedeutung für die Messiaserwartung.* Es ist einleuchtend, daß die Heilsworte von dem künftigen König aus Davids Geschlecht sich am Ideal des judäischen Königtums orientierten.[9] Als Ausgangspunkt für seine Rekonstruktion empfiehlt sich ein Blick auf das Inthronisationsritual der vorexilischen Könige von Juda, wie es in seinem Grundablauf in den Berichten in 1. Kön 1 und 2. Kön 11 geschildert wird. Die so gewonnenen Daten lassen sich vor allem durch Aussagen solcher Psalmen ergänzen, die entweder für diesen Anlaß gedichtet worden sind oder sich auf bestimmte seiner Akte beziehen. Weiterhin wird sich zeigen, daß die Königsweissagungen selbst das so erzielte Bild bestätigen und teilweise einzelne Züge bewahren, die sich als poetische Aktualisierung des Rituals zu erkennen geben und dadurch zu weiterer Anschaulichkeit beitragen.

In der Erzählung von der Einsetzung Salomos zum Nachfolger seines uralten Vaters David in 1. Kön 1,32–48[10] zeichnet sich folgender ritueller

---

[8] Vgl. dazu unten, S. 214–219.

[9] Vgl. dazu ausführlich Sigmund Mowinckel, He That Cometh, 1956, S. 59–95.

[10] Vgl. dazu auch Otto Kaiser, Das Verhältnis der Erzählung vom König David zum sogenannten Deuteronomistischen Geschichtswerk, in: Albert de Pury/Thomas Römer, Hg., Die sogenannte Thronfolgegeschichte Davids. Neue Einsichten und Anfragen, OBO 176, Freiburg/Schweiz/Göttingen: Universitätsverlag Freiburg/Schweiz/Vandenhoeck & Ruprecht 2000, S. 94–122, bes. S. 106–111 = ders.,

Verlauf ab (V. 38–40): Der Kronprinz ritt auf dem Maultier seines Vaters in Begleitung des Hofpriesters Zadok und des Hofpropheten Nathan zu der am Fuße des Tempelbergs heraustretenden Quelle des Gichon („Sprudel").[11] Dabei gab ihm das königliche, von seinem Kommandeur Benaja angeführte Leibregiment der Kreter und Pleter[12] das Geleit. Dort angekommen wurde er von Zadok mit heiligem Öl gesalbt. Dann wurden zur Bekanntmachung des Ereignisses Widderhörner geblasen, woraufhin das Volk mit dem Ruf *„Es lebe der König!"* akklamierte. Daraufhin zog die nun durch das Volk verstärkte Prozession unter Schalmeienklang[13] jubelnd in die Stadt zurück, in der sich Salomo auf den Thron setzte (V. 46). Bei der Salbung handelt es sich um einen Rechtsakt, die den mit ihr Ausgezeichneten in den Dienst des Auftraggebers und in diesem Fall: Jahwes stellte.

Wie im Fall der Inthronisation Salomos handelt es sich auch in dem König Joaschs um einen außergewöhnlichen Vorgang. Bei Salomo lag das Ungewöhnliche darin, daß er zu Lebzeiten seines Vaters zum König gesalbt und inthronisiert wurde, bei Joasch darin, daß seine Einsetzung einen revolutionären Akt gegen seine regierende Großmutter Atalja darstellte. Der sie anführende, über den Tempel gebietende Priester Jojada schloß mit den Offizieren der karischen Garde und der Trabanten unter Eid einen Vertrag zugunsten des legitimen Königssohnes Joasch (2. Kön 11,4–15).[14] Schon deshalb fand die Inthronisation nach der Erzählung in 2. Kön 11,4–15 unter der Anleitung des Priesters Jojada und unter dem Schutz der Militärs im Tempel statt. Dabei wurde Joasch durch den Priester zuerst das Diadem aufgesetzt (vgl. Ps 21,4). Anschließend überreichte er ihm das „Zeugnis", die עֵדוּת (*'ēdût*). Gerhard von Rad hatte vorgeschlagen, sie in Analogie zu der ägyptischen Krönungszeremonie mit dem Königsprotokoll zu identifizieren, das außer den Thronnamen (vgl. Jes 9,5) die göttliche Beauftragung zur Herrschaft als Sohn Gottes (Ps 2,7; Jes 9,5a) und damit seine Einsetzung zum irdischer Stellvertreter seines göttlichen Vaters enthielt und sein Königtum legitimierte.[15] Zusammen

---

Studien zur Literaturgeschichte des Alten Testamentes, FzB 90, Würzburg: Echter 2000, S. 134–164, bes. S. 147–153.

[11] Zu ihrer Lage, Geschichte und eschatologischen Ausgestaltung vgl. Manfred Görg, NBL I, Sp. 842–843.

[12] D. h. wohl: Philister, vgl. Manfred Görg, NBL II, Sp. 545.

[13] Man darf sich dabei keine heutige Blaskapelle, sondern muß sich Rohrblattinstrumente in der Art von Flöten oder Doppeloboen vorstellen; zu *ḥālîl* vgl. Hans-Peter Rüger, BRL², S. 235b und Bernhold Schmid, NBL II, Sp. 856.

[14] Vgl. dazu Christoph Levin, Der Sturz der Königin Atalja, SBS 105, 1982, S. 91–95.

[15] Gerhard von Rad, Das judäische Königsritual, ThLZ 72, 1947, Sp. 211–216,

§ 8 Der Gesalbte Jahwes   177

mit Ps 2,7[16] weisen die Nathanweissagung von der Ewigkeit der Dynastie in 2. Sam 7,11–16[17] und die Berufung auf eine entsprechende göttliche Zusage in Ps 89,20–38 vermutlich auf ein entsprechendes Jerusalemer Inthronisationsorakel zurück, das Bestandteil des Königsprotokoll gewesen sein könnte. In den genannten Texten ist uns dieses Orakel nur in jüngeren Brechungen erhalten. In der dtr Fassung von 2. Sam 7,12–16 lautet es:[18]

> 12 *Wenn nun deine Tage erfüllt sind und du dich zu deinen Vätern schlafen legst, dann werde ich deinen Samen, der aus deinen Lenden hervorgeht, als deinen Nachfolger erstehen lassen und sein Königreich bestätigen. 13 Der soll in meinem Namen ein Haus bauen, und ich werde seinen Königsthron auf ewig bestätigen. 14 Ich will ihm Vater sein, und er soll mir Sohn sein, so daß ich ihn, wenn er krumme Wege geht, mit Menschenruten und menschlichen Schlägen züchtigen werde. 15 Aber meine Gnade soll von ihm nicht weichen, wie ich sie von Saul weichen ließ, den ich vor dir habe weichen lassen. 16 Sondern dein Haus und dein Königtum soll auf ewig vor mir bestehen und dein Thron sei bestätigt auf ewig!"*

Viel poetischer ist diese Verheißung in Ps 89,20–38 ausgestaltet:[19]

> 20 *Einst sprachst du im Gesicht zu deinen Frommen und sagtest:*
>   *"Ich habe einen Jüngling über die Helden gesetzt,*
>   *erhöht einen Auserwählten über das Volk.*
> 21 *Gefunden habe ich meinen Knecht David,*
>   *ihn gesalbt mit heiligem Öl,*
> 22 *den meine Hand festhalten soll,*
>   *und stärken wird ihn mein Arm.*
> 23 *Kein Feind soll ihn überfallen,*

---

bes. Sp. 213 = ders., Ges. Studien zum Alten Testament, ThB 8, München: Christian Kaiser 1958, S. 205–213, bes. S. 208. Zu anderen Deutungen vgl. HAL 747a s.v. und zu den Thronnamen unten, S. 190.

[16] Vgl. dazu Erich Zenger, in: Frank Lothar Hossfeld und ders., Die Psalmen I: Psalm 1–50, NEB, Würzburg: Echter 1993, S. 49–51 und unten, S. 207–209.

[17] Vgl. dazu Timo Veijola, Die ewige Dynastie. AASF.B 193, 1975, S. 68–79. Ob es möglich ist, einen vordtr Grundtext zu ermitteln, wie es Walter Dietrich, David, Saul und die Propheten, 2. Aufl., BWANT 122, Stuttgart u. a.: W. Kohlhammer 1992, S. 120–124 versucht hat und Waschke, Der Gesalbte, S. 53–61 es zustimmend referiert, bleibe hier dahingestellt. Zur Forschungsgeschichte vgl. Walter Dietrich und Thomas Naumann, Die Samuelbücher, EdF 287, Darmstadt: Wissenschaftliche Buchgesellschaft 1995, S. 143–168.

[18] Übersetzung von Wilhelm Hertzberg, Die Samuelbücher, ATD 10, Göttingen: Vandenhoeck & Ruprecht 1956 (1982⁶), S. 231.

[19] Übersetzung von Artur Weiser, Die Psalmen II: Psalm 50–150, ATD 15, Göttingen: Vandenhoeck & Ruprecht 1973⁸, S. 401.

> *kein Bösewicht je ihn bedrücken.*
> 24 *Seine Bedränger will ich vor ihm zerschlagen,*
> *und die ihn hassen, niederhauen.*
> 25 *Meine Treue und Gnade wird mit ihm sein,*
> *hoch ragt durch meinen Arm sein Horn.*
> 26 *Ich lege seine Hand auf das Meer*
> *und seine Rechte auf die Ströme*
> 27 *Er soll mich rufen: Mein Vater bist du,*
> *mein Gott und der Fels meines Heils.*
> 28 *Ich aber, zum Erstgeborenen mache ich ihn,*
> *zum Höchsten für die Könige der Erde."*

An diese Zusage für David schließt sich in den V. 29–38 die der Dauer seiner Dynastie an, von der es abschließend in den V. 37–38 heißt:

> 37 *Sein Geschlecht soll in Ewigkeit dauern*
> *und sein Thron wie die Sonne vor mir,*
> 38 *Wie der Mond, der für ewig besteht,*
> *ein treuer Zeuge in den Wolken.*

Blicken wir zurück, so verheißt dieses Orakel nicht nur die Ewigkeit der Dynastie, sondern den Davididen zugleich die Weltherrschaft. Doch statt dessen scheint der Bund gebrochen, die Krone entehrt, der Krieg verloren, sind Jerusalems Mauern und Türme zerstört und er selbst und sein Volk zum Spott der Nachbarn geworden (V. 39–52).[20]

Der Gedanke, daß dem König auf Davids Thron die Weltherrschaft gebührt, begegnet auch in dem Thronbesteigungslied Ps 72,8–9, einem Psalm, den wir bereits in anderem Zusammenhang erwähnt haben:[21]

> 8 *Er herrsche von Meer zu Meer*
> *und vom Strom bis zu den Enden der Erde.*
> 9 *Vor ihm sollen sich die Inseln[22] beugen*
> *und seine Feinde Staub lecken.*

Fragt man sich, wie es möglich war, daß man den König eines so kleinen Volkes und Reiches als zur Weltherrschaft bestimmt betrachten konnte, so lautet die Antwort nicht nur, daß jeder König dem Prinzip nach König von Gottes Gnaden und damit Herr der Erde ist, sondern ist auch daran zu erinnern, daß sich Israel als das Volk des wahren Gottes und Königs der ganzen Welt verstand und sein irdischen Sohn und Stellvertreter daher nach Israels Überzeugung mit Recht die Weltherrschaft verlangen konnte.[23]

---

[20] Vgl. dazu unten, S. 360–362.
[21] Vgl. auch oben, S. 39–42. Zur Trennung von vorexilischem Grundtext und nachexilischer Neuausgabe vgl. Oswald Loretz, Königspsalmen, S. 112–119.
[22] Siehe BHS.
[23] Vgl. dazu oben, S. 164–165.

Kehren wir zu dem Bericht in 2. Kön 11 zurück, so folgt in ihm wie in 1. Kön 1 auf die Salbung die Akklamation mit dem Zuruf: *„Es lebe der König!"* Die in V. 12 berichtete Reihenfolge von Krönung und Salbung wird auch durch Ps 89,20b–21 bezeugt.[24] Spätestens nach der Salbung stand der König nach 2. Kön 11,14 für alle Anwesenden sichtbar auf einem säulenartigen Podest, wobei ihn die als *„Volk des Landes"* bezeichneten Vertreter des Landadels[25] und Trompeter umgaben.[26] Der Unterschied des Ortes in 1. Kön 1 und 2. Kön 11 könnte sich entweder dadurch erklären, daß inzwischen der Tempel gebaut war und man daher die Feier ganz in den Tempel- und Palastbereich verlegte, oder aber daß die Verlegung der Salbung vom Gichon in den Tempel angesichts der konspirativen Umständen als geraten erschien.

Es dürfte jedenfalls deutlich geworden sein, daß die *Salbung* als der entscheidende Akt bei der Krönung galt.[27] Daher bedeutete die Aussage, man habe einen Mann zum König gesalbt, soviel, als man habe ihn rituell zum König eingesetzt. Werden als Subjekt die Männer Judas (2. Sam 2,4), die Ältesten Israels (2. Sam 5,3) oder das *„Volk des Landes"* (2. Kön 23,30b) genannt, so dürfte damit lediglich gemeint sein, daß sie die Inthronisation veranlaßt, nicht aber, daß sie die Salbung selbst durchgeführt haben. Als Ausführende wird man vielmehr primär an Priester und allenfalls an Propheten zu denken haben.[28] Wenn die Tradition die Salbung Sauls und Davids Samuel zuschreibt (vgl. 1. Sam 9,11–12 mit 9,15–10,1; 16,1–15),[29] so darf man nicht übersehen, daß sie ihn mit den Zügen des Richters, Sehers und Priesters ausgestattet hat.[30] In beiden Fällen wird deutlich, daß der König in Folge der Salbung als Träger des Geistes Jah-

---

[24] Vgl. Waschke, Der Gesalbte, S. 36.

[25] Vgl. dazu Rainer Kessler, Staat und Gesellschaft im vorexilischen Juda, VT.S 47, Leiden u. a.: E.J. Brill 1992, S. 199–202.

[26] Die Reihenfolge Krönung-Salbung wird auch durch Ps 89, 20b–21 belegt.

[27] Vgl. dazu Sigmund Mowinckel, He That Cometh, 1956, S. 63–69; Ludwig Schmidt, Menschlicher Erfolg und Jahwes Initiative, WMANT 38, 1970, S. 172–188; Tryggve N. D. Mettinger, King and Messiah, CB.OT 8, 1976, S. 185–232 sowie Klaus Seybold, Art. *māšaḥ*, ThWAT V, 1986, Sp. 46–59.

[28] Nach 2. Sam 2,1–3 ging eine Gottesbefragung voraus, nach 2. Sam 5,2 hätten sich die Israeliten auf eine David von Jahwe erteilte Beauftragung berufen, sein Volk Israel zu leiten. So versuchen beide Berichte, dem Vorgang eine göttliche Legitimation zu geben; vgl. dazu auch Waschke, Der Gesalbte, S. 25–28.

[29] Vgl. dazu Ludwig Schmidt, Menschlicher Erfolg und Jahwes Initiative, WMANT 38, 1970, S. 81–97 und S. 183–184 und Peter Mommer, Samuel. Überlieferung und Geschichte, WMANT 65, 1991, S. 92–110 und S. 176–186.

[30] Vgl. dazu Peter Mommer, Samuel, S. 222–223.

wes gilt (1. Sam 10,5–6; 16,15).[31] Der Gesalbte wird dadurch nach 1.Sam 10,6 zu einem anderen Menschen.[32] Daher gilt sein Richtspruch der Idee nach als so unfehlbar wie ein göttliches Orakel (Spr 16,10). Durch die Salbung wurde der König Eigentum Jahwes. Daher wurden er als der Gesalbte Jahwes als unantastbar, als sakrosankt betrachtet (1. Sam 24,5–7.11; 26,8–9). Sein Leben nicht zu schützen (1.Sam 26,16) oder gar anzutasten, wurde daher als todeswürdiges Verbrechen bewertet (2. Sam 1,13–16). Andererseits konnte der König als der Gesalbte Jahwes erwarten, daß ihm sein Gott in Not und Gefahr gegen seine Feinde beistünde. Als Beleg dafür sei auf Ps 21 verwiesen, der entweder für eine Thronbesteigungsfeier oder ein Krönungsjubiläums gedichtet worden zu sein scheint, spielt doch V. 4 ausdrücklich auf die Krönung durch Jahwe an (Ps 21,2–9):[33]

2 *Jahwe, an deiner Kraft erfreut sich der König,*
  und was jubelt er laut über deine Hilfe!
3 *Den Wunsch seines Herzens hast du ihm erfüllt,*
  was seine Lippen verlangt, nicht verweigert.
4 *Du nahtest dich ihm mit Segen zum Glück,*
  setztest auf sein Haupt eine goldene Krone.
5 *Das Leben, das er von dir erbat, gabst du ihm,*
  Dauer der Tage für ewig und immer.
6 *Groß ist seine Ehre dank deiner Hilfe,*
  Hoheit und Pracht legtest du ihm um.
7 *Ja, du machst ihn zum Segen für immer,*
  du machst ihn froh vor deinem Angesicht.
8 *Ja, der König, der auf Jahwe vertraut*
  und auf die Huld des Höchsten, wird nicht wanken:
9 *„Es treffe deine Hand all deine Feinde*
  und deine Rechte treffe alle, die dich hassen!"

Fassen wir zusammen: Gemäß dem sich im Krönungsritual aussprechenden Königsideal war der judäische König als der Gesalbte Jahwes sein Sohn und Stellvertreter auf Erden, der in seinem Volk für Recht und Ge-

---

[31] Vgl. dazu auch A. R. Johnson, Sacral Kingship in Ancient Israel, 2nd ed., 1967, S. 14–16.
[32] Zur Entwicklung der Tradition vgl. Tryggve N. D. Mettinger, King and Messiah, S. 234–238.
[33] Zu dem zumal im zweiten Teil überaus problematischen Psalm vgl. Oswald Loretz, Die Königspsalmen, UBL 8, 1988, S. 77–106, anders z. B. Erich Zenger, in: Frank-Lothar Hossfeld und ders., Die Psalmen I: Psalm 1–50, NEB, Würzburg: Echter 1993, S. 139–141. Trotz der von ihm beschriebenen Struktur des Liedes sind die V. 10–14 kolometrisch so unruhig, so daß es sich bei ihnen um eine Kette von Fortschreibungen handeln dürfte.

rechtigkeit zu sorgen hatte und zumal auf den Schutz der Schwachen bedacht sein sollte. Ihm war zugleich der Sieg über seine Feinde und als dem Gesalbten des wahren Gottes die Weltherrschaft verheißen. Als der Gesalbte Jahwes galt er als sakrosankt. Vermutlich war im Inthronisationsritual eine Verheißung der Dauer der Dynastie erhalten, die uns nur in jüngeren Ausgestaltungen überliefert ist. Doch gerade sie sollten weiterhin dafür sorgen, daß die Hoffnung auf die Sendung eines neuen Königs aus Davids Geschlecht als Heilbringer seines Volkes nicht erlosch.[34]

3. *Serubbabel und die Hoffnung auf die Wiederherstellung des Königtums Davids.* Als der Wiederaufbau des Jerusalemer Tempels in den Jahren 520–515 v. Chr. erfolgte, waren Serubbabel (*„Der Sproß Babels"*), ein Enkel König Jojachins (1. Chr 3,19) als persischer Statthalter der Provinz Jehud,[35] und Jeschua/Josua, der Sohn des durch Nebukadnezar verbannten Jerusalemer Priesters Jozaddak (vgl. 1. Chr 5,41 mit Neh 12,1) als Hoherpriester die dafür zuständigen Schlüsselfiguren. Denn die persische Zentralregierung setzte in der Provinz Jehud neben dem jeweils neu bestimmten Statthalter, der wohl in der Regel aus einer aristokratischen einheimischen Familie stammte,[36] einen Zadokiden als erblichen Hohenpriester ein.[37] Da es sich im vorliegenden Fall um einen Davididen und einen Zadokiden und mithin um die Nachkommen der führenden königlichen und priesterlichen Geschlechter des einstigen judäischen

---

[34] Vgl. dazu unten, S. 188–219.

[35] Zur Diskussion der Frage, ob die Bezeichnung Serubbabels als *pāḥæ* ihn als Provinzstatthalter oder lediglich als königlichen Beauftragten bezeichnet vgl. Sara Japhet, Sheshbazzar and Zerubbabel. Against the Background of the Historical and Religious Tendencies of Ezra-Nehemiah, ZAW 94, 1982, S. 66–98, zu Serubbabels Abstammung bes. S. 71–72, zu seiner Statthalterschaft S. 80–89, bes. S. 86–89 und zu den speziellen Problemen der Darstellung im 3. Esra und bei Josephus ZAW 95, 1983, S. 218–229. Zu der immer noch ihre Anhänger besitzenden Hypothese, daß Serubbabel lediglich ein Sonderbeauftragter des persischen Königs für die Repatriierung der Rückwanderer gewesen ist, die von. Albrecht Alt, Die Rolle Samarias bei der Entstehung des Judentums (1934), in: ders., Kl. Schriften zur Geschichte des Volkes Israel II, München: C. H. Beck 1953, S. 316–337, bes. S. 331–337 begründet worden ist, und den Problemen J. Alberto Soggin, Einführung in die Geschichte Israels und Judas von den Ursprüngen bis zum Aufstand Bar Kochbas, Darmstadt: Wissenschaftliche Buchgesellschaft 1991, S. 200–203.

[36] Vgl. dazu Nahman Avigad, Bullae and Seals from a Post-Exilic Judean Archiv, Qedem 4, Jerusalem: Hebrew University 1976, S. 30–35, bes. S. 33., aber auch Soggin, S. 201–203.

[37] Vgl. dazu die Liste bei Frank Moore Cross, From Epic to Canon, 1998, S. 156. – Zu dieser Dyarchie vgl. auch Richard D. Nelson, Raising up a Faithful Priest,1993, S. 122.

Reiches handelte, ist es nicht erstaunlich, daß sich auch die Augen der Propheten Haggai und Sacharja in besonderer Weise auf sie richteten.[38] Stimmen die im Haggai- und Sacharjabuch überlieferten Daten, so wirkte Haggai von Ende August bis Ende Dezember 520 und Sacharja zwischen Ende Oktober/Anfang November 520 bis Anfang Dezember 518. Setzt man Sach 3 in die Zeit der Vollendung des Tempels bzw. der Tempelweihe, weil in 3,8 der Amtsantritt des Hohenpriesters Jeschua/Jehoschua vorausgesetzt wird, so verlängert sich sein belegtes Wirken bis zum 23. Adar des 6. Jahres Dareios I.[39] oder dem 12. April 515.

Angesichts der mit der Ermordung des Perserkönigs Kambyses 522 einsetzenden und anderthalb Jahre anhaltenden Wirren, in denen Dareios II. seinen Anspruch auf den Thron gegen den angeblichen Sohn des Kyros Gaumata/Bardiya[40] und andere lokale Granden verteidigen mußte,[41] ist die religiöse Hochspannung verständlich, die in der persischen Provinz Jehud bis in die folgenden Jahre anhielt. Nach der Ansicht der Propheten schien es nur noch der Wiederaufnahme der Arbeiten und der Fertigstellung des immer noch in Trümmern liegenden Jerusalemer Tempels zu bedürfen, um Jahwe dazu zu bewegen, auf den Zion zurückzukehren und das Reich Davids wiederherzustellen. Daher forderte der Prophet Haggai den Statthalter Serubbabel und den künftigen Hohenpriester Josua dazu auf, den Wiederaufbau des Tempels in Angriff zu nehmen. Denn sein jämmerlicher Zustand sei dafür verantwortlich, daß Dürre und Unfruchtbarkeit im Lande herrschten (Hag 1,1–14). Als dann tatsächlich mit den Bauarbeiten begonnen war, ermahnte er beide und den Rest des Volkes, das Werk rüstig fortzusetzen, weil Jahwe alsbald die Völkerwelt bewegen und den Zion verherrlichen werde (Hag 2,3–9*):[42]

---

[38] Vgl. dazu Peter R. Ackroyd, Exile and Restoration, OTL, 1968, S. 153–217 und Klaus Seybold, Die Königserwartung bei Haggai und Sacharja, Jud. 28, 1972, S. 69–78 = Ursula Struppe, Hg., Studien zum Messiasbild, SBAB 6, 1989, S. 243–252.

[39] Korrektur von Esr 6,15 nach 3. Esr 7,5, vgl. Wilhelm Rudolph, Esra und Nehemia, HAT I/20, Tübingen: J. B. C. Mohr (Paul Siebeck) 1949, S. 59–60 und H. G. M. Williamson, Ezra, Nehemiah, WBC 16, Waco, Texas: Word Books 1985, S. 72, der S. 84 bemerkt, daß die Zeit zwischen der Zerstörung und der Vollendung des Neubaus den siebzig Jahren von Jer 25,11–12 und 29,10 entspricht.

[40] Dem Smerdis der Griechen; vgl. Hdt. III. 30. 61–79.

[41] Vgl. dazu Richard N. Frye, The History of Ancient Iran, HAW III/7, München: C. H. Beck 1984, S. 98–101.

[42] Vgl. dazu auch Antti Laato, Josiah and David Redivivus, CB.OT 33, 1992, S. 222–231, der auf die Nähe Haggais zu Texten des Ezechielbuches hinweist, deren Eigenart freilich im Licht der redaktionsgeschichtlichen Erforschung des Buches präzisiert werden müßte.

> 3 *Wer ist unter euch noch übrig,*
> *der dieses Haus gesehen hat*
> *in seiner einstigen Herrlichkeit?*
> *Und als was seht ihr*
> *es jetzt?*
> *Ist nicht das da*
> *wie nichts in euren Augen?*
> 4 *„Doch nun pack an, Serubbabel!"*
> *Spruch Jahwes,*
> *„Doch nun pack an, Josua, Sohn Jozadaks,*
> *du Hoherpriester,*
> *doch nun pack an, du ganzes Volk des Landes,"*
> *Spruch Jahwes,*
> *„und arbeitet, denn ich bin mit euch!"*
> *Spruch Jahwe Zebaots."*[43]
> 5b *Denn mein Geist ist mitten unter euch.*
> *Fürchtet euch nicht!*
> 6 *Denn so spricht Jahwe Zebaot:*
> *„Nur noch ein wenig dauert es,*
> *daß ich Himmel und Erde erschüttere,*
> *das Meer und das trockene Land.*
> 7 *Dann erschüttere ich alle Völker,*
> *und es kommen alle Schätze*[44] *der Völker,*
> *und du füllst dieses Haus mit Herrlichkeit!"*
> *sagt Jahwe Zebaot.*
> 8 *„Mein ist das Silber und mein ist das Gold!"*
> *Spruch Jahwe Zebaots.*
> 9 *„Groß wird die Herrlichkeit dieses Hauses sein,*
> *das zweite mehr als das erste!"*
> *sagt Jahwe Zebaot.*
> *„Und an diesem Ort wirke ich Heil!",*
> *Spruch Jahwe Zebaots.*

Haggais überlieferte Botschaft schließt mit einem speziellen an Serubbabel gerichteten Wort (Hag 2,21–23):[45]

> 21 *Sage zu Serubbabel, dem Statthalter von Juda:*
> *„Ich schicke mich an,*
> *den Himmel und die Erde zu erschüttern.*
> 22 *Und ich werde den Thron der Königreiche umstürzen*
> *und die Macht der Reiche der Völker vernichten.*
> *Ich werde Wagen und Fahrer vernichten*
> *und Rosse und Reiter müssen hinab*
> *(jeder durch das Schwert seines Bruders).*[46]

---

[43] Bei V. 5a handelt es sich um eine in G fehlende Glosse.
[44] Siehe BHS.
[45] Zu den Glossen vgl. Karl Elliger, ATD 25/2, S. 96–97.
[46] Glosse im Sinn von Ez 38,21.

23 *An jenem Tage (Ausspruch Jahwe Zebaots) nehme ich dich,
Serubbabel (den Sohn Schealtiels),*[47] *meinen Knecht
(Ausspruch Jahwes)
und mache dich wie meinen Siegelring,
denn ich habe dich erwählt."*

Mit den von dem Propheten erwarteten politischen Umwälzungen in der ganzen Völkerwelt verfolge Jahwe mithin keinen anderen Zweck, als den Davididen Serubbabel zum König von Juda zu erheben. Denn wer den Siegelring seines Herrn besitzt, ist berechtigt, in seinem Namen Verfügungen zu treffen. Wer gleichsam Gottes Siegelring auf Erden darstellt, ist sein irdischer Stellvertreter.[48] Haggai vermeidet es, Serubbabel als den Sohn Jahwes zu bezeichnen. Doch in der Sache sind beide Metaphern gleichwertig, indem sie den König als den irdischen Statthalter Gottes bezeichnen. So soll Serubbabel nach dieser Erwählungszusage König von Juda und zugleich Herr der Völkerwelt werden.[49]

Auch der Prophet Sacharja hatte bei seinem Wirken Serubbabel und Josua im Blick. Zwischen das 3. und das 4. Nachtgesicht des Propheten ist in 3,1–7 eine Visionsschilderung über eine Verhandlung in der himmlischen Ratsversammlung über die Investitur des Hohenpriester Josua eingefügt.[50] In ihr weist der Engel Jahwes den Satan an, seine geplante Anklage gegen Josua zu unterlassen. Anschließend befiehlt er anderen Engeln, Josua zum Zeichen dafür, daß ihm seine Schuld vergeben ist, mit Festgewändern zu bekleiden und ihm einen reinen Kopfbund aufzusetzen. Dann verheißt er ihm für den Fall seiner rechtschaffenen Amtsführung Zugang zur himmlischen Ratsversammlung (V. 7).[51] An diese Visionsschilderung ist in Sach 3,8–10 durch denselben Redaktor der 6,9–15 überarbeitet hat,[52] der Rest eines Berichts über eine Zeichenhandlung Sa-

---

[47] Zu diesem im Haggaibüchlein als Vater Serubbabels betrachteten Enkel König Jojachins vgl. 1. Chr 3,17; doch wird in 3,19 Pedaja als solcher genannt; vgl. dazu Japhet, ZAW 94, 1982, S. 71–72 bzw. knapp Peter Marincovi√, NBL III, Sp. 486.

[48] Vgl. die Kontrastaussage Jer 22,24.

[49] Daß der Wiederaufbau des Tempels seine heilvolle Wirkung nur für ein reines und gerechtes Volk entfalten kann, unterstreichen Hag 1,12–14 ebenso wie Sach 7–8*, vgl. dazu Peter R. Ackroyd, Exile and Restoration, OTL, 1968, S. 166–175 und S. 206–213.

[50] Vgl. dazu umfassend Holger Delkurt, Sacharjas Nachtgesichte, BZAW 362, 2000, S. 141–194.

[51] Peggy L. Day, An Adversary in Heaven, HSM 43, 1988, S. 107–126 deutet diese Szene als mythischen Ausdruck dafür, daß die in der Jerusalemer Gemeinde laut gewordenen Einwände gegen die Investitut Josuas unberechtigt sind, wird doch der Einspruch des Satans durch höheren Entscheid außer Kraft gesetzt.

[52] Vgl. dazu unten, S. 185–186.

charjas in 3,8–9(10) angeschlossen und umgestaltet worden. Nach ihm ist Sacharja vor den Hohenpriester und seine Genossen getreten, um dann einen Stein mit sieben Facetten vor Josua hinzulegen. Auf ihm sollte Jahwe eine Inschrift einschneiden. Mit ihren sieben Facetten könnte sie mithin in Analogie zu der auf dem hohepriesterlichen Diadem verzeichneten Inschrift (Ex 28,36) ein קֹדֶשׁ לַיהוָה ($qod\ae\check{s}$) „Heilig für Jahwe" tragen. Gleichzeitig werde Jahwe die Schuld des Landes an einem einzigen Tag tilgen (V. 9b):

> 8aα „Höre doch, Josua, Hoherpriester,
> du und deine Genossen, die vor dir sitzen:
> 9 Denn da der Stein, den ich vor dich, Josua, lege,
> auf einen Stein mit sieben Facetten,
> siehe, schicke ich mich an, eine Inschrift zu ritzen."
> Spruch Jahwe Zebaots.
> „Und ich werde die Schuld dieses Landes
> vertilgen.".

Mit dieser Zeichenhandlung wollte der Prophet dem Hohenpriester ein Unterpfand dafür geben, daß er zusammen mit Serubbabel im befreiten Jerusalem amtieren werde, wie es die Deutung des 4. Nachtgesichts von dem Leuchter mit sieben Schalen und sieben Schnauzen und den zu beiden Seiten stehenden Ölbäumen in 4,1–5.10b.13–14 voraussagt. In ihm symbolisiert der Leuchter mit seinen neunundvierzig Lichtern die Allgegenwart Jahwes auf Erden und die beiden Ölbäume die beiden „Ölsöhne" und d. h.: die beiden Gesalbten, die vor Jahwe als dem Herrn der ganzen Erde stehen. Sie werden mithin ihren Dienst als seine Beauftragten wahrnehmen. Karl Elliger hat richtig erkannt, daß die Zeichenhandlung in 3,8–9 in der in 6,9–15* ihre Parallele besitzt, jedenfalls, wenn man sich der klassischen Konjektur anschließt, die in V. 11 den Namen des Hohenpriesters durch den Serubbabels ersetzt, wie es das anschließende Heilswort für den Sproß in V. 12 und die folgende, ursprünglich den Bericht abschließende Weissagung in V. 13 voraussetzen, nach der beide, der „Sproß" und der Hohepriester ihr Amt einträchtig nebeneinander führen würden. So wie der Prophet vor den Hohenpriester den Stein legen sollte, der ihn wie das von ihm getragene goldene Stirnblatt als den ausweist, der die Schuld des Volkes trägt und es mit seinem Gott versöhnt (Ex 28,36–38), soll er nun Serubbabel als den von Jahwe erwählten „Sproß" und d. h.: als den seinem Volk universales Heil verschaffenden König mit einem goldenen Diadem krönen (6,9–13):[53]

---

[53] Vgl. dazu Karl Elliger, ATD 25/2, S. 128–132; ähnlich schon Julius Wellhausen, Die Kleinen Propheten (1889³ = 1963⁴), Berlin: Walter de Gruyter 1963,

§ 8 Der Gesalbte Jahwes

9 *Und es geschah das Wort Jahwes bei mir so:*
10 *„Nimm eine Gabe[54] der Verbannten, von Helda, Tobia, von Jedaja und von[55] Josia, dem Sohn des Zefanja, die aus Babel gekommen sind,* 11 *und nimm Silber und Gold und mache eine Krone[56] und setze sie auf das Haupt Serubbabels, des Sohnes Schealtiels, des Statthalters,[57]*
12 *und sage zu ihm so:*
   So spricht Jahwe Zebaot:
   "Siehe da, der Mann,[58] der ‚Sproß' heißt,
   denn unter ihm wird es sprießen.[59]
13 *Und er ist es, der den Tempel Jahwes bauen wird,*
   und er ist es, der Hoheit trägt``[60] auf seinem Thron.
   Und Josua[61] wird Priester sein zu seiner Rechten,[62]
   und es wird friedliche Eintracht zwischen beiden herrschen."

Das Orakel bezeichnet den künftigen König in V. 12 als „Sproß" (צֶמַח / *ṣæmaḥ*): Einerseits kennzeichnet dieser Name Serubbabel als einen Nachtrieb der alten Dynastie (vgl. Jer 23,5; Jes 11,1), andererseits als den, dessen Regiment das Land zu neuer, heilvoller Blüte führen wird. Die nachträgliche Bearbeitung hat den Namen Serubbabels in 6,11 durch den des Hohenpriesters Josua ersetzt, der nun als der Gesalbte[63] das königliche Ornat trägt[64] und bis zum Kommen des Königs aus Davids Geschlecht in

---

S. 185; zur neueren Diskussion umsichtig Antti Laato, Josiah and David Redivivus, CB.OT 33, 1992, S. 246–252 und jetzt auch Richard D. Nelson, Faithful Priest, 1993, S. 122–123, der bei dem überlieferten Text bleibt, aber den Sproß aus V. 12 mit Serubbabel identifiziert. Er nimmt an, daß der Hohepriester die Krone stellvertretend für jenen empfangen habe, sofern es sich bei ihr nicht nur um ein allgemeines Ehrensymbol handelte. M. E. sind die Ausleger im Recht, die den überlieferten Text als Anpassung an die Situation nach der Vollendung des Tempelbaus und dem Ausbleiben der Inthronisation Serubbabels zum König Judas beurteilen.

[54] Siehe BHS.
[55] Siehe BHS.
[56] Siehe BHS. MT liest den Plural.
[57] Siehe BHS.
[58] Siehe BHS.
[59] Zu V12bb vgl. Elliger, ATD 25/2, S. 129 z.St.
[60] Siehe BHS.
[61] Die Einfügung ist die notwendige Folge der Ersetzung seines Namens in V. 11 durch den Serubbabels.
[62] Vgl. G.
[63] Vgl. Ex 39,7.36; 40,14–15; Lev 8,12.30; 21,12; Num 3,3; Sir 45,15 und dazu Martin Karrer, Der Gesalbte, FRLANT 151, 1990, S. 147–160.
[64] Vgl. Ex 28,17–21.29.36–39 und dazu Martin Noth, Das zweite Buch Mose. Exodus, ATD 5, Göttingen: Vandenhoeck & Ruprecht 1959 (1984⁷), S. 179–185.

§ 8 Der Gesalbte Jahwes 187

der künftigen Heilszeit das Volk vor seinem Gott und Gott vor seinem Volk vertritt. Gleichzeitig erhält der göttliche Befehl zur Ausführung dieser Zeichenhandlung eine Verlängerung in V. 14. Sie bestimmt, daß die Krone zum Andenken für ihre Stifter im Tempel deponiert wird. Als diese Bearbeitung erfolgte, war Serubbabel offenbar von der Jerusalemer Bühne abgetreten, ohne daß wir über irgendwelche Nachrichten darüber verfügen. Ob ihn der Großkönig nach Susa zurückbeordert und wegen aufständischer Umtriebe zur Rechenschaft gezogen hat; Serubbabel seine Lage angesichts der auf ihn gesetzten Erwartungen selbst als zu kritisch empfunden und um seine Abberufung gebeten hat oder er (das wäre die unspektakulärste Lösung) eines natürlichen Todes gestorben ist, wissen wir nicht. In dem Bericht über die Tempelweihe Esr 6,14–18 werden weder er noch Josua erwähnt. Sicher ist nur, daß sich die Erwartungen nicht erfüllt haben, daß mit der Vollendung des Tempelbaus das Reich Davids neu erstehen, Serubbabel als der neue David die Könige der Erde als seine Vasallen regieren und im Lande Juda Fruchtbarkeit und Segen herrschen würden. Die erste uns bezeugte, auf eine konkrete Gestalt gerichtete Prophezeiung der Erneuerung des Reiches Davids hatte sich abgesehen von der dem Hohenpriester zugeschriebenen Rolle als verfrüht erwiesen.[65]

Erst gute siebzig Jahre später richtete sich der Blick noch einmal auf einen Davididen als den möglichen Erneuerer des Reiches Davids, auf den Statthalter Nehemia,[66] welcher der persischen Verwaltung der Provinz Jehud von 443–433 bzw. 439–438 vorstand und sich zumal durch den Wiederaufbau der Mauern Jerusalems in das Gedächtnis der Nachwelt eingeschrieben hat.[67] Nach seiner eigenen, möglicherweise apologetischen Darstellung in Neh 6,5–41 hätten ihm allerdings nur seine Widersacher und allen voran Sanballat, der Statthalter von Samaria, die Absicht unterstellt, sich zum König proklamieren zu lassen. Doch wird man zumindest vermuten dürfen, daß es damals gewisse Kreise in Jerusalem gab, die in ihm den künftigen König Israels erblickten.[68] Das wäre, falls Nehe-

---

[65] Zu der dadurch eingeleiteten Schwächung des Ansehens der Prophetie vgl. Paul D. Hanson, The Dawn of Apocalyptic, 2nd ed., 1979, S. 247, aber auch Peter R. Ackroyd, Exile and Restoration, S. 212, der darauf hinweist, daß ein Orakel wie Sach 8,8,4–6 das Volk auch angesichts des trotz des erfolgten Wiederaufbaus des Tempels ausbleibenden Heils dazu anhalten konnte, das Vertrauen und die Hoffnung auf das Kommen des Heils nicht zu verlieren.
[66] Vgl. dazu Ulrich Kellermann, Nehemia, BZAW 102, 1967, S. 154–166 und Joachim Becker, Messiaserwartung, SBS 83, S. 61–62.
[67] Vgl. dazu Otto Kaiser, Einleitung in das Alte Testament, 2. Aufl., Gütersloh: Gütersloher Verlagshaus Gerd Mohn 1970, S. 151.
[68] Vgl. dazu Kellermann, S. 179–182 und Karrer, Der Gesalbte, S. 107–108.

mia sich tatsächlich auf diese Erwartungen eingelassen haben sollte, der letzte Versuch der Erneuerung der Herrschaft der Davididen gewesen. Denn die diplomatische Beanspruchung des Königstitels durch den hasmonäischen Hohenpriester Aristobul I. 104/3 hatte mit ihr nur das gemein, daß sich Juda seit der Gewinnung der jüdischen Freiheit durch Jonathan 142 v. Chr. bis zur Eroberung Jerusalems durch Pompejus 63 v. Chr. als selbständiger Tempelstaat in der hellenistischen Welt behaupten konnte.[69] Allein die Tatsache, daß diese Restauration durch einen Hohenpriester erfolgte und auch seine Nachfolger bis zu seinem Enkel Aristobul II. die Königsherrschaft für sich beanspruchten, zeigt, welche Bedeutung das Amt des Hohenpriesters in der Zwischenzeit erlangt hatte. Mit der Absetzung Aristobuls II. und seiner Deportation nach Rom im Jahre 63 v. Chr. durch Pompejus fand auch das Königtum der Hasmonäer sein offizielles Ende.[70] Als Herodes 40. v. Chr. vom römischen Senat zum König ernannt wurde[71] und er sein Reich 37 v. Chr. den Händen des Hasmonäers Antigonos entrissen hatte,[72] begann das letzte Kapitel der Geschichte des Königreiches Juda,[73] das mit der Zerstörung des Tempels und Jerusalems durch Titus 70 n. Chr.[74] und der Umwandlung der Stadt in die römische Kolonie Aelia Capitolina am Ende des Bar-Kochba-Aufstandes 135 n. Chr. endete.[75] Anfang der 30er Jahre aber[76] wurde Jesus von Nazareth nach Auskunft der Kreuzesaufschrift als „König der Juden" und d. h. Rebell gegen die römische Herrschaft hingerichtet,[77] von seinen Jüngern und der Urchristenheit aber nach seinen Erscheinungen mit dem in der Schrift geweissagten König der Heilszeit und also mit dem Messias oder Christus, dem Sohn Gottes, und dem Menschensohn identifiziert.

4. *Der König der Heilszeit als Gestalter der neuen Weltordnung.* Im Folgenden mustern wir die wichtigsten, herkömmlich als messianisch bezeichneten Weissagungen, um zu sehen, welche Herkunft und Rolle dem

---

[69] Vgl. dazu Schürer-Vermes, History of the Jewish People I, 1973 (ND), S. 216–218.

[70] Vgl. Schürer-Vermes I, S. 233–242, dazu unten, S. 214–215, und zum Nachspiel unter seinem Sohn Antigonos (40–37 v. Chr.), S. 279–286.

[71] Vgl. ebd., S. 281–282.

[72] Ebd., S. 282–286.

[73] Zur Regierung Herodes' von 37–4. v. Chr. vgl. ebd., S. 287–392.

[74] Ebd., S. 501–508.

[75] Ebd., S. 534–557.

[76] Zur Chronologie des Todes Jesu vgl. Joachim Jeremias, Die Abendmahlsworte Jesu, 3. Aufl., Göttingen: Vandenhoeck & Ruprecht 1960, S. 31–35 und Alexander Demandt, Hände in Unschuld. Pontius Pilatus in der Geschichte, Köln u. a.: Böhlau 1999, S. 144–177.

[77] Zum Prozeß Jesu vgl. Jürgen Becker, Jesus von Nazaret, 1996, S. 426–440.

§ 8 Der Gesalbte Jahwes 189

König der Heilszeit in ihnen zugeschrieben wird. Dabei geht es zumal um die Klärung der Frage, in welchem Verhältnis in ihnen sein eigenes Handeln zu dem Gottes und sein Königtum zu dem Jahwes steht.

4.1. *Drei wirkungsmächtige messianische Texte in Jes 1–39.* Wir setzen mit dem bis heute im Mittelpunkt des Gottesdienstes der Christenheit am ersten Weihnachtsfeiertag stehenden Orakel Jes 9,1–6 ein.[78] Seiner Gattung nach handelt es sich bei ihm um ein prophetisches Danklied anläßlich der Rettung des Volkes von drückender Fremdherrschaft durch Jahwe und der Nachricht von der Thronbesteigung eines Königs. Daß der in ihm angekündigte König der Heilszeit an der Befreiungstat mitgewirkt hat, wird nicht gesagt. In der Regel sieht man in ihm daher lediglich den Bewahrer und Ausgestalter der neuen Weltordnung, für die Jahwes Sieg über die Völker die Voraussetzung bildet.[79]

Das Heilswort ist klar gegliedert: V. 1 berichtet in der Sprache der Licht-Finsternis-Metaphorik von der erfolgten Heilswende. Die V. 2–4 preisen in direkter Anrede Jahwe als den, der seinem Volk eine übergroße Freude bereitet hat, indem er das Joch des Fremdherrschers wie am Midianstag zerbrochen hat. Schon sind die Spuren des Besatzungsheeres in Gestalt seiner Stiefel und blutgetränkten Soldatenmäntel verbrannt. Den Vergleichspunkt des neuerlichen Sieges Jahwes mit dem Midianstag in V. 3 bildet die Tatsache, daß Jahwe in beiden Fällen ein übermächtiges feindliches Heer nachts völlig unerwartet in die Flucht gejagt hat. Dabei gibt V. 3 nicht zu erkennen, daß er auch daran erinnern will, daß damals

---

[78] Zur Diskussion über Alter und Herkunft des Textes bis Anfang der 80er Jahre des letzten Jahrhunderts vgl. Rudolf Kilian, Jesaja 1–39, EdF 200, Darmstadt: Wissenschaftliche Buchgesellschaft 1983, S. 5–10. Ansprechend ist seine Vermutung S. 10, daß er seine jetzige Stellung hinter der Denkschrift 6,1–8,18* der messianischen Auslegung von Jes 7,14 verdankt.

[79] Zum nachexilischen Ursprung des Textes vgl. Wolfgang Werner, Eschatologische Texte, FzB 46, 1982, S. 20–46, bes. S. 45–46 und zu Einzelfragen die Auslegungen von Kaiser, Das Buch des Propheten Jesaja. Kapitel 1–12, 5. Aufl, ATD 17, Göttingen: Vandenhoeck & Ruprecht 1981, S. 195–209; Rolf Kilian, Jesaja 1–12, NEB, Würzburg 1986, S. 71–75; für vorexilische Entstehung hat sich Ronald E. Clements, Isaiah 1–39, NCBC, London/Grand Rapids: Marshall Morgan & Scott/W. M. B. Eerdmans 1980, S. 103–104, dagegen haben sich z. B. Peter Höffken, Das Buch Jesaja. Kapitel 1–39, NSK.AT 18/1, Stuttgart. Katholisches Bibelwerk 1993, S. 105; Marvin S. Sweeney, Isaiah 1–39 with an Introduction to Prophetic Literature, FOTL XVI, Grand Rapids, Mich./Cambridge, UK: Willam B. Eerdmans 1996, S. 182–183 und H. G. M. Williamson, The Messianic Texts in Isaiah 1–39, in: John Day, ed., King and Messiah, JSOT.S 270, 1998, S. 238–270, vgl. S. 254–258 bzw. ders., Variations on a Theme, 1998, S. 45–46 für eine jesajanische Verfasserschaft ausgesprochen.

Gideon das feindliche Lager nur mit einer kleinen Schar überfallen und die überrumpelten Midianiter mit Jahwes Hilfe vertrieben hatte (Ri 7).[80] Noch ehe der Leser oder Hörer Zeit hat, darüber nachzudenken, vernimmt er in V. 5 die Botschaft von der Geburt des göttlichen Kindes und, wie die Thronnamen zeigen, von der Inthronisation des als Gottes Stellvertreter auf Erden herrschenden Königs. Auf die Befreiungsnacht folgt also der Thronbesteigungstag, freilich nicht der Hiskias oder eines anderen geschichtlich belegten vorexilischen Königs, sondern des Regenten der auf die bereits länger währende Fremdherrschaft folgenden Heilszeit. Sein Regierungsprogramm ist im Anschluß an die ägyptische Königstitulatur in seinen vier (und möglicherweise in den vermutlich in Übereinstimmung mit dem ägyptischen Vorbild ursprünglich fünf)[81] Thronnamen enthalten. Sie kennzeichnen ihn programmatisch als einen Herrscher, dessen Pläne wohlbedacht sind und gelingen und der in göttlicher Kraft allen Feinden überlegen ist, so daß es keiner von ihnen wagen kann, gegen ihn in den Krieg zu ziehen. Den Seinen aber ist er ein väterlicher Regent, der ihnen ewigen Frieden beschert.[82] V. 6 zieht daraus die Summe, indem er ihn als den Herrscher auf Davids Thron vorstellt, dessen durch Recht und Gerechtigkeit gezügelte Macht seinem Thron und Reich Frieden und ewige Dauer verleihen.[83] Der Sieg über die Feinde ist Gottes Sache, auf seiner Grundlage das Reich über die Völker zu befestigen das Amt des Königs

---

[80] Gegen Kaiser, ATD 17, 1981, S. 201.

[81] Vgl. dazu Klaus-Dieter Schunck, Der fünfte Thronname des Messias (Jes 9,5–6) VT 23, 1973, S. 108–110 und zur ägyptischen Königstitulatur und ihrer programmatischen Bedeutung z. B. Rolf Gundlach, Der Pharao und sein Staat. Die Grundlegung der ägyptischen Königsideologie im 4. und 3. Jahrtausend, Darmstadt: Wissenschaftliche Buchgesellschaft 1998, S. 137–159.

[82] Zum Hintergrund von V. 5 im ägyptischen Thronbesteigungsritual vgl. Albrecht Alt, Jesaja 8,23–9,6. Befreiungsnacht und Krönungstag, in: FS. Alfred Bertholet, Tübingen: J. C. B. Mohr (Paul Siebeck) 1950, S. 29–49, bes. S. 42–43 = ders., Kl. Schriften zur Geschichte des Volkes Israel II, München: C. H. Beck 1953, S. 206–225, bes. S. 218–220 und weiterhin z. B. Kaiser, Das Buch des Propheten Jesaja. Kapitel 1–12, 5. Aufl.,ATD 17, Göttingen: Vandenhoeck & Ruprecht 1981, S. 203 und zum Problem, ob V. 5a die Geburt oder die Proklamation des Herrschers bezeichnet Wolfgang Werner, Eschatologische Texte, FzB 46, 1982, S. 35: „Der Verfasser von Jes 9,1–6 erzählt die Geburt des erwarteten Herrschers aus der Perspektive der Inthronisationsfeier, in der die Geburt des Herrschers vergegenwärtigt wird und mit seinem Herrschaftsantritt zusammenfällt."

[83] Zum Hintergrund des Verses in der Natanverheißung 2. Sam 7,12–17 vgl. H. G. M. Williamson, The Messianic Texts in Isaiah 1–39, in: John Day, ed., King and Messiah in Israel and in the Ancient Near East, JSOT.S 270, 1998, S. 238–270, bes. S. 256 bzw. ders., Variations on a Theme, 1998, S. 40–41.

§ 8 Der Gesalbte Jahwes   191

der Heilszeit.[84] Und so lautet das als Danklied die Zukunft vorwegnehmende Orakel (Jes 9,1–6):

1 *Das Volk, das im Finstern wandelte,*
schaute ein großes Licht.
Ein Licht strahlte über denen auf,
die im dunklen Lande wohnten.
2 *Du machtest zahlreich den Jubel*[85]*,*
machtest groß die Freude.
Man freute sich vor dir
wie bei der Freude der Ernte,
Gleich wie man jauchzt
beim Teilen der Beute.
3 *Denn sein lastendes Joch*
und das Holz seiner Schultern,
Den Stab seines Treibers
zerbrachst du wie am Midianstag.
4 *Denn jeder Stiefel,*
der auftrat mit Dröhnen,
Und Jeder[86] *in Blut*
gewälzte Mantel,
Gereichte zum Brande,
zur Speise des Feuers.
5 *Denn uns ist ein Kind geboren,*
ein Sohn ist uns gegeben,
Und die Herrschaft kam
auf seine Schultern.
Und man rief seinen Namen aus:
„Wunderplaner,
Gottheld,
Ewiger Vater,[87]
Friedefürst!"
6 *Groß ist die Herrschaft*
und des Friedens kein Ende
Auf Davids Thron
und in seinem Reich,
Weil er es befestigt
und es begründet
Auf Recht und Gerechtigkeit
von nun an bis in Ewigkeit.
Der Eifer Jahwe Zebaots
wird dies bewirken.

---

[84] So prononciert Georg Fohrer, Geschichte der israelitischen Religion, GLB, Berlin: Walter de Gruyter 1969, S. 361.
[85] Siehe BHS.
[86] Siehe BHS.
[87] Alternative Übersetzung: Vater der Beute, vgl. Gen 49,27.

Das die Zukunft vorweg nehmende Danklied steht im Gegensatz zu der damaligen Lage Judas als einer von fremden Königen beherrschten Provinz. Daher verstehen wir, daß der Prophet seine Weissagung mit einem Satz beschließt, der seiner Botschaft Glaubwürdigkeit verleihen soll: Er beruft sich für sie auf die Eifersucht des Gottes,[88] der sich an Israel gebunden hat und seine Gottheit den Völkern nur erweisen kann, indem er Israel vor ihnen verherrlicht. Sie ist daher die Garantin für die zukünftige Erlösung seines Volkes und Sendung des göttlichen Kindes, seines machtvoll und gerecht auf dem Thron Davids regierenden Königs.

Das Thema des ebenso mächtigen wie gerechten Königs entfaltet der zweite große messianische Text des Jesajabuches Jes 11,1–5(9). Auffallender Weise gilt seine Weissagung keinem Davididen, sondern statt dessen einem Mann, der einer ihrer Seitenlinien von Davids Vater Isai her entstammt (vgl. 1. Sam 16,1–10). Nachdem der Baum des Hauses Davids abgestorben ist, schlägt seine Wurzel noch einmal aus,[89] um Israel den Heilskönig zu bescheren. Ihn stellt der hier das Wort ergreifende nachexilische Prophet als den vollendeten Geistträger Jahwes vor.[90] Der ihm von Gott verliehene Geist erweist sich in den sechs fundamentalen Herrschertugenden der Weisheit und Einsicht, des Rates und der Stärke sowie der Erkenntnis und Furcht Jahwes. Mithin sind ihm die Gaben sachkundiger Klugheit und Unterscheidungsfähigkeit, das Vermögen angemessene Pläne aufzustellen und die Entschlußkraft und Macht sie auszuführen und schließlich die Erkenntnis und Furcht Gottes gegeben. Während die ersten vier Gaben seine Fähigkeit als Richter und Regent in Krieg und Frieden begründen, bestimmt das dritte Paar sein Verhältnis zu Gott. Erkenntnis war für die Hebräer kein lediglich kognitiver Akt, sondern schloß das entsprechende Handeln ein. Ein König, der Gotteserkenntnis besitzt, handelt nach Gottes Willen.[91] Daß er davon nicht abläßt, bewirkt die Furcht Jahwes. Als sittliche Haltung läßt sie die numinose Scheu vor dem präsenten Gott hinter sich, indem sie seinen

---

[88] Dieselbe Formel kehrt in in Jes 37,32, vgl. 2. Kön 19,31, wieder; vgl. zur Sache auch Sach 1,14–16.

[89] Vgl .auch Jes 6,13bβ.

[90] Marvin S. Sweeney, Isaiah 1–39, FOTL XVI, 1996, S. 203 und S. 210–211 plädiert für eine Entstehung in der Josiazeit, H. G. M. Williamson, Messianic Texts, in: John Day, King and Messiah, JSOT.S 270, S. 258–264, bes. S. 264, vgl. ders., Variations on a Theme, 1998, S. 53–54 für jesajanische Verfasserschaft: Der Prophet drücke hier eine vergleichsweise bescheidene Hoffnung auf eine neue Gesellschaft nach dem Gericht unter einem gerechten Davididen aus.

[91] Vgl. dazu Bernhard Lang, Art. Gotteserkenntnis (I). AT, NBL I, Sp. 928–931.

Gerechtigkeitswillen ernst nimmt, weil sie um seine strafende Macht weiß.[92] Daher ist der künftige König der ideale Richter, als den ihn V. 3b und V. 4 beschreiben: Er läßt sich weder durch Auftreten und Aussehen noch durch die Aussagen der streitenden Parteien täuschen, sondern durchschaut sie und urteilt daher, geleitet von seiner Gottesfurcht, unfehlbar wie Gott (Spr 16,10 und 20,8).[93] Daraus folgt, daß er den Niedrigen und Gebeugten (bzw. den Frommen, die sich als solche bezeichnen, um ihrer Demut vor Gott Ausdruck zu geben)[94] ihr Recht gegenüber den Mächtigen und Angesehenen verschafft. Sein ganzes Volk und Land aber kann sich in seinem Schutz sicher fühlen, weil sein bloßes Wort tötende Kraft besitzt:[95] Tyrannen und Frevler haben in seiner Zeit keine Chance, die Menschen zu unterdrücken, sein Wort reicht aus, sie zu töten. Es nimmt in diesem Fall nicht an der schaffenden,[96] sondern an der zerstörenden Macht des Wortes Gottes teil, wie es durch die Propheten ergeht (vgl. Jer 23,29 und Hos 6,5). Wie der Gürtel das Gewand hält und damit seinem Träger ebenso Bewegungsfreiheit wie Würde sichert, werden die Gerechtigkeit und Zuverlässigkeit (אֱמוּנָה / *'emûnâ*) dieses Königs seine Handlungsfähigkeit sichern und sein Ansehen befestigen (V. 5). Und so lautet das Heilswort (Jes 11,1–5):

1 *Und ein Reis wird hervorgehen aus Isais Stumpf*
und ein Sproß aus seinen Wurzeln sprießen[97].
2 *Und auf ihm wird ruhen der Geist Jahwes,*
ein Geist der Weisheit und der Einsicht,
Ein Geist des Rates und der Kraft,
ein Geist der Erkenntnis und der Furcht Jahwes.
(Und er wird Wohlgefallen an der Furcht Jahwes haben).
3 *Seine Augen werden nicht nach dem Augenschein richten,*
und seine Ohren nicht nach dem Gehörten entscheiden.

4 *Sondern er wird mit Gerechtigkeit die Geringen richten*
und die Elenden des Landes mit Geradheit.

---

[92] Vgl. dazu auch Joachim Becker, Gottesfurcht im Alten Testament, AnBib 25, Rom: Päpstliches Bibelinstitut 1965, S. 259.

[93] Vgl. dazu auch Katharine J. Dell, The King in Wisdom Literature, in: John Day, ed., King and Messiah, JSOT.S 270, S. 163–186, bes. S. 173–176.

[94] Es ist mindestens zu fragen, ob beide Termini hier nicht bereits die Frommen meinen, die sich als solche bezeichnen, um ihrer Demut vor Gott Ausdruck zu geben; vgl. dazu Johannes Un-Sok Ro, Die sogenannte „Armenfrömmigkeit" im nachexilischen Israel, BZAW 322, Berlin. New York 2002.

[95] Vgl. auch PsSal 17,35 und dazu unten, S. 218.

[96] Vgl. Gen 1; Ps 33,6; 119,89–90 und Jes 40,8; 55,10–11 und dazu Otto Kaiser, Die Schöpfungsmacht des Wortes Gottes, Communio 30, 2001, S. 6–17.

[97] Vgl. Otto Kaiser, ATD 17, 5. Aufl. 1981, S. 239 Anm. 1.

§ 8 Der Gesalbte Jahwes

> *Mit dem Stab seines Mundes wird er den Bedrücker*[98] *schlagen*
> *und mit dem Hauch seines Mundes den Frevler töten.*
> 5 *Gerechtigkeit wird der Gurt seiner Hüften*
> *und Treue der Gürtel*[99] *seiner Lenden sein.*

Die Alten erfuhren die Welt anders als der neuzeitliche Mensch nicht als in die beiden Bereiche der Natur und der Gesellschaft geschieden, sondern verstanden sie als eine Einheit. Daher waren sie der Überzeugung, daß das soziale Verhalten und der Ablauf der natürlichen Ereignisse miteinander korrespondieren.[100] Entsprechend gingen sie davon aus, daß Störungen der sozialen Ordnung solche in der Natur zur Folge haben. Umgekehrt sollte einer harmonischen, durch Gerechtigkeit zusammengehaltenen Gesellschaft ein ihrem Leben förderlicher Verlauf der natürlichen und der geschichtlichen Ereignisse entsprechen.[101] Diese auch das alttestamentliche Denken bestimmende Grundgleichung von Gerechtigkeit und heilvollem Leben[102] legitimierte einen jüngeren Schreiber dazu, die Verheißung des in seiner Gerechtigkeit vollkommenen Königs Jes 11,1–5 in den V. 6–8 durch eine Heilsschilderung zu ergänzen, die den Gesichtspunkt des zwischen Mensch und Tier bestehenden Friedens in den Mittelpunkt stellt und ihn durch V. 9 zumal auf den Zion als die Stätte konzentriert, an der es dank der dort waltenden Gotteserkenntnis keine Missetäter mehr gibt.[103] Dadurch wird der Zion als Zentrum der neuen Welt zum Paradies, in dem der urzeitliche Friede zwischen Mensch und

---

[98] Lies *'ārîṣ*.
[99] Lies *'ēṣûr*.
[100] Vgl. dazu Henri Frankfort, Kingship and the Gods. A Study of Ancient Near Eastern Religion as the Integration of Society and Nature, Chicago: University of Chicago Press 1948 (ND) passim, Jan Assmann, Ma`at. Gerechtigkeit und Unsterblichkeit im Alten Ägypten, München: C. H. Beck 1990, S. 160–230 und Otto Kaiser, Dike und Sedaqa. Zur Frage nach der sittlichen Weltordnung, NZSTh 7, 1965, S. 251–273 = ders., Der Mensch unter dem Schicksal, BZAW 161, Berlin. New York 1985, S. 1–23.
[101] Dieses Weltverständnis bezeugen im Alten Testament exemplarisch die Segensverheißungen und Fluchandrohungen in Dtn 28 und Lev 26, die ein Natur und Gesellschaft umfassendes Heil bzw. Unheil für den Fall des Gehorsams oder Ungehorsams gegen das Deuteronomium bzw. das Heiligkeitsgesetz ankündigen.
[102] Vgl. dazu GAT I, S. 158–159.
[103] In ähnlicher Weise ist auch das Orakel vom zweiten David als dem guten Hirten in Ez 34,23–24 in den V. 25–27.31 durch eine Weissagung ergänzt, welche die Ausrottung aller gefährlichen Tiere aus dem Lande und damit die Sicherheit seiner Bewohner sowie die Fruchtbarkeit des Landes betont. Weder Menschen noch Tiere werden ihnen künftig schaden.

Mensch und Tier und Tier wiederhergestellt ist (vgl. Gen 1,29–30 mit 9,2).[104] Diese Vorstellung konnte in Ez 47,1–12 (vgl. Sach 14,8) dahingehend ausgestaltet werden, daß die am Fuß des Tempelbergs entspringende Quelle des Gichon sich zu einem Fluß verbreitern würde, der sich ins Tote Meer ergieße, um dessen Wasser zu heilen, so daß sich zahlreiche Fische in ihnen tummeln würden. An seinen Ufern aber sollten immergrünende und monatlich Frucht tragende Bäume wachsen. Kein Zweifel: Die Wasser der Tempelquelle sollten das Land in ein Paradies verwandeln.[105] Schließlich erwartete man, daß der inzwischen auf dem Thronberg Gottes, dem Weltberg im Norden, angesiedelte Baum des Lebens[106] in der Heilszeit neben den Jerusalemer Tempel als dem Hause Gottes, des Königs der Ewigkeit, verpflanzt würde. Dort sollte er den Gerechten und Demütigen als Speise dienen, so daß sie länger als ihre Väter und vollkommen sorglos leben würden (1. Hen 25).[107] Demgegenüber ist der Horizont in Jes 11,6–9 begrenzter; denn das Interesse dieser Fortschreibung liegt darin, daß das Leben der Menschen und ihrer Nutztiere in der Heilszeit vor Schädigungen durch andere Tiere sicher sein werde (Jes 11,6–9):[108]

> 6 *Dann grast der Wolf beim Lamm,*
> *und der Panther lagert beim Böckchen.*
> *Und das Kalb und der Jungleu weiden*[109] *zumal,*
> *und ein Bübchen vermag sie zu treiben.*
> 7 *Und Kuh und Bärin befreunden sich,*[110]
> *ihre Jungen lagern zusammen,*
> *und der Löwe frißt Häcksel wie ein Rind.*
> 8 *Der Säugling patscht nach dem Loch der Kobra,*

---

[104] Vgl. dazu GAT II, S:261.

[105] Vgl. dazu Wolfgang Zwickel, Die Tempelquelle Ezechiel 47, EvTh 55, 1995, S. 140–154 und zum literarischen Befund Thilo Alexander Rudnig, Heilig und Profan. Redaktionskritische Studien zu Ez 40–48, BZAW 287, Berlin. New York: Walter de Gruyter 2000, S. 167–175. bzw. knapper ders., in: Karl-Friedrich Pohlmann, Der Prophet Hesekiel/Ezechiel. Kapitel 20–48, ATD 22/2, Göttingen: Vandenhoeck & Ruprecht 2001, S. 613–617.

[106] Vgl. Gen 2,9; 3,22 und dazu oben, S. 67–69.

[107] Vgl. dazu auch unten, S. 316. – Zur Benennung des zweiten aus dem Paradies austretenden Stromes Gichon in Gen 2,13 als Anspielung auf den Jerusalemer Tempel als Stätte des Heils vgl. Markus Witte, Die biblische Urgeschichte. Redaktions- und theologiegeschichtliche Beobachtungen zu Genesis 1,1–11,26, BZAW 265, Berlin. New York: Walter de Gruyter 1998, S. 263–275.

[108] Vgl. auch Jes 65,25.

[109] Siehe BHS.

[110] Siehe BHS.

und der Entwöhnte rollt[111] *Steine zur Höhle*[112] *der Viper.*
9 *Keiner ist böse und schadet*
auf meinem ganzen heiligen Berge;
Denn das Land ist voll der Erkenntnis Jahwes
wie Wasser das Meer bedeckt.

Wenigstens anhangsweise sei an die in ihrer Bedeutung in der Forschung bis heute umstrittene *Immanuelweissagung* in Jes 7,14 erinnert, die im Lukasevangelium als Ankündigung der Geburt Jesu verstanden und im Sinne einer durch den heiligen Geist bewirkten Empfängnis gedeutet worden ist, wie es das apostolische Glaubensbekenntnis festhält (Lk 1,26–38).[113] Die Weissagung steht im Kontext der Erzählung Jes 7,1–17, in dessen beiden die V. 1–9* und V. 10–17* umfassenden Teilen es gemäß V. 9 um das Bleiben oder den Untergang der davidischen Dynastie geht.[114] Die erste Szene, die von der Begegnung Jesajas mit König Ahas vor den Mauern Jerusalems berichtet, spielt zur Zeit des Syrisch-Efraimitischen Krieges. Während der König und sein Volk voller Angst einem Angriff der beiden verbündeten Könige von Damaskus und Israel entgegensehen, fordert Jesaja das Haus Davids auf, sich still zu verhalten und nicht zu fürchten, weil die Tage der beiden Feinde gezählt sind. Dann aber macht er die Dauer der davidischen Dynastie von ihrem Glauben abhängig. In der zweiten Szene stellt der Prophet dem König ein beliebiges Beglaubigungszeichen für die Wahrheit seiner Botschaft zur Wahl, ein Angebot, das der König zurückweist, weil er Gott nicht versuchen wolle (V. 11–12). Darauf eröffnet ihm Jesaja, daß Jahwe selbst dem Haus Davids ein Zeichen geben werde (V. 13). Es soll darin bestehen, daß eine junge Frau ihrem Sohn den Namen Immanuel geben und damit ihrer Zuversicht Ausdruck verleihen wird, daß Jahwe sein Volk nicht verläßt, sondern seine Zuflucht und sein Retter bleibt (vgl. V. 14 mit Ps 46). Das Kind wird in eine Notzeit hinein geboren (V. 16a), aber als zu sittlicher Entscheidungsfähigkeit herangereifter Jüngling eine Heilszeit erleben (V. 15). So lautet die Zeichenankündigung als ganze (14–16a):[115]

---

[111] Lies mit J. Reider, VT 2, 1952, S. 115 *jĕdahdœh*.
[112] Siehe BHS.
[113] Zur Auslegungsgeschichte vgl. umfassend Martin Rehm, Der Königliche Messias im Licht der Immanuel-Weissagung des Buches Jesaja, ESt,NF 1, 1968, S. 30–121.
[114] Vgl. dazu oben. S. 92.
[115] Ob man diese Verse als zum Grundtext gehörig oder abgesehen von V. 17a als Ergänzung beurteilt, wie ich es ATD 17, 1981⁵, S. 150–167, vgl. bes. S. 166–167 vertreten habe, ändert wenig am Sinn des überlieferten Textes. Den gegen meine damalige Deutung vorgetragenen Einwand, ein Zeichen könne nicht in der

§ 8 Der Gesalbte Jahwes

14 *Daher wird der Herr selbst euch ein Zeichen geben: Wenn eine*[116] *junge Frau schwanger ist und einen Sohn gebiert und ihn Immanuel nennt,* 15 *wird er Rahm und Honig essen, wenn er es versteht, Böses abzulehnen und Gutes zu wählen.* 16 *Denn ehe der Bursche Böses zu verwerfen und Gutes zu wählen versteht, wird das Land verlassen sein* (vor dessen beiden Königen dir graut). *Bringen wird Jahwe* (über dich und dein Volk und) *über das Haus deines Vaters Tage, wie es sie nicht gegeben hat, seit dem Abfall Efraims von Juda* (den König von Assur).[117]

Die historisierende Bearbeitung hat sich alle Probleme der Deutung dieses ebenso einfachen wie schwierigen Textes vom Hals geschafft, in dem sie das angesagte Unheil auf den Einfall der Assyrer 701 bezog, den Ahas freilich nicht mehr erlebte. Auf ihren Spuren versucht man, den Immanuelknaben mit einem judäischen Prinzen, sei es Hiskia,[118] sei es Josia zu identifizieren. Aber schon die jedenfalls in größerem zeitlichen Abstand zu der in den 30er Jahren des 8. Jhs. v. Chr. spielenden Handlung konzipierte Erzählung spricht gegen eine solche Deutung. Erst wenn sich V. 9 erfüllt hat und das Haus Davids abgetreten ist, kann sich das in den V. 13–17a* Geweissagte ereignen. Da es in der Erzählung als ganzer um Bleiben oder Nichtbleiben der Dynastie geht, wird man die ungenannte junge Frau mit der Mutter eines davidischen Prinzen identifizieren dürfen, die in einer Notzeit ihrem Sohn den Vertrauensnamen Immanuel und d. h. „Gott mit uns" gibt. Sie bringt damit den Glauben auf, der vom Königshaus erwartet, aber von Ahas als dem Repräsentanten der Davididen verweigert worden war.[119] Die Notzeit, in welche die Geburt des Prinzen fällt, ist die Folge der Glaubenslosigkeit des Hauses Davids, das Thron und Reich verloren und damit ein Unglück heraufbeschworen hat, welches die Größe des Abfalls Israels vom Hause Davids nach dem Tode

---

Erfüllung dessen bestehen, was es beglaubigen soll, halte ich nach wie vor unter Verweis auf Ex 3,12 für nicht stichhaltig; vgl. Ex 3,12 und dazu GAT II, S. 100–103.

[116] Abweichend vom Deutschen erhält sie im Hebräischen einen Artikel, weil es sich um eine bestimmte Person handelt.

[117] Zur historisierenden Bearbeitung vgl. Jürgen Werlitz, Studien zur literarkritischen Methode, BZAW 204, 1992, S. 201–207.

[118] So noch einmal Ronald E. Clements, The Immanuel Prophecy of Isaiah 7:10–17, (in: Erhard Blum u. a., Die Hebräische Bibel und ihre zweifache Nachgeschichte. FS Rolf Rendtorff, Neukirchen-Vluyn: Neukirchener Verlag 1990, S. 225–240) = ders., Old Testament Prophecy, 1996, S. 65–77, der allerdings S. 77 V. 15 als Einfügung im Zuge einer spätnachexilischen messianischen relecture beurteilt.

[119] Vgl. auch Jes 28,15–17.

Salomos bei weitem übersteigt (vgl. V. 17a mit 1. Kön 12,1–19). Es findet erst in den Jahren ihre Wende, in denen der Immanuelknabe zu sittlichem Entscheidungsvermögen herangewachsen ist. Das eben besagen die V. 15–16bα. In V. 15 steht das Essen von Dickmilch und Honig für die Heilszeit,[120] während V. 16abα die vorausgehende Notzeit als Verlassenheit des Landes beschreibt. Bringt man diese Daten in einen sachlichen Zusammenhang, so sind die angekündigte Unheilszeit die Folge des Unterganges des davidischen Reiches[121] und der Prinz der König der Heilszeit, die Jahwe selbst durch die Vernichtung der Feinde seines Volkes herbeigeführt hat. Der Immanuelknabe verkörpert das Gottvertrauen, das Jahwe durch seine Heilstat rechtfertigt.[122]

4.2. *Der Sproß Jahwes: Jer 23 und 33.* Wenden wir uns den messianischen Weissagungen im Jeremiabuch zu, so haben wir es an erster Stelle mit der Ankündigung eines gerechten Sprosses aus dem Hause David in Jer 23,5–6 zu tun. Ihr geht in 23,1–2 ein göttlicher Weheruf gegen die treulosen Hirten voraus, an den sich in den V. 3–4 die Verheißung Jahwes anschließt, daß er den Rest seiner Herde sammeln und um ihr Wohl besorgte Hirten einsetzen wolle. Dieses Heilswort findet seine Fortsetzung in den V. 7–8, welche die Sammlung und Rückführung der Kinder Israels aus dem Nordland als eine Heilstat bezeichnen, die ihre Herausführung aus Ägypten überbietet.[123] Durch diese dtr Texte ist das Heilswort in

---

[120] Vgl. Jes 7,22; 2. Sam 17,27–29; zur Formel „Milch und Honig" vgl. z. B. Ex 3,8.17; 13,5.33; Lev 20,24; Dtn 6,3; Jer 11,5.

[121] Vgl. auch H. G. M. Williamson, Variations on a Theme, 1998, S. 112.

[122] Jes 16,1–5 demonstriert am konkreten Fall Moabs die Rolle des neuen Davids als Zuflucht der Völker, vgl. auch 11,10 und zur Diskussion Williamson, Variations, S. 56–62; Jes 32,1–8 stellt dem gerechten König der Heilszeit gerechte Beamte an die Seite; vgl. dazu Otto Kaiser, Der Prophet Jesaja. Kapitel 13–39, 3. Aufl., ATD 18, 1983, S. 254–258 und Rolf Kilian, Jesaja 13–39, NEB, Würzburg: Echter 1994, S. 185–186, die das Orakel in nachexilische Zeit datieren; Karl Marti, KHC X, Tübingen: J. C. B. Mohr 1900, S. 236–327 bewertet 32,1–5 + 15b–20 als eine Einheit, die er in der griechischer Zeit ansetzt. Für jesajanische Herkunft von 32,1–5 haben sich vorsichtig z. B. Berhard Duhm, Das Buch Jesaja, 4. Aufl., HK III/1, Göttingen: Vandenhoeck & Ruprecht 1922, S. 234, Hans Wildberger, Jesaja: 38–39. Das Buch, der Prophet und seine Botschaft, BK.AT X/3, Neukirchen: Neukirchener Verlag 1982, S. 1252 und für die von 32,1–3, Marvin S. Sweeney, FOTL XVI, 1994, S. 415, vgl. S. 418–119, und H. G. M. Willamson, Variations, 1998, S. 62–72 ausgesprochen. Es bleibt jedoch fraglich, ob man hinter Georg Fohrers Einsicht, daß die messianischen Weissagungen den Untergang des davidischen Reiches voraussetzen, zurückgehen kann; vgl. ders., Geschichte der israelitischen Religion, GLB, Berlin: Walter de Gruyter 1969, S. 359.

[123] Zur Eigenart und Herkunft dieser Orakel vgl. Hans-Jürgen Hermisson, Die

23,5–6, das ursprünglich die mit Jer 21,11 beginnende Königsspruchsammlung beendete, neu gerahmt worden.[124] Es stellt der negativen Reihe der Könige Joahas (22,10–12), Jojakim (22,13–19) und Chonja/Jojachin (22,24–27.28–30) im Gegensatz zu dem letzten, in der Sammlung nicht namentlich erwähnten König Zedekia („*Meine Gerechtigkeit/mein Heil ist Jahwe*") den König der Heilszeit als den wahrhaft gerechten Herrscher gegenüber, dem man den Namen „*Jahwe ist unsere Gerechtigkeit/unser Heil*" geben werde. Mithin soll dieser späte Nachfahre Davids, der wie Serubbabel in Sach 6,12 als der „Sproß" bezeichnet wird, der ideale König sein, dessen Regiment durch Weisheit und Gerechtigkeit gekennzeichnet ist (Jer 23,5–6):

> 5 *Siehe, es kommen Tage, Ausspruch Jahwes,*
> *da lasse ich David einen gerechten Sproß erstehen,*
> *Der wird als König herrschen und weise sein*
> *und Recht tun und Gerechtigkeit im Lande.*
> 6 *In seinen Tagen wird Juda geholfen*
> *und Israel in Sicherheit wohnen.*
> *Und das wird sein Name sein:*
> *Jahwe ist unsre Hilfe*[125].

Dieses Orakel hat seine Abwandlung am Ende des Heilsbüchleins der c. 30–33 in 33,14–26 erhalten. Von den drei hier aufeinander folgenden Weissagungen über die Erneuerung der davidischen Dynastie in V. 14–18.19–22 und 23–26 ist die erste eine freie Wiederaufnahme von 23,5–6. Sie legt den Nachdruck darauf, daß damit die Heilszeit für Israel und zumal Juda und Jerusalem gekommen ist, der Stadt, der man nun statt dem Messias den Namen geben wird „Jahwe ist unsere Hilfe." Gleichzeitig nimmt V. 17 die Nathanweissagung aus 2. Sam 7 über die Ewigkeit der davidischen Dynastie[126] und die dem Enkel Aarons in Num 25,11–13 gegebene Bundesverheißung der Ewigkeit des levitischen Priestertums in freier Wiedergabe auf.[127] Es berücksichtigt damit die nachexilische Situation, in der die Hohenpriester faktisch den König vertraten und dank ihrer besonderen Funktion als Vollzieher des Sühne schaffenden Kults als

---

„Königsspruch"-Sammlung im Jeremiabuch, in: Erhard Blum u. a., Hg., FS Rolf Rendtorff, 1990, S. 277–299, bes. S. 294–295 = ders., Studien zu Prophetie und Weisheit, FAT 23, 1998, S. 37–58, bes. S. 53–54.

[124] Ebd., S. 284–285 und S. 290–291 bzw. S. 44 und S. 49–50.

[125] Das Wort *sædæq*, „Gerechtigkeit", nimmt hier wie auch anderwärts in exilisch-nachexilischer Zeit die Bedeutungen Hilfe bzw. Rettung an; vgl. dazu Friedrich V. Reiterer, Gerechtigkeit als Heil, Graz 1976, S. 167–168.

[126] Vgl. dazu oben, S. 176–177.

[127] Vgl. auch Sir 45,23–25.

so unentbehrlich galten, daß man sich auch die Heilszeit nicht ohne sie vorstellen konnte (vgl. Sach 4,1–4a.11b–14).[128] Es lautet (Jer 33,14–18):

> 14 *Siehe, Tage kommen, lautet der Ausspruch Jahwes, da werde ich das gute Wort über das Haus Israel und das Haus Juda aufrichten.* 15 *In jenen Tagen und in jener Zeit lasse ich David einen* gerechten[129] *Sproß sprossen, der Recht und Gerechtigkeit im Lande üben wird.* 16 *In jenen Tagen wird Juda geholfen und Jerusalem in Sicherheit wohnen. Und so wird man sie nennen: „Jahwe ist unsere Hilfe".*[130] 17 *Denn so hat Jahwe gesprochen: Nicht soll es David an einem Mann fehlen, der auf dem Thron des Hauses Israel sitzt.* 18 *Und den levitischen Priestern soll es zu keiner Zeit an einem Mann fehlen, der Brandopfer darbringt, Speisopfer in Rauch aufgehen läßt und Schlachtopfer vollzieht.*

Dieses Heilswort erhält in den V. 19–22 seine Bekräftigung, indem Jahwe die David und den Leviten gegebene Bundeszusage als so unverbrüchlich wie den Wechsel zwischen Tag und Nacht bezeichnet und beiden weiterhin in Anlehnung an die Abraham nach der Bindung seines Sohnes gegebene Verheißung in Gen 22,17 zusagt, daß ihre Nachkommen so unzählbar wie die Sterne am Himmel und den Sand des Meeres sein werde:

> 19 *Und es erging das Wort Jahwes an Jeremia wie folgt:* 20 *So hat Jahwe gesprochen: Wenn mein Bund mit dem Tag und mein Bund mit der Nacht gebrochen werden könnte,*[131] *so daß Tag und Nacht nicht mehr zu ihren Zeiten kämen,* 21 *dann würde auch mein Bund mit David meinem Knecht gebrochen, daß er keinen Sohn auf seinem Thron als König hätte, und (der) mit den levitischen Priestern, meinen Dienern.* 22 *Gleichwie man das Heer des Himmels nicht zählen noch den Sand des Meeres messen kann, so zahlreich werde ich die Nachkommenschaft meines Knechtes David machen und die Leviten, meine Diener.*

---

[128] Vgl. dazu auch oben, S. 185 und weiterhin Sir 45,23–25. Eine Ausnahme bildet PsSal 17, in dem der Hohepriester keine Rolle spielt. Anders verhielt es sich in den Texten der Qumranessener, die neben dem Messias aus Aaron einen Messias aus Israel erwarteten und so an der Nebenordnung von Sach 4 festhielten; vgl. dazu z. B. Florentino García Martínez, Messianische Erwartungen in den Qumranschriften, in: Ingo Baldermann u. a., Hg., Der Messias, JbTh 8, 1993, S. 171–208, bes. S. 193–202; George J. Brooke, Kingship and Messianism in the Dead Sea Scrolls, in: John Day, King and Messiah, JSOT.S 270, 1998, S. 434–455, bes. S. 442–444 und ausführlich Johannes Zimmermann, Messianische Texte aus Qumran, WUNT II/104, Tübingen 1998, S. 23–35 und S. 463–466.

[129] Siehe BHS.

[130] Während der Name in 23,8 dem König der Heilszeit gegeben wird, wird er hier auf Jerusalem übertragen. Zu den daraus in den Textzeugen ausgelösten Änderungen vgl. William McKane, Jeremiah II, ICC, Edinburgh: T & T Clark 1996, S. 861–862.

[131] Siehe BHS.

Die Textfolge wird durch das Orakel in den V. 23–26 abgeschlossen, das die unbedingte Zusage der Gültigkeit des Davidbundes aus den V. 20–21 angesichts der „in diesem Volk" umgehenden Behauptung unterstreicht, Jahwe habe die beiden von ihm erwählten Geschlechter verworfen, und der Stimmen derer, die leugnen, daß sein Volk überhaupt noch ein Volk darstelle, widerspricht. Doch jetzt läßt der Verfasser Jahwe die Gültigkeit der Erwählung der Nachkommen Davids und Jakobs selbst mit seinem unverbrüchlichen Bund mit Tag und Nacht vergleichen und verheißen, daß er weder die Nachkommen Jakobs noch Davids verwerfen, sondern dem Samen der Erzväter Herrscher aus Davids Geschlecht geben werde. Während der Leser aufgrund der Aussage über die beiden Geschlechter in V. 24a gemäß dem Vorausgehenden eigentlich eine Erneuerung der Erwählungszusage für die Davididen und die Priester erwartet, verschiebt der Verfasser des Orakels durch V. 24b das Interesse auf die Erwählung des Volkes und der Davididen. Denn so kann er zum Ausdruck bringen, was ihm am Herzen liegt, daß auch das Heil seines Volkes und seiner angestammten Herrscher wiederkehren wird, so daß Israel künftig wieder als freies Volk unter dem Schutz seiner freien Herrscher leben kann. Denn die heilvolle Zukunft Israels schien in der Perserzeit nur dann als gesichert, wenn nicht nur die Erwählung der Davididen und der levitischen Priester, sondern auch die des ganzen Volkes unverrückbar feststeht (vgl. Jes 41,8–13). Gottes Treue zu seinen Zusagen aber beruht auf seiner Barmherzigkeit, mit der er sich in seiner Langmut der Sünder erbarmt und ihnen Zeit zur Umkehr läßt.[132] Und so heißt es, das Heilsbüchlein beschließend, in Jer 33,23–26:

> 23 *Und es erging das Wort Jahwes an Jeremia: 24 Hast du nicht acht gegeben auf das, was dieses Volk da redet: „Die beiden Geschlechter, die Jahwe erwählt hat, die hat er verworfen!" „und daß sie mein Volk verachten, als wäre es ihnen kein Volk mehr. 25 So spricht Jahwe: So wahr ich meinen Bund mit Tag*[133] *und Nacht, die Ordnungen des Himmels und der Erde, festgesetzt habe, 26 werde ich auch die Nachkommen Jakobs und Davids, meines Knechtes, nicht verwerfen, daß ich von seinen Nachkommen keine Herrscher nähme über die Nachkommen Abrahams, Isaaks und Jakobs. Denn ich werde ihr Geschick wenden und mich ihrer erbarmen.*

4.3. *Der gute Hirte aus Davids Geschlecht in Ez 34.* Die Weissagung von dem guten Hirten aus Davids Geschlecht in Ez 34,23–24 steht einigermaßen unvermittelt in einer Textfolge,[134] die mit einem Weheruf gegen

---

[132] Vgl. Ex 34,6–7; vgl. Ps 103,8–13 und Sir 18,11–14.

[133] Siehe BHS.

[134] Vgl. dazu Karl-Friedrich Pohlmann, Der Prophet Hesekiel/Ezechiel II, ATD 22/2, 2001, S. 463–464.

die schlechten Hirten des Volkes einsetzt, die ihre Herde zu ihrem eigenen Vorteil mißbrauchen, so daß sie sich verläuft, als hätte sie keinen Hirten. Daher werde Jahwe jene zur Rechenschaft ziehen und die Schafe selbst erretten (V. 1–10). Dem entspricht die in den V. 17–22 folgende Verheißung, daß Jahwe sich seiner Herde selbst annehmen, sie aus allen Ländern und Völkern sammeln und auf die grüne Weide auf den Bergen Israels führen werde (V. 11–16).[135]

Damit nicht genug folgt dann die Ankündigung eines Gerichts, in dem Jahwe zwischen den fetten Widdern und den mageren Schafen unterscheiden und das heißt: die Schwachen vor den Mächtigen retten werde (V. 17–22). Dieser Weissagung entspricht in den V. 23–24 eine weitere von der Erweckung eines einzigen Hirten für das ganze Volk in Gestalt eines anderen David, welche die sich dem Leser stellende Frage beantwortet, wer dann das Volk regieren würde. Der angekündigte Herrscher wird jedoch nicht mehr als König, sondern als „Fürst (נָשִׂיא / $n\bar{a}\dot{s}\hat{i}$') in ihrer Mitte" bezeichnet: Er „hat," wie Walther Zimmerli angemerkt hat, „ein Amt in Israel, ist aber nicht mehr der Herr Israels."[136] So lautet die Weissagung (Ez 34,23–24):

> 23 *Und ich setzte über sie einen einzigen Hirten, der sie weiden wird, meinen Knecht David; [er wird sie weiden][137] und er wird ihnen zum Hirten. 24 Aber ich, Jahwe, werde ihnen Gott sein und mein Knecht David Fürst in ihrer Mitte. Ich, Jahwe, habe geredet.*

4.4. *Die messianische Weissagung Mich 5,1–3 in ihrem Kontext.* Wenden wir uns der Komposition Mich 4,8–5,3 zu,[138] so bekommen wir es mit einem komplexen Beispiel für das sogenannte zweigliedrige eschatologische Schema mit seinem Wechsel von Unheils- und Heilsworten zu tun. Sie wird in 4,8 mit einem Heilswort für die Tochter Zion eröffnet, das als

---

[135] Vgl. dazu auch Regine Hunziker-Rodewald, Hirt und Herde, BWANT 155, Stuttgart u. a.: W. Kohlhammer 2001, S. 158–167.

[136] Walther Zimmerli, Ezechiel II: Ezechiel 25–48, BK XIII/2, Neukirchen-Vluyn: Neukirchener Verlag 1969, S. 844. Als Nachfolger des judäischen Königs aus Davids Geschlecht verfügte er über die Krongüter und war für die Verteilung des Landes und für die Richtigkeit der Maße und Gewichte verantwortlich. Im Kult genoß er entsprechende Privilegien, die ihm einen besonderen Zugang zum Tempel und spezielle Opfer vorbehielten; vgl. Ez 44,5a*; 45,17a.21a.22–25; 46,4–7 und dazu Thilo A. Rudnig, Heilig und Profan, BZAW 247, 2000, S. 137–164, bes. S. 161–164.

[137] Fehlt in G!

[138] Zum Problem des Zusammenhangs mit Mich 1–3* und dem der Abgrenzung nach unten vgl. Rainer Kessler, Micha, HThK.AT, Freiburg i. Br. u. a.: Herder 2000, S. 196–198, S. 219–221 und S. 231–232.

§ 8 Der Gesalbte Jahwes   203

Motto des Ganzen dient und ihr die Wiederherstellung ihrer einstigen Bedeutung als Hauptstadt eines Königreiches zusagt:

> *Hügel der Tochter Zion,*
> *zu dir kommt und gelangt*
> *die frühere Herrschaft,*
> *das Königtum für die Tochter Jerusalem.*

Doch das anschließende, dramatisch gestaltete Heilswort 4,9–10 kündigt erst in V. 9–10ba1 den Fall der Stadt und dann in 10bα$_2$–11 die Erlösung durch Jahwe aus der Babylonischen Gefangenschaft an. Möglicherweise erklärt sich der Befund dadurch, daß 4,9–10a zunächst ein selbständiges Drohwort war, das die Unheilsankündigung aus Mich 3,9–12 aktualisieren sollte (Mich 4,9–10):[139]

> 4,9 *Aber nun: Warum schreist du laut,*
> *gibt es keinen König in dir*
> *Oder ist dein Ratgeber umgekommen,*
> *daß dich Kreißen überkam wie eine Gebärende?*
> 10 *Winde dich und stöhne,*
> *Tochter Zion, wie eine Gebärende;*
> *Denn du mußt hinaus aus der Stadt*
> *und auf dem Felde wohnen*
> *Und kommst bis nach Babel,*
> *dort wirst du gerettet,*
> *Dort erlöst dich Jahwe*
> *aus der Hand deiner Feinde.*

So wird der Leser von der Verheißung der Wiederherstellung des Königtums zurück in die Zeit der Belagerung Jerusalems versetzt, damit er erkennt, daß sich sowohl das Gerichts- wie das anschließende Heilswort erfüllt hat. Dadurch soll er das Vertrauen gewinnen, daß auch die beiden in 4,9–13 und 5,1–3 folgenden Heilsankündigungen eintreffen werden. Denn in 4,11–13 wird das Thema der Rettung Jerusalems fortgesetzt: In ihnen spricht der Prophet der Tochter Zion Mut angesichts der Völker zu, die sich vor ihren Mauern in der Gewißheit ihres baldigen Triumphes versammelt haben. Während sie einen leichten Sieg zu erringen hoffen, hat Jahwe es ganz anders geplant, sie nämlich der Tochter Zion zur Vernichtung auszuliefern (Mich 4,11–13):

> 4,11 *Nun aber versammelten sich wider dich*
> *viele Völker,*
> *Die sagen: „Lustvoll*[140] *soll sich*

---

[139] Vgl. Burghard M. Zapff, Redaktionsgeschichtliche Studien, BZAW 256, 1997, S. 84.
[140] Lies mit G *taḥpōṣ*.

> *an Zion unser Auge weiden!"*
> 12 *Aber sie kennen nicht*
> *Jahwes Gedanken,*
> *Nahmen nicht teil an seinem Rat,*
> *daß er sie wie Ähren auf der Tenne versammelt hat.*
> 13 *Erhebe dich und drisch, Tochter Zion,*
> *denn ich mache zu Eisen dein Horn*
> *Und deine Hufe mache ich zu Erz,*
> *daß du viele Völker zermalmst*
> *Und ihren Gewinn zum Banngut für Jahwe machst*
> *und ihr Vermögen für den Herrn der Erde.*

Statt zu erklären, wie das geschehen wird, unterstreicht V. 14 die sich gefährlich zuspitzende Situation, in der es scheinbar für Jerusalem keine Rettung mehr vor den Völkern gibt, so daß ein Namenloser sie und ihren als „Richter" bezeichneten Anführer zur Totenklage auffordert (V. 14):

> *Jetzt*
> *ritze dir Wunden, Tochter der Ritzung.*[141]
> *Belagerung ist gegen uns verhängt,*
> *mit dem Stock schlägt man auf die Backe*
> *den Richter Israels.*

Doch offenbar hat Jahwe nur auf diesen Augenblick gewartet, um die Stadt durch den zweiten David zu befreien. Denn in bewußt dunklem Orakelton heißt es in 5,1–3:[142]

> 1 *Aber du Betlehem-Efrata,*
> *du kleinste unter den Verbänden Judas,*
> *Aus dir wird der kommen,*
> *der Herrscher sein soll in Israel.*
> *Sein Ursprung liegt ehedem,*
> *in uralten Tagen.*

---

[141] Dankbar übernommen von Rainer Kessler, Micha, HThKAT, Freiburg i. Br. 2000, S. 218.

[142] In V. 2 dürfte gegen Julius Wellhausen, Die Kleinen Propheten, Skizzen und Vorarbeiten Heft 5, 3. Aufl. 1898 = 4. Aufl. Berlin: Walter de Gruyter 1963, S. 145–146 keine Anspielung auf Jes 7,14 vorliegen und also auch nicht die Geburt des Messias umschrieben werden. Mit Theodor Leskow, Das Geburtsmotiv in den messianischen Weissagungen bei Jesaja und Micha, ZAW 79, 1967, S. 172–207, bes. S. 199–205 wird vielmehr die Gegenwart in Anlehnung an 4,9–10 als eine Krisenzeit bezeichnet. Die Gebärende ist mithin Zion selbst. Zur Diskussion der Ursprünglichkeit von V. 2 und V. 3b vgl. z. B. Theodor Leskow, Worte und Wirkungen des Propheten Micha, AThR 84, 1997, S. 185, der sie zusammen mit V. 3b unter Berufung auf die Einigkeit der Exegeten verneint, aber jetzt auch Kessler, S. 220, der sie in beiden Fällen bejaht.

2 Daher gibt er sie hin bis zu der Zeit,
da eine Gebärende geboren hat
Und der Rest seiner Brüder[143] zurückkehrt
zu Israels Söhnen
3 *Hintreten wird er und weiden mit Jahwes Kraft
und mit der Hoheit des Namens Jahwes unsres Gottes.
Und sie werden wohnen, denn jetzt ist er groß
bis zu den Enden der Erde.*

Der Leser ist nun den Unheils- und Heilsweg Israels bis zu seinem Umschlagpunkt geführt. Er darf getrost auf den von Jahwe zur rechten Zeit gesandten Erlöser Israels hoffen. Die bewußt gewählte Dunkelheit dieses Orakels kann den Leser kaum über seinen einfachen Inhalt täuschen: Wie einst David so soll auch der König der Heilszeit aus Bethlehem stammen,[144] dem Siedlungsgebiet der Efratiter (1. Sam 17,12).[145] Doch ähnlich wie Jes 11,1 denkt der Verfasser bei ihm an keinen direkten Nachfahren Davids. Weil Jahwe bei seinem Handeln an Israel das Ziel im Auge hat, sein Volk zu versammeln und seinem König die Weltherrschaft zu geben, hat er zunächst die Leiden der Verbannung und Zerstreuung über sie verhängt. So weiht das Orakel seine Leser in den Plan Jahwes ein, der den Völkern nach 4,12 verborgen ist:[146] In der Zeit der Weltenwende, wenn Jahwe sein in alle Welt zerstreutes Volk Israel (und nicht nur Juda!) in seine Heimat zurückführt, ist die Zeit für die Geburt[147] und Sendung des Heilskönigs gekommen. Er wird von Jahwe als sein irdischer Stellvertreter mit der Vollmacht und Tatkraft versehen, in seinem Namen zu handeln und so als der „Hirte" die Völker zu weiden.[148] Daher kann Israel in seinem Schutz künftig ungestört in seinem Lande wohnen, weil seine Macht sich über die ganze Völkerwelt erstreckt. Er, der Herrscher der ganzen Erde, bleibt aber trotzdem für sein eigenes Volk der Bruder, der wie sie

---

[143] Vgl. Dtn 17, 14–20.

[144] Die uralte Zeit ist die Zeit, in der David zum König erwählt wurde, vgl. Wolfgang Werner, Eschatologische Texte, FzB 46, 1982, S. 55.

[145] Vgl. dazu auch Ernst Axel Knauf, NBL I, Sp. 474–475. Zum Alter der Belege, die Efrata mit Betlehem in Verbindung bringen, vgl. Wolfgang Werner, Eschatologische Texte, S. 54 und zum Problem der Herkunft Davids Eckart Schwab, Betlehem Efrata. Zur Überlieferung von Davids Herkunft, in: Peter Mommer u. a., Hg., Gottes Recht als Lebensraum. FS Hans Jochen Boecker, Neukirchen-Vluyn 1993, S. 117–128.

[146] Vgl. dazu auch Wolfgang Werner, Studien zur alttestamentlichen Vorstellung vom Plan Jahwes, BZAW 173, 1988, S. 182–189 und bes. S. 189.

[147] Zum Motiv der Gebärenden vgl. Werner, S. 56–57.

[148] Vgl. mit Werner, S. 59, 2. Sam 5,2; 7,7; Jer 3,15; 23,4; Ez 34,23 f.; Nah 3,18 und Ps 78,71–72 und oben, S. 47.

dem gleichen Gott untertan ist.[149] Auch dieses Orakel hält an der uns bereits aus Jes 9 bekannten Reihenfolge fest: Erst hilft Jahwe seinem Volk, dann sendet er ihnen den Messias. Und so soll der König der Heilszeit als der brüderliche Hirte Israels und Herr der Völker der Erde erst dann kommen, wenn Jahwes nach seinem Sieg über die Völker den „Rest Israels"[150] in das Land der Väter zurückgeführt hat.

4.5. *Der demütige Messias Sach 9,9–10*. Begegnete uns in Mich 5,1–3 erneut das Ideal des Königs als des Bruders unter Brüdern aus dem Königsgesetz Dtn 17,14–20,[151] so gewinnt der König der Heilszeit in Sach 9,9–10 einen weiteren Zug, der dem Ideal und Selbstverständnis der Frommen seit der späten Perserzeit als den Niedrigen und Demütigen vor ihrem Gott entspricht.[152] In der Form einer Botenmeldung über den bevorstehenden Einzug des Königs der Heilszeit an seinen Königssitz Jerusalem wird der Messias einerseits als gerecht und andererseits als demütig bezeichnet: Der Mann, der gerecht regiert und demütig gegenüber seinem Gott ist, ist dadurch zugleich als der Bruder der Seinen gekennzeichnet, auch wenn sein Einzug in Jerusalem seinem Rang entsprechend auf dem traditionellen Reittier der Könige, dem Esel, erfolgen soll (vgl. 1. Kön 1,33.38).[153] Der Sieg über die Feinde seines Volkes ist offenbar von Jahwe errungen. Jedenfalls ist von einem solchen nicht die Rede, sondern nur davon, daß der Messias eine weltweite Abrüstung anordnen, ein friedliches Verhältnis zu den anderen Völkern suchen und doch der Herr der Erde sein werde (Sach 9,9–10):

> 9 *Jubele laut, Tochter Zion,*
> *jauchze, Tochter Jerusalem.*
> *Siehe, dein König kommt zu dir,*
> *gerecht und* ein Helfer[154].
> *Demütig und auf einem Esel reitend*
> *und auf dem Sohn einer Eselin.*[155]

---

[149] Vgl. Dtn 17,15.20.

[150] Vgl. dazu Jutta Hausmann, Israels Rest, BWANT 124, 1987, S. 177–179 und zur Restvorstellung im Jesajabuch Wolfgang Werner, Eschatologische Texte, FzB 46, 1982, S. 118–147, bes. S. 146–147 und Hausmann, passim.

[151] Vgl. dazu oben, S. 205.

[152] Vgl. dazu Johannes Un-Sok Ro, Die sogenannte „Armenfrömmigkeit" im nachexilischen Israel, BZAW 322, 2002, S. 189–206.

[153] Vgl. mit Christoph Levin, The Poor in the Old Testament. Some Observations, Religion & Theology 8, 2001, S. 253–273, hier S. 268 Gen 49,11; Ri 10,4; 12,14 und 2. Sam 19,26 .

[154] Vgl. G und S.

[155] Der Verfasser des Matthäusevangeliums hat den Parallelismus membrorum mißverstanden und läßt Jesus daher eine Eselin und das Fohlen einer Eselin für seinen Einzug in Jerusalem verlangen, Mt 21,1–7.

§ 8 Der Gesalbte Jahwes

> 10 *Ausrotten wird er*[156] *die Wagen aus Efraim*
> *und die Rosse aus Jerusalem.*
> *Zerbrochen werden die Kriegsbogen*
> *und friedlich wird er zu den Völkern sprechen.*
> *Und seine Herrschaft reicht von Meer zu Meer*
> *und vom Strom bis zu den Enden der Erde.*

5. Der Messias in Ps 2 und 110. Um festzustellen, ob dieses Ergebnis Allgemeingültigkeit besitzt, wenden wir uns zwei Psalmen zu, in denen vorexilische Krönungsorakel in nachexilischer Interpretation erhalten sind, den Psalmen 2 und 110. Wir setzen mit dem zuerst genannten ein, weil in ihm das Verhältnis des als Messias, als Gesalbter, bezeichneten Königs zu Jahwe als des Sohnes Gottes ausdrücklich in den V. 2b und 7aβb zur Sprache kommt (Ps 2):

> 1 *Warum sind die Völker in Aufruhr geraten*
> *und murren die Nationen vergeblich?*
> 2 *Die Könige der Erde rotten sich zuhauf*
> *und die Edlen tun sich zusammen*
> *wider Jahwe und seinen Gesalbten?*
> 3 *„Laßt uns ihre Fesseln zerreißen*
> *und abwerfen ihre Stricke!"*
>
> 4 *Der im Himmel thront, lacht,*
> *Jahwe*[157] *verspottet sie.*
> 5 *Einst wird er in seinem Zorn zu ihnen reden*
> *und sie mit seinem Grimm erschrecken.*
> 6 *„Ich selbst habe meinen König eingesetzt*[158]
> *auf Zion, dem Berg meines Heiligtums!"*
>
> 7 *Künden will ich von Jahwes Satzung:*
> *Er sagte zu mir: „Mein Sohn bist du,*
> *ich habe dich heute gezeugt!*
> 8 *Erbitte von mir und ich gebe dir*
> *Völker als dein Erbe und als deinen Besitz die Enden der Erde.*
> 9 *Du wirst sie mit eisernem Zepter zerschlagen,*
> *wirst sie wie Töpfergeschirr zerschmettern!"*
>
> 10 *Doch nun, ihr Könige, seid besonnen.*
> *laßt euch warnen, ihr Lenker der Erde.*
> 11 *Dient Jahwe mit Furcht*
> *und naht ihm*[159] *mit Beben.*

---

[156] Vgl. G und S.
[157] Siehe BHS.
[158] Vgl. aber auch G, die liest: „Aber ich wurde als sein König geweiht auf dem Zion, dem Berg seines Heiligtums."
[159] Lies *wĕniggĕšû lô bir'ādâ*.

12 *Damit er nicht zürnt und ihr auf dem Weg umkommt*[160]*,*
denn bald wird sein Zorn entbrennen.
[Heil denen, die sich in ihm bergen!]

Alter und literarische Einheit des Psalms sind umstritten. Angesichts der in ihm enthaltenen Aramaismen und der Vorstellung, daß Jahwe im Himmel wohnt,[161] dürfte es sich bei ihm in seiner vorliegenden Gestalt um eine nachexilische Dichtung handeln, die in den V. 6–8 einen Abschnitt aus einem vorexilischen Thronbesteigungslied zitiert. Möglicherweise wurden an den so entstandenen messianischen Psalm erst die in der Tradition der Weisheit formulierte Aufforderung an die Völker in V. 10–12a, sich klug zu verhalten, angeschlossen; aber sicher ist es nicht. Im Blick auf den abschließenden Glückwunsch für die Frommen in V. 12b (und d. h. konkret: die Leser) ist diese Annahme einigermaßen wahrscheinlich, weil auch andere Psalmen entsprechende Erweiterungen erfahren haben.[162]

Lesen wir den Psalm als ein Ganzes, so sieht sich in ihm der König der Heilszeit mit einem Aufruhr der Völker konfrontiert, die sich vergeblich gegen Jahwe und ihn empören. Denn wenn es darauf ankommt, wird Jahwe sie in seinem Zorn durch einen Gottesschrecken auseinanderjagen, um den König zu beschützen, den er selbst auf dem Zion eingesetzt hat (V. 1–5). Der König aber kann in dieser Situation gelassen bleiben, denn er weiß sich dank des ihm zuteil gewordenen Krönungsorakels von Gott als Sohn anerkannt und d. h. als sein Stellvertreter auf Erden eingesetzt. Außerdem hat er die Zusage erhalten, daß ihm Gott auf seinen Wunsch

---

[160] Zur Konstruktion vgl. GK[28] § 130a und Davidsohn, Hebrew Syntax § 28 R.1.

[161] Vgl. dazu Friedhelm Hartenstein, Die Unzugänglichkeit Gottes im Heiligtum, WMANT 75, Neukirchen-Vluyn: Neukirchener Verlag 1997, S. 224–250.

[162] Vgl. die unterschiedlichen Voten zur Entstehung des Psalms von Oswald Loretz, Eine kolometrische Analyse von Psalm 2, in: Josef Schreiner, Hg., Beiträge zur Psalmenforschung, FzB 60, 1988, S. 9–26; Alfons Deissler, Zum Problem des messianischen Charakters von Psalm 2, in: André Caquot/Maurice Delcor, eds., Mélanges bibliques et orientaux. FS Henri Cazelles, AOAT 212, Kevelaer/Neukirchen-Vluyn: Butzon & Bercker/Neukirchener Verlag 1981, S. 283–292; ders., Die Stellung von Psalm 2 im Psalter. Folgen für die Auslegung, in: FzB 60, S. 73–84; Friedrich Diedrich, Psalm 2 – Überlegungen zur Endgestalt des Psalms, in: FzB 60, S. 27–72 und Erich Zenger in: Frank–Lothar Hossfeld und ders., Die Psalmen I. Psalm 1–50, NEB, Würzburg: Echter 1993, S. 49–51 sowie gänzlich abweichend Klaus Seybold, Die Psalmen, HAT I/15, Tübingen: J. C. B. Mohr (Paul Siebeck) 1996, S. 30–33, der das Lied abgesehen von V. 12b für vorexilisch zu beurteilen scheint und den judäischen Hofstil für die vereinzelten Aramaismen verantwortlich macht.

§ 8 Der Gesalbte Jahwes   209

hin die Völker der ganzen Erde zu eigen geben will. Ein Kampf der Völker mit ihm wäre daher von vornherein aussichtslos; denn wem Gott verheißen hat, daß er sie mühelos wie Tontöpfe zerschlagen wird, gegen den vermögen sie nichts (V. 6–9). Daher gibt der König ihnen in den V. 10–12a den vernünftigen Rat, Jahwe zu dienen und d. h.: die friedliche Wallfahrt zum Zion anzutreten. Der König ist so sehr der Stellvertreter, daß er nicht für seine eigene Ehre, sondern für die seines himmlischen Vaters eintritt. Der Psalm hat seinen Platz bedacht hinter dem 1. erhalten. Denn wie jener das Bestehen im Gericht Jahwes vom Gehorsam gegen die Tora abhängig macht, lenkt dieser den Blick der Frommen auf die Heilszeit, in der die Völker Jahwe und seinem Gesalbten als seinem irdischen Vertreter dienen müssen, so daß sie, statt gegen den Zion zu Felde zu ziehen, nach Jerusalem wallfahren werden (Jes 2,1–5 par Mich 4,1–5).[163]

Ziehen wir ergänzend Ps 110 zu Rate, läßt sich trotz der zahlreichen, mit dem überlieferten Text verbundenen Probleme erkennen, daß das in seinem Kern vermutlich vorexilische Lied anläßlich der Thronbesteigung eines judäischen Königs ebenfalls in nachexilischer Zeit messianisch verstanden und dabei partiell theozentrisch umgedeutet worden ist. Ähnlich wie in Ps 2 folgen auch in dem alten, jedenfalls die V. 1–2* und 3b–4* umfassenden Königsorakel das Handeln Gottes und das des Königs aufeinander: Jahwe verheißt dem König in V. 1, ihm seine Feinde zu Füßen zu legen. Dann fordert er ihn in V. 2 dazu auf, machtvoll über seine Feinde zu herrschen. Der König wird also die Früchte des Siege Jahwes ernten und unangefochten über die Völker herrschen. In den V. 3b–4* aber legitimiert Jahwe den König als seinen Sohn und spricht ihm die Priesterwürde zu:

1 *Ausspruch Jahwes für meinen Herrn:*
Setze dich zu meiner Rechten,
bis ich deine Feinde lege
als Schemel deiner Füße.
2 *Dein machtvolles Zepter*
strecke aus vom Zion:
Herrsche inmitten deiner Feinde.

3b *Auf heiligen Bergen*
vor dem Morgenrot

---

[163] Vgl. dazu Erich Zenger, Der Psalter als Wegweiser und Wegbegleiter. Ps 1–? als Proömium des Psalmenbuchs, in: Arnold Angenendt und Herbert Vorgrimler, Hg., Sie wandern von Kraft zu Kraft. FS Reinhard Lettmann, Kevlaer: Butzon & Bercker 1993, S. 29–47, bes. S. 43–47.

habe ich dich gezeugt.
4a *Geschworen hat Jahwe,*
  Du bist Priester in Ewigkeit
  nach meiner Ordnung.

Die Nachbearbeitung hat Jahwe auch in V. 2a zum Subjekt gemacht, so daß der überlieferte Text lautet:

Dein machtvolles Zepter
strecke Jahwe aus vom Zion.

Durch die Einfügung von V. 3a erhielt der König nun ein Volksaufgebot an die Seite gestellt:

Dein Volk ist Freiwilligkeit
am Tag deines Heerzugs.

In V. 3b ist (ob durch Abschreibfehler oder bewußte Bearbeitung bleibe hier offen) folgender Text entstanden:

Auf heiligen Bergen
aus dem Schoß des Morgenrots
(kommt) dir der Tau deiner Jugend.

Die Anhängung des Namens des sagenhaften Jerusalemer Königs der Vorzeit Melchisedek (Gen 14,18–20) sollte die Würde und Dauer des königlichen Priestertums unterstreichen,[164] so daß dem König nun das ewige Priestertum nach der Weise Melchisedeks verliehen wird.[165] Der weitere Text lautet wörtlich übersetzt:

5 *Jahwe (sei) über deiner Rechten:*
  Am Tag seines Zorns zerschlage er die Könige.[166]
6 *Er richte die Völker, fülle an mit Leichen <das Tal>,*
  zerschlage die Häupter auf der großen Erde.
7 *Aus dem Bach am Weg wird er trinken,*
  darum erhebt er sein Haupt.

---

[164] Vgl. zu ihm Karl-Heinz Bernhard/Thomas Willi/Horst Balz, Art. Melchisedek, TRE XXII, 1992, S. 414–423 bzw. knapp Karen Engelken, NBL II, Sp. 754–756.

[165] Das würde sich gut auf dem Hintergrund des hasmonäischen Priesterkönigtums erklären; zur Gestalt Melchisedeks in 11QMelch vgl. Florentino García Martínez, Messianische Erwartungen in den Qumranschriften, in: Ingo Baldermann u. a., Hg., Der Messias, JBTh 8, 1993, S. 202–220 und Johannes Zimmermann, Messianische Texte aus Qumran, 1998, S. 389–412.

[166] Zum optativen Gebrauch des Perfekts vgl. Joüon, Grammaire de l'Hébreu Biblique, Rome: Institut Biblique Pontifical 1923(1965), § 112k.

Deutet man die Perfekte optativisch,[167] drücken die V. 5–6 den Wunsch aus, Jahwe mögen dem König beistehen und an seinem Gerichtstag die Könige der Völker zerschlagen, bewertet man sie als historische Perfektformen, berichten sie von dem Beistand, den Jahwe dem König geleistet hat. Aber da das Geschehen von V. 7 in der Zukunft liegt, empfiehlt es sich, die V. 5–6 als Wünsche für den König der Heilszeit zu verstehen. Subjekt von V. 7 ist dem Zusammenhang nach Gott. Deutet man den V. 7a mit Joachim Becker von Jes 63,2–3 (vgl. 35,5–8) her, dann handelt es sich bei dem Trank um Blut, so daß der ganze Vers eine Metapher für die völlige Vernichtung der Völker im Weltgericht ist.[168] Kein Zweifel: In ihm ist Jahwe der eigentliche Sieger, der zum Schutze seines Königs die Völker bezwingt.

6. *Israel als Miterbe der Davidverheißung*[169]. Eine eigentümlich gebrochene Übertragung der David gegebenen Verheißung der Ewigkeit und des Glanzes seiner Dynastie auf Israel liegt in Ps 89 vor:[170] Er wird in den V. 2–19 durch einen Hymnus auf Jahwe als den Schöpfer, Besieger des Meeresdrachens Rahab und Beschützer des Königs Israels eröffnet. In den V. 20b–38 folgt ein Orakel mit den David von Jahwe gegebenen Bundesverheißungen.[171] Es wird in V. 20a mit der im Kontext auffallenden Zitationsformel eingeleitet, daß Jahwe so einst zu seinen als „Getreuen" (חֲסִידִ־ם / *ḥăsîdîm*) bezeichneten Frommen geredet habe.[172] Dann folgt in den V. 39–46 eine Klage über die Preisgabe seines Gesalbten, das Ende seines Königtums und seine gegenwärtige Schande. Abschließend erinnert der Beter in den V. 47–49 Jahwe zunächst an die Kürze des Menschenlebens, um ihn dann in den V. 50–52 zu fragen, warum er die David gegebenen Versprechen nicht halte, und ihm ausdrücklich die Schmach seiner Knechte ins Gedächtnis zu rufen.[173] Die eigentlichen Schlußverse des Psalms lauten (Ps 89,50–52):

---

[167] Vgl. Joüon § 112k.

[168] Joachim Becker, Zur Deutung von Ps 110,7, in: Ernst Haag und Frank-Lothar Hossfeld, Hg., Freude an der Weisung des Herrn. Beiträge zu Theologie der Psalmen. FS Heinrich Groß, Stuttgart: Katholisches Bibelwerk 1986, S. 17–31.

[169] Vgl. dazu Joachim Becker, Messiaserwartung, SBS 83, 1977, S. 63–73.

[170] Zur Diskussion der literarischen Probleme des Liedes vgl. Erich Zenger, in: Frank-Lothar Hossfeld und ders., Psalmen 51–100, HThKAT, Freiburg i. Br. u. a.; Herder 2000, S. 558–583. Er selbst beurteilt die V. 4–5 und V. 36–38 sowie V. 48–49 einleuchtend als kontextuelle Nachinterpretationen.

[171] Vgl. dazu unten, S. 360–361.

[172] Mit ihnen könnten nach der Vermutung von Erich Zenger, a. a. O., S. 592–593 außer Natan und David auch Samuel gemeint sein.

[173] V. 53 beschließt den Psalm und zugleich das dritte Psalmenbuch mit einer Doxologie.

50 *Wo sind deine früheren Gnaden, Herr,*
die du David in deiner Treue geschworen?
51 *Gedenke, Herr, der Schmach deiner Knechte,*
daß ich an meinem Busen trage den Schimpf[174] *der Völker,*
52 *mit der deine Feinde, Jahwe, schmähen,*
mit der sie schmähen die Spuren deines Gesalbten.

Auffallend ist, daß in V. 51 der Blick vom Wir zum Ich des Beters zurückkehrt. Am Anfang des Liedes erfolgte die umgekehrte Bewegung vom Beter (V. 2–3) zum Wir (V. 18–19). So vertritt der Beter das Volk, in dessen Namen er einerseits seinen Gott als über alle anderen Götter erhaben preist, um es dann in einer fast verschlüsselten Weise in der Klage über die Verstoßung des Gesalbten und seinen Fall (V. 39–46) in die Leidklage einzubeziehen (V. 41–44): Denn unter dem Fall der Mauern, der Zerstörung der Festungen, dem Spott der Nachbarvölker über den Sturz, kurz all den Folgen der militärischen und zugleich politischen Niederlage hatte das Volk nicht weniger zu leiden als sein König. Das Schicksal des Königs und seines Volkes sind letztlich nicht zu trennen. Sollte Jahwe die David und seiner Dynastie zugesagten Gnaden vergessen haben (V. 50), so hätte er damit auch sein Volk vergessen. Jene aber bestanden darin, daß er David gestattet hatte, ihn als Vater anzurufen, und er ihm verheißen hatte, ihn zum Höchsten unter den Königen der Erde zu machen (V. 27–28). Seine Nachkommen aber wolle er im Fall ihrer Untreue gegen seine Rechte nur mit der Rute strafen, aber seine Gnade nicht von ihnen nehmen (V. 29–38). So erinnert der Beter Jahwe daran, daß in der Schmach des Gesalbten und der Schmach seines Volkes Jahwes eigene Treue[175] und Ehre vor den Völkern auf dem Spiel stehen.

Eine vergleichbare Teilgabe an der Nathanweissagung wird Israel auch in Jes 55,1–5 zugesagt. Nach dem Vorschlag von Jürgen van Oorschot ist das Orakel der letzten Bearbeitung des Deuterojesajabuches vor seiner Fortschreibung durch die tritojesajanischen Kerntexte Jes 60–62* zuzurechnen, eine Hypothese, die insofern ihre Plausibilität besitzt, als der Epilog in 55,10–11 mit dem Prolog durch die dort vorgenommene Einfügung von 40,5–8* die Botschaft von der unverbrüchlichen Gültigkeit des Wortes Jahwes teilt.[176] Vorausgehen in Jes. 54 zwei Heilsworte. Das

---

[174] Lies mit Friedrich Baethgen, Die Psalmen, 2. Aufl., HK II/2, Göttingen: Vandenhoeck & Ruprecht 1897, S. 274 ein *kĕlimat*.
[175] Vgl. V. 3, 6, 13 und 50.
[176] Vgl. dazu Jürgen van Oorschot, Von Babel zum Zion, BZAW 206, 1993, S. 283–294 und bes. S. 269–273; vgl. schon Klaus Kiesow, Exodustexte im Jesajabuch, OBO 24, 1979, S. 158–161, der aber 55,1–5 nicht in dieselbe Schicht wie

erste liegt in den V. 1–10 und endet in V. 10 mit der Heilszusage der Beständigkeit der gnädigen Zuwendung Jahwes zur Tochter Zion. Das zweite umfaßt die V. 11–17 und verheißt Jerusalem seine künftige Pracht, die Sicherheit seiner Bewohner und die Ohnmacht aller, die es angreifen. Darauf folgt in 55,1–5 eine Einladung, die drastisch die Wasserhändler auf den Straßen nachahmt und dazu auffordert, sich durch die Verheißung eines ewigen Bundes und der Ehrenstellung Israels[177] unter den Völkern erquicken zu lassen. Dabei entspricht dieser neue Bund den einst David gegebenen, zuverlässigen Gnadengaben (Jes 55,1–5):[178]

1 *Auf, alle Durstigen, kommt zum Wasser!*
und auch wer kein Geld hat, kommt!
Kauft und esset, kommt und kauft
ohne Geld und ohne Preis, Wein und Milch!
2 *Warum wägt ihr Geld ab für Brot, das nichts wert,*
eurer Mühe Lohn für Nahrung, die nicht sättigt?
Hört, hört auf mich, daß ihr Gutes zu essen habt,
daß sich am Fetten eure Seele labe!

3 *Neigt euer Ohr und kommt zu mir,*
hört, und so wird eure Seele leben:
Ich will mit euch einen bleibenden Bund schließen,
auf die unverbrüchlichen Gnadenzusagen an David.
4 *Siehe: zum Zeugen für Völker machte ich ihn,*
zum Fürsten und Gebieter von Nationen.[179]
5 *Siehe, ein Volk, das du nicht kennst, rufst du,*
Volk, das du nicht kennst, zu dir laufen sie
um Jahwes, deines Gottes willen,
um des Heiligen Israels, denn er verherrlichte dich.

Der Vergleich mit dem Davidbund greift als die beiden einzigen konkreten Punkte Davids Rolle als Zeuge für die Macht Jahwes (vgl. Jes 43,10; 44,8) und seine ihr entsprechende Vormachtstellung unter den Völkern heraus (vgl. Ps 89,28). Darin also soll der ewige Bund mit dem

---

40,5–8* und 55,11–12 einbezieht. Dagegen betrachtet Hans-Jürgen Hermisson, Einheit und Komplexität Deuterojesajas, in: Jacques Vermeylen, ed., The Book of Isaiah, BEThL 81, 1989, S. 287–312, vgl. die Tabelle S. 311 = ders., Studien zur Prophetie und Weisheit, FAT 23, 1998, S. 132–157, vgl. S. 155, diese Texte als deuterojesajanisch.

[177] Van Oorschot, S. 271–272 bezieht die Verse auf Jerusalem. Das ist jedenfalls kontextgemäß, weil die Zionstheologie, wie z. B. das vorausgehenden Kapitel zeigt, auch in der Mitte dieser Bearbeitung steht.

[178] Übersetzung Claus Westermann, Das Buch Jesaja. Kapitel 40–66, 4. Aufl., ATD 19, Göttingen: Vandenhoeck & Ruprecht 1981, S. 226–227.

[179] Vgl. Ps 18,44.

auf seine Erlösung wartenden Israel bestehen, daß sich Jahwe dazu verpflichtet, ihm als dem Volk des wahren Gottes den gebührenden Vorrang unter den Völkern einzuräumen, indem er durch dessen Erhöhung vor ihnen seine Macht über die ganze Erde erweist. Das aber soll zur Folge haben, daß jetzt noch unbekannte Völker Israels Ruf folgen, um zu ihm und das heißt konkret: nach Jerusalem zu pilgern (45,22–24a). Der moderne Leser könnte folgern, daß es dieser Verheißung gemäß in Jerusalem keinen anderen König mehr als den himmlischen geben werde (Jes 40,9–11; 52,7–12).[180] Aber damit würde der Text überinterpretiert. Der neue Bund erfolgt gemäß der David gemachten zuverlässigen Zusagen. Das bedeutet aber nicht, daß die den Davididen geltende Verheißung der Dauer ihrer Dynastie damit hinfällig geworden ist.[181] Israel erhält Teil an den Gnadengaben Davids, aber sein Haus geht ihrer deshalb nicht verlustig.

7. *Ein Gebet der Frommen um die Entsendung des Messias am Vorabend der Zeitenwende: Psalm Salomos 17.* Jedenfalls war man nach dem Zeugnis von PsSal 17 in der 2. Hälfte des 1 Jhs. v. Chr. dieser Überzeugung. Das ganze Buch der Psalmen Salomos ist nur griechisch und syrisch überliefert und daher nicht in die Hebräische Bibel aufgenommen worden. Erstaunlicher Weise fehlt es auch in der Septuaginta.[182] Der 17. Psalm dieser sorgfältig aufgebauten Sammlung bezeichnet den König der Heilszeit in V. 32 ausdrücklich als den Gesalbten des Herrn. Seine zweite Hälfte liest sich wie ein Kompendium der biblischen Messiaserwartungen, nur daß in ihm die aktive Rolle des erwarteten Königs aus Davids Geschlecht deutlicher als in den älteren Texten hervortritt. Auch wenn seine Herrschaft dem Königtum Gottes untergeordnet wird, ist er es doch, von dem man den Befreiungsschlag gegen die Heidenvölker erwartet, die Jerusalem knechten. Das Gebet stammt aus der Zeit nach dem innen- und außenpolitischen Scheitern der hasmonäischen Priesterkönige: Nach innen hatten sie durch die Verfolgung der Frommen durch Alexander Jannaeus (103–76 v. Chr.), die Tausende von ihnen zur Flucht „in die Wüste" getrieben hatte (vgl. PsSal 17,15–17 mit Jos. Ant. XIII.380–391), bei diesen die Sympathien verspielt. Außenpolitisch hatte der Hader zwischen den Brüdern Aristobul II. (67–63) und dem Hyrkan II. es Pompejus erleichtert, Jerusalem 63 v. Chr. zu erobern, das Allerheiligste des Tempels

---

[180] Vgl. dazu oben, S. 152–154.

[181] Vgl. dazu auch Bernhard Duhm, Das Buch Jesaja, 4. Aufl., HK II/1, Göttingen: Vandenhoeck & Ruprecht 1922, S. 415.

[182] Zur Überlieferung, Komposition und Theologie der Psalmen Salomos vgl. Otto Kaiser, Die alttestamentlichen Apokryphen. Eine Einleitung in Grundzügen, Gütersloh: Christian Kaiser. Gütersloher Verlagshaus 2000, S. 72–78.

zu betreten und den Priesterkönig Aristobul samt seiner Familie zu verhaften und mitsamt seinem Hofstaat nach Rom zu deportieren, um ihn dort bei seinem Triumph vorzuführen.[183] Sah man in Pompejus einerseits den Vollzieher der strafenden Gerechtigkeit Jahwes (PsSal 17,10), so verlangte doch andererseits seine blutige Eroberung und Schändung des Heiligtums nach einer göttlichen Strafe, als die man seine Ermordung 48 v. Chr. bei seiner Landung in Alexandrien betrachtete (vgl. PsSal 2,19–29 mit Plut. Pomp. 77–80). Formal war Juda nun wieder ein Tempelstaat mit Hyrkan II. als Hohenpriester an der Spitze, unterstand aber trotzdem der Aufsicht durch den Gouverneur der römischen Provinz Syrien. So ist es verständlich, daß sich die Hoffnung auf das Kommen des verheißenen Davididen richtete, von dem man in den pharisäischen Kreisen, die in den Psalmen Salomos das Wort ergreifen, erstens die Ausrottung der Überlebenden der hasmonäischen Dynastie, zweitens die Befreiung von der Fremdherrschaft und drittens die Reinigung Israels von den Sündern erwartete. Denn Heil kann es nach der selbstverständlichen Denkvoraussetzung der Frommen im Lande nur geben, wenn die Gesetzlosen und die Sünder aus ihm vertrieben oder vernichtet sind.

Die dem Messias zugeschriebenen Eigenschaften fassen die alttestamentlichen Erwartungen gleichsam zusammen:[184] Er stammt aus dem Geschlecht Davids; er ist der, dem Gott Stärke, Weisheit und Gerechtigkeit verleiht, so daß er die Feinde mit eisernem Stabe wie Töpfergeschirr zerschmettert und das Wort seines Mundes ausreicht, die Gesetzlosen zu vernichten und die Feinde in die Flucht zu jagen (PsSal 17,21–25):[185]

21 *Sieh zu, Herr, und richte ihnen auf ihren König, den Sohn Davids,*[186]
 in der Zeit, die du ausersehen, o Gott, über Israel, deinen Knecht,
 zu herrschen,
22 *und umgürte ihn mit Stärke,*[187] *zu zermalmen ungerechte Fürsten,*[188]
 zu reinigen Jerusalem von Heidenvölkern, die vernichtend zertreten,[189]

---

[183] Vgl. PsSal 17,10–14 mit Jos. Ant. XIV.40–79; Pllut. Pomp. 45.

[184] Vgl. dazu auch Ernst-Joachim Waschke, „Richte ihnen auf ihren König, den Sohn Davids" – Psalmen Salomo 17 und die Frage nach den messianischen Traditionen, in: Udo Schnelle, Hg., Reformation und Neuzeit. 300 Jahre Theologie in Halle, Berlin. New York: Walter de Gruyter 1994, S. 31–48 = ders., Der Gesalbte, BZAW 306, 2001, S. 127–140.

[185] Übersetzung Svend Holm-Nielsen, Die Psalmen Salomos, JSHRZ IV/2, Gütersloh: Gütersloher Verlagshaus Gerd Mohn 1977, S. 100–111.

[186] Vgl. 2. Sam 7,12.

[187] Vgl. Ps 18,33.40.

[188] Vgl. Ps 2,9; 110,5–6.

[189] Vgl. PsSal 2,2.19; 1. Makk 3,45.

23 *in Weisheit (und) in Gerechtigkeit*[190] *die Sünder vom Erbe zu verstoßen,*
des Sünders Übermut zu zerschlagen wie des Töpfers Geschirr,[191]
24 *mit eisernem Stabe*[192] *zu zerschlagen all ihren Bestand,*[193]
zu vernichten gesetzlose Völkerschaften durch das Wort seines Mundes,[194]
25 *durch seine Drohung den Feind in die Flucht zu schlagen fort von seinem Angesicht.*
und die Sünder zu züchtigen in ihres Herzens Wort.

Dann folgt in den V. 26–43 eine ausführliche Schilderung seines segensreichen Wirkens. An der Spitze steht die Weissagung, daß er ein heiliges, weil von Gott geheiligtes Volk versammeln und in Gerechtigkeit leiten und keinerlei Ungerechtigkeit in seiner Mitte dulden würde. Das Volk der Heilszeit würde eine Gemeinschaft von Frommen sein, zu denen sich auch die pharisäischen Dichter der Psalmen Salomos rechnen.[195] Der Messias aber würde das von ihm geheiligte Volk nach seiner Stammeszugehörigkeit im Land ansiedeln und so das Zwölfstämmevolk wiederherstellen (V. 28).

Das gibt uns Anlaß anzumerken, daß die Hoffnung auf die Wiedererrichtung des Reiches Davids die erneute Vereinigung der Nord- und der Südstämme einschloß.[196] Diese Erwartung hat in der Zeichenhandlung von den beiden Hölzern mit den Aufschriften *„Für Juda und die Israeliten, seine Genossen"* und *„Für Josef und das ganze Haus Israel, seine Genossen"* in Ez 37,15–19 ihren symbolischen Ausdruck gefunden. Zwei Nachträge runden dort das Bild des erneuerten einen Gottesvolkes ab:[197] Im ersten (V. 20–24) verheißt Jahwe die Sammlung und Heimführung aller Israeliten aus den Völkern. Dann würde er ihnen seinen Knecht David als einzigen Hirten geben, während sie seinen Rechtssätzen und Satzungen gemäß wandelten. David soll mithin künftig ihre Geschicke, die Tora aber ihren Wandel lenken. So vereinigt sich hier die Messiaserwartung mit der Torafrömmigkeit, wie sie in den Psalmen Salomos vorausgesetzt wird. Im zweiten (V. 25–28) versichert ihnen Jahwe, daß sie für immer im Lande bleiben würden, sein Knecht David für immer ihr Fürst sein und er einen Bund des Heils mit ihnen schließen werde. Damit würde die Heilsgeschichte zu ihrem Ziel gelangen; denn Jahwe wolle

---

[190] Vgl. PsSal 18,7.
[191] Vgl. Ps 2,9; Apk 2,26; 12,5 und 19,15.
[192] Vgl. Ps 2,9.
[193] Vgl. PsSal 15,5.
[194] Vgl. Jes 11,4.
[195] Vgl. die Gegenüberstellung des Frommen mit dem Sünder in PsSal 3 und zur Sache Joachim Schüpphaus, Die Psalmen Salomos, ALGHJ 7, 1977, S. 127–137.
[196] Vgl. auch Jes 11,11–13; Jer 31*; Hos 2,1–2; 3,4–5; Am 9,9.14–15; Sach 9,10.13–15; 10,6–12.
[197] Zum literarischen Befund vgl. Karl-Friedrich Pohlmann, ATD 22/2, 2001, S. 500–501.

dann für immer in seinem Heiligtum unter ihnen wohnen.[198] Er werde ihr Gott sein und sie sein Volk.[199] So soll die Geschichte, die mit dem Bundesschluß am Sinai/Horeb und mit seiner Wiederholung im Lande Moab begann, schließlich ihr Ziel erreichen und das geeinte Gottesvolk unter seinem König aus Davids Geschlecht in seinem Lande wohnen und dank seines Gehorsams gegen seines Gottes Weisung den vollen Segen seiner Gegenwart erfahren. Aber das Ezechielbuch bleibt nicht bei solch hohen Erwartungen stehen, sondern bietet in Ez 47,21–48,35 gleich einen Plan für die Aufteilung des Landes unter die Stämme und für die rings um das Heiligtum gelegenen Ländereien der Priester, der Leviten und des „Fürsten".[200] – Und so verstehen wir, warum PsSal 17,26 mit der Gliederung Israels in seine Stämme in der Heilszeit rechnet und warum der König sie nach V. 28 wieder in ihren alten Stammesgebieten ansiedelt: Das gehört zur vollkommenen Wiederherstellung des geeinten Gottesvolkes, daß jeder seine Stämme wieder in dem ihm einst von Josua zugewiesenen Stammesgebiet wohnt (vgl. Jos 13–19).

So wie der Heilskönig die Stämme Israels richtet (V. 26), wird er aber auch die Völker in weiser Gerechtigkeit regieren, was allerdings ihren Frondienst nicht ausschließt (V. 29–30). Den Mittelpunkt des Landes und der Völkerwelt aber wird das durch ihn von aller Sünde gereinigte Jerusalem bilden, zu dem die Völker der ganzen Erde kommen, um die Herrlichkeit des Herrn zu sehen[201] und ihm die Zerstreuten seines Volkes als Gaben darzubringen (V. 31).[202] Der Messias aber wird sich in seiner Gerechtigkeit Jahwe als dem eigentlichen König Israels unterordnen (V. 34). Diese Unterordnung des irdischen Königtums unter das Königtum Gottes findet schon darin seinen Ausdruck, daß der Psalm in V. 1–3 mit einem Vertrauensbekenntnis zu Gott als dem König der Beter beginnt:[203]

1 *Herr, du selbst bist unser König[204] für immer und ewig;*
 ja, in dir, o Gott, soll unsere Seele sich rühmen.
2 *Und was ist die Lebenszeit des Menschen auf Erden?*
 Seiner Zeit entspricht auch seine Hoffnung auf sie.[205]

---

[198] Vgl. Ex 29,45–46.
[199] Vgl. Dtn 26,17–18 und dazu oben, S. 21–22.
[200] Vgl. dazu auch Thilo Alexander Rudnig, Heilig und Profan, BZAW 287, S. 231–232.
[201] Vgl. Jes 40,5.
[202] Vgl. Jes 60,4.
[203] Übersetzung Svend Holm-Nielsen, JSHRZ IV/2, S. 97.
[204] Vgl. Ps 47,7; 89,19; Jes 33,22 und PsSal 5,19.
[205] D. h.: wegen der Kürze der Lebenszeit ist auch die auf sie gesetzte Hoffnung endlich; vgl. Ps 90,10; 103,14–18; Sir 18,7–14.

§ 8 Der Gesalbte Jahwes

3 Wir aber hoffen auf Gott,[206] unseren Retter;
   denn die Stärke unseres Gottes ist auf ewig mit Barmherzigkeit,
   und das Königtum unseres Gottes ist in Ewigkeit über den Heiden.

Mit einem Bekenntnis zu dem Herrn als dem König aber schließt auch der am Ende des Psalms in den V. 44–46 stehende Glückwunsch, der zugleich der ungeduldigen Erwartung der Rettung Ausdruck gibt:[207]

44 Wohl denen, die leben in jenen Tagen,[208]
    in der Versammlung der Stämme zu sehen das Glück Israels, das Gott schaffen wird.
45 Es beeile sich Gott[209] mit seinem Erbarmen über Israel,
    er befreie uns von der Unreinheit unheiliger Feinde.
46 Der Herr selbst ist unser König für immer und ewig.

Was der in V. 32 als der Gesalbte des Herrn[210] bezeichnete Heilskönig tut, das vollbringt er mithin dank des Beistandes seines Gottes[211] (V. 32–35):[212]

32 Und er ist ein gerechter und gelehrter König über sie,
    und in seinen Tagen ist kein Unrecht unter ihnen;[213]
    denn alle sind heilig, und ihr König ist der Gesalbte des Herrn.[214]
33 Denn er wird nicht auf Pferde und Wagen und Bogen hoffen,
    noch wird er anhäufen Gold oder Silber zum Krieg,
    noch sich auf Viele verlassen am Tage des Krieges.[215]
34 Der Herr selbst ist sein König,
    die Hoffnung des Starken besteht in der Hoffnung auf Gott,
    und er wird alle Völker vor seinem Angesicht in Furcht zerstreuen,
35 Denn er wird die Erde schlagen durch das Wort seines Mundes in Ewigkeit,[216]
    und das Volk des Herrn segnen in Weisheit mit Freude.

Die V. 36–37 preisen seine Sündlosigkeit und seine Begabung mit dem heiligen Geist,[217] der ihm Rat, Stärke und Gerechtigkeit verleiht, und versichern weiterhin, daß ihn der Segen des Herrn nicht verlassen wird. Ganz

---

[206] Vgl. Jes 25,9; 33,2: Jer 14,22 und PsSal 9,10; 15,1.
[207] Übersetzung Svend Holm-Nielsen, JSHRZ IV/1, S. 106–107.
[208] Vgl. Dan 12,12.
[209] Vgl. Jes 5,19.
[210] Vgl. Ps 2,2; 20,7; 28,8.
[211] Vgl. Ps 2,7–9; 18,51; 20,7; 28,8; 84,10; 132,10 bzw. Ps 89,39.52.
[212] Übersetzung Svend Holm-Nielsen, JSHRZ IV/1, S. 104–105. Ergänzung V. 34 vom Verfasser.
[213] Vgl. Jer 23,5 f. und sachlich Jes 11,2.
[214] Zum Text vgl. Holm-Nielsen, S. 104 Anm. 32 d).
[215] Vgl. Ps 20,8; Dtn 17,16–17; Jes 36,7.
[216] Vgl. Jes 11,4.
[217] Vgl. Jes 63,14; Ps 51,13; 143,10; Ez 11,19 und 36,26 dazu GAT II, S. 207–208 sowie oben S. 192–193.

im Sinne von Jes 11,1–5 wird er uns in den V. 39–43 als der Gottesfürchtige und der gerechte Hirte der Herde des Herrn vorgestellt:

39 *Sein Vertrauen (ist) auf den Herrn,*
   und wer ist mächtig gegen ihn?
40 *Gewaltig in seinen Werken und mächtig durch Gottesfurcht,*[218]
   indem er die Herde des Herrn weidet in Treue und Gerechtigkeit,[219]
   und er wird nicht zulassen, daß (einer) unter ihnen ermüdet auf ihrer Weide.[220]
41 *Ohne Unterschied wird er sie alle führen,*
   und unter ihnen wird sein kein Hochmut, daß Unterdrückung bei ihnen geschehe.
42 *Dies ist die Majestät des Königs Israels,*[221] *<den> Gott auserwählte,*[222]
   ihn zu setzen über das Haus Israel, um es zu leiten.
43 *Seine Worte sind geläuterter als das allerkostbarste Gold,*[223]
   in den Versammlungen wird er die Stämme eines geheiligten Volkes richten,
   seine Worte sind wie die Worte von Heiligen[224] *inmitten geheiligter Völker.*

Den Glückwunsch, mit dem der Psalm in den V. 44–46 für die schließt, die sein Kommen erleben, nimmt der folgende 18. Psalm Salomos in den V. 6–8 auf. Hier heißt es:

6 *Wohl denen, die in jenen Tagen leben, die Wohltaten des Herrn zu sehen,*
  die er dem kommenden Geschlecht erweisen wird,
7 *unter dem züchtigenden Stab des Gesalbten des Herrn in seiner Gottesfurcht,*
  in der Weisheit des Geistes und der Gerechtigkeit und der Stärke,[225]
8 *einen jeden anzuleiten in Werken der Gerechtigkeit und Gottesfurcht,*
  um sie alle vor dem Herrn darzustellen.

So ist der Gesalbte des Herrn der Psalmen Salomos der Befreier Israels, der sein Volk von Sündern reinigt und es Gott als das durch seinen Gehorsam gegen die Gebote der Tora geheiligte Volk präsentiert.

8. *Bezeugt Ps 22 einen leidenden Messias?* Nachdem wir den König der Heilszeit bisher als den machtvollen Herrscher über die Völker kennen gelernt haben, müssen wir der Vollständigkeit halber auch noch fragen, ob das Alte Testament einen leidenden Messias kennt. Da wir uns bei unserer Untersuchung von Jes 52,13–53,12 und Sach 12,9–13,1 gegen eine solche Deutung entschieden haben,[226] verbleibt uns nur noch Ps 22 als möglicher

---

[218] Vgl. Jes 11,2.
[219] Vgl. Ez 34,23.
[220] Vgl. Ez 34,12–16 (von Jahwe).
[221] Vgl. Ps 45,4 mit 93,1.
[222] Vgl. Dtn 17,15.
[223] Vgl. Ps 12,7 (von Jahwes).
[224] D. h.: Engeln.
[225] Vgl. PsSal 17,35–7 bzw. Jes 11,2–3.
[226] Vgl. dazu oben, S. 165–171.

§ 8 Der Gesalbte Jahwes

Zeuge. Allerdings wird sich auch bei ihm herausstellen, daß das Lied nicht messianisch gemeint war, sondern vom Leiden und der Rettung eines paradigmatischen Frommen handelt. Der Psalm gliedert sich in die beiden Teile V. 2–22 mit der Klage und V. 23–32 mit dem Danklied. Der Anfang des Liedes ist dem christlichen Leser vertraut, weil Jesus nach Mk 15,34 par Mt 27,46 mit seinen Worten gestorben ist. Die Aussage in V. 19, daß die Feinde des Beters bereits seine Kleider teilen, wird in Joh 19,24 als Voraussage auf das entsprechende Schicksal Jesu gedeutet. Der paradigmatische Fromme des Liedes ließ sich ungekünstelt mit Jesus identifizieren, da auch sein Weg durch Leiden zum ewigen Leben führte.[227]

Es sei hier wenigstens die erste Hälfte der Klage vollständig zitiert. Sie besteht aus dem das Gebet eröffnenden Notschrei (V. 2–3), dem Verweis auf das Beispiel der Väter (V. 4–6), der Klage über die Verachtung des Beters (V. 7–9) und seinem in die Rettungsbitte mündenden eigenen Vertrauensbekenntnis (V. 10–12):

2 *Mein Gott, mein Gott, warum hast du mich verlassen,*
   fern von meinem Flehen[228]*, den Worten meines Schreiens?*
3 *Mein Gott, tags rufe ich zu dir, du antwortest nicht,*
   nachts, aber mir wird keine Stillung.

4 *Aber du, der Heilige, thronst,*[229]
   der Lobpreis Israels.
5 *Auf dich vertrauten die Väter,*
   sie vertrauten, und du hast sie errettet.
6 *Zu dir schrien sie und wurden gerettet,*
   auf dich vertrauten sie und wurden nicht zuschanden.

7 *Aber ich bin ein Wurm und kein Mensch,*
   ein Abschaum der Menschen, verachtet vom Volk.
8 *Alle, die mich sehen, verspotten mich,*
   sperren die Lippen auf, wackeln mit dem Kopf:
9 *Er vertraute*[230] *auf Jahwe: Der rette ihn,*
   der reiße ihn heraus, denn er[231] *hat an ihm Gefallen!*

---

[227] Vgl. dazu Hartmut Gese, Ps 22 und das Neue Testament. Der älteste Bericht vom Tode Jesu und die Entstehung des Herrenmahls, ZThK 65, 1968, S. 1–22, bes. S. 14–22 = ders., Vom Sinai zum Zion, BevTh 64, 1974, S. 180–201, bes. S. 193–201, wo er auch auf die Umdeutung des Mahles in V. 27 hinweist, nach der es zwischen Gott und Menschen Gemeinschaft stiftet und damit zum Urbild des Herrenmahls wird.
[228] Siehe BHS.
[229] Versetze den Atnach hinter *jōšēb*.
[230] Wörtlich: „Er wälzte." Lies mit BHS statt des Imperativs das Perfekt 3. sing.
[231] Subjekt: Jahwe, vgl. Ps 18,20.

10 Ja, du bist es, der mich aus dem Mutterleib zog,
    mich an meiner Mutter Brüsten geborgen.
11 Auf dich bin ich geworfen vom Mutterleibe an,
    vom Leib meiner Mutter her bist du mein Gott.
12 Bleibe nicht fern von mir,
    denn die Not ist nahe;
    denn es gibt keinen Helfer.

Der Leser der Klage wird also mit der Frage entlassen, ob das Gottvertrauen des leidenden Beters wie das der Väter gerechtfertigt war oder nicht. Die Antwort darauf erteilt das Danklied in den V. 23–32. Es nimmt einen seltsamen Verlauf: An das einleitende Lobgelübde in V. 23 schließt sich in den V. 24–27 eine Aufforderung an die Gottesfürchtigen zum Gotteslob an. Sie wird damit begründet, daß Jahwe das Elend des Elenden (עָנִי / ʻānî) nicht verachtet, sondern sein Schreien erhört hat, so daß dieser sein Gelübde inmitten einer großen, aus Jahwe fürchtenden Menschen bestehenden Gemeinde erfüllen kann. Die Aufforderung endet in V. 27 mit der Verheißung, daß alle Gebeugten (עֲנָוִים / ʻănāwîm) essen und satt werden und alle, die Jahwe suchen, ihn preisen werden, weil er ihr Herz aufleben läßt (V. 23–27):

23 Erzählen will ich deinen Namen meinen Brüdern,
    inmitten der Gemeinde dich preisen.
24 Die ihr Jahwe fürchtet, preiset ihn,
    aller Same Jakobs, ehret ihn,
    und scheut ihn aller Same Israels.
25 Denn er hat nicht verschmäht
        und nicht verachtet
            das Elend des Elenden,
    und nicht verbarg er sein Antlitz vor ihm,
    sondern er erhörte sein Schreien.
26 Von dir stammt mein Lobpreis in großer Gemeinde,
    meine Gelübde erfülle ich vor denen, die ihn fürchten.
27 Essen sollen die Gebeugten und satt werden,
    preisen sollen Jahwe, die ihn suchen.
    Es lebe euer Herz für immer auf!

Offenbar ist hier der gerettete „Arme" das Paradigma für seine ganze Gemeinde: Weil er aus aussichtsloser Feindesnot von Jahwe gerettet ist, dürfen auch die „Gebeugten" darauf vertrauen, daß sie von Jahwe gerettet werden und satt zu essen bekommen. Vermutlich ist diese Aussage bereits metaphorisch zu verstehen und besagt, daß die Demütigen vor dem Ansturm der Völker gerettet und am Überfluß der Heilszeit Anteil haben werden. Auf diese Weise ergibt sich ein organischer Zusammenhang mit der in den V. 28–29 folgenden Verheißung der Anerkennung des Königtums Jahwes durch die Völker. Das Gemeinschaft zwischen Gott und der

Gemeinde stiftende Dankopfermahl[232] weist über sich hinaus auf die universale Gottesgemeinschaft der Heilszeit, in die auch die Völker einbezogen werden sollen:

> 28 *Besinnen sollen sich und zu Jahwe wenden*
> *alle Enden der Erde,*
> *Und huldigen vor ihm*
> *alle Geschlechter der Völker.*
> 29 *Denn Jahwe gehört das Königtum*
> *und er herrscht über die Völker.*
> 31b *Erzählt werden soll vom Herrn einem Geschlecht,*
> *kommen und kundtun seine Gerechtigkeit/Hilfe dem Volk,*
> *das geboren wird, denn er hat es getan.*

Der leidende und erlöste Beter dieses Psalms dient so als ein Paradigma für die Frommen: So wie er errettet wurde, weil er den Vätern gleich von Kindheit an auf Jahwe vertraute, sollen auch sie auf Gottes Hilfe bauen und ihm unverbrüchliche Treue bewahren, weil der Tag der Offenbarung seiner Königsherrschaft kommt. Ob es sich bei dem Beter um eine konkrete Gestalt wie einen Vorbeter oder Lehrer der Jerusalemer Frommen wie später im Fall des in den Qumranschriften bezeugten Lehrers der Gerechtigkeit[233] oder um das Paradigma des leidenden Frommen überhaupt handelt, läßt sich nicht sicher entscheiden. Eine messianische Gestalt ist der Fromme unseres Liedes jedoch so wenig wie der Lehrer der Gerechtigkeit.[234]

Aber wenn wir den zwischen V. 29 und V. 31b eingerückten V. 30a betrachten, der in V. 30b und 31a nachdrücklichen Widerspruch gefunden hat, verstehen wir besser, warum das Urchristentum Ps 22 als eine Weissagung auf Jesu Tod und Auferstehung verstanden hat. Denn in V. 30a werden auch die Toten in die eschatologische Huldigung der Völker einbezogen. Dagegen bestreiten V. 30b und 31a diese Möglichkeit entschieden: Wer tot ist, bleibt tot, nur seine Nachkommen können den Beginn der Königsherrschaft Jahwes über die ganze Erde erleben:

---

[232] Vgl. zu ihm Rolf Rendtorff, Studien zur Geschichte des Opfers im Alten Israel, WMANT 24, Neukirchen-Vluyn: Neukirchener Verlag 1967, S. 135–137 und S. 144–145.

[233] Vgl. zu ihm ausführlich Gerd Jeremias, Der Lehrer der Gerechtigkeit, StUNT 2, Göttingen: Vandenhoeck & Ruprecht 1963 und kurz und bündig Julio Trebolle Barrera, in: Florentino García Martinez und ders., The People of the Dead Sea Scrolls, trl. W. G. E. Watson, Leiden u. a.: E. J. Brill 1995, S. 53–55.

[234] Vgl. Gerd Jeremias, Lehrer, S. 268–307.

§ 8 Der Gesalbte Jahwes   223

30a *Nur ihm sollen huldigen*[235] *alle, die in der Erde* schlafen[236]*,*
Vor ihm sollen sich beugen alle, die zum Staube fuhren.
30b *Aber er selbst, er lebte nicht auf.*
31a *Seine Nachkommen werden ihm dienen!*

Die Evangelisten hielten sich an V. 30a: Er ermöglichte ihnen die *relecture*, die in dem paradigmatischen Beter von Ps 22 Jesus zu erkennen: Der Messias, der mit dem ins Aramäische übersetzten Notschrei seines ersten Verses ελωι ελωι λεμα σαβαχθανι (Mk 15,34) stirbt, ist für sie der Erstling unter den Entschlafenen, die dem Tode entrückt das ewige Gotteslob anstimmen werden.[237].

9. *Der einem Menschensohn Gleiche in Dan 7.* Eigentlich hätten wir mit dieser Feststellung einen würdigen Abschluß des ganzen Kapitels erreicht, aber es gilt noch, nach der Eigenart des alttestamentlichen Vorläufers des Menschensohnes in Dan 7 zu fragen. Da die Ankunft des Menschensohns in Dan 7,13 und Mk 14,62 par Mt 26,64 ähnlich geschildert wird, kann die Übereinstimmung nicht zufällig sein. In Dan 7,13–14 heißt es im Rahmen einer himmlischen Gerichtsszene (V. 9–10 + 13–14), die wir schon deshalb in ihrem Wortlaut mitteilen, weil sie eine der drei Beschreibungen Gottes enthält:

> 9 *Und ich schaute, bis daß Throne aufgestellt wurden und der Uralte an Tagen sich setzt. Sein Gewand war weiß wie Schnee und sein Kopfhaar rein wie Wolle. Seine Throne waren Feuerflammen und seine Räder fressendes Feuer.* 10 *Ein Strom von Feuer floß und ging vor ihm heraus und Tausend mal Tausende dienten ihm und Zehntausend mal Zehntausende standen vor ihm.* 13 *(Und ich schaute im Nachtgesicht:) Und siehe mit den Wolken des Himmels kam einer wie ein Menschensohn* (בַּר אֱנָשׁ / *bar ᵉnāš*) *und zu dem Uralten an Tagen gelangte er und wurde vor ihm hingestellt.* 14 *Und ihm wurde Macht und Ehre und Herrschaft gegeben, und alle Völker, Nationen und Zungen sollen ihm dienen. Seine Macht ist eine ewige Macht, die nicht endet, und seine Herrschaft (so), daß sie nicht zugrunde geht.*

Bei Markus und Matthäus beantwortet Jesus die Frage des Hohenpriesters, ob er der Messias, der Sohn des Hochgelobten sei, zustimmend und fügt hinzu (Mk 14,62): *ihr werdet den Menschensohn sehen sitzend zur Rechten der Kraft und kommend mit den Wolken des Himmels.* Der Menschensohn und der Messias scheinen hier also identisch zu sein.[238] Und

---

[235] Siehe BHS.
[236] Siehe BHS.
[237] So auch Hartmut Gese, Psalm 22, ZThK 65, 1968, S. 54 – ders., Vom Sinai zum Zion, S. 191.
[238] Zur Diskussion vgl. Ferdinand Hahn, Christologische Hoheitstitel, 1995⁵, S. 454–461.

so hat erst die neutestamentliche und schließlich auch die alttestamentliche Forschung Dan 7 und seinen Sprachgebrauch im Rahmen des Danielbuches und des jüdischen Schrifttums wieder und wieder abgehorcht, um festzustellen, ob sich diese Gleichsetzung im Judentum nachweisen läßt und wer eigentlich der Menschensohn von Dan 7 ist.

Doch um die Diskussion und die hier angebotene Lösung zu verstehen, müssen wir uns zunächst den Aufbau des Kapitels vergegenwärtigen und sehen, ob es sich bei ihm um eine primäre oder eine sekundäre Komposition handelt. Seine Gliederung ist einfach: Es besteht aus zwei Teilen. Der erste umfaßt die V. 1–18 und enthält in den V. 1–15 die Beschreibung einer nächtlichen Vision Daniels und in den V. 16–18 ihre Deutung durch einen Engel: In einem Nachtgesicht sieht Daniel nacheinander vier Ungeheuer, einen geflügelten Löwen, einen halb aufgerichteten Bär, der drei Rippen im Maul hat, einen Panther mit vier Köpfen und vier Flügeln und ein besonders furchterregendes Tier, dessen Zähne aus Eisen und dessen Krallen aus Erz sind, aus dem Meer aufsteigen. Das letzte frißt, soviel es kann, und zertritt den Rest. Außerdem besitzt es zehn Hörner. Ein Ungeheuer folgte auf das andere, bis schließlich das vierte Tier getötet wurde. Dann sah Daniel, daß Gott, der als der Uralte an Tagen bezeichnet wird, auf seinem Flammenthron im Kreis seiner unzähligen himmlischen Diener Platz nahm, um Gericht zu halten und die Bücher geöffnet wurden, in denen offenbar alle Ereignisse der Geschichte und Taten der Menschen verzeichnet waren.[239] Darauf kam einer, der wie ein Mensch aussah, mit den Wolken des Himmels und wurde vor Gott gestellt, der ihm sogleich die Macht über alle Menschen der Erde übergab.

Verwirrt und erschrocken fragt Daniel einen der Himmlischen, was das bedeute (V. 15). Die Antwort aber lautete, daß die vier Tiere vier Reiche verkörpern, die sich auf Erden erheben, bis das Reich den Heiligen des Höchsten gegeben wird, deren Herrschaft ewig währen wird (V. 18). Das ist eine in sich geschlossene Erzählung, die eigentlich nach keiner Ergänzung verlangt.

Daß die Geschichte weitergehen kann und sich in den V. 19–28 eine zweite Deutung anschließt, ist der Einfügung der V. 8 und 11a zu verdanken. V. 8 ergänzt das Gesicht des vierten Tieres dahin gehend, daß Daniel sieht, wie zwischen seinen zehn Hörnerpaaren ein kleines Horn aufsteigt, das drei andere Hörner zu Fall bringt, Augen auf seinen Hörnern und

---

[239] Zum kanaanäischen Hintergrund der Vorstellung von der Thronratszene vgl. Oswald Loretz, Ugarit und die Bibel, Darmstadt: Wissenschaftliche Buchgesellschaft 1990, S. 56–65.

einen großsprecherischen Mund besitzt.²⁴⁰ In V. 11a hört Daniel dann die großsprecherischen Worte dieses Hornes. Und also ist der Knoten für die Fortsetzung der Erzählung in den V. 19–28 geschürzt, in denen es um die Deutung des vierten Tieres und seines großsprecherischen Hornes geht, das der Prophet gegen die Heiligen erfolgreich kämpfen sah, bis der Uralte seinem Treiben ein Ende bereitete (V. 21–22). Die Deutung lautet, daß das vierte Reich zehn Könige hervorbrächte, bis ein weiterer erschiene, der drei andere aus dem Wege räume, gegen den Höchsten rede, die Heiligen des Höchsten quäle und danach trachte die Zeiten und die Ordnung (דָּת / $d\bar{a}t$) zu ändern,²⁴¹ wobei die Heiligen des Höchsten eine Zeit, zwei Zeiten und eine halbe Zeit (vgl.12,7) in seine Hand gegeben wurden (V. 25–26).²⁴² Dann aber fände das Gericht statt, und er würde endgültig vernichtet. Das Reich aber würde dem Volk der Heiligen des Höchsten gegeben, dessen Herrschaft kein Ende nähme (V. 27).

Daß die vier Reiche das Babylonische, Medische,²⁴³ Persische und Griechische Reich bedeuten und das elfte Horn den Seleukidenkönig Antiochos IV. symbolisiert, der 168 den in der Tora gebotenen Kult im Jerusalemer Tempel einstellen ließ und den Tempel selbst dem Bel Schamin, dem Himmelsgott weihte, ist allgemein anerkannt. Daß die Abfolge der Reiche im mythischen Bilde in ein Nebeneinander verwandelt wird, zeugt für das kerygmatische Interesse des für die Endgestalt des Textes verantwortlichen Apokalyptikers, dem es darum geht, seiner Gemeinschaft der Frommen den Mut zum Durchhalten angesichts des absehbaren Endes des Königs und damit der Fremdherrschaft über das Gottesvolk zu geben.²⁴⁴

---

²⁴⁰ Zum Hintergrund der Vorstellung von den vier aus dem Meere aufsteigenden Tieren vgl. John Day, God's conflict, UPOC 35, 1985, S. 151–157, der S. 156–157 auf Hos 13,7–8 verweist.

²⁴¹ Vgl. dazu auch Klaus Koch, Daniel, EdF 144, 1980, S. 140.

²⁴² Vgl. dazu ebd., S. 145–148.

²⁴³ Die Annahme eines zwischen das Babylonische und das Persische tretenden Medischen Reiches spiegelt sich auch in 5,30; 6,1 und 9,1 (vgl. 10,1); vgl. Klaus Koch, Dareios, der Meder, in: ders., Die Reiche der Welt und der kommende Menschensohn, Ges. Aufsätze II, 1995, S. 140–172; zur Herkunft der Vorstellung von den vier Reichen vgl. Martin Hengel, Judentum und Hellenismus, WUNT 10, 1969 (1988), S. 332–337 und Reinhard G. Kratz, Translatio imperii, WMANT 63, 1991, S. 197–225 und zur Nachwirkung in den Danielapokalypsen Matthias Heinz, The Syriac Apocalypse of Daniel, Studien und Texte zum Antiken Christentum 11, Tübingen: Mohr Siebeck 2001, S. 2–22.

²⁴⁴ Vgl. dazu John J. Collins, The Apocalyptic Vision of the Book of Daniel, HSM 16, 1977, S. 154–162.

Die entscheidenden drei bis heute kontrovers beschiedenen Fragen lauten: 1.) wer ist der einem Menschen Gleiche; 2.) wer sind die Heiligen des Höchsten und 3.) wer ist das Volk der Heiligen des Höchsten? Am einfachsten ist die letzte Frage zu beantworten. Das Volk der Heiligen des Höchsten ist das wahre, von den Frommen verkörperte und von den Unterweisern belehrte Israel, das Gott kennt, nicht von der Bundestreue abfällt und bereit ist, dafür gegebenenfalls das eigene Leben hinzugeben (11,32–35). Denn die Frommen wissen, daß sie zum ewigen Leben auferstehen werden und ihre getreuen Unterweisern eine himmlische Ehrenstellung erwartet (12,2–3). Die zweite Frage ergibt ein gespaltenes Ergebnis, das aber durch den Kontext Eindeutigkeit gewinnt: Die Heiligen schlechthin sind schon in den ugaritischen Texten die Mitglieder des Hofstaates des höchsten Gottes[245] und im Alten Testament vorrangig die Engel.[246] Aber auch die Frommen können als solche bezeichnet werden.[247] In den Qumranschriften begegnet in CD XX,8 der einzige weitere Beleg für die Heiligen des Höchsten, doch ist der Kontext zu fragmentarisch, um eine Entscheidung darüber zu ermöglichen, ob es sich um himmlische oder irdische Gestalten handelt.[248] Da die Essener und ihre Vorgänger davon überzeugt waren, dank ihrer priesterlichen Reinheit im Rat der Heiligen zu stehen (1QS IX, 7–8), ist es nicht sicher, ob z. B. in 1QS XI,7 mit dem Rat der Heiligen die Engel oder die Angehörigen des Neuen Bundes gemeint sind. In 1QM XII, 7–9 bekennt ein Beter Gott, daß die Gemeinde seiner Heiligen in der Mitte der Streiter der Frommen Israels ist und so das Volk der heiligen Helden und die Heerschar der Engel in ihrem Aufgebot sei. Auf Erden kämpfen die Heiligen Helden, im Himmel die Heerschar der Engel. Lesen wir weiter in der Kriegsrolle, so werden wir auf eine Fährte gesetzt, die sich für die Beantwortung der 2. und 3. Frage zugleich als fruchtbar erweist. Denn in 1QM XVII,5–8 heißt es:[249]

> 5 ... *Heute ist die Zeit, um zu demütigen und zu erniedrigen den Fürsten der Herrschaft* 6 *des Frevels. Und er (d. h.: Gott) schickt ewige Hilfe dem Lose*

---

[245] Vgl. dazu Werner H. Schmidt, Wo hat die Aussage Jahwe, „der Heilige" ihren Ursprung?, ZAW 74, 1962, S. 62–66.
[246] Vgl. z. B. Ps 29,1; 89,6–8; Hiob 14,18; 15,15; 33,23–24; Sach 14,5; Sir 24,2; 42,17 und Dan 4,10.14.20; 8,13.24 und dazu Joseph Coppens, Le fils d'homme vétéro- et intertestamentaire, BEThL 61, 1983, S. 72–84.
[247] Vgl. Ps 16,10; 34,10; und z. B. Aaron Ps 106,16 und dazu Coppens, S. 84–86.
[248] Coppens, Le fils d'homme, S. 69–70.
[249] Übersetzung Eduard Lohse, Die Texte aus Qumran. Hebräisch und Deutsch, 4. Aufl., München/Darmstadt: Kösel/Wissenschaftliche Buchgesellschaft 1986; S. 219.

seiner Erlösung durch die Kraft des herrlichen Engels für die Herrschaft Michaels im ewigen Licht; 7 um zu erleuchten durch Freude den Bund Israels, Frieden und Segen für das Los Gottes; um unter den Göttlichen die Herrschaft Michaels zu erhöhen und die Herrschaft 8 Israels unter allem Fleisch.

Setzen wir die Heiligen des Höchsten mit den Engeln[250] und das Volk der Heiligen des Höchsten mit den Frommen gleich, so spricht alles dafür, in dem, der einem Menschen gleicht, aber kein Mensch,[251] sondern offenbar der Anführer der Heiligen des Höchsten ist, den Erzengel Michael zu erkennen.[252] Er ist nach Dan 12,1 der große Fürst, der für die Söhne Israels eintritt. Die Heiligen des Höchsten aber bilden das himmlische Heer, gegen welches das „Kleine Horn" antritt. Ihm ist es trotzdem auf Zeit gelungen, sich gegen den Fürsten des himmlischen Heeres zu erheben und das Tamidopfer und damit den legitimen Tempelkult zu unterbinden und den Tempel zu entweihen (vgl. Dan 8,9–12 mit 7,25 und 11,31–32). Himmlisches und irdisches Geschehen entsprechen einander. Die Störung der irdischen Liturgie unterbricht die himmlische.[253] Ein Kampf des aus Engeln bestehenden Heeres des Erzengels Michael gegen den himmlischen Fürsten der Griechen (vgl. 10,12–13) wird jedoch in Dan 7 nicht berichtet, weil hier der Uralte an Tagen den Richtspruch fällt (7,26). Statt dessen entspricht dem Herrschaftsantritt der Heiligen des Höchsten im Himmel (7,26) auf Erden der des Volkes der Heiligen des Höchsten, der Frommen Israels (7,28). Und nun können wir die eingangs gestellte Frage präzise beantworten: Der einem Menschen Gleiche ist nicht die Verkörperung des Volkes Israels,[254] sondern ist der himmlische Vorstreiter Israels

---

[250] Vgl. dazu bahnbrechend unter Aufnahme einer mehrfach von Otto Procksch knapp vertretenen These (vgl. z. B. ders., Theologie des Alten Testaments, Gütersloh: C. Bertelsmann Verlagshaus 1950, S. 537) Martin Noth, „Die Heiligen des Höchsten", NTT 56/1–2 (FS Sigmund Mowinckel), 1955, S. 146–161 = ders., Ges. Studien zum Alten Testament, ThB 6, München: Christian Kaiser 1957, S. 274–290.

[251] Zur Begriffsbestimmung vgl. Klaus Koch, Das Reich der Heiligen und des Menschensohns, in: ders., Die Reiche der Welt und der kommende Menschensohn. Ges. Aufsätze II, 1995, S. 140–172 bes. S. 157–162.

[252] Vgl. John J. Collins, Apocalyptic Vision, S. 123–152 bzw. ders., The Apocalyptic Imagination, 2nd ed., 1998, S. 98–107 und John Day, God's Conflict, UPOC 35, 1985, S. 167–177.

[253] Vgl. dazu die himmlischen Liturgien 4Q 114; 418–421; 424; 426c in Floretino García Martinez, The Dead Sea Scrolls Translated, trsl. Wilfred G. E. Watson, Leiden u. a.: E. J. Brill 1994, S. 414–431 bzw. James H. Charlesworth and Carol A. Newsom, Angelic Liturgy: Songs of the Sabbath Sacrifices, DSS 4b, Tübingen/Louisville: Mohr Siebeck/Westminster John Knox Press 1999.

[254] So die dominante Lösung, die z. B. von Age Bentzen, Daniel, HAT I/19, Tü-

und Befehlshaber des himmlischen Heeres der Heiligen des Höchsten Michael. Mithin ist er in Dan 7 auch keine messianische Gestalt. Von ihm bis zu dem Menschensohn der Synoptiker, der als Weltenrichter auf Erden erscheinen wird, ist es noch ein weiter Weg.[255] Reduzieren wir die christologischen Hoheitstitel auf ihre konkrete Bedeutung, so stellen sie Jesus, indem sie ihn als Sohn Gottes bezeichnen, als den Menschen dar, der als der Stellvertreter vorlebt, welche Kraft einem Gottvertrauen innewohnt, das auch im Tode nicht zuschanden wird. Lehrt die Kirche ihn als den, der als der Richter der Welt wiederkommt, so erinnert sie daran, daß man sein Leben erfüllen oder verfehlen kann, das letzte Urteil darüber aber nicht uns Menschen, sondern allein Gott zusteht. Ein König nach der Weise irdischer Könige war Jesus nicht (Joh 18,36), wohl aber ein Bruder unter Brüdern, die er lehrte, daß seine Kraft in den Schwachen mächtig ist (2. Kor 12,9). So ist Gottes bedürfen des Menschen Vollkommenheit[256] und seine höchste Tugend, noch im Feind den möglichen Bruder zu erkennen (Mt 5,44–48).[257]

Literatur

Überblick: *Preuß,* Theologie II, S. 30–40; Schreiner, Theologie, S. 327–332; *W. H. Schmidt*, Glaube [8], S. 268–284; Gowan, Eschatology, S. 32–37.

---

bingen: J. C. B. Mohr (Paul Siebeck) 1950, S. 62, Sigmund Mowinckel, He That Cometh, 1956, S. 350; C. H. W. Brekelmans, The Saints of the Most High and their Kingdom, OTS 14, 1965, S. 305–329; Otto Plöger, Das Buch Daniel, KAT XVIII, Gütersloh: Gütersloher Verlagshaus Gerd Mohn 1965, S. 113 und Robert Hanhart, Die Heiligen des Höchsten, in: FS Walter Baumgartner, VT.S 16, Leiden: E. J. Brill 1967, S. 90–101, vgl. bes. S. 98 vertreten worden ist. Zur Forschungsgeschichte vgl. zum Menschensohn Klaus Koch, Mitarb. Till Niewisch und Jürgen Tubach, Das Buch Daniel, EdF 144, Darmstadt 1980, S. 216–234, zu den Heiligen des Höchsten S. 234–239 und John Day, God's conflict, UPOC 35, 1985, S. 157–167.

[255] Zum Menschensohn in den Bilderreden 1. Hen 37–71 und zu weiteren nachbiblischen jüdischen Zeugnissen vgl. Josef Coppens, La relève apocalyptiquedu messianisme royale IV: Le fils d'homme, BEThL 61, 1983, passim, zur Diskussion über das Alter der Bilderreden Schürer-Vermes III/1, S. 256–258 sowie Matthew Black, The Book of I Enoch. A New English Edition, StVTP 7, Leiden: E.J. Brill 1985, S. 181–193 und zum Menschensohn im Neuen Testament Jürgen Becker, Jesus von Nazaret, 1996, S. 249–267.

[256] Sören Kierkegaard, Vier Erbauliche Reden 1844, übers. Emanuel Hirsch GW 13–14, Düsseldorf 1952, S. 5–34.

[257] Vgl. dazu Günther Keil, Glaubenslehre. Grundzüge christlicher Dogmatik, Stuttgart u. a.: W. Kohlhammer 1986, S. 198–199.

Ausgewählte Monographien und Sammelwerke: Ackroyd, Peter R., Exile and Restoration. A Study of Hebrew Thought of the Sixth Century B.C., OTL, London: SCM Press (1968) 3. Aufl. 1978; *Baldermann, Ingo* u. a., Hg. Der Messias, JBTH 8, Neukirchen-Vluyn: Neukirchener Verlag 1993; *Becker, Joachim*, Messiaserwartung im Alten Testament, SBS 83, Stuttgart: Katholisches Bibelwerk 1977; *Becker, Jürgen*, Jesus von Nazaret, Berlin. New York: Walter de Gruyter 1996; *Beuken, Willem André Maria*, Haggai – Sacharja 1–8, NSS 10, Assen: Van Gorcum & Comp. 1967; *Beyse, Karl-Martin*, Serubbabel und die Königserwartungen der Propheten Haggai und Sacharja, ATh I/48: Stuttgart: Calwer Verlag 1972; *Clements, Ronald E.*, Old Testament Prophecy. From Oracles to Canon, Louisville, Kentucky: Westminster John Knox Press 1996; *Collins, John J.*, The Apocalyptic Vision in the Book of Daniel, HSM 16, Montana, Missoula: Scholars Press 1977; *ders.*, The Apocalyptic Imagination. An Introduction to Jewish Apocalyptic Literature, 2nd ed.,Grand Rapids, Mich./Cambridge, UK: William B. Eerdmans 1998; *Coppens, Joseph*, La relève apocalyptique du messianisme royal IV: Le fils d'homme vétero- et intertestamentaire, BEThL 61, Leuven. Leuven University Press/Peeters 1983; *Cross, Frank Moore*, A Reconstruction of the Judaean Restoration, in: *ders.*, From Epic to Canon. History and Literature in Ancient Israel, Baltimore und London: John Hopkins University Press 1998, S. 151–172; *Day, John*, God's conflict with the dragon of the sea. Echoes of a Canaanite myth in the Old Testament, UPOC 35, Cambridge/UK: Cambridge University Press 1985; *ders.*, ed., King and Messiah in Israel and the Ancient Near East, JSOT.S 270, Sheffield: Sheffield University Press 1998; *Day, Peggy L.*, An Adversary in Heaven. śāṭān in the Hebrew Bible, HMS 43, Atlanta, Georgia: Scholars Press 1988; *Delkurt, Holger*, Sacharjas Nachtgesichte. Zur Aufnahme und Abwandlung prophetischer Traditionen, BZAW 302, Berlin. New York: Walter de Gruyter 2000; *Gese, Hartmut*, Vom Sinai zum Zion. Alttestamentliche Beiträge zur biblischen Theologie, BevTh 64, München: Christian Kaiser 1974; *Greßmann, Hugo*, Der Messias, FRLANT 43, Göttingen: Vandenhoeck & Ruprecht 1929; *Hahn, Ferdinand*, Christologische Hoheitstitel, 5. Aufl., Göttingen: Vandenhoeck & Ruprecht 1995; *Hanson, Paul D.,* The Dawn of Apocalyptic. The Historical and Sociological Roots of Jewish Apocalyptic Eschatology, Rev.ed., Philadelphia: Fortress Press 1979: *Hausmann, Jutta*, Israels Rest. Studien zum Selbstverständnis der nachexilischen Gemeinde, BWANT 124, Stuttgart u. a.: W. Kohlhammer 1987; *Heinz, Matthias*, The Syriac Apocalypse of Daniel. Introduction, Text and Commentary, Studien und Texte zum Antiken Christentum 11, Tübingen: Moh Siebeck 20001; *Hengel, Martin*, Judentum und Hellenismus, WUNT 10, Tübingen: J. C. B. Mohr (Paul Siebeck) 1968 (3. Aufl. 1988); *Hermisson, Hans-Jürgen*, Die „Königsspruch"-Sammlung im Jeremiabuch. Von der Anfangs- zur Endgestalt, in: *Blum, Erhard*. Die zweifache Nachgeschichte der hebräischen Bibel. FS Rolf Rendtorff, Neukirchen-Vluyn: Neukirchener Verlag 1990, S. 277–299 = ders., Studien zu Prophetie und Weisheit, hg. v. Jörg Barthel u. a., FAT 23, Tübingen: Mohr Siebeck 1998, S. 37–58; *Jeremias, Christian*, Die Nachtgesichte des Sacharja. Untersuchungen zu ihrer Stellung im Zusammenhang der Visionsberichte im Alten Testament und zu ihrem Bildmaterial, FRLANT 117, Göttingen: Vandenhoeck & Ruprecht 1977; *Johnson, Aubrey R.*, Sacral Kingship in Ancient Israel, 2nd ed., Cardiff:

Cardiff University Press 1967; *Karrer, Martin,* Der Gesalbte. Die Grundlagen des Christustitels, FRLANT 151, Göttingen: Vandenhoeck & Ruprecht 1991; *Kellermann, Ulrich,* Nehemia. Quellen, Überlieferung und Geschichte, BZAW 102, Berlin: Walter de Gruyter 1967; *Kiesow, Klaus,* Exodustexte im Jesajabuch. Literarkritische und motivgeschichtliche Analysen, OBO 24, Fribourg/Suisse/Göttingen: Édtions Universitaires Fribourg/Suisse/Vandenhoeck & Ruprecht 1979; *Koch, Klaus,* Die Reiche der Welt und der Menschensohn. Studien zum Danielbuch, Ges. Aufsätze II, hg. v. *Rösel, Martin,* Neukirchen-Vluyn: Neukirchener Verlag 1995; *König, Eduard,* Die messianischen Weissagungen des Alten Testaments vergleichend, geschichtlich und exegetisch behandelt, Stuttgart: Chr. Belser 1925; *Kratz, Reinhard G.,* Translatio imperii. Untersuchungen zu den aramäischen Danielerzählungen und ihrem theologischen Umfeld, WMANT 63, Neukirchen-Vluyn: Neukirchener Verlag 1991; *Levin, Christoph,* Der Sturz der Königin Atalja. Ein Kapitel zur Geschichte Judas im 9. Jahrhundert v. Chr., SBS 105, Stuttgart: Katholisches Bibelwerk 1982; *Laato, Antti,* Josiah and David Redivivus. The Historical Josiah and the Messianic Expectations of Exilic and Postexilic Times, CB.OT 33, Stockholm. Almquist & Wiksell 1992; *Leskow, Theodor,* Worte und Wirkungen des Propheten Micha. Ein kompositionsgeschichtlicher Kommentar, ATh 84, Stuttgart: Calwer Verlag 1997; *Loretz, Oswald,* Die Königspsalmen. Die altorientalisch-kanaanäische Königstradition in jüdischer Sicht I: Ps 20, 21, 72, 101 und 144. Mit einem Beitrag von I. Kottsieper zu Papyrus Amherst, UBL 6, Münster: Ugarit-Verlag 1988; *Mommer, Peter,* Samuel, Überlieferung und Geschichte, WMANT 65, Neukirchen-Vluyn: Neukirchener Verlag 1991; *Mowinckel, Sigmund,* He That Cometh, trl. G.W. Anderson, Oxford: Basil Blackwell 1956; *Nelson, Richard D.,* Raising up a Faithful Priest. Community and Priesthood in Biblical Theology, Louisville, Kentucky: Westminster John Knox Press 1993; *Oegema, Gerbern S.,* The Anointed and His People. Messianic Expectations from the Maccabees to Bar Kochba, JSP. S 27, Sheffield 1998; *Oorschot, Jürgen van,* Von Babel zum Zion, BZAW 206, 1993; *Rehm, Martin,* Der königliche Messias im Licht der Immanuel-Weissagungen des Buches Jesaja, ESt.NF 1, Kevelaer: Butzon & Bercker 1968; *Reiterer, Friedrich V.,* Gerechtigkeit als Heil. îdq bei Deuterojesaja. Aussage und Vergleich mit der alttestamentlichen Tradition, Graz–Austria: Akademische Druck- und Verlagsanstalt 1976; Ro, Johannes Un-Sok, Die sogenannte „Armenfrömmigkeit" im nachexilischen Israel, BZAW 322, Berlin. New York: Walter de Gruyter 2002; *Rudnig, Thilo Alexander*, Heilig und Profan. Redaktionskritische Studien zu Ez 40–48. BZAW 287, Berlin. New York: Walter de Gruyter 2000; *Schmid, Konrad,* Buchgestalten des Jeremiabuches. Untersuchungen zur Redaktions- und Rezeptionsgeschichte von Jer 30–33 im Kontext des Buches, WMANT 72, Neukirchen-Vluyn: Neukirchener Verlag 1996; *Schmidt, Ludwig,* Menschlicher Erfolg und Jahwes Initiative. Studien zu Tradition, Interpretation und Historie in Überlieferungen von Gideon, Saul und David, WMANT 38, Neukirchen-Vluyn: Neukirchener Verlag 1970; *Schreiner, Josef,* Hg., Beiträge zur Psalmenforschung. Psalm 2 und 22, FzB 60, Würzburg: Echter 1988; *Schüpphaus, Joachim,* Die Psalmen Salomos. Ein Zeugnis Jerusalemer Theologie und Frömmigkeit in der Mitte des vorchristlichen Jahrhunderts, ALGHJ 7, Leiden: E. J. Brill 1977; *Struppe, Ursula,* Hg., Studien zum Messiasbild im Alten Testament,

SBA.AT 6, Stuttgart. Katholisches Bibelwerk 1989; *Theißen, Gerd*, Die Religion der ersten Christen. Eine Theorie des Urchristentums, 2. Aufl., Gütersloh: Chr. Kaiser/Gütersloher Verlagshaus 2001; *Waschke, Ernst-Joachim*, Der Gesalbte, Studien zur alttestamentlichen Theologie, BZAW 306, Berlin. New York: Walter de Gruyter 2001; *Wellhausen, Julius,* Die Kleinen Propheten, Skizzen und Vorarbeiten, 3. Aufl. 1898 = 4. Aufl., Berlin: Walter de Gruyter 1963; *Werlitz, Jürgen*, Studien zur literarkritischen Methode, BZAW 204, 1992; *Werner, Wolfgang*, Eschatologische Texte in Jesaja 1–39, FzB 46, 1982; *ders.*, Studien zur alttestamentlichen Vorstellung vom Plan Jahwes, BZAW 173, Berlin. New York: Walter de Gruyter 1988; *Williamson, Hugh G. M.*, Variations on a Theme. King, Messiah and Servant in the Book of Isaiah, Carlisle, Cumberland: Paternoster Press 1998; *Zimmermann, Johannes*, Messianische Texte aus Qumran. Königliche, priesterliche und prophetische Messiasvorstellungen in den Schriftfunden von Qumran, WUNT II/104, Tübingen: Mohr Siebeck 1998.

Die Gerechtigkeit Jahwes

§ 9 Kollektive Schuld und individuelle Verantwortung

1. *Kollektive Schuld oder individuelle Verantwortung?* Als das Grundproblem des Glaubens an Jahwes Gerechtigkeit zeichnet sich im nachexilischen Zeitalter die Verhältnisbestimmung zwischen kollektiver Schuldhaftung für den Untergang des Reiches Juda und der trotzdem bestehenden individuellen Verantwortung für den Einzelnen ab. Es bestand ebenso die Gefahr, die Solidarhaftung für die Schuld der Väter vor Gott zu leugnen wie das Prinzip der Individualhaftung zu überziehen und noch im Nachhinein auf zurückliegende geschichtliche Ereignisse und zumal die Katastrophe des davidischen Reiches anzuwenden. Es wird sich zeigen, daß das nachexilische Judentum letztlich die elyptische Lösung akzeptiert und an der Solidarhaftung der nachfolgenden Generationen für die Schuld der Väter und der individuellen Haftung des Einzelnen für seine Taten vor Gott festgehalten hat.

Damit gewann auch die Rede von Gottes und mehr noch die von des Menschen Gerechtigkeit an Aktualität. Denn war Jahwe der Lenker der irdischen Schicksale der Völker und ihr königlicher Richter, so durfte man von ihm erwarten, daß er den schuldlos Verfolgten rettete und damit seine Gerechtigkeit erwies. Da ihm jetzt fraglos und in Übereinstimmung mit den im Deuteronomium dargelegten Grundsätzen seines Handelns an Israel auch die Leitung des Schicksals des Einzelnen zugeschrieben wurde, gewann in der Folge ebenso der Gegensatz zwischen dem Gerechten und dem Frevler an Bedeutung. Er schärfte den Blick für die tatsächlichen Verhältnisse sowohl im Leben des Einzelnen wie im Leben des Volkes. Da die Tora den Grundsatz vertrat, daß Israels Wohl und Wehe von seinem Gehorsam gegen Jahwes Gebote abhängen, verlangte der Gegensatz nach einer Deutung, die weder die Lage auf Erden beschönigte noch die Gerechtigkeit Gottes in Frage stellte. Der darüber im Kreise der Weisen und Schriftgelehrten geführte Diskurs sollte rund zweihundert Jahre währen. Er setzte mit dem Hiobdialog ein und fand erst in den Schriften der Apokalyptiker eine beiden Gesichtspunkten gerecht werdende Lösung in der Erwartung eines die Lebenden und die Toten umfassenden Endgerichts.

In dem vorliegenden Kapitel geht es um das Grundproblem, wie sich die Solidarhaftung Israels vor Gott zur Individualhaftung jedes Einzelnen verträgt. Gleichsam als ein Präludium dazu werfen wir einen Blick auf die ausdrückliche Prädikation Gottes als Richter und die Redezusammenhänge, in denen sie begegnet. Dann erst wenden wir uns den Texten zu, welche die solidarische Haftung Israels und die individuelle des Einzelnen ausdrücklich als solche thematisieren.

2. *Jahwes Zorn und Jahwes Gerechtigkeit.* Mustert man die Texte, um festzustellen, wo und in welcher Weise von Jahwe als dem gerechten Richter der Welt und des Einzelnen die Rede ist, so kommt man zu dem erstaunlichen Ergebnis, daß die Belegstellen nicht gerade zahlreich sind. Das verlangt ebenso seine Erklärung wie die Tatsache, daß in dem von der Schöpfung der Welt bis zur Zerstörung Jerusalems reichenden Großgeschichtswerk[1] selbst das Wort צַדִּיק (*ṣaddîq*), „gerecht" außerordentlich selten gebraucht wird. Es begegnet in der Urgeschichte nur zweimal, nämlich in Gen 6,9 und 7,1, und stammt in beiden Fällen von demselben skeptisch auf die Menschheit blickenden weisheitlichen Theodizebearbeiter, der auch für die weiteren Belege des Wortes in der Genesis verantwortlich ist. Er hat Noah den Titel eines Gerechten gegeben, um so einsichtiger zu machen, warum ihn Jahwe allein dazu ausersehen hatte, die Sintflut zu überleben. Was er selbst von den Menschen hält, hat er in Gen 6,5b und 8,21b am Anfang und am Ende der Fluterzählung eingetragen: Des Menschen Sinnen und Trachten ist vor und nach der Flut ausschließlich und durchgehend böse. Auch die Flutkatastrophe hat daran nichts geändert. In der Vätergeschichte wird das Wort „gerecht" einmal auf Jahwe und sechsmal auf Menschen bezogen.[2] Doch diese Belege sind nicht etwa breit gestreut, sondern finden sich abgesehen von Gen 20,4 mit seiner von dem König Abimelech von Gerar an Gott gerichteten Frage, ob er ein gerechtes Volk umbringen wolle,[3] sämtlich in dem späten Reflexionstext über die Gerechtigkeit Jahwes als des Richters der ganzen Erde in Gen 18,20–33*.[4] Im Buch Exodus begegnet die Vorstellung von

---

[1] Vgl. zu ihm auch Hans-Christoph Schmitt, Das spätdeuteronomistische Geschichtswerk Genesis 1–2 Regum XXV und seine theologische Intention, in: J. A. Emerton, ed., Congress Volume Cambridge 1995, VT.S 66, 1997, S. 261–279 = ders., Theologie und Prophetie im Pentateuch, BZAW 310, 2001, S. 277–294.

[2] Vgl. dazu Christoph Levin, Der Jahwist, FRLANT 157, 1993, S. 114–115; ders., Die Gerechtigkeit Gottes in der Genesis, in: André Wénin, Studies in the Book of Genesis, in: BEThL 155, 2001, S. 347–357, bes. S. 351–354; vgl. aber auch Markus Witte, Die biblische Urgeschichte, BZAW 265, 1998, passim.

[3] Zur literarischen Schichtung in Gen 20 vgl. Christoph Levin, Jahwist, S. 179 bzw. ders., Gerechtigkeit Gottes, BEThL 155, S. 355 und Irmtraud Fischer, Die Erzeltern Israels, BZAW 222, 1994, S. 137–174, bes. S. 173–174.

[4] Vgl. dazu Ludwig Schmidt, „De Deo", BZAW 143, 1976, S. 131–163, der S. 163 textgemäß die dem Dialog zugrunde liegende systematische Frage auf den Nenner bringt: „*Wie ist es möglich, daß Gott eine ganze Stadt vernichtet, ohne dabei gegen den Grundsatz zu verstoßen, daß der Gerechte nicht zusammen mit dem Frevler getötet werden darf, und ohne unangemessen zu handeln?*" Man

§ 9 Kollektive Schuld und individuelle Verantwortung

Jahwe als Richter und seiner Gerechtigkeit je einmal: In Ex 9,27 läßt der Erzähler Pharao bekennen, daß Jahwe gerecht, er aber und sein Volk Frevler seien. Und in Ex 5,21 erklären die Amtleute Israels Mose und Aaron, Jahwe möge zwischen ihnen richten, weil sie das Volk bei dem Pharao in Mißkredit gebracht hätten.[5] Dann müssen wir bis zum Mosesegen in Dtn 33 springen: In ihm wird im Sebulon/Isaschar-Spruch in V. 19 verheißen, daß Völker auf den Berg (Tabor?) kommen werden, um dort „Opfer der Gerechtigkeit" und d. h. richtige und daher Jahwe angenehme Opfer darzubringen.[6] Und im Gad-Spruch heißt es in einem spätdtr Zusatz in V. 21bβγ, daß er die Gerechtigkeit Jahwes und seine Rechtssachen mit Israel vollbringen und d. h. wohl: für den Gehorsam gegen die Tora eintreten werde.[7]

Auf den ersten Blick mag es erstaunlich erscheinen, daß auch die dtr Geschichtsbücher und zumal das Königsbuch nicht ausdrücklich auf die Vorstellung von Jahwe als Richter seines Volkes zurückgreifen. Gerade im Königsbuch hätte man erwartet, daß die Zerstörung des Nord- und des Südreiches ausdrücklich als Akte göttlicher Gerechtigkeit deklariert werden. Das ist aber weder in 2. Kön 17,1–23 noch in 2. Kön 24 der Fall. In 2. Kön 17 liegt eine ganze Reihe von Deutungen vor.[8] Soweit sie es nicht

---

möchte vermuten, daß in der Erzählung ein Skeptiker am Werk ist, der von der generellen Bosheit der Menschen überzeugt ist. Der Dialog endet damit, daß Jahwe erklärt, daß er die Stadt nicht zerstören würde, wenn es in ihr auch nur zehn Gerechte gäbe. Daraus, daß er anschließend aufbricht, sie zu zerstören, soll der Leser entnehmen, daß es nicht einmal diese zehn Gerechten in ihr gegeben hat; vgl. dazu auch J. Alberto Soggin, Abraham hadert mit Gott. Beobachtungen zu Genesis 18,16–32, in: Ingo Kottsieper u. a., Hg., „Wer ist wie du, Herr, unter den Göttern?" Studien zur Theologie und Religionsgeschichte Israels. FS Otto Kaiser, Göttingen: Vandenhoeck & Ruprecht 1994, S. 214–218 sowie Christoph Levin, Jahwist, S. 168–170 bzw. ders., Gerechtigkeit Gottes, in: BEThL 155, S. 348–351.

[5] Das Bundesbuch kennt natürlich die Forderung, das Recht des Gerechten nicht zu beugen (Ex 23,7–8). Sie findet auch im Richtergesetz in Dtn 16,18–20 (vgl. Dtn 1,16–17) ihr Echo. Das Heiligkeitsgesetz spricht von gerechten und d. h. richtigen Maßen und Gewichten (Lev 19,36). Die wenigen Sätze in 1. Kön 2,31; 3,6 und 10,9, die sich im Königsbuch auf die Gerechtigkeit von Menschen beziehen, sind spät- oder nachdtr. Die an Jahwe gerichtete Bitte in 1. Kön 8,31–32, den Schuldigen im Gottesgericht als schuldig und den Gerechten als gerecht zu erweisen, bleibt im Horizont der prozessualen Terminologie und gehört mit den anderen in den V. 30–36 zusammengestellten Fällen einer spätdtr Ergänzung an.

[6] Vgl. Ps 4,6 und 51,21 und dazu Stefan Beyerle, Der Mosesegen im Deuteronomium, BZAW 250, 1994, S. 195–199.

[7] Beyerle, S. 230–232.

[8] Vgl. dazu die Analyse von Ernst Würthwein, Die Bücher der Könige. 1. Kön 17 – 2. Kön 25, ATD 11/2, Göttingen: Vandenhoeck & Ruprecht 1984, S. 395–397.

bei der Benennung der Sünden belassen, sondern Jahwes Motivation ins Auge fassen, reden sie nicht von seinem gerechten Gericht, sondern von seinem Zorn. Der Schuldaufweis für den Untergang des Südreiches setzt den Schwerpunkt bereits bei dem König Manasse in 2. Kön 21,20, um dann bei sämtlichen nachfolgenden Königen außer Josia festzustellen, daß sie taten, was Jahwe mißfiel.[9] Dabei legten sie den Hauptakzent auf die Sünden Manasses, dem man sukzessiv alle nur denkbaren im Deuteronomium untersagten religiösen Greueltaten von der Wiedereröffnung der als Höhen bezeichneten Landheiligtümer bis zur Bestellung von Totenbeschwörern und Wahrsagern zuschrieb (2. Kön 21,2b–16).[10]

Für den dtr beeinflußten Dichter von Klgl 2,1–5 bestand kein Zweifel daran, daß Jahwe durch seinen heftigen Zorn dazu veranlaßt worden war, wie ein Feind gegen Jerusalem vorzugehen und es zu zerstören.[11] Erst in dem vermutlich eine Generation später entstandenen 1. Klagelied läßt der Dichter die über den Tod und Verlust ihrer Kinder jammernde Tochter Zion bekennen, daß Jahwe gerecht an ihr gehandelt habe, weil sie seinen Worten nicht gefolgt sei (Klgl 1,18–19).[12] Es bedurfte mithin einiger Zeit, um den Gedanken des göttlichen Zorns durch den der Strafe zu ersetzen. Doch geschieht das hier in einer globalen Weise, die nicht dazu auffordert, nachzurechnen, wie viele Unschuldige dabei mit den Schuldigen umgekommen sind, und damit zu Zweifeln an Gottes Gerechtigkeit führt.

Wer an eine Katastrophe, die eine ganze Stadt oder ein ganzes Land betroffen hat, den Maßstab der distributiven, jedem nach seinem Tun vergeltenden Gerechtigkeit Gottes anzulegen versucht,[13] verirrt sich notwendigerweise in lebensfernen Konstruktionen. Wie peinlich sie ausfallen können, zeigt ungewollt die Erzählung in 2. Makk 12,39–44: Nach ihr hätten die Männer des Judas Makkabaeus bei einer Bergung der in den vorausgehenden Kämpfen Gefallenen unter ihrer aller Hemden Götzenamulette gefunden. Daraufhin hätten sie die Gerechtigkeit des Herrn gepriesen, für die Seelen der Gefallenen gebetet und auf Judas Betreiben eine Kollekte gesammelt, um Sühnopfer für sie darzubringen. Auf diese

---

[9] 2. Kön 21,20: Amon; 23,32: Joahas; 23,37: Jojakim; 24,9: Jojakin und 24,19: Zedekia.
[10] Zu 2. Kön 21,1–18 vgl. Würthwein, ATD 11/2, S. 439–443, zu den weiteren Stellen ebd. passim.
[11] Vgl. Grundriß III, 1994, 32–33 bzw. ausführlich Otto Kaiser, Klagelieder, in: Hans-Peter Müller, ders., J. A. Loader, Das Hohelied. Klagelieder. Das Buch Esther, 4. Aufl., ATD 16/2, Göttingen: Vandenhoeck & Ruprecht 1992, S. 99–111 und die Nachweise passim.
[12] Zu seiner Zeitstellung vgl. Kaiser, ATD 16/2, S. 118–119.
[13] Vgl. zu ihm auch Hiob 34,10–12.

Weise[14] sollte auch ihnen ein Anteil an dem herrlichen Lohn verschafft werden, den man für die in Frömmigkeit Entschlafenen erwartete. Auch der von einem Bearbeiter in Ez 9 eingetragene Nachweis, daß alle im Verlauf der Belagerung und Eroberung Jerusalems Umgekommenen Opfer ihrer eigenen Schuld geworden seien, überzeugt den heutigen Leser nicht.[15] Es ist eines, die allgemeine Feststellung zu treffen, daß diese Katastrophe nicht unverschuldet über Israel gekommen ist, und ein anderes, den Nachweis zu führen, daß in ihr kein einziger unverschuldet den Tod gefunden habe. Auf die erste, keinen Anstoß erweckende Weise bekennt zum Beispiel der Dichter des 2. Klageliedes in den V. 14 und 17, daß sich die Jerusalemer von falschen Propheten in Sicherheit wiegen ließen, so daß Jahwe sein längst bedachtes (und den Jerusalemern bekanntes) Wort vollstreckt habe. Denn damit bringt er niemanden auf den Gedanken, *alle* Opfer als Sünder abzustempeln und *alle* Überlebenden als Unschuldslämmer zu betrachten. Daher war jener Schriftgelehrte wohl beraten, der in Abgrenzung gegen derartige (von uns alsbald zu würdigende) Versuche im Ezechielbuch Jahwe angesichts der bevorstehenden Eroberung Jerusalems ausdrücklich das Gegenteil erklären ließ (Ez 21,6–10):[16]

> 6 *Und es erging das Wort Jahwes an mich folgendermaßen: 7 Menschensohn, richte dein Antlitz wider Jerusalem und prophezeie wider das Heiligtum und weissage wider das Land Israel. 8 Und du sollst zum Land Israel sagen: So spricht Jahwe: Siehe, ich komme über dich und ziehe das Schwert aus meiner Scheide und rotte aus dir den Gerechten und den Frevler aus. 9 Weil ich aus dir den Gerechten und den Frevler ausrotte, daher fährt mein Schwert aus der Scheide gegen alles Fleisch von Süd nach Nord. 10 Und alles Fleisch soll erkennen, daß ich, Jahwe, mein Schwert aus der Scheide ziehe, ohne daß es zurückkehrt.*

3. *Jahwe, der gerechte Richter: Ps 7.* Auf diesem Hintergrund wird es nicht nur verständlich, warum in der ganzen Geschichtsdarstellung von Gen 1 bis 2. Kön 25 ursprünglich überhaupt nicht von Jahwes Gerechtigkeit oder dem Gegensatz zwischen den Gerechten und den Frevlern die Rede war, sondern auch, warum von Jahwe als gerechtem Richter erst

---

[14] Daß es sich hier um den ältesten Beleg für die Fürbitte für die Toten handelt, verdient trotzdem einen ausdrücklichen Hinweis.

[15] Vgl. dazu unten, S. 250–252.

[16] Vgl. dazu auch Karl-Friedrich Pohlmann, Der Prophet Hesekiel/Ezechiel. Kapitel 20–48, ATD 22/2, Göttingen: Vandenhoeck & Ruprecht 2001, S. 322–323, der erwägt, ob sich der Verfasser damit nicht bereits gegen die ein Scheidungsgericht zwischen den Gerechten und den Frevlern voraussagenden Prophetien wendet.

in relativ späten Lehrdichtungen und Reflexionstexten gesprochen wird. In der Tat begegnet die Bezeichnung Jahwes als Richter in der Hebräischen Bibel mit acht Mal nicht gerade häufig, nämlich in Gen 18,25; Ri 11,27; Jer 11,20; Ps 7,12; 9,5; 50,6; 75,8; 94,2.[17] Sämtliche Belege finden sich in nachexilischen lehrhaft abgewandelten individuellen Dichtungen und theologisch konstruierten Erzählungen. Dieser Befund überrascht nicht, wenn wir nach der zweifachen Wurzel der Vorstellung von Jahwe als Richter fragen. Die eine liegt in der Vorstellung von Jahwe als König und Lenker aller irdischen Geschicke. Als solcher ist er der Richter der Welt;[18] die andere in seiner Funktion als des Gottes, der den unschuldig Angeklagten im Ordal ihr Recht verschafft.[19] Als solcher ist er ein gerechter Richter. Wir werden sehen, daß sich dieser doppelte Ursprung der Vorstellung trotz mancher Überschneidung auch in oben genannten Belegen erkennen läßt.

In ihnen wird Jahwe einmal als שׁוֹפֵט צַדִּיק (šôpēṭ ṣaddîq), als gerechter Richter (Ps 7,12), zweimal gleichsinnig als שׁוֹפֵט צֶדֶק (šôpēṭ ṣædæq), als Richter der Gerechtigkeit (Jer 11,20; Ps 9,5) und je einmal als שׁוֹפֵט הָאָרֶץ (šôpēṭ hā'āræṣ), als Richter der Erde (Ps 94,2) bzw. als שׁוֹפֵט כָּל הָאָרֶץ (šôpēṭ kål hā'āræṣ), als Richter der ganzen Erde (Gen 18,25) bezeichnet. In Ps 75,8 ist er der Richter, der erniedrigt und erhöht, in Ri 11,27 läßt ein später Erzähler Jephtah in einer kriegerisch ausgetragenen Streitsache an Jahwe als Richter zwischen Israel und den Ammonitern appellieren.[20] Ehe wir uns der genaueren Würdigung ausgewählter Stellen zuwenden, seien gleich noch die Belege für die Aussage aufgelistet, daß Jahwe צַדִּיק (ṣaddîq), daß er gerecht ist. Auch sie finden sich wiederum in lehrhaften Abwandlungen der Klage und des Hymnus des Einzelnen (Jer 12,1; Ps 7,10.12; 11,5 und 145,17; vgl. auch Ps 129,4), in Schulddoxologien (Klgl 1,18; Esr 9,15; Neh 9,8.33; Bar 2,9 und Ex 9,27) und in dem alle Gattungs-

---

[17] Wenn man in Ps 50,6 mit einer fehlerhaften Wortabtrennung rechnet und statt „Gott ist Richter" liest „ein Gott des Rechts ist er", vermindert sich ihre Zahl auf sieben.

[18] Vgl. dazu die Feststellung in Ps 89,15, daß Recht und Gerechtigkeit die Stützen seines Thrones sind, und zur Zugehörigkeit des Verses zu dem in diesem Psalm verarbeiteten älteren Hymnus Timo Veijola, Verheißung in der Krise, AASF.B 220, 1982, S. 22–46, bes. S. 45–46 und Frank-Lothar Hossfeld, in: ders. und Erich Zenger, Psalmen 50–100, HThK.AT, Freiburg i. Br. u. a.: Herder 2000, S. 581.

[19] Vgl. 1. Kön 8,31–32 sowie die Ordalanweisung Num 5,11–22 und dazu Bernhard Lang, Art. Ordal, NBL III, 2001, Sp. 50–51.

[20] Vgl. Hugo Greßmann, Die Anfänge Israels (Von 2. Mose bis Richter und Ruth), 2. Aufl., SAT I/2, Göttingen: Vandenhoeck & Ruprecht 1922, S. 226 und Uwe Becker, Richterzeit und Königtum, BZAW 192, 1990, S. 217–219.

grenzen sprengenden Lehrgedicht Ps 119,137–138. Der Vollständigkeit halber seien auch die Bitten angeführt, in denen Jahwe aufgefordert wird, den Beter zu richten und ihm sein Recht zu verschaffen (Ps 7,9; 25,1; 35,24 und 43,1). Jahwe wird also einerseits als der Gott angerufen, der dem Einzelnen als gerechter Richter zu seinem Recht verhelfen soll, oder er wird andererseits als der gerühmt, der dem Beter sein Recht verschafft hat. Vor allem aber bekannte sich die nachexilische Gemeinde zu seiner Gerechtigkeit, die er in der Zerstörung Jerusalems und in ihren bis in die Gegenwart der Beter fortdauernden Folgen erwiesen hat. Damit ist aus seinem Handeln aus Zorn sein gerechtes Gericht geworden. Als Beispiele für die Rede von Jahwe als Richter stellen wir im folgenden zunächst Psalm 7 und am Ende des Paragraphen Psalm 94 vor. Das erste Exempel führt uns dank der vielfältigen in ihm verarbeiteten Traditionen durch alle Horizonte, in denen im Alten Testament Jahwes Richten bedacht worden ist.[21] Das zweite dient uns als Beispiel für die Erwartung seines Scheidungsgerichts zwischen den Frommen und den Gottlosen.

Bei Psalm 7 handelt es sich um eine komplizierte und durch die schlechte Textüberlieferung mit manchen Problemen belastete Komposition, deren Entstehung daher unterschiedlich erklärt worden ist.[22] Er gliedert sich in das Klagelied eines Einzelnen in den V. 2–10a,[23] in das lehrhafte Vertrauensbekenntnis in den V. 10b–12, eine Lehre über das Geschick derer, welche die Umkehr verweigern, in den V. 13–17 und das abschließende Lobgelübde in V. 18.

Sieht man sich die einleitende Klage der V. 1–10a genauer an, so besitzt sie in den V. 6b–9a eine eigentümliche Horizonterweiterung, die der eigentlichen Bitte um Rettung in V. 9b vorgreift. In ihr wird die erbetene Hilfe in den Zusammenhang der Machtergreifung Jahwes und seines Gerichts über die Völker gestellt. Damit wird die von dem Beter erwartete Hilfe zu einem Teil des Antritts der Königsherrschaft Jahwes als des Richters über die Völker (vgl. Ps 96,13). In V. 10a schließt sich an die originäre Bitte in V. 9b, Jahwe möge dem Beter Recht verschaffen, eine weitere um die Beendigung des Treibens der gottlosen Frevler, der רְשָׁעִים

---

[21] Vgl. dazu Bernd Janowski, JHWH der Richter – ein rettender Gott, JBTh 9, 1994, S. 53–85 = ders., Die rettende Gerechtigkeit. Beiträge zur Theologie des Alten Testaments 2, Neukirchen- Vluyn: Neukirchener 1999, S. 92–124.

[22] Vgl. dazu Urmas Nõmmik, Die Gerechtigkeitsbearbeitungen in den Psalmen. Eine Hypothese von Christoph Levin formgeschichtlich und kolometrisch untersucht, UF 31, 1999, 443–535, bes. S. 476–477, zur Sache grundsätzlich Christoph Levin, Das Gebetbuch der Gerechten, ZThK 90, 1993, S. 355–381.

[23] Die historisierende Überschrift kann im vorliegenden Zusammenhang auf sich beruhen.

§ 9 Kollektive Schuld und individuelle Verantwortung

(*rĕšā'îm*), und die Festigung der Stellung des Gerechten, des צַדִּיק (*ṣaddîq*), an. Auch in diesem Halbvers dürfte es sich um eine Nachinterpretation handeln. Sie stammt offensichtlich aus den Kreisen der sich als die Gerechten bezeichnenden Frommen, die darauf warteten, daß Jahwe endlich seine Königsherrschaft anträte und ihnen gegenüber den sie bedrückenden Frevlern Recht verschaffe. So lautet die zweifach erweiterte Klage: (Ps 7,2–10a):[24]

> 2 *Jahwe, mein Gott, ich traue auf dich,*
> *hilf mir vor meinem Verfolger*[25] *und rette mich,*
> 3 *Damit er mich*[26] *nicht wie ein Löwe zerreißt!*
> *Er reiß, und da ist kein Retter!*
> 4 *Jahwe, mein Gott, wenn ich solches getan,*
> *wenn es Unrecht gibt an meinen Händen,*
> 5 *Wenn ich dem, der mir freundlich, Unrecht erwies,*
> *grundlos ausplünderte meinen Genossen,*[27]
> 6 *jage der Feind mir nach und hole mich ein*[28]
> *und trete zu Boden mein Leben,*
> [*daß meine Ehre im Staube wohne. Sela!*]
> 7 Erhebe dich, Jahwe in deinem Zorn,
> stehe auf gegen den Grimm meiner Bedränger!
> Und wache auf zu mir her, Gericht hast du befohlen.
> 8 Die Versammlung der Völker wird dich umgeben,
> und über ihr kehre zurück zur Höhe!
> 9a Jahwe wird die Völker richten!
> 9b Schaffe mir Recht, Jahwe, nach meiner Gerechtigkeit,
> und nach meiner eigenen Unschuld.
> 10 Es ende doch die Bosheit [29]der Frevler,
> du wollst den Gerechten stützen!

Verweilen wir noch einen Augenblick bei V. 10a, um uns den weisheitlichen Hintergrund der Gegenüberstellung von dem Gerechten und dem Frevler zu vergegenwärtigen:[30] Die Vorstellung, daß Jahwe die Gerechten vor den Frevlern rettet, ist in der israelitischen Lebensweisheit verwurzelt. So versichert zum Beispiel der Wahrspruch Spr 13,9:

---

[24] Die unterschiedlichen Schrifttypen markieren die zumindest traditionsgeschichtliche, wenn nicht literarische Schichtung.

[25] Ein Bearbeiter hat daraus den Plural gemacht, doch setzt V. 3 den Singular voraus!

[26] Text poetisch: meine Seele.

[27] Lies um des par. memb. willen *ḥabērî* statt der überlieferten Lesart „meinen Bedränger."

[28] Lies so mit S, vgl. BHS.

[29] Siehe BHS.

[30] Vgl. dazu auch GAT I, S. 265–276.

§ 9 Kollektive Schuld und individuelle Verantwortung

*Das Licht der Gerechten ist fröhlich,
doch die Lampe der Frevler verlischt.*

Die Häuser, in denen abends eine Lampe brennt, sind bewohnt; die dunklen liegen verlassen da, weil ihre Bewohner gestorben sind. Die Überzeugung, daß das Glück und der Einfluß der Frevler ein plötzliches Ende nimmt, bringt der Wahrspruch in Spr 10,25 so zum Ausdruck:

*Fährt der Sturm daher, ist der Frevler nicht mehr,
doch der Gerechte steht fest für immer.*

Darüber hinaus tröstet der Wahrspruch Spr 10,24 den Gerechten mit der Versicherung, daß sich die Erfüllung der Ängste und Hoffnungen der Frevler und der Gerechten umgekehrt proportional zueinander verhalten; denn:

*Was der Frevler befürchtet, kommt über ihn,
was die Gerechten erhoffen, trifft ein.*

Und schließlich versichert Spr 18,10 dem Gerechten den gewissen Beistand Jahwes:

*Ein fester Turm ist Jahwes Name.
zu ihm eilt der Gerechte und ist geborgen.*

Was uns hier begegnet, nennt man die theologisierte Weisheit:[31] Der Grundsatz, daß sich jedes Tun spiegelartig auf den Täter zurückwendet, wie es der Satz *Wer anderen eine Grube gräbt, fällt selbst hinein!* festhält,[32] ist nun fest mit dem Glauben verbunden, daß es Jahwe ist, welcher die Schicksale der Menschen in dieser Weise lenkt und sich darin als der Richter des Einzelnen und der Völker seine Gerechtigkeit erweist. Es entspricht dem, daß das Wort צַדִּיק (ṣaddîq), die Bedeutung „fromm" und das Wort רָשָׁע (rāšā) „schuldig, frevelhaft", auf diesem Hintergrund die Bedeutung „gottlos" erhalten hat: Der Gerechte ist der Mensch, der in der Furcht Jahwes lebt[33] und daher gemäß Gottes Willen jedem das Seine gibt; der Frevler der, der sich über Gottes Willen hinwegsetzt, seinen eigenen kurzsichtigen Vorteil zum Gesetz des Handelns macht und sich damit als

---

[31] Vgl. dazu auch Otto Kaiser, Einfache Sittlichkeit und theonome Ethik, NZSTh 39, 1997, S. 115–139 = ders., Gottes und der Menschen Weisheit, BZAW 261, 1998, S. 18–42 und Jürgen van Oorschot, Der Gerechte und die Frevler im Buch der Sprüche, BZ NF 42, 1998, S. 225–238.
[32] Vgl. Spr 26,27; Koh 10,8, vgl. Ps 7,16.
[33] Vgl. zum Beispiel Spr 1,7; 8,13 und 10,27 und weiterhin Sir 1,11–30.

Tor erweist. Denn der gottlose Frevler wähnt in seiner Torheit, sein Treiben bliebe von Gott unbemerkt (Ps 14,1 = Ps 53,2; vgl. Ps 94,8–11). Aber in Wahrheit verhält es sich so, wie es das Vertrauenslied des Gerechten Ps 11,5–7 lehrt:[34]

> 5 *Jahwe ist gerecht und prüft den Gottlosen,*
> *und wer Gewalt liebt, den haßt seine Seele.*
> 6 *Regnen lasse er auf die Frevler feurige Kohlen und Schwefel,*
> *und sengender Sturm sei Teil ihres Bechers.*
> 7 *Denn gerecht ist Jahwe, Gerechtigkeit liebt er,*
> *der Redliche wird sein Antlitz schauen.*[35]

Mit eben dieser Prädikation, so stellen wir überrascht fest, setzt in Ps 7, 10b–12 ein umfassendes, lehrhaftes Vertrauensbekenntnis ein (Ps 7,10b–12):

> 10b Der du die Herzen und Nieren prüfst,
> gerechter Gott.
> 11 Gott ist mein Schild über mir,[36]
> der Retter derer, die geraden Herzens sind.
> 12 Gott ist ein gerechter Richter
> und ein zürnender Gott an jedem Tag.

Das Bekenntnis zu Gott als dem Beschützer des Beters erweitert sich in V. 11b in das des Retters aller, die aufrichtig gesinnt sind. Daraus zieht V. 12 die Folgerung, indem er Gott als den gerechten Richter bekennt, der täglich seines strafenden Amtes waltet. Nachdem so die allgemeine lehrhafte Ebene erreicht ist, hält sie wohl derselbe Dichter auch in den V. 13–17 fest:

> 13 Wenn einer nicht umkehrt, schärft er sein Schwert,
> tritt er den Bogen und zielt,[37]
> 14 Richtet er gegen ihn tödliche Waffen,
> und läßt seine Pfeile erglühen.
> 15 Siehe, Böses empfängt er, wird schwanger
> von Unheil und gebiert Trug.

---

[34] Vgl. zum ganzen Psalm als Zeugen der Gerechtigkeitsbearbeitung Urmas Námmik, UF 31, 1999, S. 507–508.

[35] Lies statt der 3.plur. die 3.sing.

[36] Siehe BHS.

[37] Mit Recht bezeichnet Erich Zenger, in: Frank-Lothar Hossfeld und ders., Die Psalmen I, NEB, Würzburg 1993, S. 74 V. 13a als eine crux interpretum. Unsere Übersetzung deutet $13a_1$ unpersönlich und bezieht $13a_2$ dem Kontext gemäß auf Jahwe; vgl. auch Námmik, UF 31, 1999, S. 472.

16 Eine Grube grub er und höhlte er aus,
und fiel in das Loch, das er machte.
17 Seine Mühsal kehre zurück auf sein Haupt,
und auf seinen Scheitel falle seine Untat![38]

Doch V. 18 sucht die Form des persönlichen Klageliedes zu wahren und endet daher mit einem an Jahwe gerichteten Lobgelübde, das seiner als des allen Göttern überlegenen Himmelsgottes, als des Höchsten gedenkt:

Preisen will ich Jahwe gemäß seiner Gerechtigkeit
und spielen dem Namen Jahwes, des Höchsten.

Das Bekenntnis zu Jahwe als dem gerechten Richter hat sein immerwährendes Richten im Auge. Er übt es, indem er Tag um Tag dafür sorgt, daß sich das Böse des Frevlers, der sich durch ihn nicht zur Ordnung rufen läßt und die Umkehr verweigert, gegen ihn selbst richtet.

Dieses Konzept unterscheidet sich freilich deutlich von der eschatologischen Erwartung in den V. 6b–10a. Denn während es dem weisheitlichen Vergeltungsgedanken verhaftet bleibt, nach dem Jahwe einem jeden nach seinem Tun vergilt (Hiob 34,11), blicken jene Verse auf die endgültige Rettung Israels und den Antritt der Königsherrschaft Jahwes über die Völker hinaus. Der zu Jahwe um seine Rettung rufende Beter wird so zum Repräsentanten des um seine Erlösung bittenden Israel. Die Nachinterpretation in V. 10a macht ihn dann zum Beispiel der Frommen, die sich inzwischen als das wahre Israel verstehen. Mithin liegen in diesem Psalm vier Ausformungen des Glaubens an Jahwe als gerechtem Richter vor: Erstens ist er der Rechtshelfer des unschuldig Verfolgten; zweitens der generelle gerechte Richter, der den Redlichen ihr Recht verschafft und die Machenschaften der Unbußfertigen auf sie selbst zurückfallen läßt; drittens ist er der König, der die Völker richtet; und schließlich ist er viertens der Richter, der dem Treiben der gottlosen Frevler ein Ende bereiten und damit zugleich die frommen Gerechten erlösen wird.

4. *Die Deutung des Exilsgeschicks als Folge der Schuld der Väter.* Wie wir oben bereits festgestellt haben, führte das Deuteronomistische Geschichtswerk und besonders das dtr Königsbuch den Schuldaufweis für den Untergang des Nordreiches Israel und des Südreiches Juda, ohne dabei auf die Vorstellung von Jahwe als Richter zurückzugreifen. Heimsuchungen, die keinen Unterschied zwischen Schuldigen und Unschuldigen machten, ließen sich in Zeiten, in denen im „bürgerlichen" Recht jede Tat ihre individuelle Bestrafung verlangte, schlecht als Erweise der Gerech-

---

[38] Der Tempuswechsel überrascht, angemessener wären auch in diesem Vers Praeterita, vgl. Erich Zenger, in: Hossfeld/Zenger, Psalmen I, NEB, 1993, S. 74 z.St.

tigkeit Jahwes erklären. Andererseits ließ sich die Tatsache nicht aus der Welt schaffen, daß das exilisch-nachexilische Israel noch immer unter den Folgen der Schuld seiner Väter zu leiden hatte. Dies erlaubte eine theologische Deutung nur mittels des Gedankens der kollektiven Schuldhaftung Israels. Er bezog seine Überzeugungskraft ebenso aus der allgemeinen Erfahrung, daß die Kinder im Positiven wie im Negativen die Kinder und Erben ihrer Eltern sind,[39] wie aus der besonderen Situation des exilisch-nachexilischen Judentums. Er ist in der Jahwe in Gestalt der Heimsuchungsformel in den Mund gelegten Begründung des Ersten und Zweiten Gebotes des Dekalogs verwurzelt (Ex 20,5b par Dtn 5,9b), in der er erklärt, daß er als der אֵל קַנָּא (*'ēl qannā'*), der eifersüchtig über seine Privilegien wachende Gott, die Schuld der Väter an den Söhnen bis ins dritte und vierte Glied heimsuche.[40] Dann folgt in Ex 20,6 bzw. Dtn 5,10 die Huldformel, nach der er denen, die ihn lieben und seine Gebote halten, seine Treue bis in das tausendste Glied verspricht. In der Bundesschlußerzählung am Ende der Erzählfolge vom Goldenen Kalb in Ex 34 ist anders als im Dekalog die Huldformel der Heimsuchungsformel vorgeordnet. Hier stellt sich Jahwe in den V. 6–7 als der *barmherzige und gnädige Gott vor, der langmütig und von großer Huld und Treue ist, der Huld bewahrt Tausenden, der Schuld und Sünde und Vergehen vergibt, aber nicht unbestraft läßt, sondern die Schuld der Väter heimsucht an den Kindern und Kindeskindern bis ins dritte und vierte Glied.*[41] Aus der Abfolge von vier Generationen in Ex 20,5b par Dtn 5,9 ist nun eine solche von sechs Generationen geworden. Darf man daraus auf die Zeitstellung der Erzählung schließen und setzt man für die Abfolge der Generationen 20–25 Jahre an, so kommt man auf 120 bzw. 150 Jahre und gerechnet ab 587 jedenfalls in das zweite Drittel des 5. Jhs.[42]

Eine grundsätzliche Entmutigung für die Lebenden bedeutete die Heimsuchungsformel insofern nicht, als von ihnen gefordert war, der Bundesverpflichtung nachzukommen und Jahwes Gebote zu halten und damit zu der für den Fall der Umkehr Israels zu Jahwe verheißenen Erlösung beizutragen (Dtn 30,1–10).[43] Solange die Erlösung auf sich warten ließ, mußte es also Israel als Ganzem an dem von ihm verlangten Gehorsam gegen Gottes Weisung mangeln.

---

[39] Spr 17,6; Sir 3,11; Jer 31,29 par Ez 18,2.
[40] Vgl. dazu auch oben, S. 53.
[41] Vgl. dazu auch SAT II, S. 59–62.
[42] Das stimmt mit der Zuweisung von Ex 34 an einen nachexilischen Deuteronomisten durch Erik Aurelius, Der Fürbitter Israels, CB.OT 27, 1988, S. 116–126 überein.
[43] Vgl. dazu oben, S. 31–33.

§ 9 Kollektive Schuld und individuelle Verantwortung

So wird es verständlich, daß uns eine Kette von Gerichtsdoxologien[44] erhalten ist, in denen sich die Lebenden zu ihrer mit den Vätern geteilten Schuld bekennen. Als ihren Vorläufer können wir das Bekenntnis der Tochter Zion, daß Jahwe gerecht war, als er sie und ihre Kinder so grausam züchtigte, in Klgl 1,18 und den Zusammenschluß der Überlebenden mit der Schuld der Väter in Klgl 5,7–16 betrachten.[45] In 5,7 klagen die Beter:

> *Unsere Väter sündigten, sie sind nicht mehr.*
> *Wir selbst müssen ihre Verschuldungen tragen.*

Aber in V. 16 beklagen sie trotzdem ihre eigenen Sünden::

> *Es fiel der Kranz von unsrem Haupte:*
> *Weh uns, daß wir gesündigt haben.*[46]

Die eigentlichen Gerichtsdoxologien sind in den vom Geist dtr Geschichtstheologie geprägten Bußgebeten Ps 106,6–43 (vgl. V. 6); Neh 9,5b–37 (vgl. V. 33); Dan 9,4–19 (vgl. V. 5–7)[47] und dem von ihm abhängigen in Bar 1,15–3,8 (vgl. 2,6)[48] enthalten. Ihr Grundthema wird in Ps 106,6 angeschlagen. In ihm schließen sich die Söhne mit ihren Vätern in der gemeinsamen Schuld vor Gott zusammen:

> *Wir haben gesündigt samt unseren Vätern,*
> *wir haben uns versündigt, sind schuldig geworden.*

Von seinen Abwandlungen und Ausgestaltungen sei hier Neh 9,33–37 als Beispiel zitiert:

> 33 *Aber du bist gerecht,*
>   *bei allem, was über uns kam.*
>   *Denn du hast Treue gehalten,*
>   *während wir frevelten.*

---

[44] Vgl. dazu Gerhard von Rad, Gerichtsdoxologie, in: Schalom. Studien zu Glaube und Geschichte Israels. FS Alfred Jepsen, AThI/46, Stuttgart: Calwer Verlag 1971, S. 84–90 = ders., Ges. Studien zum Alten Testament II, hg. v. Rudolf Smend, ThB 48, München 1973, S. 245–254.

[45] Vgl. dazu Otto Kaiser, in: Hans-Peter Müller, ders., J.A. Loader, Das Hohelied. Klagelieder. Das Buch Esther, 4. Aufl., ATD 16,2, Göttingen: Vandenhoeck & Ruprecht 1992, S. 105–106 bzw. S. 191.

[46] Vgl. auch oben, S. 160.

[47] Vgl. dazu Klaus Zastrow, Die drei großen Bußgebete in Esra 9, Nehemia 9 und Daniel 9, Diss. Heidelberg 1998.

[48] Vgl. dazu Odil Hannes Steck, Das apokryphe Baruchbuch, FRLANT 160, 1993, S. 113–115 und zur vermutlichen Datierung zur Zeit des Hohenpriesters Alkimus 163 v. Chr. S. 290–303, bes. S. 294 und S. 300–303.

34 *Unsere Könige, unsere Obersten, unsere Priester und unsere Väter,*
   sie haben deine Weisung nicht gehalten
   Und nicht auf deine Gebote geachtet und auf deine Warnungen,
   durch die du sie warnen ließest.
35 *Während sie in ihrem Königreich (lebten)*
   und in großem Glück, das du ihnen gabst,
   Und in einem weiten und fetten Land,
   das du ihren Vorfahren gegeben,
   Haben sie dir nicht gedient und sich nicht bekehrt
   von ihrem bösen Treiben.
36 *Siehe, wir sind heute Knechte,*
   und das Land, das du unseren Väter gabst,
   Seine Frucht und seine Güter zu essen, –
   siehe, in ihm sind wir Knechte.
37 *Und sein reicher Ertrag gehört den Königen,*
   die du ob unserer Sünden über uns gesetzt hast.
   Sie gebieten über unsere Leiber und unser Vieh nach ihrem Gefallen,
   und wir sind in großer Not.

Es ist das Rätsel des Ausbleibens der Erlösung Israels, das die Frommen im Gefolge der dtr Geschichtstheologie und ihres Schuldaufweises immer erneut dazu führte, sich im Bekenntnis der mit den Vätern geteilten Schuld vor Jahwe zu beugen, ohne daß sie das im mindesten davon abhielt, ihrerseits danach zu streben, das Gesetz zu erfüllen und damit der Erlösung Israels den Weg zu bereiten.

5. *Der Einspruch gegen die Solidarhaftung vor Jahwe oder das Prinzip der individuellen Vergeltung: Ez 18.* Wenden wir uns Ez 18 zu, so sollte jeder unbefangene Leser dem Urteil von *Nelson Kilpp* zustimmen, daß es sich um eine in großem zeitlichem Abstand zu der Katastrophe von 587 formulierte Textfolge handelt.[49] Nach den Analysen von *Karl-Friedrich Pohlmann* hat das als Dialog konstruierte Kapitel seine jetzige Gestalt im wesentlichen in drei Schritten erhalten: Im ersten wurde in den V. 1–4 der Grundsatz der ausschließlich individuellen Schuldhaftung entfaltet und in den V. 5–13 am Beispiel des gerechten Vaters und des ungerechten Sohnes erläutert. Eine zweite Hand erweiterte die Kasuistik in den V. 14–20 um die beiden entgegengesetzten Fälle des ungerechten Vaters und des gerechten Sohnes. In den V. 21–32 wird die Behandlung des Falls des zur Gerechtigkeit umkehrenden Frevlers in den V. 21–23 und V. 27–29 wie ein Rahmen um die Verhandlung des Falls des von seiner Gerechtigkeit zur Ungerechtigkeit abfallenden Gerechten in den V. 24–

---

[49] Vgl. Nelson Kilpp, Eine frühe Interpretation der Katastrophe von 587, ZAW 97, 1985, S. 210–220, bes. S. 211–212 und zur Genese des ganzen Kapitels Karl-Friedrich Pohlmann, ATD 22/1, S. 260–261.

26 gelegt. Daran schließt sich in den V. 30–32 eine an das Haus Israel gerichtete Mahnung zur Umkehr an. Das ganze Kapitel mündet in V. 32 in die Erklärung Jahwes, daß er keinen Gefallen am Tode des Todverfallenen hat, sondern daran, daß die Israeliten umkehren und leben. Schon diese Analyse macht deutlich, daß hier zwei ganz unterschiedliche Probleme behandelt werden, nämlich erstens die Alternative der individuellen oder kollektiven Schuldhaftung und zweitens die Frage, ob der Einzelne auf seinen Status als Sünder oder als Gerechter ein für alle mal festgelegt ist. Seiner Gattung nach handelt es sich mithin in dem ganzen Kapitel um ein mehrfach erweitertes priesterliches Disputationswort.

Die Diskussion nimmt ihren Anlaß an einem מָשָׁל (*māšāl*), einem paradigmatischen Spruch.[50] Als solcher erhält er seine jeweilige Bedeutung erst in dem Kontext, in dem er zitiert wird. Sehen wir uns also an, wie er in V. 2 lautet und wie Jahwe in den V. 3–4 reagiert. Aus dem Gegensatz läßt sich dann die hier vorausgesetzte Bedeutung des Spruches erschließen (Ez 18,1–4):

1 *Und das Wort Jahwes erging an mich wie folgt:* 2 *Was fällt euch ein, daß ihr diesen Spruch im Lande Israel im Munde führt und sagt: „Die Väter essen saure Trauben, und die Zähne der Söhne werden stumpf."* 3 *So wahr ich lebe, Spruch [des Herrn] Jahwe: Es soll unter euch keinen mehr geben, der diesen Spruch in Israel im Munde führt!* 4 *Siehe, alle Seelen* (נְפָשׁוֹת / *napšôt*) *gehören mir, die Seele des Vaters nicht anders als die Seele des Sohnes: mein sind sie. Die schuldige Seele, sie soll sterben.*

Den Gegensatz zur individuellen bildet die kollektive Schuldhaft. Sie wird in dem Spruch wie ein zwanghafter Ablauf vorausgesetzt, auf den die Generation der Söhne keinen Einfluß hat. Sie können ihr Schicksal nur resigniert hinnehmen. Jahwe hält diese Auslegung des Schicksals der Söhne für sachlich falsch, mit seinem tatsächlichen Handeln an Israel für unvereinbar und verbittet sich daher seine Wiederholung.[51] Durch die ausschließlich todesrechtliche Gegenthese wird deutlich, daß sich der Spruch nicht lediglich allgemein gegen das kollektive Verschul-

---

[50] Zu seiner Gattung vgl. Christian Klein, Kohelet und die Weisheit Israels, BWANT 132, 1994, S. 16–39.

[51] Zum Verhältnis zwischen Ez 18,2 und Jer 31,29, wo die Gültigkeit des Spruchs im Zusammenhang von 31,27–30 in der Heilszeit für aufgehoben erklärt wird, vgl. Kilpp, S. 214–215; zur Zusammengehörigkeit von Jer 31,27–30 mit 31,31–34 Christoph Levin, Die Verheißung des neuen Bundes, FRLANT 137, 1985, S. 55–60. Anders, aber mich nicht überzeugend Dieter Vieweger, Die literarischen Beziehungen zwischen den Büchern Jeremia und Ezechiel, BEATAJ 26, 1993, S. 84–92.

dungsprinzip wendet, sondern daß die Söhne damit rechnen, in der Folge der Schuld ihrer Väter den Tod zu finden. Jahwe weist diese Deutung der eigenen Situation zurück, weil sie dem Grundsatz seines Todesrechts widerspricht, der nur die persönliche Schuldhaftung kennt. Die imaginierte historische Situation des Kapitels liegt nach der den Aufbau des Buches bestimmenden zeitlichen Anordnung nach Ez 1,2 und vor 24,1 und d. h. nach der Berufung des Propheten 594/3 und vor dem Beginn der Belagerung und der Eroberung Jerusalems 588/87. Doch wird bereits vorausgesetzt, daß es zu dieser Belagerung kommen wird. Mithin lautet die Botschaft von Ez 18,1–4 an die im Lande Verbliebenen: „Kommt ihr im Kampf oder bei der Eroberung Jerusalems um, so seid ihr selbst daran schuld!" Da es sich in Ez 18 um eine imaginäre Szene handelt, sind ihre eigentlichen Adressaten freilich nicht die in den Kämpfen um Jerusalem in den Jahren 588 und 587 Umgekommenen, sondern es wird deren Kindern oder gar Enkeln versichert, daß Jahwes Gericht an Jerusalem gerecht war. Dadurch erhält die Botschaft zugleich einen Appell an sie, es den Vätern oder Großvätern nicht gleich zu tun, sondern zu Jahwe umzukehren, so daß sie nicht ebenfalls umkommen. Diese Konsequenz wird jedoch erst in den V. 21–32 und genauer den V. 27–32 gezogen.

Daß sich die Problemlage im Lauf der Fortschreibungen geändert hat, wird bei der ersten, die V. 14–20 umfassenden, durch den in V. 19 zitierten Einwand gegen die Belehrung darüber deutlich, daß der Sohn eines Ungerechten, der sich zur Gerechtigkeit bekehrt, nicht sterben muß. Mithin deutet er einen Frontwechsel bei den Adressaten gegenüber der in V. 2 zitierten Ansicht an: Denn mit ihrer Rückfrage: *„Warum trägt der Sohn nicht die Schuld des Vaters?"* geben die hier zu Wort kommenden Stimmen zu erkennen, daß sie es inzwischen (unter dem Einfluß des Dekalogs?) gelernt haben, das eigene Schicksal als göttlich verordnete Folge der Schuld ihrer Väter zu deuten.[52] Trotzdem wirkt der Einwand einigermaßen konstruiert, denn die Belehrung, daß Jahwe dem gerechten Sohn eines ungerechten Vaters dessen Schuld nicht zurechnet, müßte sie doch eigentlich dazu ermutigen, nun ihrerseits alles zu tun, um zu den Gerechten zu zählen. Der Einwand sollte dem Fortschreiber wohl vor allem die Gelegenheit geben, den erreichten Diskussionsstand bündig in V. 20 zusammenzufassen:

Die schuldige Person, sie soll sterben. Der Sohn soll die Schuld des Vaters nicht tragen noch der Vater die Schuld des Sohnes. Die Gerechtigkeit des Ge-

---

[52] Vgl. dazu auch Karl-Friedrich Pohlmann, ATD 21/1, S. 272.

rechten soll über ihm (d. h.: dem Gerechten) *sein, und die Ungerechtigkeit des Ungerechten soll über ihm* (d. h.: dem Ungerechten) *sein*[53].

Oder kurz und knapp zusammengefaßt: Jeder wird ausschließlich für sein eigenes Verhalten von Gott zur Rechenschaft gezogen. Auch der das Kapitel abrundende und sachlich zu einem angemessenen Ziel führende Theologe bedient sich in V. 25 (vgl. V. 29a) eines Einwandes seiner imaginären Gesprächspartner. Sie bezeichnen die ihnen erteilte Belehrung, daß Jahwe den Sündern die Möglichkeit zur Umkehr von ihren Sünden einräumt und ein Gerechter aufgrund seiner Untaten seine Gerechtigkeit verlieren kann, als sachlich unangemessen.[54] Rein von dem in dem Kapitel verhandelten Thema her ist diese Reaktion unverständlich. Anders verhält es sich, wenn die Kontrahenten ihre Gerechtigkeit als einen unveränderlichen Besitzstand betrachteten und von einer Gleichstellung einstiger Sünder mit ihnen nichts wissen wollten. Die Antwort auf diesen Einwurf gibt dem priesterlichen Lehrer jedenfalls die Gelegenheit, den

---

[53] Die Beschränkung auf die Individualhaftung war trotz Dtn 24,16 keine erst in exilischer Zeit eingeführte Neuerung, sondern lag schon dem Besitz- und Strafrecht des Bundesbuches zugrunde. Rechtsgeschichtlich war die in der Blutrache praktizierte Solidarhaftung längst durch das *ius talionis* abgelöst; vgl. dazu auch Christoph Levin, Die Verheißung des neuen Bundes, FRLANT 137, 1985, S. 40–46, der u. a. mit Recht darauf hinweist, daß man auch aus Texten wie Jos 7 und 2. Sam 21,1–19 keine rechtsgeschichtlichen Schlüsse ziehen kann. Eine Solidarhaftung läßt das Bundesbuch Jahwe in Ex 22,23 nur für den Fall der Ausbeutung von Witwen und Waisen androhen: Die Tat soll gleichsam spiegelbildlich auf den Täter zurückfallen und so seine Frau und seine Kinder treffen. Nach 2. Sam 3,29 und 2. Kön 9,26 scheint man auch mit einer von Gott vollstreckten Solidarhaftung in Fällen ungesühnter Blutschuld gerechnet zu haben. Eine justiziable Solidarhaftung der Familie wird in Est 9,13 und Dan 6,25 selbst in Fällen der versuchten Anstiftung zum Mord angenommen. Aber es bleibt mehr als fraglich, ob man aus dichterischen Wunschphantasien rechtsgeschichtliche Folgerungen ziehen darf. Mithin ist kaum ein rechtsgeschichtlicher Grund für den Eintrag von Dtn 24,16 zu finden, so daß erneut zu prüfen bleibt, ob es sich hier nicht doch um einen Ez 18 adaptierenden Nachtrag handelt, der sicher stellen soll, daß das Gesetz und die Propheten übereinstimmen.

[54] Vgl. aber Thomas Krüger, Geschichtskonzepte im Ezechielbuch, BZAW 180, 1989, S. 370–372, der dafür plädiert, das gewöhnlich mit „angemessen" oder „in Ordnung sein" übersetzte Nif. von *tākan* mit „unbestimmt = undurchschaubar sein" zu übersetzen, so daß hier ein (vernünftiger!) Einwand gegen die im ganzen Kapitel vertretene Lehre von der Eindeutigkeit der göttlichen Lenkung des menschlichen Schicksals vorgetragen würde. Doch scheint mir die herkömmliche Deutung besser der Umkehrung des Vorwurfs zu entsprechen: Das Verhalten der Disputanten ist nicht „uneinsehbar", sondern „uneinsichtig" und mithin falsch.

§ 9 Kollektive Schuld und individuelle Verantwortung

ganzen Diskurs zu einem sinnvollen Abschluß zu bringen, indem er seine Kontrahenten und mit ihnen seine Leser zur Umkehr aufruft. Dabei gibt sich seine Aufforderung in V. 31aβ, sie sollten sich ein neues Herz und einen neuen Geist besorgen, durch den Vergleich mit Ez 36,26 als eine ad hoc formulierte paränetische Abwandlung der dort stehenden Verheißung des neuen Herzens und Geistes zu erkennen (Ez 18,27–32):

> 27 *Wenn der Ungerechte von seiner Ungerechtigkeit umkehrt, die er getan hat, erhält er seine Seele am Leben. 28 Er ist umgekehrt von all seinen Sünden, die er getan hat, er soll gewiß leben und nicht sterben. 29 Aber das Haus Israel sagt: „Der Weg des Herrn ist nicht in Ordnung!" Sind meine Wege nicht in Ordnung, Haus Israel? Sind es nicht eure Wege, die nicht in Ordnung sind? 30 Darum richte ich jedermann bei euch gemäß seinen Wegen, Haus Israel, – Ausspruch [des Herrn] Jahwes -. Kehrt um und wendet euch von all euren Sünden ab, damit sie euch nicht zum Anlaß der Schuld werden.[55] 31 Werft weg von euch alle eure Sünden, die ihr[56] getan habt und verschafft euch ein neues Herz und einen neuen Geist, denn warum wollt ihr sterben? 32 Denn ich habe keinen Gefallen am Tod des Todverfallenen, – Ausspruch [des Herrn] Jahwe -[sondern kehrt um, damit ihr lebt!].*[57]

Als Kriterium für die Gerechtigkeit eines Menschen vor Jahwe galten nach dem in den V. 5–9 enthaltenen Katalog vor allem die Befolgung seiner Gebote, aber auch die Erfüllung der von dem Menschen als Menschen zu erwartenden spontanen Hilfeleistungen für Notleidende. Im einzelnen werden als Bedingung für die Erklärung zum Gerechten genannt: die Unterlassung von Götzendienst,[58] die Respektierung der Sexualtabus,[59] die ordnungsgemäße Rückgabe von Pfändern und der Verzicht auf Übervorteilung des Anderen im Handel,[60] die spontane Hilfe für Notleidende,[61] der Verzicht auf Zinsnahme und Wucher[62] und sonstiges rechtswidriges Verhalten, besonders vor Gericht.[63] Diese Liste greift verschiedene Lebensgebiete heraus, so daß sie als ein Beichtspiegel dienen kann, der jedem zu prüfen ermöglicht, ob er den an einen Gerechten gestellten

---

[55] Lies den Plural, vgl. BHS.
[56] Siehe BHS.
[57] Fehlt in G und dürfte Zusatz sein.
[58] Vgl. V. 6a mit Jes 57,7; Ez 6,4–6 und zum Hintergrund Ex 20,2–5a par Dtn 5,6–9a.
[59] Vgl. V. 6b mit Lev 18,20–19 und zum Hintergrund Ex 20,14 par Dtn 5,18.
[60] Vgl. V. 7a mit Ex 22,25–26; Dtn 24,12–13; Ez 28,18.
[61] Vgl. V. 7b mit Jes 58,7 und Hiob 22,7; 31,16–19.
[62] Vgl. V. 8a mit Ex 22,24; Dtn 23,20 und Lev 25,36.
[63] Vgl. V. 8b mit Ex 23,1–3; Lev 19,15; Dtn 16,19 und im Hintergrund Ex 20,16 par Dtn 5,17.

Ansprüchen genügt. Nicht übersehen dürfen wir V. 9; denn er läßt keinen Zweifel daran, daß nur der gerecht ist, der die Satzungen und Gebote Jahwes und d. h.: die ganze Tora hält (vgl. auch V. 19b).

Blicken wir zurück, so wird deutlich, daß das zunächst als Deutungsmittel für die Situation der nach der ersten Deportation in Juda Verbliebenen gedachte Prinzip der absoluten göttlichen Gerechtigkeit im Laufe der Fortschreibungen seine Bedeutung gewechselt und zur Unterstützung des Mahnrufes zur Umkehr als der Bedingung heilvollen Lebens geworden ist. Als solches besaß es seine Berechtigung, um die durch das Ausbleiben des Heils Frustrierten vor dem Versinken in Resignation und Selbstsucht zu bewahren. Welche Zweideutigkeit ihm bei den Versuchen, es auf die Vergangenheit anzuwenden, anhaftet, mögen die beiden folgenden Beispiele zeigen.

6. *Ein nachträglicher Versuch, das kollektive Gericht über Jerusalem als ein selektives zu deuten: Ez 9.*[64] Wenden wir uns als Exempel dafür dem Visionsbericht in Ez 9 zu, so zeigt sich schnell, daß er trotz seines scheinbar konsistenten Erzählungszusammenhangs durchaus seine Probleme besitzt. Die Erzählung ist in den Zusammenhang der c. 8–11 gestellt, die von einer Abfolge von Visionen des Propheten berichten: Die erste in c. 8 deckt den im Jerusalemer Tempel betriebenen Götzendienst auf; die zweite in c. 9 kündigt ein mitleidsloses Strafgericht Jahwes über Jerusalem an. Die in c. 10 folgende dritte hat die Einäscherung Jerusalems und den Abzug der Herrlichkeit Jahwes aus dem Tempel zum Inhalt. In der abschließenden Vision in c. 11 wird Ezechiel Zeuge einer Zusammenkunft von Jerusalemer Männern im Osttor des Tempels, die sich nach ihren Worten im Gegensatz zu den Deportierten für das wahre Israel halten. Als der Prophet ihnen Deportation und Tod voraussagt, bricht ihr Anführer Pelatja zum Zeichen für das Eintreffen seiner Botschaft tot zusammen.

Sehen wir uns die Erzählung in c. 9 genauer an, so berichtet sie davon, daß Ezechiel sechs Männer durch das Nordtor in die Stadt gehen sah, von denen jeder eine Mordwaffe in der Hand hielt. Unter ihnen hätte sich ein siebter (?) Mann befunden, der zum Zeichen seiner Reinheit in weißes Leinen gekleidet war und an dessen Hüfte ein Schreibzeug hing. Daß es sich bei diesen Männern um keine Irdischen handelt, geht aus dem weiteren deutlich genug hervor: Es handelt sich um himmlische Diener Jahwes, die er als Werkzeuge seines Gerichts nach Jerusalem sendet. Denn nachdem sich die Männer insgesamt neben dem ehernen Altar aufgestellt hatten, erhielten sie von Jahwe ihre Befehle: Der Schreiber sollte durch

---

[64] Zu der konsequent dem Prinzip der individuellen Vergeltung folgenden Geschichtsdarstellung der Chronik vgl. GAT I, S. 204–206.

§ 9 Kollektive Schuld und individuelle Verantwortung 251

die Stadt ziehen und jeden ihrer Bewohner, der unter den in ihr vollbrachten Greueln (vgl. V. 8) litt, mit einem Taw und d. h.: einem Kreuz auf der Stirn kennzeichnen. Die anderen Männer aber erhielten den Auftrag, durch die Stadt zu ziehen und alle außer den mit dem Kreuz gekennzeichneten niederzuschlagen, wie es denn geschah. Darauf hätte der Prophet Jahwe erschrocken gefragt, ob er den ganzen Rest Israels verderben wolle. Worauf Jahwe ihn von der Gerechtigkeit seiner Anordnung überzeugte. Der Bericht schließt abrupt damit, daß der Träger des Schreibzeugs Jahwe knapp berichtet, er habe getan, was ihm Jahwe befohlen habe.

Daher fragt sich der Leser, ob der Schreiber (von dem man nicht so recht weiß, ob er zu den Sechsen gehört oder ein siebter Mann ist) nicht erst sekundär in die Erzählung eingefügt worden ist, um sie den in Ez 18 entfalteten Grundsätzen der individuellen religiösen Schuldhaftung anzupassen. Denn hätte der Schreiber keinen Anlaß gefunden, seinem Befehl zu entsprechen, hätte das in V. 11 gesagt werden müssen. So aber muß der Leser unterstellen, daß es entgegen der prophetischen Klage und der göttlichen Willenskundgebung eben doch noch eine unbestimmte Zahl von Gerechten in der Stadt gegeben habe (Ez 9,1–11):

> 1a *Und er rief vor meinen Ohren mit lauter Stimme so: Genaht sind die Heimsuchungen der Stadt.* 2ab F"Symbol"a *Und siehe, da kamen sechs Männer aus der Richtung des oberen Tores her, das sich nach Norden wendet, und jeder trug ein Zerstörungswerkzeug in seiner Hand* [2aαγ und in ihrer Mitte war ein Mann, der war mit Leinen bekleidet, und ein Schreibgerät befand sich an seiner Hüfte]. 2b *Und sie kamen und stellten sich neben den ehernen Altar. 3a Und die Herrlichkeit des Gottes Israels erhob sich weg von dem Kerub, über dem sie sich befand, auf die Schwelle des Hauses 3b und sagte* [zu dem mit Leinen bekleideten Mann, der ein Schreibzeug an seiner Hüfte trug, 4 und sagte zu ihm: „Ziehe mitten durch die Stadt und zeichne ein Kreuz auf die Stirnen der Männer, die seufzen und stöhnen wegen aller Greuel, die in ihrer Mitte geschehen." 5 Und zu jenen sagte er] *vor meinen Ohren: „Zieht durch die Stadt* [hinter ihm her] *und schlagt nieder. Euer Auge soll nicht mitleidig blicken und sich nicht erbarmen: 6 Greis und Jüngling und Jungfrau und Kind und Frauen sollt ihr tot schlagen* [aber allen Männern, auf denen das Tau ist, sollt ihr nicht nahen.] *Fangt an meinem Heiligtum an!" Und sie fingen an mit den Männern, die vor dem Haus standen. 7 Und er sagte zu ihnen: „Verunreinigt das Haus und füllt die Vorhöfe mit Erschlagenen. Geht hinaus und schlagt nieder in der Stadt!" 8 Und es geschah, als sie niedergeschlagen hatten,* [*daß ich allein übrig war,*][65] *da fiel ich auf mein Antlitz und sagte schreiend: „Ach, Herr Jahwe, willst du den ganzen Rest Israels verderben, indem du deinen Grimm über Jerusalem ausgießt?" 9 Da sagte er zu mir: „Die Schuld des Hauses Israel und Juda ist übergroß, und das Land ist voller Blutschuld und die Stadt voller*

---

[65] Fehlt in G.

Rechtsbeugung. Denn sie sagen: ‚Verlassen hat Jahwe das Land, und Jahwe sieht es nicht.' 10 So soll auch mein Auge nicht betrübt sein und ich kein Mitleid empfinden: Ihren Wandel bringe ich auf ihr Haupt!" [11 Und siehe: der in Leinen gekleidete Mann mit dem Schreibzeug an seiner Seite berichtete so: „Ich habe getan, was du befohlen hast!"]

Man wird zugeben müssen, daß die Erzählung bei Aussparung der auf den himmlischen Schreiber bezogenen Sätze einen vollständigen und in sich geschlossenen Zusammenhang ergibt. Die Männer schlagen unterschiedslos nieder, was ihnen in den Weg kommt, der Prophet erhebt klagend Einspruch gegen die vollständige Vernichtung des in Jerusalem verbleibenden Restes Israels, und Gott versichert ihm, daß die Schuld des Hauses Israel und Juda übergroß ist: Sie glauben sich bei ihren Greueltaten von Jahwe unbeobachtet, wie sollte er sich daher über sie erbarmen? Und mithin ist das Urteil von Ernst Vogt[66] und Frank-Lothar Hossfeld[67] berechtigt, daß es sich bei den von dem Weißgekleideten handelnden Aussagen um redaktionelle Zusätze handelt. Offenbar hat hier ein Späterer versucht, die ältere Erzählung mit dem in c. 18 verkündeten Prinzip in Einklang zu bringen, daß jeder für seine eigene Schuld sterben muß. Doch die dadurch entstandenen Spannungen zeigen, daß ihm das nicht so gut gelungen ist, wie er wohl angenommen hat. Diese Einsicht sollte uns freilich nicht daran hindern, dem Bearbeiter das Zeugnis auszustellen, daß er mit der Einführung des unsichtbar durch die Straßen und über die Plätze der Stadt ziehenden Engels, der über Tod und Leben ihrer Bewohner entscheidet, den unheimlichen Charakter der Erzählung gesteigert hat.

7. *Das Warten der Frommen auf das Gericht an den Frevlern: Ps 94.* Wenden wir uns abschließend dem von manchem Mißverständnis bedrohten „Rachepsalm" 94 zu, so sehen wir, daß in ihm das in Psalm 7 gerade noch in dem Halbvers V. 10a eingebrachte Thema des Gegensatzes zwischen den Gerechten und den Gottlosen in den Mittelpunkt getreten ist. Die Gerechten definieren inzwischen ihre Gerechtigkeit nach ihrem Gehorsam gegenüber der Tora, die ihnen Lebensregel und Trost in ihren Anfechtungen ist. Diese gehen von den Frevlern als Männern aus, die ihre Machtstellung dazu ausnutzen, sich schamlos über die einfachsten Grundsätze der Rechtlichkeit hinweg zu setzen, als gäbe es keinen Gott. So sind die Gerechten darauf angewiesen, Jahwe als den Richter

---

[66] Vgl. dazu Ernst Vogt, Untersuchungen zum Buch Ezechiel, AnBib 95, 1981, S. 46–48.

[67] Frank-Lothar Hossfeld, Die Tempelvision Ez 8–11 im Licht unterschiedlicher methodischer Zugänge, in: Jan Lust, ed., Ezekiel and His Book, BEThL 74, 1986, S. 136–165, bes. S. 159–160; vgl. aber auch Karl-Friedrich Pohlmann, ATD 22/1, 1994, S. 143–144.

der Erde anzurufen, damit er dem Treiben der Frevler durch sein Erscheinen ein für alle mal ein Ende bereite. Bis dahin aber können sie sich durch die Worte der Tora trösten lassen, die dem gehorsamen Israel den Sieg über ihre Feinde verheißen (Dtn 28,7) und damit den Frommen, wie es der Dichter des 37. Psalms in V. 29 und V. 34 auslegt,[68] den Besitz des Landes verspricht. Wenn der Beter des 94. Psalms Jahwe schon in der einleitenden Anrufung herausfordert, als Gott der Rache, als אֵל נְקָמוֹת (*ēl nĕqāmôt*) und damit als Rächer seines nun nur noch von den Frommen verkörperten Volkes[69] wie als Richter der Erde, als שֹׁפֵט הָאָרֶץ (*šōpēṭ hā'āræṣ*), einzugreifen, appelliert er damit ebenso an Jahwes Bundestreue wie an seine Pflicht, als die letzte, über allem Geschehen auf Erden wachende Instanz einzugreifen; denn beides verpflichtet ihn angesichts der Bedrängnis der Frommen zur Rechtshilfe, will er nicht als heimlicher Bundesgenosse des „Thrones der Bosheit" (V. 20) erscheinen.

Das Lied setzt in den V. 1–7 mit einer „Volksklage" ein, die durch V. 7 direkt mit der von V. 8 bis V. 10(11) reichenden Mahnrede an die als Dummköpfe und Toren bezeichneten Gegner verbunden ist, die dem Nachweis der Torheit ihrer Gottvergessenheit dient. An sie schließt sich in den V. 12–15 ein begründetes Vertrauensbekenntnis in der Form eines Glückwunsches an. Dann folgt in den V. 16–23 eine Klage des Beters, die beispielhaft zeigt, wie ein Frommer das Vertrauen auf Jahwes rettendes Eingreifen in der Zeit der Herrschaft des „Thrones der Bosheit" behalten kann. Den Notschrei in V. 1 und 2 aufnehmend, schließt sie mit der indirekten Bitte, Jahwe möge den Frevlern ihr Tun vergelten. Die Frage, ob es sich bei dem Inhaber des Thrones der Bosheit (V. 20) um den Hohenpriester, den örtlichen Repräsentanten des fremden Oberherren oder diesen selbst handelt, lassen wir im vorliegenden Zusammenhang ebenso offen wie die nach der genauen Zeitstellung. Wir merken statt dessen lediglich an, daß der Psalm vermutlich in die hellenistische Epoche zu datieren ist. Um einen direkten Eindruck von seiner Eigenart zu vermitteln, seien im Folgenden erst die einleitende Anrufung und dann das Vertrauensbekenntnis samt der abschließenden Klage zitiert (Ps 94,1–7):

1 *Du Gott der Rache, Jahwe,*
  du Gott der Rache leuchte auf! [70]
2 *Erhebe dich, Richter der Erde,*
  vergelte den Überheblichen ihr Tun!

---

[68] Vgl. dazu unten, S. 265–267.
[69] Vgl. Dtn 32,35–36.41–43.
[70] Der Par. memb. verlangt das Verständnis als Imperativ, vgl. mit BHS G und S.

3 *Wie lange, sollen die Frevler, Jahwe,*
   wie lange sollen die Frevler frohlocken?
4 *Sie brüsten sich mit frechen Reden,*
   es prahlen alle Übeltäter.

5 *Dein Volk, Jahwe, zerschlagen sie,*
   und dein Erbteil bedrücken sie.
6 *Witwen und Fremdlinge töten sie,*
   und Waisen machen sie nieder.

7 *Und sie sagten: „Jach sieht es nicht,*
   und der Gott Jakobs nimmt es nicht wahr!"

Wir überspringen die kleine Lehrrede der V. 8–11, die mittels der Erinnerung daran, daß Gott den Menschen Ohren und Augen gegeben und sich als ihr Lehrer erwiesen hat, die Torheit des Verhaltens der Frevler aufdeckt, die sich benehmen, als bliebe ihm ihr gottloses Treiben verborgen. Ihre eigentlichen Adressaten sind nicht die hier angesprochenen Frevler, sondern die Frommen, die mit der Erinnerung daran, daß die Taten ihrer Gegner Gott nicht verborgen bleiben, in ihrer angefochtenen Zuversicht bestärkt werden sollen, daß Gott den Frevlern das verdiente Ende bereiten wird. Diesen Zweck verfolgen auch das in den V. 12–15 anschließende, begründete Vertrauensbekenntnis und die paradigmatische Klage des Beters in den V. 16–22. Das Vertrauensbekenntnis setzt mit einem begründeten Glückwunsch ein. Die Klage der V. 16–21 wird in V. 16 mit der rhetorischen Frage nach dem möglichen Retter eröffnet, auf die sich der Beter in V. 17 selbst die Antwort gibt, daß dafür niemand als Jahwe in Frage kommt. Darauf folgt in den V. 18–21 sein Bekenntnis, wie es ihm gelungen ist, sich die Zuversicht zu erhalten, daß Jahwe dem Treiben der Gott verachtenden Frevler ein Ende bereiten wird. In den V. 22–23 folgt dann ein proleptisches Rettungsbekenntnis als Ausdruck der Erhörungsgewißheit:[71]

12 *Wohl dem Mann, den du, Jach,[72] züchtigst,*
   und den du aus deiner Tora belehrst,
13 *Ihm Ruhe zu geben vor bösen Tagen,*

---

[71] Die Tempora der V. 22 und 23 sind Gegenstand lebhafter Diskussion. Beliebt ist die Änderung des Praeteritums in V. 23a₁ in einen durch ein waw eingeleiteten Jussiv. Aber der Übergang von einem Impf. cons. zu einem solchen könnte kaum in dieser Weise erfolgen, sondern verlangte einen Neueinsatz. Das Imperfekt in V. 23a₂ ist ein solches zur Bezeichnung einer Begleithandlung des in V. a₁ Berichteten. Erst der für V. 23b verantwortliche Ergänzer eröffnete seinen Zusatz mit einem Jussiv und machte damit deutlich, daß die Vergeltung noch aussteht.

[72] Kurzform für Jahwe.

§ 9 Kollektive Schuld und individuelle Verantwortung 255

>   *bis daß dem Frevler die Grube gegraben.*
> 14 *Denn Jahwe verwirft sein Volk nicht,*
>   *noch läßt er sein Erbteil im Stich.*
> 15 *Denn zum Gerechten[73] kehrt die Herrschaft[74] zurück,*
>   *und ihm schließen sich an alle redlich Gesinnten.*
>
> 16 *Wer erhebt sich für mich gegen die Übeltäter,*
>   *wer stellt sich für mich gegen die Unheilstifter?*
> 17 *Wäre Jahwe mir nicht zur Hilfe,*
>   *wie schnell legte sich meine Seele zum Schweigen.*
>
> 18 *Wenn ich denke, es strauchelt mein Fuß,*
>   *stützt mich, Jahwe, deine Treue.*
> 19 *Wachsen meine Sorgen in mir,*
>   *ergötzen deine Tröstungen meine Seele.*
>
> 20 *Kannst Du dich mit dem Thron der Bosheit verbünden,*
>   *der maßlos Mühsal schafft,*
> 21 *Mit denen, die des Gerechten Seele nachstellen*
>   *und das Blut des Unschuldigen schuldig sprechen?*
>
> 22 *Doch Jahwe ist mir zur Zuflucht geworden*
>   *und mein Gott zum Fels, der mich birgt.*
> 23 *Er wandte auf sie ihr Unheil,*
>   *und vernichtete sie durch ihre Bosheit!*[75]

So ist der Psalm ein Zeichen der brennenden Ungeduld und des Gottvertrauens der Frommen. Für sie ist die Tora die Richtschnur ihres Lebens und der Trost angesichts des Waltens von Machthabern, die sich über die fundamentale, in ihr verankerte Rechtsordnung hinwegsetzen. Sie gebärden sich, als brauchten sie Gottes Rache nicht zu fürchten und gäbe es den himmlischen Richter der Erde nicht, den der Beter um sein Erscheinen anruft. Die sich bei dem Vergleich der Ps 7 und 94 ergebende Verlagerung von dem Unschuldigen, der nach Jahwe als seinem Rechtshelfer ruft, zu den Gerechten, die im Herrschaftsbereich der Frevler leben und unter ihnen leiden, gibt uns einen Hinweis darauf, in welchen Kreisen es

---

[73] Vgl. auch BHS. Doch läßt sich die Hauptlesart „Gerechtigkeit" verteidigen, wenn man das Substantiv mit D. M. Howard Jr. bei Marvin E. Tate, Psalms 51–100, WBC 20, Dallas/Texas: Word Books 1990, S. 484 metonym versteht. Anders z. B. Frank-Lothar Hossfeld, in ders. und Erich Zenger, Psalmen 50–100, HThK.AT, Freiburg i. Br.: Herder 2000, S. 651, der übersetzt: „Denn zur Ordnung kehrt das Recht zurück."

[74] Wörtlich: das Recht.

[75] V. 23b „Es vernichte sie Jahwe, unser Gott!" ist vermutlich Zusatz von derselben Hand wie V. 11.

zu den diesen Gegensatz in die Prophetenbücher eintragenden Bearbeitungen gekommen ist:[76] Es waren die Frommen, die das Problem der Gerechtigkeit Gottes durchbuchstabierten, bis es ihnen gewiß wurde, daß es sich nur mittels eines Überschreitens der Todesgrenze lösen läßt.[77]

Literatur

Ausgewählte Aufsätze, Monographien und Sammelwerke: Assmann, Jan/Janowski, Bernhard (sic!)/*Welker, Michael*, Hg., Gerechtigkeit. Richten und Retten in der abendländischen Tradition und ihren altorientalischen Ursprüngen, München: Wilhelm Fink 1998; *Beyerle, Stefan,* Der Mosesegen im Deuteronomium, BZAW 250, Berlin. New York: Walter de Gruyter 1997; *Janowski, Bernd,* JHWH der Richter – ein rettender Gott, JBTh 9, 1994, S. 53–85 = ders. Die rettende Gerechtigkeit. Beiträge zur Theologie des Alten Testaments II, Neukirchen-Vluyn: Neukirchener Verlag 1999, S. 92–124; *Kaiser, Otto,* Einfache Sittlichkeit und Theonome Ethik, NZSTh 39, 1997, S. 115–159 = ders., Gottes und der Menschen Weisheit. Ges. Aufsätze, BZAW 261, Berlin. New York: Walter de Gruyter 1998, S. 18–42; *Klein, Christian,* Kohelet und die Weisheit Israels. Eine formgeschichtliche Studie, BWANT 132, Stuttgart u. a.: W. Kohlhammer 1994; *Köberle, Justus,* Sünde und Gnade im religiösen Leben des Volkes Israel bis auf Christum, München: C. H. Becksche Verlagsbuchhandlung 1905; *Koenen, Klaus,* Heil den Gerechten – Unheil den Sündern! Ein Beitrag zur Theologie der Prophetenbücher, BZAW 229, Berlin. New York: Walter de Gruyter 1994; *Krüger, Thomas,* Geschichtskonzepte im Ezechielbuch, BZAW 180, Berlin. New York: Walter de Gruyter 1989; *Levin, Christoph,* Die Verheißung des neuen Bundes, FRLANT 137, Göttingen: Vandenhoeck & Ruprecht 1985; *ders.,* Der Jahwist, FRLANT 157, Göttingen: Vandenhoeck & Ruprecht 1993; *Lust, Johan,* ed., Ezekiel and His Book. Textual and Literary Criticism and their Interrelation, BEThL 74, Leuven: Leuven University Press/Peeters 1986; *Niehr, Herbert,* Herrschen und Richten. Die Wurzel *špṭ* im Alten Orient und im Alten Testament, FzB 54, Würzburg: Echter 1986; *Schmidt, Ludwig,* „De Deo". Studien zur Literarkritik und Theologie des Buches Jona, des Gesprächs zwischen Abraham und Jahwe in Gen 18,22 ff. und von Hi 1, BZAW 143, Berlin. New York: Walter de Gruyter, 1976; *Schmitt, Hans-Christoph,* Theologie in Prophetie und Pentateuch, hg. v. *Schorn, Ulrike/Büttner, Matthias,* BZAW 310, Berlin. New York: Walter der Gruyter 2001; *Staerk, Willy,* Vorsehung und Vergeltung. Zur Frage nach der sittlichen Weltordnung, Furche-Studien 1, Berlin: Furche Verlag 1931; *Steck, Odil Hannes,* Der Abschluß der Prophetie im Alten Testament. Ein Versuch zur Vorgeschichte des Kanons, BThSt

---

[76] Vgl. dazu umfassend Klaus Koenen, Heil den Gerechten – Unheil den Sündern, BZAW 229, 1994; zu seinen Datierungen vgl. die von Odil Hannes Steck, Der Abschluß der Prophetie im Alten Testament, BThSt 17, 1991.

[77] Vgl. dazu unten, S. 309–330.

17, Neukirchen-Vluyn: Neukirchener Verlag 1991; *ders.,* Das apokryphe Baruchbuch. Studien zu Rezeption und Konzentration „kanonischer" Überlieferung, FRLANT 160, Göttingen: Vandenhoeck & Ruprecht 1993; *Veijola, Timo,* Verheißung in der Krise. Studien zur Literatur und Theologie der Exilszeit anhand des 89. Psalms, AASF.B 220, Helsinki: Suomalainen Tiedeakatemia 1982; *Vieweger, Dieter,* Die literarischen Beziehungen zwischen den Büchern Jeremia und Ezechiel, BEATAJ 26, Frankfurt am Main u. a.: Peter Lang 1993; *Vogt, Ernst,* Untersuchungen zum Buch Ezechiel, AnBib 95, Rom: Päpstliches Bibelinstitut 1981; *Wénin, André,* ed., Studies in the Book of Genesis. Literature, Redaction and History, BEThL 105, Leuven: Leuven University Press/Peeters 2001.

§ 10 Das gesegnete Leben der Frommen und das verfluchte der Frevler

1. *Gottes Gerechtigkeit als Schlüssel für das Schicksal Israels und des Einzelnen.* Wir haben im vorausgehenden Paragraphen zur Kenntnis genommen, daß Gottes distributive Gerechtigkeit, die jedem nach seinen Taten vergilt, ebenso in den Sprüchen der Weisen wie im Ezechielbuch als unumstößliche Maxime seines Handelns an den Menschen proklamiert wird. Diese Vorstellung sollte deshalb einen so nachhaltigen Einfluß gewinnen, weil sie sich mit ihrem universalen Anspruch ebenso zur Deutung des Schicksals des Einzelnen wie des Volkes zu eignen schien; denn sie erlaubte es, von beider Ergehen auf beider Gerechtigkeit oder Frevelhaftigkeit zurückzuschließen. Das konnte am ehesten bei ihrer Anwendung auf das Schicksal des Volkes befriedigen, weil es sich bei ihm um eine kollektive Größe handelt und niemand auf die Idee gekommen wäre, hier eine Auszählung vorzunehmen, wie es der Gedanke des Scheidungsgerichts zwischen den Frommen und den Gottlosen erforderlich machte. Er setzte sich erst durch, als sich die Frommen im Gegensatz zu den Gottlosen als das wahre Israel verstanden, eine Entwicklung, die im Laufe des 4. Jhs. v. Chr. einsetzte und mit innerer Notwendigkeit zu einer Verbindung zwischen den weisheitlichen und den prophetischen Traditionen führte. Erinnern wir uns an die in Ez 9 eingefügte Gestalt des himmlischen Schreibers, der die Gerechten für die Menschen unsichtbar mit einem Schutzzeichen versieht, so daß sie von den Gottes Gericht an den Gottlosen ausführenden Würgeengeln[1] verschont bleiben,[2] so erkennt man, daß diese Erwartung im Kontext mit dem sich in der Perserzeit verbreitenden und in der hellenistischen Epoche mächtig an Einfluß gewinnenden Engelglauben das menschliche Vorstellungsvermögen nicht überforderte.[3]

Anders verhielt es sich mit der Frage, ob man aus dem Leiden des Menschen ohne weiteres auf seine geheime Sünden zurückschließen darf. Diese Frage hat die Weisen rund zweihundert Jahre beschäftigt, ohne daß die schließlich in den Kreisen der Frommen gefundene Lösung in Gestalt des Glaubens an das jüngste Gericht und das ewige Leben bis zum Ende des Zweiten Tempels in allen sich im Laufe des 2. Jhs. v. Chr. herausbildenden jüdischen Religionsparteien angenommen worden ist (Apg 23,6–9). Zunächst wurde der Diskurs im Horizont des herkömmlichen Glaubens daran geführt, daß die Gottesbeziehung des Menschen mit sei-

---

[1] Vgl. z. B. Ex 12,23; Ez 9; Ps 35,5; Test.Lev. 3; Jub 49,2; 1. Hen 53,3–5.
[2] Vgl. dazu oben, S. 251–252.
[3] Vgl. dazu auch GAT II, S. 152–160.

nem Tode endet (vgl. z. B. Ps 88,6.11–13). Er hat seinen Niederschlag am ausführlichsten im Hiobbuch und weiterhin im Kohelet (dem sogenannten Prediger Salomos) gefunden. In knapperer Form wird er durch eine ganze Reihe von Psalmen aufgenommen, die den Gegensatz zwischen den Gerechten oder Frommen und den Frevlern oder Gottlosen thematisiert haben. Schließlich hat Jesus Sirach der Frage noch einmal eine eigentümliche Lösung gegeben. Die mit der Entrückung der Seelen der Gerechten und der Verdammnis der Frevler rechnende Lösung des Problems der Gerechtigkeit Gottes in Gestalt des Jüngsten Gerichts hat in der Hebräischen Bibel ihren Niederschlag nur in knappen Einfügungen und Zusätzen gefunden.[4] Um den im Hintergrund stehenden Vorstellungszusammenhang zu erfassen, müssen wir uns dem Wächterbuch 1. Hen 1–36 und dem Brief Henochs 1. Hen 92–105 zuwenden. Von hier aus führen die Psalmen Salomos wie eine Brücke zur Weisheit Salomos, in der die eschatologische Heilsbotschaft theologisch reflektiert und auf den Begriff der Verleihung der ἀθανασία, der Unsterblichkeit, gebracht wird (Weish 3,4).

2. *Die prophetische Botschaft von der Heilsverzögerung durch die Gottlosen und dem Scheidungsgericht.* Die Grundgleichung, daß Gerechtigkeit und heilvolles Leben und Ungerechtigkeit und heilloses Leben einander entsprechen, stellte seit den Tagen des Amos die selbstverständliche Denkvoraussetzung der israelitischen Prophetie dar.[5] Sie lieferte ebenso den Deuteronomikern und Deuteronomisten den Maßstab, das katastrophale Ende der beiden Reiche zu begründen wie die Bedingungen für die Zukunft Israels zu benennen. So ist es nicht verwunderlich, daß sich ihrer auch die nachexilischen Tradenten der Prophetenbücher bedienten, um der Gemeinde die Frage zu beantworten, warum sich die seit den Tagen Deuterojesajas angekündigte Befreiung und Erhöhung Israels zum Mittelpunktsvolk der Erde so lange hinauszögerte. Ein geradezu klassisches Beispiel dafür stellen die in Jes 58,3–12 und 59,1–4 überlieferten prophetischen Abweisungen zweier Volksklagen dar:[6] In der ersten hatte

---

[4] Vgl. dazu unten, S. 308–313.

[5] Vgl. z. B. Am 1,3–2,16* und 4,1–2.

[6] Zur unterschiedlichen redaktionsgeschichtlichen Einordnung vgl. Klaus Koenen, Ethik und Eschatologie im Tritojesajabuch, WMANT 62, 1990, S. 215–216, der sie Tritojesaja zuschreibt und zwischen 520 und 515 v. Chr. datiert, mit Odil Hannes Steck, Studien zur Tritojesaja, BZAW 203, 1991, S. 177–182 und ders., Der Abschluß der Prophetie, BThSt 17, 1991, S. 84–87, der sie einem nach 311 und vor 302/1 wirkenden Bearbeiter des Großjesajabuches zuweist, und Leszek Ruszkowski, Volk und Gemeinde im Wandel, FRLANT 191, 2000, S. 171, vgl. S. 68–69, der c. 58 und c. 59 auf zwei verschiedenen Redaktionen verteilt.

sich das Volk darüber beschwert, daß Jahwe seine Bitten, es aus seiner Knechtschaft zu erlösen, trotz seiner fortgesetzten Bußübungen nicht erhört hat.[7] In der zweiten hatte es ihn klagend gefragt, ob er zu ohnmächtig sei, das Schicksal seines Volkes zu wenden. Der Prophet aber bescheidet beide Klagen dahingehend, daß nicht Jahwe, sondern das Volk selbst anzuklagen ist, weil es wähnt, es reiche aus, die Bußakte der Form nach zu erfüllen, sich aber weder am Bußtag noch im Alltag an die einfachsten Grundsätze des Rechts und der Menschlichkeit zu halten. Es reicht nicht aus, den Kopf hängen zu lassen und in Sack und Asche zu gehen, um Jahwes Wohlgefallen zu gewinnen; denn Jahwe erhört nur die Bitten derer, die nach seinem Willen handeln und Recht und Gerechtigkeit üben (58,3–9):

> 3 *„Warum fasten wir, und du siehst es nicht,*
> *erniedrigen wir uns, und du bemerkst es nicht?"*
> *Seht, am Tag eures Fastens geht ihr euren Geschäften nach*
> *und treibt ihr all eure Pfänder (?)[8] ein.*
>
> 4 *Seht, zu Streit und Hader fastet ihr,*
> *und zum Schlag einer rechtlosen Faust!*
> *Ihr fastet heute nicht so,*
> *daß man in der Höhe euer Rufen hört.*
>
> 5 *„Ist das etwa ein Fasten, das mir gefallen könnte,*
> *ein Tag, an dem sich die Menschen kasteien,*
> *An dem sie ihren Kopf hängen lassen*
> *und in Sack und Asche gehen?*
> *Nennst du das ein Fasten*
> *und einen Tag, der Jahwe gefällt?*
>
> 6 *Ist nicht das ein Fasten, das mir gefällt:*
> *Fesseln des Unrechts zu öffnen,*
> *Knoten des Jochs zu lösen,*
> *Geknechtete freizulassen*
> *und daß ihr jedes Joch zerbrecht?*
> 7 *Ist es nicht, dem Hungrigen dein Brot zu brechen,*
> *und daß du Obdachlose in dein Haus führst,*
> *Siehst du einen Nackten, ihn bedeckst,*
> *und dich deinem eigenen Fleisch nicht verweigerst?"*
>
> 8 *Dann bricht wie die Morgenröte dein Licht hervor,*
> *und sproßt schnell deine Heilung,*
> *Geht dein Heil[9] vor dir her,*

---

[7] Vgl. auch Sach 7 und Jes 1,10–17.18–20.
[8] Siehe BHS.
[9] Text: *ṣædæq*.

§ 10 Das gesegnete Leben der Frommen und das verfluchte der Frevler

> *und folgt dir Jahwes Herrlichkeit.*
> 9 *Dann rufst du, und Jahwe antwortet dir,*
> *schreist du um Hilfe, und er sagt: „Hier bin ich!"*

Nicht anders bescheidet der Prophet die vorwurfsvolle Klage, ob Jahwe etwa zu ohnmächtig sei, sein Volk zu erlösen: Sein Rufen gelangt gar nicht erst bis zu ihm, weil ihr gewalttätiges und rechtswidriges Gebaren wie eine Scheidewand zwischen ihnen steht (Jes 59,1–4):

> 1 *Seht, die Hand Jahwes ist nicht zu kurz, um zu helfen,*
>   *und sein Ohr nicht zu schwer, um zu hören.*
> 2 *Sondern eure Sünden scheiden*
>   *zwischen euch und eurem Gott.*
> 3 *Denn eure Hände sind mit Blut befleckt*
>   *und eure Finger mit Schuld.*
>   *Eure Lippen reden Lüge,*
>   *eure Zunge murmelt Unheil.*
> 4 *Keiner klagt in Gerechtigkeit an,*
>   *und keiner prozessiert in Treue.*
>   *Man vertraut auf Nichtiges und redet Eitles,*
>   *geht schwanger mit Mühsal und gebiert Trug.*

Wie sich die innere Lage im Volk weiterhin verändert hat, läßt sich aus Jes 66,5–6 entnehmen: Inzwischen ist das Volk in zwei Lager getrennt, die man alsbald mittels der weisheitlichen Terminologie als die Frevler oder Gottlosen, die רְשָׁעִים (*rĕšāʿîm*), bzw. die Gerechten oder Frommen, die צַדִּיקִים (*ṣaddîqîm*), bezeichnen wird. Die Angehörigen des einen Lagers halten sich an Jahwes Wort, leben ihm gemäß und warten auf sein Heil; die des anderen hassen sie deshalb als Störenfriede, weil schon ihre Existenz eine ebenso lästige wie nach ihrer Meinung unbegründete Mahnung zur Umkehr darstellt. Denn der Wandel der Frommen nach dem Gesetz klagt unausgesprochen ihre eigene Gesetzlosigkeit an.[10] Die Hoffnung der Frommen auf Israels Erlösung aber dünkt nichts anderes als der Ausfluß eines längst durch den Lauf der Geschichte widerlegten Wunschdenkens zu sein (vgl. Jes 5,18–19).[11] Doch in den Augen des hier seine Stimme erhebenden, auf der Seite der Gerechten stehenden Schriftpropheten befinden sich die Gegner der Frommen in einem schweren Irrtum, weil Jahwes Herrlichkeit in Kürze erscheinen wird, um die Frevler zu vernichten und die Frommen zu retten (vgl. Jes 33,10–16).[12] Denn das Scheidungsgericht erscheint den Frommen als die unausweichliche und dringend nötige Antwort Jahwes, um die Wahrheit seiner Worte zu erwei-

---

[10] Vgl. auch Weish 2,10–20.
[11] Vgl. dazu auch oben, S. 102–103.
[12] Vgl. dazu oben, S. 142–144.

sen, indem er seine Drohungen an den Gottlosen und seine Verheißungen an den Frommen erfüllt (Jes 66,5–6):[13]

> 5 *Hört Jahwes Wort, die ihr um sein Wort besorgt seid:*
> *Es sagen eure Brüder, die euch hassen,*
> *die euch um meines Namens willen verstoßen:*
> *„Es zeige*[14] *Jahwe seine Herrlichkeit,*
> *damit wir eure Freude sehen!"*
> *Doch werden sie zuschanden!*
> 6 *Laut schallt Getöse aus der Stadt,*
> *laut hallt es her vom Tempel:*
> *Es schallt von Jahwe, der vergilt,*
> *was seine Feinde vollbrachten.*

Daß das erfolgreiche Treiben der Frevler Anlaß zu grundsätzlichen Zweifeln an Gottes Gerechtigkeit führen konnte, erfahren wir in Mal 3,13–17. Hier werden die Stimmen derer zitiert, die dank ihrer kleinmütigen oder ihrer frevelhaften Gesinnung das Warten auf Gottes Gericht aufgegeben hatten, um auf diese Weise die Frommen zu trösten und sie in ihrem Festhalten am Gehorsam gegen seine Weisung zu bestärken (Mal 3,13–20[21]):[15]

---

[13] Zur Zusammengehörigkeit der V. 5 und 6 vgl. Koenen, Ethik und Eschatologie, S. 200–201, der für die einschlägige Redaktionsschicht auf S. 223 in das späte 5. oder die erste Hälfte des 4. Jhs. v. Chr. datiert; Steck, Abschluß der Prophetie, BThSt 17, S. 91–98, vgl. S 68–69, setzt die Prophetien in Jes 65–66 dagegen generell erst im frühen 3. Jh. v. Chr. an. Ruszkowski, Volk und Gemeinde, S. 113–126 tendiert zu einer entsprechenden Spätdatierung von 66,1–6, verweist aber auf Jack Murad Sasson, Isaiah LXIV 3–4a, VT 26, 1976, S. 199–207, der wegen des Alters des Hundeopfers eine (m. E. redaktionsgeschichtlich kaum nachvollziehbare) vorexilische Entstehung für möglich hält.
[14] Siehe BHS.
[15] Vgl. dazu Klaus Koenen, Heil den Gerechten – Unheil den Gottlosen, BZAW 229, 1994, S. 52–67, aber auch Theodor Lescow, Das Buch Maleachi, ATh 75, 1993, S. 133–144, der den Grundtext in den V. 13.14.15a18.20aα und 21 sucht, aber es ist fraglich, ob man den späten Text auf diesen Umfang reduzieren kann und nicht vielmehr mit einer gewissen Breite der Aussagen zu rechnen hat. Mit einem in sich geschlossenen Text rechnet dagegen Karl William Weyde, Prophecy and Teaching, BZAW 288, 2000, S. 362–387, bes. S. 386. Odil Hannes Steck, Abschluß der Prophetie, S. 100–105 plädiert für eine Entstehung zwischen 240 und 220 v. Chr. Henning Graf Reventlow, Die Propheten Haggai, Sacharja und Maleachi, ATD 25/2, Göttingen: Vandenhoeck & Ruprecht 1993, S. 130 möchte Maleachi zwischen 460 und 450 ansetzen, doch bestehen gegen eine so frühe Ansetzung redaktionsgeschichtliche Bedenken.

§ 10 Das gesegnete Leben der Frommen und das verfluchte der Frevler

13 *„Ein starkes Stück sind eure Reden wider mich!"*
sagt Jahwe.
Ihr aber sagt: „Was haben wir denn gegen dich geredet?"
14 *Ihr sagt: „ Vergeblich ist es, Gott zu dienen."*
Und:
„Was bringt es für Gewinn, wenn wir auf seine Ordnung achten
und wandeln im Trauerkleid vor Jahwe Zebaoth?
15 *Jetzt preisen wir die Überheblichen glücklich,*
 es werden ja erbaut die Freveltäter,
die Gott versuchen, kommen heil davon!"
16 *Darauf besprachen sich, die Jahwe fürchten,*
mit seinem Nachbarn jedermann:
Und Jahwe merkte auf und hörte,
und ein Gedenkbuch wurde vor ihm aufgeschrieben
für die, die Jahwe fürchten und seinen Namen achten.[16]
17 *„Sie sollen mir,"spricht Jahwe Zebaoth,*
„für den Tag, den ich plane, Eigentum sein,
So daß ich sie verschone, wie jemand,
der seinen Sohn verschont, der ihm dient.
18 *Dann könnt ihr wieder zwischen dem Gerechten*
und dem Frevler unterscheiden,
zwischen dem, der Gott dient, und dem, der ihm nicht dient.
19 *Denn seht, es kommt der Tag, der wie ein Ofen brennt,*
dann werden alle Überheblichen und Freveltäter Stroh:
Der Tag, der kommt, wird sie verzehren,"
spricht Jahwe Zebaoth,
„er läßt ihnen nicht Wurzel oder Zweig.
20 *Doch über euch, die meinen Namen fürchten,*
strahlt auf die Sonne der Gerechtigkeit
und Heilung (kommt) mit ihren Flügeln,
daß ihr hinausgeht und springt wie Kälber aus dem Stall!"
21 *[Und ihr werdet die Frevler zertreten, denn sie werden*
Staub unter euren Sohlen sein an dem Tag, den ich bereite][17]
spricht Jahwe Zebaot.

---

[16] Graf Reventlow, ATD 25/2, S. 158 plädiert dafür, V. 16 als Ergänzung zu betrachten. Die Ausscheidung des Verses beraubt aber V. 17 des organischen Anschlusses nach vorn. Zur Vorstellung vom Himmelsbuch, in dem die Namen und Taten der Frommen aufgezeichnet werden, vgl. mit Reventlow auch Ex 32,32 f.; Jes 4,3; Ez 13,9; Ps 69,29; 8,6; 139,16; Dan 7,10; 10,21; 12,1; Neh 13,14.

[17] Zum sekundären Charakter von V. 21abα vgl. Koenen, S. 60 Anm.19; vgl. aber auch Weyde, S. 386. Für Koenens Urteil spricht, daß das Thema des Schicksals der Gottlosen eigentlich mit V. 19 abgeschlossen ist. Doch ist es nicht ausgeschlossen, daß der gelehrte Prophet abschließend noch einmal das Schicksal der Frevler und der Gerechten miteinander kontrastieren wollte.

Nach einer Formel, welche dieses Verständnis von Jahwes Gerechtigkeit im Horizont des Gegensatzes zwischen den Frommen und den Frevlern bündig zusammenfaßt, braucht man nicht lange Ausschau zu halten; denn sie findet sich in Jes 57,21 (48,22) und lautet:

אֵין שָׁלוֹם אָמַר אֱלֹהַי לָרְשָׁעִים,
Es gibt kein Heil, spricht mein Gott, für die Gottlosen.

3. *Die Lehre der Gerechten.* Dieser Grundsatz spiegelt sich auch im Spruchbuch und in entsprechenden Bearbeitungen der Psalmen. Der durch die Erwahrung belegte Regelfall, daß ein gemeinschaftsgerechtes Leben gelingt, wurde nun angesichts einer frommen Elite, die sich zunehmend von der Mehrheit der Machtmenschen und der Gleichgültigen geschieden wußte, auf den Gegensatz zwischen dem oder den Gerechten und den Frevlern bezogen.[18] So heißt es etwa in Spr 11,5:

> *Die Gerechtigkeit des Untadligen ebnet seinen Weg,*
> *aber durch seine Bosheit kommt der Frevler zu Fall.*

Und um jeden daran Zweifelnden zu überzeugen, konnten sie sagen (Spr 11,21):

> *Die Hand darauf: Der Böse bleibt nicht straflos,*
> *aber wer Gerechtigkeit sät[19], bleibt in Sicherheit.*

Und um anzuzeigen, daß Jahwe es so fügt, konnten sie diese Versicherung auch so variieren, wie es in Spr 16,4 überliefert ist:

> *Ein Greuel Jahwes ist jeder Hochmütige.*
> *Die Hand darauf: er bleibt nicht straflos.*

Schließlich wurden Tun und Ergehen des oder der Gerechten dem der Frevler in hartem Kontrast gegenübergestellt: Während der Gerechte in Jahwes Gunst steht, so daß er ein glückliches und langes Leben führt, so daß sein Name für die nachfolgenden Generationen zum Segenswunsch wird, sind die Frevler Gott verhaßt, so daß ihnen ein gluckloses, unheilvolles und kurzes Leben zuteil wird, während ihr Name der Vergessenheit

---

[18] Vgl. dazu Jutta Hausmann, Studien zum Menschenbild der älteren Weisheit, FAT 7, 1995, S. 37–66, zu den redaktionsgeschichtlichen Problemen Ruth Scoralik, Einzelspruch und Sammlung, BZAW 232, 1995, S. 62–75 bzw. Achim Müller, Proverbien 1–9, BZAW 291, 2000, S. 300–304 und zur Sache auch Otto Kaiser, Einfache Sittlichkeit und theonome Ethik in der alttestamentlichen Weisheit, NZSTh 39, 1997, S. 115–139, bes. S. 126–136 = ders., Gottes und der Menschen Weisheit, BZAW 261, S. 18–42, bes.S.29–39 und Jürgen van Oorschot, Der Gerechte und der Frevler im Buch der Sprüche, BZNF 42,1998, S. 225–238.
[19] Lies mit G, vgl. BHS.

an heim fällt. Als Beispiele dafür seinen hier Spr 15,9; 12,21; 13,9 und 10,7 angeführt. So heißt es in 15,9:

> *Ein Greuel ist Jahwe der Weg der Frevler,*
> *aber wer Gerechtigkeit nachjagd, den liebt*

Daraus ergibt es sich der Wahrspruch Spr 12,21 wie von selbst:

> *Keinerlei Unheil widerfährt dem Gerechten,*
> *aber die Frevler sind des Unglücks voll.*

Entsprechend unterscheiden sich auch beider Lebensaussichten. Beim abendlichen Gang durch den Ort kann man es erkennen: Während die Häuser der Gerechten erleuchtet sind, liegen die Anwesen der Frevler dunkel und verlassen da (Spr 13,9):

> *Das Licht der Gerechten brennt hell,*
> *aber die Lampe der Frevler verlischt.*

Nicht anders verhält es sich mit Namen: der Name der Frommen bleibt unvergessen und dient den späteren Generationen als Segenswunsch, weil sich jeder danach sehnt, in gleicher Weise von Jahwe behütet und bewahrt zu werden. Dagegen erinnern sich die Späteren nicht mehr als den Namen der Frevler, obwohl sie einst für soviel Aufsehen gesorgt haben (Spr 10,7).

> *Das Gedenken an den Gerechten dient als Segen,*
> *aber der Name des Frevlers vermodert.*

4. *Ps 37 als Summe der Lehre der Frommen.* Diese Überzeugung hat im 37. Psalm eine abgerundete Darstellung gefunden.[20] Es handelt sich bei dem Psalm um eine Lehrdichtung, die vierzig Bikola oder Doppelreihen enthält, von denen jede zweite der Reihe nach mit einem Buchstaben des Alphabets beginnt. Auf diese Weise bringt sein Dichter zum Ausdruck, daß er seinen Lesern eine ebenso vollkommene wie umfassende Lebenslehre erteilt. Sie gliedert sich in vier Abschnitte zu je zehn Versen. Im ersten fordert der Weise dazu auf, nicht eifersüchtig auf die Bösen zu sein, sondern im festen Vertrauen auf Jahwe Gutes zu tun und abzuwarten, daß Jahwe die Frevler zu Fall bringt, weil die, die auf Jahwe warten, das Land besitzen werden (Ps 37,1–11):

---

[20] Zu den Bearbeitungen im Geiste des Gegenüberstellung des Schicksals der Gerechten bzw. der Getreuen mit den Frevlern im Buch der Psalmen in Gestalt von entsprechenden Ergänzungen und der Einfügung ganzer Lieder vgl. z. B. Ps 7,10a; 31,18–19; 97,10–12 sowie Ps 1 und 34 und dazu Christoph Levin, Das Gebetbuch der Gerechte, ZThK 90, 1993, S. 355–381 und Urmas Nõmmik, Die Gerechtigkeitsbearbeitungen in den Psalmen, UF 31, 1999, S. 443–535 und bes. S. 514–525.

(א) 1 *Auf Missetäter sei nicht eifersüchtig,*
   beneide nicht die Übeltäter;[21]
 2 *Denn schnell wie Gras verwelken sie*
   und sinken hin wie grünes Kraut[22].
(ב) 3 *Befiehl dich Jahwe an*[23] *und handle gut,*[24]
   und wohn' im Land und weide sicher.
 4 *Und habe deine Lust an Jahwe:*[25]
   Er gibt dir, was dein Herz begehrt[26].
(ג) 5 *Stell deinen Weg Jahwe anheim,*[27]
   vertrau auf ihn, er richtet's aus.
 6 *Er führt wie Licht heraus deine Gerechtigkeit,*
   und dein Recht wie den hellen Mittag.[28]
(ד) 7 *Sei still in Jahwe*
   und warte auf ihn:
   Beneide den nicht, dem sein Weg gelingt,
   ist er ein ränkevoller Mann.
(ה) 8 *Steh ab von Zorn und laß den Grimm,*
   Ereifere dich nicht, tut man auch Böses.
 9 *Denn Missetäter werden ausgerottet,*
   doch die auf Jahwe warten, Landbesitzer.[29]
(ו) 10 *Ein wenig nur, der Frevler ist nicht mehr,*
   vergeblich suchst du seine Stätte.[30]
 11 *Aber die Elenden werden das Land besitzen*[31]
   und sich erfreuen an der Fülle ihres Heils.

Es erübrigt sich, in diesem Zusammenhang den ganzen Psalm vorzustellen, denn er kreist weiterhin um den Gegensatz zwischen dem Geschick der Frevler und der Frommen. Im Blick auf beide beruft sich der Dichter auf seine Erfahrung. Sie hat seine Lehre bestätigt, daß der Gerechte nicht zu Fall kommt. Daher ist sein Rat wohl begründet, der Schüler möge sich vom Bösen fern halten (Ps 37,25–28):

---

[21] Vgl. Spr 24,1.
[22] Vgl. Jes 40,6; Ps 90,5 und Hiob 14,2.
[23] Vgl. Ps 115,9 und Spr 3,5.
[24] Vgl. Ps 34,15.
[25] Vgl. V. 11 sowie Jes 58,14; Hiob 22,16 und 27,10.
[26] Vgl. Ps 20,6b und 21,3.
[27] Vgl. Ps 22,9 und den ganzen Vers mit Spr 16,2.
[28] Vgl. Hiob 11,17 und Jes 58,10.
[29] Vgl. V. 11.29 und 34aβ mit Jer 57,13; 60,21 und 65,9 sowie mit z. B. Dtn 6,18.
[30] Vgl. Hiob 8,18 und 20,9.
[31] Vgl. Mt 5,5.

(ג) 25 *Ein Jüngling war ich und bin alt geworden,*
   doch sah ich den Gerechten nie verlassen
   [noch seinen Samen suchen Brot].[32]
  26 *Er schenkt und leiht aus alle Tage,*
   sein Same hat am Segen teil.
(ס) 27 *So halte dich vom Bösen fern und tue Gutes,*[33]
   und bleibe wohnen immerdar.
  28 *Denn Jahwe liebt das Recht*
   und verläßt seine Treuen[34] *nicht.*

Dafür, daß es sich mit den Frevlern genau umgekehrt verhält und sie plötzlich von Jahwe heimgesucht werden, beruft sich der Weise in den V. 35–36 ebenfalls auf seine Erfahrung, so daß er seinem Schüler in den letzten vier V. 37–40 zusammenfassend versichern kann, daß die Gerechten Heil erwartet, während die Sünder vernichtet werden. So wie Jahwe den Gerechten einst vor den Nachstellungen der Frevler geholfen habe, werde er ihnen auch fernerhin beistehen. Eine jüngere Hand hat in V. 40b in Übereinstimmung mit dem Rat in V. 3 die Begründung angefügt, daß es sich so verhält, weil die Frommen auf ihn vertrauen (V. 35–40):

(ר) 35 *Ich sah den Frevler übermütig*[35]*,*
   sich dehnend gleich dem grünen Sproß.
  36 *Als ich vorbeikam*[36]*, war er verschwunden,*
   als ich ihn suchte, war er nicht zu finden.[37]
(ש) 37 *Gib auf den Frommen acht und schau auf den Geraden,*[38]
   denn ihre Zukunft ist nur Heil.
  38 *Aber die Sünder werden insgesamt vernichtet,*
   und abgeschnitten ist der Frevler Zukunft.
(ת) 39 *Die Hilfe der Gerechten kommt von Jahwe,*
   ihrer Zuflucht in der Zeit der Not.
  40 *Jahwe hat ihnen geholfen und sie errettet*
   und wird sie retten vor den Frevlern und ihnen helfen:
   denn sie vertrauten auf ihn.

Literatur

Ausgewählte Aufsätze, Monographien und Sammelwerke: Crenshaw, Old Testament Wisdom. An Introduction, London: SCM Press 1982; Day, John, Gordon,

---

[32] V. 25b fällt als drittes Kolon aus der bikolischen Struktur des Liedes heraus und ist daher als Zusatz zu beurteilen.
[33] Vgl. Ps 34,15a.
[34] חֲסִידָיו (*ḥăsîdâw*).
[35] Lies mit G; vgl. BHS.
[36] Lies mit G und V die 1. sing.
[37] Vgl. Hiob 5,3 und Spr 24,30–31.
[38] Vgl. aber auch Ps 25,21.

Robert P. und Williamson, H. G. M., eds., Wisdom in Ancient Israel. FS J. A. Emerton, Cambridge: Cambridge University Press 1995; *Gese, Hartmut,* Lehre und Wirklichkeit in der alten Weisheit. Studien zu den Sprüchen Salomos und zu dem Buche Hiob. Tübingen: J. C. B. Mohr (Paul Siebeck) 1958; *Hausmann, Jutta,* Studien zum Menschenbild der älteren Weisheit (Spr 10 ff.), FAT 7, Tübingen: J. C. B. Mohr (Paul Siebeck) 1995; *Kaiser, Otto,* Einfache Sittlichkeit und theonome Ethik in der alttestamentlichen Weisheit, NZSTh 39, 1997, S. 115–139 = ders., Gottes und der Menschen Weisheit, BZAW 261, Berlin. New York: Walter de Gruyter 1998, S. 18–42; *Koenen, Klaus,* Ethik und Eschatologie im Tritojesajabuch. Eine literarkritische und redaktionsgeschichtliche Studie, WMANT 62, Neukirchen-Vluyn: Neukirchener Verlag 1990; *ders.*, Heil den Gerechten – Unheil den Sündern! Ein Beitrag zur Theologie der Prophetenbücher, BZAW 229, Berlin. New York: Walter de Gruyter 1994; Levin, Christoph, Das Gebetbuch der Gerechten. Literargeschichtliche Beobachtungen am Psalter, ZThK 90, 1993, S. 355–381; *Lescow, Theodor*, Das Buch Maleachi. Texttheorie – Auslegung – Kanontheorie, ATh 75, Stuttgart: Calwer Verlag 1993; Miller Jr., Patrick D., Sin and Judgment in the Prophets, SBL.MS 27, Chico, CA: Scholars Press 1982; Müller, Achim, Proverbien 1–9. Der Weisheit neue Kleider, BZAW 291, Berlin. New York: Walter de Gruyter 2000; .Murphey, Roand E., The Tree of Life. An Exploration of Biblical Wisdom Literature, 2nd ed., Grand Rapids, Mich./Cambridge, UK: William B. Eeerdmans; *Nömmik, Urmas,* Die Gerechtigkeitsbearbeitungen in den Psalmen. Eine Hypothese von Christoph Levin formgeschichtlich und kolometrisch untersucht, UF 31, 1999, S. 443–535; *Ro, Johannes Un-Sok,* Die sogenannte „Armenfrömmigkeit" im nachexilischen Israel, BZAW 322, Berlin. New York 2002; *Oorschot, Jürgen van,* Der Gerechte und der Frevler im Buch der Sprüche. Ein Beitrag zu Theologie und Religionsgeschichte des frühen Judentums, BZ NF 42, 1998, S. 225–238, *Rad, Gerhard von,* Weisheit in Israel, Neukirchen-Vluyn: Neukirchener Verlag 1970 = GTB 1437, Gütersloh: Gütersloher Verlagshaus 1992; *Ruszkowski, Leszek,* Volk und Gemeinde im Wandel. Eine Untersuchung zu Jesaja 56–66, FRLANT 191, Göttingen: Vandenhoeck & Ruprecht 2000; *Scherer, Andreas,* Das weise Wort und seine Wirkung. Eine Untersuchung zur Komposition und Redaktion von Proverbien. 10,1–22,16, WMANT 83, Neukirchen-Vluyn: Neukirchener Verlag 1999; *Schmidt, Ludwig,* „De Deo". Studien zur Literarkritik und Theologie des Buches Jona, des Gesprächs zwischen Abraham und Jahwe in Gen 18,22 ff. und von Hi 1, BZAW 143, Berlin. New York: Walter de Gruyter 1976; *Scoralik, Ruth,* Einzelspruch und Spruchsammlung. Komposition im Buch der Sorchwörter Kapitel 10–15, BZAW 232, Berlin. New York 1995; *Steck, Odil Hannes,* Studien zu Tritojesaja, BZAW 203, Berlin. New York: Walter de Gruyter 1991; *ders.*, Der Abschluß der Prophetie im Alten Testament, BThSt 17, Neukirchen-Vluyn: Neukirchener Verlag 1991; Toorn, Karel van der, Sin and Sanction in Israel and Mesopotamia. A comparative study, SSN 22, Assen/Maastricht: Van Gorcum 1985; *Weyde, Karl Wiliam*, Prophecy and Tradition. Prophetic Authority, Form Problems, and the Use of Traditions in the Book of Malachi, BZAW 288, Berlin. New York: Walter de Gruyter 2000.

§ 11 Der Fall Hiob oder das Problem des unschuldigen Leidens

1. *Das Hiobbuch, seine Entstehung und seine Tendenzen.* Ps 37 hat uns gelehrt, daß die Weisen ihrer Sache sicher waren, daß Jahwe die Frommen aus allen Nöten errettet, während er die Gottlosen zugrunde richtet. Diese Lehre wurde seit dem Beginn des 4. Jhs. unter Berufung auf die Autorität der Väter und die eigene Erfahrung vertreten. Da man dieser Regel universale Gültigkeit zuschrieb, meinte man, aus jedem Unglück und jeder Erkrankung auf die Schuld der Betroffenen zurückschließen zu können. Damit provozierten die Weisen den Einspruch eines Mannes, den die eigene Beobachtung des Verlaufes menschlicher Schicksale gelehrt hatte, die Lehre in Frage zu stellen.[1] Ihm verdanken wir die Dichtung von dem schwer erkrankten Weisen Hiob und seinen drei Freunden, deren Trostversuche in derartig heftigem Streit endeten, daß Hiob Gott aufforderte, zu erscheinen und seine Unschuld zu bezeugen.

Da das Hiobbuch eine in sich spannungsvolle Einheit darstellt, seien zur Orientierung des Lesers einführend wenigstens sein Aufbau und die Hauptetappen seiner Entstehung skizziert.[2] Das Buch umfaßt 42 Kapitel. Es besteht aus einer Rahmenerzählung, die in 1,1–2,10 und 42,11–17 enthalten ist. Sie ist vorn durch die Einführung der drei Freunde Hiobs in 2,11–13 und hinten durch den Bericht von der Beurteilung ihrer Reden in 42,7–10 mit der zentralen Hiobdichtung in 3,1–42,6 verbunden. Die Hiobdichtung besteht aus dem die c. 3–27 umfassenden Dialog Hiobs mit seinen drei Freunden, Elifas von Teman, Bildad von Schuach und Zofar von Naama. Er gliedert sich in drei Redegänge, in dessen letztem Bildad in c. 25 eine ungewöhnlich kurze Rede hält und Zofar überhaupt nicht mehr zu Wort kommt. In diesen Reden suchen die Freunde Hiob entschlossen davon zu überzeugen, daß er sein Unglück verdient haben muß und er nur genesen kann, wenn er Gott um Vergebung seiner Schuld bittet. Hiob aber besteht von Anfang bis Ende auf seiner Unschuld und appelliert daher an den Gott, der ihn mit Krankheit geschlagen hat, sie als sein Rechtshelfer zu bezeugen. An diese letzte, den Freunden zugewandte Rede in c. 27 schließt sich in c. 28 ein Hiob in den Mund gelegtes Gedicht auf die Verborgenheit der Weisheit Gottes an. Dann folgen in den c. 29

---

[1] Zur Krise des Glaubens an die Gerechtigkeit des Zeus und ihre Überwindung und die Einflüsse der griechischen skeptisch-aufgeklärten Zuwendung zur Wirklichkeit auf den Hiobdichter vgl. Otto Kaiser, Die Bedeutung der griechischen Welt für die alttestamentliche Theologie, NAWG,PH 2000/7, 2000, S. 316 [16]–328[28] und speziell zum Hiobbuch Katherine J. Dell, The Book of Job as Sceptical Literature, BZAW 197, 1991, S. 159–161 und S. 168–170.

[2] Vgl. dazu Grundriß III, S. 70–83.

und 30 die Klage Hiobs über sein einstiges Glück und jetziges Unglück und in c. 31 sein gern als Reinigungseid bezeichnetes Unschuldsbekenntnis, das mit der Herausforderung Gottes endet.

Unvermittelt schaltet sich in den c. 32–37 Elihu als ein weiterer Freund ein, der vier Reden hält, um die Schwäche seiner Freunde bei der Verteidigung der unbedingten Gerechtigkeit Gottes auszugleichen und Hiob seiner Schuld zu überführen, ohne daß es ihm gelingt, ihn zu überzeugen. In den anschließenden c. 38,1–42,6 erreicht die Dichtung ihren dramatischen Höhepunkt in zwei Gottesreden, die durch einen knappen Wortwechsel zwischen Jahwe und Hiob in 40,1–5 unterbrochen und durch Hiobs Antwort in 42,1–6 beendet werden: Jahwe überführt Hiob der Unkenntnis seiner Schöpfungswerke, so daß Hiob schließlich demütig seine gegen Gott gerichteten Anklagen widerruft. Innere Spannungen, Brüche und Widersprüche geben zu erkennen, daß dieses Werk nicht aus einem Guß ist, sondern durch die nachträgliche Vereinigung eine komplizierte Entstehungsgeschichte besitzt.[3]

Am Anfang steht vermutlich eine wesentlich kürzere Fassung der Lehrerzählung von Hiobs Glück, Leid und Bewährung, der die Himmelsszene in 1,6–12 und die ganze Erzählung in 2,1–10 fehlten. Sie wurden ebenso wie die Einführung der drei Freunde erst bei ihrer Verbindung mit der Hiobdichtung eingefügt.[4] Der dafür verantwortliche Bearbeiter fand die Hiobdichtung bereits in einer durch die Elihureden der c. 32–37 erweiterten Form vor und hat ihren Umfang ebenfalls vermehrt, indem er Hiob die sich in seinen Schöpfungswerken spiegelnde Majestät Gottes und seine verborgene Weisheit preisen ließ.[5] Seine bedeutendste Einfügung besteht in dem Gedicht auf die göttliche Weisheit in c. 28.[6] Dadurch

---

[3] Vgl. zum Folgenden Markus Witte, Vom Leiden zur Lehre, BZAW 230, 1994 und Wolf-Dieter Syring, Hiob und sein Anwalt, Diss. Marburg 1998.

[4] Zum literarischen Problem vgl. Rolf Dieter Syring, Hiob und sein Anwalt, S. 42–121, zu ihrem traditionsgeschichtlichen Hintergrund und ihrer Eigenart Hans-Peter Müller, Die Hiobrahmenerzählung und ihre altorientalischen Parallelen als Paradigmen einer weisheitlichen Wirklichkeitswahrnahme, in: W. A. M. Beuken, ed., The Book of Job, BEThL 114, 1994, S. 21–40.

[5] Vgl. zu ihnen Georg Fohrer, Die Weisheit des Elihu (Hi 32–37), in: ders., Studien zum Buche Hiob (1956–1979), 2. Aufl., BZAW 159, 1983, S. 94–113 und weiterhin Harald M. Wahl, Der Gerechte Schöpfer, BZAW 207, 1993, bes. S. 132–142 bzw. ders., Das „Evangelium" Elihus (Hiob 32–37), in: W. A. M. Beuken, The Book of Job, S. 356–361.

[6] Vgl. dazu Jürgen van Oorschot, Hiob 28: Die verborgene Weisheit und die Furcht Gottes als Überwindung einer generalisierenden חכמה, in: W. A. M. Beuken, ed., The Book of Job, BEThL 114, 1994, S. 183–201.

ergab sich bereits ein dreifacher Wechsel der Stellungnahme zu dem Problem der Unschuld Hiobs: Während der Verfasser der Hiobdichtung sie unter Verweis auf das Geheimnis des göttlichen Schöpfungshandelns bejahte, wurde sie in den Elihureden kategorisch bestritten, weil sie der Gerechtigkeit Gottes widerspräche. Der Majestätsbearbeiter tritt erneut für sie ein und deutet das Leiden Hiobs durch die Einschaltung der Himmelsszenen als eine ihm von Gott auferlegte Bewährungsprobe seiner Frömmigkeit. Als nächster bezog dann ein sogenannter „Niedrigkeitsbearbeiter" Stellung: Er bestritt, daß ein aus Erde geformter und vom Weib geborener Mensch vor Gott rein sein kann, und ließ Hiob sich am Ende der c. 38–39* umfassenden Gottesrede demütigen. Da die Lehre von der dank göttlicher Fügung bestehenden Entsprechung zwischen Tun und Ergehen aufgrund ihrer fundamentalen Bedeutung für das Gesetz und die Prophetenbücher als normativ galt, meldete sich mindestens noch ein weiterer Bearbeiter zu Wort, der Hiob gegenüber seinen Freunden ausdrücklich die Schöpfermacht und Gerechtigkeit Gottes verteidigen ließ. Im Verlauf dieser Prozesse wurden nicht nur die Reden, Klagen und die Unschuldserklärung Hiobs erweitert, sondern zumal im letzten Stadium auch die Gottesreden ausgebaut und wie das Schlußbekenntnis Hiobs zweigeteilt. So ist die sich etwa vom ersten Drittel des 4. bis zum ersten Drittel des 2. Jhs. v. Chr. erstreckende Entstehung des Buches dafür verantwortlich, daß es sich bei ihm um eine spannungsvolle Einheit handelt. Daher verlangt es von seinem Leser die geduldige Bereitschaft, die in ihm vereinigten, teils miteinander übereinstimmenden und teils einander widersprechenden Voten zu hören und sich ein eigenes Urteil zu fällen. Wir halten uns in der nachfolgenden Darstellung an die oben skizzierten Grundlinien und gehen auf literar- und redaktionskritische Einzelheiten nur insofern ein, als es für das Verständnis unabdingbar ist.[7]

2. *Der Einspruch des Hiobdichters gegen die Lehre der Väter. Die erste Ausgabe der Hiobdichtung.* Der Hiobdichter verdankt sein Thema wahrscheinlich der weisheitlichen Lehrerzählung von dem östlich des palästinischen Kulturlandes lebenden Aramäer Hiob,[8] der trotz seiner Rechtschaffenheit an einem Tage seine sieben Söhne und drei Töchter sowie seinen immensen Herdenbesitz verlor. Doch statt über seinen gewaltigen Verlust in Anklagen Gottes auszubrechen, beließ er es bei dem Bekenntnis

---

[7] Vgl. dazu auch Grundriß III, 1994, S. 70–83.

[8] Vgl. dazu Otto Fißfeldt, Das Alte Testament im Licht der safatenischen Inschriften, ZDMG 104, 1954, S. 88–118, bes. S. 98–99 = ders., Kl. Schriften III, 1966, S. 289–319, bes. S. 299 und zuletzt John Day, How Could Job Be an Edomite?, in: W. A. M. Beuken, ed., The Book of Job, BEThL 114, 1994, S. 392–399.

seiner eigenen Sterblichkeit (1,21aα): *Nackt bin ich aus dem Leib meiner Mutter hervorgekommen, und nackt kehre ich dorthin*[9] *zurück.* Daraufhin kamen all seine Verwandten und Bekannten, um mit ihm zu trauern und ihm schwere Silberringe als Kapital für seinen Neubeginn zu schenken. Gott aber segnete den bewährten Dulder, so daß er erneut sieben Söhne und drei Töchter erhielt und seine gewaltigen Herden doppelt so groß wurden wie die, die er verloren hatte. Die Erzählung versicherte mithin Menschen, die alles verloren hatten, sich durch die Annahme ihres Geschicks zu bewähren und dank der Hilfe der Verwandten und Bekannten einen Neubeginn zu wagen und auf Gottes Segen zu hoffen.[10]

Diesen Mann stellt uns der Hiobdichter in seiner eigenständigen, in den c. 3–39* enthaltenen Dichtung[11] als einen schwerkranken Mann vor, zu dem seine drei Freunde Elifas von Teman,[12] Bildad von Schuach[13] und Zofar von Naama[14] kommen, um ihn zu trösten.[15] Aber der Mann, der gleich in seiner ersten, den Redewechsel eröffnenden Klage den Tag seiner Geburt verflucht und angesichts der Schwere seiner Krankheit fragt, warum die Leidenden sich hinschleppen müssen, statt sterben zu dürfen, wird seinen Freunden ihre Aufgabe nicht leicht machen (Hiob 3,20–23):

> 20 *Warum wird dem Beladenen Licht gegeben*
> *und Leben den Verbitterten,*
> 21 *Die sich vergeblich nach dem Tode sehnen,*
> *ihn mehr als Schätze suchen,*
> 22 *Die sich auf den Steinhaufen*[16] *freuen,*
> *die jauchzten, fänden sie ein Grab,*
> 23 *Dem Manne, dem sein Weg verschlossen,*
> *weil Gott ihn hinter ihm versperrt?*

---

[9] Das heißt: zur Erde als der Mutter alles Lebendigen, vgl. Sir 40,1.

[10] Vgl. dazu Albrecht Alt, Zur Vorgeschichte des Buches Hiob, ZAW 55, 1937, S. 265–268 und weiterführend Ludwig Schmidt, De Deo, BZAW 143, 1976, S. 165–188, knapp Kaiser, Einleitung⁵, S. 385–386 und ausführlich Wolf-Dieter Syring, Hiob und sein Anwalt, S. 44–103 und S. 126–131.

[11] Zu ihrem Umfang vgl. die Liste bei Markus Witte, Vom Leiden zur Lehre, BZAW 230, 1994, S. 191.

[12] Ein Edomiter; vgl. Jer 49,7.

[13] Ein Aramäer vom oberen Eufrat; vgl. Gen 25,2.6 und 26,5 sowie den keilschriftlich belegten Ort Sûḫi/Šûḫi.

[14] Vermutlich ein Libanese; vgl. den an der Straße von Damaskus nach Beirut liegenden Ort ʿAin Ṣôfar, und dazu B. Moritz, ZAW 57, 1939, S. 148–150.

[15] Vgl. dazu auch Otto Kaiser, Ideologie und Glaube, 1984, S. 65–92.

[16] Der Steinhaufen markiert das Grab anstelle eines Denksteins.

§ 11 Der Fall Hiob oder das Problem des unschuldigen Leidens 273

Hiob wird sich über seine drei Freunde ärgern, weil sie aufgrund ihrer einst von Hiob geteilten Überzeugung in all ihren Reden letztlich nur den einen Rat zu geben wissen, seine Schuld Gott zu bekennen und dadurch geheilt zu werden. Denn er ist sich keiner Schuld bewußt, die Gott veranlaßt haben könnte, ihn so zu schlagen.[17] Es ist im vorliegenden Zusammenhang nicht erforderlich, den beiden ersten Redegängen im einzelnen zu folgen und dabei auf die unterschiedliche, ihrem Lebensalter entsprechende Stilisierung ihrer Charaktere und Redeweise der Freunde zu achten. Es reicht in dieser Beziehung aus, wenn wir anmerken, daß der Dichter Elifas als den Ältesten sich auf seine Erfahrung (4,8–9) und Bildad als den Mittleren dagegen auf die Lehre der Väter berufen läßt (8,8–10),[18] während Zofar sie ohne weitere Begründungen auf Hiobs Fall anwendet. Im Grunde stimmen sie alle darin überein, wie Elifas Hiobs Fall in seiner ersten Rede unter die Regel „Kein Leid ohne Schuld" subsumiert und ihm sein spezielles Leiden als eine seiner Rettung dienende Züchtigung Gottes deutet, um ihn so zum Eingeständnis seiner Schuld zu führen. Der Dichter läßt Elifas in 4,7–9 auffordern, sich daran zu erinnern, ob er je einen rechtschaffenen Mann zugrunde gehen sah oder es sich vielmehr nicht so verhält, wie Elifas es selbst beobachtet haben will, daß Gott nämlich nur die Frevler umbringt. Damit ist das Thema angeschlagen, dessen Entfaltung die weiteren Freundesreden dienen (Hiob 4,7–9):

> 7 *Gedenke doch, welch Reiner ging zugrunde,*
> *und wo sind Redliche verschwunden?*
> 8 *Soviel ich sah, haben die Unrecht pflügten*
> *und die Mühsal gesät, es eingebracht.*
> 9 *Durch Gottes Odem gingen sie zugrunde,*
> *durch seines Zornes Wehen nahmen sie ein Ende.*

In 5,6–27 greift er das Thema noch einmal ausführlich auf, um Hiob dazu zu bewegen, sein Geschick in der allgemeinen Regel wiederzuerkennen und seine Krankheit als einen Versuch Gottes wahrzunehmen, ihn durch seine Züchtigung zur Ordnung zu rufen, und dann den nach seiner und der beiden anderen Freunde unerschütterlichen Überzeugung einzig möglichen Weg zur Rettung seines Lebens einzuschlagen, vor Gott seine Schuld zu bekennen und ihn um Heilung zu bitten (Hiob 5,6–21):

---

[17] Zu den unterschiedlichen, in seinen und seiner Freunde Reden verwandten Gattungen vgl. Claus Westermann, Der Aufbau des Buches Hiob, BHTh 23, 1956, S. 25–80, zu ihren Parodisierungen durch Hiob Katharine J. Dell, The Book of Job as Sceptical Literature, BZAW 197, 1991, S. 109–157.
[18] Vgl. dazu Norman C. Habel, Appeal to Ancient Traditions as a Literary Form, ZAW 88, 1976, S. 253–272, bes. S. 254–256.

§ 11 Der Fall Hiob oder das Problem des unschuldigen Leidens

   6 *Ja: „Aus dem Staube kommt kein Unheil,*
       und aus der Erde sproßt kein Leid."
   7 *Es ist der Mensch, der (sich) das Leid erzeugt,*
       den Funken gleich, die in die Höhe fliegen.
   8 *Dagegen würde ich zu Gott mich wenden,*
       würde dem Herrgott meinen Fall vortragen,
   9 *Der große Dinge tat, die unerforschlich,*
       und Wunderbares, das unzählbar ist,[19]
  11 *Um Niedrige empor zu führen,*
      daß Trauernde zum Glück gelangen.

  12 *Der Klugen Vorhaben zerbricht er,*
      daß ihren Händen nichts gelingt.
  13 *In ihrer Klugheit fängt er Weise,*
      es übereilt der Plan der Schlauen sich.
  14 *Am Tage treffen sie auf Dunkel,*
      am hellen Mittag tappen sie wie in der Nacht,
  15 *Daß vor dem Schwert er die Geringen rettet*
      und aus des starken Hand den Elenden,
  16 *Daß er für den Geringen Hoffnung gebe*
      und die Bosheit ihr Maul verschließt.

  17 *Sieh, glücklich ist der Mann, den Gott zurechtweist,*
      darum verwirf Schaddajs[20] *Züchtigung nicht.*
  18 *Denn: „Er verwundet und verbindet,*
      er schlägt, und seine Hände heilen!"
  19 *In sechs Gefahren wird er dich erretten*
      und in sieben dich kein Unglück treffen.
  20 *In Hungersnot erlöst er dich gewiß vom Tod,*
      im Krieg vor der Gewalt des Schwertes.
  21 *Vor strömender Geißel*[21] *wirst du geborgen,*
      mußt dich nicht fürchten, wenn Verheerung kommt.

Es ist deutlich: Nach der Elifas in den Mund gelegten Überzeugung, ist jedermann für sein Ergehen verantwortlich. Wer frevelhaft handelt, beschwört damit die Leiden herauf, die ihm Jahwe sendet. Erkennt er darin die berechtigte Zurechtweisung Gottes, wird Gott sein Schuldbekenntnis und seine Bitte um Vergebung nicht abweisen, sondern ihn weiterhin vor Unglück und Gefahren behüten. Aber die Freunde verstärken durch diese von ihnen ernst und gut gemeinten Trostversuche nur Hiobs inneres Leiden: Denn er weiß sich zugleich unschuldig vor Gott und trotzdem von

---

[19] V. 10 unterbricht den Zusammenhang und ist daher ein späterer Eintrag.
[20] Zu diesem Gottesnamen vgl. GAT II, S. 70–71.
[21] Vgl. oben S. 91 zu Jes 28,18: Gemeint ist der Einfall eines gewaltigen feindlichen Heeres.

§ 11 Der Fall Hiob oder das Problem des unschuldigen Leidens

ihm als schuldig behandelt. Diese Situation muß ihm gänzlich aussichtslos erscheinen, weil nicht damit zu rechnen ist, daß Gott sich dazu bereit findet, auf die gegen ihn gerichteten Beschwerden eines Menschen einzugehen. Und doch bleibt Hiob nur diese eine Hoffnung, daß sich Gott seiner annimmt und so vor den Menschen seine Unschuld erweist. Um zu belegen, wie sich diese Erwartung in ihm verfestigt, sei hier erst aus Hiobs Antwort auf Bildads erste und dann aus der auf dessen zweite Rede zitiert. Dabei blitzt in 9,22–24 bereits sein grundsätzlicher Einwand gegen die Lehre der Freunde auf, den er in c. 21 ausführlich begründen wird. Vor allem aber ringt er hier mit der unmöglichen Möglichkeit, Gott seine Sache selbst vorzutragen (Hiob 9,15–24.30–35):

15 *Wäre ich im Recht, ich könnt ihm nicht erwidern,*
in meiner Sache nur um Gnade flehen.
16 *Doch rief ich ihn um seine Antwort an,*
glaubte ich nicht, er hörte meine Stimme,
17 *Er, der im Sturmwind nach mir schnappt*
und meine Wunden grundlos mehrt,
18 *Der nicht zuläßt, daß sich mein Atem wende,*
sondern mit Bitternis mich sättigt.[22]

20 *Wäre ich im Recht, spräche sein Mund mich schuldig,*
wäre ich rein, er böge doch mich krumm.
21 *Obwohl ich rein, kann ich mich nicht erkennen,*
obwohl ich schuldlos bin, verachte ich mein Leben.
22 *Eins ist es, darum will ich es sagen:*
Schuldlos wie schuldig bringt er um!
23 *Wenn eine Flut ganz plötzlich tötet,*
verspottet er der Reinen Zagen.
24 *Die Erde gab er in die Hand des Frevels,*
verhüllte das Gesicht der Richter.
....
....

30 *Wüsche ich mich mit Schneewasser*
und reinigte meine Hände mit Lauge,
31 *Dann würdest du sie in die Grube tauchen,*
daß ich ein Abscheu meiner Kleider wäre.
32 *Er ist kein Mensch wie ich, dem ich erwidern könnte:*
„Laßt uns zusammen zur Verhandlung gehen!"
33 *Oh gäbe es doch für uns einen Schlichter,*
der auf uns beide seine Hände legte,
34 *Damit er seine Rute von mir nähme*
und sein Grimm mich nicht erschreckte.

---

[22] Bei V. 19 handelt es sich um eine Einfügung des Gerechtigkeitsbearbeiters.

35 *Dann wollte ich furchtlos zu ihm sagen,*
daß ER mir gegenüber nicht gerecht verfährt.

Der Dichter läßt Hiob noch drei weitere Reden seiner Freunde anhören, die unbeeindruckt durch seine Unschuldsbeteuerungen daran festhalten, daß es für ihn keine andere Hilfe gibt, als seine Schuld vor Gott zu bekennen, bis er ihn nach einem von vornherein aussichtslosen Appell an ihr Mitleid mit ihm als einem von Gott Geschlagenen, mit größter Gewißheit seine Unschuld beteuern und seiner Gewißheit Ausdruck geben läßt, daß Gott sein גֹּאֵל (*gō'ēl*), sein Rechtshelfer ist, der ihn vor den Freunden rehabilitieren und heilen wird (Hiob 19,21–26):[23]

21 *Erbarmt, erbarmt euch mein, ihr meine Freunde,*
denn Gottes Hand hat mich geschlagen.
22 *Warum verfolgt ihr mich wie Gott,*
und werdet nicht an meinem Fleische satt?
23 *Würden doch meine Worte aufgeschrieben,*
würden sie doch im Buch verzeichnet,
24 *Mit eisernem Griffel und Stichel*
für immer im Fels ausgehauen!
25 *Aber ich weiß: mein Löser lebt,*
erhebt sich als letzter über dem Staub.
26 *Dann richtet sich mein Helfer auf,*[24]
meinen Zeugen schau ich: Gott!

Doch ehe es soweit kommt und der Dialog eine ganz unvorhergesehen Wendung nimmt, wird Hiob durch die aggressive Wiederholung der klassischen Lehre durch Zofar in c. 20 so gereizt, daß er unter Berufung auf seine eigene Erfahrung im c. 21 zum Generalangriff gegen die Freunde antritt. Dabei sollte man die Einleitung in den V. 1–5 nicht überlesen: Hiob wendet sich voller Ironie an sie, erschrickt aber selbst über die Konsequenzen, zu denen ihn ihre wohlgemeinten und ihn doch nur verletzenden Reden geführt haben (Hiob 21,2–30*):

2 *Hört, hört nur auf mein Wort,*
es diene euch als Trost!
3 *Ertragt mich, daß ich rede,*
spart euch den Spott für nachher auf!
4 *Gilt denn Menschen meine Klage,*

---

[23] Vgl. dazu auch Rainer Kessler, „Ich weiß, daß mein Erlöser lebet." Sozialgeschichtlicher Hintergrund und theologische Bedeutung der Löser-Vorstellung in Hiob 19,25, ZThK 89, 1992, S. 139–158, der die theologische Bedeutung im Horizont des ganzen Buches zu bestimmen sucht.

[24] Lies mit Stier, S. 298–299 *wĕ'aḥar jizqôp 'ôrî wumaśhidî*. Dabei ist *'ôr* von arab. *ġāra*, „zu Hilfe kommen", abzuleiten.

§ 11 Der Fall Hiob oder das Problem des unschuldigen Leidens 277

hab ich nicht Grund zur Ungeduld?
5 *Wendet euch zu mir und erschreckt*
und legt die Hand[25] *auf den Mund.*

6 *Denke ich daran, wird mir bange,*
ein Schaudern packt meinen Leib:
7 *Warum bleiben Frevler leben,*
altern sie bei voller Kraft?
8 *Fest steht ihr Same vor ihnen,*
ihr Nachwuchs vor ihren Augen.
9 *Ihre Häuser sind vor Schrecken frei,*
Gottes Rute spart sie aus.

10 *Sein Stier besprang und fehlte nicht,*
seine Kuh empfing und blieb nicht unfruchtbar.
11 *Ihre Knaben senden sie wie Schafe aus,*
und ihre Kinder hüpfen.
12 *Zur Pauke und Leier stimmen sie an*
und freuen sich am Klang der Schalmei.
13 *Im Glück verbringen sie*[26] *ihre Tage,*
steigen im Augenblick zur Unterwelt hinab.[27]

14 *Und sagten doch zu Gott: Weiche von uns!*
Deine Wege zu kennen beliebt uns nicht.
15 *Was ist schon Schaddaj, daß wir ihm dienen sollten,*
was nützte es, wenn wir in ihn drängen!
17 *Wie oft erlischt der Frevler Lampe,*
kommt ihr Verderben über sie,
18 *Daß sie wie Spreu vorm Winde werden,*
wie Kaff, das die Windsbraut entführt?

19 *„Gott spart sein Unheil seinen Söhnen auf?"*
Ihm zahl er heim, daß er es spürt!
20 *Er selbst soll seinen Sturz erfahren*
und soll Gift von Schaddaj trinken.
21 *Denn was bekümmert ihn sein Haus,*
ist seiner Monde Zahl vorüber?

23 *Der eine stirbt im Vollbesitz der Kraft,*
gänzlich sorglos und im Frieden.
24 *Seine Schenkel sind voll Fett,*
von Mark getränkt seine Knochen.
25 *Der andere (stirbt) mit bitterer Seele,*
und hat nichts Gutes genossen.

---

[25] Als Zeichen der Fassungslosigkeit.
[26] Vgl. BHS.
[27] Vgl. BHS.

§ 11 Der Fall Hiob oder das Problem des unschuldigen Leidens

> 26 *Gemeinsam ruhen sie im Staub,*
> *und Würmer bedecken sie beide.*
>
> 27 *Ja, ich kenne eure Gedanken,*
> *die Ränke, die ihr gegen mich sinnt.*[28]
> 28 *Denn ihr sagt: „Wo ist des Edlen Haus*
> *und wo das Zelt der Frevler?"*
> 29 *Habt ihr nicht die fahrenden Leute gefragt,*
> *und nicht ihre Zeichen betrachtet?*
> 30 *Denn am Tage der Not bleibt der Böse verschont*
> *und wird am Tag des Zornes gerettet.*[29]

Diese Konfession überzeugt Elifas davon, daß Hiob ein großer Sünder ist. Daher hält er ihm sogleich einen Beichtspiegel vor: Auf Erfahrung beruhende Argumente zählen nicht für den, der seine Grundsätze für unerschütterlich hält (Hiob 22). Hiob kann am Ende seiner Unterredung mit den Freunden seine Unschuld nur erneut beschwören und erklären, daß er ihnen keinesfalls recht geben werde (27,1–5). Damit ist gesagt, was zu sagen ist, und der Augenblick gekommen, Gott selbst herauszufordern, damit er seine Unschuld bezeuge (Hiob 31,35–37*):

> 35 *Ach hätte ich einen, der mich hörte!*
> *Hier ist mein Kreuz: Es antworte Schaddaj mir!*
> *Die Schrift, die mein Verkläger schriebe,*[30]
> 36 *ich wollte sie fürwahr auf meine Schulter heben*
> *und legte sie als Kranz mir um.*
> 37 *All meine Schritte täte ich ihm kund,*
> *ich wollt ihm nahen wie ein Fürst!*

In der Tat geschieht das Unerwartete: Jahwe antwortet ihm aus dem Wetter und macht ihm deutlich, daß nicht er, sondern Hiob selbst der Gefragte ist (Hiob 38,2–7):[31]

> 2 *Wer ist der, der meinen Plan verdunkelt*
> *mit Worten der Einsicht bar?*
> 3 *Gürte dich wie ein Mann deine Lenden,*
> *daß ich dich frage und du mich belehrst!*

---

[28] Siehe BHS.
[29] Siehe BHS.
[30] Vermutlich ist ein Kolon ausgefallen.
[31] Zum Grundtext der c. 38–39 und zur ursprünglichen Einheit der Gottesreden vgl. Jürgen van Oorschot, Gott als Grenze, BZAW 170, 1987, S. 148–178 bzw. die Zusammenfassung S. 256–259; doch dürfte 40,8–14 mit Syring, S. 138 erst von dem Gerechtigkeitsbearbeiter eingefügt worden sein; zur Sache vgl. auch Kaiser, Ideologie und Glaube, S. 92–102, aber zur Antwort Hiobs jetzt unten, S. 286.

> 4 Wo warst du, als ich die Erde gegründet?
> Gib Antwort, wenn du Einsicht hast.
> 5 Wer setzte ihre Maße fest? Du weißt es ja!
> Oder wer spannte über ihr die Meßschnur aus?
> 6 Worauf sind ihre Sockel gesenkt,
> oder wer hat ihren Eckstein gesetzt
> 7 Unter dem Jubel der Morgensterne,
> als alle Göttersöhne jauchzten?

So läßt der Dichter Jahwe den Dulder vor die Wunder des Kosmos und der Tierwelt stellen, indem er ihm Frage auf Frage stellt. Und natürlich weiß Hiob keine von ihnen zu beantworten, denn die kosmischen, metrologischen und biologischen Vorgänge und Verhältnisse waren für die Weisen Israels ein unergründliches Rätsel. Der Leser aber soll den Analogieschluß von der Unmöglichkeit, die Geheimnisse der Schöpfung zu kennen, auf die Rätselhaftigkeit der göttlichen Leitung des menschlichen Schicksals ziehen: So wie das eine das Vermögen des Menschen übersteigt, ist ihm auch das andere entzogen. Damit ist die Lehre der Frommen mit ihrer Gewißheit, daß Gott die Wege der Menschen ausnahmslos so leitet, daß er ihre Würdigkeit zum Maßstab ihrer Glückseligkeit macht, ebenso widerlegt wie Hiobs gegen Gott gerichteten Anklagen ihre Berechtigung verlieren: Der Mensch bleibt vor Gott stets der Gefragte, der ihm nicht zu antworten vermag.

3. *Die Verteidigung der Lehre der Väter in den Elihureden. Die zweite Ausgabe der Hiobdichtung.*[32] Die Antwort, die das Leiden des Unschuldigen als ein in Gottes universalem Schöpfungsplan verankertes Rätsel ausgab, konnte die Nachfolgenden so nicht befriedigen. Denn sie widersprach ja nicht nur der Lehre der Weisen, sondern auch dem Tenor des Gesetzes, das sehr wohl Glück und Unglück des Volkes von seinem Gehorsam gegen die Tora abhängig machte. So ließ der Einspruch nicht auf sich warten: Als erster führte ein von der Stimmigkeit der Grundgleichung überzeugter Weisheitslehrer in den c. 32–37 die vier Reden eines weiteren Freundes Elihu, Sohn des Barakel,[33] ein, da die drei Freunde nach seiner Ansicht ihre Sache nicht gut genug verteidigt hatten. Wir müssen uns im vorliegenden Zusammenhang damit begnügen, seine hauptsächlichen Argumente vorzuführen, mit denen er Schritt um Schritt die Einwände Hiobs gegen die weisheitliche Gleichsetzung von Gerechtigkeit und Leben zu entkräften sucht.

---

[32] Vgl. zu ihnen umfassend Harald-Martin Wahl, Der gerechte Schöpfer, BZAW 207, 1993.

[33] Auf deutsch: „des Mein Gott ist Jahwe, der Sohn des Gott hat ihn gesegnet."

§ 11 Der Fall Hiob oder das Problem des unschuldigen Leidens

Sein erstes Argument soll Hiobs Vorwurf entkräften, daß ihm Gott auf keines seiner Worte geantwortet hätte.[34] Es besagt, daß Gott mehr als einmal zu den Sündern spricht, indem er sie auf ihrem nächtlichen Lager aufscheucht und sie durch Schmerzen warnt, damit sie von ihrer Bosheit lassen. Gott nimmt die Menschen in die Schule des Leidens, um sie vor dem Tod zu bewahren. Aber dazu bedarf es ihrer Einsicht und Umkehr, zu denen ihnen gegebenenfalls ein Engel verhilft (Hiob 33,13–28):

13 *Warum liegst du im Streit mit ihm:*
   „Er antwortet auf keines meiner[35] Worte!"
14 *Wahrlich, einmal redet Gott,*
   zweimal, doch man nimmt's nicht wahr.
15 *Im Traum, im Nachtgesicht,[36]*
   im Schlummer auf dem Lager,
16 *Dann öffnet er der Menschen Ohr,*
   schreckt er sie auf durch ihre Züchtigung[37],
17 *Den Menschen sein Tun zu wehren,*
   und den Hochmut des Mannes zu brechen,
18 *Um seine Seele vor der Grube zu bewahren*
   und sein Leben, den Strom[38] zu durchqueren.
19 *Er wird durch Schmerz gewarnt auf seinem Lager*
   und das Schwinden[39] in seinen Gliedern,
20 *Daß sich sein Leben ekelt vor Brot*
   und seine Seele vor Leckerbissen.
21 *Dann schwindet sein sichtbares Fleisch,*
   treten hervor seine unsichtbaren Knochen.
22 *Seine Seele naht sich der Grube*
   und sein Leben zur Stätte der Toten.[40]

23 *Wenn es für ihn einen Engel gibt,*
   dem Menschen graden Weg zu weisen
25 *Dann schwillt sein Fleisch vor Jugendkraft,*
   kehrt er zurück zu seiner Jugend Tage.
26 *Betet er zu Gott, nimmt er ihn an,*

---

[34] Vgl. dazu ausführlich Wahl, S. 57–68.
[35] Lies statt des Suffixes der 2. sing. masc. das der 1. sing.
[36] V. 15aa ist vermutlich Zitat aus 4,13.
[37] Siehe BHS.
[38] Gemeint ist der Unterweltsfluß, vgl. Nicholas J. Tromp, Primitive Conceptions of Death and the Nether World in the Old Testament, BibOr 21, 1969, S. 147–151.
[39] Lies mit Gustav Hölscher, HAT I/17, Tübingen: J. C. B. Mohr (Paul Siebeck) 1952, S. 80 z.St., vgl. Hartmut Bobzin, Die ‚Tempora' im Hiobdialog, Diss. Marburg 1974, S. 421.
[40] Lies mit z. B. Hölscher, HAT I/17, S. 81 z.St. *limqôm mētîm*.

> *und er schaut sein Antlitz mit Jauchzen.*
> 27 *Er singt vor Menschen und spricht:*
> *„Gesündigt hab ich und beugte das Recht,*
> *doch er vergalt mir nicht nach meiner Sünde.*
> 28 *Er bewahrte meine Seele, den Strom zu durchqueren.*
> *und mein Leben schaut das Licht!"*

Das zweite Argument wendet sich gegen Hiobs Behauptung, Gott habe ihm sein Recht entzogen und ihn ohne seine Schuld geschlagen (34,5–6). Es besagt, daß Gott als der Schöpfer nicht ungerecht sein kann, und er, der alles sieht (34,21–22), jedem Menschen nach seinem Tun vergilt (Hiob 34,10–13):[41]

> 10 *Fern sei's von Gott, unrecht zu handeln,*
> *und von Schaddaj, Schlechtes zu tun!*
> 11 *Denn nach seinem Tun*[42] *vergilt er dem Menschen,*
> *und wie einer wandelt, läßt er es ihn treffen.*
> 12 *Ja, wahrlich, Gott kann nicht freveln*
> *und Schaddaj nicht das Recht verdrehn.*
> 13 *Wer hat die Erde ihm anvertraut,*
> *und wer setzte ihn über den Erdkreis?*

Das dritte Argument wendet sich gegen Hiobs Behauptung, daß ihm seine Frömmigkeit nichts nütze (35,3).[43] Damit sucht der Elihu-Dichter die Klagen Hiobs, daß seine Leiden unverschuldet seien, auf eine allerdings so nicht passende Formel zu bringen. Sein Gegenargument in 35,6–8, daß Hiob mit seiner Gerechtigkeit und Ungerechtigkeit nur sich selbst, aber nicht Gott nützen oder schaden könne, ist eine Wiederaufnahme der von Elifas in seiner letzten Rede an Hiob gerichteten Frage (22,2–3). Gott ist mithin seinem Wesen gemäß ein unparteiischer Richter und handelt daher stets vollkommen gerecht (35,5–8):

> 5 *Blicke auf zum Himmel und sieh,*
> *betrachte die Wolken hoch über dir:*
> 6 *Wenn du sündigst, was tust du ihm an,*
> *wenn viel deine Frevel, was schadest du ihm?*
> 7 *Wenn du recht handelst, was gibst du ihm,*
> *was nimmt er an von deiner Hand?*
> 8 *Dein Frevel trifft nur deinesgleichen,*
> *Menschen allein deine Gerechtigkeit!*

---

[41] Vgl. dazu ausführlich Wahl, S. 78–84.
[42] Zum Vorschlag, ein *kĕpo'al* zu lesen, vgl. Bobzin, Tempora, S. 432.
[43] Vgl. dazu ausführlich Wahl, S. 93–97.

Mithin gebe es für Hiob keinen vernünftiger Grund, an Gottes Gerechtigkeit zu zweifeln (Hiob 36,5–7):[44]

> 5 *Sieh, Gott ist gewaltig an Macht,*
> *er verwirft nicht den lauter Gesinnten.*
> 6 *Er läßt den Schuldigen nicht leben*
> *und schafft dem Notbeladnen Recht.*
> 7 *Er wendet vom Gerechten nicht sein Auge,*
> *und läßt ihn mit Königen thronen.*

So liegt es allein an Hiob, ob ihn Gott wieder gnädig anblickt (36,16).[45] Gott ist es, der den Lauf der Wolken und Winde lenkt, um damit zu strafen oder seine Huld zu erweisen (37,5–13). So stehen die Menschen staunend vor dem, der von Norden her im Gewittergewölk heraufzieht (37,22–24):

> 22 *Von Norden kommt ein goldner Schein,*
> *Furchtbare Hoheit ist um Gott!*
> 23 *Schaddaj, wir erreichen ihn nicht,*
> *gewaltig an Macht und an Gericht,*
> *ein Herr der Gerechtigkeit, die er nicht beugt.*
> 24 *Daher sollen ihn die Menschen fürchten,*
> *doch, die sich für weise halten, sieht er nicht!*

Und damit hat der Elihudichter ebenso die Summe seiner Reden gezogen wie auf elegante Weise die Verbindung zu der folgenden Rede hergestellt, in der Jahwet aus dem Sturm heraus Hiob befragt (38,1).

4. *Gottes in der Schöpfung offenbare Majestät und verborgene Weisheit. Die dritte Ausgabe des Hiobbuches.* Der Verfasser der Elihureden suchte mit allen Mitteln zu beweisen, daß die klassische Lehre der distributiven Gerechtigkeit trotz der Einwendungen des Hiobdichters unerschütterlich und Hiob daher mit seiner gegenteiligen Behauptung im Unrecht ist. Sein Nachfolger schlug die entgegengesetzte Richtung ein. Er baute die von dem Hiobdichter gefundene Lösung des Problems des unschuldigen Leidens als in der geheimen Weisheit Gottes begründet aus, und milderte sie zugleich ab, indem er es zur Bewährungsprobe der Echtheit der Frömmigkeit und damit zugleich zu einer solchen der Ehre Gottes machte. Demgemäß läßt er Jahwe gelegentlich einer himmlischen Ratsversammlung, an dem sich alle Göttersöhne bei ihm einfinden, den als Verkläger der Menschen tätigen Satan auf Hiob einzigartige Gottesfurcht und Redlichkeit hinweisen. Der Satan aber bezichtigt die Frömmigkeit Hiobs als reinen Eigennutz: Hiob würde Jahwe ins Angesicht fluchen,

---

[44] Vgl. dazu ausführlich Wahl, S. 104–105.
[45] Der Dichter läßt es seine Leser bemerken, daß er besser als sein Vorgänger über die Wolken und den Regen Bescheid weiß; vgl. 36,27–28 mit 38,25–28.

§ 11 Der Fall Hiob oder das Problem des unschuldigen Leidens

wenn er ihm seinen Besitz oder seine Gesundheit nähme (Hiob 1,8–11; 2,3–5).[46] Daher gestattet Jahwe dem Satan in der ersten Himmelsszene, Hiob seiner ganzen Habe zu berauben. In der zweiten erteilt er ihm dann die begrenzte Erlaubnis, zwar Hiobs Fleisch und Gebein anzutasten, ohne ihm dabei sein Leben zu nehmen (1,12; 2,6). Doch Hiob aber rechtfertigt Gottes Urteil und Vertrauen, indem er beide Versuchungen besteht. Den Verlust seiner Kinder und gewaltigen Herden beantwortet er mit einem: *„Jahwe gab und Jahwe nahm, gepriesen sei Jahwes Name* (1,21aβ)*!"*, den seiner Gesundheit aber mit einem: *„Gewiß, das Gute nehmen wir von Gott an, das Böse aber nehmen wir nicht an* (2,10aβ)*?"*. So weiß der Leser des Buches, daß die Ursachen für Hiobs Verluste und Leiden nicht bei ihm, sondern im Himmel liegen, und ist gespannt, ob er seine Frömmigkeit im Wechselgespräch mit seinen drei Freunden durchhält, zu dem nun die Verse 2,11–13 überleiten.

Die beiden wichtigsten von dem Bearbeiter vorgenommenen weiteren Akzentsetzungen bestehen darin, daß er in c. 28 das Lied auf die verborgene Weisheit eingefügt und mittels der 42,7–9 die Brücke zwischen dem Dialog und dem Epilog der Rahmenerzählung geschlagen hat.[47] Nach dem aus der Schultradition übernommenen Gedicht auf die verborgene Weisheit kennt nur Gott ihren Ort, hat er doch die Welt in Weisheit geschaffen.[48] Der Bearbeiter legte es Hiob in den Mund und ordnete es hinter der leidenschaftlichen Beteuerung seiner Unschuld in 27,1–5 ein:[49] Damit ließ er Hiob sich selbst zu der verborgenen Weisheit Gottes bekennen und ihn in 28,28 die praktische Folgerung ziehen, daß des Menschen Weisheit in der Furcht Jahwes besteht, die Gottes Geheimnisse ehrt und sich keinesfalls von der sittlichen Forderung entbunden weiß, deren Übertretung die göttliche Ahndung nach sich zieht. Und so lautet sein Rat (Hiob 28,28):

---

[46] Zur Bedeutung des Wortes Satan als irdischer oder himmlischer Anfeinder bzw. Ankläger vgl. Peggy L. Day, An Adversary in Heaven, HSM 43, 1988 mit der Zusammenfassung S. 147–150 bzw. die einschlägigen Artikel von K. Nielsen, ThWAT VII, 1993, Sp.745–751 bzw. Martin Gies und Otto Bröcher, NBL III, 2001, Sp.448–452, der auch den neutestamentlichen Befund einschließt.

[47] Eine Liste seiner Einfügungen bietet Markus Witte, Vom Leiden zur Lehre, BZAW 230, 1994, S. 191.

[48] Vgl. dazu auch Jürgen van Oorschot, Hiob 28: Die verborgene Weisheit und die Furcht Gottes, in: W. A. M. Beuken, ed., The Book of Job, BEThL 114, 1994, S. 183–201.

[49] Bei 27,6–23 handelt es sich um einen jüngeren Zusatz des Gerechtigkeitsbearbeiters.

*Hier, die Furcht des Herrn ist Weisheit,
und sich Fernhalten vom Bösen Verstand.*

Ließ die alte Hiobdichtung den Leser mit dem abrupten Schluß der Gottesrede allein, so daß er sich die Antwort selbst geben mußte, was er von den Freunden und was er von Hiob zu halten hatte, so nimmt ihm der Bearbeiter diese Aufgabe ab, indem er zwischen die Gottesrede und den Epilog 42,7–10 als Brücke einfügt:

> 7 *Und es geschah: Nachdem Jahwe diese Worte zu Hiob geredet hatte, sagte Jahwe zu Elifas, dem Temaniter: Mein Zorn ist entbrannt gegen dich und gegen deine beiden Freunde, weil ihr nicht angemessen über mich geredet habt wie Hiob, mein Knecht. 8 Daher nehmt euch jetzt sieben Jungstiere und sieben Widder und geht zu Hiob, meinem Knecht, und bringt sie als Brandopfer für euch dar, aber Hiob, mein Knecht, soll für euch beten; denn ich will sein Antlitz erheben,*[50] *so daß ich euch nicht verächtlich behandle; denn ihr habt nicht angemessen über mich geredet wie Hiob, mein Knecht. 9 Da gingen Elifas, der Temaniter, und Bildad, der Schuchiter, und*[51] *Zofar, der Naamatiter, und taten, wie Jahwe zu ihnen gesagt hatte. Da erhob Jahwe das Antlitz Hiobs. 10 Und Jahwe wendete das Geschick Hiobs, als er für seine Freunde*[52] *betete, und gab Hiob doppelt soviel, wie er besessen hatte.*[53]

Nun weiß es der Leser: Hiob hat seine Bewährungsprobe auch im Dialog mit seinen drei Freunden bestanden; denn er berief sich ihnen gegenüber mit Recht auf seine Unschuld. Seine Gewißheit, daß Gott ihm als Löser beistehen würde (19,25), erfüllte sich in der Rede Jahwes an Elifas, die seinen und seiner Gefährten frommen Eifer als verfehlt bezeichnete: Nicht Hiob, sondern sie selbst hätten sich versündigt, so daß sie zur Sühne ein wahrhaft königliches Sündopfer darbringen sollten[54] und der Fürbitte durch Hiob bedürften.[55] Und so kann sich der Leser an dem theologisch akzentuierten Schluß der Erzählung von Hiobs Wiederherstellung erfreuen:[56] Jahwe, der ihm soviel Leid zugefügt hatte (42,11aγ), segnete nun

---

[50] D. h.: sein Gebet erhören.
[51] Siehe BHS.
[52] Lies mit den Versionen den Plural, vgl. BHS.
[53] Wörtlich: und fügte hinzu alles, was Hiob (gehört hatte), zu einem Doppelten.
[54] Vgl. 1. Chr 15,26; Ez 45,23 mit Lev 4–5.
[55] Vermutlich ist der Gegensatz zu Hiob 33,23–26 beabsichtigt: Nicht Hiob bedarf der Fürbitte, sondern er ist selbst den Propheten gleich ein vollmächtiger Fürbitter; vgl. dazu z. B. Gen 20,7; 1. Sam 12,13; Am 7,1–9; 8,1–3 dazu Uwe Becker, Der Prophet als Fürbitter: Zum literarischen Ort der Amos-Visionen, VT 51, 2001, S. 141–165); Jak 5,16 und zur Sache Josef Scharbert, Art. Fürbitte, NBL I, 1991, Sp. 712–713.
[56] Nach Wolf-Dieter Syring, Hiob und sein Anwalt, S. 143 hat der Majestätsbe-

§ 11 Der Fall Hiob oder das Problem des unschuldigen Leidens 285

sein Ende mehr als seinen Anfang (V. 12): Er ersetzte ihm nicht nur seine verlorene Habe um das Doppelte, sondern gab ihm erneut zehn Kinder, unter denen seine drei Töchter mit den sprechenden Namen „Turteltaube", „Zimtblüte" und „Schminkbüchschen" zu den schönsten Frauen des ganzen Landes wurden. Ihr Vater aber gab ihnen zusammen mit ihren Brüdern Anteil am Erbbesitz.[57] Dann erlebte Hiob noch seine Urenkel und starb wie einst Abraham alt und lebenssatt mit 140 Jahren.[58] So geheimnisvoll Gottes Wege mit dem Menschen und so unerforschlich seine Weisheit sind, so darf sich doch der, der ihn fürchtet, im unschuldigen Leiden damit trösten, daß Gott ihn dank seiner höheren, Weisheit prüft und er Gott und allen Frommen zur Ehre leidet. Denn in dem er sich im Leiden bewährt, bringt er die Anklagen zum Schweigen, daß alle Frömmigkeit der Absicht entspringt, mit dem Himmel ein Geschäft zu machen, wie es der Satan in 1,10–11 und 2,4–5 unterstellt hat.

5. *Die Bestreitung der Möglichkeit des Menschen, vor Gott rein zu sein. Die vierte Ausgabe des Hiobbuches durch den Niedrigkeitsbearbeiter.*[59] Aber mit dieser Sicht konnte sich ein weiterer Frommer, nicht befrieden; denn er war davon überzeugt war, daß der aus Lehm erschaffene und vom Weibe geborene Mensch vor Gott nicht rein sein kann und daher kein Recht besitzt, sich gegen seine von ihm verhängten Leiden aufzulehnen. Daher kann man diesen Frommen sachgemäß als den „Niedrigkeitsbearbeiter" bezeichnen. Er hat seine Überzeugung in der ersten und zweiten Rede des Elifas in Hiob 4,17–19[60] und 15,14–16 und in der überaus kurzen dritten Bildadrede in c. 25 eingetragen und damit vor den Schlußreden Hiobs bündig zusammengefaßt (Hiob 25,1–6):

1 *Da antwortete Bildad, der Schuchiter, und sagte:*
2 *Herrschaft und Schrecken sind bei ihm,*
der Heil schafft in seiner Höhe.

---

arbeiter im sog. Prolog 1,1a.2–3.13–19.20a. und 21aβγb; 2–10;11–3,1 und im sog. Epilog; 42,7–10.11aγ.12a und 14–17 eingefügt.

[57] Georg Fohrer, Das Buch Hiob, KAT XVI, Gütersloh: Gütersloher Verlagshaus Gerd Mohn, 1963 = 2. Aufl. 1988, S. 544–545 sieht darin unter Berufung auf die anders lautenden Bestimmungen in Num 27,1–11; 36 und Dtn 21,15–17 einen Archaismus; es ist jedoch nicht ausgeschlossen, daß sich darin die freiere Rechtsstellung der Frauen spiegelt, die ihnen im Laufe der Perserzeit zugewachsen ist; vgl. dazu Christine Roy Yoder, Wisdom as a Woman of Substance, BZAW 304, Berlin. New York: Walter de Gruyter 2001, S. 54.

[58] Vgl. Gen 25,7–8; 35,28–29; 47,28; 50,26 mit Gen 6,3b und Ps 90,10.

[59] Zum Umfang seiner Einfügungen und seinen Geistesverwandten vgl. Markus Witte, Vom Leiden zur Lehre, BZAW 230, 1994, S. 194–205.

[60] Vgl. dazu oben, S. 76–77.

> 3 *Gibt es eine Zahl für seine Scharen,*
> *und über wem erhebt sich nicht sein Licht?*[61]
> 4 *Und wie wäre ein Mensch bei ihm gerecht,*
> *und wie könnte rein sein der vom Weibe Geborene?*
> 5 *Siehe, nicht einmal der Mond leuchtet hell (genug),*
> *und die Sterne sind nicht rein (genug) in seinen Augen,*
> 6 *Geschweige denn der Mensch, eine Made,*
> *und das Menschenkind, ein Wurm.*

Wollte Hiob seiner Rechtfertigung durch Gott würdig werden, so mußte er sich nach der Ansicht des Niedrigkeitsbearbeiters vor ihm demütigen, wie es sich für einen Frommen gehört. Und entsprechend läßt er Hiob vor Gott bekennen (Hiob 40,3–5 + 42,2–6*):

> 40,3 *Da antwortete Hiob und sagte:*
> 4 *Hier, ich bin zu gering, was könnte ich dir antworten?*
> *ich lege meine Hand auf meinen Mund.*
> 5 *Einmal habe ich geredet, und will es nicht wiederholen,*[62]
> *zweimal, und ich will es nicht wieder tun.*
> 42,2 *Ich habe erkannt, daß du alles vermagst,*
> *nichts, was du sinnst, ist dir unmöglich.*
> 3aβ *Daher redete ich der Einsicht bar*
> *von Wundern, die ich nicht verstehe.*
> 6 *Daher widerrufe ich und bereue*
> *in Staub und Asche.*

Übersetzt man den hier bedachten unendlichen qualitativen Abstand zwischen Gott und Mensch aus der Kategorie der kultischen Reinheit und Heiligkeit in den der kreatürlichen Endlichkeit so ist er berechtigt: Denn dem Menschen bleibt als endlichem Wesen die Vollkommenheit versagt (Sir 17,30). Noch sein bestes Tun bleibt angesichts des absoluten Anspruchs Gottes und der sittlichen Forderung aufgrund seines zwanghaften Charakters, die Antriebe der Sinnlichkeit über die der Sittlichkeit zu stellen, ein Anfänger (Phil 3,12), so daß er nur darauf vertrauen kann, daß Gott als der Herzenskünder gnädig sein Leben als ein Ganzes anerkennt (1. Kor 4,5; Röm 7,25).[63]

---

[61] Zur Begründung der seit Bernhard Duhm, Hiob, KHC XVI, Freiburg i. Br., Leipzig und Tübingen: J. C. B. Mohr (Paul Siebeck) 1897, S. 128 begründeten und seither weithin angenommenen Änderung in „*sein Hinterhalt*" (siehe BHS) vgl. kritisch Karl Budde, Das Buch Hiob, HK II/1, Göttingen: Vandenhoeck & Ruprecht, 2. Aufl., 1913, S. 147.
[62] Zur Änderung in eine 'ënh vgl. Fohrer, KAT XVI, S. 532 z.St.
[63] Vgl. auch Immanuel Kant, Die Religion innerhalb der Grenzen der bloßen Vernunft, Königsberg: Friedrich Nicolovius, 2. Aufl, 1794 (B), S. 86; hg. Karl Vorländer, Einleitung Hermann Noack, PhB 45, Hamburg: Felix Meiner, 5. Aufl.

§ 11 Der Fall Hiob oder das Problem des unschuldigen Leidens

6. Die Angleichung Hiobs an die Lehre der Väter. Die fünfte Ausgabe des Hiobbuches durch den Gerechtigkeitsbearbeiter. Doch auch die durch den Niedrigkeitsbearbeiter redigierte Fassung des Hiobbuches sollte nicht die letzte sein: Denn wenn Hiob in seiner Frömmigkeit und Gerechtigkeit untadlig gewesen sein soll, wie es in 1,1.8; 2,3 vorausgesetzt wird, dann muß er sich nach der Ansicht eines Vertreters der klassischen Vergeltungslehre auch unumwunden vor seinen Freunden zu Gottes Gerechtigkeit bekannt haben. Und so läßt er Hiob seine Erklärung an die Freunde, daß er nicht von seiner Gerechtigkeit lasse (27,2–6), mit einem entsprechenden Bekenntnis beschließen (Hiob 27,7–23*):[64]

7 *Es gehe meinem Feind wie einem Frevler,*
  dem, der sich wider mich erhebt, wie einem Übeltäter.
8 *Denn welche Hoffnung hat der Ruchlose, wenn er betet[65],*
  wenn seine Seele er zu Gott erhebt?[66]
9 *Wird Gott sein Schreien etwa hören,*
  wenn ihn Angst überfällt?
10 *Oder kann er sich an Schaddaj erfreuen,*
  rufen zu Gott zu jeder Zeit?
13 *Dies ist das Teil des frevelhaften Menschen von Gott,*
  und das Erbteil der Gewalttäter, das sie von Schaddaj empfangen:
14 *Sind viel seine Söhne, sind sie's für das Schwert,*
  und sein Gesproß, wird's nicht satt von Brot.
15 *Sein Rest sinkt durch den Tod ins Grab,*
  ohne daß seine Witwen weinen.
16 *Häuft er auch Silber auf wie Staub,*
  sammelt Kleider er wie Staub,
17 *Er sammelt, aber der Gerechte kleidet sich,*
  und das Silber bekommt, wer unschuldig.
18 *Wie Spinnengewebe[67] baut er sein Haus,*
  wie ein Wächter seine Nachthütte errichtet.
19 *Der Reiche legt sich und gewinnt nicht mehr,[68]*
  öffnet er seine Augen, ist er es nicht mehr.
20 *Schrecken erreichten ihn wie Wasser,*
  des Nachts entführte ihn die Windsbraut.

1956 = 6. Aufl. 1961, S. 71; Werke in sechs Bänden, hg. Wilhelm Weischedel IV, Wiesbaden/Darmstadt: Insel Verlag/Wissenschaftliche Buchgesellschaft 1956 (ND 1975), S. 720–721.

[64] Vgl. mit Markus Witte, Vom Leiden zur Lehre, S. 216 Hiob 24,17b–20.22–24; 31,1–3 und die Profilbeschreibung der Redaktion S. 215–221.

[65] Vgl. Bobzin, Tempora, S. 346. Der Text ist verdorben, deshalb konjiziere ich frei ein *jæiur*.

[66] Lies: *jjśśā'*.

[67] Siehe BHS.

[68] Vgl. Hartmut Bobzin, Tempora, S. 351–352.

> 21 *Der Ostwind hebt ihn auf, und er muß gehn,*
> *und fegt ihn weg von seinem Ort.*
> 22 *Er schleudert auf ihn und erbarmt sich nicht,*
> *vor seiner Macht[69] verbleibt ihm nur die Flucht.*
> 23 *Man klatscht seinetwegen die Hände[70],*
> *und pfeift ihm nach von seinem Ort.*

Damit der Leser angesichts all der von Jahwe in den c. 38–39 an Hiob gerichteten Fragen über sein Schöpfungshandeln nicht das Bekenntnis zu seiner Gerechtigkeit vermißt, läßt ihn der Bearbeiter Hiob ausdrücklich danach fragen, ob er denn an seiner Stelle Gericht halten und es besser als Gott machen könne (Hiob 40,7–14):

> 7 *Umgürte doch wie ein Mann deine Hüften,*
> *ich will dich fragen, lehre mich!*
> 8 *Willst du etwa mein Gericht zerbrechen,*
> *mich schuldig sprechen, damit du gerecht?*
> 9 *Oder besitzt du einen Arm wie Gott*
> *und läßt du es wie er mit lauter Stimme donnern?*
> 10 *Schmücke dich doch mit Stolz und Hoheit*
> *und kleide dich mit Pracht und Herrlichkeit!*
> 11 *Ergieße nur dein Zorneswallen,*
> *sieh allen Hochmut an und mach ihn niedrig,*
> 12 *Sieh jeden Hochmütigen und beuge ihn*
> *und tritt die Frevler nieder, wo sie sich befinden.*
> 13 *Verbirg sie allesamt im Staub,*
> *sperre sie im Verborgnen ein,*
> 14 *Dann will auch ich dich preisen,*
> *daß deine Rechte dir geholfen hat.*

Der Gerechtigkeitsbearbeiter hatte es nicht so leicht wie seine Vorgänger, denn er mußte bereits auf den Widerruf Hiobs Rücksicht nehmen, mit dem der Niedrigkeitsbearbeiter Hiob die Gottesrede hatte beantworten lassen. Die Spannungen, die zwischen der Dichtung und ihrer Neudeutung durch den Majestätsbearbeiter auf der einen und dem Verfasser der Elihureden, den Nachinterpretationen des Niedrigkeits- und des Gerechtigkeitsbearbeiters auf der anderen Seite bestehen, hätte nur ein völliges Umschreiben des ganzen Buches beseitigen können. Das aber widersprach dem Prinzip, die Schriften der Väter zu kommentieren und zu ergänzen, sie aber nicht gänzlich der geistigen Situation des Tages anzupassen. So stellt das Hiobbuch als Ganzes ein polyphones Lob der Gerechtigkeit Gottes dar, der seine Frommen prüft, aber nicht verläßt; der den Aufbegehrenden demütigt, aber nicht vernichtet, dessen Wege dem

---

[69] Text: Hand.
[70] Siehe BHS.

§ 11 Der Fall Hiob oder das Problem des unschuldigen Leidens 289

Menschen oft genug verborgen bleiben und am Ende den Gerechten rettet und den Frevler zu Fall bringt. Wir Heutigen können den Bearbeitern des Hiobbuches nur dankbar dafür sein, daß sie das Problem des unschuldigen Leidens unter so verschiedenen Aspekten bedacht haben; denn zu seiner Zeit und an seinem Ort besitzt jeder dieser Deutungsversuche seine Berechtigung.

Literatur

Ausgewählte Aufsätze, Monographien und Sammelwerke:[71] *Beuken, Willem A. M.*, ed., The Book of Job, BEThL 114, Leuven: Leuven University Press/Peeters 1994; *Day, Peggy L.*, An Adversary in Heaven.*śāṭān* in the Hebrew Bibel, HSM 43, Atlanta/Georgia: Scholars Press 1988; *Dell, Katharine J.*, The Book of Job as Sceptical Literature, BZAW 197, Berlin. New York: Walter de Gruyter 1991; Fohrer, Georg, Studien zum Buche Hiob (1956–1979), 2. Aufl., BZAW 159, Berlin. New York: Walter de Gruyter 1983; *Kaiser, Otto*, Ideologie und Glaube. Eine Gefährdung christlichen Glaubens am alttestamentlichen Beispiel aufgezeigt, Stuttgart: Radius Verlag 1984; *Müller, Hans-Peter*, Das Hiobproblem, EdF 84, Darmstadt: Wissenschaftliche Buchgesellschaft 1978; *Oorschot, Jürgen van*, Gott als Grenze. Eine literar- und redaktionsgeschichtliche Studie zu den Gottesreden des Hiobbuches, BZAW 170, Berlin. New York: Walter de Gruyter 1987; *Stier, Fridolin*, Das Buch Ijjob. Hebräisch und Deutsch, München: Kösel-Verlag 1954; *Rad, Gerhard von*, Weisheit in Israel, Neukirchen-Vluyn: Neukirchener Verlag 1975 = GTB 1437, Gütersloh: Gütersloher Verlagshaus 1992; *Rankin, Oliver Shaw*, Israel's Wisdom Literature. Its Bearing on Theology and the History of Religion, Edinburgh: T &T Clark 1936 (1964); *Syring, Wolf-Dieter*, Hiob und sein Anwalt. Die Prosatexte der Hiobbuches und ihre Rolle in seiner Redaktions- und Rezeptionsgeschichte, Diss. Marburg (unveröffentlicht) 1998; *Wahl, Harald Martin*, Der gerechte Schöpfer. Eine redaktions- und theologiegeschichtliche Untersuchung der Elihurede. Hiob 32–37, BZAW 207, Berlin. New York: Walter de Gruyter 1993; *Westermann, Claus*, Der Aufbau des Buches Hiob, BHTh 23, Tübingen: J.C.B. Mohr (Paul Siebeck) 1956; *Witte, Markus*, Vom Leiden zur Lehre. Der dritte Redegang (Hiob 21–27) und die Redaktionsgeschichte des Hiobbuches, BZAW 230, Berlin. New York: Walter de Gruyter 1994.

---

[71] Zur allgemeinen Einführung in die alttestamentliche Weisheit vgl. die Angaben zum §10.

§ 12 Zweifel und neue Gewißheit: Kohelet und Ben Sira

1. *Gelingendes Leben als Geschenk des verborgenen und offenbaren Gottes: Kohelet.* Doch ehe wir uns der die Grenzen des Lebens zwischen Geburt und Tod sprengenden Lösung des Problems der göttlichen Gerechtigkeit zuwenden, müssen wir auf das Zeugnis von zwei weiteren Weisen hören, von denen der eine ebenso ein Geistesverwandter des Hiobdichters wie des Majestätsbearbeiters und der andere ein solcher des Niedrigkeitsbearbeiters gewesen ist, auf die Worte des Kohelet oder Predigers Salomo und die Weisheit des Jesus Sirach. Beider Zeit liegt etwa ein Lebensalter auseinander. Kohelet dürfte sein Buch im zweiten Drittel des 3. Jhs. und Ben Sira das zwischen 295 und 285 v. Chr. in Jerusalem geschrieben haben.

Von dem Prediger sind uns ein von 1,3–3,15 reichender Traktat und eine Reihe von Aufzeichnungen erhalten. Ein sich im ersten Epilog 12,9–11 zu Wort meldender Schüler hat beide miteinander verbunden und so ein Ganzes geschaffen, das er durch 1,2 und 12,8 gerahmt und dadurch unter das Motto gestellt hat, daß alles, was der Mensch betreibt, durch und durch vergänglich ist.[1] Dagegen hat der zweite Epilogist, der 12,12–14 angefügt hat, wesentlich weniger in das Buch eingegriffen, um es mit der geltenden Lehre seiner Zeit von zu versöhnen.[2] Liest man auch nur den Traktat, so wird deutlich, daß in ihm ein Mann das Wort ergreift, der ähnlich wie der Hiobdichter durch das Auseinanderklaffen zwischen der Lehre von der göttlichen Vergeltung und seinen sich auf Einzelschicksale richtenden Beobachtungen angefochten war, so daß er an der in der Welt herrschenden Ungerechtigkeit und der Kürze des Lebens litt.[3]

---

[1] Vgl. dazu Norbert Lohfink, Zu הבל im Buch Kohelet, in: ders., Studien zu Kohelet, SBAB 26, 1998, S. 215–258 bzw. ders., Ist Kohelets הבל-Aussage erkenntnistheoretisch gemeint?, in: Anton Schoors, ed., Qohelet in the Context of Wisdom, BEThL 136, 1998, S. 41–60 und zum Problem, ob Kohelet als Nihilist bezeichnet werden kann, Seizo Sekine, Transendency and Symbols in the Old Testament, BZAW 275, 1999, S. 91–128.

[2] Vgl. dazu Alexander A. Fischer, Skepsis oder Furcht Gottes?, BZAW 247, 1997, S. 5–35; vgl. aber auch das Modell von Franz Josef Backhaus, „Denn Zeit und Zufall trifft sie alle", BBB 83, 1997, S. 318–332, der das Buch als eine primäre, in sich geschlossene Komposition beurteilt, Einen beachtenswerten redaktionsgeschichtlichen Entwurf, in dem die vanitas-Urteile dem 1. und die Aufrufe zur Furcht Gottes dem zweiten Bearbeiter zugewiesen werden, so daß beide den größeren Teil des Buches verfaßt haben, hat Martin Rose, Rien de nouveau, OBO 168, 1999 vorgelegt, der bis heute auf eine eingehende Überprüfung wartet, die hier leider nicht vorgenommen werden kann.

[3] Vgl. dazu J. A. Loader, Polar Structures in the Book of Qohelet, BZAW 152,

2. *Die Frage nach dem bleibenden Gewinn des Lebens.* Schon seine erste Reflexion in 1,3–11 stimmt den Leser auf das schließliche Ergebnis ein. Denn die an ihre Spitze gestellte Leitfrage, ob es einen bleibenden Gewinn für das mühselige Tun des Menschen gibt, kann bei einem Blick auf eine Welt, in der es ihrem Wesen nach keine Endresultate, sondern nur einen ewigen Kreislauf des strukturell Gleichen gibt, auch nur negativ beantwortet werden. Da mit dem Kommen und Gehen der Generationen die jeweils vorausgehenden tiefer und tiefer in die Vergangenheit zurücksinken und schließlich vergessen werden, bleibt ihm selbst der Trost eines ewigen Namens versagt (Koh 1,3–11): [4]

> 3 *Welchen Gewinn gibt es für den Menschen bei all seiner Mühe,*
> *mit der er sich unter der Sonne abmüht?*
> 4 *Ein Geschlecht kommt und ein Geschlecht geht,*
> *aber die Erde besteht für ewig.*
> 5 *Die Sonne geht auf und die Sonne geht unter,*
> *und kehrt zu dem Ort zurück,*[5]
> *von dem sie aufgeht.*
> 6 *Der Wind geht nach Norden und wendet sich nach Süden,*
> *nur um sich zu drehen dreht sich der Wind*
> *und sein Drehen zu wiederholen,*
> *nimmt der Wind sein Drehen wieder auf.*
> 7 *Alle Bäche gehen zum Meer,*
> *aber das Meer wird nicht voll.*
> *Zu dem Ort, von dem die Bäche gehen,*
> *dorthin kehren sie, um zu gehen, zurück.*
> 8 *Alle Worte mühen sich,*
> *aber der Mensch wird nicht fertig*[6] *zu reden.*
> *Das Auge wird nicht satt von dem, was es sieht,*
> *noch das Ohr gefüllt von dem, was es hört.*
> 9 *Das, was geschehen ist, ist das, was geschehen wird,*
> *und was getan wurde, ist das, was getan wird.*
> *Es gibt nichts Neues unter der Sonne.*
> 10 *Geschieht es, daß einer sagt:*
> *„Sieh das an: es ist neu!"*
> *Längst gab es das in Ewigkeiten,*
> *die vor uns gewesen sind.*
> 11 *Es gibt keine Erinnerung an die Früheren*

1979, S. 122–123 und jetzt differenzierend Michael V. Fox, The Inner Structure of Qohelet's Thought, in: Anton Schoors, ed., Qohelet in Context, BEThL 136, 1998, S. 225–238, bes. S. 228–230 und ders., A Time to Tear Down, 1999, S. 51–70.

[4] Vgl. auch 9,5.

[5] M: lechzt nach ihrem Ort; vgl. aber BHS.

[6] Siehe BHS.

und auch an die Künftigen, die es geben wird,
wird es keine Erinnerung geben
bei denen, die es später geben wird.

3. *Der relative Vorteil der Weisheit und das Rätsel der zufallenden Zeit.* Selbst wenn man in die Rolle König Salomos als des nach der Überlieferung weisesten und reichsten Königs Israels schlüpft, ändert sich nichts an diesem Urteil (1,12–2,26): Das dem Menschen von Gott aufgenötigte Fragen nach dem Sinn alles irdischen Geschehens erweist sich als eine ihm auferlegte Last, denn er vermag an dessen schicksalhaftem Ablauf nichts zu ändern (1,12–15). Daher mehrt sich mit der bedachten Lebenserfahrung oder Weisheit nur der Kummer (1,18). Stürzt man sich enttäuscht in die Freuden des Lebens, so erweist sich auch dieser Versuch, dem Leben einen Sinn zu geben, als vergänglich: Denn mehr als den Menschen für sein Sich-Abmühen und Arbeiten zu entschädigen, vermögen sie nicht. Und so gibt es für ihn keine bleibende Lust und keinen bleibenden Gewinn auf dieser Erde (2,1–11). Vergleicht man anschließend die Weisheit mit der Torheit (2,12–17), so erweist sich auch die hoch gerühmte Weisheit als ein nur relatives Gut, weil der Wahrspruch gültig ist (2,14):[7]

> *Der Weise hat seine Augen im Kopf,*
> *aber der Tor wandelt in der Finsternis.*

Doch einen bleibenden Vorteil gegenüber dem Toren gewinnt der Weise auch mittels seiner Lebensklugheit nicht, weil beide dem Tod anheimfallen und danach der eine wie der andere vergessen wird. So zeichnet sich am Ende des ersten, von 1,12–2,26 reichenden Argumentationsganges ein Doppeltes ab: Einerseits gibt es für den Menschen keinen bleibenden Gewinn und tröstet ihn selbst der Gedanke an seine Erben nicht, die möglicherweise das von ihm mühselig Gewonnene töricht vertun (2,18–23). Andererseits erweist es sich, daß der Mensch nicht über das Gelingen oder Mißlingen seines Tuns verfügt, sondern Gott dem einen dieses und dem anderen jenes nach seinem unerforschlichen Ratschluß zuteilt (Koh 2,24–26):

> 24 *Es gibt kein Glück für den Menschen als, daß er ißt und trinkt und es sich wohl sein läßt bei seiner Mühe. Auch das kommt, wie ich eingesehen habe, aus der Hand Gottes.* 25 *Denn wer kann essen und wer sammeln*[8] *ohne*

---

[7] Vgl. auch 8,16–17.
[8] Zum Problem vgl. Choon-Leong Seow, Ecclesiastes, AncB 18C, New York u. a.: Doubleday 1997, S. 139–140, der auf arab. *ḥâsa*, „sammeln" verweist. Weithin wird heute in Anschluß an Friedrich Ellermeier, Das Verbum *ḥûš* in Koh 2,25,

*ihn?*⁹ *26 Denn dem Menschen, der ihm gefällt,*¹⁰ *gibt er Weisheit und Kenntnis und Freude, aber dem, der Pech hat,*¹¹ *gibt er die Mühsal zu sammeln und zu häufen, um es dem zu geben, der Gott gefällt. Auch das ist nichtig und ein Haschen nach Wind.*

Auch die Überlegung, wie es mit der Möglichkeit des Menschen steht, im richtigen Augenblick das Richtige zu tun, führt Kohelet zu keinem anderen Ergebnis (3,1–9): Denn es gibt zwar von der Geburt bis zum Tod für alles, was der Mensch tun und was ihm widerfahren kann, bestimmte Zeiten, die ihm aber verborgen bleiben.¹² Die rhetorische Frage, mit der diese Reflexion in V. 9 endet, zieht das Resultat:: *„Welchen Gewinn hat der Tätige, bei dem, womit er sich abmüht?"* Denn die Antwort kann nur lauten: Er verfügt nicht darüber, sondern der Herr der Zeiten. Daher ist sein Handeln ein Wagnis (9,11–12):¹³

> 11 *Weiterhin sah ich unter der Sonne:*
> *Den Schnellen gehört nicht der Lauf,*
> *noch den Starken die Schlacht,*
> *Noch den Weisen das Brot,*
> *noch den Verständigen Reichtum,*
> *Noch den Gebildeten Anerkennung.*
> *sondern Zeit und Zufall widerfährt ihnen allen.*
> 12 *Denn wahrlich der Mensch kennt seine Zeit nicht:*
> *Wie Fische, die sich in einem bösen Netz verfangen,*
> *und wie Vögel, die in einer Falle gefangen werden,*
> *wie werden die Menschenkinder zur bösen Zeit verstrickt,*
> *wenn es sie plötzlich überfällt.*

ZAW 75, 1963, S. 197–217 mit „sich sorgen" übersetzt, vgl. z. B. Martin Rose, Rien de nouveau, OBO 168, 1999, S. 192–193.

⁹ Lies *mimmænnû*; denn hier liegt kaum ein Zitat aus einer Gottesrede vor, die das „ohne mich" von M rechtfertigte.

¹⁰ Wörtlich: der gut ist vor ihm.

¹¹ Wörtlich: „der fehlt." Beide Worte dienen im vorliegenden Kontext nicht der religiös-sittlichen Qualifikation, sondern sind (wie 4,1–3; 7,15; 8,10–14 und 9,1–3 zeigen) neutral zu übersetzen: das eine bezeichnet hier den Gewinner, das andere den Verlierer, vgl. Seow, AncB 18 C, S. 141–142.

¹² Vgl. dazu Kurt Galling, Das Rätsel der Zeit im Urteil Kohelets (Koh 3,2–15), ZThK 58, 1961, S. 1–15 und Roger N. Whybray, „A Time to be Born and a Time to Die", in Masao Mori, ed.,: FS H. I. H. Prince Takahito Mikasa, 1991, S. 469–482.

¹³ Vgl. dazu auch Tilmann Zimmer, Zwischen Tod und Lebensglück, BZAW 286, 1999, S. 72–89.

4. *Das vergängliche Glück als Gabe Gottes.* Kohelet zieht aus diesen zunächst entmutigenden Einsichten jedoch nicht den Schluß, daß Gott nur ein anderes Wort für das blinde Schicksal ist, sondern erkennt in der Undurchschaubarkeit der Zeiten Gottes Absicht, den Menschen zur Furcht vor seiner Gottheit zu führen. Gottes Gottheit erweist sich Kohelet darin, daß der Mensch Gottes Gunst nicht mit seinem Tun gewinnen, und des Menschen Verantwortung darin, daß er sie sehr wohl verlieren kann (3,10–15):

> 10 *Ich sah die Mühsal, die Gott den Menschenkindern gegeben hat, sich mit ihr abzumühen.*
> 11 *Alles hat Gott zu seiner Zeit schön gemacht, aber auch die Mühsal*[14] *hat er in ihr Herz gelegt, ohne daß der Mensch das Handeln Gottes vom Anfang zum Ende herausfinden kann.* 12 *Ich weiß, daß es bei ihnen nichts Besseres gibt, als sich zu freuen und glücklich zu sein*[15] *in seinem Leben.* 13 *Doch wenn ein Mensch ißt und trinkt und als Ausgleich für seine Arbeit sein Glück genießt,*[16] *ist das eine Gabe Gottes.* 14 *Ich weiß, daß alles, was Gott tut, das geschieht in Ewigkeit: „Dazu kann man nichts hinzufügen und davon kann man nichts wegnehmen." Doch Gott hat das so eingerichtet, damit sie sich vor ihm fürchten.* 15 *Was geschieht, längst ist es gewesen, und was geschehen wird, längst hat es das gegeben. Denn Gott sucht das Entschwundene hervor.*

Das Rätsel der zufallenden Zeit,[17] die Verschlossenheit der Zukunft und das Dunkel, das den Augenblick begrenzt, sind von Gott gewollt. Zwar ist es dem Menschen möglich, generell damit zu rechnen, daß Gott hinter

---

[14] Lies statt *'ôlām,* Ewigkeit, ein *'āmāl,* Mühsal. Hier liegt eine alte Vertauschung des letzten mit dem vorletzten Konsonanten zugrunde; vgl. dazu auch Alexander A. Fischer, Skepsis, S. 227 Anm. 8. Bei dieser Korrektur ergibt sich ein konsistenter Zusammenhang, der von V. 9 über V. 10 zu V. 11 führt. Mir hat bisher kein Versuch, den überlieferten Text dem Kontext gemäß zu deuten, eingeleuchtet, auch nicht der redliche Versuch von Thomas Krüger, Kohelet (Prediger), BK.AT XIX S, Neukirchen-Vluyn: Neukirchener Verlag 2000, S. 174, der in dem V. den Gegensatz zwischen einem dem Menschen gegebenen allgemeinen Zeithorizont und seiner Unfähigkeit, Gottes Handeln anders als punktuell zu erfassen, ausgedrückt findet.
[15] Vgl. dazu Rainer Braun, Kohelet und die frühhellenistische Popularphilosophie, BZAW 130, 1973, S. 53–54. Darüber, daß „Gutes zu tun" hier nicht moralisch zu verstehen ist, sind sich die neueren Ausleger einig. Gemeint ist die aktive Fähigkeit, sein Glück zu gestalten; vgl. z. B. Seow, AncB 18 C, S. 164; Rose, OBO 168, S. 63–64 und Krüger, BK.AT XIX S, S. 176.
[16] Dankbar greife ich in V. 13a auf die Übersetzung von Alexander A. Fischer, Skepsis, S. 227 zurück.
[17] Vgl. dazu Kurt Galling, Das Rätsel der Zeit im Urteil Kohelets (Koh 3,1–15), ZThK 58, 1961, S. 1–15.

den zufallenden Zeiten steht und daher alles zu seiner Zeit auf angemessene Weise geschieht. Sowie es jedoch um die konkrete Einsicht in den göttlichen Zeitplan geht, steht der Mensch vor dem unlösbaren Rätsel der Kontingenz alles Geschehens. Sein darin begründetes Scheitern ist von Gott gewollt, weil es ihn Gott zu fürchten lehrt. So begründet gerade die Skepsis gegenüber dem Versprechen der Weisheit, daß der Mensch den Schlüssel zu einem gelingenden Leben besitzt, die Furcht Gottes. Wenn der Mensch Gott fürchtet, so respektiert er die Unzugänglichkeit Gottes, die seine Gottheit ausmacht, ohne deshalb einem gesetzlosen,[18] verantwortungslosen und überheblichen Verhalten zu verfallen.[19]

An der Verpflichtung des Menschen, sittlich zu handeln, hat Kohelet ebenso wenig wie der Verfasser der Hiobdichtung oder einer seiner Nachfolger gezweifelt, gilt doch der Reinigungseid in Hiob 31 mit Recht als Höhepunkt der alttestamentlichen Ethik. Die Tatsache, daß es vorkommt, daß es dem Gerechten so geht, wie es dem Ungerechten gehen sollte, ist die Folge davon, daß nicht der Mensch, sondern Gott in seiner Unergründlichkeit über Glück oder Unglück entscheidet (8,10–14).[20] Angesichts derartiger Einbrüche der Sinnlosigkeit in das Schicksal der Menschen, das seinen grauenvollsten Ausdruck in dem Leben derer findet, deren Schrei nach Gerechtigkeit niemand im Himmel und auf Erden zu hören scheint, geht es den Toten und denen, die nie geboren wurden, besser als den Lebenden, die dessen nicht sicher sein können, daß auch sie in eine vergleichbare Lage kommen (4,1–3). So kann das Leben sein, aber so muß es nicht sein, weil Gott dem Menschen auch glückliche Tage schenken kann. Sie sind ein vergängliches und trotzdem das einzige Gut, das der Mensch in seinem todverfallenen Leben erwarten kann. Daher gibt der Weise seinen Schülern einen dreifachen Rat: Erstens Gott als den Herrn des eigenen Schicksals zu fürchten; zweitens bei seinem Planen mit allen Möglichkeiten zu rechnen (11,1–6) und den Entschluß mit vol-

---

[18] Vgl. dazu Thomas Krüger, Die Rezeption der Tora im Buch Kohelet, in: ders., Kritische Weisheit, 1997, S. 173–194, bes. S. 176–178 = ders., in: Ludger Schwienhorst-Schönberger, Hg., Das Buch Kohelet, BZAW 254, 1997, S. 303–326, bes. S. 306–308.

[19] Vgl. 3,14; 5,6; 7,15–18; 8,12–13, vgl. 9,3.

[20] Zum hellenistischen Hintergrund seines Fragens nach dem Glück vgl. ausführlich Ludger Schwienhorst-Schönberger, Nicht im Menschen gründet das Glück, HBS 2, 1992, S. 274–332, dort S. 251–273 ein umfassender Überblick über die Schulrichtungen der hellenistischen Philosophie, sowie Maximilian Forschner, Über das Glück des Menschen, 1993 = 2. Aufl. 1994, S. 22–79; und zur Sache auch Otto Kaiser, Die Bedeutung der griechischen Welt für die alttestamentliche Theologie, NAWG 2000/7, 2000, S. 328 [28]–330 [30].

lem Einsatz auszuführen (9,10) und drittens, das vergängliche Glück zu genießen, ehe sich das Leben dem Grabe zuneigt,[21] und den bösen Tag ohne zu jammern anzunehmen (7,15).

Trotz dieses in sich so geschlossen anmutenden Entwurfs wäre es falsch, Kohelet zu unterstellen, daß er den Grundsatz der Weisen, es gehe dem Gerechten dank Gottes Schicksalsleitung gut und dem Frevler schlecht, als solchen bestreitet. Denn sonst wären seine Ermahnungen, Gott zu fürchten, sinnlos.[22] Er erkennt vielmehr, daß die Regel nicht ohne Ausnahmen ist und der Mensch sich nicht schlechterdings auf sie verlassen kann (8,10–14):

> 10 *Und weiterhin beobachtete ich:*
> *Frevler nahen*[23] *und treten ein*
> *und verlassen den heiligen Ort*
> *und rühmen sich*[24] *in der Stadt,*
> *auch dies ist nichtig,*
> 11 *Weil das Urteil nicht eilends*
> *über die böse Tat ergeht,*
> *Daher ist das Herz der Menschenkinder damit angefüllt,*
> *Böses zu tun,*
> 12 *Tut doch der Sünder hundertfach Böses und lebt lange.*
> *Ja, auch ich weiß es:*
> *Gut gehen wird es den Gottesfürchtigen,*
> *wenn sie sich vor ihm fürchten.*
> 13 *Und nicht gut wird es dem Frevler gehen,*
> *und wie ein Schatten werden die Tage dessen lange dauern,*
> *der sich nicht vor Gott fürchtet.*
> 14 *Es gibt etwas Nichtiges, das auf Erden geschieht,*
> *daß es nämlich Gerechte gibt, die es trifft,*
> *als hätten sie wie die Frevler gehandelt,*
> *und daß es Frevler gibt, die es trifft,*
> *als hätten sie wie die Gerechten gehandelt.*
> *Da sagte ich: Auch dies ist nichtig!*

So ist es kein Wunder, daß er die Freude als das einzige dem Menschen mögliche, wenn auch vergängliche Gut preist (8,15):

> *Daher preise ich die Freude,*
> *denn es gibt für den Menschen kein Gutes unter der Sonne,*
> *als zu essen und zu trinken und sich zu freuen.*

---

[21] 5,17–19; 7,15; 8,15–17.
[22] Vgl. 3,14b; 5,6; 7,18; 8,12b–13 vgl. 12,13 und dazu Tilmann Zimmer, Zwischen Tod und Lebensglück, BZAW 286, 1999, S. 201–216.
[23] Lies *qĕrēbîm* und vgl. die Diskussion des Textes bei Backhaus, Zeit und Zufall, BBB 83, 1993, S. 251–252.
[24] Lies *jištabbaḥû*; vgl. Backhaus, ebd.

§ 12 Zweifel und neue Gewißheit: Kohelet und Ben Sira

Denn das kann ihn bei seiner Mühe begleiten in den Tagen seines Lebens,
das ihm Gott unter der Sonne gegeben hat.

Auf dem Hintergrund des sicheren Todes, der keinen Unterschied zwischen den Guten und den Bösen, den Frommen und den Gottlosen macht (Koh 9,1–6), gewinnt das Leben mit seinen vergänglichen Freuden einen neuen Glanz. Unter diesem Aspekt aber erscheinen das Leben und die Freude als das einzige Gut, das es als Gabe Gottes zu ergreifen gilt (Koh 9,7–10):[25]

> 7 *Geh, iß dein Brot mit Freude*
> *und trink mit frohem Herzen deinen Wein;*
> *denn längst hat Gott dein Tun gebilligt.*
> 8 *Zu jeder Zeit seien deine Gewänder weiß,*
> *und Öl soll nicht auf deinem Haupte fehlen.*
> 9 *Genieße das Leben mit der Frau, die du liebst,*
> *alle Tage deines vergänglichen Lebens,*
> *die dir Gott unter der Sonne gegeben hat.*
> *Denn das ist dein Anteil im Leben und bei deiner Mühe,*
> *mit der du dich unter der Sonne plagst.*
> 10 *Alles, was deine Hand zu tun findet*
> *und in deiner Macht steht, das tue;*
> *denn es gibt weder Handeln noch Planen,*
> *weder Wissen noch Weisheit in der Unterwelt,*
> *zu der du schon auf dem Weg bist.*

Weil der Mensch unter dem ihm von Gott verhängten oder gewährten Schicksals steht und seine Tage zwar durch Torheit und Frevel verkürzen, aber nicht verlängern kann, so daß er wohl beraten ist, wenn er Gott fürchtet (7,15–18), preist Kohelet seinen Schülern die göttliche Gabe des vergänglichen Glücks an, die ihn die Kürze seiner Tage vergessen läßt (5,17–19):

> 17 *Hier ist, was ich gefunden habe: Es ist etwas Gutes und Schönes, zu essen und zu trinken und Gutes bei all seiner Arbeit zu erfahren, mit der man sich unter der Sonne während der gezählten Tage seines Lebens abmüht, die ihm Gott gegeben hat, denn das ist sein Teil. 18 Zudem, wenn irgendeiner, dem Gott Reichtum und Gewinn gib, und den er befähigt, von ihm zu essen und sich bei*

---

[25] Vgl. dazu auch Tilmann Zimmer, Zwischen Tod und Lebensglück, BZAW 296, 1999, S. 45–50 und zum vermutlichen Hintergrund des *carpe diem*-Motivs in der vorderasiatischen und ägyptischen Gelagepoesie vgl. Christoph Uehlinger, in: L. Schwienhorst-Schönberger, Hg., Das Buch Kohelet, BZAW 254, 1997, S. 155–247, bes. S. 210–222 und Stefan Fischer, Die Aufforderung zur Lebensfreude im Buch Kohelet und seine Rezeption der ägyptischen Harfnerlieder, 1999, S. 227–238.

seiner Arbeit zu freuen, so ist das eine Gabe Gottes. 19 Denn er macht sich dann nicht viele Gedanken über (die Kürze) seiner Lebenstage, denn Gott beschäftigt ihn[26] *mit der Freude seines Herzens.*

Kohelet blieb im Ensemble der alttestamentlichen Schriften (wie Hans-Peter Müller es treffend formuliert hat) ein unheimlicher Gast.[27] Und so ist es verständlich, daß der Zweite Epilogist, dem wir vor allem 12,12–14 verdanken, überzeugt war, daß man den Leser vor diesem Zwiespalt bewahren und ihn an die Antwort auf die Frage nach der Gerechtigkeit Gottes angesichts der Triumphe der Frevler und der Leiden des Gerechten erinnern sollte, die der Glaube an das jüngste Gericht enthält. In diesem Sinne fügte er nach einer Warnung an den Leser in V. 12, sich nicht durch das Studium zu vieler Bücher ermüden zu lassen, das Résumé an (12,13–14):

> 13 *Laßt uns die Summe von dem allen hören:*
> *Fürchte Gott und halte seine Gebote;*
> *denn das gilt allen Menschen.*
> 14 *Denn Gott wird jedes Tun ins Gericht bringen*
> *über alles Verborgene, es sei gut oder böse.*

5. Ben Siras Glaube an Gottes Gerechtigkeit. Wenden wir uns dem Jerusalemer Schriftgelehrten und Lehrer Jesus Sirach zu, so bekommen wir es mit einem Mann zu tun, der seinen Schülern angesichts der in der judäischen Oberschicht verbreiteten Hellenisierungstendenzen den Stolz auf die eigene jüdische Identität und die Einsicht in die Furcht des Herrn als Anfang und Ende aller Weisheit zu vermitteln suchte.[28] Daß er sich in seiner Umgebung aktuellen hellenistischen Themen und Einflüssen nicht verschloß und zum Beispiel die stoische Logoslehre seinem Denken adaptierte,[29] ist offensichtlich. Doch es ist ebenso deutlich, daß der Glaube

---

[26] Siehe BHS und zur Bedeutung vgl. Diethelm Michel, Untersuchungen zur Eigenart des Buches Qohelet, BZAW 183, 1989, S. 191–193 und jetzt vor allem Michael V. Fox, A Time to Tear Down, S. 240–241, der die These von Norbert Lohfink, Koh 5,17–19 – Offenbarung durch Freude, CBQ 52, 1990, S. 625–635 = ders., Studien zu Kohelet, SBAB 26, 1998, S. 151–166 kritisch diskutiert. Sie wurde aufgenommen z. B. durch Ludger Schwienhorst-Schönberger, Nicht im Menschen gründet das Glück, HBS 2, 1992, S. 146–149 und mit einer bewußten Ambiguität des Textes rechnend, die sowohl die von uns wie die von Lohfink vertretene Deutung anbietet, Franz J. Backhaus, Zeit und Zukunft, BBB 83, 1993, S. 194–195.

[27] Hans-Peter Müller, Der unheimliche Gast. Zum Denken Kohelets, ZThK 84,1987, S. 440–464.

[28] Zur Grundinformation vgl. Otto Kaiser, Apokryphen, 2000, S. 79–90.

[29] Vgl. dazu Johannes Marböck, Weisheit im Wandel, BBB 37, 1971 = BZAW 272, 1999, S. 160–173; ders., Gottes Gerechtigkeit, in: Jörg Jeremias, Hg., BZAW

an die Gerechtigkeit Gottes, wie sie das Gesetz und die Propheten bezeugen, die selbstverständliche Voraussetzung seines Denkens war und blieb.

Am deutlichsten findet das seinen Ausdruck in 32(35),14–26, einem Abschnitt, der im Zusammenhang mit seiner von 31(34),21–36,22 reichenden Lehrrede über den richtigen Gottesdienst steht: Hier warnt er seinen Schüler vor dem gefährlichen Irrglauben, Gott ließe sich mit Opfergaben bestechen, die einem Vermögen entstammen, um dann in Anlehnung an das Zeugnis der Schrift ein Bild von seiner Gerechtigkeit zu entfalten: Er läßt seine Gunst nicht mit Opfergaben erkaufen, die einem unter Bruch des Rechts oder Ausnutzung der Schwäche derer entstammen, die wie die Witwen und Waisen auf die Rechtshilfe anderer angewiesen sind. Denn der Herr ist ein Gott des Rechts,[30] der jedermann unbestechlich und ohne Ansehen der Person richtet (Dtn 10,17; Hiob 34,19). Zu ihm gelangen nur die Gebete der Gerechten (Spr 15,29) und der unschuldig Leidenden. Dringt das Schreien der Witwen und Waisen zu ihm vor, so wird er es erhören (Ex 22,21–23; Dtn 10,18) und die Schuld der Frevler auf sie selbst zurückfallen lassen. Und schließlich wird er als der Richter der ganzen Erde[31] auch an den Völkern Rache nehmen (vgl. Ps 94,1–2),[32] die sein Volk hochmütig bedrücken. Ihm aber wird er dann in seiner Treue (חֶסֶד / *hæsæd*) als Helfer so willkommen sein, wie die Regenwolken, welche die Dürre beenden (Sir 32[35],15–26):

14 *Bestich Gott nicht, er nimmt es nicht,*
15 *vertraue nicht auf erpreßte Opfergaben!*
    Denn er ist ein Gott des Rechts,
    der niemanden begünstigt.
16 *Gegen den Armen ergreift er nicht Partei,*
    sondern erhört das Gebet derer, die Unrecht leiden.
17 *Der Waise Flehen weist er nicht zurück,*
    auch nicht die Witwe, wenn sie unablässig klagt.
18 *Verklagt die Träne nicht, die über ihre Wangen rinnt,*
19 *den Mann, der sie zu Fall gebracht?*

296, 2001, S. 35–43; Otto Kaiser, Anknüpfung und Widerspruch. Die Antwort der jüdischen Weisheit auf die Herausforderung durch den Hellenismus, in: Joachim Mehlhausen, Hg., Pluralismus und Identität, VWGTh 8, 1995, S. 54–69, bes. S. 58–62 = ders., Gottes und der Menschen Weisheit, BZAW 261, 1998, S. 201–216, bes. S. 205–209; vgl. ders., Die Bedeutung der griechischen Welt für die alttestamentliche Theologie, NAWG.PH 2000/7, 2000, S. 330[30]–335[35] und Ursel Wicke-Reuter, Göttliche Providenz, BZAW 298, 2000, S. 275–285.

[30] Vgl. dazu oben, S. 45–48.
[31] Vgl. dazu oben. S. 233–237.
[32] Vgl. dazu oben, S. 253.

20 *Der Verbitterte gewinnt sein Wohlgefallen,*[33]
    sein Beten dringt bis zu den Wolken.
21 *Des Niedrigen Gebet wendet sich zu den Wolken,*
    es rastet nicht, bis es sein Ziel erreicht.
    Es läßt nicht nach, bis der Höchste eingreift,
22 *(ihm) der gerechte Richter Recht verschafft.*
    Gewiß, Gott zögert nicht,
    und wie ein Held hält er sich nicht zurück,
    Bis er des Mitleidlosen Lenden zerschmettert
23 *und an den Völkern Rache nimmt;*
    Bis er das Zepter des Hochfahrenden vertreibt
    und den Stab des Frevlers bricht;
24 *Bis er dem Menschen nach seinem Tun vergilt*
    und die Werke des Mannes nach seiner Hinterlist;
25 *Bis seinem Volk er Recht verschafft*
    und sie erfreut durch seine Hilfe:
26 *Seine Treue wird in der Zeit der Not willkommen sein*
    wie Regenwolken in der Zeit der Dürre.

6. *Ben Siras fünf Argumente für den Glauben an Gottes Gerechtigkeit.*
Dieser Glaube an Gottes immanente Gerechtigkeit wird bei Ben Sira durch *fünf Argumente* gestützt. Das *erste* bedient sich des Gedankens der durch die göttliche Providenz gesicherten Güte und d. h.: Zweckmäßigkeit der Welt als Mittel zur Belohnung der Guten und der Bestrafung der Bösen (Sir 39,12–35).[34] Es wendet sich gegen die Leugner der Güte der Schöpfung angesichts der Existenz des Übels. Die Antwort lautet, daß die vermeintlichen Übel der Bestrafung der Frevler dienen. Die Welt ist von Gott so eingerichtet, daß er über alle Mittel verfügt, deren er bei seiner Ausübung seiner distributiven Gerechtigkeit bedarf (vgl. auch Sir 40, 8–10):

8 *Bei allem Fleisch vom Menschen bis zum Vieh*
   und für Frevler siebenfach mehr (gibt es)
9 *Pest und Blutvergießen, Hitze und Dürre*
   Raub und Untergang, Hunger und Tod.[35]
10 *Wegen des Frevlers ist das Böse erschaffen,*
   und um seinetwillen trifft die Vernichtung ein.[36]

---

[33] Zum Text von V. 20a vgl. Patrick Skehan und Alexander A. Di Lella, The Wisdom of Ben Sira, AncB 39, New York: Doubleday 1987, S. 415 z.St.

[34] Vgl. dazu GAT I, S. 289–291 und jetzt ausführlich Ursel Wicke-Reuter, Göttliche Providenz, BZAW 298, 2000, S. 55–102 und Johannes Marböck, Gerechtigkeit Gottes und Leben nach dem Sirachbuch, in: Jörg Jeremias, Hg., Gerechtigkeit und Leben im hellenistischen Zeitalter, BZAW 296, 2001, S. 21–52, bes. S. 28–43.

[35] Zum Text vgl. Skehan und Di Lella, AncB 39, S. 466 z.St.

[36] Zur Übersetzung des *mûš* vgl. Hans Peter Rüger, Zum Text von Sir 40,10 und Ex 10,21, ZAW 82, 1970, S. 103–109, bes. S. 106–107.

§ 12 Zweifel und neue Gewißheit: Kohelet und Ben Sira 301

Als *zweites Argument* dient der Gedanke der Allwissenheit oder Omniscienz Gottes, von der seine Providenz ein Teil ist. Es wendet sich gegen die Ansicht der libertinistischen Skeptiker, daß Gott von ihrem Tun keinerlei Notiz nähme. Da nichts, was auf Erden geschieht, Gott verborgen bleibt, muß jeder damit rechnen, daß ihm Gott nach seinem Tun vergilt. Und so befindet sich zum Beispiel der Ehebrecher im Irrtum, der wähnt, sein Tun bliebe Gott verborgen (Sir 23,18–20):

> 18 *Ein Mann, der sein Lager entehrt,*
> *und bei sich spricht: „Wer sieht es?*
> *Dunkel umgibt mich, Wände verbergen mich.*
> *Mich sieht keiner, was soll ich mich hüten?*
> *Meiner Sünden kann der Höchste nicht gedenken."*
> 19 *Nur vor den Augen von Menschen fürchtet er sich*
> *und weiß nicht, daß die Augen des Herrn*
> *zehntausendmal heller als die Sonne sind*
> *und alle Wege des Menschen sehen*
> *und bis ins Verborgenste spähen.*
> 20 *Ehe alles geschaffen wurde, war es ihm bekannt,*
> *und so weiß er auch um es nach seinem Ende.*[37]

Das *dritte Argument* wendet sich gegen die Zweifel der Frommen an Gottes Gerechtigkeit, wenn sie Unglück trifft. Es lautet, daß Gott die, die es sich vorgenommen haben, ihm zu dienen und d. h.: nach seinem Willen zu leben, durch Leiden prüft. Inhaltlich besteht der wahre Gottesdienst des Gerechten für Sirach darin, dem Guten und dem Demütigen, aber nicht dem Bösen und Überheblichen Gutes zu tun (12,1–7) und es in der Schule der Tora zu lernen, umsichtig zu handeln (35,23–24 [32,22–23]).[38] Denn im Halten der Gebote besteht die Weisheit (1,26),[39] und die Liebe zu Gott ganz im Sinne der Deuteronomisten in der Erfüllung seiner Gebote (2,16).[40] Wenn die, die ihn fürchten, ihre Leiden und Demütigungen

---

[37] Vgl. auch 39,20a und 40, 18–21 und dazu GAT II, S. 142–146.

[38] Vgl. Sir 19,2a–b und 36(33), 1–3.

[39] Vgl. Sir 36 (33), 1–3 und zum Verhältnis von Weisheit und Gesetz bei Ben Sira z. B. Johannes Marböck, Gesetz und Weisheit. Zum Verständnis des Gesetzes bei Jesus Ben Sira, BZ NF 20, 1976, S. 1–21 = ders., Gottes Weisheit unter uns, HBS 6, 1995, S. 52–72; Eckhard J. Schnabel, Law and Wisdom from Ben Sira to Paul, WUNT II/16, 1985, S. 29–92, John J. Collins, Jewish Wisdom in the Hellenistic Age, 1998, S. 42–61 und Ursel Wicke-Reuter, Göttliche Providenz, BZAW 298, 2000, S. 188–223, zum Unterschied zwischen Ben Siras Verständnis der Tora als offenbarter Denkgrundlage für seine lebendige selbständige Auseinandersetzung mit den Grundfragen seiner Zeit vgl. Oda Wischmeyer, Die Kultur des Buches Jesus Sirach, BZNW 77, 1995, S. 270–273.

[40] Vgl. Sir 1,10; 2,16; 7,30–31 mit Ex 20,6 par Dtn 5,10; 6,5; 10,12; 30,20 und dazu GAT I, S. 315 und II, S. 54–63.

in Geduld und Hoffnung tragen,[41] bewähren sie sich in seiner Prüfung, so daß er sich ihrer erbarmen und ihr Schicksal zum Guten wenden wird. Die Zweifel an dieser Lehre aber kann die (in den biblischen Schriften) bewahrte Erinnerung an die früheren Geschlechter zerstreuen,[42] weil sie bezeugen, daß der Herr niemanden, der ihn fürchtet, zuschanden werden ließ (Sir 2,1–11):[43]

1 *Mein Sohn, willst du dem Herren dienen[44],*
   bereite deine Seele auf Versuchung vor.
2 *Mache dein Herz bereit und bleibe fest,*
   errege dich nicht in der Zeit des Unglücks.
3 *Halt fest an ihm und fall nicht ab,*
   daß du gedeihst in deiner Zukunft.[45]

4 *Was auf dich zukommt, das nimm alles an,*
   und sei geduldig, wenn dich Unglück trifft.
5 *Denn im Feuer wird Gold geprüft,*
   und im Ofen des Elends Menschen, die (ihm) gefallen.
6 *Vertraue auf ihn, und er steht dir bei,*
   mach deinen Weg gerade und hoffe auf ihn.

7 *Die ihr den Herren fürchtet, wartet auf seine Gnade*
   und weicht nicht ab, daß ihr nicht fallt.
8 *Die ihr den Herren fürchtet, traut auf ihn,*
   daß euer Lohn nicht verloren geht.[46]
9 *Die ihr den Herren fürchtet, hofft auf Gutes,*
   dauernde Freude und Erbarmen.

10 *Blickt auf die früheren Geschlechter und erkennt:*
    Wer glaubte je dem Herrn und ward zuschanden?
    Oder wer blieb in seiner Furcht und ward verlassen?
    Oder wer rief ihn an, und er hätte ihn übersehen?
11 *Denn gnädig und barmherzig ist der Herr,*
    Sünden vergibt er und rettet in der Zeit der Not.

---

[41] Vgl. auch Sir 4,17–18.

[42] Vgl. dazu auch Hiob 8,8–10.

[43] Vgl. auch GAT I, S. 288–289 und dazu ausführlich Nuria Calduch-Benages, En el Crisol de la Prueba, Asociacíon Bíblica Española 32, 1997, S. 33–101 und knapper dies., Un gioiello di sapienza. Leggendo Siracide 2, Cammini nello Spirito. Biblica 45, 2001, S. 27–96.

[44] Zum Text vgl. Calduch-Benages, Crisol, S. 37–39 und zur Wendung „dem Herrn dienen", S. 44.

[45] Vgl. Spr 19,20. L interpretiert V. 3be eschatologisch: *ut crescat in novissima tua vita.*

[46] Zum Text vgl. Calduch-Benages, Crisol, S. 102–103 und zur Sache S. 116–117 und Sir 33(36), 21.

Das *vierte Argument* für den Glauben an Gottes sich im Leben des Einzelnen zum Guten wie zum Bösen erweisenden Gerechtigkeit besteht in der Erinnerung daran, daß der Herr die Schicksale der Menschen ganz unerwartet ändern und aus dem Armen einen Reichen machen kann(11,20–28).[47] Daher ermahnt Ben Sira seine Schüler, sich nicht durch das scheinbare Glück der Gottlosen anfechten zu lassen,[48] sondern weiterhin in dem Vertrauen ihre Pflicht zu tun, daß der Herr auch ihr Los zu ändern vermag. Angesichts der sich darin ausdrückenden Verfügungsmacht Gottes über das menschliche Glück wäre es ebenso falsch, den eigenen Zustand für endgültig zu halten wie ein letztes Urteil über Glück oder Unglück eines anderen Menschen zu fällen, ehe nicht seine letzte Stunde gekommen ist: Sie erst gibt Auskunft darüber, wie es um die Gerechtigkeit und das Glück eines Menschen bestellt war; denn spätestens in ihr vergilt Gott ihm nach seinem Tun (Sir 11,26–28):[49]

> 26 *Denn leicht ist es für den Herrn am Tag des Todes,*
> *dem Menschen nach seinem Wandel zu vergelten.*
> 27 *Das Leid von heute läßt einstige Freuden vergessen,*
> *und das Ende des Menschen enthüllt seine Taten.*
> 28 *Vor dem Tode preise glücklich keinen,*
> *denn an seinem Ende wird der Mensch erkannt.*

Das *fünfte und letzte Argument* besteht in einem indirekten Beitrag zum Problem der Theodizee in Gestalt des großen Hymnus auf die Harmonie der von Gott in seiner unergründlichen Weisheit erschaffenen Welt als einem Ganzen:[50] Der Mensch wird von ihrer Schönheit bezaubert und vermag die Ordnung der Gestirne und den konstanten Wandel der Jahreszeiten zu erkennen. Doch hört er die Berichte derer, die von der Grenzenlosigkeit des Meeres, von der wunderbaren Vielfalt seiner Lebewesen und den mythischen Ungeheuern Rahabs, des personifizierten Urmeeres, erzählen, ergreift ihn ein Staunen. So besingt der Sirazide in 42,15–43,33 die Herrlichkeit einer Welt, die Gott in seiner Weisheit erschaffen hat, ohne daß der Mensch die Welt als sein Werk und die sich in ihr offenbarende Weisheit angemessen zu begreifen und zu rühmen vermag. Des Menschen Teil angesichts dieser unergründlichen Macht und Herrlichkeit Gottes ist die Gottesfurcht als eine Grundhaltung, in der er Gott „als

---

[47] Vgl. GAT I, S. 288–290.
[48] Vgl. 1. Sam 2,6–7; Ps 75,8.
[49] Vgl. auch Sir 11,14 + 17 und zur Sache Johannes Marböck, Gerechtigkeit Gottes, in: Jörg Jeremias, Hg., Gerechtigkeit und Leben, BZAW 286, 2001, S. 26–28.
[50] Vgl. dazu Gian Luigi Prato, Il problema della teodicea in Ben Sira, AnBib 65, 1975, S. 206–208, bes. S. 206.

Schöpfer verehrt, fürchtet und liebt" (Sir 7,29–31).[51] Es ist die in der Gottesfurcht verwurzelte Weisheit, die ihre Grenzen erkennt und sich daher an das hält, was ihm Gott offenbart hat, statt über das zu spekulieren, was sein Vermögen übersteigt. Der Glaube an Gottes Gerechtigkeit ist so zugleich Ausdruck der Demut des Menschen, der die ihm gesetzten Grenzen akzeptiert und sich auf die Zusagen seines Gottes verläßt (Sir 3,17–25*):[52]

> 17 *Mein Sohn, verrichte dein Geschäft in Demut,*
> *dann wirst du mehr geliebt als wer Geschenke gibt.*
> 18 *Je größer du bist, desto mehr erniedrige dich,*
> *dann wirst du Gnade finden bei dem Herrn.*[53]
> 20 *Denn die Macht des Herrn ist groß,*
> *aber durch die Niedrigen wird er verherrlicht.*
> 21 *Was dir zu schwierig ist, erforsche nicht,*
> *und was dich überfordert, suche nicht zu ergründen.*
> 22 *Über das dir Anvertraute sinne nach,*
> *denn was verborgen ist, geht dich nichts an.*
> 23 *Wegen des, was dir entzogen ist, sei nicht verbittert,*
> *denn mehr als du verstehst, ist dir gezeigt.*
> 24 *Denn zahlreich sind die Ideen der Menschen,*
> *und schädliche Phantasien führen irre.*
> 25 *Wo der Augapfel fehlt, gibt es kein Licht,*
> *und wo das Wissen fehlt, gibt es keine Weisheit.*

7. *Der alte und der neue Glaube über Tod und ewiges Leben im Buch Sirach.* Mit derselben Demut, die sich der dem Menschen gesetzten Grenzen bewußt ist, begegnet Ben Sira auch dem Tode. Er weiß, daß der Tod zu dem Einen als Freund und dem anderen als Feind kommt (41,1–2), einmal aber kommt er nach göttlicher Ordnung zu jedem. Und daher sollte man ihm furchtlos entgegensehen (41,3–4):[54]

> 3 *Du sollst nicht zittern vor dem dir bestimmten Tod,*
> *denke, die vor dir und die nach dir trifft's wie dich.*
> 4 *Das ist bestimmt für alles Fleisch von Gott,*
> *was willst du mit des Höchsten Weisung hadern?*

---

[51] Vgl. dazu Oda Wischmeyer, Kultur, BZNW 77, 1995, S. 278–281, Zitat S. 280.

[52] Zum Motiv der Niedrigkeit bei Ben Sira vgl. auch Markus Witte, Vom Leiden zur Lehre, BZAW 230, 1994, S. 195–198.

[53] G bietet einen V. 19, der sich störend zwischen V. 18 und 20 stellt: „*Viele sind hochgestellt und berühmt, aber den Demütigen offenbart er seine Geheimnisse.*"

[54] Vgl. dazu auch Otto Kaiser, Das Verständnis des Todes bei Ben Sira, NZSTh 43, 2001, S. 175–192 = ders. Zwischen Athen und Jerusalem, BZAW 320, Berlin. New York 2003, S. 275–292.

§ 12 Zweifel und neue Gewißheit: Kohelet und Ben Sira

> *(Lebte einer) tausend Jahre, hundert oder zehn:*
> *Man verhandelt in der Unterwelt nicht über das Leben!*[55].

Doch anders als Kohelet[56] tröstete sich Ben Sira mit dem Gedanken, daß der Tote in seinem guten Namen und in seiner Nachkommenschaft fortlebt (40,19a–b), während der Ruchlose vergessen wird (41,10–13):[57]

> 10 *Alles, was aus dem Nichts kommt, kehrt ins Nichts zurück,*
> *so auch der Ruchlose – aus dem Leeren ins Leere.*
> 11 *Nichtig ist der Mensch an seinem Leibe,*
> *doch der Ruf*[58] *der Treue vergeht nicht.*
> 12 *Gib acht auf deinen Namen, er folgt dir,*
> *mehr als auf tausend kostbare*[59] *Schätze.*
> 13 *Das Glück des Lebens ist befristet,*[60]
> *aber ein guter Name bleibt für immer.*

Ähnlich wie der 2. Epilogist den neuen Glauben an das jüngste Gericht im Koheletbuch nachgetragen hat, fehlt es auch im Sirachbuch nicht an entsprechenden Einfügungen und Glossen. Sie begegnen zumal in jüngeren griechischen Handschriften (GII) und in der altlateinischen und syrischen Übersetzung.[61] Schon ein früher Schreiber hat in 48,11a–b hinter den Lob des in den Himmel entrückten und von dort vor dem großen Tag Jahwes zurückkehrenden Propheten Elia in 48,1–10 eine Seligpreisung derer angefügt, die ihn sehen werden und in Liebe entschlafen sind. Um keinen Zweifel daran zu lassen, daß die frommen Leser ebenfalls zu diesen Glücklichen gehören werden, heißt es in V11c: *Auch wir werden gewiß leben!* Um auch ein Beispiel aus der altlateinischen Übersetzung zu bieten, sei der Zusatz in dem Selbstlob der Weisheit hinter 24,33 mitgeteilt (Sir 24,45 L), in dem die Weisheit erklärt, daß sie auch in die Unterwelt gehen wird, um dort alle, die auf Gott hoffen, zu erleuchten:

Penetrabo inferiores partes terrae	Ich werde in die unteren Teile der Erde eindringen
et inspiciam omnes dormientes	und alle Schlafenden mustern
et illumniabo sperantes in Deo.	und die auf Gott hoffen erleuchten.

---

[55] Lies mit Bm.
[56] Vgl. dazu oben, S. 291–292.
[57] Vgl. Spr 10,7; 22,1 und Sir 15,6.
[58] Text: Name.
[59] Lies mit Bm.
[60] Text: (währt) gezählte Tage.
[61] Vgl. dazu Johannes Marböck, Gerechtigkeit, in: Jörg Jeremias, Hg., BZAW 296, 2001, S. 44–48.

Literatur

Ausgewählte Aufsätze Monographien und Sammelwerke:[62]

1. Generell: Collins, John J., Jewish Wisdom in the Hellenistic Age, Edinburg: T & T Clark 1998; *Hengel, Martin*, Judentum und Hellenismus. Studien zu ihrer Begegnung unter besonderer Berücksichtigung Palästinas bis zur Mitte des 2. Jhs. v. Chr., WUNT 10, Tübingen: J. C. B. Mohr (Paul Siebeck) 1968; 3. Aufl. 1988; *Jeremias, Jörg*, Hg., Gerechtigkeit und Leben im hellenistischen Zeitalter, BZAW 296, Berlin. New York: Walter de Gruyter 2001; *Kaiser, Kaiser, Otto*, Der Mensch unter dem Schicksal. Studien zur Geschichte, Theologie und Gegenwartsbedeutung der Weisheit, BZAW 161, Berlin. New York 1985; *ders.*, Gottes und der Menschen Weisheit. Ges. Aufsätze, BZAW 261, Berlin. New York 1998; *ders.*, Die alttestamentlichen Apokryphen. Eine Einleitung in Grundzügen, Gütersloh: Chr. Kaiser/Gütersloher Verlagshaus 2000; *ders.*, Die Bedeutung der griechischen Welt für die alttestamentliche Theologie, NAWG.PH 2000/7, Göttingen: Vandenhoeck & Ruprecht 2000.

2. Kohelet: Backhaus, Franz Josef, „Denn Zeit und Zufall trifft sie alle". Zu Komposition und Gottesbild im Buch Qohelet, BBB 83, Frankfurt am Main: Anton Hain 1993; *Braun, Rainer*, Kohelet und die frühhellenistische Popularphilosophie, BZAW 130, Berlin. New York: Walter de Gruyter 1973; *Fischer, Alexander A.*, Skepsis oder Furcht Gottes? Studien zur Komposition und Theologie des Buches Kohelet, BZAW 247, Berlin. New York: Walter de Gruyter 1997; *Fischer, Stefan*, Die Aufforderung zur Lebensfreude im Buch Kohelet und seine Rezeption der ägyptischen Harfnerlieder, Wiener Alttestamentliche Studien 2, Frankfurt am Main u. a.: Peter Lang 1999; *Forschner, Maximilian*, Über das Glück des Menschen. Aristoteles, Epikur, Stoa, Thomas von Aquin, Kant, Darmstadt: Wissenschaftliche Buchgesellschaft 1993 = 2. Aufl., 1994; *Fox, Michael V.*, A Time to Tear and a Time to Build up: A reading of Ecclesiastes, Grand Rapids, Mich./Cambridge, UK: William B. Eerdmans 1999; *Galling, Kurt*, Das Rätsel der Zeit im Urteil Kohelets (Koh 3,1–15), ZThK 58, 1961, S. 1–15; *Krüger, Thomas*, Kritische Weisheit. Studien zur weisheitlichen Traditionskritik im Alten Testament, Zürich: Pano-Verlag 1997; *Loader, J. A.*, Polar Structures in the Book of Qohelet, BZAW 152, Berlin. New York 1979; *Michel, Diethelm*, Qohelet, EdF 258, Darmstadt: Wissenschaftliche Buchgesellschaft 1988; *ders.*, Untersuchungen zur Eigenart des Buches Qohelet, BZAW 183, Berlin. New York 1989; *Müller, Hans-Peter*, Der unheimliche Gast. Zum Denken Kohelets, ZThK 84, 1982, S. 440–461; *ders.*, Das Ganze und seine Teile. Anschlußerörterungen zum Wirklichkeitsverständnis Kohelets, ZThK 97, 2000, S. 147–163; *Rose, Martin*, Rien de nouveau. Novelles approches du livre Qohéleth. Avec une bibliographie (1988–1998) élaborée par Béatrice Perregaux Allison, OBO 168, Fribourg/Suisse/Göttingen: édition Universitaires Fribourg/Suisse/Vandenhoeck & Ruprecht 1999; *Schwienhorst-Schönber-*

---

[62] Zu den allmeinen Einführungen in die alttestamentliche Weisheit vgl. auch die Literaturangaben zum Paragraphen 10.

ger, Ludger, „Nicht im Menschen gründet das Glück" (Koh 2,24). Kohelet im Spannungsfeld jüdischer Weisheit und hellenistischer Philosophie, HBS 2, Freiburg i. Br. u. a.: Herder 1994; *ders.,* Hg., Das Buch Kohelet. Studien zur Struktur, Geschichte, Rezeption und Theologie, BZAW 254, Berlin. New York: Walter de Gruyter 1997; *Schoors, Antoon,* ed., Qohelet in the Context of Wisdom, BEThL 136, Leuven: Leuven University Press/Peeters 1998; *Sekine, Seizo,* Transcendency and Symbols in the Old Testament. A Genealogy of the Hermeneutical Experiences, trl. from the Japanese by Judy Wakabayashi, BZAW 275, Berlin. New York: Walter de Gruyter 1999; *Uehlinger, Christoph,* Qohelet im Horizont mesopotamischer, levantinischer und ägyptischer Weisheitsliteratur aus der persischen und hellenistischen Zeit, in: *Schwienhorst-Schönberger,* Hg., BZAW 254, 1997, S. 155–247; Whybray, Roger N., „A Time to be Born and a Time to Die" Some Observations on Ecclesiastes 3:2–8; in: Mori, Masao, ed., Near Eastern Studies. FS H.I.H Prince Takahito Mikasa, Bulletin of the Middle Eastern Culture Center in Japan 5, Wiesbaden: Otto Harrassowitz 1991, S. 469–482; *Zimmer, Tilmann,* Zwischen Tod und Lebensglück. Eine Untersuchung zur Anthropologie Kohelets, BZAW 286, Berlin. New York: Walter de Gruyter 1999.

3. Jesus Sirach: Calduch-Benages, Nuria, En el Crisol de la Prueba. Estudio exegético de Sir 2,1–18, Asociascíon Biblica Espanõla 32, Estalla/Navarra: Editorial Verbo Divino 1997; *dies.* und *Vermeylen., Jacques,* ed., Treasures of Wisdom. Studies in Ben Sira and the Book of Wisdom. FS Maurice Gilbert, BEThL 143, Leuven: Leuven University Press/Peeters 1999; *dies.,* Un gioiello di sapienza. Leggendo Siracide 2, Cammini nello Spirito. Biblica 45: Milano. Torino: Diffusione San Paolo 2001; *Marböck, Johannes,* Weisheit im Wandel. Untersuchungen zur Weisheitstheologie Ben Siras, BBB 37, Bonn: Peter Hanstein 1971 = 2. um einen Nachtrag und eine Bibliographie verm. Aufl., BZAW 272, Berlin. New York: Walter de Gruyter 1999; *ders.,* Gottes Weisheit unter uns. Zur Theologie des Buches Sirach, hg. v. Irmtraud Fischer, HNS 6, Freiburg i. Br. u. a.: Herder 1995; *ders.*, Gerechtigkeit Gottes und Leben nach dem Sirachbuch. Ein Antwortversuch im Kontext, in: Jeremias, Jörg, Hg., Gerechtigkeit und Leben im hellenistischen Zeitalter, BZAW 296, Berlin. New York: Walter de Gruyter 2001, S. 21–52; *Middendorp, Theophil,* Die Stellung Jesus Ben Siras zwischen Judentum und Hellenismus, Leiden: E. J. Brill 1973; *Prato, Gian Luigi,* Il problema della teodicea in Ben Sira, AnBib 65, Rome: Biblical Institute Press 1975; *Schnabel, Eckhard J.,* Law and Wisdom from Ben Sira to Paul, WUNT II/16, Tübingen: J. C. B. Mohr (Paul Siebeck) 1985; *Wicke-Reuter, Ursel,* Göttliche Providenz und menschliche Verantwortung bei Ben Sira und in der Frühen Stoa, BZAW 298, Berlin. New York: Walter de Gruyter 2000; *Wischmeyer, Oda,* Die Kultur des Buches Jesus Sirach, BZNW 77, Berlin. New York: Walter de Gruyter 1995.

§ 13 Der Ausblick auf das Jüngste Gericht und ewige Leben

1. *Die Auferstehung der Toten und das jüngste Gericht in der Hebräischen Bibel.* Derartige Zusätze signalisieren, daß der für Kohelet und Ben Sira maßgebliche, auf das Leben zwischen Geburt und Tod begrenzte Horizont ihres Denkens inzwischen aufgesprengt war. In der Hebräischen Bibel finden sich für dieses vermutlich im Laufe des 3.. Jhs. v. Chr. einsetzende und sich im Verlauf des 2.. Jhs. in den Kreisen der Frommen durchsetzende neue Denken nur wenige Zeugen in Gestalt von redaktionellen Zusätzen in Ps 22,30;[1] 49,16; 73,23–26; Jes 25,8a; 26,19; 66,24; Ez 37,7a.8b–10a und Dan 12,1–3.[2] Von ihnen verkündet Jes 25,8a die Vernichtung des Todes als die große Erlösungstat Jahwes, der seine Königsherrschaft über alle Mächte der Welt angetreten (Jes 24,21–23) und die Völker zum Krönungsmahl nach Jerusalem eingeladen hat (Jes 25,6–8).[3] Bei Jes 26,19 handelt es sich um eine Verheißung der Auferweckung der Toten des wahren Israels durch Jahwe.[4] Jes 66,24 setzt bei seinen Lesern die Vorstellung als bekannt voraus, daß die ewige Strafe an den im Jüngsten Gericht Verdammten vor den Toren Jerusalems vollzogen wird. Nach 1. Hen 26,4–27,4 handelt es sich bei dem Strafort um das Tal Hinnom, in dem früher die Kinderopfer stattgefunden haben sollen (vgl. z. B. 2. Kön 23,10 und Jer 7,30–31). Bei Ez 37,7a.8b–10a handelt es sich um einen vermutlich erst aus dem 2.. Jh. v. Chr. stammenden Nachtrag, der die zugrundeliegende metaphorische Weissagung von der Heimführung der Gola in eine solche der Auferstehung der Toten verwandelt. Trotz seiner Knappheit darf die Wirkung dieses Textes nicht unterschätzt werden, weil

---

[1] Vgl. dazu oben, S. 222–223.

[2] Zu den umstrittenen Belegen gehören Ps 16,10–11 und Hiob 19,25–27a, wo sich vermutlich eine ähnliche Auseinandersetzung zwischen den Vertretern des alten und des neuen Glaubens wie in Ps 22,30–31 spiegelt. Zu Ps 16 vgl. z. B. das Urteil von Peter C. Craigie, Psalms 1–50, WBC 19, Waco/Texas: Word Books 1983, S. 158, der ihn weder als messianisch noch als eschatologisch einordnet; anders Erich Zenger, in: Frank-Lothar Hossfeld und ders., Psalmen I, NEB, Würzburg: Echter 1993, S. 112–113.

[3] Vgl. dazu oben, S. 164–165.

[4] Vgl. zu ihr ausführlich Otto Kaiser, Der Prophet Jesaja. Kapitel 13–39, ATD 18, Göttingen: Vandenhoeck & Ruprecht, 3. Aufl. 1983, S. 173–177 bzw. prägnant Peter Höffken, Das Buch Jesaja 1–39, NSK.AT 18/1, Stuttgart: Katholisches Bibelwerk 1993, S. 188, der V. 19 als Antwort auf die vorausgehende Klage versteht. Die literarische Geschlossenheit von 26,7–21 plädiert energisch Reinhard Scholl, Die Elenden in Gottes Thronrat, BZAW 274, 2000, S. 124–140, ohne mich zu überzeugen. Zur Diskussion von *tal 'ôrôt* vgl. auch Klaas Spronk, Beatific Afterlife in Ancient Israel and in the Ancient Near East, AOAT 219, 1986, S. 299 Anm. 3.

er von der Wiederbelebung der Gebeine der Toten und mithin mit einer leibhaft-fleischlichen Auferstehung der Toten rechnet.[5] Ob man Dan 12,2–3 im Licht dieses Textes lesen darf oder er sich nicht besser im Lichte der Eschatologie des 1.Henochbuches zu verstehen ist, wird sich zeigen.

2. *Das Bekenntnis zur Unzerstörbarkeit der Gottesbeziehung in Ps 73,23–26.* Auch im Blick auf Ps 49,16 und 73,23–26 sind die Stimmen geteilt. Denn beide Belege werden von den einen im Horizont der metaphorischen Rede von der Rettung aus der Unterwelt im Sinne der Bewahrung vor dem Tode[6] und von den anderen auf dem Hintergrund der Vorstellung der Entrückung der Seelen der Gerechten aus der Unterwelt in die himmlische Lichtwelt gedeutet (vgl. 1. Hen 22 mit 1. Hen 104,2).[7] Wir beschränken uns im Folgenden auf Ps 73 und ziehen zu seiner Deutung vor allem die bereits genannten Texte aus dem Wächterbuch 1. Hen 1–36 und dem Brief des Henoch in 1. Hen 92–105 heran.

Der 73. Psalm setzt mit einem Bekenntnis zur Güte Gottes gegenüber den Frommen ein und berichtet dann davon, daß der Beter durch das

---

[5] Vgl. dazu Rüdiger Barthelmus, Die Verbform *wĕqāṭl* und die Anfänge der Auferstehungshoffnung, ZAW 97, 1985, S. 366–389; Harald M. Wahl, Zur Wiederherstellung Israels nach Ez. XXXVII 1–14, VT 49, 1999, S. 218–239 und zuletzt Karl-Friedrich Pohlmann, Der Prophet Hesekiel/Ezechiel. Kapitel 20–48, ATD 22/2, 2001, S. 497. Daß der Apostel Paulus 1. Kor 15, 42–54 diese drastische Vorstellung nicht teilt, sondern mit einer Verwandlung des irdischen in einen „geistigen" oder himmlischen Leib rechnet, sei angemerkt.

[6] Vgl. z. B. Armin Schmitt, Entrückung – Aufnahme – Himmelfahrt, 2. Aufl., FzB 10, 1976, S. 212; Peter C. Craigie, WBC 19, 1983, S. 360–361; Klaus Seybold, Die Psalmen, HAT I/15, 1996, S. 203 und dagegen z. B. Charles A. Briggs und Emilie G. Briggs, The Book of Psalms I, ICC, Edinburgh: T & T Clark 1960 (ND 1969), S. 411; Rudolf Kittel, Die Psalmen, 5.–6. Aufl., KAT XIII, Leipzig: A. Deichertsche Verlagsbuchhandlung 1929, S. 182, Artur Weiser, Die Psalmen I: Psalm 1–60, ATD 14, Göttingen: Vandenhoeck & Ruprecht 1950 (1979), S. 262–263; Hans-Joachim Kraus, Psalmen I, BK.AT XV, Neukirchen-Vluyn: Neukirchener Verlag 1960, S. 367–368; ausführlich Pierre Casetti, Gibt es ein Leben vor dem Tod?, OBO 44, 1982, S. 209–231 und zuletzt Frank-Lothar Hossfeld, in: ders. und Erich Zenger, Die Psalmen I, NEB, 1993, S. 306–307.

[7] Vgl. einerseits z. B. Hermann Gunkel, Die Psalmen, HK II/2, Göttingen: Vandenhoeck & Ruprecht, 4. Aufl., 1929 = 5. Aufl. 1968, S. 319; Armin Schmitt, FzB 10, S. 307, die Frage offenlassend Seybold, HAT I/15, S. 284–285 und andererseits z. B. Briggs und Briggs, The Book of Psalms II, ICC, 1907 (ND 1969), S. 147; Kittel, KAT III, S. 247–249; Weiser, Die Psalmen II, ATD 15, S. 350; Kraus, BK.AT XV, S. 509–510 und zuletzt Erich Zenger, in: Frank-Lothar Hossfeld und ders., Psalmen 51–100, HThK.AT, Freiburg i. Br.: Herder 2000, S. 350.

Glück der Frevler derart angefochten war, daß er versucht war, es ihnen gleich zu tun (Ps 73,1–3):

> 1 *Nur gut ist Gott für den Geraden,*[8]
> *Jahwe für die, die reines Herzens sind.*
> 2 *Doch ich, beinahe strauchelten meine Füße,*
> *fast wurden zu Fall gebracht meine Schritte.*
> 3 *Denn ich war eifersüchtig auf die Prahler,*
> *als ich das Glück der Frommen sah.*

Anschließend konkretisiert der Dichter die Aussage von V. 3 und erklärt, daß die Anfechtung für ihn darin bestand, daß die Frevler ein sorgenfreies Leben führten, das im offensichtlichen Gegensatz zu ihrem gottlosen Verhalten und Reden stand. Dabei setzt der Dichter als selbstverständlich voraus, daß es genau umgekehrt gehen müßte (Ps 73,4–12):

> 4 *Denn sie haben keine Qualen,*
> *ihr Leib ist unversehrt und fett.*
> 5 *Sie kennen nicht der Menschen Mühsal,*
> *und werden nicht wie andere geplagt.*
> 6 *Daher ist Hochmut ihr Geschmeide,*
> *bedeckt Gewalttat sie als Kleid.*
> 7 *Dem Überfluß entspringt ihr Frevel,*
> *entströmen ihres Herzens Pläne.*
> 8 *Sie höhnen und reden vom Bösen,*
> *reden Schädliches von oben.*
> 9 *An den Himmel setzen sie ihren Mund*
> *und wetzen ihre Zunge an der Erde.*
> 10 *Darum sättigen sie sich an ihrem Ruf*
> *und finden an sich keinen Makel.*[9]
> 11 *Sie sagen: „Wie kann Gott (etwas) wissen*
> *und gibt es beim Höchsten Erkenntnis?"*
> 12 *Siehe, so sind die Frevler,*
> *sorglos stets mehren sie (ihre) Macht.*

In den folgenden Versen erklärt er, daß die Krise seines Glaubens dadurch verursacht wurde, daß er selbst trotz seines untadligen Lebenswandels Tag um Tag zu leiden hatte. Ob seine Leiden in inneren Kämpfen, äußeren Benachteiligungen oder Krankheit bestanden, gibt der Dichter wohl deshalb nicht preis, damit sich andere in ganz unterschiedlichen Nöten mit seinem Gebet identifizieren können. Da abschließend von keiner körper-

---

[8] Das von den Textzeugen vertretene Israel ist entweder Folge einer verkannten Worttrennung oder bewußte Korrektur, um dem speziellen Fall Allgemeingültigkeit zu geben; siehe BHS.

[9] Lies mit Hubert Irrsigler, Psalm 73 – Monolog eines Weisen, ATSAT 20, 1984, S. 26: *lākēn jiṣbĕ'û mahalām wĕmûm lō' jimṣĕ'û lāmô.*

§ 13 Der Ausblick auf das Jüngste Gericht und ewige Leben 311

lichen Heilung oder Rettung aus einer konkreten Not die Rede ist, liegt es nahe, seine sich jeden Morgen erneuernden Plagen mit Zweifeln zu identifizieren. Weiterhin erklärt er, daß er um die von ihm als Kinder Gottes bezeichneten Gesinnungsgenossen nicht in dieselbe Anfechtung zu führen, seine quälenden Gedanken in sich verschlossen habe (Ps 73,13–16):

> 13 *Ja, umsonst hielt ich rein mein Herz,*
> *wusch ich in Unschuld meine Hände.*
> 14 *Und ward doch geschlagen jeden Tag*
> *und gezüchtigt jeden Morgen.*
> 15 *Wenn ich gedacht hätte, ich wollt es erzählen,*
> *hätte ich treulos gehandelt an deinen Kindern.*
> 16 *Suchte ich es zu verstehen,*
> *wurde es zur Qual in meinen Augen.*

Aber schließlich erlöste ihn die Beobachtung, daß Gott keineswegs abgetreten war, sondern er die Frevler auf ihrer schlüpfrigen Bahn plötzlich zu Fall brachte (Ps 73,17–20):

> 17 *Bis ich auf Gottes Fallstricke sah*[10]
> *und Einsicht gewann in ihr Ende.*
> 18 *Denn du stelltest sie auf glatten Boden,*
> *ließest sie durch Täuschung fallen.*
> 19 *Wie wurden sie starr im Augenblick,*
> *hörten sie auf, endeten sie vor Schrecken –*
> 20 *Wie man einen Traum nach dem Wecken,*
> *wie man beim Erwachen sein Bild verachtet.*[11]

So lehrte ihn diese Erfahrung, daß seine Zweifel an Gottes Gerechtigkeit unbegründet waren und er sich vernunftlos wie ein Tier hingegeben hatte: Der Fall der Frevler bestätigte ihn in seinem Glauben und gab ihm neue Kraft, dem Gott treu zu bleiben, der seine Zuflucht bleibt (Ps 73,21–22.27–28):

---

[10] V. 17a „*bis daß ich eintrat in den Tempel Gottes*" ergibt im Kontext keinen vernünftigen Sinn. Die Ausleger haben sich redlich bemüht, dem Beter durch einen Tempelbesuch zur erlösenden Einsicht zu verhelfen. Aber was konnte er dort hören, was er nicht selbst längst wußte? Also hilft nur eine mutige Konjektur. Ich schlage unter weitgehender Wahrung des Konsonantenbestandes vor '*ad* '*ēd*'*āh* $m\bar{o}q\check{e}\check{s}\hat{e}$ '*ēl* zu lesen.

[11] Vgl. Ps 37,9–10.35–36, dazu oben, S. 265–267 und weiterhin z. B. Ps 1,4.6; 34,22; Spr 6,15; 29,1, Hiob 18,11; 20,5; 34,20 und als Kontrast Ps 37,25–26 und Spr 3,21–25.

> 21 *Ja, als sich mein Herz verbitterte*
> *und mich meine Nieren stachen,*
> 22 *War ich wie ein Vieh[12] und wußte nichts,*
> *war ich ein Vieh vor dir.*
> 27 *Denn die fern von dir sind, gehen zugrunde,*
> *du vernichtest jeden, der dir nicht treu ist.*
> 28 *Aber ich, deine Nähe ist für mich gut,*
> *ich mache Jahwe zu meiner Zuflucht*
> *[all deine Werke aufzuzählen].*[13]

In seiner ursprünglichen Gestalt ist Ps 73 mithin eine Lehrpsalm, der in Form eines persönlichen Bekenntnisses die Frommen dazu anleitet, sich durch die unverhüllte Gottlosigkeit der Frevler nicht anfechten zu lassen, sondern dessen gewiß zu bleiben, daß sie plötzlich ein Ende nehmen. Doch in den V. 23–26 meldet sich die Stimme eines Späteren zu Wort, der alle Anfechtungen dieser Welt überwunden hat, weil er dessen gewiß ist, daß die Gottesnähe auch den Tod überdauert, weil Gott seine Seele aus der Unterwelt in die himmlische Welt entrücken wird (Ps 73,23–26):

> 23 *Doch ich bleibe beständig bei dir,*
> *du hältst mich an meiner Rechten.*
> 24 *Du leitest mich nach deinem Rat*
> *und entrückst mich zur Herrlichkeit.*
> 25 *Wen habe ich im Himmel außer Dir?*
> *Neben dir freut mich nichts auf Erden.*
> 26 *Mag schwinden mein Fleisch und mein Herz,*
> *mein Teil ist Jahwe für immer.*

Das Schlüsselwort für unsere Deutung dieser Verse ist das Verb לָקַח (*lāqaḥ*) in V. 24b; denn es handelt sich bei ihm um den *terminus technicus* für die Entrückung eines Menschen durch Gott in seine himmlische Welt. Nach Gen 5,24b hat Gott Henoch entrückt, so daß er von der Erde verschwunden war. In 2. Kön 2,1–12 bezeichnet es die göttliche Entrückung Elias in den Himmel, und in Ps 49,16 bekennt der Beter, daß Gott seine Seele aus der Macht der Unterwelt befreien und ihn entrücken werde. Daher liegt es nahe, auch V. 24b in dem Sinne zu verstehen, daß der Beter auf die Entrückung seiner Seele durch Gott hofft. Das in V. 24 absolut stehende כָּבוֹד (*kābôd*) besitzt grundsätzlich die beiden Bedeutungen „Herrlichkeit" und „Ehre", auf Gott bezogen meint es den seine Gegenwart anzeigenden Lichtglanz.[14] Syntaktisch läßt es sich in V. 24b als adverbialer Akkusativ wie als Lokativ verste-

---

[12] Siehe BHS.
[13] V. 28b ist Zusatz der lesenden Gemeinde.
[14] Vgl. dazu GAT II, S. 191–198.

hen.[15] Mithin kann man den Halbvers mit „und entrückst mich in Herrlichkeit/Ehren" bzw. „zur Herrlichkeit/zu Ehren" übersetzen. Wie das Beispiel von Hans-Joachim Kraus zeigt, läßt auch die erste Übersetzung die Deutung zu, daß es sich um die Versetzung des Beters in den Lichtglanz der Welt Gottes handelt.[16]

3. *Die Erwartung des Jüngsten Gerichts und die Hoffnung der Gerechten auf das ewige Leben im 1. Henochbuch.* Man sollte die Erwartung nicht im Unbestimmten lassen oder auf die Erfahrung der Gegenwart Gottes in diesem Leben reduzieren und die Gewißheit der beständigen Gegenwart Gottes als Verlängerung einer mystischen Erfahrung des Beters bei seinem (von uns als Folge eines Textfehlers betrachteten) Tempelbesuch betrachten. Dem Schriftgelehrten, der die V. 24–26 eingefügt hat, ging es dabei um eine präzisierende Auslegung des Bekenntnisses in V. 28a, daß die Nähe Gottes heilvoll für den Beter ist. Dabei gibt V. 26 eindeutig zu erkennen, daß sich die in V. 24b bekannte Gottesnähe über die Todesgrenze hinaus erstreckt. Außerdem relativiert sie in V. 25 alle irdischen Möglichkeiten. Das entspricht gewiß der Erfahrung aller, die das übersinnliche Licht Gottes geschaut haben, entbindet uns aber nicht von der Pflicht, uns nach einem angemessenen religionsgeschichtlichen Hintergrund für die in V. 24b enthaltene Erwartung umzusehen. Beziehen wir Ps 49,16 mit in die Untersuchung ein, so erfolgt die Erlösung in einem Zweischritt, nämlich erstens in der Befreiung der Seele aus der Unterwelt und zweitens in ihrer Versetzung in die Lichtwelt Gottes.

1. Hen 22 zeigt, daß sich im Kreise der Verfasser des aus dem 3.. Jh. v. Chr. stammenden Wächterbuches 1. Hen 1–36 die traditionelle Vorstellung von der Unterwelt gewandelt hatte.[17] Sie wurde nicht mehr von dem personifizierten und als „König der Schrecken" bezeichneten Tod beherrscht (Hiob 18,14), sondern war zu dem von Gott bestimmten Versammlungsort aller Seelen der Menschen bestimmt, die hier auf den großen Gerichtstag warten sollten (1. Hen 22,3–4). Sie bestand auch nicht mehr aus einer einzigen unterirdischen Zisterne von gewaltiger Größe,

---

[15] Zu den Problemen, die der Vers dem Übersetzer und Ausleger bietet, vgl. auch Erich Zenger, in: Frank-Lothar Hossfeld und ders., Psalmen 51–100, HThK.AT, 2000, S. 350–351.

[16] Hans-Joachim Kraus, Theologie der Psalmen, BK.AT XV/3, 1979, S. 219. Anders z. B. Marvin E. Tate, Psalms 51–100, WBC 20, Waco/Texas: Word Books 1990, S. 230 und S. 236.

[17] Vgl. zu ihm Florentino Garcia Martínez, Qumran and Apocalyptic, StTDJ 9, 1992, S. 60–72 und John J. Collins, The Apocalyptic Imagination, 2nd ed. 1998, S. 47–59.

sondern aus drei voneinander getrennten Höhlen.[18] Von ihnen ist eine hell erleuchtet und mit einer Quelle versehen, während die beiden anderen dunkel sind. Die erste ist für die Seelen der Gerechten, die zweite für die Seelen der Sünder und die dritte für die Seelen der Sündergenossen bestimmt. An dem großen Gerichtstag werden die Seelen der Gerechten und die Seelen der zu ihren Lebzeiten noch nicht bestraften Sünder vor dem göttlichen Tribunal erscheinen, während die der Sündergenossen weder einem Läuterungsgericht noch weiteren Strafen unterzogen werden (1. Hen 22):[19]

---

[18] Im Endtext ist eine vierte Höhle für die Seelen der Klagenden und d. h. aller, die seit den Tagen Abels unschuldig ermordet worden sind, nachgetragen.
[19] Übersetzung Marie-Theres Wacker, Weltordnung und Gericht, FzB 45, 1982, S. 95–96. Der Text enthält eine ganze Reihe von Problemen. So ist im überlieferten Text in Z. 2 von vier Höhlen, drei dunklen und einer hellen, in Z. 9 aber nur von dreien die Rede. Hält man die Dreizahl für ursprünglich, so sind die Aussagen über Abel und die Klagenden in den Z. 5–7 und 12 sekundär und müssen die Zahlen in Z. 2 wie oben geschehen je um eins reduziert werden. Dafür spricht, daß die Geister der Klagenden, deren Prototyp Abel ist, aus den drei grundsätzlichen Kategorien der Gerechten, der Sünder und der Sündergenossen herausfallen und ihre Einschließung in eine dunkle Höhle ihrem Schicksal nicht angemessen erscheint; denn ihre Klage dient dazu, Gott an das fällige Gericht über ihre Mörder zu erinnern, die man gegebenenfalls unter den Sündern zu suchen hat. Bei einer konsequenten Einteilung hätte er bei ihnen zwischen solchen unterschieden werden müssen, die ihre Strafe zu Lebzeiten bereits erhalten haben, und solchen, deren Bestrafung noch aussteht. Unter dieser Voraussetzung wäre die Vierzahl der Höhlen gerechtfertigt. Aber V. 12 reklamiert ausdrücklich eine der Höhlen für die Klagenden, während von den bereits Gerichteten nicht die Rede ist. Der Text ist mithin so oder so unausgeglichen, was vermutlich auf seine etappenweise Entstehung und mindestens zweifache Erweiterung zurückzuführen ist. Dabei könnte der Grundtext mit Wacker, S. 128–131 in Z. 1–4 vorliegen. Anschließend dürften die Z. 8–11 + 13–14 und schließlich die Z. 5–7 + 12 eingefügt worden sein, wobei der Abel-Redaktor die Zahlen in Z. 2 von drei auf vier und von zwei auf drei erhöht haben dürfte. Daß er dabei nicht konsequent verfahren ist, sondern die drei in Z. 9 stehen ließ, spricht m. E. nicht gegen diese Hypothese, da derartige Inkonsequenzen auch sonst zu beobachten sind. Seiner Eigenart nach handelt es sich mit Wacker, S. 211–219 bei der ganzen Konzeption um eine Synthese der alttestamentlich-vorderasiatischen Unterweltsvorstellung mit den Jenseitsmythen der griechischen Mysterien, wie sie uns vor allem im Spiegel der platonischen Mythen überliefert worden sind. Daß Platon im Schlußmythos des Phaidon die Totenseelen in vier Kategorien einteilt, nämlich in die weder Guten noch Schlechten, die heilbaren und die unheilbaren Frevler und die Guten, sei angemerkt. Das Ethos der platonischen *paideia* zeigt sich darin, daß selbst den unheilbaren Frevlern die Befreiung aus dem Tartaros möglich ist, wenn ihnen ihre Opfer vergeben Die weder Guten

§ 13 Der Ausblick auf das Jüngste Gericht und ewige Leben   315

1 *„Und von dort ‚wurde ich' zu einem anderen Ort ‚getragen', und ‚man zeigte mir' im Westen einen großen und hohen Berg aus hartem Fels 2 und <drei> ausgehöhlte Stellen (waren) darin, tief und sehr glatt; <zwei> von ihnen dunkel und eine licht, und eine Wasserquelle durch seine Mitte hin. Da sagte ich: Wie glatt sind diese Höhlungen und tief und dunkel anzusehen! 3 Da antwortete mir Rafael, einer der ‚Wächter und Heiligen', der bei mir war, und sagte zu mir: Diese ausgehöhlten Stellen (sind dazu da), daß in ihnen die Seelengeister der Toten versammelt werden. Eben dazu sind sie gemacht, hier die Seelen aller Menschenkinder zu versammeln. 4 Und siehe, dieses sind die Gruben zu ihrem Gefängnis. So sind sie gemacht – bis zum Tag, an dem sie gerichtet werden, und bis zur Zeit des Endtages des großen Gerichts, das über sie stattfinden wird* [5 Dort sah ich den Geist eines toten Menschen klagen, und seine Rede stieg zum Himmel auf, und er schrie und klagte. 6 Da fragte ich Rafael, den Wächter und Heiligen, der bei mir war, und sagte zu ihm: Dieser klagende Geist – von wem ist er, daß so seine Rede zum Himmel aufsteigt und (er) klagt? 7 Und er antwortete mir, indem er sagte: Dieser Geist ist der, der aus Abel, den sein Bruder Kain ermordete, herausging. Und er selbst klagt um seinetwillen, bis daß sein Same vom Angesicht der Erde untergegangen und unter dem Samen der Menschen sein Same ausgerottet ist.]
8 Dann fragte ich nach all den Höhlungen ‚und sagte': Warum sind sie eine von der anderen abgetrennt? 9 Da antwortete er mir und sagte: Diese drei sind gemacht, um die Geister der Toten abzutrennen. Und diese ist abgetrennt für die Geister der Gerechten, in der die Wasserquelle hell (ist). 10 Und diese ist gemacht für die ‚Geister' der Sünder, wenn sie sterben und in der Erde begraben werden und ein Gericht über sie in ihrem Leben nicht stattgefunden hat. 11 Hier sind ihre Geister abgetrennt für diese große Folter bis zum großen Tag des Gerichts der Schläge und Folter für die in Ewigkeit Verfluchten, ‚zur' Vergeltung für ihre Geister. Dort wird ‚man' sie in Ewigkeit binden!" [12 Und diese ist für die Geister der Klagenden, die Enthüllungen machen über ihren Untergang, wenn sie ermordet werden in den Tagen der Sünder.] *13 Und diese ist für die Geister der Menschen gemacht, welche nicht fromm, sondern Sünder sein werden, die gottlos und mit den Gesetzlosen mitschuldig sein werden. Diesen Geistern aber* [weil die hienieden Bedrückten weniger bestraft werden] *geschieht kein Unheil am Tag des Gerichts, aber sie werden sich auch nicht von hier erheben. 14 Darauf pries ich den Herrn der Herrlichkeit und sagte: Gepriesen sei der Richter der Gerechtigkeit* [und gepriesen sei der Herr der Herrlichkeit und Gerechtigkeit], *der herrscht über die Welt.*

---

noch Schlechten werden einem kürzeren, die heilbaren Frevler einem längeren Läuterungsprozeß unterzogen, während die Guten sogleich in die reine Erde, die Entsprechung zum Elysium, versetzt werden; vgl. dazu auch Otto Kaiser, Der Mythos als Grenzaussage, in: Jörg Jeremias, Hg., Gerechtigkeit, BZAW 296, 2001, S. 87–116, bes. S. 110–111.

Nach 1. Hen 26,4–27,5 werden die in Ewigkeit verfluchten Sünder im Tal Hinnom versammelt, um in ihren Martern zu einem ewigen Schauspiel der Gerechtigkeit des göttlichen Gerichts für die Frommen zu dienen (vgl. 1. Hen 27,3 mit Jes 66,24). Auch in dem Brief Henochs in 1. Hen 92–105[20] überwiegt das Interesse an dem unterschiedlichen künftigen Los der Seelen der Gerechten und der Gottlosen.[21] Da im mythischen Denken enge und dunkle Täler und Höhlen die Unterwelt repräsentieren können, muß zwischen beiden Vorstellungen keine unüberbrückbare Differenz bestehen, so daß sich die Ankündigung in 1. Hen 103,5–8, daß die Seelen der im Glück gestorbenen Sünder nach dem Gericht in die Unterwelt zu ewigen Martern zurückkehren werden, mit der von 1. Hen 26–27 als verträglich erweist. Den Gerechten aber wird verheißen, daß sie dem großen Gerichtstag getrost entgegensehen können, weil ihre Namen im Himmel aufgeschrieben sind und sie in Lichtgestalt in die göttliche Welt versetzt werden (1. Hen 104,1–2):[22]

> 1 *Ich schwöre euch, daß die Engel im Himmel euer zum Guten gedenken werden vor der Herrlichkeit des Großen.*[23] 2 *Hofft, denn zuerst (hattet) ihr Schmach durch Unglück und Not; aber jetzt werdet ihr leuchten wie das Licht des Himmels, ihr werdet leuchten und werdet scheinen, und das Tor des Himmels wird für euch geöffnet sein.*

4. *Die Botschaft von Dan 12,1–3*. Auf dem Hintergrund dieser mythischen Szenerie lassen sich auch die Aussagen über die Auferstehung der Toten in Dan 12,1–3 mühelos erklären. V. 1a kündigt in knappester Form den zu erwartenden Endkampf an, der alles übertreffen wird, was sich in der Menschheitsgeschichte seit den Tagen der Flut ereignet hat. Doch als Vorkämpfer Israels wird der Erzengel Michael antreten und mit seinen himmlischen Heerscharen (vgl. Dan 7,22) die Mächte der Finsternis besiegen,[24] als deren Repräsentant in Dan 7,24–25 und 11,36–45 der Seleukide Antiochos IV. Epiphanes gilt. In V. 1b wird nicht minder gedrängt an das darauf folgende Jüngste Gericht erinnert, in dem die Frommen Israels gerettet werden, weil ihre Namen im Himmelsbuch

---

[20] Vgl. zu ihm Florentino Garcia Martínez, Qumran and Apocalyptic, StTDJ 9, 1992, S. 79–96 und John J. Collins, Apocalyptic Imagination, 2nd ed. 1998, S. 66–67.
[21] Vgl. auch 1. Hen 103,1–4 und zur Sache George W. E. Nickelsburg, Resurrection, Immortality, and Eternal Life, HThSt 26, 1972, S. 112–130.
[22] Übersetzung von Siegbert Uhlig, Das Äthiopische Henochbuch, JSHRZ V/6, Gütersloh: Gütersloher Verlagshaus Gerd Mohn 1984, S. 739.
[23] D. h.: vor der Herrlichkeit Gottes.
[24] Vgl. dazu oben, S. 227.

verzeichnet sind.[25] Setzen wir eine Dreiteilung der Totengeister im Sinne von 1. Hen 22* voraus, erklärt es sich, warum nach V. 2 viele, aber nicht alle Toten erwachen werden; denn die Sündergenossen bleiben in der Unterwelt. Zum ewigen Leben erheben sich die Frommen, zur Schmach und ewigen Schande die Sünder. Die מַשְׂכִּילִים (*maśkîlîm*), die Lehrer der Frommen,[26] gehören natürlich zu denen, die zum ewigen Leben auferstehen und eine besondere Ehrenstellung erhalten: Sie sollen wie das himmlische Firmament und wie die Sterne leuchten, weil sie vielen zur Gerechtigkeit verholfen haben, indem sie ihnen halfen, die Anfechtungen der Endzeit zu bestehen.[27] Zieht man 1. Hen 104,1–2 mit zu Rate, so handelt es sich bei der hier angekündigten Auferstehung um die der Seelen der Gerechten. Bei den Sündern verbleibt im Rahmen unseres heutigen Denkens eine Diskrepanz zwischen der Vorstellung von der Zitation ihrer Seelen zum Gericht und ihrer körperlichen Bestrafung. Daß sie für die Alten nicht bestand, zeigt 1. Hen 103,7, wo den Sündern vorausgesagt wird, daß ihre Seelen in der Unterwelt gepeinigt werden. Es ist daher nicht erforderlich, V. 2 als Zeugnis für den Glauben an die Auferstehung des Fleisches zu lesen (Dan 12,1–3):

1 Und in jener Zeit wird auftreten Michael, der große Fürst, der für die Kinder deines Volkes eintritt, und es wird eine Notzeit sein, wie es keine gegeben hat, seit es Völker gibt bis auf jene Zeit. Und in jener Zeit wird dein Volk gerettet werden, jeder der im Buch aufgezeichnet gefunden wird.
2 Dann werden viele von denen, die im Staub der Erde schlafen, erwachen, die einen zum ewigen Leben, und die anderen zur Schmach und ewigen Schande.
3 Aber die Unterweiser werden leuchten wie der Glanz des Firmaments und die vielen zur Gerechtigkeit verholfen haben, wie die Sterne für immer und ewig.

5. *Das Bekenntnis zu Gottes Barmherzigkeit und Gerechtigkeit in den Psalmen Salomos.*[28] Dem aufgeklärten Leser dürfte in der Regel bei knappen Bekenntnissen und Prophezeiungen der Unzerstörbarkeit der Gottesbeziehung im Tode wohler als bei mythischen Jenseitsgeographien sein, die dem Bedürfnis entstammen, den Postulaten der praktischen Vernunft eine anschauliche Gestalt zu geben. Darin zeigt sich, daß unser Verhältnis

---

[25] Vgl. zu ihm Martin Hengel, Judentum und Hellenismus, WUNT 10, S. 366–367.
[26] Vgl. 1QS XI,12.
[27] Zur Frage, ob die Aussage real oder metaphorisch zu verstehen ist, vgl. John E. Goldongday. Daniel, WBC 30, Waco/Texas: Word Books1989, S. 308, der sich unter Berufung auf Dan 8,10 für das realistische Verständnis ausspricht.
[28] Grundinformationen bei Kaiser, Apokryphen, 2000, S. 72–78.

zum Mythos anders als das der Alten ein gebrochenes ist und wir uns der Tatsache bewußt sind, daß unsere Sprache und unsere Vorstellungen an die Erfahrungen der raum-zeitlichen Welt gebunden sind. Wir können sie nicht transzendieren und von der jenseitigen Welt allenfalls in Analogien reden. Dieser Einsicht kommen die knappen Bekenntnisse der Psalmen Salomos und die theologischen Reflexionen und Feststellungen der Weisheit Salomos eher entgegen als die henochitische Apokalyptik, die in beider Hintergrund steht.

Wir müssen es uns im vorliegenden Zusammenhang versagen, ausführlicher auf die Bekenntnisse zur Gerechtigkeit Gottes in den Psalmen Salomos und die hinter ihnen stehende Absetzung der hasmonäischen Dynastie und den schmachvollen Tod Pompejus des Großen einzugehen, der im Jahre 63 v. Chr. Jerusalem erobert und das Allerheiligste des Tempel betreten hatte.[29] Im Rückblick auf beide Ereignisse und im Ausblick auf das Endgericht ruft ihr Dichter die Frommen zu folgendem Lobpreis auf (PsSal 2,33–37):[30]

> 33 *Preiset Gott, ihr, die ihr den Herrn mit Einsicht fürchtet,*
>   *denn denen, die ihn fürchten, ist der Herr barmherzig im Gericht,*
> 34 *daß er trenne zwischen dem Gerechten und dem Sünder,*
>   *indem er den Sündern in Ewigkeit vergilt nach ihren Taten,*
> 35 *und sich des Gerechten erbarmt, weg von der Bedrückung*
>   *durch die Sünder,*
>   *und dem Sünder vergilt, was er dem Gerechten getan hat.*
> 36 *Denn der Herr ist denen gütig, die ihn beständig anrufen,*
>   *daß er nach seiner Barmherzigkeit an seinen Frommen handle,*
>   *daß sie ewig vor ihm in Kraft stehen können.*
> 37 *Gelobt sei der Herr in Ewigkeit von seinen Knechten.*

Als weiteres Beispiel sei PsSal 3 mitgeteilt, in dem der Dichter nach einer hymnischen Einleitung, in der er sich selbst und die Gemeinde zum Gotteslob ermuntert, das Wesen und zukünftige Ergehen der Gerechten dem Sünder gegenüberstellt.[31] Dabei entwirft er in den V. 3–8 ein Bild von dem Gerechten als einem Mann, der Gott in allen Lebenslagen preist, seine Züchtigungen und Niederlagen in der Hoffnung auf seine künftige Rettung annimmt und dafür sorgt, daß in seinem ganzen Hause keine Sünde begangen wird. Wird trotzdem wissentlich oder unwissentlich eines der Gebote Gottes übertreten, so sorgt er für Sühnung und fastet und betet. Man geht kaum fehl, wenn man in diesen Versen das Frömmigkeitsideal der Pharisäer wie-

---

[29] Vgl. PsSal 2,2–13.25–29; 8,15–22 und 17,5–20.
[30] Übersetzung Svend Holm-Nielsen, Die Psalmen Salomos, JSHRZ IV/2, Gütersloh: Gütersloher Verlagshaus Gerd Mohn 1977, S. 67.
[31] Vgl. auch PsSal 14.

§ 13 Der Ausblick auf das Jüngste Gericht und ewige Leben 319

derfindet.³² Den Sünder zeichnet er dagegen in den V. 9–10 mit wenigen Strichen als einen unbeherrschten Mann, der das Mißlingen seiner Pläne mit einem Fluch quittiert und Sünde auf Sünde häuft. In den V. 11–12 zieht er die Summe, indem er dem ewigen Untergang des Sünders die Auferstehung der Gottesfürchtigen zum ewigen Leben gegenüberstellt (PsSal 3):³³

> 1 *Warum schläfst du, (meine) Seele, und lobst den Herrn nicht?*
>   *Singt ein neues Lied für Gott, den Hochgelobten!*
> 2 *Singe und sei wach mit Wachheit vor ihm,*
>   *denn gut ist vor Gott ein Psalm aus gutem Herzen.*
> 3 *Gerechte gedenken stets des Herrn*
>   *in Dankbarkeit und Rechtfertigung der Gerichte des Herrn.*
> 4 *Der Gerechte achtet es gering, wenn er vom Herrn gezüchtigt wird,*
>   *er ist stets wohlwollend dem Herrn gegenüber.*
> 5 *Strauchelt der Gerechte, preist er gerecht den Herrn;*
>   *fällt er, sieht er dem entgegen, was Gott ihm tun wird;*
>   *er richtet den Blick dorthin, woher seine Rettung kommt.*
> 6 *Die Sicherheit der Gerechten (ist) von Gott, ihrem Retter,*
>   *im Haus des Gerechten wohnt nicht Sünde auf Sünde;*
> 7 *der Gerechte führt stets Aufsicht über sein Haus,*
>   *um Unrecht zu tilgen, (das) durch Übertretung (geschehen);*
> 8 *er sühnt unwissentliche Sünde durch Fasten und demütigt seine Seele,*³⁴
>   *und der Herr reinigt jeden frommen Mann und sein Haus.*
>
> 9 *Vergeht sich der Sünder, verflucht er sein Leben,*
>   *den Tag seiner Geburt und der Mutter Wehen.*
> 10 *Sünde häuft er auf Sünde in seinem Leben,*
>   *er fällt, ja, furchtbar ist sein Fall, und er steht nicht wieder auf.*
>
> 11 *Der Untergang des Sünders ist auf ewig,*
>   *und seiner wird nicht gedacht, wenn er*³⁵ *sich des Gerechten annimmt.*
> 12 *Das ist das Los der Sünder in Ewigkeit;*
>   *die Gottesfürchtigen aber stehen auf zu ewigem Leben,*
>   *und ihr Leben (ist) im Licht des Herrn, und es hört nie mehr auf.*³⁶

Der pharisäische Fromme beläßt es bei dieser suggestiv knappen Weissagung des ewigen Lebens im Lichte des Herrn. Wo er die Vorstellung vom Paradies und dem Baum des Lebens aufgreift,³⁷ da dienen sie ihm als Metaphern für das künftige Heil der Frommen (PsSal 14,3–5):³⁸

---

³² Vgl. dazu Joachim Schüpphaus, Psalmen Salomos, S. 127–137.
³³ Übersetzung Holm-Nielsen, S. 67–69.
³⁴ Vgl. Hiob 1,5.
³⁵ Nämlich Gott.
³⁶ Vgl. PsSal 13,11.
³⁷ Vgl. 1.Hen 24,5–25,7.
³⁸ Übersetzung Holm-Nielsen, S. 91.

3 *Die Frommen des Herrn werden durch das (Gesetz) ewig leben,*
   der Lustgarten des Herrn, die Bäume des Lebens (sind) seine Frommen.
4 *Ihre Pflanzung ist verwurzelt für die Ewigkeit,*
   sie werden nicht ausgerissen alle Tage des Himmels;
5 *denn Gottes Teil und Erbe ist Israel.*

6. *Die Theologie der Unsterblichkeit in der Weisheit Salomos.* [39] Die Weisheit Salomos setzt bei ihren Lesern die Kenntnis der im Wächterbuch und im Brief Henochs vertretenen eschatologischen Vorstellungen ebenso voraus wie die der Hebräischen Bibel. Daher braucht sie beide ihren Lesern nicht vorzustellen, sondern kann sich darauf beschränken, sich ihrer in der Frontstellung gegen einen skeptischen Hedonismus argumentativ zu bedienen. Entsprechend führt sie auch ihre Beweise für die Bestimmung des Menschen zur Unsterblichkeit und die Existenz des biblischen Schöpfergottes nicht im Dienst abstrakter Überlegungen, sondern in dem des konkreten jüdischen Glaubens an den einen Gott, der Israel als sein Volk erwählt, aus Ägypten herausgeführt und ihm die Tora als Lebensordnung gegeben hat. Da ihr Verfasser auf der Höhe der hellenistischen Bildung seiner Zeit steht und über alle Stilmittel ihrer Hochsprache verfügt, geschieht das mit einer Sprachkunst und einem reflektierten Spiel mit den aus der Tradition entlehnten Motiven, die in der ganzen Bibel ihresgleichen suchen.[40]

Das Buch gliedert sich in drei Teile: Im ersten, von 1,1–6,21 reichenden handelt er vom Schicksal der Gerechten und der Gottlosen. Der zweite, der 6,22–11,4 umfaßt, ist eine Empfehlung der von Gott verliehenen Weisheit als des Spiegels seines Wesens und seiner Güte wie als Vermittlerin alles Wissens (6,22–9,19). Zur Unterstreichung ihrer Bedeutung schließt dieser Teil mit sieben Beispielen aus der biblischen Geschichte, in denen ein oder mehrere Gerechte einem oder mehreren Frevlern gegenübergestellt werden. Im abschließenden dritten Teil 11,5–19,22 wird in sieben Synkrisen oder Vergleichen Gottes Strafhandeln an Israels Feinden seinem Rettungshandeln an Israel gegenübergestellt und damit ebenso ein Beispiel für die von der Weisheit inspirierte Schriftauslegung wie für die Treue Gottes gegenüber seinem Volk gegeben.[41]

---

[39] Grundinformation bei Kaiser, Apokryphen, 2000, S. 91–106.

[40] Vgl. dazu Chrysostome Larcher, Études sur le Livre da la Sagesse, EtB, 1969, S. 181–201; James M. Reese, Hellenistic Influence on the Wisdom and Its Consequences, AnBib 41, 1979, S. 1–89 und Martina Kepper, Hellenistische Bildung im Buch der Weisheit, BZAW 280, 1999, S. 196–204 und passim.

[41] Vgl. dazu Samuel Cheon, The Exodus Story in the Wisdom of Solomon, JSP.S 23, 1997, bes. S. 108–124.

§ 13 Der Ausblick auf das Jüngste Gericht und ewige Leben   321

In diesen Schlußteil sind in 11,15–12,27 und 13,1–15,19 je eine Diatribe oder popularphilosophische Lehrrede eingeschaltet. Die erste handelt von dem Strafhandeln Gottes und dient dem Nachweis der dem Lenker des Alls angemessenen Gerechtigkeit (12,13) und seiner φιλανθρωπία, seiner Philanthropie oder Menschenliebe (12,19).Die zweite Einschaltung ist gegen den Götzendienst gerichtet. Sie wird in 13,1–9 durch eine philosophische Begründung des Ersten Gebots eröffnet, die den Nachweis, daß die Heiden Schöpfer und Geschöpf verwechseln, mittels des analogen Rückschlusses von der Größe und Schönheit der Welt auf ihren Schöpfer und also mittels des sogenannten physikoteleologischen Gottesbeweises führt.[42]

Im vorliegenden Zusammenhang ist der erste Teil mit seiner Gegenüberstellung der Gottlosen und der Gerechten von besonderer Bedeutung; denn in ihm vertritt der Weise denkend seinen Glauben an die den Gerechten von Gott geschenkte Unsterblichkeit. Die Eigenart und Frontstellung dieses Teils erschließt sich uns, wenn wir ihrem Argumentationsgang in den ersten vier Kapiteln folgen.[43] Die einleitende Mahnrede 1,1–15 ist zumal in den ersten sechs Versen von außerordentlicher theologischer Dichte. Formal ist sie wie die ganze Schrift an die Richter bzw. Könige der Erde gerichtet (vgl. 1,1 mit 6,1). Ihrem Inhalt nach wendet sie sich jedoch vor allem an Juden, die sie dazu anleiten will, sich durch das selbstsichere und tyrannische Gebaren der Gottlosen nicht in ihrer Gesetzestreue beirren zu lassen, sondern den sie erwartenden herrlichen Lohn der Unsterblichkeit als Ziel ihres Lebens im Auge zu behalten. Gleichzeitig geht es ihrem Verfasser um den Nachweis, daß die vollkommene Weisheit darin besteht,

---

[42] Vgl. die Übersetzung GAT II, S. 273 und zur Sache jetzt auch Martina Kepper, Hellenistische Bildung, S. 147–195. Von dem physikoteleologischen Beweis als solchem hat Immanuel Kant, Kritik der reinen Vernunft, A 623/B 651, hg. Raymund Schmidt, PhB 37a, Hamburg: Felix Meiner (2. Aufl. 1930) ND 1956, S. 590.33–36 bekanntlich gesagt, daß er als der „älteste, klarste und der gemeinen Vernunft angemessene" „jederzeit mit Achtung genannt zu werden" verdiene, obwohl er ihn nicht für stringent hielt; zu den Gottesbeweisen überhaupt vgl. Paul Tillich, Systematische Theologie I/II, (1958), 8. Aufl., Berlin. New York: Walter de Gruyter ND 1987, S. 238–245 und bes. S. 244–245 und ausführlich B. Richard Swinburne, The Existence of God, Oxford: Clarendon Press 1979; deutsch: ders., Die Existenz Gottes, Stuttgart: Philipp Reclam Jun. 1987, und zum physikoteleologischen Argument bes. S. 133–151 bzw. S. 175–201.

[43] Vgl. dazu Chrysostome Larcher, Études sur le Livre de la Sagesse, EtB, 1969, S. 280 284; James M. Reese, Hellenistic Influence on the Book of Wisdom and Its Consequences, AnBib 41, 1970, S. 62–71 und Martin Neher, Der Weg zur Unsterblichkeit in der Sapientia Salomonis, in: Gregor Ahn/Manfried Dietrich, Hg., Engel und Dämonen, FARG 29, Münster: Ugarit-Verlag 1997, S. 121–136.

§ 13 Der Ausblick auf das Jüngste Gericht und ewige Leben

Gott zu lieben und seine Gebote zu halten und dadurch der Unvergänglichkeit teilhaftig zu werden (6,12–19). Da der jüdische Denker die Weisheit in Anknüpfung an Spr 1,20–32; 8–9 und Sir 4,12–22; 24;1–31 als Person einführt,[44] ist er schon in den ersten sechs Versen darauf bedacht, deutlich zu machen, daß sie keine selbständige, mit Gott konkurrierende Gestalt ist, sondern eine Gabe Gottes und ihr Wirken sein Wirken. Bringt man das in ihnen Gesagte auf eine einfache Formel, so besagen sie, daß wer aufrichtigen Herzens Gott sucht, ihn findet, und der Frevler töricht ist, weil er die Strafe Gottes auf sich lenkt (Weish 1,1–6):[45]

1 *Liebt die Gerechtigkeit, die ihr die Erde richtet,*
 bemüht euch um des Herrn Gunst durch Rechtschaffenheit
 und sucht ihn mit einfältigem Herzen.
2 *Denn er läßt sich von denen finden, die ihn nicht versuchen,*
 und zeigt sich denen, die ihm nicht mißtrauen.
3 *Denn falsches Denken trennt von Gott,*
 Wird die Macht herausgefordert, straft sie die Toren.
4 *Denn in eine unheilstiftende Seele kehrt die Weisheit nicht ein,*
 und in einem sündenbeladenen Leib wohnt sie nicht.
5 *Denn der Heilige Geist der Zucht flieht die Tücke,*
 und hält sich von törichten Gedanken fern
 und wird geschmäht, wenn Unrecht naht.
6 *Denn die Weisheit ist ein Geist, der Menschen liebt,*
 aber wer mit seinen Lippen lästert, den läßt sie nicht straflos;
 denn Gott ist der Zeuge seiner Nieren[46]
 und wahrhafter Aufseher seines Herzens.

Damit ist der Übergang zu der konkreten Mahnung erreicht, sich nicht einmal mit Worten oder in Gedanken gegen Gott zu vergehen. Denn er, dessen Geist die ganze Erde erfüllt, nimmt alles wahr, was auf Erden geschieht, und überdies ist er der Richter, der jeden Sünder bestraft. Die V. 8–9 spielen auf das Endgericht an, in dem die Bücher aufgeschlagen werden, in denen die Taten der Menschen verzeichnet sind.[47] Dabei fun-

---

[44] Vgl. dazu Roland E. Murphey, The Personification of Wisdom, in: John Day u. a., eds., Wisdom in Ancient Israel. FS J. A. Emerton, Cambridge, UK: Cambridge University Press 1995, S. 222–233 bzw. ders., The Tree of Life, 2nd ed. 1996, S. 151–180 und S. 227–229.
[45] Vgl. dazu künftig Martin Neher, Wesen und Wirken der Weisheit in der Sapientia Salomonis, BZAW 2003.
[46] D. h. seiner heimlichen Gedanken.
[47] Vgl. Dan 7,9–10 und weiterhin z. B. 1. Hen 89,61–64; 90,17.20; 97,6; 98,7 und 104,7; weitere Belege bei Wilhelm Bousset, hg. Hugo Greßmann, Die Religion des Judentums im späthellenistischen Zeitalter, HNT 21, 3. Aufl, 1926, S. 258.

§ 13 Der Ausblick auf das Jüngste Gericht und ewige Leben 323

giert das poetisch personifizierte Recht wie die griechische Dike[48] als Anklägerin (Weish 1,7–10):

> 7 *Denn der Geist des Herrn erfüllt den Erdkreis*
> *und das allumfassende Wesen kennt jeden Laut.*
> 8 *Daher bleibt niemand, der Unrechtes äußert, verborgen,*
> *und geht das Recht, das ihn überführt, nicht an ihm vorbei.*
> 9 *Denn über Anschläge der Gottlosen wird eine Untersuchung stattfinden,*
> *und die Kunde seiner Worte wird zum Herrn gelangen,*
> *um ihn seiner Gesetzlosigkeit zu überführen.*
> 10 *Denn das Ohr des Eiferers hört alles,*
> *und das Flüstern des Murrens bleibt nicht verborgen.*
> 11 *Hütet euch daher vor nutzlosem Murren*
> *und bewahrt die Zunge vor Nachrede,*
> *denn heimliches Gerede bleibt nicht unbestraft,*
> *ein verlogener Mund vernichtet die Seele.*

Der grundlegende Irrtum der Gottlosen besteht darin, daß sie einerseits die Verantwortlichkeit ihres Tuns vor Gott leugnen und andererseits den Tod für ihr absolutes Ende halten. Erst dadurch beschwören sie ihn tatsächlich über sich herauf. In Wahrheit ist der Tod von Gott weder erschaffen noch von ihm gewollt, sondern erst durch den Neid des Satans in die Welt gekommen. Gott hat all seine Geschöpfe zum Sein bestimmt. Wären sie gerecht, so wären sie unsterblich. Mithin ziehen sich die Menschen ihren Tod durch ihre Ungerechtigkeit zu (Weish 1,12–16):

> 12 *Hofiert den Tod nicht durch eurer irrendes Leben,*
> *und zieht das Verderben nicht durch das Tun eurer Hände herbei.*
> 13 *Denn der Gott hat den Tod nicht gemacht*
> *noch hat er seine Freude am Untergang der Lebenden.*
> 14 *Denn er hat das All zum Sein erschaffen,*
> *und alles Geschaffene der Welt ist erhaltend,*[49]
> *und unter ihnen gibt es kein tödliches Gift,*
> *noch (erstreckt sich) das Reich des Hades über die Erde.*
> 15 *Denn die Gerechtigkeit ist unsterblich;*
> *aber die Ungerechtigkeit führt zum Tode.*[50]

---

[48] Vgl. Plat.Leg.716a mit 717d, vgl. Hes. erg. 258–260.

[49] Zur Übersetzung von σωτήριος vgl. David Winston, The Wisdom of Solomon, AncB 43, New York: Doubleday 1979, S. 108–109.

[50] Füge 15c nach La^{pc} hinzu: *iniustitia autem mortis est acquisitio*, vgl. Josef Ziegler, Sapientia Salomonis, Vetus Testamentum Graece XII/1, 2. Aufl.,Göttingen: Vandenhoeck & Ruprecht 1980, S. 24; zur Diskussion des Verses vgl. Michael Kolarcik, The Ambiguity of Death in the Book of Wisdom 1–6, AnBib 137, 1991, S. 37–39.

§ 13 Der Ausblick auf das Jüngste Gericht und ewige Leben

Doch diese Feststellung erscheint angesichts der allgemeinen Sterblichkeit der Menschen als ein Paradox und bedarf mithin einer zusätzlichen Erklärung. Ehe sie der Verfasser gibt, führt er das falsche Denken der Gottlosen vor, die sich durch ihre Worte und Taten verschulden und durch ihr ganz in Lüsten und tätlicher Verachtung der Frommen verbrachtes Leben den Tod anziehen, als hätten sie einen Bund mit ihm geschlossen.[51] Ihr skeptischer Hedonismus ist eine Folge ihres reduktionistischen Wahns, daß alle seelischen Regungen des Menschen nichts als Begleiterscheinungen biologischer Vorgänge sind: Für sie ist „mit dem Tode alles aus" (Weish 1,16–2,9):[52]

> 1,16 *Die Gottlosen aber riefen ihn*[53] *mit Händen und Worten herbei,*
> *verzehrten sich nach ihm als einem vermeintlichen Freund*
> *und schlossen einen Bund mit ihm,*
> *weil sie es wert sind seine Genossen zu sein.*[54]
>
> 2,1 *Denn sie sagen untereinander, sich verrechnend:*
> *Kurz und traurig ist unser Leben,*
> *und gegen des Menschen Ende gibt es keine Medizin,*
> *auch ist niemand bekannt, der den Hades verließ.*[55]
>
> 2 *Denn zufällig sind wir entstanden*
> *und danach werden wir sein, als hätten wir nicht existiert;*
> *denn Rauch ist der Hauch in unseren Nüstern,*
> *und das Wort ein Funke beim Schlag unsrer Herzen.*
>
> 3 *Erlischt er, wird zu Asche der Leib,*
> *während der Atem wie bloße Luft verweht.*
>
> 4 *Auch unser Name wird mit der Zeit vergessen;*
> *und niemand erinnert sich unserer Taten;*
> *Wie eine Wolke vergeht ohne Spur unser Leben*
> *und wie ein Nebel löst es sich auf,*
> *den die Strahlen der Sonne verfolgen*
> *und ihre Hitze niederschlägt.*
>
> 5 *Nur ein huschender Schatten ist unsere Zeit,*
> *und unwiderruflich ist unser Ende,*
> *ist es besiegelt, dann wendet es keiner.*

---

[51] So einleuchtend Winston, AncB 43, S. 113 unter Verweis auf Philo Her 45 und Migr 16.

[52] Vgl. dazu ausführlich Martina Kepper, Hellenistische Bildung, S. 98–132. Beispiele für den typischen Zusammenhang zwischen der Aufforderung, das Leben zu genießen (carpe diem) und der Erinnerung an den unentrinnbaren Tod bei Helmut Engel, Das Buch der Weisheit, NSK.AT 16, Stuttgart: Katholisches Bibelwerk 1998, S. 68–70.

[53] Nämlich den Tod.

[54] Wörtlich: seines Teils = seiner Partei (μέρις); vgl. mit Winston, AncB 43, S. 113 z. B. Plat. Leg. 692b.

[55] Vgl. V: *et non est qui agnitus sit reversus ab inferis*.

> 6 *Auf denn, und laßt uns genießen, was es nur gibt,*
> *und, während wir jung sind, die Schöpfung gebrauchen.*
> 7 *Mit kostbarem Wein und Myrrhen wollen wir uns füllen,*
> *und uns entgehe keine Frühlingsblume!*
> 8 *Mit Rosen wollen wir den Kelch bekränzen, ehe sie welken;*
> 9 *Kein Rasen bleibe verschont von unsrer Lustbarkeit,*
> *überall wollen wir Zeichen der Freude hinterlassen,*
> *denn das ist unser Teil und das unser Los.*

Die Kehrseite dieser Gesinnung ist das Bekenntnis zur Macht als dem wahren Gesetz des Lebens und dem sich daraus ergebenden Recht, die Schwachen zu unterdrücken.[56] Zu ihnen rechnen für diese jüdischen Nihilisten auch die Frommen, die ihnen lästig sind, weil sie ihnen ihre Übertretungen der Tora vorwerfen. Ihr Vertrauen darauf, daß sie als die Söhne Gottes[57] im Tode von Gott als ihrem Vater nicht verlassen werden, bringt ihre Gegner auf den frevelhaften Gedanken, das an ihnen auszuprobieren[58] und sie zu einem schmachvollen Tod zu verurteilen (2,10–20).[59] Aber damit zeigen sie nach der Überzeugung des Verfassers nur, daß sie die geheime Führung der Frommen durch den Gott, der den Menschen zur Unvergänglichkeit, zur ἀφθαρσία, erschaffen hat, nicht kennen oder nicht wahrhaben wollen und weder an einen Lohn noch an eine Strafe nach dem Tode glauben. Die Bestimmung des Menschen zur Unvergäng-

---

[56] Vgl. Hans Hübner, Die Weisheit Salomons, ATDA 4, Göttingen: Vandenhoeck & Ruprecht 1999, S. 39: *„Gottlosigkeit führt – im Verständnis des Autors – zwangsweise in eine ethoslose Welt."*

[57] Zur Verbindung dieses Selbstverständnisses der Frommen mit ihrem Bewußtsein, zur Herrschaft über die Welt berufen zu sein und damit das wahre Israel vertreten, vgl. Burton Lee Mack, Logos und Sophia, StUNT 10, 1975, S. 81–87.

[58] Vgl. Weish 2,17–18 mit Mt 27,43.

[59] Zu den Motiven vgl. Martina Kepper, Hellenistische Bildung, S. 133–144 und zu 2,1–20 insgesamt S. 145–146. Zum konkreten Hintergrund für die hier vorliegende Typisierung der Frevler in Gestalt der Verfolgungen der Asidäer durch den Hohenpriester Alkimus (1. Makk 7,12–18) bzw. der Pharisäer durch Alexander Jannaios vgl. Jos. Ant.XIII.380–383 mit 401–404 und dazu Lothar Ruppert, Der leidende Gerechte, FzB 5, 1972, S. 87–89 und zum traditionsgeschichtlichen Hintergrund ders., Gerechte und Frevler (Gottlose) in Sap 1,1–6,21. Zum Neuverständnis alttestamentlicher Traditionen in der Sapientia Salomonis, in: Hans Hübner, Hg., Die Weisheit Salomos im Horizont biblischer Theologie, BThSt 22, 1993, S. 1–54 und zum generellen Problem Armin Schmitt, Alttestamentliche Traditionen in der Sicht einer neuen Zeit. Dargestellt am Buch der Weisheit, in: Josef Schreiner und Klaus Wittstadt, Hg., Communio Sanctorum. Einheit der Christen – Einheit der Kirche. FS P. W. Scheele, Würzburg: Echter 1988, S. 34–52 = ders., hg. v. Christian Wagner, Gegenwart verpflichtet, BZAW 292, 2000, S. 185–203 und zur Sache auch die Rede des Kallikles Plat. Gorg. 482c3–484c3.

lichkeit bzw. zur Unsterblichkeit, zur ἀθανασία, ergibt sich aus seiner Erschaffung zum Ebenbild Gottes: Denn da Gott unsterblich und unvergänglich ist, waren auch die Menschen zur Unvergänglichkeit bestimmt. Wenn es in der geschichtlichen Welt anders ist, so ist dafür der Neid des Satans verantwortlich.[60] Eine verwandte Mythe ist im Leben Adams und Evas (Vit.Ad.12,1–16,4) überliefert: Als der Satan von dem Erzengel Michael aufgefordert wurde, Adam als Ebenbild Gottes anzubeten, verweigerte er den Gehorsam. Zur Strafe wurde er aus dem Himmel vertrieben. Und so verführte er Eva durch den Mund der Schlange, so daß beide der Unsterblichkeit verlustig gingen und aus dem Paradies vertrieben wurden.[61] Seither aber erleiden ihn die, die seiner Partei angehören (Weish 2,21–24):

> 21 *Dies überlegten sie, aber sie befanden sich im Irrtum;*
> *denn ihre Bosheit hatte sie verblendet.*
> 22 *Und sie kannten die Geheimnisse Gottes nicht*
> *und hofften weder auf einen Lohn der Heiligkeit*
> *noch glaubten sie an einen Ehrenpreis untadliger Seelen.*
> 23 *Denn Gott schuf den Menschen zur Unvergänglichkeit*
> *und machte ihn zum Abbild seines unvergänglichen[62] Wesens;*
> 24 *aber durch den Neid des Satans kam der Tod in die Welt,*
> *ihn erleiden, die seiner Partei sind.*

Mochten die Frevler über die Gerechten spotten und sich an ihrem Tode weiden, so zeigt sich darin ihre völlige Verkennung ihrer beider Situation im Tode und vor Gott. Denn entgegen dem Augenschein, der ihren Tod als ihr Ende erweist, befinden sich ihre Seelen in Gottes Obhut.[63] Sie haben in den über sie verhängten Leiden Gottes Prüfung bestanden und werden zur Zeit ihrer Heimsuchung und das heißt: am großen Gerichtstag

---

[60] Vgl. dazu auch Otto Kaiser, Die ersten und die letzten Dinge, NZSTh 3, 1994, S. 75–91, bes. S. 83–86 = ders., Gottes und der Menschen Weisheit, BZAW 261, 1998, S. 1–17, bes. S. 9–12.

[61] Vgl. Otto Merk und Martin Meiser, Das Leben Adams und Evas, JSHRZ II/5, Gütersloh: Gütersloher Verlagshaus 1998, S. 795–798. Zu den traditionsgeschichtlichen Problemen und zumal dem des Verhältnisses der Vita Adae et Evae zur griechischen Apokalypse des Mose und der im Hintergrund beider stehenden Adamschrift vgl. S. 740–769.

[62] Lies dem par.memb. entsprechend mit einer Reihe von Handschriften αιδιοτητος.

[63] Michael Kolarcik, The Ambiguity of Death, AnBib 127, 1991 zeigt, daß die Rede vom Tode in den genannten Kapiteln mehrdeutig ist: Sie bezeichnet einerseits den physischen Tod aller Menschen und andererseits den zweiten Tod der Gottlosen. Die Gerechten erleiden dagegen nur den physischen, aber nicht den zweiten Tod, vgl. bes. S. 180–184 und passim.

§ 13 Der Ausblick auf das Jüngste Gericht und ewige Leben   327

Jahwes über alle Lebenden und Toten in Lichtgestalten verwandelt und durch die Gottlosen wie durch ein Stoppelfeld fahren,[64] um dann die Herrschaft anzutreten und die Völker in der Stellvertretung des Herrn als ihres ewigen Königs zu richten.[65] Entrückung in den Himmel und Weltherrschaft werden hier in eins geschaut. Umgekehrt aber müssen die Gottlosen nun alle den Gerechten angetane Schmach und ihren Abfall vom Herrn büßen – eine Mahnung an die Frommen, nicht von ihrem Gesetzesgehorsam zu lassen, weil sie zu ewiger Gemeinschaft mit Gott bestimmt sind (Weish 3,1–9):

> 1 *Doch der Gerechten Seelen sind in Gottes Hand*
> *und keine Qual rührt sie an.*
> 2 *In den Augen der Toren schienen sie gestorben zu sein,*
> *so daß man ihren Auszug als Übel betrachtete*
> 3 *und ihren Aufbruch von uns als Ende,*
> *aber sie sind im Frieden.*
> 4 *Denn obgleich sie in der Sicht der Menschen bestraft wurden,*
> *ist ihre Hoffnung voller Unsterblichkeit.*
> 5 *Denn ein wenig gezüchtigt, werden sie reich beschenkt;*
> *weil Gott sie versucht*
> *und seiner wert erfunden hat.*
> 6 *Wie Gold im Schmelzofen hat er sie geprüft*
> *und wie ein Ganzopfer hat er sie angenommen.*
> 7 *Und zur Zeit ihrer Heimsuchung werden sie aufleuchten*
> *und wie Funken im Röhricht werden sie hindurchfahren.*
> 8 *Völker werden sie richten und über Nationen herrschen,*
> *und der Herr wird ihr König in Ewigkeit sein.*
> 9 *Die auf ihn vertrauten, werden die Wahrheit erkennen,*
> *und die treu in der Liebe waren, bei ihm bleiben;*
> *denn Gnade und Erbarmen (walten) bei seinen Heiligen*
> *und Fürsorge bei seinen Auserwählten.*

Die Gottlosen, die sich über die Gerechten erhaben dünkten, sich nicht um sie kümmerten und sie verfolgten, entgehen ihrer Strafe nicht. Sie dienen samt ihren törichten Frauen und bösartigen Kindern als Mahnung, Weisheit und Zucht nicht zu verachten: Denn darauf ruht ein Fluch (Dtn 28,15–20), so daß ihr ganzes Sinnen und Trachten sich als sinnlos erweist und ihr Geschlecht Gottes Heimsuchung verfällt (Weish 3,10–12):[66]

> 10 *Die Gottlosen aber werden gemäß ihrer Gedanken bestraft,*
> *die sich des Gerechten nicht annahmen und vom Herrn abfielen;*
> 11 *Unglücklich ist, wer Weisheit und Zucht verachtet,*

---

[64] Vgl. dazu mit Hans Hübner, ATD.Apk 4, 1999, S. 52 auch Jes 1,31 G.
[65] Vgl. 1. Kor 6,2 und Anm. 57.
[66] Vgl. Ex 20,5b par Dtn 5, 9b.

> *und leer ist ihre Hoffnung, nutzlos sind ihre Mühen*
> *und vergeblich ihre Werke;*
> 12 *töricht sind ihre Frauen*
> *und böse ihre Kinder,*
> *fluchbeladen ihr Geschlecht.*

Welche Umwertung der bisher gültigen Werte der Glaube an die den Frommen von Gott geschenkte Unsterblichkeit bewirkt, verdeutlicht der Denker an drei Beispielen, an dem der kinderlosen Frau, dem des Eunuchen und dem des jung Verstorbenen. Kinderlosigkeit galt, wie zum Beispiel Gen 30,1 und 1. Sam 1,1–17 zeigen, für eine Frau als Schmach.[67] Dem kinderlosen Eunuchen aber fehlten die Kinder und Kindeskinder, in denen er fortlebte.[68] Nun aber heißt es (Weish 3,13–14):

> 13 *Denn glückselig ist die Unfruchtbare, die unbefleckt ist,*
> *die das sündige Beilager nicht kennenlernte,*
> *denn sie wird ihre Frucht bei der Heimsuchung der Seelen haben,*[69]
> 14 *und der Beschnittene, der mit seinen Händen nichts Gesetzwidriges tat*
> *und gegen den Herrn nach nichts Bösem begehrte,*
> *denn ihm wird für seine Treue eine auserwählte Belohnung gegeben*
> *und ein liebliches Los im Tempel des Herrn.*[70]

Vorzeitiger Tod galt in Israel als Zeichen des Zornes Gottes und qualifizierte den Betroffenen als einen Sünder.[71] Jetzt aber heißt es wie in einer Abwandlung der wohl bekanntesten Sentenz des attischen Komödiendichters Menander (Men.Sent. 583):[72]

> Ὃν οἱ θεοὶ φιλοῦσιν, ἀποθνῄσκει νέος
> *Wen die Götter lieben, der stirbt jung.*

in Weish 4,7b–14:

> 7 *Wenn aber der Gerechte vorzeitig endet, ist er in Ruhe;*
> 8 *denn nicht ein hochbetagtes ist ein ehrenvolles Alter*
> *und wird nicht nach der Jahre Zahl bemessen.*
> 9 *Graues Haar gilt den Menschen als Einsicht,*
> *und Greisenalter als Ehrbarkeit.*

---

[67] Vgl. Sir 11, 14 H^A: *Kinderlosigkeit und Dunkel sind für die Sünder aufgespart;* aber auch schon Sir 16,3e–f.
[68] Vgl. Sir 30,3–6.
[69] Vgl. auch Weis 4,1.
[70] Vgl. Jes 56,3–5.
[71] Vgl. oben S. 303 zu Sir 11,24–28.
[72] Vgl. dazu auch Armin Schmitt, Der frühe Tod des Gerechten nach Weisheit 4,7–19 und die griechisch-römische Konsolationsliteratur, BZ NF 26, 1982, S. 34–49 = ders., hg. v. Christian Wagner, Der Gegenwart verpflichtet, BZAW 292, 2000, S. 204–222.

> 10 *Gott wohlgefällig wurde er geliebt*
> *und zwischen Sündern lebend wurde er entrückt;*
> 11 *Er ward entrafft, daß Bosheit seine Einsicht nicht verkehrte*
> *oder Trug seine Seele täuschte;*
> 12 *denn der Zauber der Schlechtigkeit verdunkelt das Schöne,*
> *und das Schweifen der Begierde verwandelt arglosen Sinn.*
> 13 *Vollendet in kurzem erfüllte er lange Zeiten;*
> 14 *denn wohlgefällig war dem Herren seine Seele,*
> *deshalb enteilte sie aus der Mitte der Bosheit.*

Kurz und knapp heißt es in dem Heilswort, mit dem der Weise seine Botschaft von der seligen Zukunft der Frommen und dem schmachvollen Untergang der Gottlosen zusammenfaßt (Weish 5,15–16b):

> 15 *Die Gerechten aber leben in Ewigkeit,*
> *und im Herren (ist) ihr Lohn,*
> *und die Sorge für sie (steht) beim Höchsten.*
> 16 *Deshalb werden sie die Krone der Ehre empfangen*
> *und das Diadem der Herrlichkeit aus der Hand des Herrn.*

Es sind Worte wie Weish 3,1 und 5,15, die sich mit ihrer Prägnanz neben Ps 73,23–26 stellen und der Gewißheit Ausdruck geben, daß keiner zuschanden wird, der auf Gott vertraut, weil er ihn auch im Tode nicht verläßt. Über ihrer tröstlichen Knappheit darf man jedoch nicht übersehen, daß hinter Weis 3,1 die Vorstellung von dem besonderen Aufenthaltsort der Seelen der Frommen in der Unterwelt steht, wie sie in 1. Hen 22 bezeugt ist, und daß 3,7a mit 1. Hen 104,2 auf die Lichtgestalt anspielt, in welche die Seelen der Toten bei ihrer Auffahrt in die Welt Gottes verwandelt werden. Gleichzeitig erinnert 3,7b daran, daß es auch im Blick auf das Leben nach dem Tode keine billige Gnade gibt, sondern die frevelhaften Gottlosen das Gericht erwartet, als dessen göttliche Beauftragte die aus der Unterwelt entrückten und in eine Lichtgestalt verwandelten Frommen gelten. Erinnert man sich an die hier nachwirkenden griechischen Mythen vom unterschiedlichen Geschick der Seelen nach dem Tode, so zeigt sich ein wesentlicher Unterschied: Jene vertreten den Glauben an wiederholte Erdenleben, die der Strafe, Läuterung und Bewährung dienen, die biblischen und parabiblischen Texte rechnen dagegen mit nur einem irdischen Leben und dem anschließenden Gericht, in dem die endgültige Entscheidung über das Los der Totenseelen gefällt wird.[73] Diese Konzentration auf das *eine* Leben als die Zeit, in der die ewige Entscheidung ihren Grund hat, ist die Folge der Naherwartung: Die Frommen des hellenistischen Zeitalters warteten wie die Urchristenheit mit brennender Sehnsucht und Ungeduld auf das Ende

---

[73] Vgl. auch Hebr 9,27.

des gegenwärtigen, durch die Macht des Bösen bestimmten Weltlaufes. Die Frommen drängten auf eine Entscheidung zwischen Gott und den Mächten der Finsternis. Die Naherwartung vertrug sich nicht mit dem Glauben an einen sich in der weiteren Menschheitsgeschichte vollziehenden Läuterungsprozeß der Seelen.[74] Der neue Glaube an das Totengericht und die ewige Scheidung zwischen den Gerechten und den Gottlosen mußte sich in den Rahmen der biblischen Eschatologie einfügen, die auf die Erlösung Israels in einer neuen Weltordnung ausgerichtet war, wie wir sie in den vorausgehenden Paragraphen nachgezeichnet haben. So war der Blick der Apokalyptiker nicht am zurückliegenden Geschick der Seelen, sondern ausschließlich an ihrem zukünftigen interessiert. Die den unterschiedlichen Aufenthalt der Seelen der Gerechten, der Frevler und der Sündergenossen betonende Offenbarungsrede über den Zwischenzustand in 1. Hen 22 weist auf das sie erwartende unterschiedliche Urteil im Endgericht hin und betont in der nur die Gerechten berücksichtigenden einprägsamen und tröstlichen Kurzfassung von Weish 3,1 ihre Geborgenheit in Gottes Obhut.[75]

An einer Stelle weist ein Schüler des Weisen auf die Möglichkeit hin, die Dinge anders zu sehen. Zwischen das Liebeslied Salomos auf die Weisheit als Vermittlerin der Gemeinschaft mit Gott und Lehrerin der vier klassischen Tugenden der σωφροσύνη (*sōphrosúnē*) oder Besonnenheit, der φρόνησις (*phrónēsis*) oder Einsicht, der δικαιοσύνη (*dikaiosúnē*) oder Gerechtigkeit und der ἀνδρεία (*andreía*) oder Tapferkeit in 8,2–18 und die Überleitung zu seiner an Gott gerichteten Bitte, sie ihm zu gewähren, in 8,21 hat er die V. 19–20 eingefügt, um zu betonen, daß Salomo der göttlichen Gabe gemäß der in 1,4–6 genannten Bedingung würdig war (Weish 8,19–20):[76]

---

[74] In diese Lücke trat in der Lehre der Alten Kirche die Lehre vom Purgatorium oder Fegfeuer am Ort der Reinigung ein; vgl. dazu den ausgewogenen Artikel von Ernst Koch, TRE XI, 1983, S. 69–78.
[75] Vgl. Johannes Brahms, Ein Deutsches Requiem nach Worten der Heiligen Schrift für Soli, Chor und Orchester (Orgel ad libitum), Opus 45, III.175–208, Studienpartitur 3671a, Leipzig: Edition Peters 1925 (ND), S. 115–131.
[76] So mit Dieter Georgi, Weisheit Salomos, JSHRZ III/4, Gütersloh: Gütersloher Verlagshaus Gerd Mohn 1980, S. 433 Anm. 18a und 19a. Anders Hans Hübner, ATD.Apk 4, 1999, S. 121–122, der V. 19 als ursprünglich und V. 20 als Fortschreibung beurteilt; daß der Vers die Präexistenz der Seele voraussetzt, hat Hübner bereits in seinem Aufsatz „Die Sapientia Salomonis und die antike Philosophie", in: ders., Hg., Die Weisheit Salomos im Horizont biblischer Theologie, BThSt 22, 1993, S. 55–81 auf S. 78–79 mit den nötigen Nachweisen hingewiesen.

§ 13 Der Ausblick auf das Jüngste Gericht und ewige Leben   331

>   19 *Ich war nämlich ein gut veranlagtes Kind*
>   *und habe eine vollkommene Seele erhalten,*
>   20 *oder besser: weil ich gut war,*
>   *bin ich in einen unbefleckten Leib gekommen.*

V. 19 betont, das Leib und Seele einander entsprechen: der guten körperlichen Verfassung korrespondiert eine vollkommene (ἀγαθή / *agathē*) Seele. Aber da man V. 19 dahin gehend verstehen kann, daß der Leib älter als die Seele ist, verbessert sich der Ausleger sogleich und fügt hinzu, daß seine Seele dank ihrer eigenen Güte in einen unbefleckten Leib gekommen ist. Der hier das Wort ergreifende Jünger deutet die leibseelische Vollkommenheit Salomos als Folge der Inkarnation seiner vortrefflichen Seele in einem unbefleckten Leib. Dabei wird eindeutig die Präexistenz einer Seele vorausgesetzt, die nicht nur alle Bedingungen erfüllt, daß Gott ihr Gebet um Weisheit erhört, sondern auch daß sie nach ihrem irdischen Leben am Tage des Endgerichts die Unsterblichkeit erlangen wird.[77] Die Verbindung einer präexistenten Seele mit einem neuen Leib entspricht dem Glauben an die Reinkarnation, der in der griechischen Mysterienreligion beheimatet war und in Pythagoras, Empedokles und Platon seine philosophischen Vertreter gefunden hatte.[78] Wir werden sogleich sehen, daß ihn auch bei der in der ersten Hälfte des 1. Jahrhunderts unserer Zeitrechnung in Alexandrien lebende und wirkende jüdische Religionsphilosoph Philo vertreten hat. Daher liegt die Annahme nahe, daß der für die Einfügung von Weish 8,19–20 Verantwortliche unter seinem Einfluß stand.

Auch in dem Gebet Salomos um die göttliche Weisheit in 9,1–17 findet sich ein Vers, der nicht nur platonischer, sondern auch philonischer Tradition entstammen könnte. In den V. 10–17 begründet Salomo seine Bitte mit dem Unvermögen des Menschen, Gottes Pläne zu verstehen, so daß

---

[77] Vgl. Weis 6,17–21: *Denn ihr* (der Weisheit) *Anfang ist aufrichtiges Streben nach Erziehung, das Anliegen der Erziehung aber ist Liebe* (zu Gott), *die Liebe aber Halten ihrer Gebote. Die Befolgung der Gesetze aber die Garantie der Unvergänglichkeit.*

[78] Vgl. Walter Burkert, Weisheit und Wissenschaft, Erlanger Beiträge zur Sprach- und Kunstwissenschaft 10, 1962, S. 98–142 bes. S. 133–35 bzw. knapp ders., Griechische Religion der archaischen und klassischen Epoche, RM 15, 1977, S. 443–447; zur orphischen und eleusinischen Jenseitsdichtung mit ihren Vorstellungen vom Totengericht und Lohn und Strafe in der Unterwelt vgl. Fritz Graf, Eleusis und die orphische Dichtung Athens in vorhellenistischer Zeit, RVV 33, 1974, bes. S. 79–150 und zur Sache auch Otto Kaiser, Gott als Lenker des menschlichen Schicksals in Platons Nomoi, in: Steven L. McKenzie u. a., Hg., Rethinking the Foundations, BZAW 294, S. 91–113, bes. S. 105–111.

er der göttlichen Gabe der Weisheit und der Leitung durch den heiligen Geist bedarf. Aus der Feststellung in V. 14, daß die Gedanken der Sterblichen armselig und unzuverlässig sind, folgert V. 16, daß die Menschen daher selbst das, was auf Erden geschieht, nur mit Mühe verstehen. Die Aussage von V. 14 wird in V. 15 mittels des Hinweises darauf begründet, daß der sterbliche Leib die Seele mit Sorgen beschwert (Weish 9,15):

Denn ein sterblicher Leib belastet die Seele,
und das irdische Zelt drückt den Verstand nieder, der voller Sorge ist.

Die Ansicht, daß der Leib die Seele hemmt, hat ihre klassische Formulierung in der Identifikation des Leibes mit dem Grab gefunden, die ebenfalls in den Kontext des Reinkarnationsglaubens gehört. Die aus himmlischen Höhen kommende Seele befindet sich im Leib wie in einem Grabe oder, wie es bei Philo heißt, in einem Gefängnis.[79] Hans Hübner hat mit Recht darauf hingewiesen, daß Weish 9,15 ein Echo auf den Satz Platons Phaidon 81c8–11 ist,[80] wo Sokrates erklärt:[81]

Dies Körperartige ist doch, mein Freund, wie man annehmen muß, etwas Niederdrückendes und Belastendes und Erdartiges und Sichtbares. Mit ihm behaftet, wird denn die eben geschilderte Seele gehemmt und wieder in die sichtbare Welt zurückgezogen aus Furcht vor dem Hades ...

Da Weish 9,16 bruchlos an V. 14 anschließt, dürfte es sich auch bei V. 15 um einen Zusatz des Philonschülers handeln. Dabei verdient es Beachtung, daß er Salomo zwar auf die Präexistenz seiner Seele hinweisen und den Leib eine Belastung der Seele nennen läßt, aber in keiner Weise in die eschatologischen Aussagen des Buches eingegriffen hat. Mithin darf man vermuten, daß sich nach seiner Ansicht der Glaube an wiederholte Erdenleben mit dem an das Endgericht verbinden ließ, eine Position, die ihn (wie sich gleich erweisen wird) von der Philos unterscheidet.

---

[79] Vgl. dazu unten, S. 333.
[80] ATD.Apk 4, 1999, S. 130. Zum Kontext vgl. auch Otto Kaiser, Der Mythos als Grenzaussage, in: Jörg Jeremias, Hg., Gerechtigkeit und Leben im Hellenistischen Zeitalter, BZAW 296, 2001, S. 87–116, bes. S. 103–113.
[81] Übersetzung Otto Apelt, Platons Phaidon oder Über die Unsterblichkeit der Seele, PhB 147. Leipzig: Felix Meiner 1923 (ND Hamburg 1988) S. 71.

§ 13 Der Ausblick auf das Jüngste Gericht und ewige Leben   333

Exkurs

Reinkarnation und Gericht bei Philo.[82] Sucht man im jüdisch-hellenistischen Schrifttum nach einer Parallele, so muß man sich an Philos Schrift *Über die von Gott gesandten Träume/De Somniis* I.134–142 erinnern. Nachdem er in Som I.134–137 die Annahme verteidigt hatte, daß der sich oberhalb des Mondes erstreckende Äther durch körperlose und unvergängliche Seelen bevölkert ist, deren Zahl der der Sterne entspricht, kommt er in 138–142 auf ihre unterschiedlichen Neigungen zu sprechen, die für sie entsprechende Folgen haben: Von den Seelen, die nach einem irdischen und körperlichen Leben verlangen, steigen die einen nach unten und werden dort fest mit irdischen Leibern verbunden. Die andern aber steigen empor, weil sie dazu bestimmt sind, nach den von der Natur bestimmten Umläufen und Zeiten wiederzukehren (Som 138).[83]

Genauer erklärt verhält es sich mit den beiden Gruppen so: Die einen von ihnen sehnen sich nach der ihnen vertrauten irdischen Lebensweise und kehren immer wieder zu ihr zurück. Die anderen aber verachten ein solches Leben als eine Torheit und nennen den Leib ein Gefängnis und einen Grabhügel[84] und suchen ihm auf jede Weise zu entkommen.[85] Sie

---

[82] Zur Grundinformation über Philos Schriften und Denken vgl. Peder Borgen, Philo of Alexandria, in: Michael E. Stone, Jewish Writings of the Second Temple Period, CRINT II/3, 1984, S. 233–282 bzw. die einschlägigen Artikel von Michael Mach, TRE XXVI, 1996, S. 523–531 und David T. Runia, NEP IX, 2000, Sp. 850–856.

[83] Zur Verlegung der Fortexistenz der Seele in den Luftraum als Folge der Erkenntnis, daß die Erde keine flache Scheibe, sondern eine Kugel ist, vgl. Martin P. Nilsson, Geschichte der Griechischen Religion II: Die Hellenistische und Römische Zeit, München: C. H. Beck, 2. Aufl. 1961, S. 490–497.

[84] Vgl. Plat.Gorg 493a2–3 und Crat. 400c1–2 und dazu Eric Robertson Dodds, The Greeks and the Irrational, Berkeley and Los Angeles: (1951) 1966, S. 135–156, bes. S. 147 = Die Griechen und das Irrationale, 1970 = 2. Aufl. 1991, S. 72–91, bes. S. 83 mit S. 228 Anm. 87 und ders., Plato Gorgias. A Revised Text with Introduction and Commentary, Oxford: Clarendon Press 1959 (ND 1979), S. 300.

[85] Vgl. auch All I.103: *„Für den Erwerb und den Gebrauch der Tugend ist allein das Denken erforderlich; der Leib aber unterstützt das nicht nur nicht, sondern verhindert es; entsprechend ist es die Aufgabe der Weisheit, sich dem Leib und seiner Begierden zu entfremden. Aber für die Freuden des Schlechten ist nicht allein der Zustand der Vernunft, sondern auch die Wahrnehmung und die Sprache und* (mithin) *der Leib notwendig; denn all dessen bedarf der Schlechte für die volle Erfüllung seiner speziellen Schlechtigkeit."* Vgl. weiterhin z. B. All III.72 und 189–190.

werden auf leichten Fittichen zum Äther emporgetragen, um dort in Ewigkeit zu verweilen. Die reinsten und besten Seelen aber hat es niemals nach einem irdischen Dasein verlangt, so daß sie als Statthalter Gottes das All regieren, und das sind die Engel (Som 139–141).[86] Philo war mithin ein Vertreter der παλλιγγενεσία (*palliggenesía*), der Wiedergeburt (De Cherubim II.114).[87]

Das hatte seine Folgen für seine Eschatologie: Überprüft man seine Schrift *Über Belohnung und Bestrafung/De Praemiis et Poenis* unter diesem Gesichtspunkt, so kommt man zu dem Ergebnis, daß das Gericht sich einerseits im Leben der Gottlosen selbst ereignet, die alle in Dtn 28,15–68 und Lev 26,14–38 enthaltenen Flüche auf sich ziehen (Praem 127–161, vgl. bes. 151),[88] es aber andererseits noch einmal unmittelbar nach dem Tode stattfindet (Praem 152).[89] Der natürliche Tod selbst war dagegen in Philos Augen keine Strafe, sondern die naturgemäße Trennung der Seele

---

[86] Vgl. auch die Dreiteilung der Seelen in Erd-, Himmel- und Gottgeborene Gig 60–61, wo zur dritten Gruppe allerdings die Priester und Propheten gehören.

[87] In 113 stellt er fest, daß wir aus Leib und Seele bestehen und Vernunft, Verstand und Wahrnehmung besitzen, aber eigentlich nichts davon unser ist. Diese These belegt er dann in 114 im Blick auf die Seele und in 115 im Blick auf den Leib. In 114 heißt es von der Seele: *„Woher kam denn die Seele, wohin wird sie gehen? Wie lange wird sie unser Gefährte sein? Vermögen wir zu sagen, was ihr Wesen ist? Wann haben wir sie erworben? Vor der Geburt? Aber da gab es uns nicht; nach dem Tode? Aber dann werden wir nicht mehr die sein, die leibhafte Eigenschaften besaßen, sondern wir befinden uns auf dem Weg zur Wiedergeburt, als unverbundene und eigenschaftslose Wesen unter den Körperlosen. Aber auch jetzt, während wir leben, werden wir eher (von ihr) beherrscht als daß wir (über sie) herrschen, erkannt eher als erkennend. Denn uns kennt die Unerkannte, uns legt sie auch Befehle auf, denen wir mit Notwendigkeit wie die Sklaven ihrer Herrin gehorchen müssen. Wenn sie will, beantragt sie beim Gericht (wörtlich: beim geschäftsführenden Archonten) die Scheidung, macht sich davon und läßt unser vom Leben verlassenes Haus zurück, selbst wenn wir sie zum Bleiben zwingen wollen, entgeht sie unseren Händen. So feinteilig ist nämlich ihre Natur, daß sie dem Leibe keine Möglichkeit, sie zu ergreifen bietet."*

[88] Vgl. die Mose in den Mund gelegte Maxime VitMos II.280: *„Gefährlich ist die glaubenslose Handlung allein für die Glaubenslosen. Sie werden nicht durch das Wort, sondern durch Fakten erzogen. Sie werden erfahren, was sie belehrt nicht erkannten, daß mein Wort wahrhaftig ist."* Vgl. weiterhin z. B. All I,51 (wo es im Blick auf die Übertretung von Dtn 16,21 heißt: *„Wenn du nun eines von diesen* (Geboten) *überschreitest, o Seele, schädigst du dich selbst, aber nicht Gott."* und Det 119–120 mit seiner Gegenüberstellung des sorgenvollen Lebens des Schlechten und des gesegneten Nachfolgers der Tugend.

[89] Vgl. dazu Ulrich Fischer, Eschatologie und Jenseitserwartung im hellenistischen Diasporajudentum, BZNW 44, 1978, S. 187–210.

§ 13 Der Ausblick auf das Jüngste Gericht und ewige Leben 335

vom Leibe, die ihn von dessen Banden befreit. Der Tod der Seele ist jedoch die Strafe dafür, daß sie ihre Tugend verloren und sich der Bosheit hingegeben hat. Er schließt sie nun im Grab ihrer Leidenschaften und Frevel ein. Nur dieser Tod wird Adam von Gott nach Philos Verständnis in Gen 2,17 angedroht (All I.105–108). Um die Seele vor diesem Fall zu schützen, ist ihr von Geburt an ein innerer Mahner zur Seite gestellt, der zugleich ihr Ankläger und Richter ist. Er beschämt die Seele, indem er ihr ihre Vergehen vorhält, und er richtet sie, indem er sie ermahnt, ihre Wege zu ändern. Gelingt ihm das nicht, so begleitet er sie tags und nachts mit seinen Anklagen, bis der Faden ihres elenden Lebens reißt (Decal 87).[90] Dieses permanente Gericht, das sich die Seele durch ihre Hingabe an die Leidenschaften und Frevel in diesem Leben samt dem es begleitenden schlechten Gewissen zuzieht, bedeutet allerdings nicht, daß die Seelen nach dem Tode nicht gerichtet werden (Praem 152), aber ein Endgericht im Sinne der späten Prophetentexte und der Apokalypsen erwartet Philo nicht.

Die nationale Eschatologie kommt bei ihm denn auch nur ganz verhalten zum Zuge. Der endzeitliche Friede zwischen Menschen und Tieren wird zum Beispiel nicht die Folge der gerechten Herrschaft des Messias sein,[91] sondern davon, daß die Menschen das Tier in ihrer Brust besiegt haben: Dieser innere Friede ist die Voraussetzung für den äußeren Frieden, der Menschen und selbst die wildesten und gefährlichsten Tiere wie die Krokodile und Nilpferde umfaßt (Praem 85–90).[92] Auch das Motiv des endzeitlichen Völkerkampfes spielt nur eine abgeschwächte Rolle: Die nationale Eschatologie ist durch die volle Einbeziehung der Proselyten[93] in die Heilsgemeinschaft der Frommen zugleich eingeschränkt, weil nur die Frommen an ihr Teil haben, und teils ausgedehnt, weil die Proselyten in sie einbezogen, die abgefallenen Juden aber von ihr ausgeschlossen werden.[94] Sollten die Feinde der Frommen nicht überhaupt vor einem Angriff zurückschrecken, weil sie wissen, daß diese die Gerechtigkeit (das heißt: Gott) auf ihrer Seite haben (Praem 93), und Fanatiker trotzdem so vermessen sein, einen Krieg gegen sie zu wagen, würden sie

---

[90] Vgl. auch Imm 135–138 , zur Identität des Mahners mit dem Logos Burton Lee Mack, Logos und Sophia, StUNT 10, 1975, S. 152–153 und zu Philos Verständnis des Logos Peder Borgen, CRI I/2, 1984, S. 273–274.

[91] Vgl. Jes 11,1–9.

[92] Vgl. dazu auch Peder Borgen, Philo of Alexandria, NT.S 86, 1993, S. 262–263.

[93] Die frommen Proselyten sollen nach Philos Überzeugung zu Exempeln des Segens werden, den Gott den Gesetzestreuen zuteil werden läßt. Ihnen ist als Preis für ihre Verdienste ein Platz im Himmel sicher (Praem 152).

[94] Vgl. ebd.

angesichts der von dem gottgesandten Mann⁹⁵ geführten Frommen kopflos die Flucht ergreifen.⁹⁶ Das ist alles, was Philo über den Messias zu sagen hat: Unter Umständen wird er die Frommen gegen den Angriff der Frevler beschützen. Aber eigentlich ist er selbst dazu nicht erforderlich, weil Gott mit von ihm gesandten Hornissen dasselbe bewirken könnte (Praem 94–97).⁹⁷ Auch abgesehen davon würden sich die Segensverheißungen aus Dtn 28,1–14 und Lev 26,3–13 an den Frommen (Praem 98–126) und alle Flüche aus Dtn 28,15–68 und Lev 26,14–39 an den Gesetzesübertretern und Gesetzesverächtern (Praem 126–161) erfüllen. Man muß schon genau lesen, um zu entdecken, daß die nationale Eschatologie noch ein zweites Mal in dieser Schrift zum Zuge kommt: In Erfüllung der in Lev 26,40–42 gegebenen göttlichen Verheißung werden die gottvergessenen Juden eines Tages ihre Sünden bekennen,⁹⁸ um dann zusammen mit den von ihren Herren freigegebenen (jüdischen) Sklaven vom Logos geleitet⁹⁹ zu dem einen vorbezeichneten Ort zu ziehen,¹⁰⁰ die zerstörten Städte aufzubauen und das verlassene Land in ständigem Wachstum zu bevölkern (Praem 162–168).

Am Ende dient die Aufnahme der Prophetie von der Heimkehr der Diaspora Philo allerdings als Beispiel dafür, was ein kleiner, der Seele verbliebener Rest an Tugend vermag, wenn er neu ausschlägt und dem Menschen dadurch Ehre und Schönes einträgt. Solcher Menschen bedürfen die Städte und Staaten (πόλεις / *póleis*) als guter Bürger und die Völker, um sich zu mehren.¹⁰¹ Das Ziel der Geschichte ist in Philos Augen erreicht, wenn alle Menschen friedlich auf der einen Erde von der Tora geleitet zusammenleben,¹⁰² so daß man (obwohl die beiden Texte in der

---

⁹⁵ Vgl. Num 24,7, dazu auch Vit.Mos. I.288–291 und Peder Borgen, Philo of Alexandria, NT.S 86, 1992, S. 275–276.
⁹⁶ Vgl. Dtn 28,7 und Lev 26,8.
⁹⁷ Vgl. Ex 23,28.
⁹⁸ Vgl. auch Philos Verständnis der Dike in Migr 225, wo es von ihr heißt, daß sie als Führerin derer, die Unrecht tun, mitleidlos und unerbittlich das Schlechte haßt, und die zu Fall bringt, die sich der Tugend schämen, worauf die so beschämten Seelen zu ihrer jungfräulichen Reinheit zurückkehren. Zur Gerechtigkeit, die jeden unparteilich nach dem, was er verdient hat, behandelt, vgl. All I.87.
⁹⁹ Zu Praem 165; vgl. Fischer, Eschatologie, BZNW 44, 1978, S. 205–206.
¹⁰⁰ D. h.: nach Jerusalem bzw. in das Land Israels.
¹⁰¹ Vgl. dazu auch Fischer, Eschatologie, S. 210.
¹⁰² Vgl. auch VitMos II.43–44, Fischer, S. 213, Borgen, NT.S 86, S. 141–142 und zu Philos Begründung der Überlegenheit der jüdischen Tora über die Gesetze der Völker VitMos II.17–20. Ihrem Wesen nach ist sie positiv durch Liebe zur Menschheit, zur Gerechtigkeit und zum Guten und negativ durch Haß des Bösen ausgezeichnet, ibd. 9–10.

Schrift nicht genannt werden) Jes 2,2–5 par Mich 4,1–5 als die Summe seiner Geschichtsphilosophie bezeichnen kann.

7. *Rückblick und Ausblick.* Wir haben in den Paragraphen 10–13 einen langen Weg zurückgelegt und dabei eine Vielzahl von Deutungen des menschlichen Schicksals und Auseinandersetzungen mit der das Alte Testament kennzeichnenden Grundüberzeugung kennengelernt, daß das Tun und Ergehen des Menschen dank göttlicher Fügung einander entsprechen. Die Antworten reichen vom Festhalten daran, daß sich der Grundsatz, daß Jahwe einem jeden nach seinem Tun vergilt, in der Erfahrung bewährt (Ps 37) und von der Erfahrung der Väter gestützt ist (Hiob 8,8–9; Sir 2,10) und sich im Laufe der Inkarnationen läuternd wiederholt (Philo, Decal 87), über seine prinzipielle (Hiob 22) oder partielle Infragestellung (Koh 8,14) bis zur schließlichen Stabilisierung durch den Glauben an ein Totengericht. Man erwartete es entweder als Endgerichts über alle Lebenden und Toten (Dan 7,9–12; 12,2–3; Weish 3,7; Mt 25,31–46) oder am Ende jedes Lebens (Philo, Praem 152). Gemeinsam ist den mit einem Totengericht rechnenden Konzepten, daß die Seele den Tod überdauert.[103] Dabei warten die Seelen nach der Vorstellung der Apokalyptiker in der Unterwelt auf ihren Aufruf vor Gottes Thron zum Endgericht und die der Frommen auf ihre Entrückung in die himmlische Lichtwelt zum ewigen Leben in der Gemeinschaft mit Gott (1. Hen 104,2; Ps 73,24; Weish 3,7; 5,16, vgl. Mk 12,25; 1. Kor 15,35–49). Die später im Zuge der Auseinandersetzung mit der Gnosis gelehrte Auferstehung des Fleisches begegnet im Alten Testament nur in Zusätzen zu Ez 37.[104] Sie wurde jedoch mittels der Vorstellung vom Zwischenzustand der Seele mit der von ihrer Fortdauer über den Tod hinaus und ihres Eingehens in einen alt-neuen Leib verbunden. Philo übernahm statt dessen als Platonist den von den Apokalyptikern bei ihrer Anleihe an den Totenglauben der griechisch-hellenistischen Mysterien abgelehnten Glauben an die wiederholten Erdenleben. Er verband ihn mit den Vorstellungen von dem sich im Leben jedes einzelnen vollziehenden und einem nach seinem Tode erfolgenden Gericht (Praem 152).

Trotzdem behält der genuin alttestamentliche Grundsatz der Entsprechung zwischen Tat und Tatfolge in diesem Leben, der in Ben Sira seinen letzten scharf umrissenen Verteidiger gefunden hat, sein relatives Recht.

---

[103] Zur Dekonstruktion der Seele in der Neuzeit und zumal der Moderne vgl. William Barrett, Death of the Soul, 1987, zu den Gründen und Rechtstiteln trotz der Neurophysik an ihr als dem regulativen und „substantiellen" Prinzip der Individuation festzuhalten Richard Swinburne, The Evolution of the Soul, rev. ed. 1997.

[104] Vgl. dazu oben. S. 308–309.

Denn wäre es anders und herrschten in den menschlichen Beziehungen nichts als rücksichtsloser Egoismus und abgefeimte Bosheit, so wäre das Leben auf dieser Erde nichts als eine Hölle. Daß sie für viele Menschen zu allen Zeiten und für Abermillionen im zurückliegenden Jahrhundert zu einer solchen geworden ist, sollte uns nicht veranlassen, an der stillen Wirkung der souveränen Daseinsäußerungen des Vertrauens, der Ehrlichkeit, Hilfsbereitschaft, Barmherzigkeit und Aufrichtigkeit zu zweifeln, die es im Stillen auch dort gibt, wo der Satan herrscht. Sie begründen die spezifische Menschlichkeit des Menschen und setzen sich in seinem Leben spontan durch.[105] Daher sind die aus ihnen abgeleiteten Gebote bzw. Verbote, welche diese kostbaren Güter wie ein Zaun sichern, mit dem Glanz Gottes versehen. So sollen sie die zur Besinnung und Umkehr rufen, die aus Eigensucht und mangelndem Gottvertrauen ihre sozialen Pflichten verachten und damit sich und die Menschheit schänden.

Doch ohne den Ausblick auf das ewige Leben, wären wir Menschen als Wesen, die um ihr Ende wissen, in einer aussichtslosen Lage. Die Frommen Israels gewannen die Zuversicht auf das Leben in einer anderen Welt nicht aufgrund philosophischer Spekulationen, sondern des Glaubens an die Treue Gottes, der von Israel (und intentional von allen Menschen) den unbedingten Gehorsam gegen seine Weisung verlangt. Führt die Treue des Menschen gegen sie zum Leiden und in den Tod, so darf er sich darauf verlassen, daß Gott ihm auch im Tode die Treue hält und seine Seele am Tage des Herrn in die himmlische Lichtwelt entrückt wird. Dieser Glaube enthielt für sie zugleich den Trost, daß auch die ungeheuerlichen Verbrechen, die auf Erden geschehen, diesseits des Grabes um ein Gott wohlgefälliges und daher wahrhaft glückliches Leben bringen und jenseits des Grabes nicht ungesühnt bleiben. Die Klagen der schuldlosen Opfer der Geschichte rufen nach der mythischen, in 1. Hen 22 und Offbg 6,9–10 bezeugten Vorstellung nach Gottes Gericht über ihre Mörder. Nicht die von Menschen gesprochenen Urteile, sondern erst Gottes spricht das letzte Wort. Die Offenbarung seiner Gerechtigkeit und das Leben in seinem Reiche bilden das letzte Ziel der Geschichte (Mt 6,10.33). Das Vertrauen des Christen auf diese zukünftige Welt gründet in der Botschaft von Jesu Erweckung aus dem Tode als dem Erstling derer, die entschlafen sind (1. Kor 15,20).

Im Hiobbuch begegnet dem Leser ein schuldlos Leidender, der sich gegen den Vorwurf der Gottlosigkeit reinigt, in dem er Rechenschaft von seinem Leben gibt, in dem die Treue gegen Gott und die Hilfsbereitschaft angesichts der Notleidenden und unbedingte Gerechtigkeit selbst gegen-

---

[105] Vgl. dazu Knud Løgstrup, Norm und Spontaneität, 1989, S. 6–36 und dazu auch unten, S. 420–421.

über den Sklaven selbstverständlich waren. Dabei handelt die Dichtung nicht einmal von einem Israeliten, sondern von einem Aramäer und bleibt damit ein Zeugnis der Humanität und des Glaubens, daß der Gott Israels der Gott aller Menschen ist. Daß sich Hiobs Leiden wendet und Gott sein verlorenes Glück erneuert, mag angesichts alles Elends und Unrechts auf dieser Welt auf manchen wie das *happy end* eines Groschenromans oder einer Operette anmuten, entspricht aber trotzdem dem Sehnen aller Menschen. Nicht jedes Unglück erweist sich als bloß vorübergehend und als göttliche Prüfung, sondern kann (wie es das 20.Jahrhundert einer fortschrittsgläubigen Menschheit gezeigt hat) für Millionen dank unmenschlichem Wahn tödlich enden. Trotzdem sollte der Bibelleser nicht hinter der Umsicht Kohelets zurückbleiben, der den Zusammenhang zwischen Gerechtigkeit und Glück nicht generell bestritten hat, sondern lediglich erklärte, daß die Regel ihre Ausnahmen kennt und Gottes Lenkung des menschlichen Schicksals für uns rätselhaft bleibt, damit wir ihn fürchten (Koh 3,14). Darüber hinaus behält der von ihm vermutlich aus der Überlieferung übernommene Wahrspruch sein Recht, daß ein Weiser seine Augen im Kopf hat, der Tor aber in der Finsternis wandelt, ebenso aber auch seine Einsicht, daß der Weise wie der Tor sterben müssen (Koh 2,14). Wer mit geschlossenen Augen oder im Dunkeln unbekannte Wege geht, erreicht sein Ziel nicht, sondern läuft bestenfalls im Kreise und schlimmstenfalls in einen Abgrund.

Aufgeklärt über die Grenzen unserer theoretischen Vernunft wissen wir, daß unser Vorstellungsvermögen an die sich uns als raum-zeitlich geordnet erscheinende Welt gebunden ist.. Die Zeugnisse der Erd- und der Menschheitsgeschichte und die Zeitlichkeit des eigenen Lebens lassen an der Realität der Weltzeit, in der unser Leben einen verschwindenden Bruchteil einnimmt, nicht zweifeln. Andererseits wird die Zeit zum Rätsel, wenn man in der Gleichung, daß Geschwindigkeit der Weg geteilt durch die Zeit ist, die Lichtgeschwindigkeit als absoluten Faktor einsetzt und offenbar einsetzen muß. Dann öffnet sich ein Reich der relativen Zeiten, von denen seit Einstein in der Physik die Rede ist.[106] Aber auch menschliche Erfahrungen der Präkognition, des Voraussehens kommender Ereignisse, und der retrospektiven Prophetie oder Postkognition[107]

---

[106] Vgl. dazu Gerald J. Whitrow, The Natural Philosophy of Time, 2nd ed. 1980, S. 224–226 und Kurt Hübner, Glaube und Denken, 2001, S. 41–44.

[107] Vgl. dazu Albert Frh. von Schrenck-Notzing, Grundfragen der Parapsychologie, hg. v. Gerda Walter (1929) 1962; W. H. C. Tenhaeff, Hellsehen und Telepathie, 1962; John Hick, Death and Afterlife, 1976, S. 373–378 mit den Nachweisen in den Anm. 22–39 auf S. 395–396 und Richard Swinburne The Evolution of the Soul, 2nd ed. 1997, S. 301–305.

verweisen auf die Rätselhaftigkeit all dessen, was in der Zeit geschieht. Was war, kann erscheinen, und was erst kommen wird, sich zeigen: Ist die Welt ein göttliches Mummenspiel und sind wir nur seine Marionetten?[108] Schlagen alle Wellen dieser Zeit an den Strand der Ewigkeit, so daß bei Gott alles zugleich ist? Solche Überlegungen zeigen uns nur, daß die uns erscheinende Welt einen Hintergrund besitzt, daß die immanente Welt ein transzendente Rückseite besitzt.

Aber solche Überlegungen entheben uns nicht der Zeitlichkeit unseres Daseins und der Verantwortlichkeit für unser Tun und Lassen vor uns selbst, für den Nächsten und vor Gott. Sie halten uns jedoch dazu an, mythische Vorstellungen von dem, was nach dem Tode kommt, nicht absolut zu setzen, sondern uns an ihren Kern zu halten, daß unser Leben und Sterben Gott untersteht (Röm 8,28–29) und wir im Tode in ihm geborgen bleiben (Weish 3,1).

Die einen stellen sich vor, daß ihre Seele wie die des Schächers am Kreuz im Augenblick des Todes in Gottes Herrlichkeit entrückt wird (Lk 23,43). Die anderen halten sich daran, daß alle nach ihrem Todesschlaf am jüngsten Tage auferweckt und nach dem Gericht verwandelt werden (1. Thes 4,13–18; Kor 15,12–58). Ob dieser Schlaf kurz ist oder abertausend Jahre währt, erschreckt sie nicht, denn wer traumlos schläft, erleidet keine Qualen. Anderen vertrauen darauf, daß ihre Unvollkommenheit nach ihrem Tode geläutert wird. Und wieder andere stellen sich vor, daß sie sooft auf diese Welt zurückkehren, bis ihr Wandel vor Gott und den Menschen vollkommen geworden ist. Die einen halten sich an den Augenschein, daß die Toten nicht wiederkehren. Die anderen berufen sich auf die Evidenz, die der Gedanke der Wiederkehr für sie besitzt, auf sein Deutungspotential angesichts der unterschiedlichen Menschenlose und

---

[108] Vgl. dazu Plat.leg. VII 803 c 2–6 mit I 644 d 7–645 b 1 und Otto Kaiser, Gott als Lenker des menschlichen Schicksals in Platons Nomoi, in: BZAW 294, 2000, S. 101; vgl. aber auch Sir 3,21–25 und Martin Luther, De servo arbitrio, BoA III, S. 177.15–17 (WA 18, S. 685): *„Aliter de Deo uel uoluntate Dei nobis praedicata, reuelata, oblata, culta, Et aliter de Deo non preadicatom non reuelato, non oblato, non culto disputandum est. Quatenus igitur Deus sese absondit et ignorari a nobis uult, nihil ad nos. Hic enim uere ualet illud: Quae supra nos, nihil ad nos."* (Vom unfreien Willen,übers. Bruno Jordahn, Martin Luther. Ausgewählte Werke, hg. H. H. Borcherdt und Georg Merz E. I., München: Christan Kaiser 1958, S. 108: *„Man muß anders über Gott oder den Willen Gottes, der uns gepredigt, offenbart, angeboten, verehrt wird, und anders über den Gott, der nicht offenbart,nicht gepredigt, nicht angeboten, nicht verehrt wird, disputieren. Soweit sich nun Gott verbirgt und von uns nicht erkannt werden will, geht es uns nichts an. Denn hier gilt in der Tat jenes Wort: ‚Was über uns ist, geht uns nichts an.'"*

der eigenartigen Phänomen des Zeitabsturzes und der Versetzung in einstige Identitäten.[109] Wir sollten das Erforschbare erforschen, aber dabei nicht die Ehrfurcht vor dem Unerforschbaren als dem undurchdringlichen Schleier Gottes verlieren. Und so reicht zu einem rechtschaffenen Leben und seligen Sterben die Gewißheit aus, daß niemand aus Gottes Hand fällt und dem, der radikal auf sich verzichtet, ein anderes Licht aufnimmt, welches alles Fragen beendet und Friede und Seligkeit ist.

Literatur

Ausgewählte Aufsätze, Monographien und Sammelwerke:[110] *Barrett, William*, Death of the Soul. Philosophical Thought from Descartes to the Computer, Oxford: Oxford University Press 1987; *Borgen, Peder*, Philo of Alexandria. An Exegete for His Time, NT.S 86, Leiden u. a.: E. J. Brill 1992; *Bousset, Wilhelm,* Die Religion des Judentums im späthellenistischen Zeitalter, 3. Aufl., hg. v. *Hugo Greßmann*, HNT 21, Tübingen: J. C. B. Mohr (Paul Siebeck) 1926; *Burkert, Walter,* Weisheit und Wissenschaft. Studien zu Pythagoras, Philolaos und Platon, Erlänger Beiträge zur Sprach- und Kunstwissenschaft 10, Nürnberg; Carl 1962; *ders.,* Griechische Religion in archaischer und klassischer Zeit, RM 15, Stuttgart u. a.: W. Kohlhammer 1977; *Casetti, Pierre*, Gibt es ein Leben vor dem Tod? Eine Auslegung von Psalm 49, OBO 44, Freiburg/Schweiz/Göttingen: Universitätsverlag Freiburg/Schweiz/Vandenhoeck & Ruprecht 1982; *Cheon, Samuel,* The Exodus Story in the Wisdom of Solomon. A Study in Biblical Interpretation, JStP.S 23, Sheffield: Sheffield University Press 1997; *Dodds, Eric Robertson,* The Greeks and the Irrational, Berkeley und Los Angeles: University of California Press (1951) 1966 = ders., Die Griechen und das Irrationale, übers. v. Hermann-Josef Dierks, Darmstadt: Wissenschaftliche Buchgesellschaft 1970 = 2. Aufl. 1991; *Fischer, Ulrich,* Eschatologie und Jenseitserwartung im hellenistischen Diasporajudentum, BZNW 44, Berlin. New York: Walter de Gruyter 1978; *Graf, Fritz,* Eleusis und die orphische Dichtung Athens in vorhellenistischer Zeit, RVV 33, Berlin. New York: Walter de Gruyter 1974; *Hick. John,* Death and Afterlife, London: Collins 1976; *Hübner, Kurt,* Glaube und Denken. Dimensionen der Wirklichkeit, Tübingen: Mohr Siebeck 2001; *Irsigler, Hubert,* Psalm 73. Monolog eines Weisen..Text, Programm, Struktur, ATSAT 20, St. Ottilien: Eos Verlag 1984; *Kaiser, Otto und Lohse, Eduard,* Tod und Leben, BibKon 1001, Stuttgart u. a.: W. Kohlhammer 1977; *Kepper, Martina,* Hellenistische Bildung im Buch der Weisheit, BZAW 280, Berlin. New York: Walter de Gruyter 1999; *Kolarcik, Michael*, The Ambiguity of Death in the Book of Wisdom 1–6. A Study of Literary Structure and Interpretation, AnBib 127, Roma: Editrice Pontificio Istituto Biblico 1991;

---

[109] Vgl. dazu auch Rüdiger Sachau, Weiterleben nach dem Tod?, GTB 988, 1998.
[110] Zur allgemeinen Einführung in die alttestamentliche Weisheit vgl. die Literaturangaben zum § 10, zu solchen zur hellenistischen Epoche die zu § 12.

Kraus, Hans-Joachim, Theologie der Psalmen, BK.AT XV/3, Neukirchen-Vluyn: Neukirchener Verlag 1979; *Larcher, Chrysostome*, Études sur le Livre de la Sagesse, EtB, Paris: J. Gabalda 1969; *Løgstrup, Knud E.*, Norm und Spontaneität. Ethik und Politik zwischen Technik und Dilettantokratie, übers. v. Rosemarie Løfgstrup, Tübingen: J.C.B. Mohr (Paul Siebeck) 1989; *Mack, Burton Lee*, Logos und Sophia. Untersuchungen zur Weisheitstheologie im hellenistischen Judentum, StUNT 10, Göttingen: Vandenhoeck & Ruprecht 1975; *Martínez, Florentino Garcia*, Qumran and Apocalyptic. Studies in the Aramaic Texts from Qumran, StTDJ 9, Leiden u. a.; E. J. Brill 1992; *McKenzie, Steven L.* u. a., eds., Rethinking the Foundations. Historiography in the Ancient World and in the Bible. FS John Van Seters, BZAW 294, Berlin. New York: Walter de Gruyter 2000; *Neher, Martin*, Wesen und Wirken der Weisheit in der Sapientia Salomonis, BZAW, Berlin. New York: Walter de Gruyter 2003; *Nickelsburg, George W. E.*, Resurrection, Immortality, and Eternal Life in Intertestamental Judaism, HThSt 26, Cambridge, Mass./London: Harvard University Press/Oxford University Press 1972; *Reese, James M.*, Hellenistic Influence on the Book of Wisdom and Its Consequences, AnBib 41, Rome: Biblical Institute Press 1970; *Sachau, Rüdiger*, Weiterleben nach dem Tod? Warum immer mehr Menschen an Reinkarnation glauben, GTB 988, Gütersloh: Gütersloher Verlagshaus 1998; *Schmitt, Armin*, Entrückung – Aufnahme – Himmelfahrt. Untersuchungen zu einem Vorstellungsbereich im Alten Testament, 2. Aufl., FzB 10, Stuttgart: Katholisches Bibelwerk 1976; *ders.*, Der Gegenwart verpflichtet. Studien zur biblischen Literatur des Frühjudentums, hg. v. *Christian Wagner*, BZAW 292, Berlin. New York: Walter de Gruyter 2000; *Scholl, Reinhard*, Die Elenden in Gottes Thronrat. Stilistisch-kompositorische Untersuchungen zu Jesaja 24–27, BZAW 274, Berlin. New York: Walter de Gruyter 2000; *Schrenck-Nötzing, Albert, Frh. von*, Grundfragen der Parapsychologie, hg. v. Gerda Walter, Stuttgart; W. Kohlhammer 1962; *Schüpphaus, Joachim*, Die Psalmen Salomos. Ein Zeugnis Jerusalemer Theologie und Frömmigkeit in der Mitte des vorchristlichen Jahrhunderts, ALGHJ 7, Leiden: E. J. Brill 1977; *Spronk, Klaas*, Beatific Afterlife in Ancient Israel and in the Ancient Near East, AOAT 219, Kevelaer/Neukirchen-Vluyn: Butzon & Berker/Neukirchener Verlag 1986; *Stone, Michael E.*, Jewish Writings of the Second Temple Period, CRI II/2, Assen/Philadelphia. Van Gorcum/Fortress Press 1984; *Swinburne, Richard*, The Evolution of the Soul, Oxford: Clarendon Press 2nd rev. ed. 1997; *Tromp, Nicholas J.*, Primitive Conceptions of Death and the Nether World in the Old Testament, BibOr 21, Rome: Pontifical Biblical Institute 1969; *Wacker, Marie-Theres*, Weltordnung und Gericht. Studien zu 1 Henoch 22, FzB 45, Würzburg: Echter 1982; *Whitrow, Gerald J.*, The Natural–Philosophy of Time, Oxford: Clarendon Press, 2nd ed. 1980.

§ 14 Der eine Gott und die Götter der Welt

1. *Polytheismus und Monotheismus.* Ehe wir uns dem eigentlichen Thema dieses Paragraphen widmen, wie aus dem für Israel einzigartigen Gott der einzige Gott überhaupt wurde, geben wir einleitend Auskunft über den Ursprung der Rede vom Monotheismus und dem Wandel seiner Beurteilung seit der Aufklärung. Die Rede vom Monotheismus als solche bezieht ihren Sinn aus der von ihrem Gegensatz, dem Polytheismus. Sie geht auf den Cambridger Platonisten *Henry Moore* (1614–1687) zurück.[1] Vom christlichen Glauben her formuliert sah sie in dem Polytheismus einen durch den biblischen Gottesglauben überwundenen Standpunkt. *David Hume* erklärte den Polytheismus in seiner *Natural History of Religion*, seiner *Naturgeschichte der Religion* (1757), als *die ursprüngliche Religionsform*, weil *„die unwissende Menge dem natürlichen Fortschritt des menschlichen Denkens gemäß erst einige und niedere und unkomplizierte Begriffe von den höheren Mächten annehmen mußte, bevor sie die Vorstellungskraft bis zu jenem vollkommenen Wesen ausdehnen konnte, das dem gesamten Weltenbau seine Ordnung verlieh.“*[2] Der Sache nach hielt er die Polytheisten für faktische Atheisten, weil sie kein höchstes Wesen kennen, welches das erste Prinzip der Vernunft oder des Denkens ist, die höchste Herrschaft oder Regierung ausübt und planvoll erschafft.[3] Auf der anderen Seite beobachtet er mit Ironie, daß der Toleranz der polytheistischen Religionen abschreckend die Intoleranz der monotheistischen gegenübersteht. Die Ursache dafür sei darin zu suchen, daß der grundsätzlich vernunftgemäße Monotheismus durch theologische Sophismen *ad absurdum* geführt werde.[4] Schon diese wenigen Hinweise geben zu erkennen, daß es Hume in dieser Schrift um die Verteidigung eines toleranten Deismus als des dem Zeitalter der Aufklärung angemessenen philosophischen Glaubens ging.

Blickt man in *Immanuel Kants* Hauptwerk *Die Kritik der reinen Vernunft,* so erkennt man *Humes* Einfluß im Zusammenhang seiner Behand-

---

[1] Vgl. zum Folgenden knapp R. Hülsewiesche, Art. Monotheismus II, HWPh VI, 1984, Sp. 142–146 und ergänzend Fritz Stolz, Einführung in den biblischen Monotheismus, 1996, S. 4–6 und zur Eigenart der Cambridger Platonisten C. A. Patrides, The Cambridge Platonists, Cambridge/UK: Cambridge University Press 1980, S. 1–41 und die Kurzvita Moores S. XXX.

[2] David Hume, Die Naturgeschichte der Religion, übers. und hg. v. Lothar Kreimendahl, PhB 341, Hamburg: Felix Meiner 1984, S. 3 und dazu Gerhard Streminger, Davin Hume, 3. Aufl., 1995, S. 433–449, bes. S. 439–443.

[3] Ebd., S. 3.

[4] Vgl. S. 38–39 mit S. 42–43.

lung der Annahme eines absolut notwendigen Wesens wieder: Obwohl er dieser keine Stringenz zuzuerkennen bereit ist, erkennt er diesem Argument doch eine praktische Bedeutung zu, weil es (ähnlich wie der physikoteleologische Gottesbeweis) *„dem gemeinsten Menschengeist angemessen ist, sobald dieser nur einmal darauf geführt wird"* (KrV 617). Aufsteigend in der Kette der Ursachen kommt man schließlich zu einer obersten, über die als solcher hinaus man nicht zu fragen braucht: *„Diese höchste Ursache halten wir dann für schlechthin notwendig, weil wir es schlechterdings notwendig finden, bis zu ihr hinaufzusteigen, und keinen Grund, über sie noch weiter hinauszugehen."* Und nun folgt der in unserem Zusammenhang entscheidende Satz: *„Daher sehen wir bei allen Völkern durch ihre blindeste Vielgötterei doch einige Funken des Monotheismus hindurchschimmern, wozu nicht Nachdenken und tiefe Spekulation, sondern nur ein nach und nach verständlich gewordener Gang des gemeinen Verstandes geführt hat"* (KrV 618B). Der Polytheismus gilt Kant wie Hume als eine Vorform des Monotheismus, als der philosophisch angemessenen Gottesvorstellung.

Wenden wir uns *Georg Wilhelm Friedrich Hegel* zu, so wird die grundsätzlich negative Beurteilung des Polytheismus durch seinen Gedanken des in der Geschichte zu sich selbst kommenden Geistes Gottes aufgefangen.[5] Seine anfänglichen Versuche, die Religionsgeschichte als einen innerlich notwendigen Entwicklungsgang des zu sich selbst kommenden absoluten Geistes und damit als eine Einheit zu begreifen, endete *de facto* in einer entwicklungsgeschichtlichen Typologisierung der Religionen: War der Geist zunächst in die Natur versenkt, so trat er ihr dann in strenger Diastase gegenüber, um sich schließlich im Menschen zu erkennen, in dem der Geist Leib geworden und mithin mit der Natur versöhnt ist. Angesichts der sich im Laufe des ersten Drittels des 19.Jahrhunderts vollziehenden Ausweitung der konkreten Kenntnisse zumal der asiatischen Religionen wandelte sich diese geschichtliche in eine religionsgeographische Typologie, die ihre innere Ordnung nach dem Grade der in ihr entwickelten Freiheit erhielt. Trotzdem hält Hegel seinen Ansatz insofern durch, als er sich auch dabei des Ansatzes der Einheit, Entzweiung und Versöhnung bediente.[6] Gleichzeitig zeichnet sich der Versuch ab, seine philosophische Deutung der Geschichte als des Weges zur Vollendung der Freiheit mit dem Gang der Religionsgeschichte zu verbinden.[7] Dem-

---

[5] Vgl. zum Folgenden Walter Jaeschke, Die Vernunft in der Religion, Spekulation und Erfahrung II/4, 1986, S. 274–297.

[6] Vgl. dazu Jaeschke, S. 276–283.

[7] Vgl. Jaeschke, S. 291.

gemäß wäre die Religionsgeschichte als universale Erziehungsgeschichte zu deuten, an deren Ende das vollendete Bewußtsein der Freiheit als der Gewißheit der Versöhnung des Endlichen mit dem Unendlichen stünde.[8] Doch es ist leichter, ein derartiges Programm aufzustellen, als es angesichts der Vielzahl der Religionen, ihrer Interdependenzen und Zeitverschiebungen im konkreten Gang der Religionsgeschichte zu verifizieren. Sieht man davon ab, so verbleibt jedoch ein gewisses typologisches Recht, von Naturreligionen, personalisierten Naturreligionen, solchen des Gegensatzes zwischen Natur oder Welt und Geist und solchen, die beide miteinander versöhnen, zu sprechen. Das Urteil, ob die beiden erstgenannten zum Vorspiel des Heils gehören oder ob alle unmittelbar zu Gott sind, hängt dann von dem konkreten philosophischen oder theologischen Vorverständnis des Einzelnen ab. Halten wir uns an die Hegels spekulativer Theologie zugrundeliegende Erfahrung der Andacht, in welcher der Endliche angesichts des Unendlichen auf seine Endlichkeit verzichtet und sich damit als Teil des Ganzen versteht,[9] wird einsichtig, warum für ihn der Pantheismus, der Gott mit allem identifizierte, ein leerer Monotheismus war; denn er macht sich an der numerischen Einheit der Welt fest. Diese aber enthält doch die Fülle und Mannigfaltigkeit der Endlichkeiten in sich, die sich ihrerseits als Manifestationen des absoluten Geistes verstehen lassen.[10] Zwischen dem Satz, daß Gott alles ist, und dem, das alles Gott ist, besteht logisch und sachlich ein fundamentaler Unterschied: Im ersten Fall ist Gott das Subjekt, im zweiten bloßes Prädikat.[11]

Die Kritik am Monotheismus setzt bereits bei *Arthur Schopenhauer* ein, der den monotheistischen Religionen wie *David Hume* gefährliche Intoleranz vorwirft: *„In der Tat ist Intoleranz nur dem Monotheismus wesentlich: ein alleiniger Gott ist seiner Natur nach ein eifersüchtiger Gott, der keinem anderen das Leben gönnt. Hingegen sind polytheistische Götter ihrer Natur nach tolerant: sie leben und lassen leben … Daher*

---

[8] Vgl. Jaeschke, S. 291–292.

[9] Vgl. dazu Otto Kaiser, Hegels Religionsphilosophie. Ein Versuch, sie aus dem Ganzen seines Systems zu verstehen, NZSTh 28, 1986, S. 198–222, bes. S. 203–205.

[10] Vgl. dazu G. W. F. Hegel, Enzyklopädie der philosophischen Wissenschaften (1830), hg. v. Friedhelm Nicolin und Otto Pöggeler, PhB 33, Hamburg: Felix Meiner 1991, S. 453–456.

[11] Zur Kritik Schopenhauers an diesem als an einem leeren Satz, der ignotum per ignotum erkläre, vgl. Parerga und Paralipomena II, § 69, hg. Wolfgang Frh. von Löhneysen V, 2. Aufl., Stuttgart und Frankfurt: Cotta-Insel 1968 = Darmstadt: Wissenschaftliche Buchgesellschaft 1976, S. 120.

sind es die monotheistischen Religionen allein, welche uns das Schauspiel der Religionskriege, Religionsverfolgungen und Ketzergerichte liefern ...".[12] *Friedrich Nietzsche*, der Jünger des Dionysos,[13] pries in der *Fröhlichen Wissenschaft* die Vorzüge des Polytheismus gegenüber dem Monotheismus: In jenem erkannte er *"die wundervolle Kraft Götter zu erschaffen."* Dabei galt nur eine Norm: *"..., der Mensch' – und jedes Volk glaubte diese Eine und Letzte Norm zu haben. Aber über sich und außer sich, in der fernen Ueberwelt, durfte man eine Mehrzahl von Normen sehen: der eine Gott war nicht die Lästerung des anderen Gottes! Hier erlaubte man sich zuerst Individuen, hier ehrte man zuerst das Recht von Individuen."* Im Gegensatz dazu sah er im Monotheismus eine *"starre Konsequenz der Lehre von Einem Normalmenschen."* Der monotheistische *"Normalgott, neben dem es nur noch falsche Götter giebt, – war vielleicht die größte Gefahr der bisherigen Menschheit: da drohte der geistige Stillstand ... Während der Polytheismus die Freigeisterei und Vielgeisterei des Menschen vorgebildet: die Kraft, sich neue und eigene Augen zu schaffen und immer neuere und eigenere: sodass es für den Menschen allein unter allen Thieren keine ewigen Horizonte und Perspectiven giebt"*[14] Oder anders ausgedrückt: Weil dem Polytheismus aller Dogmatismus fremd ist, entließ er den Menschen in die Offenheit, sich immer neu in die Zukunft zu entwerfen.

Die jüngste Kritik am Monotheismus kommt von zwei Seiten, von der postmodernen Religionsgeschichte und der postmodernen Philosophie. Dabei besteht das Postmoderne in beiden Fällen in dem Verdacht gegenüber jeder Welterklärung, die neben sich keine andere zuläßt. Sie entspricht damit dem Protest gegen die Großideologien, die auf dem Boden der Französischen Revolution das Freiheitspanier schwingen, um jeden zu verdammen, der sich gegen diese spezifisch politische Deutung der emanzipatorischen Freiheit wehrt und den Sinn des Lebens nicht im Fortschritt demokratischer Freiheiten sucht. Dadurch ist ein ungemütliches geistiges Klima entstanden, das zu nostalgischer Flucht in die Vergangenheit einlädt oder wie bei *Odo Marquard* in seinem Vortrag *Lob des Polytheismus* zu scheinbar verspielter, in Wirklichkeit aber sokratischer Ironie

---

[12] Parerga II, 15: Über die Religion, § 174: Ein Dialog, V, S. 423.

[13] Vgl. dazu Friedrich Georg Jünger, Nietzsche, Frankfurt am Main: Vittorio Klostermann 1949 = 2000, bes. S. 79–85 und die sachliche Beurteilung der Bedeutung des Dionysos-Mythos bei Nietzsche und die Abgrenzung gegen Mißverständnisse bei Henning Ottmann, Philosophie und Politik bei Nietzsche, MTNF 17, 1999, S. 56–75.

[14] Nr. 143, KGW V/2, S. 168–169 und zu den Mängeln und der Bedeutung von Nietzsches Religionskritik Ottmann, S. 192–203.

herausfordert:[15] Der moderne Mythos der Alleingeschichte, der an die Stelle der Heilsgeschichte getreten ist und in der Legislative, Exekutive und Jurisdiktion gleichsam seine Untergötter (oder seine neue Trinität) besitzt, sei seinem Wesen nach so intolerant wie der Monotheismus, der die vielen Geschichten des Polytheismus zerstört und nur noch die eine und einzige Heilsgeschichte zugelassen hat. Die neue politische Mythologie sei mithin nur die säkularisierte Form der Heilsgeschichte[16] und verbiete als solche die je eigene Geschichte kontingenten spielerischen Sinnsuchens und Sinnsetzens. Was sich dagegen als ethnologische Kritik, *„sinologische Linksmorgenländerei"*, nostalgischer Orient-Tourismus oder (leichter finanzierbar) in ungepflegtem *outfit* und schließlich artistischem Primitivismus zu Wort meldet, sei letztlich Ausdruck der Rückkehr zum Rousseauschen *„Guten Wilden"*. Er stehe bewußt oder unbewußt unter dem Vorzeichen des Monomythos des Fortschritts und damit der Intoleranz, die er vom Monotheismus geerbt habe. So gilt *Odo Marquards* Lob des Polytheismus nicht der Repristination einer versunkenen Welt, sondern ihres Modells aspekthafter Deutungen der Wirklichkeit, weil – so füge ich erklärend hinzu – der Mensch mit seinem wie immer begründeten Anspruch auf eine ausschließliche Auslegung die Wirklichkeit der Geschichte und des konkreten je einzelnen Lebens vergewaltigt. Was sich da verspielt als Lob des Polytheismus ausgibt, ist Ausdruck einer sokratischen Bescheidenheit, die (ließe sie sich auf Gott ein) für sich nur ein „nichtwissendes Wissen" beanspruchen könnte.[17]

Als Beispiel für die von religionswissenschaftlicher Seite vorgetragene Kritik geben wir abschließend exemplarisch *Jan Assmann* das Wort. Denn seine negative Kritik des biblischen Monotheismus, beruht auf seiner Einsicht, daß er seinem Wesen nach ausschließend und intolerant ist. Dafür braucht man, beschränken wir uns auf das Alte Testament und die Geschichte der christlichen Kirche, in der Tat nicht lange nach Beispielen zu suchen. Die dtn-dtr Isolationsparänese Dtn 7, die ihr entsprechende Landnahmeerzählung in Jos 1–12 und die uns alsbald zu genauerer Betrachtung einladende vom Gottesurteil auf dem Karmel in 1. Kön 18 rei-

---

[15] Odo Marquard, Lob des Polytheismus. Über Monomythie und Polymythie, in: Hans Posener, Philosophie und Mythologie, 1979, S. 40–58.

[16] Vgl. dazu Karl Löwith, Weltgeschichte als Heilsgeschichte, 3. Aufl., UB 2, 1953, S. 175–185.

[17] Vgl. dazu Otto Kaiser, Die Rede von Gott am Ende des 20. Jahrhunderts, in: ders. und Peter Oesterreich, Die Rede von Gott und Welt, Bausteine zur Philosophie 10, Humboldt-Studienzentrum der Universität Ulm, Ulm 1996, S. 33–57, bes. S. 22–24 = ders., Gottes und der Menschen Weisheit, BZAW 261,1998, S. 258–281, bes. 271–273.

chen aus, die Richtigkeit dieses von Assmann gezogenen Rückschlusses zu bestätigen. Als Ursache dafür erkennt Assmann zutreffend, daß dieser Monotheismus von vornherein politischer Natur war:

> *„Der politische Monotheismus argumentiert etwa folgendermaßen: alle Völker haben ihre Götter, wir aber haben den einzigen Jahwe. Diese Argumentation findet sich nur in Israel, und sie hat meines Erachtens von Anfang an und im innersten Kern politische Gründe... Ein kosmologischer Monotheismus argumentiert dagegen mit der Einheit der Welt bzw. des Seienden – und der Einzigkeit ihres Ursprungs und des Prinzips ihrer Inganghaltung. Das ist eine völlig andere Argumentation. Sie verträgt sich durchaus mit der Anerkennung vieler Götter. Diese werden dann als die Konstituenten der Welt angesehen, um deren einen Schöpfer und Erhalter es geht."*

Im politischen Monotheismus erkennt Assmann eine Erfindung Israels, in dem kosmologischen dagegen eine Denkweise, die sich ebenso im Alten Mesopotamien wie im Alten Ägypten und bei den Griechen findet.[18] Das von Assmann favorisierte Gegenmodell bietet ihm die Neue Sonnentheologie der Ramessidenzeit, bei der es sich um einen evolutionären und inkludierenden Monotheismus handelt: Der Höchste Gott verdrängte hier die anderen Götter nicht, sondern sie wurden zu Erscheinungsformen des im Grunde der Welt verborgenen Urgottes. Hier werden mithin die anderen Götter und damit die von ihnen repräsentierten Deutungsaspekte der Wirklichkeit nicht geleugnet, sondern in den Urgott inkorporiert. Alle Götter werden so zu Erscheinungsformen des Einen, ohne dadurch ihr spezifisches Deutungspotential zu verlieren. Vergleicht man den revolutionären mit dem evolutionären Monotheismus, so ergibt sich für ihn: *„Im einen Fall setzt sich der Monotheismus zerstörend, verfolgend, negierend an die Stelle vorgängiger Religionsformen, im anderen Fall wächst er allmählich als ein Spät- und Reifestadium aus ihnen heraus."*[19] Damit ist deutlich, daß Assmann den ägyptischen Verborgenheitsmonotheismus dem biblischen Offenbarungs-Monotheismus vorzieht.[20] Natürlich stellt sich dem Leser die Frage, ob Assmann zu den von *Odo Marquard* karikierten Orientpilgern gehört oder ob er nicht eher einem aspektiven Pluralismus das Wort redet.[21] Vor der zuerst genannten Unterstellung schützt ihn seine sich anderwärts

---

[18] Vgl. Jan Assmann, Monotheismus und Kosmotheismus, SAHW.PH 93/2, 1993, S. 11–12.

[19] Jan Assmann, Monotheismus und Kosmotheismus, S. 46.

[20] Ebd., S. 47–49.

[21] Zur Bedeutung des aspektiven und komplementären Denkens in der Gegenwart vgl. Emma Brunner-Traut, Frühformen des Erkennens, 2. Aufl., 1992, S. 165–171.

unter ausdrücklicher Berufung auf *Max Weber* geäußerte Einsicht, daß der fortschreitenden Theologisierung der Welt in der ägyptischen Religion eine in der sogenannten „Achsenzeit" einsetzende gegenläufige Bewegung der Entzauberung der Welt entspricht.[22] Dieser Prozeß läßt sich jedoch durch kein nostalgisches Wollen rückgängig machen. Aber der Ansatz des mythischen Denkens in Gestalt seiner *multiplicity of approaches,* der Vielfalt der Annäherungen (*Henry Frankfort*),[23] besitzt längst im Denken der gegenwärtigen Naturwissenschaft mit ihrem komplementären und aspektiven Verständnis der Wirklichkeit seine Entsprechung. Der Theologe deutet die sich auch ihm unter vielen Aspekten zeigende Wirklichkeit von ihrem einen göttlichen Grund her, weiß aber ebenfalls, daß dem endlichen Menschen die Einsicht in das Ganze versagt ist.

Wenn wir uns in diesem Paragraphen der Aufgabe widmen, den Schritt von dem Glauben an Jahwes Einzigartigkeit für Israel zu dem an Jahwe als den einzigen Gott darzustellen, behalten wir die jüngste Kritik an dieser Entwicklung im Gedächtnis, ohne sie zum eigentlichen Thema zu machen.[24] Wir werden jedenfalls zu überprüfen haben, ob es ausreicht, den biblischen Monotheismus als lediglich politisch zu bewerten, da der eigentliche, mit Deuterojesaja einsetzende Monotheismus den Glauben an die Schöpfermacht Jahwes voraussetzt und insofern eine kosmologische Komponente besitzt, freilich ohne die für die alttestamentliche Religion unverzichtbare Grenze zwischen Schöpfer und Geschöpf zu überschreiten. Von der notwendigen Unterscheidung zwischen Glauben und Glaubensgedanken, Glaubensgedanken und zur Ideologie entartetem Glauben wird erst im folgenden Paragraphen die Rede und dabei noch einmal der spezifischen Verbindung zwischen biblischem Erwählungsglauben und biblischem Monotheismus zu gedenken sein.

2. *Der Polytheismus als Voraussetzung der Vorstellung von der Einzigartigkeit eines Gottes.* Doch ehe wir uns dem sich im Alten Testament spiegelnden Gang von dem für Israel einzigartigen Gott zu seiner Erhebung zum einzigen Gott überhaupt zuwenden, empfiehlt sich ein Blick auf die Art und Funktionsweise des Polytheismus. Denn die Vorstellung, daß ein Gott eine einzigartige Stellung unter den Göttern besitzt, ist keinesfalls notwendig mit der anderen verknüpft, daß der so ausgezeichnete Gott zugleich der einzige ist. Sie setzt vielmehr die Konkurrenz mit

---

[22] Vgl. Jan Assmann, Ma'at. Gerechtigkeit und Unsterblichkeit im Alten Ägypten, München: C.H. Beck 1990, S. 288.
[23] Ancient Egyptian Religion, 2nd ed., 1949, S. 4.
[24] Zur Revision der postmodernen Kritik am Glaubensbegriff vgl. Slavoj Žižek, Die gnadenlose Liebe, stw 1445, 2001.

anderen Göttern voraus und gehört somit ursprünglich in den Kontext der polytheistischen Religionen.[25] Kennzeichnend für sie ist ein aspektives und additives Denken.[26] Ihre Götter vertreten daher unterschiedliche Aspekte der kosmischen, sozialen und anthropologischen Wirklichkeit. Sie sind aber in den Hochreligionen des Altertums bereits einem obersten Gott unterstellt, so daß das polytheistische Pantheon die spannungsvolle Einheit der Welt in ihrer Widersprüchlichkeit spiegelt. Dabei kann ein jüngerer Gott als Repräsentant einer irdischen Machtfülle die Rolle des älteren höchsten Gottes übernehmen, wie es im Fall Marduks und Assurs der Fall war. In ähnlicher Weise konnte Baal dank seiner Bedeutung für alles Leben zu einzigartiger Bedeutung aufsteigen, ohne damit den uralten Gott El aus seiner Ordnungsfunktion zu verdrängen. Denn El garantierte im Pantheon des spätbronzezeitlichen Stadtkönigtums von Ugarit die Einheit des Ganzen angesichts der ihm innewohnenden divergierenden Kräfte.[27] Eine weitere Möglichkeit bestand darin, die Vielzahl der Götter als Erscheinungsformen eines einzigen zu erklären, wie es sich ansatzweise im babylonischen Schöpfungsepos Enuma-Elisch zeigt[28] und mit prinzipieller Konsequenz in der Neuen Sonnentheologie der Ramessidenzeit und (auf den memphitischen Lokalgott Ptah angewandt) im sogenannten Denkmal Memphitischer Theologie durchgeführt worden ist.[29] Dank der Vielfalt der kosmischen, anthropologischen und sozialen Aspekte, die von den Göttern repräsentiert wurden, besaß der Polytheismus ein breites Erklärungspotential. Daß es seine Überzeugungskraft im Laufe der kulturellen Entwicklung der Völker verlor und die Gestalten der Götter verblaßten, hängt jedenfalls mit dem Prozeß zusammen, in dem sich die Menschen ihrer selbst als verantwortlicher Personen bewußt wurden und ernüchtert in einer Welt wiederfanden, in denen die Götter ihr Erscheinen versagten und ihre Stimme verstummte.[30]

---

[25] Vgl. Oswald Loretz, Des Gottes Einzigkeit, 1997, S. 60.

[26] Vgl. zu ihm Emma Brunner-Traut, Frühformen des Erkennens, 2. Aufl., 1992, S. 7–40 und S. 114–128.

[27] Zu seiner geographischen Lage und Geschichte vgl. Dirk Kinet, Ugarit – Geschichte und Kultur einer Stadt in der Umwelt des Alten Testaments, SBS 104, 1981, S. 9–46.

[28] Vgl. dazu unten, S. 353.

[29] Vgl. dazu GAT II, S. 247–251 bzw. Klaus Koch, Geschichte der ägyptischen Religion, 1993, S. 377–382 bzw. Jan Assmann, Re und Amun, OBO 51, 1983, S. 191–218 und ders., Monotheismus und Kosmotheismus, SHAW.PH 1993/2, 1993, S. 37–38.

[30] Vgl. dazu auch GAT I, S. 111–112.

3. Die Einheit im Widerstreit
3.1. Das altmesopotamische Pantheon.

Als Beispiele für die Art und die Funktion des Polytheismus seien hier das altmesopotamische und das ugaritische Pantheon vorgeführt.[31] In der für die weitere mesopotamische Religionsgeschichte[32] grundlegenden *sumerischen Religion* nimmt der Gott des höchsten Himmels An/Anu[33] auch die Stellung des höchsten Gottes ein: Er ist der König der Götter.[34] Trotzdem mußte er später die sich daraus ergebende Rolle als Haupt der Götterversammlung und Herr des Schicksals, dessen Spruch unumstößlich ist, mit Enlil, dem Herrn des Windes und Wettergott, teilen.[35] Und noch einmal später wurden beide in dieser Funktion durch den babylonischen Reichsgott Marduk bzw. den assyrischen Assur abgelöst. Neben Anu und Enlil stand der Gott Ea/Enki als „Herr der Erde" oder „Herr des Unten," der Herrscher über den unterirdischen Süßwasserozean und der Quellen. Er galt als Gott der Weisheit und der Beschwörung.[36] Als sein Sohn wurde später der jugendliche Sonnengott Marduk betrachtet, dem es bestimmt war, als Stadtgott von Babel die Anu- bzw. die Enlilschaft über die Götter und die Erde zu übernehmen. Er und seine Gemahlin Zarpanitu konnten im 1. Jh. v. Chr. als „Gott" und „Göttin" schlechthin verehrt werden, doch scheiterte die sich darin ausdrückende monotheistische Tendenz an dem babylonischen Traditionalismus.[37] In ähnlicher Weise trat der Stadtgott Aššur/Assur später

---

[31] Aus Raumgründen müssen wir es uns leider versagen, den um den olympischen Zeus versammelten Götterkreis vorzustellen, dessen auffällige Ähnlichkeiten mit den vorderorientalischen Gottheiten Martin L. West, The East Face of Helicon. West Asiatic Elements in Greek Poetry and Myth, 1997 umfassend vorgestellt und mit einer ost-westlichen Kulturdrift erklärt hat. Das Grundbuch für eine verstehende Deutung der altgriechischen Religion selbst bleibt Walter F. Otto, Die Götter Griechenlands. Das Bild des Göttlichen im Spiegel des griechischen Geistes, 1934 = 3. Aufl. 1970.

[32] Zu den Hauptaspekten der altmesopotamischen Religion vgl. A. Leo Oppenheim, Ancient Mesopotamia. 1964 (ND), S. 171–227, speziell zur sumerischen Samuel Noah Kramer, The Sumerians, 1963 (ND), S. 112–164.

[33] Die Doppelnamen geben an erster Stelle die sumerische und an zweiter die akkadische Namensform an.

[34] Vgl. zu ihm Erich Ebeling, RLA I, 1928, S. 114–117 bzw. Dietz O. Edzard, WM, 1965, S. 40–41.

[35] Vgl. zu ihm Friedrich Nötscher, RLA II, 1938, S. 382–387a bzw. Edzard, WM, S. 59–61.

[36] Vgl. zu ihm Ebeling, RLA II, S. 374ba 379a bzw. Edzard, WM, S. 56–57.

[37] Zur Ausbreitung seiner Verehrung und den Grenzen, die seinem Aufstieg zum einzigen Gott gesetzt waren, vgl. Walter Sommerfeld, RLA VII/5–6, 1989, S. 362–370, bes. Sp. 367–370.

§ 14 Der eine Gott und die Götter der Welt

als Gott des gleichnamigen Reiches und seiner Hauptstadt die Anu- bzw. Enlilschaft an.[38] Als die Herrin der Unterwelt waltete zusammen mit ihrem Gemahl Nergal, dem Gott der Fieber und Seuchen,[39] die Göttin Ereschkigal, die Herrin der großen Erde.[40]
In diesen Rahmen gliederten sich nicht nur die jeweiligen Gemahlinnen oder Gemahle der genannten Götter, sondern auch weitere kosmische Gottheiten ein. An ihre Spitze können wir den Sonnengott Utu/Schamasch, den Wächter des Rechts,[41] der Eide und Herrn des Orakels,[42] den Mondgott Nanna/Sin,[43] der wie Schamasch als Orakel- und als Richtergott galt, und nicht zuletzt die Göttin der Liebe, des Geschlechtslebens und des Krieges Inanna/Ischtar stellen, deren Stern die Venus ist. Sie wurde in zahlreichen lokalen Formen verehrt. Als Ischtar von Arbela war sie die assyrische Kriegsgöttin schlechthin und zugleich die Schutzgöttin des Königs.[44] Als Sohn Marduks und der Zarpanitu galt der Gott Nabû, in Jes 46,1 als Nebô hinter Bel (Marduk) erwähnt. Neben seinen primären Kultort in dem südlich von Babel gelegenen Borsippa traten später Ninive und Kalchu: Als Schreiber der Schicksalstafeln wurde er zum Gott der Schreibkunst und Weisheit und schließlich zum Herrn des Schicksals.[45] Dazu kamen Heilgöttinnen wie Gula, die Herrin von Insin,[46] und die später mit ihr identifizierte Baba von Lagasch,[47] die mit Ningirsu/Ninurta verheiratet war. Bei ihm handelt es sich um einen weiteren „Herrn der Erde", der sich vom Vegetationsgott zu einem kriegerischen Gott wandelte und gegen die Babylon bedrohenden Feinde kämpfte.[48] Schließlich sei auch noch der Unterweltsbote Namtar erwähnt, dessen Name dem babylonischem *šimtu*, „Geschick", entspricht, der als Bote und Vezier der Unterweltsgöttin Ereschkigal fungiert.[49]

---

[38] Vgl. zu ihm Ebeling, RLA I, S. 196b–198b bzw Edzard, WM, S. 43–44.

[39] Vgl. zu ihm Edzard, WM, S. 109–110.

[40] Vgl. zu ihr Edzard, WM, S. 62–63.

[41] Vgl. dazu ausführlich Matthias Albani, Astronomie und Schöpfungsglaube, WMANT 68, 1994, S. 297–335.

[42] Vgl. zu ihm Edzard, WM, S. 126–127.

[43] Vgl. Edzard, WM, S. 101–103.

[44] Vgl. zu ihm Edzard, WM, S. 81–89 bzw. C. Wilke und Ursula Seidl, RLA V/1, 1976, S. 74b–87a.

[45] Vgl. zu ihm Edzard, WM, S. 106–107.

[46] Vgl. zu ihr Edzard, WM, S. 77–79 und ausführlich Hector Avalos, Illness and Health Care in the Ancient Near East, HSM 54, 1995, S. 101–114.

[47] Vgl. zu ihr Edzard, WM, S. 45.

[48] Vgl. zu ihm Edzard, WM, S. 111–112 und S. 114–115.

[49] Vgl. zu ihm A. Leo Oppenheim, Ancient Mesopotamia, 1964 (ND), S. 203 und Edzard, WM, S. 108.

§ 14 Der eine Gott und die Götter der Welt 353

Im Gegensatz zu den Göttern der oberen und der unteren Welt stand die in der Urzeit von Marduk besiegte und getötete, tiergestaltige Göttin Tiamat mit ihren Helfern. Sie personifizierte als Verkörperung des Meeres das im Gegensatz zur gestalteten Welt stehende Chaos. Nach dem babylonischen Schöpfungsepos Enuma-Elisch hat Marduk sie im Zweikampf besiegt, nachdem ihn die Götter zuvor als ihren König anerkannt haben.[50] Von besonderem Interesse ist im vorliegenden Zusammenhang die das Epos beschließende Verleihung von fünfzig Namen an Marduk. Bei ihnen handelt es sich um die Namen ehemals eigenständiger Götter, die nun mit Marduk identifiziert wurden. Damit trat Marduk selbst in die Stellung Enlils als des Herrn der Länder ein (EE VII.135–136).[51] Man kann darin eine monotheistische Tendenz erblicken. Da die Götter jedoch mit diesen Identifikationen anders als im Fall der ägyptischen Neuen Sonnentheologie nicht zu Erscheinungsformen des höchsten Gottes erklärt wurden, handelt es sich eher um den Vorgang einer Verdrängung älterer Lokalgottheiten im Interesse der Betonung des einzigartigen Vorrangs Marduks, der ihm und dem von ihm erwählten König von Babylon die irdische Weltherrschaft sichern sollte. Marduks Befehl sollte mithin so unveränderlich sein, wie es von Hause aus die von Anu und Enlil erlassenen Schicksalssprüche waren (vgl. EE VII.151–152). Einen solchen lernen wir in der Klage über die Zerstörung von Ur samt des dortigen Heiligtums des Mondgottes Nanna und seiner Gemahlin Ningal kennen: Ningal vermochte durch ihr Flehen in der Götterversammlung weder Anu noch Enlil zur Zurücknahme ihres Befehls zu bewegen, Ur zu zerstören.[52] Der höchste Gott und Herr der Götterversammlung hat das letzte Wort. Er hält die Götter und damit die einander widerstreitenden Aspekte der Welt durch seinen Schicksalsspruch zusammen und sichert damit zugleich seine Sonderstellung und Vormacht. Abgesehen davon verfolgt jeder Gott sein ei-

---

[50] Vgl. die Übersetzung von W.G. Lambert, in: TUAT III/4, 1994, S. 565–602 und dazu auch GAT II, S. 235–239. Es ist offensichtlich, daß Marduk dabei die Rolle des westsemitischen Wettergottes als Drachentöter übernimmt. Zum babylonischen Neujahrs- oder Akitufest, mit dem die Verlesung des Epos verbunden war, vgl. B. Pongratz-Leisten, RLA IX/3–4, 1999, S. 294b–298.
[51] Vgl. Lambert, TUAT III/4, S. 568.
[52] Vgl. Alexander Falkenstein und Wolfram von Soden, Sumerische und Akkadische Hymnen und Gebete, BAW; Zürich und Stuttgart: Artemis-Verlag 1953, Sumerische Hymnen und Gebete Nr. 38, S. 198–199. Ähnlich beruft sich die Göttin Inanna in ihrer Klage über ihr Heiligtum in Isin darauf, daß der Feind ihn auf Befehl Anus und Enlils zerstört hat, vgl. Willem H. Ph. Römer, Hymnen, Klagelieder und Gebete in sumerischer Sprache Nr.4, in: ders. und Karl Hecker, Lieder und Gebete I, TUAT II/5, 1989, S. 709–712.

genes Ziel, übt er seine spezifische Wirkung auf die kosmischen Mächte und die Menschen aus. Die Einzigartigkeit des Gottes beruht daher auf seiner besonderen Zuständigkeit und Machtfülle, steht aber nicht im Widerspruch zur Ordnung des Ganzen. Im Enuma-Elisch ist am Ende alle Macht in Marduks Händen gebündelt, so daß es in Taf. VII.13–14 von ihm heißt:[53]

> *Er ist fürwahr erhaben in der Versammlung seiner göttlichen [Väter], keiner unter den Göttern kann ihm [gleichkommen].*

3.2. *Das ugaritische Pantheon*. Sehen wir uns das ugaritische Pantheon an,[54] so vereinfacht sich auch den Verhältnissen eines nordwestkanaanäischen Kleinstaates gemäß die Götterwelt. Die unterschiedlichen Kultzentren mit ihren von Hause aus unterschiedlichen Göttern besitzen in den religiösen Texten des Stadtkönigtums keine Entsprechungen.[55] Daher ist das System seiner Götterwelt unkomplizierter als das altmesopotamische. Wir sind über es außer durch Götter- und Opferlisten sowie Gebete zumal durch die Epen über die Schicksale des Gottes Baal (KTU 1.1–6), über König Keret (KTU 1.14–16) sowie Aqhat und Danil (KTU 1.17–19) unterrichtet. Sie wurden von Ilimalku, dem Sekretär König Nikmaddus II. von Ugarit, im 14. Jh. v. Chr. entweder abgeschrieben oder überhaupt erst aufgezeichnet.[56] An der Spitze der ugaritischen Götter steht El, der Gott

---

[53] Übersetzung W. G. Lambert, TUAT III/4, 1994, S. 597, weitere mesopotamische Beispiele bei Oswald Loretz, Des Gottes Einzigkeit, 1997, S. 143–152 und Juha Pakkala, Intolerant Monolatry in the Deuteronomistic History, SESJ 76, 1999, S. 79.

[54] Vgl. dazu die zusammenfassende Darstellung der ugaritischen Götterwelt durch Herbert Niehr, Religionen in Israels Umwelt, NEB.E 5, 1998, S. 25–39.

[55] Zur Einführung in die ugaritische Sprache und Literatur vgl. Kinet, Ugarit, SBS 104, S. 47–126. Die wichtigsten mythischen ugaritischen Texte sind in der Übersetzung von Manfried Dietrich und Oswald Loretz, KTU III/6, Gütersloh: Gütersloher Verlagshaus 1997 in deutscher Übersetzung zugänglich. Sie werden grundsätzlich nach: dies. und Joaquín Sanmartín, The Cuneiform Alphabetic Texts from Ugarit, Ras Ibn Hani and Other Places (KTU 2nd enlarged ed.), ALASPM 8, Münster: Ugarit-Verlag 1995 zitiert. Eine französische Übersetzung haben André Caquot, Maurice Sznycer und Andrée Hernder, Textes Ougaritiques I: Mythes et Legendes, LAPRO, Paris: Les éditions du Cerf 1974 vorgelegt. Als zweisprachige Studienausgabe ist John C. L. Gibson, Canaanite Myths and Legends, ed. Godfrey R. Driver, 2nd ed., Edinburgh: T & T Clark 1978 immer noch nützlich. Wer Spanisch kann, wird auf G. Del Olmo Lette, Mitos y Legendas de Canaan. Segun la tradicion de Ugarit, EMISJ, Madrid: Ediciones Christiandad 1981 nicht verzichten.

[56] Vgl. KTU 1.4.VIII.49; 1.6.VI.54–56; 1.16.VI.59 und 1.17.

§ 14 Der eine Gott und die Götter der Welt   355

schlechthin (vgl. z. B. KTU 1.47.3), der Schöpfer der Geschöpfe (KTU 1.6.III.5.11),[57] der Vater der Götter (KTU 1.16.I.3) und Menschen (KTU 1.14.I.37), der dank seiner Eigenschaft als „Gott der Götter" (KTU 1.65.1) den Vorsitz in der Götterversammlung innehat (KTU 1.2.I.14; 1.4.III.14).[58] Wie das Epos vom König Keret zeigt, war er auch der Schutzgott des Königs, der als sein Sohn galt (vgl. KTU 1.14.I.36–39 mit IV.6–7). Nur scheinbar handelt es sich bei ihm um einen *deus otiosus*, einen gleichsam als den Herrn der Erde in den Ruhestand versetzten Gott. Denn wie *Oswald Loretz* treffend bemerkt hat, agiert er in Wirklichkeit *„wie ein alter Stammesfürst, meist im Hintergrund, doch immer präsent."*[59] An seiner Seite steht die Herrin Athirat/Aschera, die Herrin der See, die Mutter und Schöpferin der Götter (*qnyt ilm*).[60]

Im Vordergrund beider stehen ihre beiden kriegerischen Kinder, der dem syrischen Wettergott Hadad[61] gleichgesetzte Aliyanu Baʻlu, der übermächtige oder siegreiche Baal (KTU 1.4.II.23),[62] und seine schwesterliche Gefährtin Anat (KTU 1.6.II.12).[63] Baal ist der Gott, der im Gewitter herausziehende „Wolkenfahrer" (KTU 1.3.III.6–7).[64] Er wird bald als Sohn Els (KTU 1.4.III.47–48) und bald als Sohn Dagons (KTU 1.5.VI.23–24)[65] bezeichnet. Letzteres verdankt er vermutlich der Tatsache, daß dieser in der semitischen Welt weit verbreitete Gott sein Funktionsverwandter gewesen ist.[66] Er ist nicht nur der Gott, der seine Blitze gegen den Meeresgott Jammu/Jam, den Richter Strom,[67] als seinen Erz-

---

[57] Vgl. dazu auch GAT II, S. 234–235.
[58] Vgl. dazu Marvin H. Pope, El in the Ugaritic Texts, VT.S 2, 1955, S. 25–54; Hartmut Gese, Die Religionen Altsyriens, in: RM 10/2, 1970, S. 94–181; Oswald Loretz, Ugarit und die Bibel, 1990, S. 66–73; Mark S. Smith, The Origins of Biblical Monotheism, 2001, S. 41–53 und zur Diskussion über Els Wohnsitz und den Ort der Götterversammlung ders., The Ugaritic Baal Cycle, VT.S 55, 1994, S. 225–234.
[59] Oswald Loretz, Des Gottes Einzigkeit, 1997, S. 59.
[60] Vgl. zu ihr Gese, Religionen, S. 149–155; Loretz, Ugarit, S. 83–85 bzw. Nicholas Wyatt, DDD, 1995, Sp. 183–195, bes. Sp. 184–187.
[61] Vgl. z. B. KTU 1.2.I.46.
[62] Vgl. zu ihm Arvid S. Kapelrud, Baal in the Ras Shamra Texts, 1952, bes. S. 93–145 und weiterhin Gese, Religionen, S. 119–134; Loretz, Ugarit, S. 73–78 bzw. Wolfram Hermann, DDD, Sp. 249–263.
[63] Vgl. dazu auch Kapelrud, Baal, S. 66–75.
[64] Vgl. Ps 68,5 und Wolfram Hermann, DDD, Sp. 1330–1334.
[65] Vgl. Kapelrud, Baal, S. 64–66; Gese, Religionen, S. 107–112 bzw. John F. Healey, DDD, Sp. 407–413.
[66] Healey, Sp. 409.
[67] Vgl. Gese, S. 134–135 bzw. Fritz Stolz, DDD, Sp. 1390–1402.

feind schleudert (KTU 1.2.IV.7–27),[68] sondern von ihm stammen auch Tau und Regen (KTU 1.3.II.38–41). Aber sein Wirken besitzt zwei Gesichter: Einerseits ist er der Garant von Fruchtbarkeit und Leben (KTU 1.6.III.2–21), andererseits aber ist er als der seine Blitze schießende Gott der Vorkämpfer, der Ugarit verteidigt (KTU 1.119.28–34) und die feindlichen Städte besiegt (KTU 1.4.VII.5–12). Dank seines Sieges über den Meeresgott, der ihn mit Zustimmung Els vom Thron seines Königtums vertreiben wollte (vgl. KTU 1.1.IV.24–25), gewann er sein ewiges Königtum zurück (vgl. KTU 1.2.IV.10 mit VI.32–34).[69] So regiert er in seinem aus silbernen Platten und goldenen Ziegeln erbauten Wolken-Palast[70] auf dem Berge Zafon (dem heutigen Dschebel Aqra) (KTU 1.16.I.6–7),[71] bis ihn der König der Unterwelt und der Sommerhitze Mot,[72] der Tod, im Frühsommer auffordert, in sein düsteres Reich hinabzusteigen. Dann verschwinden seine sieben Burschen, die Plejaden, vom Himmel, um ihn zu begleiten (KTU 1.5.I.9–31 mit II.2–13 und V).[73] Anat aber trägt den Toten mit Hilfe der Sonnengöttin Schapasch auf den Zafon hinauf, um ihn zu begraben (KTU 1.6.I.2–18), wo er, wenn sich der Himmel wieder mit Wolken bezieht und die Herbstregen einsetzen, aufersteht, so daß die Himmel Honig regnen, die Bäche Honig führen und die verdorrten Felder der Pflug durchzieht (vgl. KTU 1.6.III.10–21 mit IV.1–3). Schon diese überaus knappe Skizze läßt erkennen, daß der Baal-Mythos den alljährlichen Vegetationszyklus deutete. Eine genauere Betrachtung würde zeigen, daß er seine rituelle Verwurzelung im Kult besessen hat.[74]

Damit haben wir auch schon die gewalttätige Jungfrau Anat (KTU 1.3.V.19–28), die Göttin der Liebe und des Krieges, kennengelernt (KTU 1.3.II.1–16).[75] Sie besitzt in der Göttin Athart/Astarte, der westsemitischen

---

[68] Vgl. auch KTU 1.4.V.6–9.

[69] Vgl. die Rekonstruktion des Textes bei Mark S. Smith, Baal Cycle, S. 324 mit dem Kommentar S. 358–361.

[70] Vgl. KTU 1.4.VI.16–38.

[71] Vgl. Herbert Niehr, DDD, Sp. 1746–1750.

[72] Vgl. Gese, Religionen, S. 135–136 bzw. John F. Healey, DDD, Sp. 1122–1132.

[73] Vgl. dazu auch Mark S. Smith, Origins, S. 120–130.

[74] Vgl. dazu z. B. Johannes C. de Moor, The Seasonal Pattern in the Ugaritic Myth of Baʻlu, AOAT 16,1971 und zur Diskussion über die geschichtlichen und vor allem jahreszeitlich-rituellen Hintergründe der Baal-Jam-Mot-Mythe die Forschungsberichte von Mark S. Smith, Baal Cycle, 1994, S. 58–114 und Manfried Dietrich und Oswald Loretz, TUAT III/6, 1997, S. 1094–1100.

[75] Vgl. zu ihr ausführlich Arvid S. Kapelrud, The Violent Goddess, 1969, bes. S. 27–39 und S. 48–113 bzw. die Zusammenfassung S. 114–117, knapper Gese,

Form der Göttin Ischtar, eine selbständige Entsprechung. Ihre besondere Verbindung mit Baal signalisiert bereits ihre Bezeichnung als „Astarte, Name Baals" (KTU 1.16.VI.56).[76] Neben diese großen Götter und Göttinnen treten weiterhin zumal die astralen Gottheiten wie die Sonnengöttin Schapschu/Schapasch, die Mondgöttin Nikkal und der Mondgott Jarich, der Gestirngott Athtar/Astar[77] und das Götterpaar Schachar und Schalim, die möglicher Weise den Morgen- und den Abendstern repräsentieren.[78] Von untergeordneten, aber nicht unwichtigen Göttern sei hier der Gott Horon, der Herr der Magie und der Dämonen, genannt,[79] der in der Beschwörung gegen Schlangenbiß (KTU 1.100) nach der Anrufung verschiedener Götter, darunter auch des Gottes der Pest und der Unterwelt Raschpu/Refesch (Z.30–34)[80] über den wirksamen Zauber verfügt (Z.57–75).[81] Schließlich sei auch der ugaritische Hephaistos, der in Kreta beheimatete Gott Koschar wa Chasis („Geschickt und Schlau") nicht vergessen, der Baal seinen Palast erbaut und die Blitzkeulen für seine Besiegung des Meeresgottes bereitstellt (KTU 1.III.2–29 vgl.1.3.VI.12–24 bzw. 1.2.IV.7–23).[82]

So begegnet uns in den aus dem 2. Drittel des 2. Jh. v. Chr. stammenden ugaritischen Texten ein Pantheon, dessen genealogische Spannungen und Funktionsüberschneidungen anzeigen, daß es eine geschichtlich gewachsene Größe ist. In ihm verfolgt jede Gottheit ihre spezifischen und durchaus nicht immer miteinander harmonisierenden Zwecke. Trotzdem wird dieses spannungsreiche Ganze durch den „Vater der Jahre" (KTU 1.4.IV.24),[83] den uralten Gott El, zusammengehalten,[84] dem in der Götterversammlung dank seiner Weisheit das letzte Wort

---

Religionen, S. 156–160; Loretz, Ugarit, S. 79–82 und umfassend Peggy L. Day, DDD, Sp. 62–77.

[76] Vgl. Gese, Religionen, S. 161–164; Loretz, Ugarit, S. 86–88 und zur Diskussion vgl. Mark S. Smith, Baal Cycle, S. 278–280 bzw. umfassend Nicholas Wyatt, DDD, 1995, Sp. 203–213, bes. Sp. 205.

[77] Vgl. zu ihm ausführlich Mark S. Smith, Baal Cycle, S. 240–250.

[78] Zu den Gestirngöttern vgl. Gese, Religionen, S. 166–168.

[79] Vgl. Gese, Religionen, S. 145–146 bzw. Udo Rüterswörden, DDD, Sp. 805–808.

[80] Vgl. Gese, S. 141–144 bzw. Paolo Xella, DDD, Sp. 1324–1330.

[81] Vgl. die Übersetzung von Manfried Dietrich und Oswald Loretz, TUAT II/2, 1987, S. 345–350 und die ausführliche Bearbeitung durch dies., Studien zu den ugaritischen Texten I, AOAT 269/1, 2000, S. 263–402, bes. S. 377–359, aber auch Ingo Kottsieper, KTU 1.100 – Versuch einer Deutung, UF 16, 1984, S. 97–110.

[82] Vgl. Gese, Religionen, S. 147–148 bzw. Dennis Pardee, DDD, Sp. 913–915.

[83] Vgl. Dan 7,9.

[84] Vgl. dazu Gese, Religionen, S. 96–98.

gebührt.[85] Er ist mithin als der „Gott der Götter" der höchste und darin einzigartige, aber keinesfalls der einzige Gott.

3.3. Baal als Paradigma für die Einzigartigkeit eines Gottes.

Doch den Titel des einzigartigen hat der ugaritische Dichter nicht ihm, sondern dem Wettergott Baal verliehen, in welchem Sinn, wird sich alsbald zeigen.[86] Die beiden einschlägigen Belege, in denen ein oder mehrere Götter als *aḥd* bzw. *aḥdy* bezeichnet werden, finden sich in KTU 1.2.I.24b–28 und 4.VII.49b–52a. Das Wort *aḥd, einer,* bedeutet in KTU 1.2.I.25 dem Kontext gemäß soviel wie *gemeinsam* oder *einstimmig*[87] und bezieht sich auf die Götter. Das Wort *aḥdy, meine Einzigkeit,*[88] in 1.4.VII.49 bedeutet im Kontext soviel wie *ich bin der einzige* oder *ich allein* und bezieht sich auf Baal.

Der Abschnitt KTU 1.2.I.24b–28 steht im Kontext der Erzählung von der Ausrichtung der Botschaft des Meeresgottes Jammu/Jam durch zwei von ihm als Boten zur Götterversammlung gesandte Burschen, die von ihr in seinem Namen die Auslieferung Baals verlangen sollen. Doch statt Jam die gebührende Abfuhr zu erteilen, ließen die Götter schweigend die Köpfe hängen. Daher forderte sie Baal auf, gemeinsam den Boten Jams zu antworten. Da sie aber offenbar weiterhin mutlos schwiegen, erklärte er ihnen, daß er selbst die von den Burschen Jams mündlich ausgerichtete und auf Tafeln enthaltene Botschaft des Meeresgottes beantworten werde. Offensichtlich ist Baal hier der einzige Gott, der in dieser Situation zu reden wagt. Er beweist auf diese Weise seine unvergleichliche Furchtlosigkeit. Doch das zu unterstreichen, hält der Dichter für überflüssig, da es sich aus dem Zusammenhang von selbst ergibt (KTU 1.2.I.24b–28):

24b *Warum, ihr Götter, senktet ihr eure Häupter*
25 *nieder zu euren Knien*
und zu euren fürstlichen Sitzen?
Gemeinsam (aḥd), 26 *ihr Götter, sollt ihr beantworten*
die Tafeln der Boten Jams,
der Gesandten des Richters Strom!

27 *Erhebt, ihr Götter, eure Häupter*
von euren Knien,
von euren fürstlichen 28 *Sitzen!*

---

[85] Vgl. z. B. KTU 1.3.V.30–31. übers. Manfried Dietrich und Oswald Loretz, TUAT III/6, 1997, S. 1148: „Dein Wort, El, ist weise, deine Weisheit (gilt) in Ewigkeit, Bekundung des Schicksals ist dein Wort."

[86] Vgl. zum Folgenden Oswald Loretz, Gottes Einzigkeit, 1997, S. 49–60.

[87] Vgl. Josef Tropper, Ugaritische Grammatik, AOAT 273, Münster: Ugarit-Verlag 2000, S. 312 unter 54.133.2. Loretz, Gottes Einzigkeit, S. 56 übersetzt das *aḥd* mit „einzeln" und mithin distributiv; vgl. aber Tropper, S. 381–382 unter 66.

[88] Vgl. zur Form Tropper, S. 217 unter 41.221.15a.

> *Ich aber werde beantworten, ihr Götter,*
> *die <Tafeln> der Boten Jams,*
> *der Gesandten des Richters Strom.*

In KTU 1.4.I–VI geht es um den Bau des Palastes für Baal auf dem Berge Zafon. In VII.1–42 wird weiterhin berichtet, daß Baal ein Fenster in dem Palast, einen Spalt in den Wolken öffnen ließ, um die sich gegen ihn versammelnden Feinde durch seine Donnerstimme zu verjagen. Offensichtlich handelt es sich um die von Mot entsandten Vorboten der Sommerhitze in Gestalt eines den Tag verdunkelnden Schirokko (Z.55–57).[89] Um den Unterweltsgott zufrieden zu stellen, kündigt Baal seine Bereitschaft an, sich von ihm einladen zu lassen und in seinen Rachen hinabzusteigen. In diesem Zusammenhang betont er, daß er der einzige ist, der als König über die Götter herrscht (KTU 1.4.VII.43–52):

> 43 *Sollte ein König oder Nichtkönig*
> 44 *sich in <meiner> Herrschaft[90] niederlassen?*
> 45 *Gewiß sollte ich einen Boten senden*
> *zum Sohn* 46 *der Götter Mot,*
> *einen Herold zum Liebling* 47 *Els, dem Helden,*
> *daß Mot mich rufe* 48 *in seinen Rachen,*
> *der Liebling mich verberge* 49 *in seinem Gehege.*
> *Ich bin der einzige, der König sein kann* 50 *über die Götter,*
> *der fett machen kann* 51 *Götter und Menschen,*
> *der sättigen kann* 52 *die Massen der Erde.*

Damit erhebt Baal den Anspruch, daß er allein zur Königsherrschaft über die Götter geeignet ist, weil nur er der Gott ist, welcher der Erde durch seinen Regen Fruchtbarkeit verleihen und dadurch die Götter und die Menschenmassen nähren und sättigen kann.[91] Sein Königtum ist in erster Linie ein solches über die Götter.[92] Seine Einzigartigkeit besteht allerdings in seiner Unentbehrlichkeit für Götter und Menschen. Und daher ist Baal der einzigartige, aber keineswegs der einzige Gott. Denn seine

---

[89] Vgl. dazu Johannes C. de Moor, The Seasonal Pattern in the Ugaritic Myth of Baÿlu, AOAT 16, 1971, S. 173–174.

[90] Vgl. G. Del Elmo Lette, Mitos y Legendas de Canaan, 1981, S. 210 z.St.

[91] Vgl. auch Loretz, Gottes Einzigkeit, S. 57: *Das ugaritische aḥdy besagt eindeutig, daß Baal einzig, exklusiv, also allein und ausschließlich, unter allen Göttern und Menschen als Wettergott die Fähigkeit besitzt, wirklich das zu leisten, was so wohl die Götter als auch die Menschen von einer an erster Stelle stehenden Gottheit erwarten: die Versorgung der Untergebenen mit allem, was zum glücklichen Leben gehört.*

[92] Vgl. dazu auch Werner H. Schmidt, Königtum Gottes in Ugarit und Israel, 2. Aufl., BZAW 80, 1966, S. 54.

Einzigartigkeit setzt die Existenz der anderen Götter voraus. Dieses Ergebnis können wir bedenkenlos verallgemeinern: Von der Einzigartigkeit eines Gottes kann sinnvoll nur im polytheistischen Kontext geredet werden; denn die Aussage ist relational und setzt Vergleichsgrößen gleicher Art voraus.

4. *Die Einzigartigkeit Jahwes in den Psalmen.* Suchen wir Beispiele für die direkte oder indirekte Bezeichnung Jahwes als eines Gottes, der nicht nur einzigartig für Israel, sondern einzigartig im Vergleich zu allen anderen Göttern ist, so dürfen wir nicht mit dem Schema Jisrael in Dtn 4,6 einsetzen, sondern müssen uns in den Psalmen umsehen, in denen sich der Sache nach ältere Motive bis in die Perserzeit hinein erhalten haben. Als erstes wenden wir uns Ps 89 zu, einer Großkomposition, die sich dank ihres Rückgriffes auf überlieferte Texte und Motive als Werk eines Schriftgelehrten zu erkennen gibt.[93] Sie setzt in den V. 2–3 und 6–15(16) als Hymnus eines Einzelnen ein und leitet mit V. 20 zu einer durch die V. 4–5 und 17–19 vorbereiteten Klage über die Verstoßung des Gesalbten über. Da die Gattung des Hymnus des Einzelnen sekundär in Anlehnung an das Klagelied des Einzelnen entstanden zu sein scheint[94] und das bereits in den V. 2, 9 und 15 angeschlagene Thema der Gnade und Treue, weiterhin in der Klage eine entscheidende Rolle spielt,[95] könnte man nur unter der Voraussetzung mit der Übernahme eines älteren Hymnus rechnen, wenn man gleichzeitig eine entsprechende Adaption durch den Dichter der Klage annimmt.[96] Wir lassen diese Frage auf sich beruhen, weil es für unsere Zwecke ausreicht, die Motive zu erkennen, mit denen in diesem Hymnus in den V. 6–15 die Überlegenheit Jahwes über die Götter begründet wird (Ps 89,6–15):

---

[93] Erich Zenger, in: Frank-Lothar Hossfeld und ders., Psalmen 51–100, HThKAT 2000, S. 585.

[94] Vgl. Frank Crüsemann, Studien zur Formgeschichte von Hymnus und Danklied in Israel, WMANT 32, Neukirchen-Vluyn: Neukirchener Verlag 1969, S. 285–294.

[95] Vgl. V. 25, 29, 34 und 50.

[96] Schon Briggs, Psalms II, ICC, 1907 (ND 1969), S. 250–257 sondert die V. 2–3 + 6–15 als primär selbständigen Hymnus aus. Timo Veijola, Verheißung in der Krise, AASF.B 193, 1975, S. 22–46 kommt aufgrund einer kolometrischen und poetologischen Untersuchung zu einem ähnlichen Ergebnis, nur daß er V. 16 noch zu dem Hymnus zieht. Zur neuesten Diskussion und seiner eigenen Schichtung des Liedes vgl. zuletzt Erich Zenger, in: Hossfeld und ders., 2000, S. 580–585.

> 6 *Die Himmel preisen ‚deine Wunder',[97] Jahwe,*
> *ja, deine Treue in der Versammlung der Heiligen.*
> 7 *Denn wer gleicht Jahwe im Gewölk,*
> *ist Jahwe ähnlich bei den Göttersöhnen,*
> 8 *ein Gott, gescheut im Kreis der Heiligen[98]*
> *groß und gefürchtet über alle um ihn her?*
> 9 *Jahwe, Gott Zebaot, wer ist wie du,*
> *umringt von ‚deiner Gnad'[99] und deiner Treue?*
> 10 *Über des Meeres Aufruhr bist du Herrscher,*
> *Erheben seine Wellen sich, so stillst du sie.*
> 11 *Du selbst hast Rahab wie einen Erschlagenen zertreten,*
> *mit deinem starken Arm deine Feinde zerstreut.*
> 12 *Dein ist der Himmel, ja dir ist die Erde,*
> *Der Erdkreis und seine Fülle – du hast sie gegründet.*
> 13 *Norden und Süden, du hast sie erschaffen,*
> *Tabor und Hermon jubeln über deinen Namen.*
> 14 *Dein Arm ist voller Kraft,*
> *stark deine Hand, erhebst du deine Rechte.*
> 15 *Recht und Gerechtigkeit sind deines Thrones Stütze,*
> *Gnade und Treue gehen vor deinem Antlitz her.*

Jahwe wird hier als der Gott besungen, der von seinen Heiligen und d. h. den seinen Hofstaat bildenden Göttern umgeben ist und unter ihnen dank seiner Macht eine einzigartige Stellung einnimmt. Weil er mächtiger und schlagkräftiger als sie alle ist, scheuen sie es, sich seinem Willen zu widersetzen. Denn Jahwe fürchten, heißt ihm zu gehorchen. Seine einzigartige Stellung unter den Göttern beruht wie im Fall des ugaritischen Wettergottes Baal darauf, daß er das aufbegehrende Meer unterworfen hat, indem er dessen Verkörperung in seiner schlangengestaltigen Verkörperung durch das Ungeheuer Rahab getötet und dessen Helfer unterworfen hat (vgl. Hiob 26,12–13 mit 9,13). Es handelt sich bei ihm also um eine parallele Gestalt zum Meeresgott Jam bzw. seinem Akoluten (?) Lotan/Leviatan.[100] Die in dem ugaritischen Baal-Epos bereits erfolgte Verlegung des eigentlich ein jährlich wiederkehrendes Ereignis darstellenden Kampfes in die Vorzeit hat hier insofern ihren Abschluß gefunden, als der Sieg Jahwes über Rahab nun als Voraussetzung für seine Erschaffung der Erde zu gelten scheint: Jahwe hat also seine Macht in der Urzeit im Sieg über das Meer und in der Erschaffung der Erde und ihrer Bewohner bewiesen. Er nimmt in diesem Psalm mithin die Rolle Els als des Schöpfers

---

[97] Siehe BHS.
[98] Das *rabbâ* gibt dem Kolon eine Überlänge und ist als Glosse zu streichen.
[99] Lies mit Briggs, The Book of Psalms II, ICC, 1907 (ND 1969), S. 266 und Timo Veijola, Verheißung, AASF B 193, 1975, S. 30 *ḥasdě ka*.
[100] Vgl. Klaas Spronk, DDD, Sp. 1292–1295.

§ 14 Der eine Gott und die Götter der Welt

und Baals als des Siegers über das Meer ein. Mithin erscheint seine Macht weit über die des alten kanaanäischen Wettergottes hinaus gesteigert: Aus dem relativ einzigartigen ist er zum absolut einzigartigen Gott unter den Göttern geworden. Zu seinen königlichen Rechten und Pflichten gehört nun aber auch die Herstellung und Bewahrung von Recht und Gerechtigkeit: Nicht auf Willkür, sondern auf Gerechtigkeit gründet sich seine Weltherrschaft.

Wenden wir uns weiterhin den vermutlich nachexilischen Jahwe-Königs-Liedern Ps 95–97 und verwandten, die Überlegenheit Jahwes über die Götter feiernden Psalmen zu, so tritt die Mythe vom Kampf gegen das Meer mehr und mehr in den Hintergrund. Nur noch im ersten und letzten der drei Lieder findet sich eine abgeblaßte Anspielung auf sie. Im Meerlied von Ex 15 und in Ps 135 ist an ihre Stelle die Rettung Israels vor seinen Verfolgern beim Zug durch das Meer geworden.

Wir setzen mit dem poetisch kraftvollsten der drei in diesem Abschnitt behandelten Jahwe-Königs-Lieder, mit dem 96. Psalm ein.[101] In ihm gilt das Lob der Gemeinde Jahwe als dem König, der seine weltweite Herrschaft angetreten hat und dessen Kommen zum Gericht über alle Völker unmittelbar bevorsteht (V. 10–13):

> 10 *Saget unter den Nationen: Jahwe ward König!*
>   *Ja, fest steht der Erdkreis, er wird nicht wanken.*
> 11 *Freuen sollen sich die Himmel und jauchzen die Erde,*
>   *donnern das Meer und was es füllt,*
> 12 *Frohlocken das Gefilde und alles was auf ihm,*
>   *auch sollen jubeln alle Bäume des Waldes*
> 13 *Vor dem Angesicht Jahwes, denn er kommt,*
>   *er kommt zu richten die Erde.*
>   *Er wird den Erdkreis in Gerechtigkeit*
>   *und die Völker in seiner Treue richten.*

Eine Gegnerschaft des Meeres zu diesem Gott scheint es nicht mehr (?) zu gegeben. Daher kann es mit Himmel und Erde samt allen Kreaturen zu dem ihm möglichen Gotteslob mittels des Rauschens seiner Wogen aufgefordert werden (V. 11b). Jahwe hat seine Königsmacht mittels der Schöpfung der Erde erwiesen (V. 10). Daher spricht ihm V. 4 (ähnlich wie Ps 95,3 und 97,7c) den Vorrang über alle Götter zu:

> *Denn groß ist Jahwe und hoch gepriesen,*
> *gefürchteter ist er als alle Götter!*

---

[101] Vgl. zu ihm oben, S. 158–159.

Aber in V. 5 folgt (wie in Ps 97,7a) eine jüngere Korrektur, welche die in V. 4 als existent anerkannten Götter ausdrücklich zu „Nichtsen", zu *Elilîm,* zu „Göttlein" (?) oder „Götzen" erklärt:[102]

> *Denn alle Götter der Völker sind Nichtse,*
> *aber Jahwe hat die Erde geschaffen.*

Wenden wir uns nun Ps 95 zu, so bekommen wir es mit einer vermutlich erst aus der fortgeschrittenen Perserzeit stammenden Dichtung zu tun.[103] Sie gliedert sich in den Hymnus der V. 1–7a und die Mahnrede der V. 7b–11. Vermutlich handelt es sich bei dem Psalm um eine sekundäre Komposition.[104] Entscheidend in unserem Zusammenhang ist, daß Jahwe in ihm seine Sonderstellung als der große Gott und König über alle Götter nach den V. 3–5 seiner Eigenschaft als Schöpfer der Erde und des Meeres verdankt. Für die Beter besteht sie freilich darin, daß dieser wahrhaft höchste Gott der Hirte Israels ist (Ps 80,2), in dessen Führung es sich als sein Volk und die Schafe seiner Weide geborgen wissen darf[105] (Ps 95,1–7a):

> 1 *Kommt, laßt uns Jahwe zujubeln,*
>   *laßt uns jauchzen dem Fels unsres Heils.*
> 2 *Laßt uns seinem Antlitz nahen mit Dank,*
>   *mit Saitenspiel laßt uns ihm jauchzen.*
> 3 *Denn der große Gott ist Jahwe*
>   *und König*[106] *über alle Götter.*

---

[102] Vgl. dazu Klaus Seybold, Die Psalmen, HAT I/15, 1996, S. 381 und Frank-Lothar Hossfeld, Psalm 51–100, HThKAT, 2000, S. 668.

[103] V. 11 greift auf den zur dtr Ergänzung des dtn Kultzentralisationsgesetzes Dtn 12,9 zurück, vgl. GAT II, S. 198–199. Unter der „Ruhe", der *měnûḥâ,* ist dort die zentrale Kultstätte und d. h. der Jerusalemer Tempel zu verstehen (vgl. auch Ps 132, 14): Israel ist nach Dtn 12,9 noch nicht zu seiner „Ruhe" und seinem „Erbland" gekommen: Die Mahnrede, die in V. 9 unvermittelt in eine Gottesrede übergeht, knüpft einerseits an die Erzählung von Jahwes Schwur, daß die Auszugsgeneration das Land nicht betreten darf, sondern im Verlauf einer vierzigjährigen Wanderung durch die Wüste ihr Ende findet, in Num 14,28–35 und andererseits an beiden Fassungen der Erzählung vom Quellwunder von Massa und Meriba in Ex 17,1–7 und Num 20,1–13 an. So verdankt sich die ganze Mahnrede schriftgelehrtem Studium. Zu V. 11 vgl. Georg Braulik, Gottes Ruhe – Das Land oder der Tempel? Zu Psalm 95,11, in: Ernst Haag und Frank-Lothar Hossfeld, Freude an der Weisung des Herrn. Beiträge zur Theologie der Psalmen. FS Heinrich Groß, SBB 13, Stuttgart: Katholisches Bibelwerk 1986, S. 33–44, bes. S. 43–44.

[104] Dabei ist es zu stilistischen Anpassungen gekommen, die dem Lied jetzt poetologisch eine geschlossene Gestalt geben.

[105] Vgl. Ps 23.

[106] Das nachgestellte „großer" fehlt in einigen Handschriften und ist aus kolometrischen Gründen zu streichen; vgl. BHS.

4 ¹⁰⁷*In seiner Hand sind die Tiefen der Erde,*
und ihm gehören die Hörner der Berge.
5 *Sein ist das Meer, er war's, der es schuf,*
und das Festland, das seine Hände gebildet.
6 *Kommt, laßt uns niedersinken und uns beugen*
¹⁰⁸*vor Jahwe, unserem Schöpfer.*
7 *Denn er ist unser Gott*
und wir sind ‚sein Volk
*und die Schafe seiner Weide'.*¹⁰⁹

Daher verstehen wir die erstaunte Frage des Beters im Meerlied Ex 15,11:

Wer ist wie du unter den Göttern, Jahwe,
*und wer ist wie du ‚gewaltig unter den Heiligen'?*¹¹⁰

Für den hier das Wort nehmenden levitischen Sänger am Zweiten Tempel hat Jahwe seine einzigartige Macht erwiesen,¹¹¹ indem er zunächst die Wagen und Streiter des Pharao im Schilfmeer versenkte, als sie versuchten, Israel durch die Gasse im Meer zu folgen, die er mit seinem Atem geschaffen hatte, so daß die Völker dermaßen erschraken, daß sie das von ihm geleitete Volk in das Land einziehen ließen, wo er es auf dem Berg seines Eigen- und Heiligtums¹¹² einpflanzte. So hat Jahwe seine königliche Macht statt im Sieg über das Meer in seiner Herrschaft über das Meer und seine Feinde erwiesen, so daß der Psalm in V. 18 mit dem Bekenntnis zu ihm als dem König für immer und ewig schließt.

Thematisch besitzt das Meerlied in dem Hymnus Ps 135,1–14 seine Entsprechung: Das Loblied fordert die in den Vorhöfen des Hauses des Herrn Versammelten auf, den Gott zu preisen, der sich Jakob erwählt und Israel zu seinem Eigentum gemacht hat (V. 1–4). Dann folgt in den V. 5–14 ein Bekenntnis zu seiner Sonderstellung unter den Göttern und seiner unbeschränkten Macht, die sich einerseits in seiner Herrschaft über Wolken und Regen und andererseits in seinen Taten an den Völkern zugunsten der Befreiung Israels aus Ägypten und zur Vorbereitung und Si-

---

¹⁰⁷ Das Relativum am Anfang von V. 4 und 5 ist ebenfalls aus kolometrischen Gründen zu streichen; vgl. BHS.
¹⁰⁸ Das „und niederknien" ist aus kolometrischen Gründen zu streichen; vgl. BHS.
¹⁰⁹ Vgl. BHS.
¹¹⁰ Siehe BHS, vgl. aber auch Martin L. Brenner, The Song of the Sea Ex 15,1–21, BZAW 195, 1991, S. 113.
¹¹¹ Vgl. dazu die Nachweise von Brenner, passim, daß der Dichter im Umkreis der Asaphitischen Tempelsänger des Zweiten Tempels zu suchen ist.
¹¹² Auf Zion.

cherung der Landverleihung erwiesen hat. Es wird durch die V. 5–6 eingeleitet und die V. 13–14 beschlossen. In V. 5–6 heißt es:

> 5 *Denn ich weiß, daß Jahwe groß ist*
> *und unser Herr mehr als alle Götter.*
> 6 *Alles, was Jahwe gefällt,*
> *tut er im Himmel und auf Erden.*

Und in den V. 13–14 heißt es zusammenfassend:

> 13 *Jahwe dein Name (bleibt) auf ewig,*
> *Jahwe, dein Gedenken Geschlecht um Geschlecht.*
> 14 *Denn Jahwe wird rechten für sein Volk*
> *und sich über seine Knechte erbarmen.*

Sehr viel verhaltener kommt das Motiv der Israel von seinem Gott geleisteten Hilfe in der ersten Fortschreibung des anthologischen, jedenfalls spätnachexilischen Jahwe-König-Liedes Ps 97,1–5 in den V. 6.7b–9 zum Ausdruck.[113] Der Kurzhymnus der V. 1–5 erschöpft sich nach der Proklamation des Antritts der Königsherrschaft durch Jahwe und der in V. 1 an die Erde und die Inseln gerichteten Aufforderung zu jubeln in einer traditionellen Theophaniebeschreibung,[114] die in V. 5b in die Prädikation Jahwes als des Herrn der ganzen Erde mündet (Ps 97,1–5):

> 1 *Jahwe ward König, es juble die Erde,*
> *die vielen Inseln sollen sich freuen.*
> 2 *Wolken und Gewölk sind um ihn,*
> *Gerechtigkeit und Recht stützt seinen Thron.*
> 3 *Feuer geht vor ihm her*
> *und verbrennt ringsum seine Feinde.*
> 4 *Seine Blitze erhellten den Erdkreis,*
> *es sah es die Erde und erbebte.*
> 5 *Die Berge zerflossen wie Wachs vor Jahwe,*
> *vor dem Herrn der ganzen Erde.*

Die erste Erweiterung des Hymnus in den V. 6.7b–9 ist ebenfalls anthologisch. Nur für V. 7a läßt sich trotz der Verbreitung des Motivs der Nutzlosigkeit des Bilderdienstes kein entsprechender Nachweis führen. Da

---

[113] Zur dreistufigen Genese des anthologischen Psalms vgl. Urmas Nõmmik, Die Gerechtigkeitsbearbeitungen in den Psalmen, UF 31, 1999, S. 451–455; gegen seine Datierung in hellenistische Zeit durch Jörg Jeremias, Königtum Gottes, 1987, S. 143–147 wendet Erich Zenger, in: Frank-Lothar Hossefeld und ders., Psalmen 51–100, HThKAT, 2000, S. 677 das Fehlen apokalyptischer Züge ein, daher votiert er für die Ansetzung im 5.–4. Jh.

[114] Vgl. die Nachweise bei Nõmmik, UF 31, 1999, S. 454 und zur Sache auch Jörg Jeremias, Theophanie, 2. Aufl., WMANT 10, 1977, S. 28–30.

§ 14 Der eine Gott und die Götter der Welt

V. 7a inhaltlich in Spannung zu V. 7b steht und das Motiv der Aufforderung an die Götter, Jahwe zu huldigen, älter als das der Verspottung des Bilderdienstes ist,[115] dürfte es sich bei V. 7a um eine nachträgliche Einfügung handeln.[116] V. 7b schließt mithin unmittelbar an V. 6 an und bildet zusammen mit ihm ein Trikolon. So lautet die Fortschreibung (Ps 97,6–9*):

> 6 *Himmel taten seine Gerechtigkeit kund,*
> *und alle Völker sahen seine Ehre,*
> [7a *Zuschanden werden sollen alle Bilderdiener,*
> *die sich der Götzen rühmen.*]
> 7b *es beugten sich ihm alle Götter.*
> 8 *Zion hörte es und freute sich,*
> *und die Töchter Jerusalems jauchzten*
> *ob deiner Gerichte, Jahwe.*
> 9 *Denn du Jahwe, bist der Höchste über die ganze Erde,*
> *du hast dich sehr erhoben über alle Götter.*

Der König Jahwe offenbart seine Macht in seinem Erscheinen im Wetter: Denn der hier kommt, kommt als der Richter (Ps 96,11), vor dem die Erde erbebt und dessen Feueratem seine Feinde vernichtet. So offenbaren die Himmel seine Gerechtigkeit, erkennen die Völker seine Ehre und beugen sich vor ihm selbst die Götter. Der König Jahwe ist der Herr der ganzen Welt und also auch der Götter. Zion aber jauchzt über seine Gerichte, weil mit der Anerkennung seiner Ehre durch die Völker die Zeit seiner Knechtschaft vorüber ist. Am Ende der Geschichte soll es offenbar werden, daß Jahwe in der Tat der Höchste und das heißt: der unumschränkte Herr über die ganze Erde ist, dem die Götter huldigen und dem sie gehorchen müssen. So spricht sich in den hier zitierten nachexilischen Liedern die Gewißheit des kleinen jüdischen Volkes aus, daß es das Eigentum des größten Gottes ist. Seine Taten an den Völkern zugunsten seiner Knechte haben einst seine unbeschränkte Macht zu helfen erwiesen. Daher kann es auch in der Zeit erneuter Fremdherrschaft darauf hoffen, daß Jahwe die Sache seines Volkes führen und sich seiner Knechte erbarmen wird. Aus dem Glauben an die Unvergleichlichkeit seines Gottes schöpft es die Kraft zur Hoffnung auf das Offenbarwerden der Einzigartigkeit Jahwes als des Königs, dem alle Götter und also auch alle Völker huldigen müssen.

Religionsgeschichtlich ist es auffällig, daß die hier behandelten Psalmen trotz ihrer vermutlichen Entstehung in der Perserzeit nur im Fall des

---

[115] Vgl. dazu ausführlich unten, S. 384–389.
[116] Erich Zenger, in: Frank-Lothar Hossfeld und ders., Psalmen 51–100, HTHKAT, 2000, S. 683 beurteilt den Anschluß von V. 7b (beim ihm: 7c) als Ausdruck der Ironie.

anthologischen Psalms 97 Anklänge an die dtn-dtr Theologie enthalten und allenfalls in Zusätzen zu erkennen geben, daß ihnen der Monotheismus spätdtr und deuterojesajanischer Texte nicht unbekannt ist. Vermutlich spiegelt sich darin die Macht, welche die Tradition auf die levitischen Tempelsänger des Zweiten Tempels ausübte, so daß sie sich mit der poetisch eindrucksvollen Verherrlichung Jahwes als des allen Göttern überlegenen Gottes zufriedengaben. Andererseits ist es auffällig, daß in der bundestheologischen Auslegung des Schĕma (Dtn 6,4 f.) in Dtn 10,12–11,20[117] die Ermahnung zur Beschneidung der Herzen in 10,16 nicht mit Jahwes Einzigkeit, sondern seiner Einzigartigkeit begründet wird (Dtn 10,17–18):

> 17 *Denn Jahwe, euer Gott, er ist der Gott der Götter und der Herr der Herren, der große Gott, und der gefürchtete Held, der niemanden bevorzugt und keine Geschenke nimmt,* 18 *der Recht schafft Waisen und Witwen und die Fremden liebt, um ihnen Speise und Kleidung zu geben.*

Offensichtlich haben die späten Deuteronomisten deshalb auf das Motiv der einzigartigen Macht Jahwes über die Götter zurückgegriffen, um auf diese Weise die Gefahr zu unterstreichen, der sich das von ihm erwählte Volk aussetzt, wenn es seine Gebote übertritt: Der Gott, welcher allen Herren im Himmel und auf Erden überlegen ist, ohne Ansehen der Person richtet und den Fremdling liebt, ließe es sein erwähltes Volk spüren, wenn es seinen Willen mißachtete. So dürfte sich in diesen auffallenden Befunden der aspektive Charakter des biblischen Denkens spiegeln, der es ihm erlaubt, jeweils den Gesichtspunkt in den Vordergrund zu rücken, welcher der Intention der Aussage am besten entspricht. Und so erklärt es sich, daß der späte Erzähler König Nebukadnezar angesichts der Deutung seines Traums von den vier Weltreichen zu Daniel sagen lassen konnte (Dan 2,47):[118]

> *Es ist wahr, daß euer Gott der Gott der Götter ist und der Herr der Könige und der Geheimnisse offenbart, so daß du dieses Geheimnis zu offenbaren vermochtest.*

In dem Augenblick, in dem Jahwe als der Gott Israels auch nur die Alleinherrschaft über die anderen Götter für sich beansprucht, sind diese

---

[117] Vgl. dazu Timo Veijola, Bundestheologische Redaktion im Deuteronomium, in: ders., Hg., Das Deuteronomium und seine Querbeziehungen, SESJ 62, Helsinki/Göttingen: Finnische Exegetische Gesellschaft/Vandenhoeck & Ruprecht 1996, S. 242–276, bes. S. 263–265.

[118] Vgl. auch Dan 3,32–33; aber auch 5,21–23 und 6,27–28, wo das Bekenntnis zum höchsten de facto in das des einzigen Gottes übergeht.

ihres Herrschaftsanspruchs über sein Volk beraubt. Ist er der Schöpfer des Himmels und der Erde, so können sie weiterhin allenfalls als seine Handlanger und Diener fungieren, aber nichts mehr tun, was er ihnen nicht anvertraut oder aufgetragen hat.[119] Als Zeugnis dafür läßt sich das Moselied Dtn 32,8–9 (4QDtn und G) in Anspruch nehmen:

> 8 *Als der Höchste die Völker verteilte,*
> *als er die Menschenkinder schied,*
> *bestimmte er die Grenzen der Völker*
> *nach der Zahl der Kinder Gottes,*[120]
> 9 *Da ward Jahwes Teil sein Volk Jakob,*
> *und sein Erbteil Israel.*

In diesem Text erhalten wir nicht etwa Einblick in die Frühzeit Israels, in der Jahwe dem Höchsten Gott, dem El Eljon, unterstand,[121] sondern in die nachexilische Epoche, in der Jahwe selbst die Stellung des Höchsten innehatte.[122] Er hat bereits vor alters von seiner freien Verfügungsgewalt

---

[119] Auf eine vergleichbare Entwicklung der griechischen Religion bei Pindar weist Wilhelm Nestle, Vom Mythos zum Logos, 2. Aufl. 1975 = 1941, S. l63–164 hin: Indem Zeus bei dem Dichter zum Beherrscher des Alls wurde (vgl. I. 5,53 und weiterhin fr 14 und 129 [Bowra]), erlitten die anderen Götter einen gewissen Persönlichkeitsverlust. Andererseits standen selbst die Götter unter dem Nomos (fr. 152), dem König aller Sterblichen und Unsterblichen. Bei diesem Nomos ist nach Michael Theunissen, Pindar, 2000, S. 706–707 an die ungeschriebenen Gesetze zu denken. Vgl. weiterhin auch die „Entzauberung" des Chronos (und der Moira) durch die Anrufung des Zeus als der bewährenden und bewahrenden Instanz (O.2,15–17 und 35–37 mit 27 und 12–14 und dazu Theunisssen, S. 720–722). Auf die „eigentümliche Nähe" von N.10,75–90 zu Phil 2,5–10 macht Joachim Ringleben, Pindars Friedensfeier, NAWG.PH 2002/2, S. 162–165 aufmerksam. – Nestle betont S. 171 mit Recht, daß die Götter auch bei Aischylos gegenüber Zeus als dem Hüter der Gerechtigkeit auf Erden (vgl. Pers.826–827 mit Prom 547–551) an Selbständigkeit verloren haben. Er verweist dabei auf Eum. 17–19, einer Stelle, der man auch Eum. 616–618 an die Seite stellen kann; denn hier wird der Spruch des Apoll zum Vollstrecker der Befehle des Zeus. Dem Rechtswillen des Zeus dürfen sich weder Götter noch Menschen widersetzen. Auf die Selbstüberhebung des Menschen, die Hybris, folgt dank seiner Fügung das Lernen durch das Leid, Ag. 176–183.

[120] Siehe BHS. Die Lesart von G wird auch von 4QDtn geteilt, vgl. Michael Mach, Entwicklungsstadien des jüdischen Engelglaubens, TStAJ 31, 1992, S. 22.

[121] Otto Eißfeldt, El und Jahwe, (JSSt 1,1956, S. 25–37), in: ders., Kl. Schriften III, hg. Rolf Sellheim und Fritz Maass, Tübingen: J. C. B. Mohr (Paul Siebeck) 1966, S. 385–397.

[122] Vgl. dazu Herbert Niehr, Der höchste Gott, BZAW 190, 1990, S. 66: Dtn 32,8 kann als Bestandteil einer nachexilischen Dichtung nicht als früher Beleg für die Bezeichnung Jahwes als Eljon herangezogen werden. Sachlich entspricht sie der

über die Götter als seinem Hofstaat Gebrauch gemacht und jedem von ihnen eines der Völker zugewiesen,[123] während er sich selbst Israel als Erbteil (נַחֲלָה / *naḥălâ*)[124] vorbehielt.[125] Doch der Blick des Dichters geht nicht nur in die Urzeit zurück, sondern wendet sich am Schluß des Liedes voraus bis zur Endzeit, in der sich Jahwe an seinen und seines Volkes Feinden rächen wird:[126] Dann werden die Himmel jauchzen und die Göttersöhne samt den von ihnen regierten Völker (G V. 43c) anbetend vor Jahwe niederfallen (Dtn 32,43):

> *Jubelt, ihr Himmel, mit ihm,*
> *und werft euch nieder vor ihm, ihr Göttersöhne,*[127]
> *[Jubelt, ihr Völker, mit seinem Volk,*
> *und gebt ihm die Ehre, alle Engel Gottes.]*[128]
> *Denn er rächt das Blut seiner Kinder*[129]
> *und entsühnt das Land seines Volkes.*

Aus den einst in eigener Sache für ihre Herrschaftsbereiche zuständigen Göttern sind hier die Völkerengel geworden.[130] Ihnen ist ihre Macht von Jahwe auf Zeit zugewiesen. Sie endet, wenn die Geschichte ihr Ziel erreicht hat und alle Zungen bekennen, daß Jahwe der Herr ist (Jes 45, 22–23).

Damit ist es an der Zeit, daran zu erinnern, daß die Alleinverehrung Jahwes angesichts der Vielfalt und Widersprüchlichkeit der Aspekte der Welt geradezu mit Notwendigkeit den Glauben an die Engel und schließ-

---

gleichzeitigen Rede von Jahwe als dem Gott des Himmels. Das Epitheton dient zumal der Hervorhebung der Unvergleichlichkeit seiner Herrschaft über die ganze Erde (Ps 47,3; 83,19; 97,9), alle Götter (Ps 97,9) und über die Gewalten der Natur (Ps 18,14–18); vgl. auch GAT II, S. 138–142, bes. S. 140.

[123] Vgl. dazu auch GAT II, S. 156–157 und inzwischen auch Mark S. Smith, Origins of Biblical Monotheism, 2001, S. 47–53.

[124] Vgl. dazu die Belegstellen E. Lipiński, ThWAT V, 1986, S. 356–357.

[125] Vgl. dazu Michael Mach, Entwicklungsstadien des jüdischen Engelglaubens, S. 23, der auch an Ps 82,8 und Dtn 4,19f. erinnert.

[126] Vgl. dazu Georg Braulik, Das Deuteronomium und die Geburt des Monotheismus, in: Ernst Haag, Hg., Gott, der einzige, QD 104, 1985, S. 115–159, bes. S. 154–159 = ders., SBAB 2, S. 257–300, bes. S. 295–300.

[127] Lied mit G und 4 QDtn, vgl. BHS.

[128] So deutet G den vorausgehenden Vers sinn- und sachgemäß.

[129] Lies mit G und 4QDtn, vgl. BHS.

[130] Vgl. zu ihnen Mach, Entwicklungsstadien, TStAJ 34, 1992, S. 257–262. Die Frage, ob am Anfang dieser ganzen Entwicklung die astrale Geographie steht, die sich in der Bibel in Dan 8 niedergeschlagen hat, sei hier wenigstens gestellt; vgl. dazu Martin Hengel, Judentum und Hellenismus, WUNT 10, 1966 = 3. Aufl. 1988, S. 336–337 mit den nötigen Nachweisen.

lich auch an solche, die gegen ihn revoltieren, hervorgebracht hat.[131] Dazu gehört nicht nur die Erzählung vom Engelfall,[132] sondern auch die von dem Lichtengel, der sich gegen seinen Herrn empörte, aus dem Himmel vertrieben wurde und sich nun an den Menschen rächt, indem er auch ihre Treue gegen Gott zu Fall zu bringen sucht.[133] In den Qumranschriften erscheint Belial, der Fürst der Geister der Finsternis, als der Gegenspieler des Fürsten der Söhne des Lichts und der Gerechtigkeit.[134] Damit er sich nicht zum Gegengott entwickelt, wird er mittels des Gedankens der göttlichen Prädestination gebändigt, nach der Gott seine Macht und seine Zeit genau begrenzt hat (vgl. 1QS III, 13–IV,14).[135]

5. *Vom einzigen Gott Israels zum einzigen Gott aller Völker.* Zwischen dem hymnischen Lobpreis, der den Gott Israels über die Götter der Völker stellt, und dem dtn Interesse an Jahwe als dem Gott, der deshalb für Israel einzigartig ist, weil er es zu seinem Eigentumsvolk erwählt hat, besteht insofern ein Unterschied, als der Akzent in jenem auf Jahwes Größe und Macht und in diesem auf der Einzigartigkeit der Verbindung zwischen ihm und seinem Volk Israel liegt. Das vermutlich älteste Zeugnis für den sich daraus ergebenden Anspruch Jahwes auf seine ausschließliche Verehrung stellt das שְׁמַע יִשְׂרָאֵל (*Schĕma Jisrael*) aus Dtn 6,4 dar:[136]

---

[131] Vgl. dazu Klaus Koch, Monotheismus und Angelologie, in: Walter Dietrich und Martin A. Klopfenstein, Hg., Ein Gott allein?, OBO 139, 1994, S. 565–581, bes. S. 565 und GAT II, S. 152–160, wo der Akzent darauf liegt, daß die Engel zwischen dem in die Ferne gerückten Gott und den Menschen vermitteln.

[132] Vgl. Gen 6,1–4 und ausführlich 1. Hen 6–11 und dazu Klaus Koch, „Adam, was hast du getan?" Erkenntnis und Fall in der zwischentestamentlichen Literatur (1982), in: ders., Vor der Wende der Zeiten. Beiträge zur apokalyptischen Literatur, Ges. Aufsätze III, hg. Uwe Gleßmer und Martin Krause, Neukirchen-Vluyn: Neukirchener Verlag 1996, S. 181–218, bes. S. 187–194 sowie knapp GAT II, S. 158.

[133] Vgl. dazu Jan Dochhorn, Warum der Dämon Eva verführte, in: Hermann Lichtenberger und Gerbern S. Oegema, Hg., Jüdische Schriften in ihrem antik-jüdischen und urchristlichen Kontext, JSHRZ.St 1, Gütersloh: Gütersloher Verlagshaus 2002, S. 347–364.

[134] Vgl. zu dem in den Qumranschriften bezeugten Fürsten der Geister der Finsternis Peter von der Osten-Sacken, Gott und Belial, StUNT 6, 1969.

[135] Vgl. dazu Hengel, Judentum und Hellenismus, S. 398–399 und Eugene H. Merrill, Qumran and Predestination. A Theological Study of the Thanksgiving Hymns, StTDJ 8, 1975, S. 24–55 bzw. die Zusammenfassung S. 56–58.

[136] Zur Übersetzung vgl. Christoph Levin, Verheißung des neuen Bundes, FRLANT 237, 1985, S. 98; Timo Veijola, Das Bekenntnis Israels. Beobachtungen zu Geschichte und Aussage von Dtn 6,4–9 (= ThZ 48, 1992, S. 369–381 und VT 42, 1992, S. 528–541), in: ders., Moses Erben, BWANT 149, 2000, S. 76–93, bes. S. 82–85; Loretz, a. a. O., S. 66–67; Eckart Otto, Das Deuteronomium, BZAW

Höre Israel:
Jahwe ist unser Gott,
Jahwe ist einzig.

Die Übersetzung macht bereits deutlich, worum es in dieser Proklamation geht, nämlich nicht um die Einzigkeit Jahwes an sich, sondern für sein Volk Israel: Die Aussage in V. 4bα definiert die in 4bβ. In V. 4bα handelt es sich offensichtlich um eine Selbstverständlichkeit: Daß Jahwe der Gott Israels ist, war allgemein anerkannt. Das Ziel der Aussage liegt daher in V. 4bβ, in der Feststellung, daß Jahwe für Israel einzig ist und einzig sein soll. Dieser Forderung entspricht weiterhin grundsätzlich das 1. Gebot des Dekalogs in Ex 20,2–3 par Dtn 5,6–7: Denn wenn Jahwe für sein Volk der einzige Gott ist, so ergibt sich daraus unmittelbar, daß es keinen anderen Göttern dienen und d. h. sie anrufen oder ihnen Opfer darbringen darf.[137] Daher entspricht ihm sachlich im Rahmen des dtn Gesetzes die Forderung, ihm ausschließlich an dem einen von ihm erwählten Ort zu opfern (Dtn 12,8–13*).[138] Der Sache nach handelt es sich in dieser zum Bekenntnis gewordenen Proklamation um das Programm der Jahwe-Allein-Bewegung, die sich im Laufe des 7. Jhs. v. Chr. in Abgrenzung gegen die Ideologie des assyrischen Großreiches formiert hat.[139] Daher besitzt die Vermutung ihre Plausibilität, daß das Schema als Programm nicht erst für seinen jetzigen literarischen Ort geschaffen worden ist.[140]

Theoretisch wird durch das Schema die Existenz anderer Götter nicht geleugnet. Die Forderung, Jahwe allein seinen Gott sein zu lassen, besitzt ihre Plausibilität nur auf dem Hintergrund einer polytheistisch gedeuteten Welt. Aber mit der hier verlangten monolatrischen Praxis „*hat der Jah-*

284, 1999, S. 360–361 und Juha Pakkala, Intolerant Monolatry in the Deuteronomistic History, SESJ 76, 1999, S. 76 und zu den unterschiedlichen Übersetzungen und zur Sache vgl. Loretz, S. 61–68.

[137] Vgl. dazu auch oben, S. 53.

[138] Vgl. dazu GAT II, S. 198–199.

[139] Veijola, Moses Erben, S. 91; Otto, Deuteronomium, BZAW 284, 1999, S. 364–365 und zur Sache auch Walter Dietrich, Der eine Gott als Symbol des politischen Widerstands. Religion und Politik im Juda des 7.Jahrhunderts, in: ders. und Martin A. Klopfenstein, Hg., Ein Gott allein?, OBO 139, 1994, S. 462–489, wobei die Frage der unterstellten prophetischen Opposition eine der Literarkritik ist, sowie die archäologischen Belege bei Othmar Keel und Christoph Uehlinger, Göttinnen, Götter und Gottessymbole, 4. erw. Aufl., QD 134, 1998, S. 406–422 und S. 428–429.

[140] Vgl. Veijola, S. 91; Loretz, Gottes Einzigkeit, S. 66–68 macht dafür zusätzlich die poetische Form als Bikolon geltend und weist S. 67 Anm. 288 auf zurückliegende entsprechende Stimmen hin, vgl. auch S. 67 Anm. 288 und Pakkala, S. 74.

weglaube das typisch polytheistische Gottesverständnis schon verlassen, in dem jeder Gott ein Element einer göttlichen Konstellation ist."[141] Wenn Israel sein Schicksal allein in Jahwes Hand legen soll, wird damit dessen exklusive Zuständigkeit für alle Lebensbereiche seines Volkes vorausgesetzt, die sonst von den verschiedensten Göttern vertreten werden.[142]

Der Umschlag vom Glauben an Jahwe als den einzigen Gott Israels zu dem an ihn als den einzigen Gott läßt sich sowohl im späten Deuteronomismus wie in der Deuterojesajanischen Sammlung beobachten. Um ein Springen zwischen den beiden Traditionssträngen zu vermeiden, halten wir uns zunächst auch weiterhin an die dtn-dtr Tradition, indem wir in 1. Kön 18 den Schritt vom Glauben an Jahwes Einzigkeit für Israel zum einzigen Gott überhaupt und dann in Sach 14,9 die Eschatologisierung des Bekenntnisses zu Jahwe als dem einzigen Gott beobachten.

In der ganzen geschichtlichen Überlieferung Israels gibt es keine Erzählung, die mit einer solchen Souveränität Jahwe als den einzig wahren Gott proklamiert, wie die von der Opferprobe Elias auf dem Berge Karmel in 1. Kön 18,21–40*.[143] Mittels der V. 17–20 in die Dürreerzählung von 17,1–18,(17a).41–46 eingefügt, handelt es sich bei ihr zumindest in ihrer vorliegenden Gestalt um eine spätdtr theologische Erzählung, die nachträglich durch einige Einfügungen erweitert worden ist, welche die Vollmacht Elias und das Wunderbare des Geschehens unterstreichen.[144] Sie berichtet, daß der Prophet Elia das auf dem Berg Karmel versammelte Volk in Gegenwart von 400 Baalspropheten aufgefordert hätte, sich zwischen Jahwe und Baal zu entscheiden. Um die Gottheit Jahwes und die Nichtigkeit Baals zu erweisen, veranstaltete er ein Gottesurteil: Der Gott, der auf seine Anrufung hin Feuer auf das Opfer herabfallen läßt, erweist

---

[141] Georg Braulik, Das Deuteronomium und die Geburt des Monotheismus, in: Ernst Haag, Gott, der einzige, QD 104, 1985, S. 117 = ders., SBAB 2, 1988, S. 259.

[142] Vgl. dazu auch Pakkala, S. 81–82.

[143] Vgl. zum Folgenden auch Otto Kaiser, Der eine Gott und die Götter der Welt, in: Reinhard G. Kratz u. a., Hg., Schriftauslegung in der Schrift. FS Odil Hannes Steck, BZAW 300, 2000, S. 335–352.

[144] Vgl. dazu die divergierenden literarkritischen Beurteilungen von Ernst Würthwein, Das Buch der Könige. 1. Kön 18 – 2. Kön 25, ATD 11/2, Göttingen: Vandenhoeck & Ruprecht 1984, S. 215–220; ders., Tradition und theologische Redaktion in I Reg 17–18, in: ders., Studien zum Deuteronomistischen Geschichtswerk, BZAW 227, 1994, S. 106–108; Christian Frevel, Aschera und der Ausschließlichkeitsanspruch YHWHs, BBB 91/4, 1995, S. 28–123 und Martin Beck, Elia und die Monolatrie, BZAW 281, 1999, S. 74–87, der im Gegensatz zu Würthwein, S. 217–220 und Frevel, S. 91–94 die Existenz einer älteren Vorlage der Erzählung bestreitet, die V. 17–20 als Überleitung und die V. 31–32.35b.36b und 38*als Nachinterpretation beurteilt.

sich damit als der wahre Gott. Man merkt es dem beißenden Spott über die vom frühen Morgen bis zum hohen Mittag den Altar Baals im Hinkeschritt umschreitenden Propheten des kanaanäischen Gottes in V. 27 an, daß der geistige Kampf zwischen Jahwe und Baal in den Augen des Erzählers längst entschieden ist.[145] An der Überlegenheit Jahwes über die Götter Kanaans besteht für ihn kein Zweifel. Daher verherrlicht er ihn als den einzigen Gott und Elia als seinen wahren Propheten. Denn während die Baalspropheten ihren Gott von früh bis spät vergeblich anrufen, findet Elias Bitte sogleich Erhörung (1. Kön 18,36b–37):

> 36 *Jahwe, Gott Abrahams, Isaaks und Israels, es werde heute bekannt, daß du in Israel Gott bist und ich dein Knecht, und daß ich all dieses nach deinen Worten getan habe.* 37 *Antworte mir, Jahwe, antworte mir, damit dieses Volk weiß, daß du, Jahwe, der Gott bist, und daß du ihr Herz zurückwendest.*

Die doppelte Bitte ist schwerlich aus einem Guß.[146] Doch auch wenn man V. 36b als Ergänzung betrachtet, entsprechen die beiden Bitten den in der Erzählung unauflösbar miteinander verknüpften Zielen: Vordergründig geht es um die Entscheidung, ob Jahwe oder Baal der Gott Israels ist. Aber der Sache nach geht es dabei darum, wer *der* Gott und das heißt: wer überhaupt Gott ist.[147] Gleich am Anfang der Erzählung wendet sich Elia in V. 21 mit den Worten an das ganze Volk:

> *Was hinkt ihr auf beiden Seiten? Ist Jahwe der Gott, so geht hinter ihm her, aber wenn es Baal ist, so geht hinter ihm her!*

---

[145] In diesem Zusammenhang sei darauf hingewiesen, daß siebzig, vermutlich frühexilische in Juda gefundene Bullae oder Siegelabdrucke keinerlei Göttersymbole, sondern nur die Namen ihrer Besitzer tragen und im nachexilischen Juda auch keinerlei Götterfigurinen mehr gefunden worden sind, vgl. dazu Othmar Keel und Christian Uehlinger, Göttinnen, Götter und Gottessymbole, QD 134, 4. erw. Aufl., 1998, S. 449–450.

[146] In G tritt das noch deutlicher hervor, weil dort, wie Immanuel Benzinger, Die Bücher der Könige, KHC IX, Freiburg i. Br., Leipzig und Tübingen: J. C. B. Mohr (Paul Siebeck) 1899, S. 111 bemerkt, auch V. 36b mit einem *Erhöre mich, Herr, erhöre mich* eingeleitet wird. Die Vermutung von Martin Beck, S. 78, daß V. 36b dank seiner an V. 31–32 anschließenden Israelperspektive nachträglich eingefügt worden ist, dürfte zutreffend sein.

[147] Vgl. auch Dtn 4,35.39; 7,9; (10,17); 2. Sam 7,28; 1. Kön 8,60; 2. Kön 19,15 par Jes 37,16 und zur monotheistischen Bedeutung der Formel ausführlich Georg Braulik, in: Ernst Haag, Hg., QD 104, 1985, S. 138–147 = ders., SBAB 2, 1988, S. 280–289 und zur literarischen Schichtung von Dtn 4 Dietrich Knapp, Deuteronomium 4, GThA 35, 1987, S. 112–114.

§ 14 Der eine Gott und die Götter der Welt

In dem folgenden Gottesurteil, in dem es im Sinne von V. 37b um die Bekehrung Israels geht, steht zugleich mit der Gottheit Baals (der hier die fremden Götter überhaupt vertritt) die Gottheit Jahwes auf dem Spiel. Die Frage lautet daher von Anfang an nicht: „Ist Jahwe *euer* Gott?" sondern: „Ist Jahwe *der* Gott?" Dabei versteht es sich von selbst, daß am Ende kein anderer Gott als der, der sich als der wahre erwiesen hat, der Gott Israels sein kann. Entsprechend setzt Elia in V. 24 den Modus der Entscheidung in seiner an die Baalspropheten gerichteten Aufforderung zum Gottesentscheid fest: Der Gott, der mit Feuer auf seine Anrufung antwortet, soll der Gott *sein*. Dem entspricht die Bitte Elias in V. 37, Jahwe möge ihn erhören, damit dieses Volk erkenne, daß er der *Gott* ist und sich in der Folge zu ihm bekehrt. Und so geschieht es: Als das Feuer vom Himmel fällt und das Brandopfer mitsamt dem Holz verzehrt, sinkt das Volk anbetend nieder, um einmütig zu bekennen (V. 39):

יהוה הוא האלהי־ם יהוה הוא האלהי־ם
Jahwe, er ist der Gott, Jahwe, er ist der Gott!

Angesichts der vorausgehenden sarkastischen Verspottung der Baalspropheten und ihres Gottes in V. 27 in Gestalt der an sie gerichteten Aufforderung, lauter zu rufen, weil ihr Gott möglicherweise anderweitig beschäftigt sei oder schlafe, kann man dieses Bekenntnis nicht anders als monotheistisch verstehen. Der die Szene mit V. 40 abschließende Bericht von der Abschlachtung der vierhundert Baalspropheten wirkt auf den modernen Leser abstoßend, soll aber zeigen, daß Elia sich ganz nach dem Prophetengesetz in Dtn 13,2–6 verhalten hat. Loyalitätsbrüche gegen Jahwe sollen nach dem Willen der Deuteronomisten nicht anders geahndet werden als solche gegen einen irdischen Machthaber. Für den Zusammenhalt Israels nach dem Verlust seiner Eigenstaatlichkeit und seiner Zerstreuung unter die Völker gab es, wollte es seinen Glauben und seine Identität erhalten, neben dem exklusiven Monojahwismus keine Alternative. Denn er gibt Israel die Gewißheit, das erwählte Volk des einzigen Gottes zu sein, und bestärkt es damit zugleich in dem Streben, ihm die Treue zu halten und nach seinen Geboten zu handeln. Darüber hinaus bildet er, gestützt auf den deuterojesajanischen Weissagungserweis, einen Anker der Hoffnung auf Israels Erlösung. Er ist mithin in allen seinen Formen nicht spekulativ, sondern praktisch orientiert. Eindrücklich tritt der praktische Aspekt noch einmal in der Rede zutage, mit der ein später Deuteronomist Mose das Volk ermahnen läßt, die Gebote Jahwes als des einzigen Gottes zu halten, dessen Stimme es aus dem Feuer vernommen hat und dem alle Gewalt im Himmel und auf Erden eignet (Dtn 4,35–40):[148]

---

[148] Vgl. dazu Braulik, in: Haag, Hg., Gott, der einzige, QD 104, S. 115–159, bes.

35 *Du hast es gesehen, so daß du es weißt, daß Jahwe allein*[149] *Gott ist und kein weiterer außer ihm.* 36 *Vom Himmel ließ er dich seine Stimme hören, um dich zurechtzuweisen; auch ließ er dich sein großes Feuer sehen, und mitten aus dem Feuer heraus hast du seine Worte vernommen.* 37 *Trotz des Feuers*[150] *bist du am Leben geblieben, weil er deine Väter geliebt und ihre Nachkommen nach ihnen erwählt und dich in eigener Person mit seiner großen Kraft aus Ägypten herausgeführt hat,* 38 *um große und starke Völker vor dir her zu vertreiben und dich hineinzuführen und dir ihr Land zum Erbteil zu geben, wie es heute (der Fall) ist.* 39 *So erkenne nun und nimm es dir zu Herzen, daß Jahwe allein im Himmel droben und drunten auf Erden ist und keiner sonst,* 40 *und halte seine Satzungen und seine Gebote, die ich dir heute befehle, damit es dir und deinen Kindern nach dir wohl ergeht und du alle Zeit auf dem Boden bleibst, den dir Jahwe, dein Gott, geben will.*

Wenden wir uns, diesen keinesfalls vollständigen Rundblick über die dtn-dtr Entwicklungen des Bekenntnisses zu Jahwes Einzigkeit beendend,[151] Sach 14,9 zu, so begegnet uns hier eine Entsprechung zu der eschatologischen Erwartung von Dtn 32, daß die Geschichte Gottes mit den Menschen in der universalen Anerkennung seiner Gottheit ihr Ziel erreicht.[152] Der frühhellenistische gelehrte Prophet bedient sich dazu des direkten Rückgriffs auf das Schĕma in Dtn 6,4b.[153] Sach 14 stellt als Ganzes offensichtlich eine Fortschreibungskette dar, die sich nicht bruchlos an die einleitenden V. 1–2 anschließt: Während diese von der Eroberung Jerusalems durch die Völker berichten, schlägt der in diesem Zusammenhang relevante V. 9 die Brücke über die V. 6–8 hinweg zurück zu den V. 3–5, die von der Befreiung Jerusalems durch Jahwe und sein himmlisches Heer berichten. Gleichzeitig gibt er den thematisch uneinheitlichen V. 10–21 das Leitthema vor. V. 9 berichtet mithin von der entscheidenden Folge, welche die Befreiung Jerusalems haben wird: Sie bereitet den Antritt Jahwes als König über die ganze Erde und damit seine Anerkennung durch alle Völker vor:

> *Dann wird Jahwe zum König*
> *über die ganze Erde.*

S. 145–147 = ders., SBAB 2, S. 257–300, bes. S. 286–289 und zur literarischen Schicht Knapp, a. a. O., S. 40–42 und S. 113.

[149] Wörtlich: der Gott.
[150] Siehe BHS.
[151] Vgl. dazu oben, Anm. 148.
[152] Vgl. dazu auch oben S. 368–369 und zur Sache Kaiser, Der eine Gott und die Götter der Welt, in: Reinhard G. Kratz u. a., Hg., Schriftauslegung in der Schrift, FS Odil Hannes Steck, BZAW 300, 2000, S. 343–344.
[153] Vgl. auch Oswald Loretz, Gottes Einzigkeit, 1997, S. 85.

> *An jenem Tag wird*
> *Jahwe einzig sein*
> *und sein Name einzig.*

Es ist unübersehbar, daß in V. 9b das Bekenntnis aus Dtn 6,4b bewußt aufgenommen und auf das Ziel der Geschichte bezogen wird: Was einst von Israel gefordert wurde und seither sein Bekenntnis bildet, wird nun zum Bekenntnis aller Völker. Am Ende der Geschichte wird die Einsicht stehen, daß Jahwe der einzige Gott ist, von dem die Menschen Hilfe und Heil erwarten dürfen. Dann wird endlich wahr werden, was Israel seit der frühen Perserzeit gewiß ist und worauf es hofft, daß Jahwe nicht nur der einzige Gott Israels, sondern als der einzige Gott überhaupt von allen Völkern als solcher anerkannt wird.

6. *Der deuterojesajanische Weissagungserweis der alleinigen Gottheit Jahwes.* Wenden wir uns dem deuterojesajanischen Gotteserweis zu, so stellt sich die Grundsatzfrage, wie sich die Gottesgewißheit und die Gottesbeweise zueinander verhalten: Stiften sie Glauben oder setzen sie ihn bereits voraus, um sich nachträglich denkend zu Gott zu erheben? Die Behandlung dieses Problems gehört systematisch in das Gebiet der Religionsphilosophie und historisch in das der Philosophie- und Dogmengeschichte. Aber es wird sich zeigen, daß auch die Exegese dazu einen Beitrag zu leisten vermag, der mit dem des Systematikers übereinstimmt. Als Paradigma greifen wir die erste der Kyrosprophetien in Jes 41,1–4 heraus, in der Jahwe in einer imaginierten Gerichtsverhandlung im Tor gegenüber den Völkern den Anspruch vertritt, daß er den Perserkönig Kyros berufen und den Sieg über die Völker und ihre Könige verliehen hat (Jes 41,1–4):[154]

> 1 *Ihr Inseln, hört mir schweigend zu,*
> *und ihr Nationen, wartet auf meinen Beweis.*[155]
> *Sie sollen hintreten, dann sollen sie reden,*
> *laßt uns gemeinsam zum Entscheid antreten!*
> 2 *Wer erweckte vom Aufgang,*
> *dessen Tritt Gelingen folgt,*
> *der Völker vor sich hinlegt*
> *und Könige ‚zu Fall bringt',*[156]
> *Es macht sie*[157] *wie Staub sein Schwert,*
> *wie verwehtes Spreu sein Bogen.*

---

[154] Zur Gerichtsrede bei Deuterojesaja vgl. Antoon Schoors, I am God Your Saviour, VT.S 24, 1973, S. 181–188 und zu den im folgenden zitierten Reden passim.

[155] Lies mit BHS *jaḥălû lětôkaḥtî*, vgl. dazu die ausführliche Diskussion bei Karl Elliger, Deuterojesaja I: Jes 40,1–45,7, BK XI/1, Neukirchen-Vluyn: Neukirchener Verlag 1978, S. 104–105.

[156] Lies mit 1QJes ᵃ *hôrîd*, vgl. BHS.

[157] Lies *jittnem*, vgl. BHS.

> 3 *Er verfolgt sie, zieht heil einher,*
> *berührt mit seinen Füßen nicht den Pfad.*
> 4 *Wer hat (es) bewirkt und getan?*
> *Der die Geschlechter ruft seit Anfang!*
> *Ich, Jahwe, bin der Erste,*
> *und bei den Letzten bin ich da.*[158]

Der Sache nach stützt Jahwe seinen speziellen Anspruch darauf, daß er alle Geschlechter ins Dasein ruft und so als der Erste auch noch bei den Letzten ist. Er proklamiert hier mithin seine Herrschaft über die ganze Geschichte der Menschen. Dabei wird das Schöpfertum Jahwes und seine unumschränkte Herrschaftsmacht vorausgesetzt und nicht in Frage gestellt.

Ähnlich verhält es sich in 41,21–29* und weiterhin in 43,8–13 und 44,6–8, nur daß die imaginären Prozeßgegner Jahwes nicht die Völker, sondern die Götter sind, und er ihnen gegenüber seinen Anspruch verteidigt, der einzige Gott zu sein. Dabei bildet in allen Fällen der von den Göttern nicht widerlegte Anspruch, daß Jahwe das bereits Geschehene richtig vorausgesagt hat und mithin auch die Zukunft vorauszusagen vermag, das entscheidende Argument für seine ausschließliche Gottheit.

41,21–29* besteht aus zwei Teilen:[159] Im ersten, der die V. 21–24 umspannt, fordert Jahwe die Götter vergeblich heraus, den Anspruch auf ihre Göttlichkeit mittels der Auskunft über das Frühere und das Künftige zu verteidigen. Doch die Aufforderung Jahwes, die Götter mögen sich der Probe stellen (V. 22–23), bleibt unbeantwortet, so daß er selbst in V. 24 das Ergebnis feststellt und ihre Nichtigkeit konstatiert (Jes 41,21–24):

> 21 *Tragt euren Anspruch vor, spricht Jahwe,*
> *Führt an eure Beweise, spricht der König Jakobs.*
> 22 *Sie sollen nahen und uns kundtun,*
> *das, was sich ereignet.*
> *Das Frühere, was war es? Tut es kund,*
> *dann wollen wir's beachten.*
> *‚Oder das Künftige laßt uns hören,*
> *daß wir den Ausgang wissen.'*[160]
> 23 *Tut kund, was in der Zukunft kommt,*
> *damit wir wissen, daß ihr Götter seid.*

---

[158] Vgl. 44,6 und 48,12.

[159] Vgl. dazu Jürgen van Oorschot, Von Babel zum Zion, BZAW 206, 1993, S. 3–32 Anm.46, der mit Recht gegen Rosario P. Merendino, Der Erste und der Letzte, VT.S 31, 1981, S. 204–208 für die Zusammengehörigkeit der beiden Teile eintritt und V. 27 als Nachtrag beurteilt, der störend den Zusammenhang zwischen V. 26 und 28 unterbricht.

[160] Die beiden Kola sind irrtümlich von einem Abschreiber umgestellt worden.

§ 14 Der eine Gott und die Götter der Welt

> *Ja, laßt es gut sein oder schlimm sein,*
> *damit wir staunen und uns alle ‚fürchten.'*.[161]
> *Siehe da, ihr seid gar nichts,*
> *und euer Tun ist lauter Wahn,*
> *ein Greuel erwählt man sich mit euch!*

Jahwe dagegen bereitet es keine Schwierigkeiten, den Beweis für seine eigene Gottheit zu führen, hat doch allein er das Kommen des Helden aus dem Nordosten vorausgesagt. Umgekehrt haben die Götter durch ihr Nichterscheinen und das Fehlen eines Anwalts ihre Nichtigkeit erwiesen (Jes 41,25–26.28–29):

> 25 *Ich erweckte den aus Norden, daß er kam,*
> *‚berief' den von Sonnenaufgang ‚bei seinem Namen',*[162]
> *Daß er Fürsten wie Lehm ‚zertritt'*[163]
> *dem Töpfer gleich, der Ton zerstampft.*
> 26 *Wer verkündete dies zuvor, daß wir es wußten,*
> *und ehedem, daß wir sagen können: Es stimmt!*
> *Ja, keiner tat es kund, ja, keiner ließ es hören.*
> *Ja, keiner vernahm eure Worte.*
> 28 *Unter ‚ihnen'*[164] *ist niemand*
> *und unter ihnen kein Anwalt,*
> *die ich fragte, daß sie mir Antwort gäben.*
> 29 *Sieh da: Sie alle sind ‚nichts'*[165],
> *gar nichts sind ihre Taten,*
> *wirkungslos*[166] *sind ihre Bilder.*

Man mag sich darüber streiten, wie nichtig die Götter nach diesen Nichtigkeitsaussagen sind, ob lediglich ihre vollkommene Ohnmacht oder ihre Nichtexistenz festgestellt wird. Ihre in V. 28 und 29 unterstellte Abwesenheit spricht m. E. dafür, daß der Prophet ihre Existenz bestreitet.

Auch in der wohl erst im 5. Jh. v. Chr. entstandenen Gerichtsrede Jes 44,6–8[167] dient das Unvermögen der Götter, die Zukunft vorauszusagen,

---

[161] Lies mit BHS *wĕnirā*.
[162] Lies mit *'æqrâ* und mit 1QJes ᵃ *šĕmô*.
[163] Lies *wĕjāb*.
[164] Lies mit Elliger, S. 176 *mē'ēlœ'*.
[165] Lies mit 1QJes ᵃ und S *'ājin*.
[166] Wörtlich: Windhauch und Öde.
[167] Schon John K. McKenzie, Second Isaiah, AncB 20, Garden City/New York: Doubleday 1968, S. 64–65 erkannte, daß die Rede *a summary of ideas already stated* ist. Darauf dürften auch die Zweifel an der dtjes Verfasserschaft bei Hans-Jürgen Hermisson, Einheit und Komplexität Deuterojesajas (1989) = ders., Studien zu Prophetie und Geschichte, FAT 23, 1998, S. 132–157, bes. die Tabelle S. 155 mit Anm. 83 beruhen. Jürgen van Oorschot, BZAW 206, S. 213–216 hat

als Kriterium für ihre Nichtigkeit. Als Streitsache benennt Jahwe in V. 6 seinen exklusiven Anspruch auf die Gottheit als Ausweis seiner Geschichtsmächtigkeit.[168] In V. 7 fordert er etwaige Bestreiter zum Gegenbeweis auf. V. 8 setzt mit einer zweigliedrigen Beruhigungsformel ein, um dann die als anwesend gedachten Israeliten als seine Zeugen dafür zu benennen, daß er als einziger das Kommen des Kyros vorausgesagt hat und mithin der einzige Gott ist. Daß es sich bei den Voraussagen Jahwes um die Kyrosorakel handelt, ergibt sich für den Leser aus 41,1–4; 41,21–29; 44,24–28 und 45,1–7. Die kleine Rede ist mithin für ihren Kontext komponiert (Jes 44,6–8):

> 6 *So spricht Jahwe, der König Israels,*
>   *und sein Löser Jahwe Zebaoth.*
>   *Ich bin der Erste und ich bin der Letzte,*
>   *und außer mir gibt es keinen Gott.*
> 7 *Doch wer mir gleicht, der trete vor und*[169] *rede*
>   *und tue es kund und lege es mir dar!*
>   *‚Wer tat seit ehedem' die Zukunft ‚kund',*[170]
>   *und was kommt, mögen sie ‚uns'*[171] *hören lassen!*
> 8 *Bebt nicht und seid unverzagt!*
>   *Ließ ich es nicht ehedem hören und tat (es) kund?*
>   *Doch ihr seid meine Zeugen, ob ein Gott ist "*
>   *oder ein Felsen ‚außer mir'.*[172]

Hinter dem ganzen Beweisgang steht die Israel in seiner Geschichte zugewachsene und nun erneut in den Kyros-Prophetien bewährte Erfahrung, daß Jahwe es auf seinem geschichtlichen Weg mit seinen Prophetensprüchen begleitet hat. Der Gegenbeweis, daß die Götter keine Orakel erteilen können, mit denen sie in das Handeln ihrer Verehrer eingreifen, wird in den Gerichtsreden der Sache nach vorausgesetzt. Von den zeitgenössischen Völkern wäre er gewiß als Ausdruck der Ignoranz oder Anmaßung beurteilt worden.[173]

---

daraus die angemessene Konsequenz gezogen; vgl. auch auch Reinhard G. Kratz, FAT 1, S. 148–149.

[168] Vgl. Jes 41,7.

[169] Einfügung nach G.

[170] Lies mit dem Vorschlag in BHS, vgl. Schoors, VT.S 24, 1973, S. 230 bzw. Elliger, S. 397.

[171] Lies *lānû*.

[172] Stelle mit Elliger, S. 398 das *mibbal'ādaj* hinter *ṣûr* ein und streiche den Rest; vgl. auch Ps 18,10 = 2. Sam 22,32.

[173] Zur mesopotamischen Orakelpraxis vgl. Ivan Starr, The Rituals of the Diviner, Bibliotheca Mesopotamica 12, 1983; zur Prophetie Sima Parpola, Assyrian Prophecies, SAA IX, 1997, S. XIII–LII; und Martti Nissinen, References to Prophecy

Mithin ist der ganze Weissagungsbeweis eine Selbstversicherung des Glaubens an die Allmacht des Gottes Israels und die Ohnmacht der Götter der Völker, eine Erhebung zu Gott, aus dessen Perspektive die irdischen Verhältnisse eine dem Augenschein konträre Rangordnung erhalten. So basieren diese Texte auf dem Glauben an die Sonderstellung Jahwes als des Schöpfers der Welt und an die Unauflöslichkeit des zwischen ihm und seinem Volk bestehenden Sonderverhältnisses, nach dem Israel das von ihm erwählte Volk ist und bleibt (Jes 44,2).[174] Mithin ist die Funktion des Weissagungsbeweises bei Deuterojesaja keine andere als die des Schöpfungsglaubens: Beide dienen der Stützung der Heilsprophetie, indem der eine auf seine einzigartige Macht als Schöpfer und Lenker der Welt[175] und der andere auf die als Lenker des Schicksals der Völker verweist. Als Beispiel für diese Rolle des Schöpfungsglaubens sei Jes 40,18 + 21–26 zitiert, ein Text, dessen unvergleichlicher Gott als solcher der einzige ist:[176]

> 18 *Mit wem wollt ihr denn Gott vergleichen,*
> *und welches Bild ihm gegenüberstellen?*
>
> 21 *Erkennt ihr es nicht? Vernehmt ihr es nicht?*
> *Ward es euch nicht kund seit Anfang?*
> *Verstandet ihr's nicht, seit der Gründung[177] der Erde?*
>
> 22 *Der über dem Kreis der Erde thront,*
> *daß ihre Bewohner wie Heuschrecken,*
> *Der wie einen Schleier den Himmel ausspannte*
> *und ihn wie ein Wohnzelt ausdehnte,*
>
> 23 *Der Fürsten dem Nichts hingab,*
> *Richter der Erde wie gar nichts machte.*
>
> 24 *Kaum waren sie gepflanzt, kaum waren sie gesät,*

---

in Neo-Assyrian Sources, SAA.St 7, 1998, bes. S. 163–172; zum griechischen Orakelwesen umfassend Veit Rosenberger, Griechische Orakel, 2001 und dazu paradigmatisch Otto Kaiser, Xenophons Frömmigkeit: Ideal und idealisierte Frömmigkeit, Trames 4, 2000, S. 355–379, bes.S.357–363 und zu den soziologischen und politischen Gründen für den Niedergang des delphischen Orakels seit der hellenistischen Epoche Rosenberger, S. 182–183.

[174] Vgl. GAT II, S. 45–48.

[175] Vgl. dazu Rolf Rendtorff, Die theologische Stellung des Schöpfungsglaubens bei Deuterojesaja, ZThK 51, 1954, S. 3–13 = ders., Ges. Aufsätze zum Alten Testament, ThB 57, 1975, S. 209–242.

[176] Vgl. dazu auch Matthias Albani, Der eine Gott und die himmlischen Heerscharen, ABG 1, 2000, S. 124–137 und speziell zu V. 26 S. 183–239 und zu der hier vorliegenden Verbindung des Schöpfungsglaubens mit dem Monotheismus in der Auseinandersetzung mit den Ansprüchen Marduks bes. S. 244–255.

[177] Siehe BHS bzw. Karl Elliger, BK.AT XI/1, 1987, S. 62 z.St.

> *kaum schlug Wurzel in der Erde ihr Trieb,*
> *Da blies er sie an und sie welkten,*
> *und Windsbraut trug sie wie Spreu davon.*
>
> 25 *Mit wem[178] wollt ihr mich vergleichen,*
> *daß ich ihm gliche, spricht Jahwe.*
> 26 *Hebt eure Augen zur Höhe*
> *und seht: Wer hat diese geschaffen?*
> *Der herausführt nach der Zahl ihr Heer,*
> *sie alle beim Namen ruft.*
> *Vor dem Kraftvollen[179] und dem Machtstarken*
> *bleibt keiner zurück.*

Die praktische Folgerung für Israels Selbstverständnis in der Zeit seiner tiefsten Erniedrigung nach der Zerstörung Jerusalems und des Reiches der Davididen zieht der Prophet in den folgenden V. 27–31:

> 27 *Warum sagst du, Jakob,*
> *und sprichst du, Israel:*
> *„Verborgen ist mein Weg vor Jahwe,*
> *und an meinem Gott geht mein Recht vorbei."?*
> 28 *Weißt du es nicht,*
> *oder hast du es nicht gehört?*
> *Der ewige Gott ist Jahwe,*
> *der Schöpfer der Enden der Erde.*
> *Er wird nicht müde und wird nicht matt,*
> *unergründlich ist seine Einsicht.*
> 29 *Er gibt dem Müden Kraft*
> *und den Ohnmächtigen große Stärke.*
> 30 *Die Burschen ermüden und werden matt,*
> *und die Jungmänner straucheln und fallen.*
> 31 *Doch die auf Jahwe hoffen, erneuern die Kraft,*
> *sie treiben Schwingen wie Greife,*
> *Sie laufen und werden nicht müde,*
> *sie gehen und werden nicht matt.*

Wie der Schöpfungsglaube dient mithin auch der deuterojesajanische Weissagungsbeweis für die ausschließliche Gottheit Jahwes nicht spekulativem, sondern praktischem Interesse: Beide dienen der Fundamentierung der Heilsworte, nach denen Jahwe sein Volk aus der Knechtschaft des Exils erlösen[180] (und sich weiterhin am Zion verherrlichen)[181] wird (Jes 45,1–7*).

---

[178] Siehe Elliger, S. 63.
[179] Siehe Elliger, S. 63.
[180] Vgl. GAT II, S. 225–227 und z. B. Jes 41,8–13; 43,14–21 und 44,24–28.
[181] Vgl. z. B. 40,1–5.9–11; 41,27; 49,14–21; 52,7–10.

Diese Absicht tritt uns in dem Kyrosorakel in 45,1–7 unmittelbar entgegen. Es besteht aus einem in den V. 1–5* enthaltenen Kern und einer jüngeren, sich bis V. 7 erstreckenden Bearbeitung, die vermutlich den ursprünglichen Wortlaut von V. 1b überdeckt hat (Jes 45,1–7*):[182]

> 1aα *So spricht Jahwe zu seinem Gesalbten*[183]
>   [zu Kyros, den ich an seiner Rechten ergriff,
>   um Völker vor ihm niederzutreten,
>   wobei ich die Gürtel der Könige öffne,
>   um Türen vor ihm zu öffnen,
>   wobei Tore nicht verschlossen bleiben.].
> 2 *Ich gehe vor dir her*
>   *und ebne Mauerkränze ein,*
>   *Zerbreche Türen von Erz,*
>   *schlage eiserne Riegel ab*
> 3a *Und gebe dir Schätze im Finstren*
>   *und Vorräte im Versteck.*
> 4 *Um Jakobs, meines Knechtes willen,*
>   *um Israels, meines Erwählten,*
>   *Rief ich dich bei deinem Namen,*
>   *gab ich dir einen Ehrennamen, den du nicht kennst.*
> 5a *Ich bin Jahwe und keiner sonst,*
>   *und außer mir gibt es keinen Gott,*
> 7a *Der das Licht bildet und die Finsternis schafft,*
>   *der Heil bewirkt und Unheil schafft.*

Es ist die konkurrenzlose Gottheit Jahwes, des Gottes Israels (V. 5),[184] sein immerwährendes Wirken als Schöpfer von Licht und Finsternis und sein beständiges Leiten der Geschichte mit ihren Glücks- und Unglücksfällen, das ihn gegenüber Kyros und realiter gegenüber der Gemeinde des Exilspropheten als den ausweist, der die Macht besitzt, Kyros als seinen Gesalbten und d. h. als Werkzeug seines Dienstes zu berufen und ihm Sieg um Sieg zu verleihen, um durch ihn das Los seines erwählten Knechtes Jakob-Israel zum Heil zu wenden. So dient die Behauptung der ausschließlichen Gottheit Jahwes in den deuterojesajanischen Prophetien der Stütze des Heilsglaubens an Israels Erlösung.

---

[182] Vgl. die unterschiedlichen Analysen von Karl Elliger, BK XI/1, 1978, S. 485–491, Rosario P. Merendino, Der Erste und der Letzte, VT.S 31, 1981, S. 412–415; Reinhard G. Kratz, Kyros im Deuterojesajabuch, FAT 1, 1991, S. 15–33 und Jürgen van Oorschot, BZAW 206, 1993, S. 87–93, die alle aus der Verdoppelung und Vorwegnahme einzelner Motive ähnliche Schlüsse wie der Verfasser ziehen.
[183] Vgl. dazu oben S. 86.
[184] Vgl. dazu Elliger, S. 497.

§ 14 Der eine Gott und die Götter der Welt

Und so läßt der Prophet in 43,8–10 Jahwe sein eigenes Volk als Zeugen zu der Verhandlung vorladen, zu der sich alle Völker versammelt haben: Denn es kann bezeugen, daß er seine Fähigkeit, das Kommende vorauszusagen, im Fall der Ankündigungen des Siegeslaufes des Kyros bewiesen hat (V. 12).[185] Dagegen haben die anderen Völker nichts dergleichen vorzuweisen. Daher kann er mit Recht den Anspruch erheben, der einzige, allen Zeiten gleich gegenwärtige Gott zu sein: Als dieser Gott ist er der, neben dem es keinen anderen göttlichen Retter gibt und geben kann (V. 11b). Daher vermag ihn auch niemand von seinem bevorstehenden Heilshandeln an Israel abzuhalten (Jes 43,8–13):

> 8 *Man führe heraus*[186] *das blinde Volk, obwohl es Augen besitzt,*
> *die taub sind, obwohl sie Ohren haben.*
> 9 *Alle Völker sind versammelt zumal*
> *und zusammengekommen*[187] *Nationen.*
> *Wer ist unter ihnen, der dies*[188] *kündet?*
> *Auch Früheres mögen sie uns berichten!*
> *Sie mögen Zeugen stellen, daß man ihnen Recht gibt,*[189]
> *daß man zuhört und sagt: So ist es! –*
> 10 *Doch ihr seid meine Zeugen, spricht Jahwe,*
> *und meine Knechte*[190]*, die ich erwählte,*
> *damit ihr es erkennt und mir glaubt*
> *und einseht, daß ich es*[191] *bin:*
> *Vor mir ward kein Gott gebildet*
> *und nach mir wird es keinen geben.*
> 11 *Ich, ich bin Jahwe,*
> *und außer mir gibt es keinen Helfer.*
> 12 *Ich tat es kund*[192] *und ließ es hören,*
> *und keinem bei euch ist es fremd.*
> *So seid ihr meine Zeugen, Ausspruch Jahwes,*
> *daß ich Gott bin.*
> 13 *Ich bin es auch ferner,*

---

[185] Vgl. Dazu Elliger, S. 325.

[186] Lies ein *hôṣê'* und deute ihn als Inf. abs., vgl. Elliger, S. 306.

[187] Lies das Impf. cons.

[188] D. h.: die Gegenwart. Gefragt ist nach einem Götterwort über den bevorstehenden Fall Babels und den Siegeslauf des Kyros, vgl. 41,21–24 und 41,25–28 und Elliger, S. 317 und zur Sache auch S. 184: Das Frühere und das Künftige sind zeitlich relative, auf die Gegenwart bezogene Ereignisse.

[189] Lies dem par.memb. gemäß das Pi.

[190] Lies den Plural; vgl. BHS und Elliger, S. 307.

[191] Nämlich: Jahwe, der einzige Gott, vgl. V. 11.

[192] Streiche das folgende „und habe dir geholfen" als Glosse, vgl. Elliger, S. 308 und S. 326.

> und außer mir gibt es keinen, der aus meiner Hand reißt:
> Ich handle, und wer kann es wenden?

7. *Die Götzenpolemik als Ausdruck der Gewißheit des Jahwe-Glaubens.*
Wenden wir uns abschließend der Götzenpolemik zu, mit der fromme Schriftgelehrte den Bilderkult ihrer nichtjüdischen Zeitgenossen verspottet haben, so ist sie nur unter der Voraussetzung des Glaubens verständlich, daß Jahwe der einzige wahre Gott ist und die anderen Götter nicht existieren. Damit verloren der Prozeß der Herstellung der Bilder seine ursprüngliche Bedeutung, ihnen durch eine mit einer Mundwaschung und Mundöffnung verbundenen Weihe ihre Qualität als irdische Realpräsentation des Gottes zu verleihen.[193] Denn nicht-existierende Götter können weder den Königen befehlen, Bilder herzustellen, noch die Handwerker anweisen, wie sie das zu tun hätten, noch am Ende diesen Bildern einwohnen, so daß die Bilder sie als ihr irdischer Leib wesenhaft repräsentieren. Der Gedanke, daß irdischer Tempel und himmlisches Heiligtum sich wie Urbild und Abbild zueinander verhalten und der Opferkult seine Wirksamkeit aus seiner göttlichen Verordnung und der freilich unsichtbaren Anwesenheit Gottes im Heiligtum bezieht, bildete noch die ideologische Voraussetzung für den Dienst im Zweiten Tempel. So behaupten Ex 25,9.40 und 26,30, daß Gott Mose ein Modell des Zeltes der Begegnung und seiner Kultgeräte gezeigt habe, nach dem es die von Gott inspirierten Handwerker herstellen sollten (Ex 31,1–11).[194] Doch scheint der Jahwekult von jeher anikonisch, bildlos, gewesen zu sein. In Jerusalem und in den Heiligtümern des Nordreiches Bethel und Dan wurde Jahwe bereits in der Königszeit unter Verzicht auf eine Stele oder einen Stein (*material aniconism*) als unsichtbar über den Kerubîm bzw. dem Stierbild thronend vorgestellt, im nachexilischen Jerusalemer Tempel aber verehrte man ihn als den unsichtbar im leeren Raum des Adytons gegenwärtigen Gott (*empty space aniconism*).[195] Darin drückte sich das für die alttesta-

---

[193] Vgl. zum ägyptischen Bilderverständnis Hans Bonnet, RÄRG, S. 118b–120a, und zur Vorstellung des Einwohnens des Gottes in einem anderen Gott oder irdischen Leib ders., Zum Verständnis des Synkretismus, ÄZ 75, 1939, S. 40–52; zum Tierkult Henry Frankfort, Ancient Egyptian Religion, 1948 (ND), S. 8–14; zur sakralen Herstellung der Götterbilder und ihrer durch die Weihe gewonnene Eigenschaft als Realpräsentation des abgebildeten Gottes im alten Mesopotamien vgl. Angelika Berlejung, Die Theologie der Bilder, OBO 162, 1998, bes. S. 172–177 und S. 281–283.
[194] Vgl. dazu grundsätzlich Tryggve N. D. Mettinger, No Graven Image? Israelite Aniconism in Its Ancient Near Eastern Context, CB.OT 42, 1995 und knapp GAT II, S. 162–169.
[195] Vgl. dazu GAT II, S. 169–177.

mentliche Religion typische Abstandsgefühl zwischen Gott und Welt und Gott und Geschöpf aus, das Jahwe seine Unvergleichbarkeit mit allem Irdischen sichert (Ex 20,4–5a par Dtn 5,8–9a). Der Glaube an den *einen* Gott, das erste Gebot und das Bilderverbot bilden zusammen die Grundlage des alttestamentlichen Gottesverständnisses.[196] Daher beurteilen seine Frommen die Verehrung von mit Händen gemachten Götzenbildern als Unverstand (Jes 44,9–20) und, sofern Gott aus seiner Schöpfung erkannt werden kann (Weish 13,1–9),[197] als Ausdruck des Irrtums (Weish 13,6) und die schönen Götterbilder als Mittel zur Verführung von Unverständigen (Weish 15,4–5).

Der Spott über die Herstellung der Götterbilder entsakralisiert das Resultat und dient damit ebenso der Verhütung geheimen Rückfalls in den Bilderdienst wie der Selbstbestätigung des eigenen Glaubens. Wir beschränken uns darauf, von den zahlreichen Texten[198] nur ein signifikantes Beispiel in Gestalt von Jes 44,9–20 vorzustellen. Diese Polemik liefert für die weiteren gleichsam das Muster. Er ist literarisch dreischichtig. Seinen Kern bilden zwei ursprünglich selbständige Gedichte, von denen das erste in den V. 10.12–13 die Herstellung eines Guß- und eines Schnitzbildes und das zweite in V. 14–17 den unterschiedlichen Gebrauch des Holzes aufs Korn nimmt. Beide Teile hat der für die Einfügung

---

[196] Zur unterschiedlichen Beurteilung der Bilder in den katholischen und den protestantischen Kirchen vgl. den Bericht über den Verlauf des Bilderstreits in der byzantinischen Kirche bei Hans Belting, Bild und Kult, 1990 (ND), S. 164–184 und die Beschlüsse des zweiten Konzils von Nicäa (787) über die Verehrung geweihter Bilder S. 563. Unter den weiteren, auf S. 546–619 zusammengestellten Dokumenten zum Gebrauch von Bildern und Reliquien vgl. z. B. die klassische Rechtfertigung der Bilderverehrung durch Johannes Damascenus S. 560–561 und Papst Gregor II. S. 564–565, die einschlägigen Bestimmungen des Tridentinums (1563) S. 616–617, die Bewertung Luthers der Bilder als Merkzeichen und Erinnerungshilfen S. 608–610 und die strikte Ablehnung durch Calvin, S. 611–613. Die katholische Bilderverehrung unterscheidet zwischen dem Urbild und dem Abbild, wobei das Abbild das Urbild (in der Ikonenmalerei dank besonderer Herstellung und Weihung) repräsentiert und die ihm dargebrachte Verehrung dem Urbild gilt. So wird auch hier eine *participation mystique* zwischen Urbild und Abbild vorausgesetzt, die es ermöglicht, daß ein Bild besondere Gnaden vermittelt.

[197] Vgl. GAT II, S. 273–274.

[198] Vgl. Jes 40,18–20; 42,17; 44,9–20; 46,5–8; Jer 10,3–16; Ps 115,4–8; 135,15–18; Brief Jer 1–64 = Bar 6 (dazu Reinhard G. Kratz, Der Brief Jeremias, in: ATD.Apok. 5, Göttingen: Vandenhoeck & Ruprecht 1998, S. 71–108); Weish 13,(1–9)10–15,19 und die zu den Zusätzen des griechischen Danielbuches gehörende Erzählung von Bel und dem Drachen (dazu Ingo Kottsieper, ATD.Apok 5, S. 248–285).

des Liedes verantwortliche Schreiber durch die Voranstellung von V. 9, die Einfügung von V. 11 und die Zusammenfassung in V. 18 oberflächlich an eine dtjs Gerichtsrede anzugleichen versucht. Außerdem dürfte auch V. 15b auf seine Rechnung gehen, der V. 17 vorgreift. Ein Späterer hat dann hinter V. 18 eine Begründung gesetzt, die inhaltlich eine Wiederholung des in V. 16–17 im Licht des in V. 18 Gesagten ist. Leider ist auch der Text des ganzen Gedichts wiederholt empfindlich gestört. Aber die in ihm verarbeiteten Gedichte sind so originell und der freilich oberflächliche Versuch, das aus zwei Teilen zusammengesetzte Ganze an den dtjs Kontext anzupassen, so bemerkenswert, daß sich die Wiedergabe im vorliegenden Zusammenhang rechtfertigt (Jes 44,9–20):

9 *Die Hersteller von Bildern sind allesamt nichtig*
und ihre Lieblinge nutzlos.
Und ihre Zeugen,[199] *sie bemerken (es) nicht*
und kommen nicht zur Einsicht, so daß sie zuschanden werden.

10 Wer formt einen Gott und gießt ein Bild,
das doch nichts nützt?

11 *Siehe: All seine Anhänger werden zuschanden,*
und die es machen,[200] *nur Menschen.*
Sie mögen sich alle versammeln, vortreten,
sie werden erschrecken, sämtlich zuschanden.

12 Der Meister entfacht die Glut[201]
<und schmilzt in ihr das Eisen>[202]
Und formt es[203] mit (seinem) Hammer
und stellt es her mit seinem starken Arm.
Dann ist er hungrig und ohne Kraft,
er trank kein Wasser und ward müde.

13 Der Holzschnitzer spannt die Meßschnur,
umschreibt es mit dem Rötel,
Schnitzt es mit dem Messer
und rundet es mit dem Drechsel
Und macht es nach dem Bild eines Mannes
und nach der Gestalt eines Menschen, der im Hause wohnt.[204]

---

[199] Gemeint sind im Anschluß an Jes 43,12b die Bilderdiener.
[200] Lies mit BHS *ḥārāšâw*.
[201] Stelle *barzæl* in das folgende, verlorene Kolon und scheide mit Karl Marti, Das Buch Jesaja, KHC X, Tübingen u. a.: J. C. B. Mohr (Paul Siebeck) 1900, S. 303 *ma'ăṣār* als Glossen aus. Zur Diskussion des schwierigen Verses vgl. ausführlich Elliger, S. 409–410.
[202] Das verlorene Par. Kolon ist unter Gebrauch des *barzæl* frei rekonstruiert.
[203] Nämlich: das Bild.
[204] Lies *jōš ēb bājit*.

14 .... sich Zedern zu fällen.
   Und er nimmt[205] Steineiche und Stecheiche[206]
   und läßt sie unter den Bäumen des Waldes erstarken.
   Er pflanzt Lorbeer, den Regen groß macht.
15 Und es[207] dient dem Menschen zum Heizen,
   und er nimmt[208] davon und wärmt[209] sich,
   auch zündet er ein Feuer an und bäckt Brot.
   Auch macht er einen Gott und wirft sich nieder,
   macht sich ein Bild und beugt sich vor ihm.

16 Seine Hälfte verbrennt er im Feuer,
   auf der anderen brät[210] er Fleisch,
   ißt den Braten und wird satt.
   Auch wärmt er sich und sagt: „Haha!
   Warm habe ich es und sehe das Feuer!"
17 Aber den Rest macht er zum Gott,[211]
   vor dem er sich beugt und niederfällt.
   Und er betet zu ihm und sagt:
   Rette mich; denn du bist mein Gott!

18 *Sie wissen nichts und verstehen nichts,*
   denn verklebt sind ihre Augen, daß sie nicht sehen
   und werden nicht klug in ihren Herzen.

19 Aber er nimmt es sich nicht zu Herzen,
   hat keinen Verstand und keine Einsicht zu sagen:
   „Seine Hälfte habe ich im Feuer verbrannt,
   auch backte ich Brot auf seinen Kohlen,
   briet ich Fleisch und aß es!
   Seinen Rest aber mache ich zum Greuel,
   verneige mich vor einem Holzklotz!"
20 Wer Asche weidet, den betrog und verführte (sein) Herz,
   daß er sein Leben nicht rettet
   und nicht sagt: „Ist nicht Trug[212] in meiner Rechten?"

Das Lied lebt von der Unterstreichung des Kontrastes: Der Meister, der das metallene Gottesbild „mit starkem Arm" herstellt, sinkt am Ende ermattet in sich zusammen. Der andere, der das Holzbild schnitzt, verwen-

---

[205] Siehe BHS.
[206] Zur Diskussion vgl. Elliger, S. 430.
[207] Nämlich: das Holz.
[208] Siehe BHS.
[209] Siehe BHS.
[210] Zu den nötigen Umstellungen der Verben vgl. Elliger, S. 412–413.
[211] „Zu seinem Bild" ist Glosse.
[212] Nämlich: statt eines Gottes Asche.

det einen Teil des Materials zum Braten und Backen, während er aus dem anderen einen Gott macht, vor dem er sich niederwirft. Der Ergänzer bringt das auf den Punkt, daß der Hersteller eines „Gottes" eigentlich Asche in der Hand hält. Betrachtet man das Kultbild mit den Augen eines jüdischen Dichters, der die Existenz der Götter leugnet, so nimmt sich die ganze Fabrikation lächerlich aus. Das aber wollten der Poet und seine Nachfolger: die eigene Gemeinschaft durch den Spott über die Greuelbilder der Anderen in ihrem Selbstverständnis bestärken, Diener des wahren Gottes zu sein, und vermutlich ganz nebenbei die für den Bilderdienst anfälligen Seelen vor solcher Torheit bewahren.

Daß es nicht bei solcher Polemik bleiben muß, ja nicht einmal darf, weil der eine Gott in Wahrheit der Gott aller Völker ist und darauf sinnt und wartet, daß sie ihn als den lebendigen Gott erkennen und im Rückblick einsehen, daß ihre Vorfahren dem Trug verfallen waren, bekennt ein später schriftgelehrter Prophet in Jer 16,19–21. Das Lehrgedicht gliedert sich in drei Strophen zu je vier Kola. In der ersten ruft der Beter Jahwe als seine Stärke und Zuflucht in Notzeiten an, um ihm zu versichern, daß alle Völker zu ihm kommen und den Irrtum ihrer Väter bekennen werden (V. 19abα). Ihr Bekenntnis wird in der zweiten Strophe wörtlich zitiert: Im Gegensatz zu dem Beter waren die Völker mit ihren von Menschen gemachten Göttern betrogen, weil sie in ihnen keine Helfer besaßen (V. 19bβ.20). In der dritten versichert Jahwe, daß er die Völker durch seine Machterweise zu der Einsicht führen wird, daß der verborgene und doch die ganze Geschichte der Menschheit leitende Gott kein anderer als Jahwe ist (V. 21). Auf diese Weise zieht der späte Dichter die sachgerechte Folgerung, daß der eine Gott notwendig zum Gott aller Völker werden muß (Jer 16,19–21):[213]

> 19 *Jahwe, meine Kraft und mein Schutz,*
> *meine Zuflucht am Tag der Bedrängnis:*
> *Zu dir werden die Völker kommen*
> *von den Enden der Erde und sagen:*
>
> *„Nur Trug besaßen unsere Väter,*
> *Wind, und sie hatten keinen Helfer.*
> 20 *Kann sich ein Mensch Götter machen,*
> *die doch nicht Götter sind?"*

---

[213] Vgl. Wilhelm Rudolph, Jeremia, 3. Aufl., HAT I/12, 1968, S. 113, der hier eine Nachahmung jeremianischer Dichtung findet. Nach Winfried Thiel, Die deuteronomistische Redaktion von Jeremia 1–25, WMANT 41, 1973, S. 200–201 knüpft sie an 16,14–15 an; so auch William McKane, Jeremiah I, ICC, 1986, S. 382–382; zu seinen Beziehungen zu anderen Texten des Buches vgl. Robert P. Carroll, Jeremiah, OTL, 1985, S. 347.

21 „*Darum, siehe, ich will sie lehren*
   und sie endlich wissen lassen
   meine Macht und meine Stärke,
   und sie werden erkennen, daß Jahwe mein Name ist."

Vermutlich bezieht sich das Gedicht ebenso auf Jes 45,20–24 wie auf Ez 36,23, so daß die Bekehrung der Völker durch die Befreiung Jerusalems und die Heimführung der weltweiten jüdischen Diaspora durch Jahwe erfolgt.[214] Da Jahwe sein Offenbarsein an das Schicksal seines Volkes gebunden hat, kann er sich nach alttestamentlicher Überzeugung nur vor der ganzen Welt verherrlichen, indem er dessen Knechtschaft und Zerstreuung unter die Völker beendet. Daß dies eines Tages geschehen wird, ergibt sich für die Propheten aus ihrem Glauben, daß Jahwe der einzige Gott und damit der rechtmäßige Herr aller Menschen ist. Und so läßt sich die monotheistische Hoffnung des Alten Testaments mit den Worten aus Jes 40,5 zusammenfassen:

> *Denn die Herrlichkeit Jahwes soll offenbar werden,*
> *und alles Fleisch soll es gemeinsam sehen.*
> *Denn Jahwes Mund hat es gesagt.*

Es ist die logische Folge des Glaubens an einen einzigen Gott, daß er eines Tages von allen Menschen als der erkannt wird, der er immer schon war, ist und sein wird: ihrer aller Gott.

Literatur

Ausgewählte Aufsätze, Monographien und Sammelwerke: *Albani, Matthias,* Astronomie und Schöpfungsglaube. Untersuchungen zum astronomischen Henochbuch, WMANT 68, Neukirchen-Vluyn: Neukirchener Verlag 1994; *ders.,* Der eine Gott und die himmlischen Heerscharen. Zur Begründung des Monotheismus bei Deuterojesaja im Horizont der Astralisierung des Gottesverhältnisses im Alten Orient, ABG 1, Leipzig: Evangelische Verlagsanstalt 1999; *Assmann, Jan,* Re und Amun. Die Krise des polytheistischen Weltbilds im Ägypten der 18.–20. Dynastie, OBO 51, Freiburg/Schweiz/Göttingen: Universitätsverlag Freiburg/Schweiz/Vandenhoeck & Ruprecht 1983; *ders.,* Monotheismus und Kosmotheismus, SHAW.PH 1993/2, Heidelberg: Universitätsverlag C. Winter 1993; *Avalos, Hector,* Illness and Health Care in the Ancient Near East. The Role of the Temple in Greece, Mesopotamia, and Israel, HSM 54, Atlanta, Georgia: Scholars Press 1995; *Balscheit, Bruno,* Alter und Aufkommen des Monotheismus in der israelitischen Religion, BZAW 69, Berlin: Alfred Töpelmann 1938; *Beck, Martin,* Elia und die Monolatrie. Ein Beitrag zur religionsgeschichtlichen Rückfrage nach dem vor-

---

[214] Vgl. Rudolph, S. 113.

schriftprophetischen Jahwe-Glauben, BZAW 281, Berlin. New York 1999; *Belting, Hans*, Bild und Kunst. Eine Geschichte des Bildes vor dem Zeitalter der Kunst, München: C. H. Beck 1990; *Berlejung, Angelika*, Die Theologie der Bilder. Herstellung und Einweihung von Kultbildern in Mesopotamien und die alttestamentliche Bilderpolemik, OBO 162, Freiburg, Schweiz/Göttingen: Universitätsverlag Freiburg Schweiz/Vandenhoeck & Ruprecht 1998; *Braulik, Georg*, Das Deuteronomium und die Geburt des Monotheismus, in: Ernst Haag, Hg., Gott, der einzige, QD 104, 1985, S. 115–159 = *ders.*, Studien zur Theologie des Deuteronomiums, SBAB.AT 2, 1988, S. 257–300; *Brenner, Martin L.*, The Song of the Sea Ex 15,1–21, BZAW 195, Berlin. New York: Walter de Gruyter 1991; *Brunner-Traut, Emma*, Frühformen des Erkennens. Am Beispiel Altägyptens, 2. erw. Aufl., Darmstadt: Wissenschaftliche Buchgesellschaft 1992; *Dietrich, Manfried* und *Loretz, Oswald*, Studien zu den ugaritischen Texten I: Mythos und Ritual in KTU 1.12, 1.24; 1.96, 1,100 und 1.114, AOAT 269/1, Münster: Ugarit-Verlag 2000; *Dietrich, Walter* und *Klopfenstein, Martin A.*, Hg., Ein Gott allein? JHWH-Verehrung und biblischer Monotheismus im Kontext der israelitischen und altorientalischen Religionsgeschichte, OBO 139, Freiburg/Schweiz/Göttingen: Universitätsverlag Freiburg/Schweiz/Vandenhoeck & Ruprecht 1993; *Frankfort, Henry*, Ancient Egyptian Religion. An Interpretation, New York: Columbia University Press 1948 (ND); *Frevel, Christian*, Aschera und der Ausschließlichkeitsanspruch YHWHs. Beiträge zu literarischen, religionsgeschichtlichen und ikonographischen Aspekten der Ascheradiskussion, BBB 94/1, Weinheim: Beltz. Athenäum 1995; *Gese, Hartmut*, Die Religionen Altsyriens, in: *ders., Höfner, Maria* und *Rudolph, Kurt*, Die Religionen Altsyriens, Altarabiens und der Mandäer, RM 10/,2, Stuttgart u. a.: W. Kohlhammer 1970; *Haag, Ernst*, Hg., Gott, der einzige: Zur Entstehung des Monotheismus in Israel, QD 104, Freiburg i. Br. u. a.: Herder 1985; *Hermisson, Hans-Jürgen*, Einheit und Komplexität Deuterojesajas. Probleme der Redaktionsgeschichte von Jes 40–55 (1989), in: *ders.*, Aufsätze zur Prophetie und Weisheit, hg. v. Barthel, Jörg u. a., FAT 23, Tübingen: J. C. B. Mohr (Paul Siebeck) 1998, S. 132–157; *Jaeschke, Walter*, Die Vernunft in der Religion. Studien zur Grundlegung der Religionsphilosophie Hegels, Spekulation und Erfahrung, Texte und Untersuchungen zum Deutschen Idealismus II/4, Stuttgart-Bad Canstatt: Frommann-Holzboog 1986; *Jeremias, Jörg*, Theophanie. Die Geschichte einer alttestamentlichen Gattung, 2. Aufl., WMANT 10, Neukirchen-Vluyn: Neukirchener Verlag 1977; *ders.*, Das Königtum Gottes in den Psalmen. Israels Begegnung mit dem kanaanäischen Mythos in den Jahwe-König-Psalmen, FRLANT 141, Göttingen: Vandenhoeck & Ruprecht 1987; *Kaiser, Otto*, Gottes und der Menschen Weisheit. Ges. Aufsätze, BZAW 261, Berlin. New York: Walter de Gruyter 1998; *Kapelrud, Arvid S.*, Baal in the Ras Shamra Texts, Kopenhagen: G.-E.C. Gad 1952; *ders.*, The Violent Goddess. Anat in the Ras Shamra Texts, Oslo: Universitetsforlaget 1969; *Keel, Othmar* und *Uehlinger, Christoph*, Göttinnen, Götter und Gottessymbole. Neue Erkenntnisse zur Religionsgeschichte Kanaans und Israels aufgrund bislang unerschlossener ikonographischer Quellen, 4. erw. Aufl., QD 134, Freiburg i. Br. u. a.: Herder 1998; *Kinet, Dirk*, Ugarit – Geschichte und Kultur einer Stadt in der Umwelt des Alten Testaments, SBS 101, Stuttgart: Katholisches Bibelwerk 1981; *Knapp, Dietrich*, Deuteronomium 4. Literarische Analyse und theologische Interpretation, GThA 35, Göttingen: Vandenhoeck & Ruprecht 1987; *Koch, Klaus*, Geschichte der ägyptischen Religion. Von den Pyramiden bis zu den Mysterien der Isis, Stuttgart u. a.: W. Kohlhammer 1993; *ders.*, Monotheismus und Angelologie, in: *Dietrich, Walter* und *Klopfenstein, Martin A.*, Hg., Ein Gott allein?, OBO 139, 1993, S. 565–582; *Kramer, Samuel Noah*, The Sumerians. Their History, Culture and Character, Chicago: Chicago University Press 1963 (ND); *Kratz, Reinhard G.*, Kyros im Deutero-Jesajabuch. Redaktionsgeschichtliche Untersuchungen zu Entstehung und Theologie von Jes 40–55, FAT 1, Tübingen: J.C.B. Mohr (Paul Siebeck) 1991; *Löwith, Karl*, Weltgeschichte als Heilsgeschichte. Die theologischen Voraussetzungen der Geschichtsphilosophie, 8. Aufl., UB 2, Stuttgart: W. Kohlhammer 1990; *Loretz, Oswald*, Ugarit-Texte und Thronbesteigungspsalmen. Die Metamorphosen des Regenspenders Baal-Jahwe, UBL 7, Münster: Ugarit-Verlag 1988; *ders.*, Ugarit und die Bibel. Kanaanäische Götter und Religion im Alten Testament, Darmstadt: Wissenschaftliche Buchgesellschaft 1990; *ders.*, Des Gottes Einzigkeit. Ein altorientalisches Argumentationsmodell zum „Schema Israel" Darmstadt: Wissenschaftliche Buchgesellschaft 1997; *Mach, Michael*, Entwicklungsstadien des jüdischen Engelglaubens in vorrabbinischer Zeit, TSAJ 34, Tübingen: J.C.B. Mohr (Paul Siebeck) 1992; *Marquard, Odo*; Lob des Polytheismus. Über Monomythie und Polymythie, in: Poser, Hans, Hg., Philosophie und Mythos, 1979, S. 40–58; *Merendino, Rosario P.*, Der Erste und der Letzte. Eine Untersuchung zu Jes 40–48, VT.S 31, Leiden: E.J. Brill 1981; *Mettinger, Tryggve N. D.*, No Graven Image? Israelite Aniconism in Its Ancient Near Eastern Context, CB.OT 42, Stockholm: Almqvist & Wiksell International 1995; *Merill, Eugene H.*, Qumran and Predestination. A Theological Study of the Thanksgiving Hymns, StTDJ 8, Leiden: E.J. Brill 1975; *Moor, Johannes C. de*, The Seasonal Pattern in the Ugaritic Myth of Ba'lu. According to the Version of Ilimilku, AOAT 16, Kevelaer/Neukirchen-Vluyn: Butzon & Berker/Verlag des Erziehungsvereins Neukirchen-Vluyn 1971; *Nestle, Wilhelm*, Vom Mythos zum Logos. Die Selbstentfaltung des griechischen Denkens von Homer bis auf die Sophistik und Sokrates, 2. Aufl., Stuttgart 1941 = 1975; *Niehr, Herbert*, Der höchste Gott. Alttestamentlicher YHWH-Glaube im Kontext syrisch-kanaanäischer Religion des 1. Jahrtausends v. Chr., BZAW 190, Berlin. New York: Walter de Gruyter 1990; *ders.*, Religionen in Israels Umwelt. Einführung in die nordwestsemitischen Religionen Syrien-Palästinas, NEB.E 5, Würzburg: Echter 1998; *Nissinen, Martti*, References to Prophecy in Neo-Assyrian Sources, SAA.St 7, Helsinki: The Neo-Assyrian TextCorpus Project. University of Heliniki 1998; *Nõmmik, Urmas*, Die Gerechtigkeitsbearbeitungen in den Psalmen. Eine Hypothese von Christoph Levin formgeschichtlich und kolometrisch überprüft, UF 31, 1999, S. 443–536; *Oppenheim, A. Leo*, Ancient Mesopotamia. Portrait of a Dead Civilization, Chicago: Chicago University Press 1964 (ND); *Osten-Sacken, Peter von der*, Gott und Belial. Traditionsgeschichtliche Untersuchungen zum Dualismus in den Texten aus Qumran, StUNT 6, Göttingen: Vandenhoeck & Ruprecht 1969; *Ottmann, Henning*, Philosophie und Politik bei Nietzsche, 2. verb. u. erw. Aufl., Monographien und Texte zur Nietzsche-Forschung 17, Berlin. New York: Walter de Gruyter 1999; *Otto, Eckart*, Das Deuteronomium. Politische Theologie und Rechtsreform in Juda und Assyrien, BZAW 284, Berlin. New York 1999; *Otto,*

Walter F., Die Götter Griechenlands. Das Bild des Göttlichen im Spiegel des griechischen Geistes, Frankfurt am Main: Vittorio Klostermann 1934 = 6. Aufl. 1970; *Pakkala, Juha*, Intolerant Monolatry in the Deuteronomistic History, SESJ 76, Helsinki/Göttingen: The Finnish Exegetic Society/Vandenhoeck & Ruprecht 1999; *Parpola, Simo*, Assyrian Prophecies, SAA IX, Helsinki: Helsinki University Press 1997; *Pope, Marvin S.*, El in the Ugaritic Texts, VT.S 2, Leiden: E. J. Brill 1955; *Poser, Hans*, Hg., Philosophie und Mythos. Ein Kolloquium, Berlin. New York: Walter de Gruyter 1979; *Preuß, Horst Dietrich*, Verspottung fremder Religionen im Alten Testament, BWANT 92, Stuttgart u. a.: W. Kohlhammer 1971; *Rendtorff, Rolf*, Die theologische Stellung des Schöpfungsglaubens bei Deuterojesaja, ZThK 51, 1954, S. 3–13 = ders., Ges. Studien zum Alten Testament, ThB 57, München: Christian Kaiser 1975, S. 209–219; *Ringleben, Joachim*, Pindars Friedensfeier. Eine Interpretation der Zehnten Nemeischen Ode, NAWG.PH 2002/2, Göttingen: Vandenhoeck & Ruprecht 2002; *Rosenberger, Veit*, Griechische Orakel. Eine Kulturgeschichte, Darmstadt: Wissenschaftliche Buchgesellschaft 2001; *Schmidt, Werner H.*, Königtum Gottes in Ugarit und Israel. Zur Herkunft der Königsprädikationen Jahwes, 2. Aufl., BZAW 80, Berlin: Walter de Gruyter 1966; *Schoors, Antoon*, I am God Your Saviour. A Form-Critical Study of the Main Genres in Is. XL–LV, VT.S 24, Leiden: E. J. Brill 1973; *Smith. Mark S.*, The Ugaritic Baal Cycle I: Introduction with Text, Translation and Commentary of KTU 1.1–1.2; VT.S 55, Leiden u. a.; E. J. Brill 1994; *ders.*, The Origins of Biblical Monotheism. Israel's Polytheistic Background and the Ugaritic Texts, Oxford: Oxford University Press 2001; *Starr, Ivan*, The Rituals of the Diviner, Bibliotheca Mesopotamica 12, Malibu: Undena Publications 1983; *Stolz, Fritz*, Einführung in den biblischen Monotheismus, Darmstadt: Wissenschaftliche Buchgesellschaft 1996; *Streminger, Gerhard*, David Hume. Sein Leben und sein Werk, 3. Aufl., Paderborn u. a.: Ferdinand Schöningh 1995; *Theunissen, Michael*, Pindar. Menschenlos an der Wende der Zeit, München: C. H. Beck 2000; *Thiel, Winfried*, Die deuteronomistische Redaktion von Jeremia 1–25, WMANT 41, Neukirchen-Vluyn: Neukirchener Verlag 1973; *Veijola, Timo*, Moses Erben. Studien zum Dekalog, zum Deuteronomium und zum Schriftgelehrtentum, BWANT 149, Stuttgart u. a.: W. Kohlhammer 2000; *West, Martin L.*, The East Face of Helicon. West Asiatic Elements in Greek Poetry and Myth, Oxford: Clarendon Press 1997; *Würthwein, Ernst*, Studien zum Deuteronomistischen Geschichtswerk, BZAW 227, Berlin. New York: Walter de Gruyter 1994; *Žižek, Slavoj*, Die gnadenlose Liebe, stw 1445, Frankfurt am Main: Suhrkamp 2001.

§ 15 Das Alte Testament als Existenzauslegung

1. *Die neuzeitliche Krise des Gottesglaubens und die Sonderstellung des Menschen im Reich des Lebens.* Wir haben unsere Darstellung im ersten Paragraphen des ersten Bandes mit der Feststellung eröffnet, daß die Rede von Gott heute alles andere als selbstverständlich ist.[1] Beim letzten Kapitel des letzten Bandes angelangt, müssen wir uns Rechenschaft darüber abgeben, welchen Sinn es trotzdem hat, auch weiterhin von Gott zu reden und welche Bedeutung dabei dem alttestamentlichen Gotteszeugnis zukommt. Die Gedanken des Menschen der westlichen Welt gehen heute in der Regel, wenn sie ihren Blick zum Himmel richten, nicht zu Gott, sondern halten Ausschau nach dem Wetter. Daß das für die Alten nicht zu trennen war, weil nach ihrer Anschauung ein Gott oder *der* Gott Wolken, Luft und Winden ihre Wege, ihren Lauf und ihre Bahn gab, dürfte aus dem Vorausgehenden deutlich geworden sein. Ähnlich verhält es sich fast auf allen Gebieten unseres Welt- und unseres Selbstverständnisses: Der Himmel ist nicht nur von Göttern und Geistern entleert, sondern hat sich auch in einen unvorstellbar großen, in sich gekrümmten Raum aufgelöst, dem ebenso unvorstellbar große und zugleich relative Zeiten entsprechen. Aus der überschaubaren Weltzeit der Bibel, die für die Zeitspanne von der binnen sieben Tagen erfolgten Erschaffung der Welt bis zur Tempelweihe durch Judas Maccabaeus im Jahre 165 v. Chr. 4000 Jahre berechnete,[2] ist eine solche geworden, die zwar ihren bestimmten Anfang behalten,[3] aber seither bereits eine unvorstellbare Zeitstrecke durchlaufen hat.[4]

Ihr gegenüber ist die Geschichte der Menschheit und unser aller Lebenszeit zu einem auf der Zeitskala kaum noch wahrnehmbaren Punkt zusammengeschrumpft. Daher erscheint der Glaube der Vorväter vermes-

---

[1] Vgl. GAT I, S. 13–16.

[2] Vgl. dazu Otto Procksch, Die Genesis, KAT I, 2.–3. Aufl., Leipzig und Erlangen: A. Deichertsche Verlagsbuchhandlung Dr. Werner Scholl 1924, S. 465; zur biblischen Zeitrechnung vgl. grundsätzlich Jack Finegan, Handbook of Biblical Chronology, 2nd ed., 1998.

[3] Vgl. dazu G. J. Whitrow, Te Natural Philosophy of Time, 2nd ed., 1980, S. 370–375.

[4] Wilhelm W. Westphal, Mitarb. Walter Westphal, Lehrbuch der Physik, neubearb. 25./26. Aufl., 1970, S. 693 gibt dafür $12 \times 10^9 – 13 \times 10^9$ Jahre an. Inzwischen steht selbst die Frage zur Diskussion, ob die Welt tatsächlich einen ersten Anfang im sog. „Urknall" besitzt oder das Universum *„unendlich viele Zyklen durchläuft, die jeweils mit einem Urknall beginnen und einem Kollaps enden"* (NZZ 8. Mai 2002, Nr. 105 S. 49 und Verweis auf Science Express vom 25.4.02).

sen, daß jeder von ihnen unmittelbar zu einem Gott sei, den sie in allen Nöten anrufen, dem sie für ihre Rettung danken und den sie angesichts der Schönheit der Welt als den Schöpfer aller Kreaturen preisen könnten. Vollends unglaubwürdig aber erscheint es, daß er ein kleines Volk auserkoren hätte, um sich durch dessen Führung durch die Zeiten vor allen Völkern der Erde als der wahre Gott zu offenbaren.

Als leibhafte Wesen teilen wir Jugend, Altern und Tod mit allen anderen irdischen Lebewesen. Als solche sind wir in der Lage, Reize aus der Umwelt zu empfangen und zu verarbeiten. Wir sind wie die Tiere bewegungsfähig, besitzen wie sie, aber anders als die Pflanzen,[5] eine geschlossene Organisation,[6] teilen mit ihnen den Drang nach Nahrung und körperlicher Nähe artgleicher Wesen und vermehren uns wie sie durch leibliche Vereinigung. Doch anders als bei ihnen wird unser Lebenslauf nicht durch instinktives Handeln gesichert,[7] sondern müssen wir selbst dafür sorgen, daß unsere Leiber ihr Recht bekommen und unser Leben einen Sinn hat. Das aber können wir, weil wir nicht nur empfindende, sondern durch unseren Geist konstituierte leibhafte Wesen sind. Daher sind wir nicht nur winzige Teile des universalen kosmischen Prozesses, sondern besitzen in ihm eine Sonderstellung. Denn dank unseres Charakters als Geist wissen wir im Gegensatz zum Tier um unsere zentrale Mitte, unser Ich, und daher um den Gegensatz zwischen uns, unserem Leib und unserer Umwelt.[8] Wir besitzen eine Innenwelt, eine vom Leib abgehobene Außenwelt als Umwelt und umgreifen beide im Geist, der die Innenwelt der Seele über den Leib mit der Außenwelt und der Mitwelt verbindet, die auf die Begegnung des Ich mit dem Du und dem Wir angelegt ist.[9]

---

[5] Vgl. dazu Helmuth Plessner, Die Stufen des Organischen und der Mensch (1928), SG 2200, 1975, S. 218–226.

[6] Plessner, S. 226–236.

[7] Zum tierischen Instinkt, die Art seiner Intelligenz und triebgerichteten Erfahrung vgl. S. 261–287, bes. S. 286: *„Instinkte manifestieren im Verhalten eines Organismus die primäre Übereinstimmung zwischen ihm und der Umwelt in der Zeit. Daß sie sich nur bei Tieren und nie bei Pflanzen finden, liegt bereits an der geschlossenen Organisationsform und der relativen Selbständigkeit des tierischen Individuums gegenüber seinem Lebenskreis. Ein Tier ist in seiner Abgehobenheit wesenhaft zum Handeln, zum Vollzug der entsprechenden Reaktion auf Reize der Umwelt gezwungen. Hier ist infolgedessen der Platz für einen Ausgleich zwischen Individuum und Umwelt geschaffen, während die Pflanze ihrer ganzen Struktur nach nicht handeln kann, weil sie unselbständig in ihren Lebenskreis einbezogen ist und als Teil in ihr aufgeht."*

[8] Plessner, S. 291–293.

[9] S. 301–302 mit der Definition der Mitwelt auf S. 302 als der vom Menschen *„als Sphäre der anderen Menschen erfaßte eigenen Position"*, die ebenso durch

Diese Stellung im Dasein erlaubt es uns, in Distanz zu unserer Innenwelt, unserem Leib und unserer Umwelt zu treten, daß wir uns an die Vergangenheit erinnern und die Zukunft planend vorwegnehmen können. Daher können wir aufgrund der Erfahrung unseres gelungenen oder mißlungenen Tuns und seiner Folgen umsichtig und zielgerichtet versuchen, bei unserem zukünftigen Handeln aus unseren Fehlern zu lernen, worin der Beweis für unsere Wahl- und Handlungsfreiheit im Rahmen unserer generellen und individuellen Grenzen liegt. Mittels der Reduktion der Prozesse der Außenwelt auf Zahlenverhältnisse erschließen wir uns ihre Vorgänge so, daß wir sie uns technisch nutzbar machen können. Auf dieses Machen hin ist unsere Gegenwart ausgerichtet. Ihr geht es darum, den Radius der Umwelt fortlaufend zu erweitern und nicht nur die Abläufe der makrokosmischen, der mikrokosmischen und der biologischen Prozesse so zu erhellen, daß wir sie in den Dienst des Lebens wie des Todes stellen können. Angesichts dieser Welt des planvollen Erkundens und Machens in globalen Vernetzungen stellt sich die Frage, ob die im mythischen Denken verwurzelte, wenn auch in ihm nicht aufgehende biblische Rede von Gott mit dem Ende des mythischen Zeitalters ihren Sinn verloren hat oder sich auf so fundamentale Erfahrungen stützt, daß sie heute und weiterhin zur Klärung des Verhältnisses zu uns selbst und unserer Mitwelt unentbehrlich ist, weil Gott des Geheimnis der Welt ist.[10] Mithin stellen wir uns der Frage, was den Menschen zur Rede von ihm nötigt und inwiefern das Wort Augustins zutrifft, daß Gott uns auf sich hin geschaffen hat und unser Herz unruhig ist, bis es Ruhe findet in ihm (Aug.conf. I.1).[11]

2. *Die alttestamentliche Heilsgeschichte als Mythos von der Erwählung und der Verantwortung Israels und des Menschen und das Problem der Rede von Gott.* Wenn wir uns unter dieser Fragestellung dem Alten Testament nähern, so fällt die Selbstverständlichkeit auf, mit der es von Gott als Grund und Gegenüber der Welt und des Menschen spricht. Weltbewußtsein und Gottesbewußtsein gehören für den Verfasser des Schöpfungsberichts von Gen 1,1–2,4a so selbstverständlich zusammen, daß er ohne jede Begründung mit dem Satz einsetzt: „Im Anfang schuf Gott den Himmel und die Erde..." (Gen 1,1a). Die Rede von Gott erscheint keiner

---

unsere exzentrische Stellung im Jetzt und Hier gebildet und in ihrer Realität gewährleistet wird.

[10] Schon die Tatsache, daß die rationale Überforderung jeweils zu einem Fragen nach dem Transrationalen führt, zeigt, daß das mythische Denken zu den Grundformen menschlicher Weltauslegung gehört.

[11] Augustinus, Confessiones, BiTeu, 1981, S. 1.12–13: „... *fecisti nos ad te, et inquietum est cor nostrum donec requiescat in te."*

Begründung bedürftig, wohl aber die These, daß Israel sein Volk ist. Obwohl alle Völker ihre Götter hatten, mußte das erklärt werden, weil damit der Anspruch verbunden ist, daß eben dieser Gott der einzige wahre Gott ist. Die beiden Schöpfungsberichte dienen nicht dem Gottesbeweis, sondern stützen diese Voraussetzung. Sie wird weiterhin ausführlich in einer Kette von Sagen und Geschichtserzählungen entfaltet, die in ihrer vorliegenden Gestalt dem doppelten Nachweis dienen, daß Israel den Verlust seiner freien Staatlichkeit, seine Exilierung und seine Zerstreuung unter die Völker selbst verschuldet hat und trotzdem das Volk Jahwes bleibt: Wenn es die ihm am Sinai erteilte Weisung hält, dann wird Jahwe seiner Knechtschaft ein Ende bereiten, es aus aller Welt in dem ihm für immer zugeeigneten Land Kanaan versammeln und auf diese Weise seine Gottheit vor allen Völkern offenbaren. Mit dem Ausblick auf die Völkerwallfahrt zum Zion als Ausdruck der allgemeinen Anerkennung Jahwes und seiner Tora, seiner Weisung, findet dieser Geschichtsmythos seinen immanenten Abschluß,[12] der nachträglich um den vom Totengericht erweitert worden ist, um dem Anspruch auf die vollkommene Gerechtigkeit dieses Gottes zu genügen.[13]

Ein physikoteleologischer Gottesbeweis, der aus der Schönheit und Ordnung der Welt auf Gott als den Geist der Ordnung zurückschließt, wird erst in der jüngsten Schrift der Griechischen Bibel und damit an der äußersten Grenze der alttestamentlichen Traditionsbildung in Weish 13,1–9 geführt. Er erfolgt dort in polemischer Absicht, um die Torheit des Polytheismus und seines Bilderdienstes zu erweisen. Der Sache nach geht es um eine kosmologische Bestätigung des Ersten Gebots, daß der Gott Israels der einzige wahre Gott ist. Er setzt daher den Glauben an den so verteidigten Gott bereits voraus.[14] Denn nur der Glaube vernimmt, daß

---

[12] Vgl. dazu oben, S. 156–159.
[13] Vgl. dazu oben, S. 308–341.
[14] Vgl. dazu Martina Kepper, Hellenistische Bildung im Buch der Weisheit, BZAW 280, 1999, S. 147–195 mit der Zusammenfassung S. 194–195 und zur natürlichen Theologie in der jüdischen Tradition und im Neuen Testament James Barr, Biblical Faith and Natural Theology, 1993 (1994), S. 58–80; zur Sache des Gottesbeweises vgl. Paul Tillich, Systematische Theologie I, 5. Aufl. 1957 = 8. Aufl. 1987, S. 240: „Die Beweise für die Existenz Gottes sind weder Beweise, noch führen sie zur Existenz Gottes. Sie sind Ausdruck der Frage nach Gott, die in der menschlichen Endlichkeit beschlossen ist. Diese Frage ist ihre Wahrheit, jede Antwort, die sie geben, unwahr. ... Die Beweise für die Existenz Gottes analysieren die menschliche Situation so, daß die Frage nach Gott möglich und notwendig wird ... Die Frage nach Gott ist möglich, weil in der Frage nach Gott ein Bewußtsein Gottes gegenwärtig ist. Das Bewußtsein geht der Frage voraus."

die Himmel die Ehre Gottes erzählen (Ps 19,2), und nur er entdeckt, daß Gott all seine Werke in Weisheit geordnet hat, er allem, was lebt, Speise zu seiner Zeit gibt und er der Herr über Leben und Tod ist, der die Geschlechter auf Erden kommen und gehen heißt (Ps 104,24–30).[15]

Was berechtigt also den Menschen zu diesem Glauben? Die klassische Antwort lautet, die Bibel sei Zeugnis der geschichtlichen Offenbarung Gottes und also Gottes Wort. Die Wurzel dieser Vorstellung liegt in den biblischen Berichten von dem unmittelbaren Verkehr Gottes mit den Menschen im Garten Eden, von seinem Reden mit Kain und Noah und weiterhin mit den Patriarchen, mit Mose, Samuel und den Propheten. Sie vernahmen seine Stimme wach oder in ihren Träumen. Diese Vorstellung steigert sich in der Erzählung, die den Anspruch der Tora, der göttlichen Weisung, auf Israels Gehorsam damit begründet, daß der in den Wolken verborgene Gott vom Gipfel des Berges Sinai/Horeb heraus erst dem an seinem Fuße versammelten Israel den Dekalog[16] und dann Mose auf dem Berg die Lebens- und Kultordnung für sein Volk mitgeteilt habe.[17] Das darin enthaltene Konzept der göttlichen Inspiration wurde vom Chronisten auf seine ganze Geschichtserzählung ausgedehnt, indem er jeden ihrer Abschnitte einem bestimmten Propheten zuwies.[18] Schließlich erwuchs daraus unter dem Einfluß der Septuagintalegende die Vorstellung, daß die ganze Bibel des Alten und Neuen Testaments göttlicher Inspiration zu verdanken sei.[19] Neben den großen Geschichtsmythos des Alten Testaments tritt so die ebenfalls mythische Vorstellung der göttlichen Inspiration. Offenbar sind Gesamtdeutungen der Geschichte, einer Volks- wie einer Heilsgeschichte, nur in mythischer Gestalt möglich: Die Mythe erklärt Grundzüge des Daseins und Machtansprüche der Könige und Völker aus urzeitlichem, meist göttlichem Handeln. Die alttestamentliche Geschichtsmythologie besitzt ihr Zentrum in der die Bundesschlüsse mit den Vätern krönenden Sinaioffenbarung. Durch die Beziehung aller Ereignisse in der Geschichte des Volkes und seiner Glieder, ja letztlich der ganzen Menschheit, auf die Tora erhält sie einen sittlichen Rigorismus

---

[15] Vgl dazu auch James Barr, Biblical Faith and Natural Theology, 1993 (ND), S. 80–89.

[16] Vgl. Ex 20,1 mit Dtn 5,4.

[17] Vgl. Ex 20,18–22a mit 20,22b-23,24 und 24,3–4 und weiterhin Ex 24,12; 31,18; 32,15–19 und 34,1–4.27–29; Ex 24,16–18 mit Ex 25,1–31,17 und Lev 1–7 (Lev17; Num 15; 28–29) mit der Opfer- und 11–15 (16; (Num 19,18–26) mit der Reinheitstora sowie Lev, 18–26 mit dem sogenannten Heiligkeitsgesetz. Dazu kommen die Gelübdeordnung in Lev 27 + Num 30 und weiteren vornehmlich kultische und Lagerordnungen in Lev 27 und Num 1–10,10 + Num 30.

[18] Vgl. dazu Otto Kaiser, Einleitung in das Alte Testament, 4. Aufl., 1984, S. 187.

[19] Vgl. dazu Meinrad Libeck, NBL I, Sp. 233–235.

und damit zugleich Rationalismus. Daher können wir den alttestamentlichen Entwurf der Heilsgeschichte als binnenmythisch und zugleich rationalistisch bezeichnen. Er ist binnenmythisch, weil er eine alle Erfahrung transzendierende Deutung der Geschichte gibt. Er schafft sich einen geschichtlichen Begründungsmythos für die Sonderstellung Israels unter den Völkern und damit zugleich von Israels Stellung unter dem Gesetz, unter der göttlichen Weisung. Er deutet von ihm aus die Frühgeschichte und die Geschichte der Königszeit Israels in einer grandiosen Weise, die historische Konstellationen weithin ignoriert oder umdeutet und gelegentlich selbst neue Fakten schafft. Vor allem aber werden alle als berichtenswert beurteilten Ereignisse einer Zentralperspektive untergeordnet, die ebenso religiös wie moralisch ist. Denn Religion und Moral werden in ihr nicht als zwei getrennte Bereiche betrachtet, sondern die Moral wird der Religion untergeordnet: Der Gott, der im ersten Gebot seine ausschließliche Verehrung verlangt, ist derselbe, der von Israel die Respektierung der Grundrechte des Menschen fordert. Das Gottesverhältnis gilt daher nur dann als ungetrübt, wenn sowohl dem Anspruch Jahwes, der einzige Gott zu sein, als auch dem des Nächsten, ihn in seine Hut zu nehmen, genügt wird. Daher ist das Doppelgebot der Gottes- und der Nächstenliebe die Summe dieses ganzen Geschichtsmythos: Die Religion des Alten Testaments ist praktisch und nicht spekulativ, sie befriedigt nicht die metaphysische Neugier, sondern weist den Menschen in seine Stellung unter Gott und neben dem Nächsten ein. Indem sie den ganzen Geschichtsverlauf von diesem Zentrum her auslegt, ist sie rationalistisch, doch indem sie die entsprechenden göttlichen Gebote auf entsprechende Offenbarungsreden zurückführt, ist sie mythisch.

Denn Gott teilt sich dem Menschen nur in der mythischen Welt in direkter Rede mit. Sein eigentliches Reden vollzieht sich wortlos mittels der zwischen seiner Unendlichkeit und unserer Endlichkeit bestehenden Dialektik. Er fällt gleichsam ins Denken ein, indem er uns Menschen über unsere Endlichkeit erschrecken und nach seiner Unendlichkeit fragen läßt und sich doch zugleich unserem Denken entzieht. Denn wer das Endliche *denkt,* denkt den Unendlichen oder das Unendliche notwendig mit, wer an der Grenze steht, ist über die Grenze hinaus, das aber so, daß sich ihm das, was jenseits dieser Grenze als die reine Transzendenz ankündigt, entzogen bleibt.[20] Der endliche Mensch kann sich von diesem Gott keine

---

[20] Vgl. dazu Georg Friedrich Wilhelm Hegel, Vorlesungen über die Philosophie der Religion I: Einleitung. Der Begriff der Religion, hg. v. Walter Jaeschke, 1983, S. 193–214 = PhB 459, 1993, S. 193–214; Paul Tillich, Systematische Theologie I, S. 220–221 und Emmanuel Lévinas, De Dieu qui vent à l'idée, 1982, S. 185 = Wenn Gott ins Denken einfällt, 1985, S. 166–167.

§ 15 Das Alte Testament als Existenzauslegung

angemessene Vorstellung machen und er soll, so erklärt das biblische Bilderverbot sachgemäß, sich von ihm auch keine Vorstellung machen. Statt dessen soll er sich dadurch, daß er in seinem Fragen nach Gott der von Gott gefragte bleibt,[21] in seiner Einnistung in die Endlichkeit stören lassen und sich in der Andacht zu Gott erheben und sich ihm als ein Teil seiner Unendlichkeit anbefehlen.[22] Das wird ihm die innere Freiheit zu einem verantwortlichen Leben vor Gott als dem Grund seiner Existenz und mit dem Anderen als dem ihm gleichen Nächsten geben. Sollte er sich gegen diesen vergehen, erfährt er im Schlag des Gewissens,[23] daß er von seinem transzendenten Grunde her verworfen und die Schuld gegenüber dem Nächsten Sünde vor Gott ist. Wir werden dieser polaren, nicht voneinander ablösbaren Bezogenheit des Menschen auf Gott wie auf den Nächsten noch einmal unter dem Gesichtspunkt der Eigenart der Stellung des Menschen im Dasein als Existenz oder „Ausstand" gedenken und dabei erkennen, daß die angemessene Antwort auf die Herausforderung des sich in unserem Denken meldenden und zugleich entziehenden Gottes im Gottvertrauen liegt. Dabei werden wir auch die Frage beantworten, wie sich das Gottvertrauen zur Gottesfurcht verhält, die nach dem Zeugnis des Alten Testaments Wurzel, Anfang und Krone der Weisheit ist.[24] Wir können zusammenfassend sagen, daß die alttestamentliche Heilsgeschichte ein Mythos der Erwählung durch Gott und der Verantwortung vor Gott und dem Nächsten ist. Daß ihm als solchem ein rationaler Gehalt als sachgemäße Auslegung der Stellung des Menschen unter Gott und neben dem Nächsten eignet, haben wir bereits angedeutet, ohne das Thema damit zu erschöpfen. Sollte auch der Mythos der Erwählung einen existentialen Kern besitzen, so dürfte er im Bereich der Kontingenz der Verwirklichung der Gottesbeziehung bestehen, bei der offensichtlich zwischen ihrem ontologisch universalen und ihrem ontisch singulären Charakter zu unterscheiden ist. Doch dieser Aufgabe werden wir uns erst zuwenden, wenn wir die existentiale Notwendigkeit des Gottvertrauens und seine positiven Folgen wie die negativen im Fall seines Ausbleibens nachgewiesen haben.

---

[21] Vgl. Hiob 38,2–39,30* und dazu oben, S. 278–279.

[22] Vgl. dazu Otto Kaiser, Hegels Religionsphilosophie, NZSTh 28, 1986, S. 198–222, bes. S. 202–205; zur Bedeutung der Endlichkeits-Unendlichkeitsdialektik bei Hegel ausführlich Wolfhart Pannenberg, Problemgeschichte der neueren evangelischen Theologie in Deutschland, UTB 1979, 1997, S. 260–276 und zur Sache Tillich, S. 222–245.

[23] Vgl. dazu Wilhelm Weischedel, Skeptische Ethik, 1976, S. 157–176.

[24] Vgl. Spr 1,7; 9,10; Ps 111,10 und Sir 1,11–20 mit Sir 1,26.

3. *Die Selbstserschließung Gottes in der Ortlosigkeit der Existenz und das Gottvertrauen.* Diese Aufgabe läßt sich nach unserer Einsicht nur lösen, indem wir die Sonderstellung des Menschen in der Welt des Lebens genauer in den Blick nehmen. Wir haben sie bereits vor uns, wenn wir fragen, welche Eigenart der menschlichen Existenz es uns ermöglicht, uns in Gedanken von dem Jetzt und Hier des Augenblicks zu lösen, so daß wir uns in die Vergangenheit zurück- oder in Zukunft voraus versetzen können. Wir besitzen dank unserer exzentrischen Position im Jetzt und Hier eine eigentümliche Ortlosigkeit.[25] Ihr verdanken wir die Fähigkeit, daß wir nicht nur in der Welt sind, sondern eine Welt haben. Aus ihr erwächst uns ebenso die Möglichkeit, die Verfallenheit an die unaufhaltsam verrinnende Zeit nicht nur zu erleiden, sondern auch um sie zu wissen. Die Erkenntnis, daß alles, was endlich ist, ein Ende hat, führt zu der anderen, daß die unser Dasein begleitende Angst in unserer unentrinnbaren Endlichkeit, in unserem Tode gründet, den wir in der aus der Ortlosigkeit unseres Daseins aufsteigenden Angst beständig vorwegnehmen.[26] Wir ängstigen uns nicht blind mit aller sich selbst empfindenden Kreatur, sondern weil wir um unseren Tod als das Ende unseres In-der-Welt-Seins wissen. In dieser Angst offenbart sich die eigentümliche Ortlosigkeit unserer Existenz, die ihr einen durchgehend abschiedlichen Charakter verleiht.[27] In der Hingabe an den Augenblick übertönen wir sie notfalls in lärmendem Miteinander. Wir sind in der Welt, aber besitzen in ihr keinen festen Ort, sondern wohnen über dem Nichts; denn wo sind wir, wenn wir uns aus dem Jetzt und Hier lösen, und wo werden wir sein, wenn unser Leib als seelenlose Hülle an die Erde zurückfällt? Um dieser Angst auslösenden Frage zu entgehen, auf die es im distanzierten Sehakt keine Antwort gibt, stürzen wir uns in unsere Arbeit und in unser Vergnügen, passen uns an das an, was andere sagen, meinen und tun, um uns dahinter zu verstecken und darin zu bergen, und vergötzen uns im Gegenzug selbst, bis wir plötzlich erschrocken erkennen, daß wir vor uns selbst davonlaufen. Denn wer vor seinem Tode wegläuft, läuft vor sich selbst

---

[25] Vgl. dazu Plessner, Stufen, S. 288–293.

[26] Vgl. dazu Martin Heidegger, Sein und Zeit, 15. Aufl., 1979, § 40, S. 184–191, zu den Grenzen seiner Analyse Kurt Hübner, Glaube und Denken, 2001, S. 118–136, und zur Sache weiterhin Paul Tillich, Systematische Theologie I, S. 224: „Endlichkeit, wenn sie ihrer selbst gewahr wird, ist Angst." V

[27] Vgl. auch Rainer Maria Rilke, Achte Duineser Elegie, in: ders., Ausgewählte Gedichte, Bibliothek Suhrkamp 184, 1966 (ND), S. 129: „*Wer hat uns also umgedreht, daß wir/ was wir auch tun, in jener Haltung sind/ von einem welcher fortgeht? Wie er auf/ dem letzten Hügel, der ihm ganz sein Tal/ noch einmal zeigt, sich wendet, anhält, weilt –,/ so leben wir und nehmen immer Abschied.*"

weg; weil der Tod zum eigenen Leben gehört. Doch im Wissen um unsere Sterblichkeit gründet ebenso wie unsere Angst auch unsere Freiheit und die Fähigkeit, einander zu lieben. Nur als Wesen, die um ihren Tod wissen, sind wir des Anderen bedürftig und der Freundschaft und Liebe fähig. Nur in dem wir unsere Endlichkeit annehmen, sind wir frei und gemeinschaftsfähig.[28] Denn in der bedingungslosen Annahme der eigenen Endlichkeit, die keine Rechte mehr für sich geltend macht und sich vollständig dem dunklen Grund des Nichts anvertraut, vollzieht sich ein doppelter Umschlag:[29] Die nichtige Ortlosigkeit der Existenz, *„ihr Stehen im Nirgendwo",*[30] verwandelt sich in den tragenden Grund, die Angst vor dem Tode weicht der Freiheit vor dem Tode oder dem Mut zum Sein.[31]

So besteht ein dialektisches Verhältnis zwischen der Selbstübergabe an das Nichts und seiner Selbsterschließung als uns tragender und bergender Grund. Die entschlossene Selbstübernahme der eigenen Endlichkeit entmachtet den Tod; denn das uns in alle Ängste treibende Nichts offenbart sich als ein vollkommener seliger Friede, der das Ende alles Fragens ist. Das Gottvertrauen ist der Schlüssel zur Gotteserkenntnis, und sie besteht in keiner anderen Einsicht als der, daß Gott als der tragende Grund unseres Lebens unser Vertrauen verlangt und verdient. Denn im Rückblick erweist sich das Nichts als der Schleier Gottes und die Angst vor dem Nichts als sein Ruf, uns auf dieses Nichts und damit auf ihn bedingungslos einzulassen:[32] *„Aus der eigenen Haltlosigkeit, die dem Menschen zugleich den Halt in der Welt verbietet und ihm als Bedingtheit der Welt aufgeht, kommt ihm die Nichtigkeit des Wirklichen und die Idee des Weltgrundes. Exzentrische Positionsform und Gott als das absolute, notwendige, weltbegründende Sein stehen in Wesenskorrelation."*[33]

---

[28] Vgl. dazu auch Otto Kaiser, Vom dunklen Grund der Freiheit, NZSTh 20, 1978, S. 163–174 = ders., Der Mensch unter dem Schicksal, BZAW 161, 1985, S. 244–255.
[29] Vgl. dazu auch Heidegger, § 53, S. 260–267.
[30] Plessner, Stufen, S. 346.
[31] Tillich, S. 227: *„Diese Angst, die von unserer Zeitlichkeit verursacht wird, kann nur ertragen werden, weil sie ausgeglichen wird durch den Mut zum Sein, der die Zeitlichkeit bejaht."* Damit stellt sich die Frage, worin dieser Mut gründet, S. 244.
[32] Vgl. dazu auch Sören Kierkegaard, Der Begriff Angst, übers. v. Emanuel Hirsch, GW 11/12, Düsseldorf: Eugen Diederichs 1952, S. 161–169.
[33] Plessner, Stufen, S. 345. Daß Plessner sich S. 346 für den Zweifel gegen den Grund der Welt und für die vom Geist gewiesenen Grade der Unendlichkeit und damit für die *„selige Fremde"* entscheidet, sei ausdrücklich angemerkt, ebenso, daß gerade der wahrhaft Glaubende, der sich Gott als dem Grund der Welt anver-

§ 15 Das Alte Testament als Existenzauslegung

Damit ist bereits gesagt, daß wir den sich so erweisenden geheimen grundlosen Grund der Welt in der Nachfolge der biblischen Zeugen und aller, die uns den Glauben gelehrt haben, Gott nennen. Wir können ihnen bestätigen, daß er in der Sprache unserer eigenen Lebenserfahrung unser Vater ist, weil er uns trug und begleitete, trägt und begleitet, tragen und begleiten wird und sich all denen erschließt, die ihn mit Ernst anrufen. Denn wer ernsthaft betet, übergibt sich Gott. Und so bleibt der Psalmendichter im Recht, der bekennt, daß der Herr denen nahe ist, die ihn anrufen, die ihn mit Ernst anrufen (Ps 145,18).

Ob man diesen Gott, der sich unserem Verstehen entzieht und trotzdem zwingt, nach ihm zu fragen, und nur dem erschließt, der sich ihm anvertraut und seinen vermittelten Anruf durch den Anblick des Nächsten hört, als Person oder Überperson bezeichnet, ist demgegenüber gleichgültig: Wer ihn eine Person nennt, bezieht sich damit auf seinen unentrinnbaren Ruf und folgert daraus, daß ihm eine individuelle rationale Natur, eine *naturae rationalis individua substantia* zukommt, als welche Boethius auf klassische Weise das Wesen der Person bestimmt hat.[34] Wer die Anwendung des Personbegriffs auf Gott für ungeeignet hält, beruft sich dabei in der Nachfolge Meister Eckarts darauf, daß eine Person ein begrenztes, endliches Wesen ist, die Gottheit aber als der absolute Grund der Welt in sich keine Grenzen und Unterschiede enthält.[35] Der Sache nach ist die Rede von Gott als Person ebenso analog wie jede andere, selbst die von ihm als dem tragenden Grund.[36] Sie antwortet damit auf Erfahrungen, welche den eigenen Glauben wie die Bewahrungen und Fügungen des Lebens als Zuwendungen Gottes wahrnimmt.[37] Bezeugt die Bibel ihn als Vater, der seine Kinder liebt, straft und züchtigt, weil er ihr Leben will, so legt sie damit die Erfahrung aus, daß unser Mißlingen und Scheitern

---

traut, für seine Zukunft offen bleibt, weil ihm Gott als der Zukünftige der Grund seiner eigenen Möglichkeiten ist.

[34] Vgl. dazu Manfred Fuhrmann, HPhW VII,1989, Sp. 279–280.

[35] Vgl. dazu den knappen Bericht bei Brigitte Th. Kibel, ebd., Sp. 295–296. Zur Rolle des Personbegriffs in der Neuzeit vgl. Georg Scherer, ebd., Sp. 300–319, und zu seiner Zurückweisung durch Spinoza, für den es außer Gott keine selbständigen Substanzen gibt, Sp. 301–302.

[36] Vgl. dazu GAT II, S. 312–316.

[37] Vgl. dazu Paul Tillich, Systematische Theologie I, S. 283: „‚*Persönlicher Gott*‘ *bedeutet nicht, daß Gott eine Person ist. Es bedeutet, daß Gott der Grund alles Personseins ist und in sich die ontologische Macht des Personhaften trägt. Er ist nicht Person, aber er ist auch nicht weniger als eine Person.*" Ausführlicher Karl Rahner, Grundkurs des Glaubens, 1976 (ND), S. 79–83, zur Sache auch GAT II, S. 146–151 und zur Anrede Gottes als Vater S. 207.

§ 15 Das Alte Testament als Existenzauslegung 403

aneinander die Folge unseres fehlenden oder mangelnden Vertrauens auf ihn als den tragenden und fordernden Grund unserer Existenz ist.

4. *Die ethische Forderung, das Böse, die Sünde und Gottes Vergeben.* Doch ehe wir uns dem Thema des Gottvertrauens im Alten Testament zuwenden, müssen wir die Analyse der menschlichen Existenz unter dem Gesichtspunkt der Frage fortsetzen, warum wir Menschen trotz unserer Abhängigkeit von dem Nächsten als dem Anderen unser selbst dazu neigen, ihn unserer Selbstsucht unterzuordnen. Denn daß der Mensch des Menschen bedarf, ist ein solcher Allgemeinplatz, daß man kaum noch an ihn zu erinnern wagt. Es ist offensichtlich, daß er von seiner Geburt bis zu seinem Grabe auf die Zuwendung, das Vertrauen, die Ehrlichkeit und die Hilfsbereitschaft anderer Menschen angewiesen ist. Diese Einsicht vertieft sich, wenn wir daran denken, daß der Mensch in ausgezeichneter Weise ein sprechendes Wesen ist.[38] Gewiß gibt es auch ein Denken in Bildern und eine Verständigung mittels Gesten, Zeichen, Bildern und Tonfolgen,[39] aber sie gehören teils zum biologischen Erbe des Menschen[40] und sind insofern unbewußt, teils sind sie Ausdruck seiner bewußten Grundstimmungen, seines symbolisch bildhaften Vorstellens oder, wie im Fall der Musik, eine Bündelung harmonischer Spannungen, Dissonanzen mit und ohne Auflösung nach Regeln, zu denen auch die Regellosigkeit gehören kann. Aber die Ausrichtung des Daseins auf Ziele, seine Intentionalität, findet ihre ausgezeichnete Auslegung in der Sprache als Mittel der Bestimmung der Qualität des Mitseins und des Ortes im Dasein. Bezeichnet man sie als ein Verständigungsmittel, ist das nur zureichend, wenn man unter ihrer Mitteilung nicht lediglich Informationen über das Ergebnis distanzierter Sehakte, sondern auch die Funktion des Mitsein

---

[38] Aristot. Pol. I, 1353a10;.zum Zusammenhang zwischen der Sprache und der exzentrischen Position des Menschen im Jetzt und Hier vgl. Plessner, Stufen, S. 340–341 bzw. Heidegger, Sein und Zeit, § 34, S. 160–166 und bes. S. 161: „*Die befindliche Verständlichkeit des in In-der-Welt-seins spricht sich als Rede aus. Das Bedeutungsganze der Verständlichkeit kommt zu Wort. Den Bedeutungen wachsen Worte zu. Nicht aber werden Wörterdinge mit Bedeutungen versehen. Die Hinausgesprochenheit der Rede* (als der Artikulation der Verständlichkeit, Verf.) *ist die Sprache.*" „*Reden ist das ‚bedeutende' Gliedern der Verständlichkeit des In-der-Welt-seins, dem das Mitsein zugehört, und das sich je in einer bestimmten Weise des besorgenden Miteinanders hält.*"

[39] Zur vor-, nichtsprachlichen und sprachlichen Kommunikation vgl. Matthias Vogel, Medien der Vernunft, stw 1556, 2001, S. 242–276 und seine „Landkarte der mentalen Zustände" Fig. 4.4, S. 280; für den freundschaftlichen Hinweis danke ich Herrn Dipl.Theol. Burghard Bock, Celle.

[40] Vgl. dazu Edward O. Wilson, Sociobiology, Abridged Edition 1998, S. 90–117. Für den freundschaftlichen Hinweis danke ich Hermann Passow.

stiftenden, gestaltenden und qualifizierenden Redens einschließt, das sich in der Anrede, dem Versprechen, der Aufforderung und der Gemeinschaft stiftenden Auslegung des Daseins geltenden Sprechakten vollzieht.[41]

Die fundamentale Bedeutung des Mitseins, die Tatsache, daß wir erst durch das Du zum Ich werden,[42] findet in den souveränen und spontanen Daseinsäußerungen des Vertrauens, der Wahrhaftigkeit, Hilfsbereitschaft und Barmherzigkeit ihre Entsprechungen.[43] Im Vertrauen liefern wie uns einer dem anderen in der Erwartung aus, daß er es nicht mißbrauche, sondern ihm dadurch entspricht, daß er uns auch seinerseits in seine Hut nimmt. Und damit haben wir bereits die sittliche Forderung kennengelernt, in der alle sittlichen Gebote wurzeln.[44]

Das biblische Gebot der Nächstenliebe (Lev 19,18b) setzt diese Forderung in ein kategorisches göttliches Gebot um, das von uns ohne Rücksicht auf die Folgen verlangt, dem anderen in seinen Nöten beizustehen. Damit ist aber bereits gesagt, daß die Rede von der göttlichen Offenbarung der Gebote aus der Gewitterwolke am Sinai heraus in der Bildsprache des Mythos die Tatsache unterstreicht, daß die spontanen Daseinsäußerungen wesenhaft zu unserem Menschsein und zu den Bedingungen unserer freien Ständigkeit vor Gott als dem Grund unserer Welt und Existenz gehören, so daß ihre Verleugnung ihre „Strafe" in sich birgt. Worte Gottes sind Worte, die uns unbedingt angehen. Wenn Menschen ihre Einsichten als so fundamental erkennen, daß sie diese im Namen Gottes und als sein Wort ausgehen lassen, ist das nur insofern gerechtfertigt, als diese

---

[41] Vgl. dazu auch John R. Searle, Ausdruck und Bedeutung, stw 349, 7. Aufl. 1994.

[42] Martin Buber, Das dialogische Prinzip (1923), 1973, S. 32.

[43] Vgl. dazu Knud E. Løgstrup, Norm und Spontaneität, 1989, S. 6–36 und zum Unterschied zwischen den souveränen Daseinsäußerungen und den Normen S. 36: *„Daseinsäußerungen wie Vertrauen, Barmherzigkeit, Aufrichtigkeit nennen wir spontan, weil sie nicht das geringste mit Anwendung oder Subsumtion zu tun haben. Sie haben den Charakter einer Einmaligkeits-Situation, die wiederum durch die Einmaligkeits-Handlung verwandelt wird ... Die Definitivität im Wesen der Daseinsäußerung ist nicht stärker festgelegt, als daß sie sich nicht von der Person und von der Situation her gestalten ließe. Die Norm oder die Regel dagegen ist dadurch entstanden, daß sie die Festigkeit der Formulierung erhalten hat und von daher sowohl subsumieren als auch prüfen kann. Einen größeren Unterschied als den zwischen Normen und spontanen Daseinsäußerungen kann man sich also kaum vorstellen. Normen lassen sich nicht vollziehen, sondern nur anwenden. Spontane Daseinsäußerungen lassen sich nicht anwenden, sondern nur vollziehen."*

[44] Vgl. dazu Knud E. Løgstrup, Die ethische Forderung (1959), 3. Aufl. 1989, S. 7–23.

Worte uns vor Gott als unseren Grund stellen und unser Verhalten gegenüber dem Sein samt seinen Folgen an ihm messen. Sofern wir bereit sind, uns als Geschöpfe Gottes zu betrachten, weil wir wissen, daß wir in Gott gegründet sind, ist es sachlich gerechtfertigt, diese Grundzüge als Ausdruck des göttlichen Willens und unter seinem Schutz stehend zu verstehen. In der Sinaigesetzgebung ist all das zusammengetragen, was nach der Ansicht ihrer Verfasser (vermutlich königlicher Beamter weltlicher und geistlicher Art in Gestalt seiner Hofschreiber, Priester und Tempelsänger und ihren Nachkommen und Nachfolgern, den Schreibern und Schriftgelehrten des Zweiten Tempels) für das Leben vor Gott und die Aufrechterhaltung von Israels Heil und Wohl von Bedeutung war. Überzeitliche Bedeutung kann jedoch nur das haben, was im Wesen des Menschen verwurzelt ist oder sich als geeignet erwiesen hat, Menschen, die in Gottes Namen zusammenkommen, so zusammenzuhalten, daß sie dabei ihm die Ehre geben.

Sehen wir ein, daß das Gebot der Nächstenliebe die sachgemäße Folgerung daraus zieht, daß wir als Menschen fundamental aufeinander angewiesen sind, ist es um so erstaunlicher, daß uns dieses Gebot immer erneut eingeprägt werden muß und die Menschheitsgeschichte eine Kette seiner Übertretungen darstellt. Die Ursachen für das Scheitern menschlichen Miteinanders sind gewiß komplexerer Art, als es hier dargelegt werden kann. So ist zum Beispiel die Sprache nicht nur das Mittel der Verständigung, sondern auch die Quelle der Mißverständnisse. Wer den guten Willen, das Glück oder die Verzweiflung des Anderen nicht mit dem Herzen vernimmt oder, nüchterner ausgedrückt, intuitiv erfaßt, kann dessen Worte mißdeuten.[45] Überdies bleibt der Andere für uns in seinem innersten Wesen ein Fremder, so daß wir ihn in seiner Eigenart und seiner Situation mißverkennen können. Zwischen der Selbsteinschätzung der eigenen Situation und ihrer Fremdeinschätzung besteht fast notwendig ein Unterschied, er sei groß oder klein. Daher bleibt der Versuch, den Anderen in die eigene Hut zu nehmen, ein Wagnis. Ohne das wechselseitige Vertrauen in den guten Willen des Anderen gelingt kein Miteinander. Wo Mißtrauen oder Selbstsucht herrschen, muß es mißlingen.

Das läßt sich am einfachsten an typischen Beispielen verdeutlichen: Der Geizige ist der durch seinen möglichen Tod geängstigte Mensch, dem sein Besitz wichtiger als das Wohl des Nächsten ist. Er meint, sich mittels

---

[45] Vgl. Antoine de Exupéry, Le petit prince XXI, in: ders., Oeuvres, S. 471: „Le langage est source de malentendus (Die Sprache ist die Quelle der Mißverständnisse)." und S. 474: „... on ne voit pas bien qu'avec le coeur. L'essentielle est invisible pour les yeux (Man sieht nur mit dem Herzen gut. Das Wesentliche ist für die Augen unsichtbar)."

seiner Habe gegen die Überraschungen der Zukunft sichern zu können, ohne zu bedenken, daß sein Glück jederzeit in Unglück umschlagen kann (Sir 11,14–28) und seine Zeit bemessen ist (Lk 12,16–22). Der Sache nach unterscheidet sich auch der Gewinnsüchtige, der seinen Profit über das Wohl der Anderen stellt, nicht wesentlich vom Geizkragen, weil dem einen sein Besitz und dem anderen sein Gewinn sein Gott ist. Der Machtmensch ist entweder ein Menschenverächter, dem das Wohl und Wehe anderer Menschen grundsätzlich gleichgültig ist, oder er besitzt ein besonderes Maß an Menschenfurcht, so daß er sie sich als Werkzeuge dienstbar machen will, ohne sich dabei um ihre Menschenwürde zu scheren. Der von seinen Trieben überwältigte Lüstling mißbraucht die Anderen als bloße Werkzeuge seiner Selbstbefriedigung. Der Hinterlistige hat seine Freude daran, ihnen zu schaden, und der Sadist freut sich an den Qualen, die er anderen zufügt. Der Verräter aber bricht das ihm entgegengebrachte Vertrauen, um sich zu nutzen. Ist es richtig, daß der Mensch im positiven Sinne des Menschen bedarf, so schaden sie sich alle durch das, womit sie sich zu nützen wähnen, weil sie sich des höchsten auf Erden möglichen Gutes berauben, das in einer von wechselseitiger Achtung und Vertrauen getragenen gemeinsamen Wanderschaft durch diese Zeit zur Ewigkeit besteht. Indem sie dem Anderen seine Würde als eines Wesens, das sich selbst Zweck ist, bestreiten, schänden sie ihn und sich selbst in der einen Ehre, die allen Menschen eigen ist.[46]

Statt nach Beispielen für diese Typologie zu suchen, wenden wir uns einem biblischen zu, das uns eine bisher nicht benannte Ursache für ein vollständig böses Verhalten benennt, die Erzählung von Kain und Abel. In ihr wird uns Kain, der älteste Sohn der Ureltern, als Brudermörder aus Gottesneid als der erste Verbrecher in der für die nachfolgende Geschichte der Menschen paradigmatischen Urzeit vorgestellt. „Jenseits von Eden" (*John Steinbeck*) regieren Mord und Totschlag, bis das Übermaß der Rache durch das *ius talionis* domestiziert wird und der Mensch in einen bürgerlichen Zustand eintritt. Kain ermordet seinen jüngeren Bruder Abel

---

[46] Natürlich steht hinter diesen Sätzen die entsprechende Formulierung des kategorischen Imperativs durch Immanuel Kant, Grundlegung zur Metaphysik der Sitten (1785), AA I/IV,1903, S. 429 bzw. hg. Karl Vorländer, PhB 41, 1906 (ND), S. 52. Mit der Anerkennung seines höchsten Zwecks akzeptieren wir, daß es ein Ideal objektiver Prinzipien der praktischen Vernunft gibt. Falls es nötig sein sollte, mag uns H. J. Paton, Der Kategorische Imperativ, 1962, S. 311 daran erinnern, daß das Ergebnis der Leugnung eines objektiven ethischen Prinzips „*auf lange Sicht kriminelle*(n) *Wahnsinn*" zur Folge hat, „*und Ereignisse aus jüngster Zeit den Gedanken nahe*" legen, „*daß der Weg dahin gar nicht sehr weit zu sein braucht*". Zur Problematik von Kants Ableitung vgl. ders., S. 308.

nicht im Streit, sondern aus Gottesneid, weil dessen Opfer von Gott angenommen, das seine aber abgelehnt worden war. Von Gott nach Abel gefragt, erklärt er, von ihm nichts zu wissen, und setzt seiner Unverschämtheit mit der Gegenfrage die Krone auf, ob er seines Bruders Hüter sein solle (Gen 4,9). Wer soll denn des Anderen Hüter sein, wenn nicht sein Bruder oder seine Schwester? So lernen wir in dieser Sage eine weitere wesentliche Ursache für die Perversion des sittlichen Verhaltens kennen, den Neid auf den vom Schicksal dank seiner Konstitution oder seines Erfolges Bevorzugten, den Gottesneid. Der vom Schicksal Begünstigte wird leicht von den Stiefkindern des Lebens beneidet und mit Haß verfolgt. Die Ursache ist die Verweigerung, sich selbst in seinem begrenzten Da-Sein und So-Sein anzunehmen, und mithin ein Akt der Revolte gegen Gott als den Herrn des Schicksals.

Suchen wir für alle hier genannten und alle weiteren Perversionen des menschlichen Zusammenlebens den letzten Grund, so zeichnet sich als solcher die Unfähigkeit zum Gottvertrauen ab; denn sie liegt allen Lebensängsten und den sich aus ihnen ergebenden Verstößen gegen die menschliche Natur als eines zur Gemeinschaft der sittlich Freien berufenen Wesens zugrunde. Aus ihr speisen sich Geiz und Habsucht, Machtrausch, Mißgunst und Neid als Ausdruck der Selbstvergötzung oder der Selbstverachtung und damit der Sünde als des absoluten Man-selbst-sein-Wollens oder Nicht-man-selbst-sein-Wollens.[47] Die unsittliche Handlung ist nicht allein falsch, weil sie der naturgemäßen und damit richtigen widerspricht, sondern schlecht oder böse, weil sie den anderen mit Vorsatz statt als Person als Sache behandelt.

Das Böse ist, wie es die Erzählung von Kain und Abel lehrt, der Ausdruck des Aufstands oder des Mißtrauens gegen Gott als den tragenden Grund unseres Daseins. Weil wir dank des uns wesentlichen Mit-Seins um unsere Verantwortung füreinander wissen, ist unsere Verweigerung, den Anderen in unsere Hut zu nehmen schuldhaft, weil sie sich gegen Gott auflehnt oder ihm mißtraut.[48] So erweist sich die Unterordnung des Gebotes der Nächstenliebe unter das der Gottesliebe als sinnvoll.[49] Denn wenn wir nicht frei von der Angst um uns selbst sind, können wir uns dem Anderen nicht so zuwenden, daß wir ihm dabei seine Freiheit lassen, sondern wir suchen uns ihn zu unterwerfen. Daher erweist sich das Vertrauen in den tragenden Grund unseres Daseins oder in Gott als fundamental für das menschliche Miteinander. Wir müssen

---

[47] Vgl. dazu Sören Kierkegaard, Die Krankheit zum Tode, übers. E. Hirsch, GW 24/25, 1954, S. 45–74 und oben, S. 70.
[48] Vgl. dazu auch Günther Keil, Glaubenslehre, 1986, S. 118–119.
[49] Vgl. Mk 12,28–34 par Mt 22,34–40 und Lk 10,25–28.

dabei freilich zwischen einem impliziten und einem expliziten Gottvertrauen unterscheiden: Ein implizites Vertrauen in den Grund seines Daseins besitzt jeder Mensch, der unbefangen darauf vertraut, daß er Zeit und Zukunft über das Heute hinaus besitzt, oder der seine Endlichkeit angenommen hat.[50] Das explizite Gottvertrauen aber lebt von der Erfahrung, daß sich ihm in diesem Verzicht der tragende Grund seines Daseins erschließt und ist ihm dankbar für das Geschenk gemeinsamen Lebens. Mithin erweist sich die Vorordnung des Gebotes der Gottesliebe vor das der Nächstenliebe als sinnvoll;[51] denn wer Gott für sein Leben dankbar ist und ihn gegenwärtig weiß, der ist frei, den verschwiegenen Anruf des Nächsten zu vernehmen.

Das durch die Sünde zerstörte Gottesverhältnis wurde nach dem Alten Testament fallweise durch rituelle Bedeckung oder Sühnung (כִּפֻּרִים / *kippurîm*) und ein sie begleitendes Schuldbekenntnis wiederhergestellt.[52] Eine versehentliche Gebotsübertretung, Verunreinigung oder Aussprache eines Fluches wurde mittels eines Sündopfers (Lev 4,1–5,13) und ein unbeabsichtigtes Vergreifen an etwas Jahwe Geweihtem mittels eines Schuldopfers gesühnt (Lev 5,14–19). Israel als Ganzes aber wurde alljährlich durch eine Generalentsündigung am Großen Versöhnungstag, dem יוֹם הַכִּפֻּרִים / *jôm hakkippurîm*) rituell gereinigt (Lev 16). Dabei dürfen wir voraussetzen, daß die Riten nicht nur am Großen Versöhnungstag (Lev 16,21)[53] sondern auch bei den anderen der Entsühnung dienenden Opferfeiern von einem Sündenbekenntnis begleitet waren. Es ist verständlich, daß es mit seiner Bitte um Vergebung praktisch weithin das Opfer ersetzen mußte,[54] da die Opferfeiern in der exilisch-nachexilischen Epoche allein im Jerusalemer Tempel begangen werden durften (Dtn 12)[55] und ein zunehmender Teil der Juden in der Gola oder Diaspora lebte (vgl. 1. Kön 8,37–39.46–51).[56]

---

[50] Vgl. dazu Eduard Spranger, Der unbekannte Gott, 1954, S. 23–24

[51] Vgl. Mk 12,28–34 par Mt 22,34–40 und Lk 10,25–28.

[52] Vgl. zum Folgenden GAT II, S. 164–169.

[53] Vgl. b. Joma III.viii. fol. 35b und dazu die Gemara fol. 36b; IV.ii, fol. 41b.; VI.ii bei Lazarus Goldschmidt, Der Babylonische Talmud, III, 2. Aufl., Berlin: Jüdischer Verlag 1965, S. 94–96,112–113 und S. 180..

[54] Vgl. dazu auch oben, S. 78–79.

[55] Vgl. dazu GAT II, S. 198.

[56] Als Beispiele vgl. die Bußgebete Jer 14,2–9 (und dazu William McKane, Jeremiah I, ICC, 1986, S. 321–324); Esr 9,5–15; Neh 9,5–37; Dan 9,4–19 und Bar 1,15–3,8 und dazu Jürgen van Oorschot, Nachkultische Psalmen und biblische Rollendichtung, ZAW 106, 1994, S. 69–86.

Die Welt der blutigen Opfer gehört für einen großen Teil der heute lebenden Menschen der Vergangenheit an, ohne daß sie deshalb unschuldiger geworden sind. Das Bekenntnis der Schuld vor Gott ist weiterhin möglich und nötig. Denn der Mensch wird seine Schuld nicht los, es sei denn, er anerkennt sie als solche vor seinem Grunde und vor dem, an dem er sich vergangen hat, und bittet erst den einen und dann den anderen um Vergebung.[57] Übernimmt er sie vor seinem weltlosen Grunde, so gewinnt er seine innere Freiheit zurück und nimmt gegebenenfalls seine irdische Strafe an. Daß der, dem Gott vergibt, auch den Menschen vergeben muß, die an ihm schuldig geworden sind (Mt 6,12 par Lk 11,4a) entspricht der Logik der Barmherzigkeit derer, die wissen, daß auch sie als fehlbare Wesen auf Gottes Barmherzigkeit angewiesen sind (Sir 17,29–30). Nicht immer geht es so zu wie in der Josefsnovelle, daß aus dem Bösen, das wir einander antun, dank Gottes Fügung offensichtlich ein Gutes wird, das es dem Verratenen erleichtert, das ihm Angetane zu vergeben (Gen 50,19–20):

> 19 *Fürchtet euch nicht, bin ich denn an Gottes statt?* 20 *Ihr zwar habt Böses gegen mich geplant, Gott aber plante es, wie es heute offenbar ist, zum Guten, daß er ein zahlreiches Volk am Leben erhielte.*

Doch wer seine Schuld nicht auf sich nimmt, sondern sie verleugnet, den begleitet sie, und wer sie verdrängt, den beunruhigt sie unter Umständen ein Leben lang. Doch ist hier auch der Ort, der Fürbitte zu gedenken, die für den Anderen vor Gott eintritt und ihn in seiner Schwachheit vertritt. Man hielt sie im Alten Testament für besonders wirksam, wenn sie von jemandem geleistet wurde, von dem man wußte, daß er in besonderer

---

[57] Vgl. b. Joma VIII.ix, fol. 85b, Übersetzung Lazarus Goldschmidt, a. a. O., S. 251: „*Sünden des Menschen gegen Gott sühnt der Versöhnungstag, Sünden des Menschen gegen seinen Nächsten sühnt der Versöhnungstag nicht eher, als bis man seinen Nächsten besänftigt hat. R. Aqiba sprach: Heil euch, Israel! Wer ist es, der euch reinigt, wer ist es, der euch reinigt? Es ist euer Vater im Himmel...*" Nach der Gemara fol. 87a lautete die an den Nächsten gerichtete Vergebungsbitte, Goldschmidt, S. 259–260: „*R. Jose b. Ḥananja sagte: Wer seinen Nächsten* [um Verzeihung] *bittet, tue dies nicht mehr als dreimal, denn es heißt* (Gen 50,17): ‚*Ach, vergib doch, nun vergib doch. Ist* [der Beleidigte] *gestorben, so hole er zehn Personen an sein Grab und spreche: Ich habe gesündigt wider den Herrn, den Gott Israels, und wider diesen, den ich verletzt habe.*'" Im jüdischen Tagesgebet, den Achtzehn Bitten, heißt es in der 6. Bitte der palästinischen Rezension bei Oscar Holtzmann, Die Mischna. 1. Seder, Zeraim 1: Traktat Berakot, Gießen: Alfred Töpelmann 1912, S. 15: „*Vergib uns, unser Vater; denn gesündigt haben wir an Dir, // wisch ab und bring weg unsre Freveltaten von deinen Augen; // denn reich ist dein Erbarmen, // gepriesen seist du, Jaja, der reich ist an Vergebung.*"

Verbindung zu Gott als sein Prophet stand,[58] doch wurde sie ebenso von der Gemeinde bzw. den sie repräsentierenden Tempelsängern (vgl. z. B. Ps 74,21;126,4) und von einzelnen (vgl. z. B. Ps 34,23) geübt.

5. *Das Gottvertrauen als Grund der Hoffnung und des Mutes zum Sein.* Gotteserkenntnis ist nach dem Gesagten Gottvertrauen[59] und insofern auch Gottesfurcht, als unser Scheitern uns dazu anhält, das Erste Gebot und die sittliche Forderung ernst zu nehmen; denn in unserem Scheitern am Nächsten ist Gott unser Richter. Und so ist es den Betern des Alten Testaments ebenso gewiß, daß Gott vertrauenswürdiger als alle Menschen und selbst als die Eltern (Ps 118) und die Freunde (Ps 41,10)[60] und trotzdem zu fürchten ist (Ps 128,1).[61] In der Dialektik zwischen dem Gottvertrauen und der Gottesfurcht wurzelt die Furchtlosigkeit vor den Menschen. Daß die Gebete der Könige Israels und ihrer Edlen die Bedrängung durch äußere und die der einfachen Leute eine solche durch persönliche Feinde voraussetzen, entspricht den Realitäten des Lebens. Doch der von den Ungläubigen umzingelte Beter, sei es eine messianische Gestalt, sei es Judas Maccabaeus, bekennt (Ps 118,6–10):

---

[58] Vgl. z. B. Gen 20,7.17, dazu Irmtraud Fischer, Die Erzeltern Israels. Feministisch-theologische Studien zu Genesis 12–36, BZAW 222, Berlin. New York: Walter de Gruyter 1994, S. 173–175; zu Ex 32,11–13 Erik Aurelius, Mose als Fürbitter, CB.OT 27, 1988, S. 91–100 und S. 203–210; 1. Sam 7,5–9 und dazu Timo Veijola, Das Königtum in der Beurteilung der deuteronomistischen Historiographie, AASF.B 198, Helsinki: Suomalainen Tiedeakatemia 1977, S. 30–38; aber auch Peter Mommer, Samuel. Geschichte und Überlieferung, WMANT 65, Neukirchen-Vluyn: Neukirchener Verlag 1991, S. 31–50, der mit einer vordtr Grundlage rechnet; Jer 14,11–16 und dazu Winfried Thiel, Die deuteronomistische Redaktion von Jeremia 1–25, WMANT 41, Neukirchen-Vluyn: Neukirchener Verlag 1973, S. 182–188, aufgenommen von McKane, a. a. O., S. 324–328 und schließlich Am 7,1–6 und dazu Uwe Becker, Der Prophet als Fürbitter. Zum literarischen Ort der Amos-Visionen, VT 51, 2001, S. 141–165 und bes. S. 161–164 sowie generell, aber in der literarischen Beurteilung der Texte zu überprüfen, Franz Hesse, Die Fürbitte im Alten Testament, Diss. Erlangen 1949. – Der Glaube an die Kraft der Fürbitte des exemplarischen Frommen wird im Evangelium nach Johannes entsprechend auf Jesus als den Sohn Gottes übertragen, der im sogenannten hohepriesterlichen Gebet Joh 17 für die Seinen eintritt.

[59] Vgl. dazu auch Otto Kaiser, Art. Hoffnung. II: Altes Testament, RGG[4] III, 2000, Sp. 1822–1824.

[60] Vgl. Jer 9,3–4; Spr 19,4.6–7; Sir 12,8–9 und 37,1–6 und zu allen Aspekten der Freundschaft Friedrich V. Reiterer, Hg., Freundschaft bei Ben Sira, BZAW 244, 1996.

[61] Zur Sache vgl. auch Joachim Becker, Gottesfurcht im Alten Testament, AnBib 25, 1963 und zu ihrer Bedeutung als Grundhaltung des Weisen bei Jesus Sirach vgl. oben S. 298.

§ 15 Das Alte Testament als Existenzauslegung 411

> 6 *Jahwe ist für mich, ich fürchte mich nicht,*
> *was können mir Menschen tun?*[62]
> 7 *Jahwe ist für mich als mein Helfer,*
> *ich werde es sehen an meinen Feinden.*
> 8 *Besser ist es, bei Jahwe Zuflucht zu suchen*
> *als zu vertrauen auf Menschen.*
> 9 *Besser ist es, bei Jahwe Zuflucht zu suchen,*
> *als zu vertrauen auf Helden*[63].
> 10 *Haben mich alle Heiden*[64] *umringt,*
> *im Namen Jahwes trete ich ihnen entgegen.*[65]

Dieselbe Unerschrockenheit bekundet der Verse eines älteren Königsgebetes aufnehmender Beter in Ps 27,1–3.9–10:[66]

> 1 *Jahwe ist mein Licht und mein Heil,*
> *vor wem sollte ich mich fürchten?*
> *Jahwe ist meines Lebens Kraft,*
> *vor wem sollte mir grauen?*
> 2 *Dringen Frevler auf mich ein,*
> *um mein Fleisch zu verzehren,*
> *meine Bedränger und meine Feinde*
> *müssen straucheln und fallen.*[67]
> 3 *Lagerte sich ein Heer wider mich,*
> *fürchtet sich mein Herz nicht.*
> *Entbrennt der Kampf gegen mich,*
> *bleibe ich voll Vertrauen.*
> ......
> 9b *Verstoße mich nicht und verlasse mich nicht,*
> *Gott meiner Hilfe.*
> 10 *Wenn mich Vater und Mutter verlassen,*
> *dann nimmt Jahwe mich auf.*

Im Vertrauensbekenntnis kann der exemplarische Beter auf die Erfahrung der Väter als den Grund seiner eigenen Hoffnung verweisen, obwohl aller Augenschein dem widerspricht (Ps 22,4–6):[68]

> 4 *Aber du, der Heilige, thronst,*

---

[62] Vgl. Röm 8,31 und EG 351,1.

[63] Wörtlich: Edle.

[64] *gôjîm*, die Übersetzung ergibt sich aus der vermutlich makkabäischen Zeitstellung des Psalms.

[65] Vgl. HAW 527a zu *mûl* II, vgl. Seybold, Die Psalmen, HAT I/15, Tübingen 1996, S. 485 z.St.

[66] Vgl. dazu Frank-Lothar Hossfeld, in: ders. und Erich Zenger, Die Psalmen I: Psalm 1–50, NEB, Würzburg 1993, S. 171–172.

[67] Zum Perfekt im optativischen, heischenden Sinn vgl. Joüon, § 112k.

[68] Zum 22. Psalm vgl. auch oben, S. 219–223.

§ 15 Das Alte Testament als Existenzauslegung

> *der Lobpreis Israels.*
> 5 *Auf dich vertrauten unsere Väter,*
> *sie vertrauten, und du hast sie gerettet.*
> 6 *Zu dir schrien sie und wurden bewahrt,*
> *auf dich vertrauten sie und wurden nicht zuschanden.*

Suchten wir im Psalmenbuch weiter, so begegnete uns ein Chor entsprechender Vertrauensbekenntnisse und Mahnworte. Doch ehe wir einige charakteristische Beispiele dafür beibringen, an denen sich der Weg vom Glauben an die irdische Bewahrung an den zur himmlischen Geborgenheit ablesen läßt, seien die beiden in ihrer Radikalität kaum zu überbietenden antithetischen Wahrsprüche aus Jer 17,5–8 an die Spitze gestellt, die an den 1. Psalm erinnern (Jer 17,5–8):

> 5 *Verflucht der Mann, der auf Menschen vertraut*
> *und setzt auf Fleisch als seinen Arm*
> *und dessen Herz von Jahwe läßt.*
> 6 *Er wird wie ein Busch in der Wüste sein*
> *und das Kommen des Glücks nicht sehen,*
> *Sondern dürres Land in der Steppe bewohnen,*
> *salziges Land, in dem man nicht bleibt.*[69]
> 7 *Gesegnet der Mann, der auf Jahwe vertraut*
> *und dessen Hoffnung Jahwe ist:*
> 8 *Er gleicht einem Baum, der an Wassern gepflanzt,*
> *und seine Wurzeln zum Wasserlauf streckt.*
> *Er fürchtet*[70] *sich nicht, wenn die Hitze kommt*
> *grün bleiben seine Blätter.*
> *In Jahren der Dürre bleibt er sorglos,*
> *und läßt nicht ab, Frucht zu bringen.*[71]

Der hier versicherten Gewißheit der heilvollen Geborgenheit bei Gott in guten und in bösen Tagen entspricht der Rat des Weisen in Spr 16,3:

> *Wälze auf Jahwe, was du tun willst,*
> *und deine Vorhaben werden bestehen.*

Wie ein Echo dieses Mahnwortes klingt das in Ps 37,5, das in Luthers Übersetzung durch den Choral von Paul Gerhard[72] zum Grundbestand evangelischer Frömmigkeit gehört, so daß wir ihn auch in dieser Fassung wiedergeben (Ps 37,5):

---

[69] Zu den lexikalischen Problemen des Verses vgl. William McKane, Jeremiah I, ICC, 1986, S. 389–390.
[70] Siehe BHS.
[71] Zum Verhältnis zu Ps 1,3–4 vgl. McKane, S. 390–392
[72] EG 361.

§ 15 Das Alte Testament als Existenzauslegung

*Befiehl dem Herrn deine Wege
und hoffe auf ihn, er wird's wohl machen.*

Diesem Vertrauen entspricht der Beter des 31. Psalms, der sich in den Netzen seiner Feinde gefangen weiß. Ihm verdanken wir die beiden Bekenntnisse (Ps 31,6 und 15–17), von denen das erste versichert, daß er sein Leben ganz in Gottes Hand gibt, und das zweite, daß er sich bei ihm als seinem Retter geborgen weiß:

> 6 *In deine Hand übergebe ich meinen Odem,
> befreie[73] mich Jahwe, du treuer Gott.*

Bekanntlich hat der Evangelist Lukas diesen Vers Jesus am Kreuz statt Ps 22,2 als letztes Wort in den Mund gelegt und damit zum Ausdruck gebracht, daß Jesus sein Leben sterbend vertrauensvoll in Gottes Hand zurückgegeben hat (Lk 23,46).[74] In Ps 31 gipfelt die Bittklage der V. 2–19 in dem die Schlußbitte einleitenden und tragenden Vertrauensbekenntnis der V. 15–17:

> 15 *Doch ich, auf dich vertraue ich, Jahwe,
> ich sage: Mein Gott bist du!*
> 16 *In deiner Hand sind meine Zeiten – befreie mich
> aus der Hand meiner Feinde und meiner Verfolger.*
> 17 *Lasse leuchten dein Antlitz über deinem Knecht,
> rette mich um deiner Treue[75] willen.*

War sich der fromme Lehrer, dem wir den 37. Psalm verdanken, seiner Sache sicher, daß die Gerechten am Ende Glück haben und die gottlosen Frevler ein böses Ende nehmen,[76] so hat die Erfahrung weiterhin auch die Frommen gelehrt, daß Gottes Gedanken höher sind als der Menschen Gedanken und Gottes Wege als der Menschen Wege (Jes 55,8–9). Öffnete sich ein Spalt zwischen der verheißenen Übereinstimmung zwischen Tun und Ergehen,[77] so konnten sich die Rechtschaffenen, solange es ihnen nicht ans Leben ging, damit trösten, daß ihr Leben Gottes Willen entsprach, und sagen (Spr 16,8):

---

[73] Die übliche präteritale Übersetzung läßt V. 6b aus dem Zusammenhang fallen. Zur optativischen, heischenden Bedeutung des Perfekt vgl. Joüon § 112k.

[74] Vgl. dazu Wolfgang Wiefel, Das Evangelium nach Lukas, Berlin: Evangelische Verlagsanstalt 1988, S. 400, der darauf hinweist, daß Ps 31,6 nach b. Berakot 5a Teil des Abendgebetes des frommen Juden war.

[75] *hæsæd*.

[76] Vgl. dazu oben, S. 265–267.

[77] Dem, was wir in GAT I, S. 210–212 als die der Grundbeziehung entsprechende Grundgleichung bezeichnet haben.

> *Besser ist wenig in Gerechtigkeit*
> *als rechtloser Erwerb in Fülle.*

Oder sie konnten sich mit dem ähnlichen Wahrspruch trösten (Spr 16,19):

> *Besser demütigen Sinnes bei den Armen*
> *als Beute teilen mit den Hochmütigen.*

Das Bewußtsein, seine sittliche Pflicht zu tun und dabei man selbst zu bleiben, ist in der Tat wertvoller als aller im Widerspruch zur göttlichen Gerechtigkeitsforderung erworbener Gewinn. Daher beugt sich der Rechtschaffene auch dann nicht, wenn es gefährlich wird, um mit den Wölfen zu heulen. Er tröstet sich vielmehr damit, daß seine Zeit in Gottes Händen steht, so daß er, wenn ihm die Welt entgeht, bei Gott für immer geborgen ist (Ps 73,23–26): Gott beantwortet die Selbstübergabe im Gebet mit der Gewißheit, daß er über den Tod hinaus unser tragender Grund bleibt.[78] In der Selbsterschließung des göttlichen Grundes wurzelt die Gewißheit der Unsterblichkeit. Sie ist die Wurzel des Mutes zum Sein, der freien Ständigkeit zwischen Gott und Welt. Sie ermöglicht es, sich dem Nächsten zuzuwenden und nicht nur sein Leben, seine Freiheit, seine Intimbeziehungen, sein Recht und seinen wohl erworbenen Besitz zu respektieren, wie es das 6.–10. Gebot des Dekalogs vorschreiben, sondern sein Bestes zu suchen, wie es die sittliche Forderung verlangt und es ihm die spontanen Daseinsäußerungen vorgeben.[79] Dem entspricht der Auftrag des Staates, die Menschenrechte zu schützen und bei seinem Handeln das Ideal der vollkommenen Gerechtigkeit nicht aus dem Auge zu verlieren; denn (Spr 14,34):

> *Gerechtigkeit erhöht ein Volk,*
> *aber die Schande*[80] *der Völker ist Sünde.*

6. Die alttestamentliche Binnenethik und die Entdeckung des Mitmenschen. Die alttestamentliche Ethik ist zunächst eine Binnenethik, die als

---

[78] Vgl. dazu oben, S. 312.

[79] Zum Problem der überzeitlichen Gültigkeit als *summa der lex naturalis*, des natürlichen Sittengesetzes, vgl. Knud E. Løgstrup, Norm und Spontaneität, S. 83–87 und zur Diskussion Seizo Sekine, Transcendency and Symbols in the Old Testament, BZAW 275, 1999, S. 16–90. Weiterhin merken wir an, daß ethische Maximen stets nach einer der gewandelten Situation angemessenen Auslegung verlangen und in der vor- und frühgeschichtlichen Zeit verwurzelte und inzwischen ihres einstigen Kontextes beraubte Tabus keinen Anspruch auf Gültigkeit mehr besitzen. Das sittliche Kriterium besteht darin, ob in unseren Verhältnissen wechselseitige Achtung und Hut walten.

[80] Vgl. HAL 323a s.v. *ḥæsæd* I, das in dieser Bedeutung sonst nur noch Lev 20,17 belegt ist.

§ 15 Das Alte Testament als Existenzauslegung 415

solche das Zusammenleben der Israeliten in ihren Ortsgemeinden im Rückgriff auf das Gewohnheitsrecht im Tod und die kultischen, der Bewahrung der Heiligkeit des Tempels und der Aufrechterhaltung des Verkehrs mit Gott dienenden Weisungen regelt und beides dem Willen Gottes unterstellt. Sie hat als *Gemeinschaftsethik* das Heil und Wohl ganz Israels im Auge und nimmt daher ausdrücklich die am Rande der Ortsgemeinschaft stehenden Ortsfremden, zu denen später auch die sich im Lande befindlichen Ausländer zählen, die Witwen und minderjährigen Waisen sowie die Kleinen Leute in Schutz. Demgemäß verlangt sie ausdrücklich, ihr Recht nicht zu beugen (Dtn 24,17), dem Tagelöhner seinen Lohn vor Sonnenuntergang auszuzahlen (V.14–15), bei einer Pfändung das Haus des Schuldners nicht zu betreten (Dtn 24,10–11), dem Bedürftigen den gepfändeten Mantel als seine Decke für die Nacht vor Sonnenuntergang zurückzugeben (V.12–13) und schließlich bei der Ernte von Feld-, Baum- und Strauchfrüchten genug für die Nachlese derer zurückzulassen, die über keine eigenen Äcker und Gärten verfügen, die Ortsfremden, Witwen und Waisen (V.19 21).

Wir haben oben in anderem Zusammenhang bereits festgestellt, daß aus dieser *Bruderschaftsethik* auch die Pflichten abgeleitet worden sind, von einem Israeliten keinen Zins zu verlangen, sein verpfändetes Land spätestens im Erlaßjahr zurückzugeben und ihn nicht zum Sklaven zu machen.[81] Das Verbot der Zinsnahme wurde mit der Furcht vor Gott begründet, die es verlangt, daß auch der verarmte Bruder neben dem Reichen leben könne (Lev 25,36). Das Verbot des Landverkaufs wurde damit erklärt, daß Jahwe der Eigentümer des ganzen Landes ist und seine Besitzer nur Gottes Gäste und Beisassen sind (Lev 25,23). Und schließlich wurde das unveräußerliche Freiheitsrecht jedes Israeliten damit begründet, daß die Israeliten Jahwes Knechte sind, weil er sie aus Ägypten herausgeführt hat. Mithin dürfen sie keinem anderen Herren gehören (Lev 25,55).

Wir haben oben die Gebote des Dekalogs, welche die Alleinverehrung des einen Gottes und die sittlichen Pflichten der Elternehrung und der Wahrung der Grundrechte des Nächsten auf den Schutz seines Lebens, seiner Intimbeziehungen, seiner Freiheit, seines Rechts und seines Besitzes zum Inhalt haben, ohne Schwierigkeit generalisiert.[82] Dasselbe gilt nun auch für diese speziellen Rechtssätze der israelitischen Bruderschaftsethik: Werden sie verallgemeinert, so werden sie zu heuristisch-

---

[81] Vgl. dazu oben, S. 56–57.
[82] Vgl. dazu oben, S. 54–56 und zur Sache Knud E. Løgstrup, Spontaneität und Norm, S. 83–87.

utopischen Idealen,[83] die in analoger Weise die Existenzsicherung aller Bedürftigen, ein neues Verständnis des Grundbesitzes und eine Durchsetzung der Freiheitsansprüche aller Menschen verlangen. Die sachliche Begründung dafür liegt in der Geschöpflichkeit aller Menschen, die in der Tat schon in der fortgeschrittenen Weisheit Israels als Argument für die rechtliche Gleichbehandlung von Herrn und Sklaven und den Anspruch des Armen an den Reichen herangezogen ist. So heißt es zum Beispiel in Hiobs Reinigungseid (Hiob 31,13–15):[84]

> 13 *Wenn ich das Recht meines Knechtes oder meiner Magd mißachtete*
> *bei ihrem Rechtsstreit mit mir:*
> 14 *Was wollte ich tun, wenn sich Gott wider mich erhöbe,*
> *wenn er nach mir sähe, was ihm erwidern?*
> 15 *Hat nicht mein Schöpfer im Mutterleib (auch) ihn erschaffen,*
> *schuf er uns nicht beide im selben Schoß?*

Und in Spr 22,2 heißt es:

> *Ein Reicher und ein Armer begegnen einander,*
> *ihrer beider Schöpfer ist Jahwe.*

Dieser Spruch will nicht der Beruhigung des Reichen angesichts des Armen dienen, weil Gott die Welt nun einmal so eingerichtet hat, daß es diese Unterschiede gibt. Sondern er stellt den unvermittelten Gegensatz in Frage, der sich nur so auflösen läßt, daß der Reiche dem Armen hilft. Denn in Spr 22,9 heißt es:

> *Ein gütiges Auge, es wird gesegnet,*
> *denn es gibt dem Geringen von seinem Brot.*

Weil alle Menschen in *einem* Gott gründen, sind sie alle Geschwister, als stammten sie aus dem Leib *einer* Mutter.

Das Alte Testament hat die Unterscheidung zwischen Israel und den Völkern trotzdem nicht nivelliert, ist aber über das im Interesse der Absicherung der Jahweverehrung postulierte dtn Banngebot in Dtn 7,2 und 20,16–18[85] in der Perserzeit insofern insofern hinausgewachsen, als es die Anwesenheit von Ausländern im Lande nicht nur duldete,[86] sondern aus-

---

[83] Zum Begriff vgl. Wolfgang Drechsler, Platons Nomoi als Objekt der Rechtsvergleichung, in: Olaf Werner u. a., Hg., Brücken für die Rechtsvergleichung. FS Hans G. Leser, Tübingen: Mohr Siebeck 1998, S. 44–61, bes. S. 52–53.
[84] Vgl. auch Spr 14,31 und dazu Peter Doll, Menschenschöpfung und Weltschöpfung in der alttestamentlichen Weisheit, SBS 117, 1985, S. 16–32.
[85] Vgl. dazu GAT II, S. 49–54.
[86] Andernfalls dürften nüchtern gesehen Konflikte mit der persischen Reichsregierung und ihren Vertretern unausweichlich gewesen sein.

§ 15 Das Alte Testament als Existenzauslegung   417

drücklich befahl, sie nicht anders als den israelitischen Nachbarn wie sich selbst zu lieben oder (wie im Gefolge von Franz Rosenzweig und Martin Buber immer wieder zu übersetzen vorgeschlagen wird) ihn zu lieben, „*weil er wie du ist*" (vgl. Lev 19,18b mit 19,34). Die Erweiterung des Tempelweihgebetes in 1. Kön 8,41–43 um die Bitte, Jahwe möge auch das Gebet des Ausländers, des נָכְרִי (*nåkrî*), erhören, der aus einem fernen Land zu diesem Haus käme, spiegelt ebenfalls ein neues Verhältnis zum Nichtisraeliten. Den Fremden wie seinesgleichen zu behandeln, ergibt sich mit innerer Folgerichtigkeit aus der prophetischen Erwartung, daß eines Tages alle Menschen Jahwe als den wahren und einzigen Gott nach der Offenbarung seiner Herrlichkeit in der Befreiung und Heimführung seines Volkes als solchen anerkennen werden (Jes 40,5; 2,1–5 par Mich 4,1–5).[87] In der seit dem späten 4. Jh. v. Chr. anwachsenden Zahl der Proselyten mußte man ein Vorzeichen des Kommenden erkennen. Daher weissagte ein namenloser Prophet in Jes 56,6–7, daß Jahwe alle Ausländer, die ihm dienen und seine Gebote halten, zu seinem heiligen Berge bringen und sich an ihren Opfern erfreuen werde, weil sein Haus ein Bethaus für alle Völker heißen werde (Jes 56,6–7).[88] Der Glaube an den einen Gott als den Schöpfer aller Menschen hat das Ideal der einen Menschheit zur Folge, die durch den Glauben an ihn und den Gehorsam gegen sein Gebot zu einer weltweiten Bruderschaft zusammengeschlossen ist. Dem entspricht das utopisch-heuristische Ideal der Königsherrschaft Gottes auf Erden als des Reiches der Gerechtigkeit. Es ist ein Wahn zu meinen, man könne es mit anderen Mitteln als solchen herbeiführen, die seinem Wesen und seinen Gesetzen entsprechen, unter denen die beiden Gebote der Gottes- und der Nächstenliebe an erster Stellen stehen.[89]

7. Israels Erwählung und Bund – oder: von der Kontingenz der Selbsterschließung Gottes. Wenden wir uns den Rundblick vollendend den beiden nicht voneinander lösbaren Themen der Erwählung Israels und der mit ihm geschlossenen Gottesbünde zu, so brauchen wir die einschlägigen Überlieferungen nicht noch einmal in ihrem Entwicklungsgang vorzustellen.[90] Schon die Abfolge der beiden Themen in der biblischen Erzählung führt zu der wesentlichen Einsicht, daß beide sachlich zusammengehören.

In dem priesterlichen Bericht von Jahwes Selbstverpflichtung gegenüber Abraham und seinen Nachkommen in Gen 17 fallen Bund und Er-

---

[87] Vgl. dazu oben, S. 156–159.
[88] Vgl. dazu Hermann Cohen, Religion der Vernunft aus den Quellen des Judentums, 1929 = 1995, S. 139–140.
[89] Zur speziellen christlichen Form dieser Gemeinschaft vgl. Mt 18,20.
[90] Vgl. dazu GAT II, S. 29–67 und oben, S. 11–36.

§ 15 Das Alte Testament als Existenzauslegung

wählung zusammen; denn der Bund hat hier als zentralen Inhalt das Versprechen, daß Jahwe für immer der Gott Abrahams und seiner Nachkommen sein werde. Ihm treten die beiden anderen zur Seite, daß Abraham ein Vater von Völkern und Königen und das Land Kanaan ihm und seinen Nachkommen für immer gehören werde. Die erste dieser beiden den Rahmen um die zentrale Verheißung bildenden Zusagen sollte das exilierte Volk angesichts seiner Dezimierung, die zweite angesichts seines verlorenen Landes trösten. Jeder Gott hatte sein Land, so auch Jahwe das seine,[91] in dem er wohnen und von seinem Volk Israel verehrt werden wollte.[92] Doch nur ein großes Volk mit starken Königen zählt unter den Völkern. Das ist der messianische Unterton in diesem Priestertext. Sein Zentrum aber bildet die Zusage der Unzerstörbarkeit der Gottesbeziehung Israels: Daran kann keine eigene Schuld und keine fremde Macht etwas ändern: Jahwe bleibt für alle Zeiten der Gott seines Volkes Israel. Er wird in seiner Mitte wohnen und ihm seine Schuld mittels des Sühne schaffenden Opferkultes vergeben. Das ist ganz aus dem Blickwinkel Israels her gesagt.

Wir merkten aber bereits bei der Vorstellung dieser Bundeserzählung an, daß sich die zentrale Zusage generalisieren läßt.[93] Jetzt fügen wir hinzu, daß sie generalisiert werden muß, sowie Gott als der Schöpfer aller Menschen verstanden wird. Trifft es zu, daß die Existenz aller Menschen in Gott gründet, so bleibt jeder von ihnen unausweichlich auf Gott bezogen. Er kann das erkennen und ihm mit Wissen und Willen vertrauen, er kann unbewußt aus diesem Vertrauen leben und er kann dieses Vertrauen verweigern. In den Bereich des impliziten Vertrauens gehören alle Menschen, die ihre freie Ständigkeit ihrem Vertrauen auf die Götter verdankten und zu ihnen gebetet haben. Zu ihnen gehören weiterhin auch die, die sich über Gott keine Gedanken machen oder diesen Gedanken als überschwenglich ablehnen und trotzdem den kommenden Tag gelassen erwarten und gefaßt ihrem Tode entgegengehen. Das explizite Verhältnis schützt den Menschen nicht davor, aus Gott einen Götzen zu machen oder sich von ihm verlassen zu wähnen. Trotzdem läßt sich die Zusage an Abraham und seine Nachkommen auf alle Menschen hin ausdehnen: Über ihnen allen steht die Zusage, daß Gott auch dann noch mit ihnen ist, wenn sie ihn vergessen.

So kontingent wie die schicksalhafte Einweisung jedes Menschen in seine Zeit und Situation ist auch die Selbstmitteilung Gottes als seines

---

[91] Vgl. 2. Kön 5,17 und Ps 137,4.
[92] Ex 29,43–46.
[93] Vgl. oben, S. 28.

§ 15 Das Alte Testament als Existenzauslegung

tragenden Grundes. Die Bitte, er möge sich uns in seiner verborgenen Nähe offenbaren, kann unbeantwortet bleiben, der Versuch der Hingabe an ihn mißlingen. So wird deutlich, daß Gott im Leben eines jeden Menschen das erste und das letzte Wort behält. Daher hat jeder seine besondere Geschichte mit Gott und so auch, kehren wir zur biblischen Geschichte zurück, Abraham als der Stammvater des Glaubens Israels und weiterhin der Völker, der voller Vertrauen auf Gottes Zusage sein Vaterhaus verließ und in das unbekannte Land zog, das Gott ihm zu zeigen versprochen hatte (Gen 12,1–4; Heb 11,8–19). Die Bereitschaft zum täglichen Neuaufbruch macht das Wesen des Glaubens als Gottvertrauen aus. Denn der Glaubende vertraut darauf, daß Gott mit ihm zieht.[94] Daß ein Gott der Höchste unter allen Göttern ist, haben auch die Priester und Weisen anderer Völker erkannt, daß der *eine* Gott der Gott aller Menschen ist und als solcher von ihnen verehrt werden will, blieb Israel als erstem anzusagen vorbehalten. Daher bleibt der eine Gott auch weiterhin der Gott Israels.

Daß wir Menschen als Menschen einander bedürfen und dies in der Kette der Generationen, versteht sich nach allem, was wir darüber gesagt haben, von selbst: Nur als Glieder in der Kette der Generationen sind wir die, die wir sind. In einer durch die Zugehörigkeit zu einem bestimmten Volk bestimmten geschichtlichen Welt, in der die Menschen verschiedene Sprachen sprechen und verschiedene Sitten besitzen, in denen sich die sittliche Forderung wie das Licht in einem Prisma bricht, gilt die Sorge der Zukunft des eigenen Volkes, dem man sich zugehörig weiß. Da sich ein Volk nur im eigenen Lande seiner geschichtlich gewordenen Art gemäß einrichten kann, gehört zu einem Volk auch sein eigenes Land. Die freie Ständigkeit vor Gott darf sich im eigenen Land und inmitten des eigenen Volkes entfalten. Dem tragen die beiden Rahmenversprechen an Abraham in Gen 17 Rechnung: Aus ihm sollen Völker und Könige hervorgehen, Israel aber soll ein Volk werden und bleiben und als solches für immer sein eigenes Land besitzen.[95] In einer Zeit der Auflösung aller gewachsenen Formen menschlichen Lebens, wie sie die Anforderung der Industriegesellschaft an die Mobilität der an ihrem Produktionsprozeß beteiligten mit sich bringt, muß zunehmend der Mitmensch den Ortsgenossen ersetzen. Die Umwandlung der Völker in die Menschheit ist im Gange, ein Prozeß, der sich kaum umkehren läßt.[96] Wohl dem, der in einer solchen Zeit weiß, daß wir hier keine bleibende Stadt besitzen, sondern

---

[94] Vgl. GAT II, S. 146–151.
[95] Vgl. dazu oben, S. 26.
[96] Vgl. dazu z. B. Richard Münch, Globale Dynamik, lokale Lebenswelten. Der schwierige Weg in die Weltgesellschaft, stw 1342, 1998.

§ 15 Das Alte Testament als Existenzauslegung

eine zukünftige suchen (Hb 13,14), und dadurch das feste Herz behält, dessen es im beständigen Wandel aller Verhältnisse bedarf. Je mehr und je enger die Völker zusammenwachsen und sich vermischen, desto mehr werden Ansprüche auf ein eigenes Land unter Berufung auf Gott zu einem *survival*, einem Relikt einer untergegangenen Welt. Der Glaube aber muß beständig auf der Hut sein, weder das Alte durch überkommene noch das Neue vorschnell durch eigene Glaubensgedanken zu legitimieren. Statt dessen soll er sich fragen, was es denn in seiner jeweiligen Situation heißt, Gott zu vertrauen und den Nächsten in seine Hut zu nehmen.

Erwählung und Bundesverpflichtung gehören zusammen. Dabei geht die Erwählung als das Evangelium der Verpflichtung als der Forderung voraus. In Abraham wird Israel erwählt, in der Befreiung aus Ägypten wird diese Erwählung vollzogen. Dann erst folgt am Sinai die Verpflichtung auf den Dekalog und seine Auslegung im Bundesbuch und noch einmal im Deuteronomium: Damit ist bereits deutlich, daß das geschriebene, sich einer bestimmten Situation verdankende Gesetz immer neu ausgelegt werden muß; denn außer den Geboten, Gott zu vertrauen und den Nächsten zu lieben (was dem Halten des Sittengesetzes entspricht), gibt es keine überzeitlichen Normen menschlichen Zusammenlebens, wohl aber die sich gleich bleibenden souveränen und spontanen Daseinsäußerungen, die wir in unserem Zusammenleben gewähren lassen sollen.

Der Himmel wird nicht durch den Gehorsam verdient, sondern wer um den Himmel weiß, ist gehorsam, oder biblisch gesprochen: Auf Gottes Liebe in der Erwählung seines Volkes, die sich in seiner Befreiung aus Ägypten verwirklichte, antwortet der alttestamentliche Glaube mit der Liebe zu Gott, die sich in der Liebe des Nächsten verwirklicht.[97] Auf die Liebe des Gottes, der uns allen das Leben gegeben hat und uns unsere Schuld vergibt, antworten wir mit der Liebe zum Nächsten, die sich in der konkreten Ausgestaltung der spontanen Daseinsäußerungen des Vertrauens, der Wahrhaftigkeit, Hilfsbereitschaft und Barmherzigkeit in einer bestimmten einmaligen Situation erweist. Denn unser Leben ist stets beides zugleich: Es erschließt sich als Gabe in der Freiheit, die wir gewinnen, wenn wir unsere Endlichkeit annehmen. Es erschließt sich jedoch zugleich als Aufgabe, weil wir unser Dasein besorgen und wechselseitig in die Hut nehmen müssen. Erst wenn wir die apodiktischen Verbote und Rechtssätze auf ihren Kern in Gestalt des Kategorischen Imperativs reduzieren, der uns so zu handeln gebietet, daß wir den Anderen niemals nur als Mittel gebrauchen, sondern stets zugleich als Zweck ehren,[98] er-

---

[97] Vgl. dazu GAT II, S. 54–63.
[98] Im Kategorischen Imperativ wurzelt auch das Rechtsgesetz als Grundsatz aller Staatlichkeit; vgl. Immanuel Kant, Grundlegung zur Metaphysik der Sitten, AA

halten wir einen Maßstab, der uns an unsere Pflicht erinnert, im Anderen den zu erkennen, der wie wir ist (vgl. Lev 19,18b). Denn unser Mut zum Sein als der Kehrseite unseres Gottvertrauens bleibt bis zu unserem Ende angefochten, die Angst unser potentieller Begleiter, der uns verführt, den wortlosen Anruf Gottes und des Nächsten zu überhören. Darum bedürfen wir ebenso der Zusage der unverlierbaren Nähe Gottes wie der Erinnerung an unsere Pflicht.

Auch nach der Ansicht des Apostels Paulus ist das Gesetz heilig und gut (Röm 7,12) und sind seine Forderungen erfüllbar (Phil 3,6).[99] Doch verfehlt den Sinn des Gesetzes, wer den von ihm geforderten als seine Leistung mißversteht und bei seinem Handeln nicht Gott und den Nächsten meint, sondern sich selbst rechtfertigen und bestätigen will. Dann und nur dann wird das Doppelgebot zum Verkläger des Menschen, den der Apostel auffordert, sich mit Christus dem Tod zu übergeben (Röm 6,3–5), damit er die Kraft seiner Auferstehung erfahre (Phil 3,8–11). Denn nur wer vor Gott auf sich selbst Verzicht leistet, erfährt, daß Gott das ewige Leben ist.[100] In diesem Sinne bleibt uns Christen Jesus der Anfänger, Vorläufer und Vollender unseres Glaubens (Heb 12,2; 6,20) und unser Glaube kein Besitz, dessen wir uns rühmen könnten, sondern ein beständiger Anfang und Aufbruch (Phil 3,13–14), über dessen Gelingen oder Mißlingen allein der Herzenskünder entscheidet (1. Kor 4,3–5). Was in unsrem eigenen Namen als fehlbare Menschen Anmaßung wäre, dürfen wir in Jesu Namen tun, uns wechselseitig zu ermahnen, uns durch ihn mit Gott versöhnen zu lassen (2. Kor 5,20).[101]

So liegt das Alte Testament bereit, jeden Menschen auf seinem Lebensweg zu begleiten. Über seine nationalen und zeitbedingten Schranken führt es selbst hinaus, wenn wir es seiner Absicht gemäß unter der Anleitung des Doppelgebotes der Gottes- und der Nächstenliebe lesen, das die Liebe zum Feinde einschließt.[102] Unbeschadet der Tatsache, daß die Juden

---

IV, S. 429 = PhB 41, S. 52. Zu dem sich aus ihm ergebenden Rechtsgesetz, so zu handeln, daß die Freiheit jedermanns mit der Freiheit jedermanns übereinstimme, vgl. ders., Metaphysik der Sitten I: Metaphysische Anfangsgründe der Rechtslehre, AA VI, S. 231 = PhB 42, 1922 = 1954, S. 35.

[99] Vgl. zum Folgenden Otto Kaiser, Die Furcht und die Liebe Gottes, in: Renate Egger-Wenzel, Mitarb. Jeremy Corley, Hg., Ben Sira's God, BZAW 321, 2002, S. 39–76, bes. S. 55–56 und zu den unterschiedlichen Ansätzen der gegenwärtigen biblischen Theologie Christoph Dohmen und Thomas Söding, Hg., Eine Bibel – zwei Testamente, UTB 1893, 1995.

[100] Vgl. dazu auch oben, S. 341.

[101] Vgl. dazu Knud E. Løgstrup, Ethische Forderung, S. 231–242.

[102] Vgl. dazu oben, S. 54 Anm. 56 und S. 57.

auf den Messias warten und die Christen ihn in dem Auferstandenen erkennen und beide es daher unter einer je anderen Perspektive lesen, begleitet es uns mit dem Anspruch, daß Gott unser Herr ist, der will, daß wir Gemeinschaft mit ihm und mit einander halten; mit dem Zuspruch, daß Gott jetzt und in der Stunde unseres Todes mit uns ist, und mit der Warnung, ihn im Getriebe des Tages nicht zu vergessen, weil es in der Gottesferne kein Heil gibt.[103] Gleichzeitig lehrt es uns, ihn in seiner verborgenen, sich allem Verstehen entziehenden Majestät anzubeten, ihm für alles, was er uns gegeben hat (und was hätte er uns nicht gegeben?), zu danken, für das Heil und Wohl der Anderen zu bitten und ihn in allen Nöten anzurufen. Denn in der Anbetung, dem Dank und der Fürbitte für einander und uns selbst erweist sich der Glaube an den lebendigen Gott.

Insofern uns das Alte Testament auf das hin anredet, was uns unbedingt angeht, kann es für uns zum Wort Gottes werden, das uns als Evangelium Gottes uns tragende Gegenwart versichert, und als Gesetz verklagt, daß wir ihn nicht unseren Gott sein lassen, und als seine Weisung daran erinnert, daß er die Anderen als die Anderen unser selbst an unsere Seite gestellt hat. Und damit haben wir die beiden Fragen beantwortet, die uns bei diesem langen Gang durch die Schrift begleitet haben, welchen Sinn die biblische Rede des Alten Testaments von Gott hat und was sie uns als Menschen angeht; denn *„dein Wort ist meines Herzens Freude und Trost; denn ich bin ja nach deinem Namen genannt, Herr, Gott Zebaoth"* (Jer 15,16b).

Literatur

Ausgewählte Aufsätze und Monographien: Augustinus, Confessiones Libri XIII, ed. Martinus Skutella editio corr. B. Juergens et W. Schwab, BiTeu, Stuttgart: B. G. Teubner 1981; *Barr, James,* Biblical Faith and Natural Theology. The Gifford Lectures for 1991, delivered in the University of Edinburgh, Oxford: Clarendon Press 1993 (1994); *Becker, Joachim,* Gottesfurcht im Alten Testament, AnBib 28, Rom: Päpstliches Bibelinstitut 1965; *Buber, Martin,* Ich und Du (1923), Heidelberg: Lambert Schneider, 1958 = 1973; *Cohen, Hermann,* Religion der Vernunft aus den Quellen des Judentums. Eine jüdische Religionsphilosophie, 3. Aufl. = 2. Aufl. hg. v. Strauß, Benno (1928), Wiesbaden: Fourier 1995; *Dohmen, Christoph,* und *Söding, Thomas,* Hg., Eine Bibel – zwei Testamente. Positionen biblischer Theologie, UTB 1893, Paderborn u. a., Ferdinand Schöningh 1995; *Doll, Peter,* Menschenschöpfung und Weltschöpfung in der alttestamentlichen Weisheit, SBS 117, Stuttgart: Katholisches Bibelwerk 1985; *Exupéry, Antoine de,* Oeuvres. Préface de Ro-

---

[103] Jes 48,22 und 57,21.

ger Caillois, Bibliothèque de la Pléjade 98, Paris: Gallimard 1953; *Finegan, Jack,* Handbook of Biblical Chronology. Principles of Time Reckoning in the Ancient World and Problems of Chronology in the Bible, 2nd ed., Peabody, MA: Hendrickson 1998; *Hegel, Georg W. F.,* Vorlesungen über die Philosophie der Religion I: Einleitung. Der Begriff der Religion, hg. v. Walter Jaeschke, G. W. F Hegel, Vorlesungen. Ausgewählte Nachschriften und Manuskripte 3, Hamburg: Felix Meiner 1983 = PhB 495, Hamburg: Felix Meiner 1993; *Heidegger, Martin,* Sein und Zeit, 15. Aufl. mit den Randbemerkungen aus dem Handexemplar des Autors im Anhang, Tübingen: Max Niemeyer 1979; *Hesse, Franz,* Die Fürbitte im Alten Testament, Diss. Erlangen 1949; *Hübner, Kurt,* Glaube und Denken. Dimensionen der Wirklichkeit, Tübingen: Mohr Siebeck 2001; *Kaiser, Otto,* Vom dunklen Grund der Freiheit, NZSTh 20, 1978, S. 163–174 = *ders.*, Der Mensch unter dem Schicksal. Studien zur Geschichte, Theologie und Gegenwartsbedeutung der Weisheit, BZAW 161, Berlin. New York 1985, S. 244–255; *ders.*, Die Bedeutung des Alten Testaments für den christlichen Glauben, ZThK 86, 1989, S. 1–17; *ders.*, Die Bedeutung des Alten Testaments für Heiden, die manchmal auch Christen sind, ZThK 91, 1994, S. 1–9 = *ders.*, Gottes und des Menschen Weisheit. Ges. Aufsätze, BZAW 261, 1998, S. 282–290; *ders.*, Die Rede von Gott am Ende des 20.Jahrhunderts, in: Giel, Kurt und Breuninger, Renate, Hg., Die Rede von Gott und Welt. Religionsphilosophie und Fundamentalrhetorik. Mit Beiträgen von Otto Kaiser und Peter Oesterreich, Bausteine zur Philosophie 10, Ulm: Humboldt-Studienzentrum der Universität Ulm 1996, S. 3–57 = *ders.* BZAW 261, 1998, S. 258–281; *ders.*, Die Rede von Gott im Zeitalter des Nihilismus, in: *Loader, James A.* und *Kieweler, Hans Volker,* Vielseitigkeit des Alten Testament. FS Georg Sauer, Wiener Alttestamentliche Studien 1, Frankfurt am Main u. a.; Peter Lang 1999, S. 411–426; *ders.*, Deus absconditus et Deus revelatus. Three Difficult Narratives in the Pentateuch, in: *Penchansky, David* und *Redditt, Paul L.,* Shall not the Judge of All the Earth Do What is Right? Studies on the Nature of God. FS James L. Crenshaw, Winona Lake, Indiana: Eisenbrauns 2000; S. 73–88; *ders.*, Die Furcht und die Liebe Gottes. Ein Versuch, die Ethik Ben Siras mit der des Apostels Paulus zu vergleichen, in: *Egger-Wenzel, Renate.* Mitarb. *Corley, Jeremy,* Hg., Ben Sira's God. Proceedings of the Second International Ben Sira Conference, Durham – Ushaw College 2001, BZAW 321, Berlin. New York: Walter de Gruyter 2002, S. 39–75; *Kant, Immanuel,* Grundlegung zur Metaphysik der Sitten (1785), hg. v. Karl Vorländer, ND 3. Aufl., PhB 41, Hamburg: Felix Meiner 1965; *ders.*, Metaphysik der Sitten I: Metaphysische Anfangsgründe der Rechtslehre (1797), hg. v. Karl Vorländer, PhB 42, Leipzig/Hamburg: Felix Meiner 1922 = 1954; *Keil, Günther,* Glaubenslehre. Grundzüge christlicher Dogmatik, Stuttgart u. a.: W. Kohlhammer 1986; *Kepper, Martina,* Hellenistische Bildung im Buch der Weisheit. Studien zur Sprachgestalt und Theologie der Sapientia Salomonis, BZAW 280, Berlin. New York 1999; *Kierkegaard, Sören,* Der Begriff Angst, übers. v. Emanuel Hirsch, GW 11/12, Düsseldorf: Eugen Diederichs 1952; *ders.*, Die Krankheit zum Tode, Der Hohepriester „der Zöllner" die Sünderin, übers v. Emanuel Hirsch, GW 24/25, Düsseldorf: Eugen Diederichs 1954; *Lévinas, Emmanuel,* (De Dieu qui vent à l'idée, Paris 1982) Wenn Gott ins Denken einfällt. Diskurse über die Betroffenheit von Transzendenz, übers. v. Thomas Wiener. Mit einem Vorw. v. Bernhard

Casper, Freiburg i. Br.: Karl Alber 1985; *Løgstrup, Knud E.*, Die ethische Forderung (1958), übers. v. Rosemarie Løgstrup (1959), 3. Aufl., Tübingen: J. C. B. Mohr (Paul Siebeck) 1989; *ders.*, Norm und Spontaneität. Ethik und Politik zwischen Technik und Dilettantokratie (1972), übers. v. Rosemarie Løgstrup, Tübingen: J. C. B. Mohr (Paul Siebeck) 1989; *Münch, Richard*, Globale Dynamik, lokale Lebenswelten. Der schwierige Weg in die Weltgesellschaft, stw 1342, Frankfurt am Main: Suhrkamp 1998; *Pannenberg, Wolfhart*, Problemgeschichte der neueren evangelischen Theologie in Deutschland. Von Schleiermacher zu Barth und Tillich, UTB 1979, Göttingen: Vandenhoeck & Ruprecht 1997; *Paton, H. J.*, The Categorial Imperative. A Study in Kant's Moral Philosophy, London: Hutchinson 1947 (ND) = Der Kategorische Imperativ. Eine Untersuchung über Kants Moralphilosophie, übertrg. v. Karen Schenck, Tübingen: J.C.B. Mohr (Paul Siebeck) 1962; *Rahner, Karl*, Grundkurs des Glaubens. Einführung in den Begriff des Christentums, Freiburg i. Br. u. a.: Herder 1976 (ND); *Reiterer, Friedrich V.*, Freundschaft bei Ben Sira. Beiträge des Symposions zu Ben Sira Salzburg 1995, BZAW 244, Berlin. New York: Walter de Gruyter 1996; *Rilke, Rainer Maria*, Ausgewählte Gedichte einschließlich der Duineser Elegien und der Sonette an Orpheus, Bibliothek Suhrkamp 184, Frankfurt am Main: Suhrkamp Verlag 1966; *Searle, John R.*, Ausdruck und Bedeutung. Untersuchungen zur Sprechakttheorie (Expression and Meaning. Studies in the Theory of Speech Acts), übers. Andreas Kemmerling, 9. Aufl., stw 349, Frankfurt am Main: Suhrkamp 1994;; *Sekine, Seizo*, Transcendency and Symbols in the Old Testament. A Genealogy of Hermeutical Experiences, trl. from the Japanese by Judy Wakabayashi, BZAW 275, Berlin. New York 1999; *Spranger, Eduard*, Der unbekannte Gott, Stuttgart: Klotz 1954; *Tillich, Paul*, Systematische Theologie I/II, Berlin, New York: Walter de Gruyter 3. Aufl. 1958 = 8. Aufl. 1984 (ND 1987); *Vogel, Matthias*, Medien der Vernunft. Eine Theorie des Geistes und der Rationalität auf Grundlage einer Theorie der Medien, stw 1556, Frankfurt am Main: Suhrkamp 2001; *Weischedel, Wilhelm,* Skeptische Ethik, Frankfurt am Main: Suhrkamp 1976; *Wilson, Edward O.*, Sociobiology. Drawings by Sarah Landry, The Abridged Edition, Cambridge, Mass./London: Belknap Press of Harvard University Press 1980 = 1998.

Nachwort

Meine erste Vorlesung über den Gott des Alten Testaments habe ich in Marburg im Winter-Semester 1979/80, die letzte im Winter-Semester 2001/2 gelesen. Da zwischen liegt eine ganze Reihe weiterer Vorlesungen und Seminare in Marburg, Pretoria und Tartu, die diese drei Bände mittelbar oder unmittelbar vorbereitet haben. Wer das Alte Testament liest, bekommt es immer nur mit seinem Gott und noch einmal mit seinem Gott zu tun, und so reichen die Wurzeln meiner Liebe zum Alten Testament in die Kinderjahre zurück, in denen ich mit der Bilderbibel von Schnorr von Carolsfeld auf dem Teppich liegend die biblischen Geschichten entdeckte. Da das Kind die Liebe zur Bibel damals in der Regel seinen Eltern verdankte, sei auch der meinen, längst verewigten an dieser Stelle gedacht. Meine inzwischen ebenfalls sämtlich aus diesem Leben abberufenen Tübinger alttestamentlichen Lehrer Karl Elliger, Artur Weiser und Ernst Würthwein haben ihr Gestalt und Antrieb, meine Hörerinnen und Hörer, unter ihnen zumal die Magistranden, Doktoranden und Habilitanden, aber dafür gesorgt, daß ich die Freude an der alttestamentlichen Forschung und Lehre in mehr als vierzig Jahren nicht verloren habe. Ihnen allen, zumal aber denen, die meine Schüler und Freunde geworden sind, danke ich für die Weggenossenschaft, der ich mit der Widmung Ausdruck gebe.

Dieses Buch ist wie die beiden vorausgehenden Bände nicht als ein Kompendium, sondern eher als ein Leitfaden gedacht, der seine Leserschaft an Hand der reichlich zitierten Texte einen Grundbegriff von den zentralen Glaubensgedanken des Alten Testaments und ihrer Fortbildung vermitteln und auf diese Weise zu seinem besseren Verständnis beitragen will. Seine eigentliche Absicht geht freilich über diesen informativen Zweck hinaus, indem es die auf den ersten Seiten des ersten Bandes gestellte Frage nach der Bedeutung der biblischen Rede von Gott für unsere eigene Zeit zu beantworten sucht. Ich habe mich mithin auch hier bemüht, der doppelten Aufgabe des Exegeten gerecht zu werden, wehrlosen Texten als Philologe ihr Recht zu lassen, ihre eigene Sache zu sagen, und dann als Zeitgenosse zu fragen, welche Bedeutung ihre Gotteszeugnisse für die Gegenwart besitzen. Die Lösung der zweiten Aufgabe fällt sachgemäß persönlicher als die der ersten aus. Sie geht von der Einsicht aus, daß weder Jesus noch die Verfasser der Evangelien und apostolischen Briefe es für nötig befunden haben, einen Gottesbeweis zu führen. Daß ein von den Gottesbezeugungen der Bibel ausgehender Glaube, will er nicht fundamentalistischen Irrtümern oder weltfernen Illusionen verfallen, denkender Glaube sein muß, hat Carl Heinz Ratschow nicht nur meiner Generation eingeprägt. Mich selbst hat die

Gottesfrage als Aufgabe des Denkens ebenfalls ein Leben lang begleitet. Die frühe Ermutigung dazu verdanke ich meinem Vater, dessen preußischer Pietismus sich auf die Formel bringen läßt, daß wir vor dem Herrgott stramm zu stehen haben, unsere Gedanken aber frei sind. Diese Gedanken phänomenologisch zu ordnen, habe ich von, Wilhelm Weischedel dazu angeleitet, ebenfalls in fast fünf Jahrzehnten in den Freitagstreffen fortzusetzen versucht.

Ich hoffe, daß die Literaturnachweise und Anmerkungen hinreichend zu erkennen geben, daß ich mich beim Lesen und Verstehen des Alten Testaments nicht als Originalgenie verstanden, sondern dankbar von den Einsichten anderer Gebrauch gemacht habe. Der Satz, daß wer die Wahl auch die Qual hat, erweist seine Wahrheit angesichts der wachsenden Zahl der Neuerscheinungen. Von ihnen blieb ich nicht verschont. Daher bitte ich alle Fachgenossen um Nachsicht, wenn ich ihre einschlägigen Beiträge nicht oder nach ihrer Meinung nicht hinreichend berücksichtigt habe.

Wie bei den zurückliegenden Bände habe ich auch bei dem vorliegenden eine lange Liste derer aufzustellen, denen ich für sein Gelingen zu danken habe. An erster Stelle nenne ich wiederum Frau Anne-Marie Schwenger, Würzburg, die auch dieses Manuskript auf seine Verständlichkeit für den theologisch nicht vorgebildeten Leser überprüft hat. Weiterhin haben sich Frau WM Sigrun Welke-Holtmann, Mainz und Marburg, und die Herren Pfarrer Karl-Heinz Barthelmes, Bad Hersfeld, Dipl. Theol. Burghard Bock, Celle und Marburg, Pfarrer Dr. Andreas Lüder, Großefehn, Pfarrer Martin Neher, Stuttgart und Maulbronn, und Herr cand. theol. Christoph Koch, Ernsthausen und Marburg, durch kritische Bemerkungen, sorgfältiges Lesen aller oder einzelner Kapitel und ergänzende Literaturhinweise verdient gemacht. Zu danken habe ich weiterhin Herrn Professor Dr. Friedhelm Hartenstein, Hamburg und Gladenbach, für die anregenden Gespräche, die wir während der Niederschrift dieses Buches über grundlegende Probleme des Jesajabuches und der israelitisch-jüdischen Religionsgeschichte führen konnten.

Nicht vergessen sei Herr Pastor i. R. Heinrich Niemeyer, Neu-Eichenberg, der als Tübinger Student die Korrekturen zu meinem ersten, im Verlag Vandenhoeck & Ruprecht veröffentlichten *opus*, dem „Königlichen Knecht", gelesen und für das vorliegende Werk das Register erstellt hat. Das Vorwort dieses Buches ist auf den November 1958 datiert. Seitdem sind 45 Jahre verflossen. Inzwischen ist die Leitung des Verlages in die Hände der dritten Generation übergegangen. Das gibt mir Anlaß, dankbar der freundschaftlichen Zusammenarbeit zu gedenken. Blicke ich zurück, so sei jedoch vor allem dessen gedacht, der mich in manchen Gefahren und schwierigen Zeiten bewahrt, bis heute freundlich geleitet und mir die Kraft erhalten hat, das angefangene Werk zu vollenden: „Nicht uns, Herr, nicht uns, sondern deinem Namen gib Ehre wegen deiner Güte und Treue" (Ps 115,1).

Marburg, im November 2002 Otto Kaiser

Stellenregister für die Bände I–III in Auswahl

Seitenzahlen, die **fettgedruckt** sind,
weisen auf vollständig oder teilweise zitierte Quellen hin.

1. Altes Testament

Gen 1–2. Kön 25	I 157, 159, 202, 349, II 9, 15, 20, III 236	Gen 1, 28	II 218, 253, 258 f., **309 f.**
Gen 1–12*	I 174	Gen 1, 29 f.	I 166, II 218, 253, 309 f., III 195
Gen 1 8 (11)	I 163–168	Gen 1, 29	II 25
Gen 1, 1–2, 4a	I 158, 165 f., 174, II 210, 214 ff., 225, 233, 240, 247, 251 ff., 263, 266, III 395	Gen 1, 30 f.	II 311
		Gen 1, 31	II 211, 216, 229
		Gen 2	II 287
		Gen 2, 1 ff.	I 158, 310, 325, II 262
Gen 1	I 332, II 45, 212, 255, 261	Gen 2, 1–3	II 215, III 16, 52
		Gen 2, 1	**II 262**
Gen 1, 1–31*	II 211, 251–261	Gen 2, 4–Num 10, 10	I 160
Gen 1, 1–3	II 233, 239, **264 ff.**	Gen 2, 4a	II 262, 264
Gen 1, 1 ff.	I 259, II 256	Gen 2, 4b–3, 24	I 165 f., II 210, 215, 219, III 61, 66–70
Gen 1, 1	I 326, II 69, 262, 270		
Gen 1, 1a	III **395**	Gen 2, 4b–2, 24	II 214–219
Gen 1, 2	II 254, 264 ff., 268, 270 f., **294**	Gen 2, 4b	II 71, 257
		Gen 2, 5–8 + 18–24*	II 210, 212, 218 f., 286
Gen 1, 3	II 256, 258, 264	Gen 2, 7	II 291
Gen 1, 6–10	II 217, 254, 265	Gen 2, 7a	II 241, 286
Gen 1, 11. 22 u. 28	II 228	Gen 2, 17	III 335
Gen 1, 14	II 100, 218, 253	Gen 2, 18 f.	II 287
Gen 1, 16	II 230, 253	Gen 2, 19	II 241
Gen 1, 26 f.	II 196, 218, 279, 304 f., 309	Gen 2, 19–20	II 260
		Gen 2, 21a	II 260
Gen 1, 26–28	II **301–312**	Gen 2, 23 f.	II 218, **288 ff.**
Gen 1, 26	I **81** (Auslegung Luthers), 91, II 191, 245, 253 f., 258, 263, 279, 302 ff., III 63	Gen 3, 5	II 302, III **68**
		Gen 3, 8	II 294
		Gen 3, 19	II 241
		Gen 3, 22	II **302 f.**
Gen 1, 26a	II 301, 304, **307 f.**	Gen 3, 24	II 115 f.
Gen 1, 26b	II 307	Gen 4, 3 ff.	II 71
Gen 1, 27	II 219, **261**	Gen 4, 7	II 130, 159

Gen 4, 9	III 388	Gen 11, 26 ff.	II 40
Gen 4, 11	I 306	Gen 11, 27 f.	I 174
Gen 4, 15	II 83, 101	Gen 11, 31 f.	I 168
Gen 4, 26	II 71	Gen 12, 1 ff.	I 166, 172 (173)
Gen 5, 1 ff.	II 40	Gen 12, 1	II 71
Gen 5, 1	II 303	Gen 12, 1–8*	I 170 ff.
Gen 5, 22–24	I 142	Gen 12, 1–4	III 419
Gen 5, 22 f.	II 191	Gen 12, 1–3	I 160, 169, II 29, **35 ff.**, 41, 72, III **164**
Gen 5, 24	I 144, II 303, 311		
Gen 5, 24b	III 312	Gen 12, 2 f.	I 174
Gen 6–9	II 40	Gen 12, 3b	II 29
Gen 6, 1–4	II 130, 158	Gen 12, 7	I 170 f., II 37 f., 41
Gen 6, 1–3	I 144	Gen 13, 14	I 172
Gen 6, 3	II 286	Gen 13, 16	I 172
Gen 6, 5b	III **70**, 233	Gen 14, 14	I 40
Gen 6, 9	III 233	Gen 14, 18–20	III 210
Gen 6, 12	II 311	Gen 15	I 173, III 11
Gen 6, 12. 17	II 300	Gen 15, 1–18 (21)	III 28
Gen 7, 1	III 233	Gen 15, 5	I 172, 214
Gen 7, 11	II 217, 261	Gen 15, 9–21	III 17
Gen 7, 21	II 300	Gen 15, 9–10, 17	III 12
Gen 8, 17b	II 260	Gen 16*	I 175
Gen 8, 21	II 167	Gen 16, 15 f.	I 168
Gen 8, 21aβ	III 70	Gen 17	I 158, 173–176, 332, II 40–45, III 11, 14, 25–28, 29, 417 ff.
Gen 8, 21b	III 233		
Gen 8, 22	II 211, **217**		
Gen 9	I 158, 175, 332, III 11, 14		
		Gen 17, 1–21	III 11, 14, 25–28, 29
Gen 9, 1–17	III 25		
Gen 9, 1–7	II 311	Gen 17, 1–8	III **26**
Gen 9, 1–6	II 261	Gen 17, 1a	II **69 ff.**
Gen 9, 2	III 195	Gen 17, 1bβ	II 42, 125
Gen 9, 4 f.	II 121	Gen 17, 1 ff. P	I 166
Gen 9, 4–6	II 42, 284 f.	Gen 17, 4–6	I 175, II 29
Gen 9, 6	II **285**, 303	Gen 17, 5 f.	II 41, 74
Gen 9, 9 f.	II 261	Gen 17, 6	II 29
Gen 9, 11 ff. P	I 167	Gen 17, 7	I 175, II 15, 17, 18, 40, 44, 192
Gen 9, 11	II 211, 217		
Gen 9, 13–17	II 101	Gen 17, 7 f.	II 64, III **26**
Gen 9, 16	I 167	Gen 17, 8	I 175, II 29, 42, 44
Gen 9, 28 f.	II 261	Gen 17, 10–14	II 100
Gen 10	I 168, 266	Gen 17, 19 u. 21	II 42
Gen 11, 5. 7	II 128, 131	Gen 18, 1 ff. (J)	I 169
Gen 11, 7	II 301 f.	Gen 18, 16 ff.	I 168
Gen 11, 10 ff.	I 174, II 40	Gen 18, 17 ff.	I 172 f.
Gen 11, 10–27 P	I 168		

Stellenregister für die Bände I–III in Auswahl 431

Gen 18, 20–33*	III 233	Gen 28, 14	I 172
Gen 18, 22b–32	III 74	Gen 28, 15	I **172**, II 129
Gen 18, 25	III 237	Gen 28, 15a	II **147 f.**, 149
Gen 19	I 168	Gen 28, 20–21a. 22a	II **147**
Gen 20	I 137, 157, III 73 f.	Gen 29, 31–30, 24*	I 169
Gen 20, 4	III 233	Gen 29, 45	II 45
Gen 20, 6	III 72	Gen 30, 1	III 328
Gen 20, 9	III 72	Gen 30, 3	II 221
Gen 21, 7	I 169	Gen 30, 8	II 265
Gen 21, 13	I 168	Gen 30, 27	II 37
Gen 21, 22	II 129, 149	Gen 31, 3	I **172**, II 129, 149
Gen 21, 22–32	III 14	Gen 31, 19. 34 f.	I 217
Gen 22, 1	II 93	Gen 30, 44–54	III 14
Gen 22, 10 ff.	II 190	Gen 32, 10	I 172
Gen 22, 16–18	I 172	Gen 32, 13	I 172
Gen 22, 17	III 200	Gen 32, 28	II 95 f.
Gen 23, 1	I 169	Gen 34	I 191
Gen 23, 6	II 265	Gen 35, 7	II 148, 189
Gen 23, 8	II **293**	Gen 35, 10 f.	II 42
Gen 24	II 53	Gen 35, 11 f.	I 176
Gen 24, 4	II 37	Gen 35, 16 ff.	I 169
Gen 24, 7	I 148, 173, II 130, 157	Gen 36	I 168, 175
		Gen 36, 9 ff.	II 42
Gen 24, 35	II 29, 37	Gen 37	I 184
Gen 24, 60	I 172	Gen 39, 2 f. 21	II 149
Gen 25, 7 [P]	I 169	Gen 39, 3. 22	II 129
Gen 25, 12 ff.	I 168, 175, II 42	Gen 39, 5	II 37
Gen 25, 19 ff.	I 168, III 117	Gen 39, 9b	III **72**
Gen 25, 21 f.	I 169	Gen 40, 8	I 147
Gen 25, 26	II 74	Gen 40–41*	I 184
Gen 26, 2a β b, 3–5	I 172 f.	Gen 41, 8	II 294
Gen 26, 3 f. 28	II 129	Gen 41, 16. 38 f.	I 147, II 295
Gen 26, 3a	II 37	Gen 42	I 185
Gen 26, 3a. 28	II 149	Gen 42, 12–25*. 26. 29–37	
Gen 26, 4	I 172		I 185
Gen 26, 12–14. 16	II 37	Gen 42, 28	II **298**
Gen 26, 34 f. (P)	I 192	Gen 44, 5	I 266
Gen 27, 4b	I 137	Gen 45, 27	II 294
Gen 27, 29	II 29, **37**	Gen 48, 3–6	I 176
Gen 27, 39–40	III 117	Gen 48, 3–7	II 42
Gen 27, 46–28, 5	II 53	Gen 50, 17	III 72
Gen 27, 46	I 137	Gen 50, 19 f.	I **183 f.**, III **409**
Gen 28, 3 f.	I 176	Gen 50, 23	II 221
Gen 28, 10 ff.	II 147, 183	Ex 1, 1–5	II 42
Gen 28, 10–12. 16–22*	II 189 f.	Ex 1, 1–7*	I 174, 176
Gen 28, 10	I 172	Ex 1, 8 f.	I 171
Gen 28, 13	I 170	Ex 1, 9	II 29, 39

Ex 1, 13 f.	I 174	Ex 9, 27	III 234, 237
Ex 2, 1–10	II 75	Ex 9, 35	II 299
Ex 2, 16 ff.	II 82	Ex 12*	I 158, 175, 332
Ex 2, 23–25*	I 174	Ex 12, 1–19*	I 318 f.
Ex 3, 1–18* (J)	II 83, **91 ff.**	Ex 12, 15 ff.	I 39
Ex 3, 1–15 (E)	II 87 ff., **89**	Ex 12, 21–27	I 318
Ex 3, 1 ff.	II 82, 132	Ex 12, 25 f.	II 164
Ex 3, 1–6*	II 92 f., 108	Ex 12, 26 f.	I 319
Ex 3, 4	II 190	Ex 12, 39	I 320
Ex 3, 5	II 105, 108	Ex 13, 3–9	I 318
Ex 3, 5. 6. 12a	II 87	Ex 13, 5	II 164
Ex 3, 6	II 93, 97, 105	Ex 13, 7	I 320
Ex 3, 7 f.	II 132	Ex 13, 8 f.	I 39
Ex 3, 8	I 171, II 128	Ex 13, 9	I 302
Ex 3, 8 a	II 29, 37, 93	Ex 13, 17aβ. b	II 96
Ex 3, 9–15*	II 69, 95–100	Ex 14, 1–30*	I 177 f., II 48
Ex 3, 9	II 190	Ex 14, 4	I 180
Ex 3, 11	II **95**	Ex 14, 14	I **178**
Ex 3, 12aβb	II 87	Ex 14, 17	II 299
Ex 3, 12a	II 99, 146	Ex 14, 19	II 96
Ex 3, 12bβ	II 102	Ex 15	III 362
Ex 3, 13	II **69**, 95, 98 f.	Ex 15, 8	II **315**
Ex 3, 14	II 67, 75, 87, 96 ff., **98**, 102	Ex 15, 11	III **364**
		Ex 15, 18	III 364
Ex 3, 14a	II **95, 98, 100**	Ex 15, 22–17, 16	I 180–182
Ex 3, (14) 15	II 69	Ex 16*	I 38, 158, 175, 181, II 215
Ex 3, 15	II 67, 76, 93, **96 ff.**		
Ex 3, 16	II 90	Ex 16, 1–15*	II 43
Ex 3, 16aβ	II 91 f.	Ex 17, 1 ff.	I 38, 181 f.
Ex 3, 17a. 18	II 89, 91 f.	Ex 17, 1–7	II 43
Ex 3, 18b	II **95**, 102	Ex 18, 1–Num 10, 10	I 162, 302
Ex 4, 1–9	II 101	Ex 18	II 82, 96
Ex 4, 13	II **98**	Ex 19–24	III 12, 29 f.
Ex 4, 31	II 87	Ex 19	I 115
Ex 5, 21	III 234	Ex 19, 1 f.*	I 174
Ex 6, 2 ff.	I 174 f., II 97	Ex 19, 3–8	III 16, 18
Ex 6, 2	II 67, 69	Ex 19, 4–6a	II **123**
Ex 6, 4	II 44	Ex 19, 5 f.	I 315 f.
Ex 6, 5–7	II 77	Ex 19, 10 f.	II 108, 119
Ex 6, 6 f.	II 18, **40 f.**, 71	Ex 19, 11. 18	II 128, 131
Ex 6, 6	II **314**	Ex 19, 14. 18. 20	II 93
Ex 6, 7	I 175, II 192	Ex 19, 16. 19	II 131
Ex 6, 8	II 44	Ex 19, 19	III 48
Ex 7, 1–11, 10	I 176–180	Ex 19, 22	II 108
Ex 7, 13	II 299	Ex 19, 25	III 48
Ex 9, 12	I 179, II 299	Ex 20–Num 10	I 332, II 18
		Ex 20–24	III 30

Ex 20	I 160, 327, II 19	Ex 22, 21–26	III 45
Ex 20, 1–17	II 18, III 15 f., 48, 51–55	Ex 22, 21–23	III 299
		Ex 22, 27–23, 19	I 308
Ex 20, 1	I 312, II 19	Ex 23, 1–9	I 308, 311
Ex 20, 2–17	I 163, 309, III 39	Ex 23, 1–3	III 51
Ex 20, 2–6	II **173**	Ex 23, 4–5	III 50
Ex 20, 2–3	III 371	Ex 23, 10 f.	I 317
Ex 20, 2	I 190, **310**, II 18, 32, 49, 55, III 49	Ex 23, 10–19	I 308 f.
		Ex 23, 12	I 310, 326
Ex 20, 3	II 18	Ex 23, 14 ff.	I 121
Ex 20, 4–5a	III 385	Ex 23, 14–17	I 318
Ex 20, 4	I 348, II 173 f.	Ex 23, 15	I 318, 320, II 167
Ex 20, 5	II 30, III 72	Ex 23, 16	I 320 f.
Ex 20, 5b	III 243	Ex 23, 20–33	II 17
Ex 20, 5b. 6	I 315, II **59 f.**	Ex 23, 20	II 130, 155
Ex 20, 6–16	III 49 f.	Ex 23, 23	II 155
Ex 20, 6	II 64, III 243	Ex 23, 27	I 97
Ex 20, 6b	II 62	Ex 23, 32	I 191
Ex 20, 7	I 310, II 75	Ex 24	II 123, 180
Ex 20, 10 f.	I 325	Ex 24, 1. 9–11	II 94
Ex 20, 13	I **30**	Ex 24, 3–8	I 163, III 11, 14–18
Ex 20, 13–15	I **305**, 310, 311	Ex 24, 4	I 302
Ex 20, 14	I **30**, III 153	Ex 24, 5–8	III **17 f.**
Ex 20, 17	III 50 f.	Ex 24, 7	I 302 f.
Ex 20, 18 ff.	III 48	Ex 24, 8	I 33
Ex 20, 18	III 48	Ex 24, 15b–31, 18*	I 174, II 131, 192
Ex 20, 19	II 94, 194	Ex 24, 15b–25, 1	I 158, 174, II 215
Ex 20, 22–23, 33	I 163, 303 f., II 18, III 39	Ex 24, 15 ff.*	II 71
		Ex 24, 15b–18a*	II 131, 192
Ex 20, 22–23, 19	III 15 f.	Ex 24, 15b. 16	II 194
Ex 20, 22	III 17	Ex 24, 17	II 196
Ex 20, 24b	I 314	Ex 25–Lev 15 (16)*	II 18
Ex 21, 1–22, 26	I 307 f.	Ex 25–31	I 163, III 29
Ex 21, 2 ff.	I 317	Ex 25, 1	II 192
Ex 21, 12	I **305**, III 51	Ex 25, 8b	II 184
Ex 21, 15	I 310 f., III 51	Ex 25, 9. 40	II 191, 303 f., 311, III 384
Ex 21, 16	I **305**		
Ex 21, 17	I 310 f.	Ex 25, 9	II 184
Ex 21, 20–23 (24)	III 45	Ex 25, 10 ff.	I 119, II 114 f.
Ex 21, 23–25	I **306**	Ex 25, 15b	II 167
Ex 21, 24	I 31	Ex 25, 16	I 303
Ex 21, 33–22, 14	III 51	Ex 25, 21 f.	II 193
Ex 22, 6 f.	I **307**	Ex 25, 21	I 119, II 181
Ex 22, 8	III 73	Ex 25, 22	II 41
Ex 22, 15 u. 17	III 51	Ex 25, 25 ff.	II 165
Ex 22, 19	III 50	Ex 25, 31 ff.	II 165

Ex 25, 40	II 184	Ex 35, 1–3	III 29
Ex 26, 30	III 384	Ex 40*	II 43
Ex 28, 3	II 295	Ex 40, 20	I 303
Ex 29, 37	II 119	Ex 40, 33b. 44	II 29
Ex 29, 43–46	II 183, III 25	Ex 40, 34 f.	I 175, II 183, 193
Ex 29, 45 f.	I 164, 175, II 29, **192 f.**	Ex 40, 34	II 41, 192
		Lev 1–7	I 163
Ex 29, 45	II 41, 45, 64, 71	Lev 1, 6–9	II 164
Ex 31, 1–16	III 29	Lev 1, 6	II 166
Ex 31, 1–11	III 384	Lev 1, 17	II 167
Ex 31, 12 ff.	I 175, 325	Lev 3, 3 ff.	II 165
Ex 31, 12–17	III 25, 28 f.	Lev 4, 1–5, 19	III 408
Ex 31, 16–17	**III 29**	Lev 4, 1–21	II 165
Ex 32–34	III 12, 29	Lev 4, 2 f.	I 165, III 72, 74
Ex 32, 1 ff.	I 120	Lev 4, 3. 28. 35b	II 166
Ex 32, 1–6. 15a. 19–20*. 30–34*	III 19	Lev 4, 5–7	II 284
Ex 32, 15–19	III 52	Lev 4, 22–35	II 166
Ex 32, 21. 30	III 72	Lev 5, 1 ff.	I 165
Ex 32, 34	II 155	Lev 5, 7–11	II 166
Ex 33, 1 ff.	I 120, II 152 ff.	Lev 5, 14–26	II 166
Ex 33, 1	II 99	Lev 5, 15 ff.	I 165
Ex 33, 12–17	III 19	Lev 5, 25 f.	II 166
Ex 33, 15 f.	II **153 f.**	Lev 6, 7–10	II 166
Ex 33, 18	II 94	Lev 6, 23	II 165
Ex 33, 19	II **99**	Lev 7, 8	II 166
Ex 33, 20	II 87, **94**, 155	Lev 7, 11 ff. 16.	I 121
Ex 33, 22 f.	II 193	Lev 8–9	I 163
Ex 33, 23	II 87, 155	Lev 8	II 119
Ex 34	II 180	Lev 8, 24	III 18
Ex 34, 1–4. 27–28	III 52	Lev 9, 22–24b*	II 183, 194
Ex 34, 6–8	II 94	Lev 10, 9	II 108
Ex 34, 6 f.	I 315, II 30, 62, 64, III **243**	Lev 11–15	I 163, II 120
		Lev 11, 14	II 105
Ex 34, 6 aβ. b	II **60**	Lev 16	I 121, 163, 323, III 408
Ex 34, 7	II **60 ff.**		
Ex 34, 10–28	III 11, 14, 29 f.	Lev 16, 1–4	II 118
Ex 34, 10–26	III 15	Lev 16, 1–17	II 119
Ex 34, 10	I 163	Lev 16, 11–13	II 194
Ex 34, 12–26	I 163	Lev 16, 13	II 94
Ex 34, 18 ff.	I 121, 318, 320	Lev 16, 14	II 165
Ex 34, 21a	I 326	Lev 16, 15 ff.	II 75
Ex 34, 22	I 321	Lev 16, 26	II 158
Ex 34, 27	**III 19**	Lev 17–26	I 304, 317, II 18, 104, 120
Ex 35–40	I 163, III 29		
Ex 35–Num 10, 11	I 174	Lev 17, 3–9	II 121, 284
Ex 35, 1 ff.	I 175, 325	Lev 17, 7	II 130, 159

Lev 17, 10–14	II 121, 169, 284	Num 1, 46	I 176, 321
Lev 17, 15 f.	II 120	Num 3, 1	II 41
Lev 18, 21	II 122	Num 3, 39	I 176, 321
Lev 18, 22 f.	II 122	Num 3, 44 f.	II 119
Lev 19, 1–37	II 120–122	Num 5, 20	II 295
Lev 19, 2	II **42**, **105**, **120**	Num 6, 22–27	II 195
Lev 19, 12	I 31, II 120, III 51	Num 6, 24 ff.	I 330, II 6, 25 f.
Lev 19, 17. 18a	II 120 f.		153, 169, 183, **195**
Lev 19, 18	I 31, III 54	Num 10–36	II 19
Lev 19, 18b	III 57, 404, 417, 421	Num 10, 10 f.	I 174
		Num 10, 11–21, 20	I 180–183
Lev 19, 34	III 57, 417	Num 10, 33 ff.	I 118
Lev 20, 1–27	II 122	Num 11	I 38
Lev 20, 10	I **305**, II 122, III 51, 72	Num 11, 26 ff.	II 296
		Num 13–14*	II 43
Lev 20, 26	II 105	Num 14, 30	II 64
Lev 20, 27	I 218	Num 16–17*	II 43
Lev 21, 1 22, 16	II 118 f.	Num 16, 2–7*. 18. 35*	II 43
Lev 22	II 108	Num 16, 22	II **286**
Lev 23	I 318, 323	Num 17, 6–13. 27 f.*	II 43
Lev 23, 8 ff.	I 320	Num 20, 1–13*	I 182, II 43
Lev 23, 34	I 321	Num 20, 2 ff.	I 38
Lev 23, 39–43	I 321	Num 20, 22–29*	I 180, II 44
Lev 24, 1–9	II 165	Num 21, 4–9	I 182
Lev 25	II 121 f.	Num 22, 6b	II 37
Lev 25, 23 f.	I 317	Num 22, 12	II 38
Lev 25, 23	III 415	Num 22, 21–35	II 130, 155 f.
Lev 25, 35–38	III 56	Num 24, 9	I 170, II **38**
Lev 25, 36	III 415	Num 24, 16	II 70, 128
Lev 25, 39–42	III 57	Num 24, 21 f.	II 83
Lev 25, 42	III 56, 58	Num 25, 11–13	III 199
Lev 25, 55	III 415	Num 27–30	I 332
Lev 26	II 15, 17	Num 27, 12–14*	II 44
Lev 26, 1	II 123, 171	Num 27, 12 f.	II 64
Lev 26, 3 ff.	I 276, II 123	Num 27, 15–23	II 44
Lev 26, 3–13	III 336	Num 27, 16	II 286
Lev 26, 11–35	III 31	Num 28	I 323
Lev 26, 12	II 123	Num 28, 1–8	II 164
Lev 26, 14 ff.	I 276, 306	Num 28, 9 ff.	II 165
Lev 26, 14–38	III 334, 336	Num 29, 9b	II 29
Lev 26, (36–39) 40–45	III 28 ff.	Num 29, 12–34	I 323
Lev 26, 40–45	III 20	Num 29, 39	I 323
Lev 26, 40–42	III 336	Num 30, 3	I 31
Lev 26, 40	III 31	Num 32, 14	III 71
Lev 26, 42–45	III **30**	Num 35–36	I 332
Lev 27	II 166	Dtn 1, 1–2. Kön. 25, 30	I 129, 160, 189
Num 1–10*	I 163	Dtn 1, 6–30, 20	I 162

Dtn 1–3	III 24	Dtn 5, 9b. 10	I 315, II 30, 59, 62
Dtn 1	I 81	Dtn 5, 10	III 243
Dtn 1, 35	I 173	Dtn 5, 11 ff.	I 325
Dtn 2, 30	II 299	Dtn 5, 12–15	I 310
Dtn 4–11	I 190, 314, II 176, III 24	Dtn 5, 16b	I 311
		Dtn 5, 23 ff.	I 314
Dtn 4–28*	I 160, 306	Dtn 6, 1	I 302
Dtn 4–30*	I 190, II 18, III 39	Dtn 6, 1 ff.	I 314
Dtn 4 [12]–26	I 304	Dtn 6, 3–5	I 190
Dtn 4, 1–40	II 176–180	Dtn 6, 4 f.	I 186, 189, **315**, 330, II **63**, III 54, 367
Dtn 4, 1	I 302		
Dtn 4, 2	I 332		
Dtn 4, 6 f.f	I 328	Dtn 6, 4	I 112, II 32, III 149, **370 f.**, 375
Dtn 4, 6	II 20, III 360		
Dtn 4, 9 ff.	I 314, II 131	Dtn 6, 5	I 220
Dtn 4, 10 ff.	II 128	Dtn 6, 6–9	II 63, III 36
Dtn 4, 16–18	II 174, 304	Dtn 6, 22	II 102
Dtn 4, 24	I 315	Dtn 6, 23	I 173
Dtn 4, 29–35	II 58, 179	Dtn 7 u. 20	II 52
Dtn 4, 32 f.	II 94	Dtn 7	II 199, III 347
Dtn 4, 35–40	III **374 f.**	Dtn 7, 1–3. 6	II **49**, 64
Dtn 4, 35	II **179**	Dtn 7, 1–3	I 191
Dtn 4, 39 f.	II **179**	Dtn 7, 2	II 52, III 28, 416
Dtn 4, 44	I **302**, II 18	Dtn 7, 3 f.	I 191
Dtn 5	I 160, 327, II 19, III 15 f., 20, 24, 51 ff.	Dtn 7, 3	I 137, II 53
		Dtn 7, 4a	II 52
		Dtn 7, 5 f.	I 191
Dtn 5, 1	I 302	Dtn 7, 6 ff.	I 315
Dtn 5, 2 f.	I **312**, II 19, III **20**	Dtn 7, 6. 7 f.	II 62
Dtn 5, 2	III 28	Dtn 7, 6	I 316, II 30, 50, 55, 105
Dtn 5, 3	I **82 f.** (Auslegung Luthers)		
		Dtn 7, 7 f.	I 190, II 30, **54 f.**, 64
Dtn 5, 4	I **76**, Anm. 2 (Auslegung Luthers)		
		Dtn 7, 9–11*	II 30, **62**
Dtn 5, 4 f.	I 312, II 19, 94	Dtn 8, 1b β	I 173
Dtn 5, 6–22	I 309	Dtn 8, 15	I 183
Dtn 5, 6–10	II 173	Dtn 10, 1–5	I 303
Dtn 5, 6. 10–21	III 49 f.	Dtn 10, 5	I 118, II 181, 193
Dtn 5, 6 f.	I 190, III 371	Dtn 10, 12–11, 20	III 367
Dtn 5, 6	II 18, 55	Dtn 10, 12 f.	I 190
Dtn 5, 7–18	III 39	Dtn 10, 16	III 32
Dtn 5, 7	II 18Dtn 5, 8–9a III 385	Dtn 10, 17–18	III 299, **367**
		Dtn 11, 1	I 315
Dtn 5, 8	I 348, II 49, 173 f.	Dtn 12–26*	I 316 f., II 19, III 16
Dtn 5, 9	II 32, 64		
Dtn 5, 9b	III 243	Dtn 12	II 198, 202, III 408

Dtn 12, 1–16, 17	I 164, 317	Dtn 26, 5 ff.	I 321
Dtn 12, 2–7	II 199	Dtn 26, 16–19	I 163, II **32**
Dtn 12, 4 f.	I 314	Dtn 26, 17–19	III 15, 20, **22**
Dtn 12, 5	II 18, **199 f.**	Dtn 26, 17 f.	II 17
Dtn 12, 8 ff. 20 ff.	II 204	Dtn 27, 15–26	I 306
Dtn 12, 8–13*	III 371	Dtn 28 f.	I 190
Dtn 12, 8–12	II 199	Dtn 28	II 15, 17, 63, III 15, 20, 23
Dtn 12, 11–14*	I 186, 189		
Dtn 12, 13–18*	II 198	Dtn 28, 1 ff.	I 171, 173, 276
Dtn 12, 20–28*	II 198 f.	Dtn 28, 1–14	III 70, 336
Dtn 13, 2–20	III 23	Dtn 28, 1–13	III 32
Dtn 13, 2–6	III 374	Dtn 28, 7	III 253
Dtn 13, 21 ff.	I 111	Dtn 28, 15 ff.	I 173, 276, 306, 336, 340
Dtn 14, 2	I 316		
Dtn 15, 1	I 317	Dtn 28, 15–68	III 32, 334, 336
Dtn 15, 11	I 318	Dtn 28, 15–20	III 327
Dtn 15, 13 f.	I 148	Dtn 28, 20–44*	III 24
Dtn 16, 18–18, 22	I 164	Dtn 28, 69	I 163, 303
Dtn 16	I 318–321, 323	Dtn 29–30*	III 15, 20
Dtn 16, 22	II 171	Dtn 29, 1–4	III 20
Dtn 17, 8 ff.	I 304	Dtn 29, 8 ff.	I 303
Dtn 17, 14–20	III 206	Dtn 29, 9 ff.	I 190
Dtn 17, 16	**I 316**	Dtn 29, 9–14	I 164, **313**, III **21**
Dtn 18, 9–22	I 230	Dtn 29, 13 f.	I 313, II 15, 181
Dtn 18, 9–14	I 219	Dtn 29, 13	III 28
Dtn 18, 9–11	I 218	Dtn 29, 25	II 34
Dtn 18, 15	I 28, **219 f.**	Dtn 30, 1 ff.	I 164, 190, 333
Dtn 18, 15b	I 33	Dtn 30, 1–10	II 15, 58, III **31 f.**, 243
Dtn 18, 18	I 334		
Dtn 18, 20–22	III 111	Dtn 30, 6	I 333, II 65
Dtn 19, 1–26, 15	I 164	Dtn 30, 10	I 302, II 18
Dtn 20, 16–18	II 50, 52, III 416	Dtn 30, 11 ff.	I 164, II 181
Dtn 21, 5	I 304	Dtn 30, 14 ff.	II 21
Dtn 21, 19	I 307	Dtn 30, 14	I 328
Dtn 23, 1 ff.	II 54	Dtn 30, 15 ff.	I 190
Dtn 23, 2 ff.	I 316	Dtn 30, 15–20	III 20
Dtn 24, 1	I 31	Dtn 30, 19 f.	I 164, 332, II **63**, 65, III 18, **21**
Dtn 24, 10–15	III 415		
Dtn 24, 15b–18a	II 128	Dtn 31–34	III 24
Dtn 24, 16	III 74	Dtn 31, 9 ff.	I 303, 331
Dtn 24, 17	III 415	Dtn 31, 9. 12	II 18
Dtn 24, 19 ff.	I 316	Dtn 31, 24 f.	I 303
Dtn 24, 19–21	III 415	Dtn 31, 26	II 193
Dtn 24, 22	**I 316 f.**	Dtn 32	III 375
Dtn 25, 4	II 123	Dtn 32, 2	II 132
Dtn 26	I 164		

Dtn 32, 8 f.	II **34**, 128, **140** (**G**), 162, 177, III **368**	Ri 6, 11–24	II 90
		Ri 6, 16	II 148
		Ri 6, 17	II 101
Dtn 32, 11	II **266**	Ri 6, 21	II 101
Dtn 32, 18	II 247	Ri 6, 22 f.	II **93 f.**
Dtn 32, 39	I 97	Ri 6, 36 ff.	II 101
Dtn 32, 43	III **369**	Ri 7	III 190
Dtn 32, 48–52	II 44	Ri 11, 27	III 237
Dtn 33, 2	II 84, 128	Ri 13, 17 f.	II **95**
Dtn 33, 19	III 234	Ri 13, 22	II **94**
Dtn 33, 21bβj	III 234	Ri 15, 19	II 295
Dtn 34	I 182	Ri 16, 15	II **298**
Dtn 34, 1a*. 7–9	II 44	Ri 20, 16	III 72
Jos–2. Kön	I 162, 333	Ri 21, 19	I 321
Jos 1–12	III 347	1. Sam 1, 1–17	III 328
Jos 1 + 23	I 193	1. Sam 1, 10	II 297
Jos 1	I 191, 193	1. Sam 2, 6	I 97
Jos 1, 5 f.	I 191	1. Sam 2, 35	II 315
Jos 1, 7 f.	I **334**	1. Sam 3, 1 ff.	I 216, 224
Jos 1, 7–9	I 192	1. Sam 3, 2 ff.	I 214
Jos 2, 11	II **294**	1. Sam 4, 1 ff.	I 118
Jos 4, 16	I 119	1. Sam 4, 4	I **118**, II **114 f.**, 188
Jos 6, 17–20	II 51		
Jos 7	I 191	1. Sam 4, 6	I 119
Jos 7, 18–26	II 51	1. Sam 5, 1 ff.	I 107
Jos 8, 31	I 302	1. Sam 7–12*	I 193 f.
Jos 9	I 191	1. Sam 9, 1 ff.	I 215, 222
Jos 9, 15	III 14	1. Sam 9, 11–12	III 179
Jos 10, 12 f.	II 203	1. Sam 9, 15–10, 1	III 179
Jos 21, 43–45	I 191	1. Sam 10, 5–6	III 180
Jos 21, 45	I **192**	1. Sam 10, 10 ff.	I 223, II 296
Jos 22, 2 ff.	I 334	1. Sam 11, 1–2	III 14
Jos 23	I 192 f.	1. Sam 14, 41	I **217**
Jos 23, 4	I 192	1. Sam 15	I 191, II 51
Jos 23, 6	I 302	1. Sam 15, 22	I 165, II 52, 167
Jos 23, 7 ff.	I 334	1. Sam 16, 1–15	III 179
Jos 23, 16	I **192, 335**	1. Sam 16, 1–10	III 192
Jos 24	III 11	1. Sam 16, 13b.14	I 195
Ri 1, 16	II 83	1. Sam 16, 14 ff.	II 296
Ri 2, 10–3, 6	I 192	1. Sam 16, 15	III 180
Ri 4, 11	II 83	1. Sam 17, 12	III 205
Ri 5, 4 f.	II **82 ff.**, 128, 132	1. Sam 17, 40	II **46**
Ri 5, 20	II 157	1. Sam 17, 45	II 117
Ri 5, 24 ff.	II 83	1. Sam 18, 1	II 292
Ri 6	II 155	1. Sam 18, 7	I 195
Ri 6, 11 ff.	II 128	1. Sam 18, 10 ff.	II 296

Stellenregister für die Bände I–III in Auswahl

1. Sam 19, 13 ff.	I 217	2. Sam 15, 20	II 98
1. Sam 19, 18 ff.	I 222, II 296	2. Sam 15, 25	I 119
1. Sam 20, 4	**II 293**	2. Sam 22, 7–20	II 313
1. Sam 22, 1 ff.	I 225	2. Sam 24, 11–14	I 225
1. Sam 23, 13	II 98	1. Kön 1–2	I 203
1. Sam 23, 16–18	I 195	1. Kön 1	III 175, 179
1. Sam 24, 5–7. 11	III 180	1. Kön 1, 11 ff.	I 226
1. Sam 24, 18–23a	I 195 f.	1. Kön 1, 32–48	III 175 ff.
1. Sam 25, 25	**II 75**	1. Kön 1, 33. 38	III 206
1. Sam 26, 8–9	III 180	1. Kön 2, 3	I 302
1. Sam 26, 16	III 180	1. Kön 2, 5	II 117
1. Sam 27, 10	II 83	1. Kön 3, 16–28	III 44
1. Sam 28, 3–25	I 218	1. Kön 4, 5	I 226
1. Sam 28, 24	I 320	1. Kön 5, 4	II 310
1. Sam 30, 29	II 83	1. Kön 5, 15–7, 51	I 118
2. Sam 1, 13–16	III 180	1. Kön 6, 27	II 188
2. Sam 1, 18	II 203	1. Kön 6, 29. 35	II 116
2. Sam 2, 4	I 202, III 179	1. Kön 7, 13 ff.	II 172
2. Sam 3, 18	**I 196**	1. Kön 8	II 198, 202–204
2. Sam 5, 1 ff.	I 202 f.	1. Kön 8, 2	I 322
2. Sam 5, 2b	**I 196**	1. Kön 8, 2–4. 6*	II 115
2. Sam 5, 3	III 179	1. Kön 8, 4	II 119
2. Sam 5, 17 ff.	I 203	1. Kön 8, 6 f.	I 118 f.
2. Sam 6	I 118	1. Kön 8, 9	I 118, 322, II 181
2. Sam 6, 12–20	I 203	1. Kön 8, 10 f.	II 191, 193
2. Sam 7	I 196 f., 225 f., 234, III 199	1. Kön 8, 12 f.	II 183, **203 f.** (III Reg 8, 53a)
2. Sam 7, 1–7*	I 196	1. Kön 8, 12	II 116
2. Sam 7, 2	I 118	1. Kön 8, 15 f.	I 164
2. Sam 7, 8–17*	I 197	1. Kön 8, 15 ff.	I 197, 314
2. Sam 7, 11–13	II 18	1. Kön 8, 16	I 119, 186, 189, II 18
2. Sam 7, 11b	**I 197**	1. Kön 8, 22. 54	II 143
2. Sam 7, 12–16	III 87, **177**	1. Kön 8, 27	II 128, **135 f.**, **203 f.**
2. Sam 7, 12 f.	I 164, 197	1. Kön 8, 28 ff.	I 197
2. Sam 7, 13	I 118, 314, II 202	1. Kön 8, 29	I 119, II 202
2. Sam 7, 13. 16	II 202	1. Kön 8, 37 ff.	I 164, III 408
2. Sam 7, 18–29	I 197	1. Kön 8, 41–43	III 417
2. Sam 7, 22b	**I 197**	1. Kön 8, 44 ff.	I 197
2. Sam 7, 23 f.	**I 197**	1. Kön 8, 46 ff.	I 164, III 408
2. Sam 7, 25 f.	II 73	1. Kön 8, 62 ff.	I 197
2. Sam 10, 1–12, 25	I 203	1. Kön 10, 4 f.	**II 294**
2. Sam 10, 1–14	I 203	1. Kön 10, 24	II 154
2. Sam 12, 1–14	I 225	1. Kön 11, 1 ff.	I 203
2. Sam 12, 25	I 226	1. Kön 11, 1–19	III 198
2. Sam 13–20	I 203		
2. Sam 15, 2–3	III 44		

1. Kön 11, 9 ff.	I 202	2. Kön 4, 38 ff.	I 223
1. Kön 11, 18	II 84	2. Kön 5, 3	I 223
1. Kön 11, 26 ff.	I 198 f.	2. Kön 6, 1 ff.	I 223
1. Kön 11, 29 ff.	I 222	2. Kön 6, 8 ff.	I 222
1. Kön 12, 15	I 202	2. Kön 8, 1	II 98
1. Kön 12, 26 ff.	I 123, 199, III 19	2. Kön 8, 18 f.	**I 198**
1. Kön 12, 28 ff.	I 120	2. Kön 9, 1–13	I 222
1. Kön 14, 7 ff.	I 222	2. Kön 11	III 175, 179
1. Kön 15, 3 f.	I 198	2. Kön 11, 4–15	III 176
1. Kön 15, 13	I 111	2. Kön 11, 4	III 14
1. Kön 15, 18–20	III 14	2. Kön 12, 4	I 200
1. Kön 15, 26	I 120	2. Kön 13, 14–21	I 222 f.
1. Kön 17–18*	I 222	2. Kön 14, 4	I 200
1. Kön 17, 1–19, 18	I 120, 222	2. Kön 14, 25b	I 227
1. Kön 17, 1–18 (17a)	III 372	2. Kön 15, 4	I 200
1. Kön 18	III 347, 372	2. Kön 15, 12	I 200
1. Kön 18, 17–20	III 372	2. Kön 15, 28	I 120
1. Kön 18, 19. 25*. 40	I 227	2. Kön 15, 35	I 200
1. Kön 18, 21 ff.	I 104	2. Kön 16, 10–18	II 53
1. Kön 18, 21–40*	III 372 ff.	2. Kön 16, 10	II 304
1. Kön 18, 21	**III 373**	2. Kön 17	I 198 f., 337
1. Kön 18, 26 ff.	I 216	2. Kön 17, 1–23	III 234 f.
1. Kön 18, 30 ff.	I 131	2. Kön 17, 1–6. 21–23a	III 19
1. Kön 18, 36b–37	**III 373**	2. Kön 17, 13–15 + 20	**I 333 f.**
1. Kön 18, 39	II 51, **III 374**	2. Kön 17, 13 f.	I 338, II 20
1. Kön 19, 9 f.	II 134	2. Kön 17, 16–18	I 334
1. Kön 19, 11–13a	II 128, 131, **134 f.**	2. Kön 17, 21	III 72
1. Kön 19, 13b. 14	II 134	2. Kön 18	I 200
1. Kön 19, 14	**I 335**	2. Kön 18, 4	I 183, 200
1. Kön 19, 19–21	I 222	2. Kön 18, 5 f.	I 200
1. Kön 21	I 120, 222	2. Kön 18, 13–16	III 89
1. Kön 22, 5–28a	I 227–230	2. Kön 18, 13 f.	I 250
1. Kön 22, 19–23	II 94	2. Kön 18, 18 f.	I 197
1. Kön 22, 19–22	I 228, 230, II 157	2. Kön 18, 21	III 118
1. Kön 22,19 ff.	II 303	2. Kön 19, 1–7	I 227
1. Kön 22, 19	II 140	2. Kön 19, 6 ff.	I 200
1. Kön 22, 21 ff.	II 296	2. Kön 19, 32 ff.	I 200
1. Kön 22, 44	I 200	2. Kön 19, 35 ff.	I 205
2. Kön 1, 2–17	I 120, 222	2. Kön 19, 35	III 93
2. Kön 2, 1–8, 15	I 222	2. Kön 20, 1 ff.	I 227
2. Kön 2, 1 ff.	I 120	2. Kön 20, 8–11	II 101
2. Kön 2, 1–12	III 312	2. Kön 21, 1–18	I 201
2. Kön 2, 19 ff.	I 223	2. Kön 21, 2b–16	III 235
2. Kön 4, 1 ff.	I 223	2. Kön 21, 3. 7	I 111
2. Kön 4, 8 ff.	I 222	2. Kön 21, 9–14	II 18
2. Kön 4, 23	I 325	2. Kön 21, 20	III 235
2. Kön 4, 27	I 222	2. Kön 22, 3–23, 25	I 130

2. Kön 22, 3. 12	I 246	Jes 5, 9	II 315
2. Kön 22, 11	I 244	Jes 5, 11	**I 248**
2. Kön 22, 14 ff.	I 227	Jes 5, 14	II 291
2. Kön 22, 15–17	**I 335**	Jes 5, 18–19	III 261
2. Kön 23, 2 f.*	I 200	Jes 5, 19	II 110
2. Kön 23, 8	I 314	Jes 5, 23	**I 248**
2. Kön 23, 10	III 308	Jes 5, 24b	II 110
2. Kön 23, 11 f.	I 200, II 53, 172	Jes 5, 25–29	I 258
2. Kön 23, 11	II 53, 172	Jes 6, 1–8, 18*	III 89 f.
2. Kön 23, 21 f.	I 320	Jes 6	I 224, III 102
2. Kön 23, 25	I 201	Jes 6, 1 f.	II 196
2. Kön 23, 26 f.	I 119, 201	Jes 6, 1	I 233, II 183, **188**
2. Kön 23, 29	II 50	Jes 6, 2	II 129
2. Kön 23, 30b	III 179	Jes 6, 2b. 5	II 105
2. Kön 23, 33 f.	II 50	Jes 6, 3–5	II 57
2. Kön 24–25	III 93	Jes 6, 3	**II 106**, 111, 117
2. Kön 24, 12 f.	II 50	Jes 6, 4	II 94
2. Kön 24, 17	III 24	Jes 6, 5	I 119, II **106 f.**
2. Kön 25	III 96	Jes 6, 6 f.	II 107
2. Kön 25, 1 ff.	I 250, II 50	Jes 6, 8	I 214, II 107, **302**
Jes 1–66	I 33, 241f., 266, II 20	Jes 6, 10	II 299
		Jes 6, 11	III 95
Jes 1–39	III 82, 85 f., 189	Jes 7, 1–17	III 92, 196–198
Jes 1–12	III 89	Jes 7, 2	II 298
Jes 1–5	III 101–105	Jes 7, 4	III **92**
Jes 1, 1	I 215	Jes 7, 9	I **250**, II 300, 309, III **92**
Jes 1, 2	I 341		
Jes 1, 4–9	I 250, II 109	Jes 7, 14–16a	III **197**
Jes 1, 4	III 160	Jes 7, 14	I 34, II 102
Jes 1, 7–9	**III 104**	Jes 8, 16	I 244
Jes 1, 10 ff.	I 165	Jes 8, 18	II 201
Jes 1, 10–17	III 43	Jes 8, 19	I 218
Jes 1, 13	I 326	Jes 9, 1 ff.	I 125
Jes 1, 14	II 314	Jes 9, 1–6	**III 189–192**
Jes 1, 18–20	II 109, III **105**	Jes 9, 5	III 176
Jes 1, 21–26	III 158	Jes 9, 7–20	I 258, III 102
Jes 2, 1–5	III 149 f., 209, 417	Jes 10, 1–4	III 102
Jes 2, 2 ff.	I 132, 172, 240, 341, II 15, **187 f.**	Jes 10, 5–15	III 120
		Jes 10, 5–12	III 95
Jes 2, 2–5	III **157 f.**, 337	Jes 10, 5–11*	III 141
Jes 2, 4b	III 144	Jes 10, 5	III 121
Jes 2, 6–16 (21). 25	III 158	Jes 10, 24	III 121
Jes 4, 5–6	III 156	Jes 11, 1 ff.	I 125
Jes 5, 8 ff.*	I 122, 248	Jes 11, 1–9	**III 192–196**
Jes 5, 8–24*	III **102 f.**	Jes 11, 1–5	II 296, III 219
Jes 5, 8	**I 248**	Jes 11, 1	III 186

442 Stellenregister für die Bände I–III in Auswahl

Jes 11, 6 ff.	II 311, III 88	Jes 27, 1	I 111, II 16
Jes 11, 14	III 118	Jes 28–31*	II 176, III 89
Jes 13–23*	III 95 f., 120–125	Jes 28, 1 ff.*	I 122, 248 f.
Jes 13–23 (24–27)	III 108	Jes 28, 1–4*	III 120
Jes 13, 1–14, 23	III 125–130	Jes 28, 7 ff.*	I 229
Jes 13	II 16, III 96, 119	Jes 28, 7b–11 (13)	III 90
Jes 13, 4–10	III **125 ff.**	Jes 28, 14–18*	III **90 f.**, 120
Jes 13, 5 ff.	I 132	Jes 28, 16	I **250**
Jes 13, 6–16	I 143	Jes 29, 1–8	III 95
Jes 14, 9–21	III **128 ff.**	Jes 29, 1–7 (8)	III 140
Jes 14, 13	II 265 f.	Jes 29, 1–7	III 141 f.
Jes 14, 21	III **160**	Jes 29, 1–4. 6*	III 120
Jes 14, 24 ff.	I 132	Jes 29, 1–4	III **124**
Jes 14, 24–27	III **141**	Jes 29, 5–7*	III **141 f.**
Jes 14, 24–25a (27)	III 95	Jes 29, 5–6	III 124
Jes 14, 26–32	III 142	Jes 29, 8	II 242
Jes 14, 28 ff.*	I 122	Jes 29, 16	II 243
Jes 14, 28–32*	III 94	Jes 29, 17 ff.	I 142
Jes 16, 3–5	III 118	Jes 30, 1 ff.*	I 122, 248 ff.
Jes 17, 1 ff.	I 122	Jes 30, 1–5	III 120
Jes 17, 1–3	III 95	Jes 30, 8–17	I 249, III 90
Jes 17, 12 ff.	I 132, III 95	Jes 30, 8	I **244**, 249
Jes 17, 12–17	III 140	Jes 30, 9–17	II 110
Jes 17, 12–14	III **142**	Jes 30, 15–16	III **93 f.**
Jes 18, 1 f.	I 122, 248, III 95	Jes 30, 15	I 249, **250**, II **110**, III 160
Jes 19, 23–25	III **163**		
Jes 19, 23. 24 f.	I 137	Jes 30, 27 ff.	I 132
Jes 20	III 95	Jes 30, 27–33	III **120 f.**
Jes 20, 1 ff.	I 122	Jes 30, 27–31	III 95
Jes 22, 1–14*	III 96, 122	Jes 30, 27–28	II **154**
Jes 22, 1–3. 13	III **122 f.**	Jes 30, 30–32	II 154
Jes 22, 5–6	III **124**	Jes 31, 1 ff.*	I 122, 248, 250
Jes 22, 7–11	III **123**	Jes 31, 1–3*	I **249**, III 120
Jes 23, 1–14	I 143	Jes 31, 3	II **300**, 314
Jes 24–27*	I 132 f., 143, III 95, 125	Jes 31, 4–9	III 95
		Jes 33	III 142–144
Jes 24, 1–6. 16–20	II 16	Jes 33, 10–22	II 16
Jes 24, 21 ff.	I 125	Jes 33, 10–16	III **143**, 261
Jes 24, 21–23	I 144, II 16, 183, III 96, 164, 308	Jes 33, 14	I 244
		Jes 33, 14 ff.	I 132, 142
Jes 25, 6 ff.	I 133, 144	Jes 33, 17	III **143**, 164
Jes 25, 6–8	III 96, **164 f.**, 308	Jes 33, 20	III **143 f.**
Jes 25, 6	II 94	Jes 33, 22	III **144**
Jes 25, 8a	III 308	Jes 34	III 96
Jes 26, 9	II 295	Jes 34, 2–4	I 143
Jes 26, 19	III 96, 308	Jes 35, 4 + 10	III 96

Stellenregister für die Bände I–III in Auswahl

Jes 35, 5–8	III 211	Jes 41, 17–20	II 64, 110, 225
Jes 35, 10	III **153**	Jes 41, 21–29*	III **377 ff.**
Jes 36–37 (38)	III 95, 120	Jes 41, 21–24	I 123
Jes 36–37	III 140	Jes 41, 28	I 256
Jes 36, 6	III 118	Jes 42, 1	I 33 f.
Jes 37, 17	II 314	Jes 42, 1–4	I 34, II 227
Jes 37, 36	III 93, 121	Jes 42, 5–9	**II 227**
Jes 38	I 227	Jes 43, 1–3	**I 253**
Jes 39	III 95	Jes 43, 1 (7)	II 247
Jes 40–55	I 241, 252 ff.	Jes 43, 5	II 149
Jes 40–50	III 86 f.	Jes 43, 8–13	III 377, **383 f.**
Jes 40–49*	II 30	Jes 43, 10	II 46, III 213
Jes 40–48 (55)	II 45	Jes 43, 14 ff.	II 30, 48
Jes 40, 1 f.	**I 254**	Jes 43, 14–21	II 64, 110
Jes 40, 1–5*	I 132, 254, 256, 258, III **152**	Jes 43, 15	II 247
		Jes 43, 16 ff.	I 254
Jes 40, 3–5	**I 255**	Jes 43, 16–21	II **48**, 225
Jes 40, 5–8*	III 212	Jes 43, 25	II 74
Jes 40, 5	II 13, III 134, 156, **389**, 417	Jes 44, 1. 2	II 46
		Jes 44, 2	III 380
Jes 40, 5b β	I 257, 259	Jes 44, 6–8	I 123, 131, **256**, III 377, **378 f.**
Jes 40, 5b	**II 314**		
Jes 40, 6–8	I **257**, II 300	Jes 44, 8	II 213
Jes 40, 6b–7a	**II 281**	Jes 44, 9–20	III **385 ff.**
Jes 40, 8b	I 258	Jes 44, 13	II 304
Jes 40, 9–11	I 132, **254 f.**, 256, 258, III 96, **153**, 214	Jes 44, 15 ff.	I 112
		Jes 44, 24–28*	I 131, 254, II **225 f.**, III 119, 379
Jes 40, 12–26*	I 252		
Jes 40, 18 + 21–31	III **380 f.**	Jes 44, 24. 26b	II 211
Jes 40, 18. 21–26	II 225	Jes 45, 1–7*	II 225, III 119, 379, **381 f.**
Jes 40, 18	**II 316**		
Jes 40, 26	II 118, 140, 157, **272 f.**	Jes 45, 5 ff.	I 131
		Jes 45, 9	II 242
Jes 40, 27–31	I **253**, II 211, **225 f.**	Jes 45, 20–25	II 15
Jes 41, 1 ff.	I 254	Jes 45, 20–24	III 389
Jes 41, 1–4	II 225, III **376 f.**, 379	Jes 45, 20a. 21–23	III **156 f.**
		Jes 45, 22–24a	III 214
Jes 41, 8 f.	II 15, 30, **46 f.**	Jes 45, 22–23	III 369
Jes 41, 8–10	II 64, 129, 147	Jes 46, 1–4	I 123
Jes 41, 8–13	II 46 ff., III 201	Jes 46, 1	III 352
Jes 41, 10	II **48, 147**, 149	Jes 47	III 119
Jes 41, 11–13	II 48, 64	Jes 48, 9	II 74
Jes 41, 13	**II 48**	Jes 48, 10	II 46
Jes 41, 14	**II 111**	Jes 48, 11	II 74
Jes 41, 17 ff.	I 254	Jes 48, 22	III 88, 264

Jes 49, 1	II 210, **220**	Jes 66, 1–4	II 184, 205 ff.
Jes 49, 7	II 46	Jes 66, 1–2	II **205**
Jes 50, 1–2	I 132, **256 f.**	Jes 66, 1	II 183
Jes 51, 9–11	III **153**	Jes 66, 5–6	III **261 f.**
Jes 51, 9 f.	I 322, II 224	Jes 66, 22–24	I 144
Jes 51, 11	III 96	Jes 66, 24	I 346, III 308, 316
Jes 52, 7–12	III 214	Jer	I 234
Jes 52, 7–10	III 96, **154**	Jer 1, 2 f.	I 233
Jes 52, 9	I 255	Jer 1, 4–10	III 112
Jes 52, 10	II 314	Jer 1, 5	II 210, **220**, III **112**
Jes 52, 13–53, 12	III **165–168**, 169, 171, 219	Jer 1, 5–10	II 220
		Jer 1, 10	III **113**
Jes 52, 13 ff.	I 132, 172	Jer 1, 11 ff.	I 214, 216, 224
Jes 53, 4	I 34	Jer 1, 13–16	III **115**
Jes 53, 12	I 32	Jer 1, 13	I 326
Jes 54, 1–17	III 212 f.	Jer 2, 2	I 345
Jes 55, 1–5	III **212 ff.**	Jer 3, 6	I 314
Jes 55, 8–9	III 413	Jer 3, 16	I 119
Jes 55, 10 f.	I **257 f.**, III 212	Jer 4–6	I 248
Jes 56–66	III 87	Jer 4, 19–21	III 97
Jes 56, 1 ff.	I 132	Jer 5, 9	II 315
Jes 56, 1–8	II 184, 206 f.	Jer 5, 23–25	III 43
Jes 56, 3–8	III **162 f.**	Jer 6, 1	III 97
Jes 56, 6–7	III 417	Jer 6, 16–21	I 336
Jes 56, 7	II 205	Jer 7	I 337
Jes 57, 14 ff.	I 132	Jer 7, 3–11	III **101**
Jes 57, 15	II 295	Jer 7, 4	III 97
Jes 57, 21	III **264**	Jer 7, 8 f.	I **245**
Jes 58, 3–14	I 259	Jer 7, 9	III 49
Jes 58, 3–12	III 259	Jer 7, 12	I 222
Jes 58, 3–9	III **260 f.**	Jer 7, 16 ff.	I 112
Jes 58, 8 f.	I **259 f.**	Jer 7, 30–31	III 290
Jes 59, 1–4	III 259, **261**	Jer 9, 11–15	I 336 f., **338 f.**
Jes 60–62*	III 212	Jer 10, 2	I 266
Jes 60, 1–3	III **156**	Jer 10, 6	II 72
Jes 60, 4–14*	III **160 f.**	Jer 11, 1 ff.	II 20
Jes 61,1	II 205	Jer 11, 20	III 237
Jes 61, 5–6	III **161 f.**	Jer 12, 1	III 237
Jes 63, 2–3	III 211	Jer 12, 3	II 299
Jes 63, 7–66, 24	II 207	Jer 13, 23	III **77 f.**
Jes 63, 7–64, 11	II 207, 242	Jer 15, 9	II 293
Jes 63, 10. 14	II 207	Jer 15, 16b	III **422**
Jes 63, 10. 16	II 184	Jer 16, 10–13	I 337
Jes 63, 16	II 207	Jer 16, 19–21	III **388 f.**
Jes 64, 7	II 207, 223, 242	Jer 17, 5–8	III **412**
Jes 65, 1 ff.	I 132	Jer 18, 1–6 (12)	II 242

Jer 18, 18	I 301, II 301	Jer 30, 1–3	III 36
Jer 18, 19–23	I 301	Jer 30, 14	II 58
Jer 19, 13	II 177	Jer 30, 29–33 (G)	III 114
Jer 21, 11	III 199	Jer 31, 2–6	II 57 f., 64
Jer 22, 10–19	III 199	Jer 31, 3	**II 57**
Jer 22, 19	I 245	Jer 31, 27–30	III 36
Jer 22, 24–30	III 199	Jer 31, 31–34	I 28, 33, 130, III 12, 14, 33, **35 f.**
Jer 23, 1–8	III 198 f.,		
Jer 23, 5–6	**III 199**	Jer 32, 12 ff.	I 246
Jer 23, 5	III 186	Jer 32, 15–38 (G)	III 108, 114
Jer 23, 9–40	I 229	Jer 33, 14–26	III 12, 14, **199–201**
Jer 23, 9	II 298	Jer 34, 18–19	III 17
Jer 23, 16 ff.	I 230	Jer 34, 18	III 12
Jer 23, 18	II 156	Jer 36	I 244, 246, 338
Jer 23, 29	I 258, III 193	Jer 37–38	I 338, III 120
Jer 25–31; 46–51	III 82	Jer 37, 5	I 250
Jer 25, 14–31, 44 (G)	III 114	Jer 37, 11 f.	I 229
Jer 25, 1–13 (14)	III 108 f., 112, **113 f.**	Jer 37, 36	III 142
		Jer 38, 1 ff.	I 229
Jer 25, 5	I 339	Jer 38, 16	**II 293**
Jer 25, 9	III 115	Jer 39, 14	I 246
Jer 25, 14–38 (MT)	III 82	Jer 44, 15 ff.	I 112
Jer 25, 14	III 118	Jer 46–49 (51)	III 108
Jer 25, 15–38 (M)	III 108, 114	Jer 46	III 114
Jer 25, 18–24 (25)	III 114	Jer 47, 1–7 (M)	III 114
Jer 25, 23–24	III 115	Jer 47, 7	III 116
Jer 25, 27–31	I 143	Jer 49, 7–11	III 117
Jer 25, 30	II 185	Jer 49, 28–33	III 116
Jer 26, 1–15	I 337 f.	Jer 51, 11–14	**III 119**
Jer 26, 2–6	**I 337**	Jer 51, 20–23	**III 116 f.**
Jer 26, 18	I 338	Jer 51, 24	**III 118**
Jer 26, 20–24	I 338	Jer 51, 42	III 138
Jer 26, 24	I 246	Jer 52	III 96
Jer 27–28	III 108–112	Ez	I 234 f., II 20
Jer 27	III 114	Ez 1–48	III 82
Jer 27, 9	**I 214**, 218	Ez 1, 1–3	I 233
Jer 28	I 229, II 50	Ez 1, 1	II 192
Jer 28, 2–4	III 97	Ez 1, 2	III 247
Jer 28, 11	**III 111**	Ez 1, 3	I 224
Jer 29	I 229, III 108 f., 112	Ez 1, 4–28	II 191 f.
		Ez 1, 4–13	II 196
Jer 29, 1–7 (G)	III 114	Ez 1, 22–28	II 196, 304
Jer 29, 10	I 188, 206	Ez 1, 26	II 304
Jer 29, 13 f.	**II 179**	Ez 1, 28b	II 94
Jer 29, 15. 21–31	III 97	Ez 2, 1 f.	II 94
Jer 30–31	II 57	Ez 3, 15	I 233

Ez 8–11	III 250	Ez 43, 7	II 183, 188
Ez 8, 10	II 304	Ez 44, 10 f.	II 118
Ez 9	III 236, 258	Ez 44, 15–31	II 118
Ez 9, 1–11	II 158, III **250–252**	Ez 44, 23 f.	I 304
Ez 10 u. 11	II 192	Ez 47, 1–12	III 195
Ez 10, 18a. 19b	II 191	Ez 48, 12	II 119
Ez 10, 21	II 304	Ez 48, 14	II 119
Ez 11, 14–21	III 33	Ez 48, 18 f.	II 119
Ez 11, 18 f.	II 300	Ez 48, 35	II 120
Ez 11, 19–20	III **33**	Hos	I 236, 247, 333, II 175
Ez 11, 19	II 207, III 78		
Ez 11, 23	II 191	Hos 1, 2a	II 264
Ez 12, 25	II **99**	Hos 2	I 39
Ez 13, 1 ff.	I 229 f.	Hos 2, 4–7	II 57
Ez 13, 17 ff.	I 219	Hos 2, 13	I 326
Ez 16, 6 ff.	I 345	Hos 2, 16	I 345
Ez 17, 10	II 281	Hos 2, 21 f.	II 30, **57**, 64
Ez 17, 13–14	III 14	Hos 4–11	I 248
Ez 18, 1–32	III 245–250	Hos 4, 1	I 120
Ez 18, 1–4	III **246**	Hos 4, 2	I 310 f., III 49
Ez 18, 4–20	III 74	Hos 4, 12 ff.	I 120, II 295
Ez 18, 20	III **247 f.**	Hos 5, 1–5	II 154
Ez 18, 27–32	III **249**	Hos 5, 4	II 295
Ez 21, 6–10	III **236**	Hos 6, 1	I 279
Ez 21, 12	II 295	Hos 6, 5	III 193
Ez 21, 23 ff.	I 217	Hos 6, 5a	I **258 f.**
Ez 24, 1	III 247	Hos 8, 5 f.	I 120
Ez 28, 11–19	II 115	Hos 9, 5	I 321
Ez 29, 17	I 233	Hos 11, 1–11	III 84
Ez 34, 1–24	III 201 f.	Hos 11, 1–7	II 56
Ez 34, 23–24	III **202**	Hos 11, 1	I 190, II 30, **55**, 58, 64, III 173
Ez 36, 16 ff.	I 133		
Ez 36, 16–32	III 33 f.	Hos 11, 3a u. 4a	II 55
Ez 36, 22 f.	II 74	Hos 11, 8 f.	II 315
Ez 36, 23	II 72	Hos 11, 8–9. 11	II **56**, 64
Ez 36, 26–28	II 300	Hos 11, 9–10	II 30
Ez 36, 26–27	III **34**	Hos 13, 2–4	II 30
Ez 36, 26	II 207, III 78, 249	Hos 13, 4	II **58**
Ez 37	III 337	Hos 13, 15	II 281
Ez 37, 1–14	II 290	Hos 14, 2–9	III 84
Ez 37, 7a. 8b–10a	III 308	Hos 14, 2–6	II **59**, 64
Ez 37, 15–19	III 216	Hos 14, 2–4a. 5–8	II 58 f.
Ez 38–39	III 133 f.	Joel 1–2	I 238
Ez 38, 23	III 134	Joel 4	I 132, III 144
Ez 39, 21–22	III 144	Joel 4, 1–3	III **145**
Ez 43, 1–11	II 191	Joel 4, 9 ff.	I 238, III 84

Joel 4, 9–17	III **145 f.**	Hab 1, 6	III 84
Joel 4, 16	II 185	Hab 3, 3 ff.	II 128, 132
Joel 4, 17. 21	II 201	Hab 3, 3	II 84
Am	I 236, 247, II 175	Hab 3, 9 ff.	II 194
Am 1, 2–2, 16	III 83	Zef	I 237 f., 238
Am 1, 2	II 185	Zef 1, 2 f.	I 238
Am 1, 3–2, 16*	III 73	Zef 1, 7 f. 14–16	I 143
Am 1, 3	I 215	Zef 1, 14–18	III 85
Am 3, 1	I 215	Zef 1, 14–16	III **127**
Am 4, 6–12	I 258	Zef 3, 6–13	III 163
Am 4, 13	II 211, 222	Zef 3, 8	I 132
Am 5, 8 f.	II 211, 222	Zef 3, 9 f.	I 137, III **163**
Am 5, 10	I 307	Zef 3, 11–13	I 132
Am 5, 18–20	III 85	Hag	I 127, 237
Am 6, 8	II 314	Hag 1–2	III 84
Am 7, 1 f.f	I 214, 216, 228	Hag 1, 1–14	III 182
Am 7, 10–17	I 221	Hag 1, 4–11	I 127
Am 7, 12 u. 14 f.	**I 221**	Hag 2, 3–9*	III **183**
Am 7, 13	I 123	Hag 2, 3–5. 6–9	I 127
Am 8, 1–3	I 228	Hag 2, 12	II 108
Am 8, 5 f.	I 325 f.	Hag 2, 21–23	III **183 f.**
Am 9, 5 f.	II 211, **222**	Sach	I 237
Am 9, 11–15	III 84	Sach 1–14	I 127
Am 9, 11	I 236	Sach 1–8	III 84
Obadja 1–18	III 84	Sach 1, 1–6	**I 339 f.**
Obadja 10–14	III 117	Sach 1, 3	I 352
Jona	I 137, 237	Sach 1, 7–6, 8	I 215
Jona 1, 4	II 294	Sach 1, 7 ff.	I 216
Mich	I 236, 242, 247	Sach 3	III 182
Mich 1, 2–9	I 247	Sach 3, 1–10	III 184 f.
Mich 3, 1–3	III 43	Sach 3, 1 f.	II 130, 156
Mich 3, 6	I 214	Sach 3, 8a–9	III **185**
Mich 3, 9–12	III 203	Sach 4, 1–5. 10b. 13–14	III 185
Mich 3, 12	I 122, 338	Sach 4, 1–4a. 11b–14	III 200
Mich 4, 1 ff.	I 132, 172, 240, II 15, 187, III 84, 105	Sach 4, 6aβ. 7	II 296
		Sach 4, 11–14	I 133
		Sach 6, 9–15*	III 185 ff.
Mich 4, 1–5	III 149 f., 417, 209, 337	Sach 6, 9–13	I 127, III **186**
		Sach 6, 12	III 199
Mich 4, 3b	III 144	Sach 6, 14	III 187
Mich 4, 8–5, 3	III **202–206**	Sach 7, 7 ff.	I 340
Mich 5, 1	I 34	Sach 9, 1–8	I 143, 238, III 84
Mich 6, 6–8	II 167	Sach 9, 9 f.	I 239, III **206 f**
Mich 6, 8	II 126	Sach 9, 11–17	I 239
Nah	I 237	Sach 11, 4–17	III 169
Habakuk	I 237	Sach 11, 4–16	I 239
		Sach 12, 1–10a	III 169

Sach 12, 9–13,1	III 165, 168–**171**	Ps 8, 8	I **53**, Anm. 13 (Auslegung Luthers)
Sach 13, 2	II 295		
Sach 13, 7	I 33		
Sach 13, 7–9	I **239**, III **168 f.**	Ps 9, 2–5a	II 272
Sach 14	III 84, 147–150	Ps 9, 5	III 237
Sach 14, 1 ff.	I 132, 239	Ps 11, 4	**II 186**
Sach 14, 1–21	III 375	Ps 11, 5–7	**III 241**
Sach 14, 1–11	III **147 ff.**	Ps 11, 5	III 237
Sach 14, 1–5	III 133, 169	Ps 13, 2	II 291
Sach 14, 5	II 129	Ps 13, 6	II 297
Sach 14, 8	III 195	Ps 14, 1	I 136, II 298, III 241
Sach 14, 9	I 133, III 127, 372, **375 f.**		
		Ps 14, 1–5	**II 142 f.**
Sach 14, 13–19*	III **150**	Ps 14, 2	II 128
Sach 14, 16 ff.	I 172, 240	Ps 15	II 104, 124
Mal 1, 6–2, 9	I 237	Ps 15, 2–5	**II 124 f.**
Mal 1, 2–5	III 84	Ps 17, 3	II 299
Mal 2, 10–12	I 240	Ps 17, 15	II 169
Mal 3, 8	I 132	Ps 18	II 116
Mal 3, 13–21	III 84, **262 f.**	Ps 18, 5 ff.	I 97
Mal 3, 19	I 132	Ps 18, 7–20	II 313
Mal 3, 22–24	I 240, 340, III 84	Ps 18, 7–16	**II 132 f.**
Ps	I 57 ff., 78 f., 82, 138	Ps 18, 8 ff.	II 128
		Ps 18, 8–15	III 121
Ps 1	I 46, 143, 329, 342, II 20, III 22, 54, 412	Ps 18, 11 ff.	I 119, II 115
		Ps 18, 21–32	II 313
		Ps 18, 29 ff.	I 97, II 133
		Ps 18, 30	II 129, **313 f.**
Ps 1, 1	I 342, II 125, III 71	Ps 19, 1 ff.	I 296
Ps 1, 1–6	I **285**	Ps 19, 2–5a	II 272
Ps 1, 2	I 302, 334	Ps 19, 2	III 397
Ps 1, 5	I 258, 344	Ps 19, 8	II 223
Ps 2, 1–12	III **207–209**	Ps 21, 2–9	**III 180**
Ps 2, 7	I 33 f., 125, 226, III 177	Ps 21, 3	II 298
		Ps 21, 4	III 176
Ps 2, 7 ff.	I 342	Ps 22, 1	I 33, II 129
Ps 6, 6	I **57 f.** (Auslegung Luthers)	Ps 22, 2–32	III 219–223
		Ps 22, 2–12	**III 220 f.**
Ps 7, 2–18	III 236–242	Ps 22, 2	II **149**, III 413
Ps 7, 2–10a	III **239**	Ps 22, 4–6	III 411 f.
Ps 7, 10a	III 252	Ps 22, 10 f.	II 210, **221**
Ps 7, 10b–18	III **241 f.**	Ps 22, 15	II 298
Ps 8, 2 f.	II **185 f.**	Ps 22, 19	I 33
Ps 8, 5–10	II 223, **279 f.**	Ps 22, 20	II **149**
Ps 8, 5	II 303	Ps 22, 23–31	III **221–223**
Ps 8, 6	II 305	Ps 22, 27	II 297

Stellenregister für die Bände I–III in Auswahl 449

Ps 22, 30	III 308	Ps 37, 25–28	**I 277**, III **267**
Ps 23, 3	II 73	Ps 37, 28	III 48
Ps 23, 4	II 129, 148	Ps 37, 29 u. 34	III 253
Ps 24	II 104, III 135	Ps 37, 35–40	III **267 f.**
Ps 24, 1–6	III 136 f.	Ps 37, 35–37	**I 277**
Ps 24, 1 f.	I 119, 332	Ps 38, 11	II 297
Ps 24, 3–5	II **124**	Ps 38, 22 f.	II 129
Ps 24, 4–6	III **411**	Ps 39	I 135
Ps 24, 6	II 154	Ps 39, 5–7 u. 12	II **281**
Ps 24, 7–10	I 118 f., 121, 322, II **13**, 117, 124, III **136 f.**	Ps 40, 7–9	II 206
		Ps 40, 7	III 72
		Ps 41, 10	III 410
Ps 25, 1	III 238	Ps 42–83	II 76
Ps 25, 11	II 73	Ps 43, 1	III 238
Ps 25, 14	II 156	Ps 44, 6	II 73
Ps 26, 4 f.	II 125	Ps 46	I 132, II 183, III 133 ff., 196
Ps 27, 1–3. 9–10	III **411**		
Ps 27, 1–13	II 170	Ps 46, 2–12	III **139 f.**
Ps 27, 1	III 158	Ps 46, 5–8	II **142**, **186**
Ps 27, 4	II **170**, 172	Ps 46, 5	III 138
Ps 27, 7–9	II **169**	Ps 46, 6b	III 142
Ps 27, 12	II 293	Ps 46, 7. 12	II 129
Ps 29	I 110 f., 121, II 113, III 135	Ps 46, 9 ff.	II **187**
		Ps 46, 11	III 134
Ps 29, 1 ff.	II 128, 140	Ps 47	I 110 f., 121, III 135
Ps 29, 1–3 u. 10	III **137**		
Ps 29, 1 f.	II 303	Ps 47, 2. 6–9	I **323**
Ps 29, 10	I 119, 322	Ps 47, 3	II 128, 140
Ps 31, 6	I 33, III **413**	Ps 47, 6–7 u. 9	III **135 ff.**
Ps 31, 11	III 73	Ps 48	I 132
Ps 31, 15–17	III **413**	Ps 48, 1–15	III **155 ff.**
Ps 31, 17	II 169	Ps 48, 2 f.	II 183, **185**
Ps 32	I 135	Ps 48, 2	II 120
Ps 33	II 20	Ps 49	I 135, 284, 343
Ps 33, 6–9	I 259, II **263**	Ps 49, 16	I 134, 294, III 308 f., 312
Ps 33, 6	II **315**		
Ps 33, 15	II 299	Ps 50, 1–6	II **133 f.**
Ps 33, 18 f.	II **143**	Ps 50, 2 ff.	II 128
Ps 33, 18	II **314**	Ps 50, 6	III 237
Ps 34, 19	II 295	Ps 50, 9–15	II 167
Ps 34, 23	III 410	Ps 50, 10–13	II 206
Ps 35, 24	III 238	Ps 50, 14 f.	I 121, II **206**
Ps 37	I 135, 343, III 269, 337	Ps 50, 15	I 102
		Ps 51	III 77–79
Ps 37, 1–11	III **266**	Ps 51, 5–7	III **77**
Ps 37, 5	I **276**, III **412 f.**	Ps 51, 12–14	III **78**

Ps 51, 12–13	II 184	Ps 89, 2–52	II 223 f., III 211 f.
Ps 51, 12	II 298	Ps 89, 2–20	III 360 ff.
Ps 51, 13	II 207	Ps 89, 6–15	**III 361**
Ps 51, 18 f.	II 206, III **79**	Ps 89, 6. 8	II 303
Ps 51, 19	II 295	Ps 89, 6	II 129
Ps 53, 1	I 136	Ps 89, 10 ff.	I 322, II 255
Ps 53, 2	II 298, III 241	Ps 89, 11	II 314
Ps 53, 3	II 128	Ps 89, 16	III 158
Ps 54, 3. 8	II 73	Ps 89, 19	II 109
Ps 55, 5	II 297	Ps 89, 20–52	III 177 f.
Ps 56, 5	II **300**	Ps 89, 20–28	**III 177 f.**
Ps 63, 5	II **300**	Ps 89, 27–35	III 87
Ps 65	II 228	Ps 89, 28	III 213
Ps 65, 7 f.	I 322	Ps 89, 36–42	II 18
Ps 66, 1b–4	II **73 f.**	Ps 89, 37–38	**III 178**
Ps 66, 5–20	II 74	Ps 89, 48 f.	**II 280**
Ps 68, 5	II 115	Ps 89, 50–52	**III 212**
Ps 68, 15	II 71	Ps 90, 1 f.	**II 136**
Ps 69, 17 f.	II 153	Ps 90, 2	II 128, 247
Ps 69, 22	I 33	Ps 90, 10	II 286
Ps 69, 31 f.	II 206	Ps 91, 1 f.	II **141 f.**
Ps 72, 1–2	III **39**	Ps 91, 1	II 71, 128
Ps 72, 5. 8	II 310	Ps 91, 9 f.	II **142**
Ps 72, 5	III **42**	Ps 91, 11 f.	I 148
Ps 72, 8–9	III **178**	Ps 91, 11	II 155, 157
Ps 73	I 135, 284, 343	Ps 93	I 110 f., 121, III 135
Ps 73, 1–28	III **309–313**		
Ps 73, 11	II 128	Ps 93, 1–5	II 223
Ps 73, 23–26	III 308 ff., 312, 414	Ps 93, 1–4	II 113, 211
Ps 73, 23 f.	I 134, 294	Ps 93, 1. 3. 4.	III **137 f.**
Ps 73, 24	III 337	Ps 93, 3 f.	I 322
Ps 74, 12 ff.	I 322, II **113 f.**, 223	Ps 94	I 135
Ps 74, 12–17	III 139	Ps 94, 1–23	III 252–256
Ps 74, 21	III 410	Ps 94, 1–7	III **253 f.**
Ps 75, 8	III 237	Ps 94, 1–2	III 299
Ps 76, 13	II 295	Ps 94, 2	III 237
Ps 77, 17–21	II 224	Ps 94, 3 ff.	I 136
Ps 79, 11	II 314	Ps 94, 8–11	III 241
Ps 80, 2	III 363	Ps 94, 12–23	III **254 f.**
Ps 80, 8. 20	II 153	Ps 95–99	I 133
Ps 81, 9 ff.	I 310	Ps 95–97	III 362–366
Ps 82, 1	II 129, 156, 303	Ps 95, 1–7a	III **363 f.**
Ps 82, 6	I 331	Ps 95, 8–11	II 299
Ps 83, 19	II 128	Ps 96	I 323, 342, II 183, III 158 f.
Ps 88	III 167		
Ps 88, 6. 11–12	III 259	Ps 96, 1. 2. 4	II **141**

Ps 96, 4	II 128	Ps 112	I 143
Ps 96, 4. 5.	III **362 f.**	Ps 116, 14	I 121
Ps 96, 5	II 128, **141**	Ps 118	I 343
Ps 96, 10 ff.	I 125	Ps 118, 6–10	III **410 f.**
Ps 96, 10–13	III **362**	Ps 119	I 143, 329, 343,
Ps 96, 11	III 366		II 20
Ps 96, 13	I 132, III 238	Ps 119, 2	II 299
Ps 97	III 367	Ps 119, 92	I 328
Ps 97, 1 ff.*	II **139 f.**, III **365 f.**	Ps 119, 105	I 328
Ps 97, 5b. 9b	II 141	Ps 119, 135	III 158
Ps 97, 6	II 13	Ps 119, 137–138	III 238
Ps 97, 6. 7a	II **141**	Ps 119, 162	I **328**
Ps 97, 7	II 128	Ps 120–125	I 343
Ps 97, 9	II 128	Ps 121, 1 f.	II **135**
Ps 99, 5	I 118	Ps 123, 1	II **135**
Ps 99, 5. 9	II 189	Ps 124, 1–5	II **148 f.**
Ps 101, 1–8	III **40**	Ps 124, 6–8	II 149
Ps 102, 12–14	II **137**	Ps 126	I 342
Ps 102, 13	II 96	Ps 126, 4	III 410
Ps 102, 14–23	II 13	Ps 127–134	I 343
Ps 102, 24–28 (29)	II **137 f.**, 224	Ps 128, 1	III 410
Ps 102, 26–28	II 128	Ps 129, 4	III 237
Ps 103, 8–18	III 65	Ps 132, 7	II 183, 188
Ps 103, 8–13	II 282	Ps 132, 12 f.	II 18
Ps 103, 14–18	II **137**, **282**	Ps 132, 13	II 18
Ps 103, 14	III 79	Ps 135	III 362
Ps 103, 21	II 117	Ps 135, 1–14	III 364
Ps 104	II 211, 223, 228	Ps 135, 5–6	III **365**
Ps 104, 1–23	II 230 f.	Ps 135, 12	II 96
Ps 104, 4	II 228	Ps 135, 13–14	III **365**
Ps 104, 5–9	II 230, 255	Ps 135, 21	II 201
Ps 104, 7	II **255**	Ps 136	II 228, **274 ff.**
Ps 104, 10–26	II 286	Ps 136, 4–9	II 223
Ps 104, 15	II 297	Ps 136, 25	II 231
Ps 104, 24–30	III 397	Ps 137	I 252, 343
Ps 104, 24. 27–30	II **230 f.**	Ps 137, 7–9	III **119**
Ps 104, 26	I 110	Ps 138–150	I 343
Ps 104, 27 f.	II 286	Ps 139, 1–24*	II **150 f.**
Ps 104, 29 f.	II **286**	Ps 139, 1–12	II 129, III 68
Ps 105, 39	I 38	Ps 139, 7–11	II 221
Ps 106, 6–43	III 244	Ps 139, 13. 15 f.	II **221**
Ps 106, 6	III **244**	Ps 139, 14	II 292
Ps 107	I 121	Ps 143, 10	II 207
Ps 107, 11	II 128	Ps 144, 1–11	II 280
Ps 109, 16. 22	II 205	Ps 144, 3 f.	II **280**
Ps 110, 1–7	I 342, III **209–211**	Ps 145	I 343, II 228

Ps 145, 15 f.	II **231**	Hiob 9, 30–35	III **275 f.**
Ps 145, 17	III 237	Hiob 10, 8–12	II 210, **220 f.**
Ps 145, 18	III 402	Hiob 14, 1–2	II **280 f.**
Ps 147, 3	II 205	Hiob 15, 8	II 156
Ps 147, 14–18	II 231	Hiob 15, 14–16	III 285
Ps 148, 2	II 117, 157	Hiob 15, 15	II 108, 129, 229
Ps 148, 5	I 259, II **258**	Hiob 18, 14	II 122, III 313
Hiob 1–42	III 269–271 (289)	Hiob 18, 17–19	II 72
Hiob 1, 1	I 273, II 125, 241	Hiob 19, 21–26	III **276**
Hiob 1, 6–12	I 281 f.	Hiob 19, 25	III 284
Hiob 1, 6 ff.	II 129 f., 156, 303	Hiob 20, 3	II 295
Hiob 1, 6 u. 2, 1	II 156	Hiob 21	I 136
Hiob 1, 8–11	III 283	Hiob 21, 2–30*	III **276–278**
Hiob 1, 10–11	III 285	Hiob 21, 2–9	I **279 f.**
Hiob 1, 12	II 156, III 283	Hiob 21, 19–21	I **280**
Hiob 1, 19	II **294**	Hiob 21, 19	II 61
Hiob 1, 21	I **282**, II **241**, III **272**, **283**	Hiob 21, 27–34	I **280 f.**
		Hiob 22	III 337
Hiob 2, 1 ff.	I 281 f., II 129 f., 156, 303	Hiob 24, 14–15	III 49
		Hiob 25, 1–6	III **285 f.**
Hiob 2, 3–5	III 283	Hiob 25, 4 ff.	II 108
Hiob 2, 4–5	III 285	Hiob 26, 12 f.	II 255, III 361
Hiob 2, 6	II 156, III 283	Hiob 27, 2–6	III 287
Hiob 2, 10aβ	I **282**, III **283**	Hiob 27, 7–23*	III **287 f.**
Hiob 2, 11–13	III 283	Hiob 28, 28	III **283 f.**
Hiob 3–39*	III 272–279	Hiob 29, 2 ff.	II 149
Hiob 3, 20–23	III **272**	Hiob 29, 5 ff.	II 129, 149
Hiob 4, 2–6	I **277**	Hiob 30, 8 ff.	II 72
Hiob 4, 7–11	I **278**	Hiob 31	I 273, III 270, 295, 279–282
Hiob 4, 7–9	III **273**		
Hiob 4, 12 ff.	I 214, II 108	Hiob 31, 13–15	II **274**, III **57**, **416**
Hiob 4, 12–21	III **76 f.**	Hiob 31, 26–28	I 314
Hiob 4, 17–19	III 285	Hiob 31, 26 f.	II 177
Hiob 5, 1	II 129	Hiob 31, 35–40*	I 281
Hiob 5, 6–21	III **274**	Hiob 31, 35–37*	III **278**
Hiob 5, 6–11	I **278**	Hiob 32–37	I 150, 263, 281
Hiob 5, 17–27	I **278 f.**	Hiob 33, 13–28	II **280 f.**
Hiob 5, 17	II 71	Hiob 33, 23 ff.	II 130
Hiob 6, 4	II 71	Hiob 33, 23	II 157
Hiob 6, 12	II 300	Hiob 34, 10–13	III **281**
Hiob 8, 8–13	I **272**	Hiob 34, 10 f.	I **151**
Hiob 8, 8–9	III 337	Hiob 34, 11	III 242
Hiob 9, 13	III 361	Hiob 34, 19	III 299
Hiob 9, 15–24	III **275**	Hiob 35, 5–8	III **281**
Hiob 9, 18	II 294	Hiob 36, 5–7	III **282**
Hiob 9, 21 f.	I **279**	Hiob 37, 22–24	III **282**

Hiob 38 f.	I 136	Spr 16, 2	I **275**
Hiob 38, 1	II 128, III 282	Spr 16, 3	I **275**, III **412**
Hiob 38, 2–40, 15*	I 281	Spr 16, 4	III **264**
Hiob 38, 2–7	III **278 f.**	Spr 16, 5	I **276**
Hiob 38, 7	II 129, 245, 303	Spr 16, 8	III **413 f.**
Hiob 38, 8–11	II 255	Spr 16, 9	I **275**, II 149, 299
Hiob 38, 11	II **256**	Spr 16, 10	II 296, III 180, 193
Hiob 38, 16 f.	II 255	Spr 16, 12–13	III **39**
Hiob 40, 3–5	III **286**	Spr 16, 19	III **414**
Hiob 40, 7–14	III **288**	Spr 17, 6	II 72
Hiob 41, 13	II 291	Spr 17, 27	II 295
Hiob 42, 2–6*	III **286**	Spr 18, 10	III **240**
Hiob 42, 5 f.	I 281	Spr 18, 19	II 295
Hiob 42, 7–10	III **284**	Spr 19, 1	I **271**
Hiob 42, 11aj + 12	III 284 f.	Spr 19, 5	I **271**
Spr 1–9*	I 150	Spr 19, 17	I **271**
Spr 1, 10 ff.	I 150, II 125	Spr 19, 29	II 292
Spr 1, 20 ff.	I 150, 297	Spr 20, 4	I **271**
Spr 3, 1	I 301	Spr 20, 8	III 193
Spr 4, 4	II **298**	Spr 21, 30	I **275**
Spr 4, 23	II 297	Spr 22, 1	II 72
Spr 8 + 9	I 297, 150	Spr 22, 2	I **275**, III **416**
Spr 8, 24 f.	II 246	Spr 22, 9	III **416**
Spr 8, 35	III **72**	Spr 22, 17–24, 22	I 268, III 45
Spr 9, 10	I **273**	Spr 22, 22–23	III **45**
Spr 10–28*	I 135	Spr 22, 22	I 307
Spr 10, 1–15, 33	I 270	Spr 23, 2	II 291
Spr 10, 1	I **270**	Spr 23, 13 f.	II 56
Spr 10, 2	I **273**	Spr 24, 12	II 299
Spr 10, 3	I **274**	Spr 25, 11	I **272**
Spr 10, 7	II 72, III **265**	Spr 28, 4	I 329
Spr 10, 24–25	III **240**	Spr 28, 14	II 299
Spr 11, 5	III **264**	Spr 29, 13	I **275**
Spr 11, 13	II 295	Spr 29, 14	III 40
Spr 11, 21	I **276**, III **264**	Spr 29, 23	II 295
Spr 12, 1	I **270**	Spr 30, 4	II **95 f.**
Spr 12, 21	III **265**	Ruth	I **64** (Semler), 137
Spr 13, 9	I **270**, III **240**, **265**	Ruth 1, 16	I 54
Spr 14, 1	II **298**	Ruth 4	I 307
Spr 14, 29	II 295	Hld	I 39, 344 f.
Spr 14, 31	II **274**	Hld 1, 1	I 345
Spr 14, 34	III **414**	Hld 1, 3	I 72
Spr 15, 9	III **265**	Hld 4, 6	II 294
Spr 15, 13	II 295	Hld 7, 1	I 345
Spr 15, 29	III 299	Hld 8, 6	II 290
Spr 15, 32	II **298**	Koh 1, 1	I 149

Koh 1, 2	III 290	Koh 12, 12–14	I 153, **344**, III 290, **298**
Koh 1, 3–3, 15	III 290		
Koh 1, 3–11	**III 291 f.**	Koh 12, 12	**II 300**
Koh 1, 12–2, 26	III 292 f.	Koh 12, 13	I 329
Koh 2, 13–15	I 284	Klgl. 1–5	III 97–100
Koh 2, 14	I **270**, III **292**, 339	Klgl. 1, 1–2	**III 98**
Koh 2, 17 f.	I 284	Klgl. 1, 17	I 143
Koh 2, 24–26	**III 292 f.**	Klgl. 1, 18–19	III 235
Koh 3, 1–9	I 149, 284	Klgl. 1, 18	III 237, 244
Koh 3, 9	III 293	Klgl. 2, 1	II 183, 189, **III 98 f.**
Koh 3, 10 ff.	I 149		
Koh 3, 10–15	**III 294**	Klgl. 2, 1 ff.	I 112
Koh 3, 11–13	II 149	Klgl. 2, 1–5	III 235
Koh 3, 14	I 284, III 339	Klgl. 2, 9	I 214 f., 229
Koh 3, 16–22	II 287	Klgl. 2, 14	**I 251**
Koh 3, 21	**II 287**	Klgl. 2, 14 u. 17	III 236
Koh 4, 1–3	I 284, III 295	Klgl. 2, 17	I 231
Koh 4, 17–5, 6	I 149, II 20Koh 5, 17–19	Klgl. 3, 39–42	**III 100**
		Klgl. 4, 22	I 254
	III 297 f.	Klgl. 5, 7–16	III 244
Koh 7, 1	II 72	Klgl. 5, 7	**III 244**
Koh 7, 8	II 295	Klgl. 5, 16	**III 244**
Koh 7, 10–14	**I 282**	Klgl. 5, 19–22	**III 100**
Koh 7, 10–17	I 284	Est	I 147 f., 345 f.
Koh 7, 15–18	III 295, 297	Est 4, 14	I 346
Koh 7, 15 f.	I 149	Dan	I 346 f.
Koh 8, 10–15	**III 296 f.**	Dan 1–6*	I 142, 145 f.
Koh 8, 12 ff.	**I 283**	Dan 2	I 145
Koh 8, 14	I 149, III 337	Dan 2, 1	II 294
Koh 9, 1–10	I 283, **III 297**	Dan 2, 17 f.	II 197
Koh 9, 4 ff.	I 149	Dan 2, 18 f. 37 + 44	II 139
Koh 9, 4b	**I 271**, 282	Dan 2, 18 ff.	II 128
Koh 9, 5	II 72	Dan 2, 27 f.	I 147
Koh 9, 7 ff.	I 292	Dan 2, 47	**III 367**
Koh 9, 11–12	**III 293**	Dan 4, 10. 14. (20)	II 129, 156
Koh 9, 12	I 149	Dan 4, 31–32	**II 140 f.**
Koh 9, 10	III 295	Dan 5, 11–16	II 295
Koh 11, 1 ff.	I 149	Dan 6, 11	I 147, II 203
Koh 11, 1–8	I 284	Dan 7*	I 110, 145
Koh 11, 1–6	III 295	Dan 7, 1–28	III 175, 223–228
Koh 11, 7 f.	**I 283**	Dan 7, 9–12	III 337
Koh 11, 9–12, 7	II 287	Dan 7, 9 f.	**II 196 f.**
Koh 12, 6 f.	**II 287**	Dan 7, 9–10 + 13–14	**III 223**
Koh 12, 8	III 290	Dan 7, 10	II 16
Koh 12, 9–11	I 149, III 290	Dan 7, 15	II 95
		Dan 7, 18	II 16, 129

Dan 7, 18 ff.	II 156	Neh 8, 1	I 302
Dan 7, 22	III 316	Neh 8, 1 ff.	I 208, 304
Dan 7, 24–25	III 316	Neh 8, 9 ff.	I 330
Dan 7, 26–27	II 16	Neh 9–10	I 188, 209
Dan 8–12	I 145 f.	Neh 9, 5–37	II 224
Dan 8, 9–12	III 227	Neh 9, 5 f.	**II 224 f.**
Dan 8, 13	II 129	Neh 9, 5b–37	III 244
Dan 8, 15 ff.	II 130	Neh 9, 6	II 157
Dan 9, 4–19	III 244	Neh 9, 6–37	I 209
Dan 10, 1 ff.	I 216	Neh 9, 8	II 298
Dan 10, 12–13	III 227	Neh 9, 8. 33	III 237
Dan 10, 21	II 159	Neh 9, 33–37	**III 244 f.**
Dan 11, 31–32	III 227	Neh 9, 36 f.	**I 210**
Dan 11, 32–35	III 226	Neh 10, 31	I 137
Dan 11, 33	I 142	Neh 12–13*	I 188, 207
Dan 11, 36–45	III 316	Neh 12, 1	III 181
Dan 12, 1–3	II 16, III 308 f., **316 f.**	Neh 13, 4–31*	I 209
		Neh 13, 15 ff.	I 326
Dan 12, 1	II 130, 159, III 227	Neh 13, 23 ff.	I 137, 192
Dan 12, 2–3	III 226, 337	1. Chr 1–Neh 13	I 187
Dan 12, 2	I 294. 346	1. Chr 1–9	I 202
Dan 12, 3	I 142	1. Chr 3, 19	III 181
Esra 1–10	I 188, 206, 210	1. Chr 5, 41	III 181
Esra 1, 2	II 128, 197	1. Chr 6, 34	II 118
Esra 1, 3	II 138	1. Chr 10–2. Chr 36	I 202–206
Esra 1, 3 f.	I 126	1. Chr 12, 5	II 76
Esra 2	I 126	1. Chr 16, 39–42	II 165
Esra 6, 14–18	III 187	1. Chr 17, 14	I 187, 203
Esra 7–10	I 188	1. Chr 21, 1	II 130, 156, 296
Esra 7, 12	I 302, II 138, 197	1. Chr 21, 9–11	I 225
Esra 7, 12 ff.	II 128	1. Chr 22, 12	I 302
Esra 7, 21. 23	II 138	1. Chr 23, 4	II 118
Esra 9, 1 ff.	I 192	1. Chr 28, 2	I 118, II 183, 188
Esra 9, 1 f.	II 53	1. Chr 28, 11 f. 19	II 304
Esra 9, 9	I **208**, 211	1. Chr 29, 28	**I 204**
Esra 9, 11 f.	II 53	1. Chr 29, 29	I 215, 225
Esra 9, 14	**I 208**	2. Chr 5, 3	I 209
Esra 9, 15	III 237	2. Chr 5, 7	II 118
Esra 10	I 137	2. Chr 11, 19	II 76
Esra 10, 1–17	II 53	2. Chr 18, 18 ff.	II 296
Neh 1–6*	I 188, 206–209	2. Chr 18, 18	I 215
Neh 1, 5	II 128, 138, 197	2. Chr 19, 4 ff.	I 188, 204
Neh 6, 5–41	III 187	2. Chr 20, 1–19	II 148
Neh 7, 22b–8, 8	I 128, 209, 304, **329 f.**	2. Chr 20, 20	I 188, **205**, II 205, III **94**
Neh 8*	I 188	2. Chr 21, 12	I 215, II 205

2. Deuterokanonische Schriften/Apokryphen

Jud	I 148 f., 348	Weish 6, 12–19	III 322
Jud (5, 20 f.)	I 348	Weish 6, 19 f.	II 16
Jud 6, 2	I 148	Weish 7, 17–21	**I 265**
Jud 8, 6. 8	I 348	Weish 7, 24–26	**I 297**
Jud 8, 30	I 148	Weish 8, 2–18 u. 21	III 330
Jud 9, 1	I 348	Weish 8, 13	I 294, II 184
Jud 10, 9–15	I 348	Weish 8, 19–20	**III 330 f.**
Jud 12, 18 f.	I 348	Weish 9, 1–17	III 331 f.
Weish 1, 1–19, 22	III 320 f.(–332)	Weish 9, 10	II 207
Weish 1–15	I 292–298	Weish 9, 15	**III 332**
Weish 1, 1–2, 9	III **312–325**	Weish 11, 17	**II 271**
Weish 1, 2–10	II 197	Weish 13, 1–9	I **295 f.**, II **273**, III 396
Weish 1, 3–7	II 184, 208		
Weish 1, 9	I 348	Weish 15, 1–19, 17	I 295
Weish 1, 12–15	III **62**	Weish 15, 3	**I 293**
Weish 1, 15	II 184	Weish 15, 7–10	II 243
Weish 2, 1–9	**I 292 f.**	Tob	I 148
Weish 2, 10–20	III 325	Tob 1, 17	I 148
Weish 2, 12	I 348	Tob 3, 5	I 348
Weish 2, 21–3, 14	III **326–328**	Tob 3, 17	II 130
Weish 2, 22	I 153	Tob 3, 24 f.	II 190
Weish 2, 23 f.	**I 293**, III **63**	Tob 3, 24	II 130
Weish 3, 1 ff.	I 349	Tob 4, 5	I 348
Weish 3, 1–4	I 153, **294**	Tob 4, 12	I 148
Weish 3, 1. 7	II 16	Tob 4, 15	I 148
Weish 3, 1	III 329 f., 340	Tob 4, 16	I 148
Weish 3, 4	III 259	Tob 5, 6	II 130
Weish 3, 7	III 329, 337	Tob 6, 8. 13–18	II 130
Weish 4, 7b–14	III **328 f.**	Tob 8, 3	II 159
Weish 4, 7–11	I **294 f.**, (7) 348	Tob 12, 8 f.	I 148
Weish 4, 17	I 348	Tob 12, 12–15	II 157
Weish 4, 18	I 349	Tob 12, 12	II 130, 190
Weish 5, 15–16b	III **329**	Tob 14, 10	III 79
Weish 5, 15	**I 297**, III 329	Sir	I 147
Weish 5, 16	II 16, III 337	Sir 1–50	I 151–152, 284–292, 298
Weish 6, 1 ff.	I 295, 348		
Weish 6, 9 f.	**I 348**	Sir 1, 11–30	II 146

2. Chr 29, 25	I 225
2. Chr 29, 35	II 164
2. Chr 30	I 203, 209
2. Chr 32, 8	**I 205**
2. Chr 35, 15	I 215
2. Chr 35, 16	II 164
2. Chr 36, 16	II 18
2. Chr 36, 20 f.	I 188, 206
2. Chr 36, 23	**I 347**, II 138

Sir 1, 20	I 151, **286**	Sir 32 (35), 1–10	II **167 f.**
Sir 1, 26 f.	I 151	Sir 32 (35), 14–26	III **299 f.**
Sir 1, 26	**I 348**, III 301	Sir 33 (36), 10–13	II 242 f.
Sir 2, 1 ff.	**I 288**	Sir 33, 1	I **288**
Sir 2, 1–11	III **302**	Sir 35, 23–24 [32, 22–23]	
Sir 2, 8–11	I **287**		III 301
Sir 2, 10	III 337	Sir 38, 23	II 293
Sir 2, 26	III 301	Sir 38, 24	I **286**
Sir 3, 17–25*	III **304**	Sir 39, 2–11	I **286 f.**
Sir 5, 4–7	III 20	Sir 39, 12–35	I 296, II 211, III 300
Sir 8–10	I 331		
Sir 10, 9–11	II 241	Sir 39, 16–35	I 152, **290 f.**, II 231
Sir 11, 14–28	III 406	Sir 39, 16–21	II **231 f.**
Sir 11, 20–28	I **289**, III 303	Sir 39, 19	II 128
Sir 11, 26–28	III **303**	Sir 39, 20	II 128, **145**
Sir 12, 1–7	III 301	Sir 39, 25	II 128
Sir 14, 11–19	III 66	Sir 40–50	I 298
Sir 14, 12–19	I **291 f.**	Sir 40, 1	II **241**
Sir 15, 11–20	III 22	Sir 40, 8–10	III **300**
Sir 15, 11–17	III **65**	Sir 40, 19	II 72
Sir 15, 14–17	III **22 f.**	Sir 40, 19a–b	III 305
Sir 15, 14	II **298**, Anm. 117	Sir 41, 1–4	I **291**, III **304 f.**
Sir 15, 18 f.	II **143**	Sir 41, 3 f.	I 97, III **64**
Sir 15, 18	II 128, 138	Sir 41, 10–13	III **305**
Sir 17, 1–2	III **64**	Sir 41, 19	II 72
Sir 17, 6–7	III **65**	Sir 42, 15–43, 33	III 303
Sir 17, 15	II 143	Sir 42, 15–25	II **143 f.**
Sir 17, 26–32	III **79 f.**	Sir 42, 18	II 128
Sir 17, 30	III 36, 286	Sir 42, 21	II 145
Sir 18, 1 f.	II 129	Sir 43, 27–33	II **144 f.**
Sir 18, 1–3	II **136**	Sir 44–49	I 141
Sir 18, 1–2	II **145**	Sir 45, 14	II 164
Sir 18, 1. 3	II 128	Sir 48, 1–11	III 305
Sir 18, 8–14	II **282**, III 65	Sir 48, 11c	III 305
Sir 18, 9a	III 66	Sir 50, 1–21	II 167 f.
Sir 18, 13–14	III **66**	Sir 50, 5 ff.	I **324 f.**
Sir 21, 11	I 151, **286**	Sir 50, 5–21	II 194 f.
Sir 23, 18–20	III **301**	Sir 50, 11–21	II 165
Sir 24	II 21	Sir 50, 17	II 143
Sir 24, 1 ff.	I 143	Bar 1, 15–3, 8	III 244
Sir 24, 23 ff.	I 143	Bar 1, 15 ff.	I 348
Sir 24, 33 (24, 45L)	III **305**	Bar 2, 1 f.	I 348
Sir 25, 1–26, 27	III 62	Bar 2, 9	III 237
Sir 25, 24	III **62**	Bar 2, 10	I 348
Sir 27, 6	II **298**, Anm. 117	Bar 2, 27 f.	I 348
Sir 31 (34), 21–36, 22	III 299	Bar 4, 1 f.	I 348
		Bar 4, 1–4	II **21**

Bar 6	I 348	2. Makk 6, 1 ff.	I 348
1. Makk 1–4	I 347	2. Makk 7, 11	I 348
1. Makk 2, 42	I 142	2. Makk 7, 28	II 233, 270
2. Makk 2, 1 ff.	I 348	2. Makk 7, 30 ff.	I 348
2. Makk 2, 19 ff.	I 348	2. Makk 10, 33 f.	I 107
2. Makk 4, 11	I 348	2. Makk 11, 4	I 107
2. Makk 4, 16 f.	I 348	2. Makk 12, 29–34	III 235

3. Neues Testament

Mt 1, 18 ff.	I 34	Mt 27, 46	III 220
Mt 1, 22 f.	I 28	Mt 27, 51 f.	II 168
Mt 1, 23	III 173	Mt 27, 54	III 173
Mt 2, 6	I 34	Mt 28, 19	I 34
Mt 3, 17	I 34, III **173**	Mk 1, 11	I 33
Mt 4, 3	III 173	Mk 2, 23–28	I 31
Mt 5, 17	I 28, **35**	Mk 2, 27	I **31**
Mt 5, 18 f.	I 35	Mk 7, 1–23	I 31 f.
Mt 5, 20	**I 35**	Mk 7, 15	I **31**
Mt 5, 21–48	I 30 f.	Mk 8, 28 f.	I 28, III **173**
Mt 5, 21–22a	**I 30**	Mk 9, 7	I 33, 35
Mt 5, 23 f.	I 35	Mk 10, 47	I 28
Mt 5, 44–48	III 228	Mk 11, 10	I 28
Mt 5, 44 f.	I 351	Mk 11, 15–18	I 32
Mt 6, 2–18	I 35	Mk 12, 25	II 156, III 337
Mt 6, 10. 33	III 338	Mk 12, 30–31 par	III 54
Mt 6, 12	III 409	Mk 12, 35 ff.	I 28
Mt 7, 12	I 28, **331**	Mk 14, 24	I 32 f.
Mt 8, 17	I 34	Mk 14, 27	I 33
Mt 11, 12	**I 32**	Mk 14, 61–62	III **173**, **223**
Mt 11, 25	I 34	Mk 15, 34	III 220, 223
Mt 12, 18–21	I 28, 34	Mk 15, 36 u. 37	I 33
Mt 13, 52	I 34	Mk 15, 39	I 35
Mt 16, 16	III **173**	Lk 1, 26–38	III 196
Mt 16, 18 f.	I 35	Lk 2, 19	II **298**
Mt 18, 15–18	I 35	Lk 4, 16 ff.	I 28, 331
Mt 21, 5	III 173	Lk 6, 5	I 35
Mt 22, 40	I 28	Lk 6, 10	I 35
Mt 23, 25 ff.	I 34	Lk 9, 20	III **173**
Mt 23, 34	I 34	Lk 10, 20	II 197
Mt 24, 20	I 34	Lk 11, 4a	III 409
Mt 25, 31–46	III 337	Lk 12, 16–22	III 406
Mt 26, 27 f.	I 33	Lk 16, 16	I 32
Mt 26, 64	III 223	Lk 16, 17	I 35
Mt 27, 3 ff.	I 34	Lk 16, 29	I 28, **331**

Stellenregister für die Bände I–III in Auswahl

Lk 16, 31	I 28	1. Kor 11, 25	I 33
Lk 22, 20	I 33	1. Kor 15, 3b–5	**I 37**
Lk 23, 43	III 340	1. Kor 15, 3	I 28
Lk 23, 46	I 33, III 413	1. Kor 15, 12–58	III 340
Lk 24, 26 f.	**I 28**	1. Kor 15, 20	III 338
Joh 1, 21	I 28	1. Kor 15, 35–49	III 337
Joh 2, 13–22	I 32	2. Kor 1, 22	III 36
Joh 3, 16	I 351	2. Kor 3	I **82**, Anm. 13
Joh 10, 34	I 331		(Auslegung
Joh 11, 50	III 175		Luthers)
Joh 14, 26	II 208	2. Kor 3, 6	I 42
Joh 16, 32	I 33	2. Kor 3, 12 ff.	I 42
Joh 18, 8	**III 71**	2. Kor 3, 14	I **42**, 59
Joh 18, 36	III 228	2. Kor 5, 20	III 421
Joh 19, 23 f.	I 33	2. Kor 12, 9	III 228
Joh 19, 24	III 220	Gal	I **84** (Auslegung
Joh 19, 29	I 33		Luthers)
Apg 23, 6 ff.	I 27, 153	Gal 3, 2	I 38
Röm 1, 3	28	Gal 3, 19 ff.	I 41 f.
Röm 1, 18–32	II 274	Gal 4, 3	I 42
Röm 4, 17	II 233, 270	Gal 5, 14	I 41, 351
Röm 5, 12–19	III 64	Gal 6, 10	III **56**, Anm. 62
Röm 5, 20	I 41	Phil 2, 5 ff.	I 38
Röm 6, 3–5	III 421	Phil 3, 6	III 421
Röm 7, 8. 14	I 41	Phil 3, 8–11	III 421
Röm 7, 12	I 41, III 421	Phil 3, 13 f.	I 41, III 421
Röm 7, 25	III 286	1. Thess 4, 13–18	III 340
Röm 8, 9	II 208	1. Thess 5, 21	**I 62**
Röm 8, 28–29	III 340	Phlm	III 58
Röm 9, 21–23	II 243	Hebr 6, 20	III 421
Röm 10, 4	I 351	Hebr 11, 1	I 94
Röm 10, 17	I 38	Hebr 11, 3	II 214, 233, 270
Röm 13, 10	I 41, 351	Hebr 11, 8–19	III 419
Röm 15, 4	I 28, **37**	Hebr 12, 2	III 421
1. Kor 4, 3–5	III 421	Hebr 13, 14	III 420
1. Kor 4, 5	III 286	Jak 4, 8	I 352
1. Kor 5, 6–8	I 39	Offb. 6, 9–10	III 338
1. Kor 7, 21–24	III 58	Apk 3, 5	II 197
1. Kor 10, 1–11	I 37 f.	Apk 12, 7	I 110
1. Kor 10, 11	I 28, 37	Apk 20, 12	II 197

4. Frühjüdische und rabbinische Texte

Apc Bar 10–12	II 128, 136	3. Esr 3, 1–5, 6	I 146 f.
Arist. 150	I 39	4. Esr 14, 44 f.	I 342

Flavius Josephus

Ant. Jud. XIII, 288 ff.	I 142	1. Hen 22, 1–14	**III 315**
Ant. XI, 297–301	III 169	1. Hen 22, 9 f.	II 16
Ant. XII, 4–10	III 147	1. Hen 25	III 195
Ant. XII, 380–391	III 214	1. Hen 26, 4–27, 4	III 308, 316
C. Ap. I, 38 ff.	I 342	1. Hen 27	I 134, III 89
C. Ap. II, 190–192	**II 180**	1. Hen 27, 1 ff.	I 346
1. Hen 1–36	I 144 f., 147, II 159, III 259, 309, 313	1. Hen 72–82	I 266
		1. Hen 74, 28	II 273
		1. Hen 82	II 273
1. Hen 1, 5	II 129	1. Hen 90, 20–27	II 158
1. Hen 6–11	II 130, 158	1. Hen 92–105	III 259, 309, 316
1. Hen 10, 1–11, 2	II 130	1. Hen 103, 5–8	III 316
1. Hen 10, 7	II 156	1. Hen 103, 7	III 317
1. Hen 15, 2	II 130, 158	1. Hen 104, 1 f.	I 294, **III 316**
1. Hen 22	I 134, 144, 294, II 130, 157, III 309, 313–315, 329 f., 338	1. Hen 104, 1	II 197
		1. Hen 104, 2	III 309, 329, 337
		2. Hen 45, 1–3	**II 168**
		Jub 2, 2 f.	II 245

Philo von Alexandrien

	III 333–337	Ps Sal 8, 11 ff.	I 143
All I. 103	**III 333**, Anm. 85	Ps Sal 8, 14 ff.	I 140
All I. 105–108	III 335	Ps Sal 13, 11	I 153
De Cal 87	III 335, 337	Ps Sal 14, 1 ff.	I 153
De Cherubim II, 114	**III 334**, Anm. 87	Ps Sal 14, 3–5	**III 319 f.**
De Somniis I, 134–142	III 315	Ps Sal 17	III 214–219
Praem 85–90	III 335	Ps Sal 17, 1–3	**III 217 f.**
Praem 93	III 335	Ps Sal 17, 5 ff.	I 143
Praem 94–168	III 336	Ps Sal 17, 21 ff.	I 125, 133, **III 215 f.**
Praem 152	III 334 f., 337		
Vit. Mos II, 280	**III 334**, Anm. 88	Ps Sal 17, 32–35	**III 218**
		Ps Sal 17, 32	III 175
Ps Sal 2, 19–29	III 215	Ps Sal 17, 39–43	**III 219**
Ps Sal 2, 33–37	**III 318**	Ps Sal 17, 44–46	**III 218**
Ps Sal 3, 1–12	**III 318 f.**	Ps Sal 18, 6–8	**III 219**
Ps Sal 3, 11 f.	I 153	Ps Sal 18, 7	III 175

Qumran

Test Lev 3	II 190	Vit. Ad. 12, 1–16,4	III 63, 326
Test Lev 3, 3	II 128, 136		

CD VI, 19	I 28	4 Q 405 Col. XX, 7	II 135
CD XII, 1 f.	II 108, 120	4 Q Dtn 32, 8–9	III 368
CD XX, 8	III 226	4 Q flor	I 28
1 Qap Gen II, 1	II 156	4 Qp Nah	I 28
1 QM XII, 7–9	III 226	4 Qp PS 37	I 28
1 QM XVII, 5–8	III **226 f.**	Gemara fol. 87a	III **409**, Anm. 57
1 Qp Hab	I 28	Hoheliedtargum Hld T 7, 1	
1 QS I, 3 f.	I **31**		I **345**
1 QS I, 10	II 156	Jesajatargum Jes T 1, 2	I **341**
1 QS III, 6–8	II 184	Jesajatargum Jes T 2, 3	I **341**
1 QS III, 13–IV, 14	III 370	Mischna 1. Seder Zeraïn	
1 QS IX, 6	II 125		III **409**, Anm. 57
1 QS IX, 7–8	III 226	Rabbi Aqiba m. Jadajim III, V	
1 QS IX, 11	I 28		I **345**
1 QS XI, 7	III 226	Talmudtraktat m. Megilla III, IV–V	
1 QS XI 20–22	II **242**, Anm. 54, III **80**		I 330
		b. Yoma III/VIII	II 75
1 QSa III, 6–8	II 208	b. Yoma VIII, IX fol. 85b	
4 Q 405 Col. XIX, 7	II 135		III **409**, Anm. 57

5. Texte aus der Umwelt

5.1. Akkadische Texte

Asarhaddon, Bericht	III **159 f.**	Atramchasis-Epos I, 223	
Assurbanipal, Gebet	I **103 f.**		II 283
Assurbanipal, Thronbesteigungslied		Atramchasis-Epos I, 238	
	III **42**		II 283
Atramchasis-Epos I, 190–228			
	II 241		

Codex Hammurapi

C. H. I, 1–53	III **47**	C. H. V, 14–25	III **47**
C. H. I, 21–25	I **98 f.**, III 47	C. H. XLVII, 19–78	III **47**

Enuma elisch

E. E.	I 98, II 235–239
E. E. I, 1–14	**II 237**
E. E. I, 93–100	**II 239**, Anm. 36
E. E. IV	III 135
E. E. IV, 6	**II 247**
E. E. IV, 21–26	II 247
E. E. VI, 1–34	II 283 f.
E. E. VII, 13–14	**III 354**
E. E. VII, 135–136	III 353
E. E. VII, 151–152	III 353
Gilgamesch-Epos II, 34 f.	
	II 241
Ludlul bel nemeqi	I 101 ff.
Ludlul bel nemeqi II, 33–48	
	I 102 f.
Nabonid, Gebet Col. III, 11–21	
	II 203, Anm. 109
Nebukadnezar Nr. 15 Col. I, 23–29	
	II 219, Anm. 35
Ratschläge der Weisheit 143–145	
	I 102
Ur, Klage über Zerstörung	
	I 96

5.2. Ägyptische Texte

Amenemhet I., Inschrift Pharao	
	I 100
Amenemope, Lehre XXIV, 13 f.	
	II 242
Amenophes III., Inschrift	
	I 100 f., II 81 f.
Atonhymnus/Grab des May	
	II 306
Chnum-Hymnus v. Esna	
	II 240 f.
Denkmal memphitischer Theologie	
	siehe Schabako,
	Inschrift
Haremhebs, Krönungsinschrift	
	II 306
Merneptah-Stele	II 85
Nebwenenef, Grabinschrift	
	II 229 f.
Neferhotep, Inschrift d. Pharao	
	I 99
Papyrus Leiden I 350 IV, 12–21	
	II 250
Schabako, Inschrift Pharao Z. 48–52b	
	II 247 f.
Schabako, Inschrift Pharao Z. 53–56	
	II 249
Susa, Inschrift (Dareios I.)	
	II 307
Thronbesteigungslied	**III 41**
Thutmoses III., Inschrift	**II 306**
Totenbuch Kap. 17	**II 244**
Totenbuch Kap. 125	**I 100**
Totenbuch Kap. 175, 33–40	
	II 245, Anm. 69

5.3. Ugaritische Texte

KTU 1.1.–1.2.	III 135	KTU 1.2. IV. 10 f.	II 112
KTU 1. III. 2–29	III 357	KTU 1.2. VI. 32–34	III 356
KTU 1.1.–6	III 354	KTU 1.3. II. 1–16	III 356
KTU 1.1. IV. 24–25	III 356	KTU 1.3. II. 38–41	III 356
KTU 1.2. I. 14	III 355	KTU 1.3. III. 6–7	III 355
KTU 1.2. I. 24b–28	**III 358 f.**	KTU 1.3. V. 19–28	III 356
KTU 1.2. IV. 2–40	III 322	KTU 1.3. Rs. V. 30 f.	**I 108**
KTU 1.2. IV. 7–27	III 356 f.	KTU 1.3. VI. 12–24	III 357

KTU 1.4. I–VI	III 359
KTU 1.4. II. 23	III 355
KTU 1.4. III. 14	III 355
KTU 1.4. III. 47–48	III 355
KTU 1.4. IV. 24	III 357
KTU 1.4. VII. 1–57	III 359
KTU 1.4. VII. 5–12	III 356
KTU 1.4. VII. 43–52	III **359**
KTU 1.4. VII. 49b–52a	III 358
KTU 1.5. I. 9–31	III 356
KTU 1.5. II. 2–13	III 356
KTU 1.5. V.	III 356
KTU 1.5. VI. 23–24	III 355
KTU 1.6. I. 2–18	III 356
KTU 1.6. II. 12	III 355
KTU 1.6. III. 2–21	III 356
KTU 1.6. III. 3.1 ff.	III 322
KTU 1.6. III. 5.11	III 355
KTU 1.6. IV. 1–3	III 356
KTU 1.6. V. 7–9	I 110, II 112
KTU 1.10. III. 12–15	I 332
KTU 1.14–19	III 354
KTU 1.14. I. 36–39	III 355
KTU 1.14. IV. 6–7	III 355
KTU 1.16. I. 3	III 355
KTU 1.16. I. 6–7	III 356
KTU 1.16. VI. 46–50	III **43**
KTU 1.16. VI. 56	III 357
KTU 1.17. V. 6–8	III **43**
KTU 1.41.	I 322
KTU 1.47.3	III 355
KTU 1.65.1	III 355
KTU 1.87	I 322
KTU 1.100	III 357
KTU 1.114	I **108**
KTU 1.119. 28–34	I **104**, III 356

5.4. Hebräische und aramäische Inschriften

Chirbet el-Qôm, Grabinschrift Nr. 3
II **78**
Elephantine Papyr. 44, 3   I 111
Kuntillet Adschrud, Votivinschriften
II **77**

Lachisch Ostrakon 4, 10–13
II **100**
Mescha v. Moab, Stele   II 77

6. Griechische und lateinische Texte

Aristoteles Pol. 1254a 13–17
III **58**, Anm. 69
Augustin conf. I. 1.   III 395
Augustin De doctr. christ. II, 15
I 45, Anm. 19
Barnabasbrief Barn 6, 8 ff.
I **40**, Anm. 10
Barnabasbrief Barn 9, 8   I **40**, Anm. 11
Cicero De nat. deor. I, 40
I **105**, Anm. 48
Clemens v. Alexandrien Strom.
(Teppiche) V. 85, 1   I **45**
Clemens v. Alexandrien Strom.
V 6. 34, 5   II 78
Diodor VXI. 47   III 170
Epiphanus v. Salamis adv. haer. I, 3. 40, 5
II 78

Euseb Fr Gr Hist Jac 790 F2
II **268 f.**
Herodot Hdt I, 30   I 147
Hesiod Erga 267–269   II **138**, Anm. 41
Hesiod theog 116–128   II **267**
Homer Hom. Il XVI, 431 ff.
I 95 f.
Homer Hom. Il XVI, 523 ff.
I **96 f.**
Irenaeus   I 44
Irenaeus Haer. II 10, 3   II 271
Marcion Antithesen 3, u. 8
I **43**
Menander Sent. 583   I **294**, III **328**
Ovid met. I, 5–9   II **268**
Ovid met. I, 76–88   II **312**, Anm. 199

Ovid met. 416 ff.	II 260	Solon fr. 1 D, 16–32	II **60 f.**
Platon leg. 905 a.	II **150** Anm. 97	Theodoret v. Kyros	
Platon rep. 617 e 4 f.	II **261**	quaest. in Ex. XV;	
Platon Tim 44 d 3–9; 73 b–d		haer. fat. 5, 3	II 78
	II 297	Theophilus Autol. I, 4	II **271**
Platon Phaidon 81 c, 8–11		Xenophanes v. Kolophon	
	III **332**	frg. 16 D/KRS 168	II 316
Plutarch Aud. Poet. 19e	I 38	Xenophanes v. Kolophon	
Plutarch Pomp. 77–80	III 215	frg. 23 D/KRS 170	II **316**